DIREITOS DA PERSONALIDADE

DIREITOS DA PERSONALIDADE

a contribuição de Silmara J. A. Chinellato

Atalá Correia
Fábio Jun Capucho
Coordenadores

Editora gestora: Sônia Midori Fujiyoshi
Projeto gráfico e diagramação: Estúdio Asterisco
Capa: Rubens Lima
Imagem da capa: iStock

CIP-Brasil. Catalogação na Publicação
Sindicato Nacional dos Editores de Livros, RJ

D635
Direitos da personalidade : a contribuição de Silmara J. A. Chinellato / Adriana Caldas do Rego Freitas Dabus Maluf... [et al.] ; coordenadores Atalá Correia , Fábio Jun Capucho. - 1. ed. - Barueri [SP] : Manole, 2019.

Inclui bibliografia e índice
ISBN 9788520456262

1. Direito civil - Brasil. 2. Personalidade (Direito). I. Maluf, Adriana Caldas do Rego Freitas Dabus. II. Correia, Atalá. III. Capucho, Fábio Jun.

18-53586
CDU: 347.15/.17(81)

Vanessa Mafra Xavier Salgado - Bibliotecária - CRB-7/6644

Edição – 2019

Direitos adquiridos pela:
Editora Manole Ltda.
Avenida Ceci, 672 – Tamboré – 06460-120 – Barueri – SP – Brasil
Tel.: (11) 4196-6000
www.manole.com.br | https://atendimento.manole.com.br

Impresso no Brasil | *Printed in Brazil*

SOBRE OS COORDENADORES

Atalá Correia
Doutorando e Mestre em Direito Civil pela USP. Professor do Instituto Brasiliense de Direito Público (IDP). Juiz de Direito no Tribunal de Justiça do Distrito Federal e Territórios.

Fábio Jun Capucho
Doutor em Direito Civil pela Faculdade de Direito da USP. Mestre em Direito Civil pela mesma instituição. Professor da Escola Superior da Magistratura de Mato Grosso do Sul. Procurador do Estado de Mato Grosso do Sul. Diretor do Centro de Estudos da Associação Nacional dos Procuradores dos Estados e do Distrito Federal (ANAPE) de 2014 a 2017, eleito para implantar a Escola Nacional da Advocacia Pública Estadual da ANAPE no triênio 2017-2020. Professor da Escola de Direito do Ministério Público - EDAMP.

SOBRE OS AUTORES

Adriana Caldas do Rego Freitas Dabus Maluf
Advogada e Nutricionista. Professora de Direito Civil e Biodireito do Centro Universitário UniFMU. Mestre e Doutora em Direito Civil pela Faculdade de Direito da Universidade de São Paulo (USP). Membro efetivo da Comissão de Bioética, Biodireito e Direito Médico da Ordem dos Advogados do Brasil (OAB/SP).

Alcides Tomasetti Jr.
Professor Doutor na Faculdade de Direito da USP.

Andrea Hototian
Mestre em Direito Civil pela Faculdade de Direito da USP.

Anna Ascenção Verdadeiro de Figueiredo
Advogada. Mestranda em Direito Civil pela USP.

Antonio Carlos Morato
Advogado. Professor-associado do Departamento de Direito Civil da Faculdade de Direito da USP. 2º Vice-Presidente da Comissão de Direito Autoral e de Entretenimento da OAB/SP. Membro da Comissão de Propriedade Intelectual do Instituto dos Advogados de São Paulo (IASP). Membro do Instituto Interamericano de Direito de Autor (IIDA). Membro da Associação Portuguesa de Direito Intelectual (APDI).

Atalá Correia
Doutorando e Mestre em Direito Civil pela USP. Professor do Instituto Brasiliense de Direito Público (IDP). Juiz de Direito no Tribunal de Justiça do Distrito Federal e Territórios.

Carlos Alberto Dabus Maluf
Advogado. Professor Titular em Direito Civil na Faculdade de Direito da USP. Mestre, Doutor e Livre-docente em Direito Civil pela Faculdade de Direito da USP. Conselheiro do IASP.

Claudio Luiz Bueno de Godoy
Professor do Departamento de Direito Civil da Faculdade de Direito da USP. Desembargador do Tribunal de Justiça do Estado de São Paulo.

Eduardo C. B. Bittar
É Professor-associado do Departamento de Filosofia e Teoria Geral do Direito da Faculdade de Direito da Universidade de São Paulo (Brasil - USP). É Doutor (1999) e Livre-Docente (2003) pelo Departamento de Filosofia e Teoria Geral do Direito da Faculdade de Direito da USP. Foi Secretário-Executivo (2007-2009) e Presidente (2009-2010) da Associação Nacional de Direitos Humanos (ANDHEP). Foi Membro Titular do Conselho da Cátedra Unesco de "Educação para a Paz, Direitos Humanos, Democracia e Tolerância", do IEA - USP (2007-2010). Foi Membro do Comitê de Área do Direito - Capes (2010). Foi 2º Vice-Presidente da Associação Brasileira de Filosofia do Direito (Abrafi - IVR/Brasil, 2009-2016). É Membro Titular do Grupo de Pesquisas Direitos Humanos, Democracia, Política e Memória do Instituto de Estudos Avançados da Universidade de São Paulo - IEA/USP.

Eduardo de Oliveira Leite
Advogado e Escritor. Doutor em Direito Privado pela Faculdade de Direito da Universidade de Paris/França. Pós-Doutor em Direito de Família pela Centre du Droit de la Famille da Universidade Jean Moulin (Lyon/França). Professor Titular na Faculdade de Direito da Universidade Federal do Paraná (UFPR). Professor Titular de Direito de Família na Faculdade de Direito da Universidade Estadual de Maringá (UEM). Professor Adjunto de Direito Civil na Universidade Tuiuti do Paraná (UTP).

Eduardo Tomasevicius Filho
Professor-associado do Departamento de Direito Civil da Faculdade de Direito da USP.

Eneas Matos
Advogado. Professor Doutor da Faculdade de Direito da USP. Mestre pela Universität Hamburg - Alemanha. Doutor pela Faculdade de Direito da USP.

Erich Bernat Castilhos
Advogado. Mestre em Direito Civil pela USP. Membro da Comissão de Mídia e Entretenimento do IASP.

Fábio Jun Capucho
Doutor em Direito Civil pela Faculdade de Direito da USP. Mestre em Direito Civil pela mesma instituição. Professor da Escola Superior da Magistratu-

ra de Mato Grosso do Sul. Procurador do Estado de Mato Grosso do Sul. Diretor do Centro de Estudos da Associação Nacional dos Procuradores dos Estados e do Distrito Federal (ANAPE) de 2014 a 2017, eleito para implantar a Escola Nacional da Advocacia Pública Estadual da ANAPE no triênio 2017/2020. Professor da Escola de Direito do Ministério Público – EDAMP.

Fernando Campos Scaff
Advogado. Professor Titular da Faculdade de Direito da USP. Livre-docente, Doutor, Mestre e Bacharel pela Faculdade de Direito da USP.

Giselda Maria Fernandes Novaes Hironaka
Professora Titular da Faculdade de Direito da USP. Doutora e Livre-docente pela Faculdade de Direito da USP. Coordenadora Titular do Programa de Pós-graduação *stricto sensu* da Faculdade Autônoma de Direito de São Paulo (FADISP). Coordenadora Titular da Área de Direito Civil, nos Cursos de Pós-graduação *lato sensu* da Escola Paulista de Direito (EPD). Ex-Procuradora Federal.

Guilherme Carboni
Advogado. Professor da FGVLaw. Doutor e Mestre em Direito Civil pela Faculdade de Direito da USP. Pós-Doutor pela Escola de Comunicações e Artes (ECA) da USP, sob financiamento da FAPESP

Heleno Taveira Torres
Advogado. Professor Titular de Direito Financeiro da Faculdade de Direito da USP.

Ivana Có Galdino Crivelli
Advogada. Sócia de Có Crivelli. Mestre e Doutoranda em Direito Civil pela Faculdade de Direito da USP. Diretora da Associação Brasileira de Direito Autoral. Ex-Presidente da Associação Paulista da Propriedade Intelectual.

Janaina Conceição Paschoal
Advogada. Professora Livre-docente de Direito Penal na USP.

José Carlos Costa Netto
Desembargador do Tribunal de Justiça de São Paulo. Mestre e Doutor em Direito Civil pela Faculdade de Direito da USP.

Luísa Baran de Mello Alvarenga
Procuradora do Estado de São Paulo. Mestre em Direito Civil pela Faculdade de Direito da USP.

Marcia Sadi Haron Cardoso

Mestre em Direito Civil pela USP. Advogada. Bacharel em Letras - Português e Inglês pela Faculdade de Filosofia, Letras e Ciências Humanas -FFLCH da USP, e Licenciatura Plena em Português e Inglês pela Faculdade de Educação da USP. Professora especialista em exames internacionais de língua inglesa para as diferentes finalidades de estudos, publicações e apresentações no exterior. Ex-examinadora oficial da Universidade de Cambridge - UK, no Brasil. Tradutora. Coordenadora de cursos da plataforma TRADJURIS - www.tradjuris.com.br - especializada em Inglês Jurídico e *Common Law* (ensino, tradução e versão).

Marco Fábio Morsello

Juiz de Direito em São Paulo. Professor Doutor de Direito Civil na Faculdade de Direito da USP. Doutor em Direito Civil pela Faculdade de Direito da USP. Professor e Coordenador na Escola Paulista da Magistratura. *Visiting Professor* da Univesità degli Studi di Sassari.

Maria Cristina de Almeida Bacarim

Juíza de Direito do Estado de São Paulo. Mestre em Direito Civil pela Faculdade de Direito da USP. Especialista em Direito Público pela Escola Paulista da Magistratura.

Maria Vital da Rocha

Doutora em Direito Civil pela Faculdade de Direito da USP. Professora adjunta da Faculdade de Direito da UFC, lecionando na graduação, no mestrado e no doutorado. Professora e coordenadora do curso de Direito Centro Universitário 7 de Setembro. Membro do Instituto dos Advogados do Ceará.

Patrícia Iglecias

Professora-associada do Departamento de Direito Civil da Faculdade de Direito da USP. Livre-docente, Doutora e Mestre em Direito pela USP. Sócia fundadora de Iglecias & Famá Advogados. Superintendente de Gestão Ambiental da USP. Foi Secretária de Estado do Meio Ambiente em São Paulo (2015-2016).

Regina Beatriz Tavares da Silva

Pós-Doutora em Direito da Bioética pela Faculdade de Direito da Universidade de Lisboa (FDUL). Doutora e Mestre em Direito Civil pela Faculdade de Direito da USP. Presidente Nacional da Associação de Direito de Família e das Sucessões (ADFAS). Professora Titular no Curso de Mestrado em Direito Privado e Relações Sociais do Centro Universitário 7 de Setembro - UNI7. Diretora de Relações Institucionais da União dos Juristas Católicos de São Paulo - UJUCASP (2018-2021). Titular da Cadeira n. 39 da Academia Paulista de Letras Jurídicas

(APLJ). Coordenadora, Professora e Palestrante em vários cursos, congressos e jornadas realizados no Brasil e em outros países. Sócia fundadora do escritório de advocacia Regina Beatriz Tavares da Silva Sociedade de Advogados.

Rodrigo Moraes

Professor de Direito Civil, Direito Autoral e Propriedade Industrial da Faculdade de Direito da Universidade Federal da Bahia (UFBA). Mestre em Direito Privado e Econômico pela UFBA. Doutor em Direito Civil pela USP. Procurador do Município do Salvador e advogado. Diretor e sócio da Associação Brasileira de Direito Autoral (ABDA). Sócio da Associação Brasileira da Propriedade Intelectual (ABPI), da Associação Portuguesa de Direito Intelectual (APDI) e do Instituto Interamericano de Direito de Autor (IIDA). Presidente da Comissão de Propriedade Intelectual da OAB/BA. Autor do livro *Os direitos morais do autor: repersonalizando o Direito Autoral.*

Rogério da Silva e Souza

Mestre em Direito pela Universidade de Fortaleza e Doutorando em Direito na Universidade Federal do Ceará. Advogado e professor de graduação e pós-graduação em Direito no Centro Universitário Estácio do Ceará.

Rui Geraldo Camargo Viana

Professor Titular de Direito Civil da Faculdade de Direito da USP. Regente dos cursos de Doutorado e Mestrado (especialização em nível de pós-graduação). Professor da Faculdade de Direito da USP. Professor de Direito Civil na Faculdade Paulista de Direito da Pontifícia Universidade Católica de São Paulo (PUC/SP). Professor de Direito Romano na Universidade Estadual Paulista (UNESP). Professor de Direito Ambiental da PUC/Santos. Professor Titular de Pós-graduação da Universidade Estadual de Londrina (UEL), Fundação Toledo de Ensino, PUC/Campinas e Universidade Católica de Santos. Desembargador Aposentado do Tribunal de Justiça de São Paulo.

Tauanna Gonçalves Vianna

Mestre em Direito Civil pela USP. Graduada pela mesma instituição.

Umberto Cassiano Garcia Scramim

Procurador Federal. Mestre em Direito Civil pela Faculdade de Direito da USP. Doutorando pela Faculdade de Direito da USP. Pós-graduação em Direito Processual pela Universidade do Sul de Santa Catarina (UNISUL) e em Direito Civil pela Universidade Anhanguera/Uniderp. Graduado em Direito pela UEM. Professor de Direito Civil e Processo Civil na Universidade Paranaense (UNIPAR) e em outros cursos de especialização.

SUMÁRIO

APRESENTAÇÃO

O fim da educação é desenvolver em cada indivíduo toda a perfeição de que ele é capaz.
Kant

Diz-se que o bom professor é aquele capaz de ensinar o aluno a caminhar sozinho. Se é assim, a análise da obra e do conjunto de discentes pode dizer muito sobre quem foi o mestre comum.

Partindo desta ideia, um grupo de antigos alunos, representado pelos signatários, decidiu prestar singela homenagem à Professora Silmara J. A. Chinellato, com a organização de um livro em comemoração a seus trinta anos de docência. Com o mesmo intuito, integraram-se a esse grupo diversos de seus colegas de docência, tanto do Departamento de Direito Civil quanto de outras áreas, e com quem ela conviveu e ainda convive.

Sem perder seu carisma, ao longo de décadas como docente na Faculdade de Direito do Largo de São Francisco, a Professora Silmara J. A. Chinellato dedicou-se a construir o caráter de centenas de alunos. Apresentou a eles um instigante direito civil contemporâneo. As questões de Direito da Personalidade, de bioética, de responsabilidade civil, de direito de autor e de direito do consumidor sempre foram o cerne de suas preocupações, de suas aulas e do aprendizado que incentivou. Suas lições insistem em nos lembrar que o direito é vida em andamento, e não mera reminiscência histórica.

O vigor de sua obra, com muita justiça, alçou-a ao posto de Professora Titular no Departamento de Direito Civil de nossa querida faculdade em 2009, mediante defesa da tese intitulada *Direito de autor e direitos da personalidade: reflexões à luz do Código Civil*. Sua trajetória iniciou-se em 1983, quando defendeu seu doutorado sob orientação de Rubens Limongi França. Na ocasião, brindou-nos com a tese *Tutela civil do nascituro*, em que advogou corajosamente em favor da visão concepcionista, hoje consagrada por inúmeros autores e pelos tribunais, inclusive do Supremo Tribunal Federal (STF). Logo após, em fevereiro de 1986, foi nomeada Professora Doutora, iniciando formalmente sua carreira docente. Passou a colaborar proficuamente com Carlos Alberto Bittar e publicou uma de suas principais obras, *Do nome da mulher casada: direito de família e direitos da personalidade*. Em 2001, alcançou a Livre-docência, ocasião em que dissertou sobre *Reprodução humana assistida: aspectos civis e bioéticos*. Entre 1980 e 1995, atuou como Procuradora do Estado de São Paulo. Ao longo de sua carreira, coordenou obras como *Código Civil interpretado – artigo por artigo, parágrafo por parágrafo* e *Pessoa humana e Direito* (esta em Portugal), além de ter publicado inúmeras obras, artigos e capítulos e recebido inúmeras premiações.

A presente obra pretende apresentar um conjunto sistemático de exposições complementares entre si, que tangenciam os principais pontos do estudo dos direitos da personalidade, contando com o conhecimento e a experiência individual de cada autor. A obra estruturou-se em torno de quatro eixos temáticos:

1. **Aspectos gerais do Direito da Personalidade.** A primeira parte da obra cuida dos aspectos filosóficos do Direito da Personalidade, da existência de um direito geral da personalidade, assim como da relação entre os aspectos constitucionais e civis do problema.
2. **Direitos da Personalidade em Espécie.** A segunda parte da obra dedica-se a tratar de direitos da personalidade em espécie, como a liberdade de identidade sexual, a faculdade de modificação corporal, direito de imagem, aspectos do Estatuto da Pessoa com Deficiência, consentimento informado em reprodução humana assistida e direito à intimidade religiosa. Também é dedicada atenção à relação dos direitos da personalidade com a proteção ao meio ambiente e com as relações de consumo.
3. **Direitos de Autor.** Para bem representar os direitos da personalidade relacionados à criação do intelecto, a terceira parte da obra trata da primazia do direito moral de autor como Direito da Personalidade, dos critérios para reparação dos danos extrapatrimoniais causados nessa seara, do direito de arena e dos direitos do intérprete na música orquestrada. Há atenção especial para a relação dos direitos de autor com a propriedade industrial.
4. **Direitos da Personalidade no Contexto Familiar.** A parte final da obra cuida dos direitos da personalidade em contexto familiar. Há especial destaque para autoridade parental, temas de bioética, poligamia, investigação de paternidade e dever de respeito e consideração mútuos.

Por fim, e para bem documentar parte de sua trajetória, acrescentou-se à obra o discurso proferido por Dalmo de Abreu Dallari na posse de Silmara J. A. Chinellato como Professora Titular, além da lista de seus orientandos.

ATALÁ CORREIA E FÁBIO JUN CAPUCHO
(coordenadores)

PREFÁCIO

Honra-me, incomensuravelmente, o convite que, emocionada, recebo para prefaciar esta obra formidável, escrita a tantas mãos, mas com um só destino, isto é, o de homenagear a Professora Titular Silmara Juny de Abreu Chinellato, na ocasião em que comemora seus 30 anos de docência.

Nada mais justo, nada mais acertado, nada mais correto do que esta homenagem que prestam à ilustre Professora Titular das Arcadas seus ex-discípulos Atalá Correia e Fábio Jun Capucho, coordenadores da obra por tantas outras mãos e inteligências escrita, de tantos outros alunos, discípulos, seguidores e amigos da homenageada. Entre eles, e felizmente, eu mesma, graças à amizade de "tantas luas e lutas", como gosta de dizer – a nosso respeito – a minha colega Silmara Chinellato.

Como bem descreveram os coordenadores da obra, no convite que a todos os colaboradores enviaram, a Professora Silmara Chinellato dedicou importantíssima parte de sua vida acadêmica a formar mentes e construir o caráter de centenas de alunos que com ela estiveram, ao longo de tão rica e profícua trajetória. Este livro é escrito principalmente por esses ex-discípulos, cada um deles rendendo a mais rica e merecida homenagem a esta estudiosa e corajosa mulher que fez da vida acadêmica e da docência momentos de infinita importância em sua vida reta, discreta e extraordinariamente proficiente no sentido da criação intelectual.

Quando penso na Professora Silmara, imediatamente me ocorre uma imagem que não sei bem se corresponde a uma verdadeira memória ou se a criei em meus sonhos. Não sei se ouvi dela mesma a descrição desta cena que hoje compõe a imagem ou se a idealizei, eu mesma, de acordo com a minha visão a respeito do episódio. Trata-se de voltar no tempo, ao ano de 1967, em uma plataforma de ferrovia em Limeira, cidade natal de Silmara, no Estado de São Paulo. A cena mostra uma linda moça, contornada por uma bela aura de esperança e fé, quase uma menina - talvez uma menina a um tempo assustada e decidida -, carregando uma pequena mala e viajando em direção ao futuro que escolhera, vale dizer, estudar Direito na Faculdade de Direito do Largo de São Francisco. Inteligência e determinação não lhe faltaram para esta conquista, nem um pouco fácil, naquele tempo. Ainda que inteligência não fosse sua única virtude (e eu não posso deixar de dizê-lo e de registrá-lo aqui), pois Deus lhe concedeu também o dom da voz perfeita para a canção que encanta a alma. Como é linda a voz de Silmara...

Na graduação, desde logo, mostrou-se estudante excepcional, o que chamou logo a atenção de seus docentes, entre eles, especialmente, os Professores Catedráticos Rubens Limongi França, Washington de Barros Monteiro e Carlos Alberto Bittar. Eu mesma cheguei à graduação da Faculdade de Direito do Largo de São Francisco no ano seguinte ao do ingresso da Professora Silmara, e posso afiançar, porque com ela convivi, que esses mestres nutriam por ela grande admiração e respeito.

Rubens Limongi França a influenciou vivamente. Silmara se refere a ele com frequência, sempre com a mesma memória de gratidão e sempre com a lembrança boa de ter sido ele um de seus principais incentivadores. O grande mestre das Arcadas muito bem sabia o que estava fazendo nascer, ou seja, muito bem sabia as sementes que estava a regar. E Silmara efetivamente floresceu.

Formada, dividiu seu destino em três percursos distintos, mas que se completavam entre si, para planejar, para ela, uma vida inteira, no sentido de alcançar, nutrir os seus anseios e sonhos: (i) ingressou por concurso público na carreira de Procuradora do Estado de São Paulo, (ii) escolheu construir sua vida familiar, casando-se e tendo dois ótimos filhos, Daniela e Marcelo, e (iii) ingressou no curso de pós-graduação *stricto sensu* da nossa Faculdade (esses cursos fundavam-se no país exatamente naquele momento, e Silmara é das pioneiras vitoriosas).

Quanto à sua carreira de Procuradora Estadual, a imagem e o legado que deixou são o da correção de conduta e de caráter, primando pela legalidade e pela atenção ao cumprimento de seus deveres, na defesa dos interesses públicos. Entre os anos de 1980 e 1995, a Procuradora Silmara Chinellato cumpriu o percurso da trajetória pública, honrou o seu Estado de origem, e aposentou-se, após anos de serviço bem prestado e de dever bem cumprido.

Na vida familiar, Silmara hoje é, principalmente, a avó de Pedro. Foi tocada, como tantas de nós, por este amor incrível que dedicamos a uma pequena criatura que chega em nossas vidas e em nossos braços, de repente, e nos arrebata inteiramente. É isso, de ser avó, que tem deixado tão mais brilhante o olhar da grande jurista Silmara Chinellato. Às vezes, eu a imagino cantando para ele. Uma criança de sorte.

Quanto à carreira acadêmica, iniciada em 1983, quando defendeu seu doutorado, orientada pelo Professor Rubens Limongi França, a Professora Silmara Chinellato escreveu importante e pioneira tese denominada *Tutela civil do nascituro*, assentando seu pensamento científico em favor da visão concepcionista, hoje consagrada por inúmeros autores e pelos Tribunais, incluindo a nossa mais alta Corte de Justiça. Fez seu concurso público para o ingresso na carreira docente em 1986 e tornou-se Professora Doutora da Faculdade de Direito na qual estudou. Em 2001, alcançou a sua Livre-docência por meio de concurso público, no qual defendeu a tese denominada *Reprodução humana assistida: aspectos civis e bioéticos*, mais um marco significativo para a profícua evolução do Direito brasileiro, associado a outras ciências e saberes, conjugação esta que ela desenvolve com brilhantismo inegável. A titularidade, momento máximo de sua carreira docente, foi alcançada pela ilustre homenageada em 2009, mediante vitoriosa defesa da tese intitulada *Direito de autor e direitos da personalidade: reflexões à luz do Código Civil.*

Esses temas relacionados aos direitos da personalidade, à bioética e ao direito de autor associaram-se a outros grandes temas contemporâneos e importantes de suas pesquisas nas áreas de responsabilidade civil, direito do consumidor, entre outros. Sua produção científica é consideravelmente destacada na biblioteca jurídica de profissionais do direito, acadêmicos e estudiosos em todos os níveis. Destaca-se ainda, entre suas principais obras, importante trabalho que – mais uma vez e como é de seu feitio de pesquisadora – conjugou o direito de família com os direitos da personalidade, sob o título *Do nome da mulher casada: direito de família e direitos da personalidade.* Além disso, coordenou uma utilíssima obra denominada *Código Civil interpretado – artigo por artigo, parágrafo por parágrafo*, que teve excelente aceitação no meio jurídico. Coordenou também, juntamente com o reconhecido docente português Diogo Leite de Campos, importante obra luso-brasileira centralizada na pessoa humana, denominada justamente *Pessoa humana e Direito.* Esse mesmo ilustre docente convidou-a para lecionar, como docente estrangeira convidada, no programa de mestrado da Faculdade de Direito de Coimbra, em Portugal. Além dessas obras que cito, deve ficar registrado que a produção científica e técnica da Professora Titular Silmara Chinellato é muito significativa e singularmente importante, desenvolvendo-se em artigos, capítulos de livros, pareceres e tantas outras contribuições. Por toda essa trajetória destacadamente rica, a Professora foi várias vezes premiada.

Em seu belo e emocionante discurso de posse na posição de Professora Titular da Faculdade de Direito da Universidade de São Paulo, Silmara disse uma frase que me deixou segura de ser aquela a súmula de sua área de interesses em suas pesquisas:

> No desenvolver de minhas pesquisas e da docência, ficou clara para mim a concepção antropocêntrica, enfatizada na fragilidade e vulnerabilidade da pessoa natural, em qualquer fase de sua vida, na quarta era dos Direitos, na denominação de Norberto Bobbio, a da Biomedicina e das Telecomunicações.

Enfim – e novamente agradecendo a feliz oportunidade –, deixo, neste prefácio, o registro sincero de minha amizade e admiração pela amiga e colega, Professora Titular Silmara Juny de Abreu Chinellato, desejando que esta obra coletiva, realizada e composta pelos que a homenageiam, obtenha o mesmo destino bem-sucedido de toda a sua própria construção científica, e que esteja sempre entre os principais livros nas bibliotecas de estudiosos de todo o país e no exterior.

PROFESSORA TITULAR GISELDA MARIA FERNANDES NOVAES HIRONAKA
Professora Titular da Faculdade de Direito da USP.

DISCURSO DO PROF. DALMO DE ABREU DALLARI NA POSSE DE SILMARA J. A. CHINELLATO COMO PROFESSORA TITULAR DE DIREITO CIVIL EM 29 DE ABRIL DE 2010

Saudação à Homenageada:[1]

Excelentíssimo Senhor Diretor desta faculdade; eminente Professor Antonio Magalhães Gomes Filho; eminentes senhores professores aqui presentes; ilustres representantes de entidades que, de alguma forma, têm ligação com esta escola e com sua história; minhas senhoras; meus senhores; caros alunos; caros funcionários.

Estamos aqui reunidos para celebrar solenemente a posse da eminente Professora Doutora Silmara Juny de Abreu Chinellato como Professora Titular e, consequentemente, membro da douta congregação desta faculdade, cuja história se confunde com a história do pensamento jurídico e de toda a vida pública brasileira.

Esta solenidade é muito rica de significado, tendo suas raízes nas antigas tradições da Universidade de Coimbra. O que celebramos aqui é a recepção de um novo membro, que é, no caso, a Professora Silmara Chinellato, no patamar máximo da confraria de uma comunidade de estudos e ações em busca da Justiça por meio do Direito. A partir de agora, ela é membro da preclara Congregação, o que significa uma grande honra, mas implica também uma enorme responsabilidade.

É oportuno lembrar que essa honra foi conquistada mediante a comprovação, pelos antecedentes e também por um questionamento imediato e direto de seus elevados méritos intelectuais, de sua identificação com os valores fundamentais e dos objetivos humanistas desta Escola de Direito, como

---

1. Com gentil transcrição dos áudios originais por Anna Ascenção Verdadeiro de Figueiredo.

também da disposição de compartilhar seus conhecimentos e os frutos de sua experiência com os que buscam o campo do Direito para a realização de um ideal de vida e para promover o bem da humanidade.

A rememoração, ainda que em largos traços do que já fez, do que tem sido e do que se dispõe a fazer a ilustre jurista, agora alçada à elevada condição de professora titular, tudo isso deixa evidente a justiça de sua aprovação para integrar o colegiado máximo desta tradicional Faculdade de Direito.

Ressalte-se, desde logo, que toda a sua carreira no campo jurídico é uma reafirmação constante de sua crença no direito, implicando a busca de novos horizontes teóricos, mas também a busca de contato com a ordem prática, tanto para o conhecimento dos aspectos práticos da aplicação da normatividade jurídica, quanto para dar sua contribuição à busca de Justiça em situações concretas.

Assim é que, na condição de acadêmica de Direito, foi estagiar no Departamento Jurídico do Centro Acadêmico XI de Agosto, instituição pioneira nos serviços de assistência judiciária no Brasil, devendo-se ainda acrescentar que, mesmo depois da obtenção do bacharelado, não deixou de manter ligação com esse departamento, com o qual se identificou plenamente.

Um aspecto muito expressivo da formação da Professora Silmara Chinellato é a amplitude de seu preparo e de sua experiência. Com efeito, desde sua iniciação no mundo das especulações teóricas e da prática no mundo do direito, sentiu-se atraída pela temática básica do direito civil, sobretudo pelas questões relativas aos direitos da personalidade e ao direito de família, áreas em que acabou concentrando suas incursões teóricas e suas atividades práticas, assim como sua docência. Entretanto, não ficou distanciada do Direito Público, tendo mesmo mantido intensa atividade nesse campo, bastando assinalar que, mediante concurso público, obteve, primeiro, a condição de Procuradora do Município de São Paulo e, posteriormente, a de Procuradora do Estado de São Paulo, tendo atuado em diversos setores da Administração Pública, sendo, assim, uma civilista com amplo conhecimento dos aspectos normativos e práticos do Direito Público.

Graças à solidez de seus conhecimentos e à autenticidade de sua vocação jurídica, refletidos no elevado nível ético e intelectual de seu desempenho, é hoje uma das mais prestigiosas advogadas paulistas na área cível, especialmente nos campos relativos à Propriedade Intelectual e ao Direito Autoral, nos quais tem desenvolvido, em concomitância, parte substancial de suas atividades de docência, pesquisa e produção teórica.

Um aspecto fundamental da carreira jurídica da ilustre Professora Silmara Chinellato, que hoje é solenemente recepcionada como Professora Titular, é a grande intensidade de suas atividades no Brasil e no exterior, abrangendo o exercício da docência, a participação ativa em eventos, a assessoria a instituições públicas ou que buscam a satisfação do interesse público por meios jurídicos, bem como a publicação de trabalhos muito apreciados e frequentemente citados.

Sua titulação, obtida por meio da defesa pública de suas teses, é bem a comprovação de uma carreira intensa e coerente, fundada em sólidos conhecimentos e na percepção das mais recentes transformações das concepções jurídicas em face de mudanças muito significativas nas relações sociais.

Com efeito, graduada em Direito nas arcadas do Largo de São Francisco, em 1971, jamais se desligou desta Escola, onde, no ano de 1983, obteve o doutorado, com base numa tese intitulada *Tutela civil do nascituro*.

Sempre dedicada aos estudos e às pesquisas e atenta às inovações teóricas e normativas do Brasil e do exterior, em 2001, conquistou aqui a Livre-docência, tendo apresentado tese inovadora sobre o tema *Reprodução humana assistida: aspectos civis e bioéticos*.

Atenta ao surgimento da bioética como resultado de avanços científicos e tecnológicos, procurou analisar e avaliar essas inovações à luz dos conceitos consagrados pela doutrina jurídica, relativos aos direitos da personalidade.

Depois disso, intensificou suas atividades docentes, participando de inúmeros cursos em vários estados brasileiros e também fora do Brasil. Merecem especial referência sua participação em congressos e outros eventos na Itália e em Portugal. Neste último país, exerceu a docência como Professora Visitante da Faculdade de Direito da Universidade de Coimbra e Professora Convidada da Universidade Católica Portuguesa de Lisboa.

Todas essas atividades foram levadas a efeito pela eminente Professora Silmara Chinellato sem abandonar seu empenho no estudo e na atualização dos conceitos dos direitos imateriais e dos direitos autorais, do que resultou substancioso trabalho, que lhe propiciou a aprovação em concurso público para Professora Titular dessa tradicional Academia de Direito no ano de 2009, defendendo tese que intitulou *Direito de autor e direitos da personalidade: reflexões do Código Civil*.

Além de tudo quanto foi exposto e de sua grande dedicação como orientadora de um elevado número de dissertações de mestrado e teses de doutorado, a eminente Professora, trabalhadora dinâmica e incansável, produziu grande número de textos jurídicos, disso resultando dois livros com enfoque inovador de temas fundamentais do Direito: um sobre o "nome da mulher casada" e outro, com teses também inovadoras, sobre "tutela civil do nascituro", além de ter dado contribuição relevante em obras coletivas, publicadas no Brasil e no exterior.

Como exemplo da modernidade e do valor de seus trabalhos, é oportuno assinalar que, no ano de 2005, obteve a primeira colocação em concurso de monografias promovido pelo Instituto dos Advogados de São Paulo, tendo apresentado trabalho sobre *Aplicação terapêutica de células-tronco embrionárias: responsabilidade civil.*

Por tudo isso e por muito mais que poderia ser acrescentado, ficam mais do que evidentes o acerto e a justiça de sua aprovação para Professora Titular e, em decorrência, para membro da douta congregação desta Faculdade, deste templo do Direito, repositório e formador de grandes talentos jurídicos.

Os antecedentes da nova Professora Titular, suas qualidades amplamente comprovadas, como seu dinamismo, sua capacidade criadora, sua postura ética e sua fidelidade aos princípios fundamentais do Direito consagrados na Declaração Universal dos Direitos Humanos e na Constituição Brasileira, tudo isso leva à certeza de que ela dará contribuição relevante para a preservação e o enriquecimento das nobres tradições das prestigiosas arcadas franciscanas.

Eminente Professora Silmara Juny de Abreu Chinellato, na condição de antigo aluno, professor e ex-diretor desta nossa prestigiosa academia, dou-lhe as boas-vindas à congregação dos notáveis desta escola; que o espírito da velha e sempre nova academia ilumine sua trajetória e que sua dedicação e seu esforço sejam coroados de êxito, para que, com sua valiosa participação, esta Faculdade de Direito seja, cada vez mais, uma fonte irradiadora da veneração da Justiça e da defesa do Direito, condições essenciais para que a humanidade possa viver em paz.

Era o que eu tinha a dizer.

DALMO DE ABREU DALLARI
Professor Emérito da Faculdade de Direito da USP.

PRIMEIRA PARTE

Aspectos gerais do direito da personalidade

Na parte primeira desta obra, buscou-se apresentar ao leitor um olhar sobre aspectos filosóficos tanto do direito da personalidade e da existência de um direito geral da personalidade, como da relação entre os aspectos constitucionais e civis do problema.

CAPÍTULO 1
Desafios atuais dos direitos da personalidade

Claudio Luiz Bueno de Godoy

Introdução

Em boa medida, hoje está assentada, do ponto de vista teórico, a categoria fundamental dos direitos da personalidade em nosso ordenamento. Tais direitos se afirmaram no Brasil ao longo de anos de desenvolvimento da doutrina, e mesmo de sua positivação, desde a própria Constituição Federal e até que o Código Civil de 2002 lhes dedicasse capítulo próprio, malgrado não exauriente e, menos ainda, infenso a problemas. Seja como for, parece-se por agora questão diversa, que diz mesmo com sua real redefinição à luz das circunstâncias em que hoje estão imersos. Senão isso, sua compreensão em termos mais atuais, rentes à constatação de que, de um lado, se prodigalizam novas manifestações desses direitos e, ao mesmo tempo, novas ofensas que se lhes assacam. Tal o que determina a verificação de novas perspectivas reservadas ao estudo dos direitos da personalidade e de suas consequências ao regime jurídico a eles estabelecido.

A reflexão que se pretende fazer neste estudo, a rigor, segue o debate que, na doutrina mais recente, se tem posto a respeito do assunto, mesmo alhures, como se verá, e parte da constatação de um verdadeiro paradoxo que – acredita-se – vivem os direitos da personalidade. E em face dele é que caberá ponderar o que parece relevante à análise de seu regime jurídico, de sorte a assegurar que não se perca ou subalternize sua essência valorativa, o que realmente lhes dá amparo. Pior, transformando a categoria em expressão de poder e de individualismo exacerbado, bem ao sabor de uma era que seja só de direitos, como já foi preciso salientar, e não também dos deveres que lhes são correlatos. Mas, em contrapartida, e a agudizar o paradoxo, ao mesmo tempo impedindo-se também que, sem a exata compreensão da essência desses direitos existenciais, criem-se ou ampliem-se restrições indevidas a seu gozo.

Claro que tudo se colocará, mesmo pelos limites deste estudo, muito mais no campo das provocações que se entende possam contribuir à discussão do tema. Menos ou nenhum, então, será o desiderato de já fixar balizas exaustivas a definir o que se possa supor serem novas perspectivas seguras da matéria. Porém, o que não autoriza se deixe sem questionamento o estágio atual do estudo dos direitos da personalidade, como se não se sujeitassem – ou seu regime jurídico – a um teste de validez diante dos desafios da contemporaneidade. Não parece estar autorizado concluir que a evolução da matéria traduza um ciclo já completo, a despeito de seu reconhecimento comum. Ainda há que se evoluir no trato do tema, inclusive para que os direitos da personalidade não se desviem de sua natureza e propósito, para que não sirvam ao fim oposto ao qual foram concebidos ou descobertos.

Tal o que se fará, primeiro, descrevendo-se, no item logo a seguir, o que se imagina ser problema atual dos direitos da personalidade, o paradoxo que enfrenta, para, depois, nos itens seguintes, aferir em que medida ele se reflete em aspectos básicos do instituto, desde sua conceituação, identificação, tipologia e características. Assim para, ao final, ao menos se procurar indicar aspectos a considerar – e não considerar – a fim de se dar tratamento próprio a esses direitos e mesmo definir o que se supõe ser sua afirmação contemporânea: a afirmação contemporânea dos direitos da personalidade.

O problema atual dos direitos da personalidade e suas consequências

Vem de se afirmar que os direitos da personalidade vivem ou atravessam um momento paradoxal. E este parece ser o problema a encarar, mesmo diante dos reflexos que daí se extraem não só à sua própria identificação ou conceituação, como, ainda, para o regime jurídico que a eles se reserva. E o paradoxo está em que, de um lado, dada a hipercomplexidade contemporânea, o desenvolvimento da ciência, a imediatidade da comunicação e seus canais cada vez mais diversificados, conformando uma era chamada de sociedade informacional, de relações especializadas e multiplicadas, crescem as formas de afronta a direitos essenciais. Não foi sem motivo que Bobbio identificou, em parte acrescida de seu *A era dos direitos* (a quarta parte, incorporada a partir da segunda edição italiana), o que verdadeiramente traduz, em tempos atuais e na sua visão, a luta pela tutela dos direitos por ele considerados de quarta geração, assim diante da ameaça constante, hoje, não mais do poder religioso, político ou econômico, mas, sim, das conquistas da ciência e de sua aplicação, do perigo representado pelo armazenamento e manipulação de dados pessoais, do risco ao próprio patrimônio genético.[1] E o fato é que se, nesta quadra, prodigalizam-se os eventos danosos, sempre sob novo color, ao mesmo tempo, sobreleva a importância da categoria dos direitos da personalidade e de sua efetiva proteção. Ainda mais, descobrem-se ou autonomizam-se novos direitos da personalidade, que concorrem a preservar um conteúdo densificado da pessoa humana, e de sorte a ampliar o raio de tutela de todas as suas renovadas virtualidades.

Porém, ao mesmo tempo, assiste-se não raro a uma hipertrofia desordenada destes direitos, a pretexto de que existenciais justamente quando esta sua essência valorativa não se revela. Ao menos verifica-se uma tendência não pouco frequente de se considerarem direitos da personalidade manifestações do que, indevidamente, se pretende sejam faculdades com esse matiz e, então, dotadas de suas características próprias, particularmente tutelares, algumas das quais, de resto, conforme se exemplificarão no item a seguir. Na advertência de Oliveira Ascensão, essa hipertrofia exagerada acaba por *empolar* a compreensão dos direitos da personalidade e desconstrói a sua noção própria, com isso desvirtuando a função a que se concebem ou reconhecem, sempre, de modo especial.[2] Muito embora, e inversamente, sem essa exata compreensão, às vezes, também até se restrinja - sem razão valorativa bastante - a plena expansão de seu gozo, como adiante se verá.

Seja como for, o cenário que então se apresenta envolve a dificuldade de reconhecer a crescente importância de os direitos da personalidade se recompreenderem e tutelarem, inclusive sob novas e autônomas manifestações, diante de diversificadas e também inéditas formas de afronta, todavia afastando-se o risco de se perder sua essência, permitindo-se que, em seu espaço de incidência, se imiscuam faculdades nunca existenciais, a pretexto de que essenciais, obstando sua exata noção e deturpando-se sua real finalidade, de assegurar e garantir o pleno desenvolvimento do ser humano.

Contudo, e ainda pior, esse desvio de perspectiva traz algumas consequências especialmente danosas. A primeira delas é o que se pode chamar de um acendrado *egocentrismo* na compreensão e no exercício dos direitos da personalidade, como se fossem prerrogativas ilimitadas ou não impusessem, ao mesmo tempo, restrições, deveres, ônus ou sacrifícios a seus titulares. A segunda, e consequente, é o espaço aberto a que os direitos da personalidade, assim tomados, favoreçam um real *discurso de poder*, isto é, sirvam a afirmar sempre a posição do mais forte. A terceira é sucumbir à tentação de erigir um sistema asséptico e universalizante, sem diferenciar direitos que

1. BOBBIO, Norberto. *A era dos direitos*, 2004, p.229-30.
2. ASCENSÃO, José de Oliveira. *Direito civil. Teoria geral*, 2000, p.72-107.

impliquem um núcleo intangível maior ou menor em função de sua particular conformação e de sua concreta finalidade em relação à tutela e à proteção de valores da personalidade, com isso tolhendo-se a mais ampla expansão de suas virtualidades.

Assim que, de um lado, a deturpação do fenômeno dos direitos da personalidade vai muito na senda de uma tendência atual, ao menos do Brasil, que está em olvidar, na prática, a correspondente gama de deveres e ônus que qualquer direito titulado necessariamente induz. E ao que a ciência do direito não pode concorrer. Mas tal o que se agrava no campo da categoria de que se trata porque o reflexo está na própria perda da percepção ético-valorativa do que a pessoa é. Conforme a advertência de Diogo Costa Gonçalves, tem-se o esvanecer de um conceito densificado de pessoa, transformada apenas em uma categoria formal e funcional a serviço da *intrassubjetividade* que desconhece a imperiosa realização do ser humano também na sua *intersubjetividade*, isto é, na sua forçosa dimensão relacional.[3] O conceito eticamente preenchido de pessoa se define não apenas na sua subjetividade, mas, necessariamente, também nas suas relações com o outro. E bem por isso seus direitos essenciais não são ilimitados, as escolhas que consubstanciam não são irrestritas, mas coexistentes com deveres, ônus e sacrifícios.[4]

Dessa consideração outra emerge. Uma concepção assim intrassubjetiva dos direitos da personalidade, que desconsidere inerentes limites, favorece sua concreta afirmação conforme a situação de maior força de quem os exerça, mesmo diante de outros direitos de igual hierarquia. Dissimula-se um real *discurso de poder* que passa a ser imanente à categoria.[5] Uma noção egoística e onipotente dos direitos da personalidade os transforma em instrumento de desigualdade entre os indivíduos, entre fracos e fortes, portanto entre os direitos de uns e de outros. Diferentemente de evitá-lo, fomenta-se um substancial desequilíbrio no exercício de direitos que não são de diferente matiz, como, no exemplo de Diogo Leite de Campos, quando se pensa no condutor de automóvel que vai trabalhar e tem seu circuito interrompido por um caminhão que, travando o trânsito, é estacionado por quem o descarrega também a pretexto de estar no exercício de seu trabalho.[6] Para o autor, se não há limites, "qualquer direito da personalidade é considerado superior a qualquer outro. Basta que o que o invoca esteja em posição de vantagem, seja

---

3. GONÇALVES, Diogo Costa. *Pessoa e direitos da personalidade. Fundamentação ontológica da tutela*, 2008, p.97.
4. Ibid., p.99-100.
5. Assim, na expressão de: CAMPOS, Diogo Leite de. "Os direitos da personalidade: categoria em reapreciação". In: ______. *Nós – Estudos sobre o direito das pessoas*, 2004, p.151-63.
6. Ibid., p.152.

o mais forte".[7] Ainda na sua advertência, reforça-se aqui a ideia de um ser humano absoluto, soberano, legislador de si mesmo, como se qualquer vínculo social servisse a, por isso indevidamente, objurgar o que é da natureza, assim tomados os desígnios sob a escolha ilimitada de cada qual, destarte a vontade livre do indivíduo.[8] O resultado disso, porém, é uma desigualdade material que associa os direitos da personalidade a uma relação de poder entre as pessoas.

A rigor, impende não esquecer que os direitos da personalidade atraem, além da liberdade, o valor da autonomia do indivíduo em guiar sua própria existência. Trata-se de considerar também a igualdade substancial que é preciso assegurar na tutela dos direitos essenciais, de sorte a erigir um sistema que garanta o livre desenvolvimento da pessoa ou o livre desenvolvimento de sua personalidade de modo responsável e equilibrado, que tome sua inserção na dimensão das relações com os outros. A questão se põe em dosar a tônica dos direitos da personalidade no valor da liberdade, ela própria, tomada do ponto de vista jurídico, obrigatoriamente limitada, mesmo a fim de que se assegure a liberdade de todos. É a exata diferença entre o conceito jurídico de liberdade, quando confrontada com a ideia de uma liberdade natural.[9]

Tudo isso considerado, permite-se a precisa identificação de cada direito da personalidade em sua concreta dimensão. Alcança-se mais exatamente a percepção do aspecto parcelar da personalidade que se tutela e, para tanto, o raio intangível, a lhe integrar o conteúdo, que se assegura. Resultado é a maior segurança com que se modulam os limites de gozo desses direitos pelos indivíduos e o que se reflete na compreensão de suas próprias características. Assim, e ao mesmo tempo, de sorte também a se permitir, conforme o caso, a mais ampla expansão, até da fruição dos direitos da personalidade pelos seus titulares.

Embora retomadas todas estas ideias nos itens seguintes, mesmo no item conclusivo, por ora cabe deixar marcado o paradoxo descrito e os problemas que suscita. Se se agudiza a necessidade de pleno reconhecimento dos direitos da personalidade diante de novos riscos a que expostos e, neste contexto, expandindo-se sua compreensão a manifestações autônomas a tutelar, cada vez mais crescentes, simultaneamente se colhe dessa hipertrofia a consideração de direitos como da personalidade, mas que, na realidade, não o são. E mesmo quando deles se cuida, seu acento nodal na vontade, funcio-

---

7. Ibid., p.153.
8. Ibid., p.160-1.
9. FERRI, Luigi. *La autonomia privada*, 1969, p.245-9. Ainda no mesmo sentido, segundo John Rawls, "uma redução da liberdade deve fortalecer o sistema das liberdades partilhadas por todos" (RAWLS, John. *Uma teoria da justiça*, 2000, p.334).

nalizada a escolhas completamente livres e incontidas, reforça a perda da sua essência, o desvio de sua finalidade, transformando-o em instrumento de real exercício de poder de uns sobre os outros. Ou, em contrapartida, sem o preciso entendimento do que sejam, apequenam-se todas as suas variadas possibilidades para a expansão do ser humano enquanto tal.

O direito geral da personalidade e a tipologia dos direitos da personalidade

Um ponto específico em que costumeiramente se reflete o problema até agora descrito diz com a possibilidade - e mesmo conveniência - de se admitir a existência de um direito geral da personalidade ou, antes, de se reconhecer que a categoria se assenta em tipos especiais, posto que não exaurientes, de direitos essenciais. A relação com o paradoxo exposto está na consideração sobre se, conforme o caso, de um lado não se permitiria mais ampla extensão de direitos verdadeiramente existenciais ao indivíduo; mas, de outro, se não se abriria excessivo espaço justamente a que se hipertrofiassem em demasia esses direitos, obscurecendo sua própria essência e desvirtuando sua finalidade.

O direito geral da personalidade, como é sabido, se desenvolveu na pandectista alemã do começo do século XX, com Regelsberger e von Gierke, e foi depois retomado, em meados do mesmo século, pela jurisprudência do Código Civil (CC) alemão (*Bürgerliches Gesetzbuch - BGH*), particularmente porquanto o Supremo Tribunal de Justiça alemão (*Bundesgerichtshof - BGB*) não disciplinou de modo direto os direitos da personalidade, assim em espécie, como ainda circunscreveu o ilícito à conformação do par. 823/1, razão do recurso à categoria para solução de casos concretos.[10] Para muitos entrevista, ainda, no artigo 28 do CC suíço (*Zivilgesetzbuch - ZGB*), a noção de direito geral da personalidade ganhou renovados ares, em Portugal, na Universidade de Coimbra (opondo-se à Escola de Lisboa) e, do ponto de vista positivo, em especial quando o CC português de 1966 consagrou, em seu artigo 70, n. 1, a tutela genérica da personalidade física e moral do indivíduo, seguindo-se a previsão da Constituição de 1976, em seu artigo 26, 1, de garantia do livre desenvolvimento da personalidade.[11]

---

10. CORDEIRO, António Menezes. *Tratado de direito civil*, 2011, p.63-4.
11. Para um escorço mais detalhado da doutrina a respeito, ver o quanto tive ocasião de expender em: GODOY, Claudio Luiz Bueno de. *A liberdade de imprensa e os direitos da personalidade*, 2015, p.18-20.

Na definição ampla de Capelo de Souza, tem-se o direito geral da personalidade "como o direito de cada homem ao respeito e à promoção da globalidade dos elementos, potencialidades e expressões da sua personalidade humana, bem como da unidade psico-físico-sócio ambiental dessa mesma personalidade humana".[12]

Pois foi bem diante dessa amplitude, dita excessiva, e pretensa vagueza do conceito que se levantaram críticas à concepção do direito geral da personalidade.[13] Podem ser resumidas, então, do ponto de vista técnico, na confusão apontada entre o sujeito e o objeto do direito, viabilizando mesmo a admissão um direito ilimitado da pessoa sobre ela própria, retomando-se até a crítica antiga de que, assim, se autorizaria inclusive o suicídio. Do ponto de vista sistemático, argumenta-se que o direito geral da personalidade seria foco de extrema insegurança, porquanto demasiado elástico seu elastério, permitindo direta aplicação sem qualquer maior precisão de seu âmbito de incidência, favorecendo - antes de evitá-los - o surgimento de conflitos.[14] Daí defender-se regime jurídico de direitos da personalidade em espécie, posto que *numerus apertus*, portanto sem que contidos em rol exaustivo ou exauriente, de modo que se possam ir descobrindo ou autonomizando renovadas manifestações, mas especiais, do livre desenvolvimento do ser humano enquanto tal.[15]

Do mesmo modo que as críticas, as respostas que normalmente a elas se reservam podem ser sintetizadas. A uma que não se teria como objeto do direito a própria pessoa, senão aspectos dela parcelares ou virtualidades que lhe fossem inerentes.[16] Depois, a maior ou menor extensão de seu conteúdo não condicionaria a validez de um direito. Sem contar que, para um quadro de crescentes e novas ofensas, seria mesmo útil um instrumento geral de tutela.[17]

---

12. SOUSA, Rabindranath V. A. Capelo de. *O direito geral de personalidade*, 1995, p.93.
13. Para uma descrição destas críticas, ver: MIRANDA, Jorge; RODRIGUES JÚNIOR, Otavio Luiz; FRUET, Gustavo Bonato. "Principais problemas dos direitos da personalidade e estado da arte no direito comparado". In: ______. (org.). *Direitos da personalidade*, 2012. p.17-8.
14. Ver, a propósito, remetendo inclusive a semelhante crítica da própria doutrina alemã: GONÇALVES, Diogo Costa, op. cit., p.78-9.
15. *V.g.*: ASCENSÃO, José de Oliveira, op. cit., p.87-8.
16. Neste sentido, por exemplo, conferir: SOUSA, Rabindranath V. A. Capelo de, op. cit., p.557. Ou, no Direito brasileiro: FRANÇA, Rubens Limongi. *Manual de direito civil*, 1971, p.321; GOMES, Orlando. "Os direitos da personalidade". *Revista Forense*, 1966, p.7.
17. Neste sentido: PINTO, Paulo Mota. "Direitos da personalidade no Código Civil português e no novo Código Civil brasileiro". *Revista da AJURIS*, 2004, p.419; ANDRADE, Fábio Siebeneichler de. "O desenvolvimento da tutela dos direitos da personalidade nos dez anos de vigência do Código Civil de 2002". In: LOTUFO, Renan; NANNI, Giovanni Ettore; MARTINS, Fernando Rodrigues (coord.). *Temas relevantes de direito civil contemporâneo*, 2012, p.57-8.

Mas a verdade é que, se há realmente distinções na sua fundamentação, de ambas as posições se pode extrair uma mesma preocupação. Os caminhos são diversos, mas há uma unidade de propósito. E ele parece se pôr na maior eficiência do regime jurídico dos direitos da personalidade, na segurança técnica e eficácia concreta de um sistema mais amplamente assecuratório da defesa do livre desenvolvimento da pessoa humana. Trata-se mesmo de admitir uma forma de tutela cientificamente justificada e pragmaticamente mais eficiente. Porém, se é assim, a tal desiderato parece mais relevante que se manter na discussão sobre a alternativa de um direito geral, ou exclusivamente de direitos em espécie, atentar ao paradoxo examinado e procurar superá-lo. Como tive ocasião de sustentar em outra sede, o ponto central, antes que a forma da tutela, é o de

> densificar a própria concepção da realização da pessoa. É compreender o direito ou os direitos da personalidade não como mero instrumental de escolhas individuais ilimitadas, que desconsiderem o espaço relacional em que se colocam, mas sim como veículo da plena concretização de um projeto de vida eticamente valorado, em que deveres e sacrifícios se integram à própria estrutura deste mesmo direito.[18]

Em diversos termos, enxerga-se risco maior, do que admitir um direito geral da personalidade, ou direitos em espécie, mas que afinal não são exaustivos nem se condicionam por uma prévia positivação, isto sim, na perda de compreensão do que exatamente ele ou eles são. Com efeito, foco mais importante de indefinição, de potencial deturpação e, assim, de desvio da finalidade, portanto mesmo de insegurança a envolver a categoria, menos que na aceitação de um direito geral ou direitos em espécie que se contenham em rol exemplificativo, parece estar mais na incompreensão de seu significado ontológico, como se fossem apenas instrumento de manifestações irrestritas, a pretexto de que existenciais, portanto exercício de uma liberdade não essencialmente limitada a fim de garantir igual liberdade de todos. Tal a inconsistência a ponderar, desde que aceitar um direito geral ou uma hipertrofia eticamente desautorizada de figuras parcelares igualmente leva uma categoria jurídica esvaziada em seu conteúdo valorativo, mote para um real e substancial desequilíbrio entre as pessoas e, ainda, no exercício de seus direitos identicamente essenciais. Fomenta-se, como se disse, a instrumentalização do instituto a manifestações que são, em última análise, de poder, de escolhas egoísticas e incontidas.

---

18. GODOY, Claudio Luiz Bueno de, op. cit., p.22.

Mas não é menos verdade, ainda conforme já se acentuou, que essa incompreensão valorativa dos direitos da personalidade causa também um efeito inverso. Assim que, em contrapartida, acaba ao mesmo tempo por retirar do titular a possibilidade de mais amplo gozo e, então, de algum modo, tolhe a eficácia maior que se quer garantir à categoria. Isso se reflete muito claramente no exato elastério reservado a algumas especiais características dos direitos da personalidade. É o que agora se verá.

Características dos direitos da personalidade

Como se acaba de afirmar no item anterior, o propósito agora não é, decerto, elencar, definir ou examinar a messe de características atribuídas aos direitos da personalidade. Interessa, ao desenvolvimento das reflexões deste estudo, tomar em consideração particularmente duas delas porque servem bem a revelar o que se vem discutindo, isto é, as consequências que o desvio de perspectiva dos direitos da personalidade pode e, frequentemente, acarreta. E aqui com a agravante de que, sem se identificar exatamente o conteúdo concreto de cada direito da personalidade, suas nuances próprias a determinar modulação diversa no seu exercício, se coarctam, em última análise, suas próprias e mais amplas virtualidades, a rigor reconhecidas como meio de se garantir o desenvolvimento global do ser humano. A pretexto de se protegerem as faculdades existenciais da pessoa, a compreensão asséptica, universalizante e formal dos direitos da personalidade - olvidando-se sua própria densidade ética, portanto sem se ter claro inclusive e precisamente se são mesmo direitos essenciais ou em que exata medida revelam um núcleo particular, mais ou menos extenso, que não pode ser comprimido - termina por injustificadamente reduzir, em concreto, a possibilidade de ampla fruição pelo e a bem do indivíduo e da própria finalidade com que concebidos ou admitidos esses mesmos direitos.

Pense-se, em primeiro lugar, na comum asserção de que os direitos da personalidade sejam *absolutos*.[19] Claro, o que por si já possui significado equívoco, desde que assim se possam compreender esses direitos no sentido de que oponíveis *erga omnes*, como ainda de que ilimitados, justamente. E se mais releva questionar esta segunda acepção, aquela anterior também não se faz infensa a problemas. Tem-se característica muito particular - de índole tutelar maximizada - porque, afinal, em regra a oponibilidade indistinta *erga omnes* supõe uma publicidade apriorística, como ocorre com os direi-

19. No Direito brasileiro, ver, por todos: GOMES, Orlando. *Introdução ao direito civil*, 1977, p.168.

tos reais. E, insista-se, sem se cogitar aqui de uma oponibilidade estendida dos contratos, mesmo sem registro, quando se cuide de verificar a especial situação de alguns terceiros em relação a eles.

Seja como for, já a respeito sugere Menezes Cordeiro que alguma distinção se deva fazer, bem na esteira da investigação particularizada, não formal e universal, dos direitos da personalidade, conforme seu real conteúdo. Forte em Pierre Kayser, propõe o autor a diferenciação entre situações existenciais que se estabeleçam e, assim, produzam exigências subjetivas específicas, tal qual a relação entre o cliente e o advogado e a respeito do sigilo imposto, de outras, como no caso do direito à vida, à integridade, ao nome que, aí sim, suscitam tutela geral, destarte independentemente de uma relação de base concreta.[20]

Mas, como se disse, especialmente importa ao estudo tomar a comum asserção de que os direitos da personalidade (como seria, como maior razão, o direito geral da personalidade) sejam ilimitados. O próprio Código Civil brasileiro, no seu art. 11, não se furtou a assentar que os direitos da personalidade, além de intransmissíveis e irrenunciáveis, não podem sofrer limitação voluntária, assim que senão aquelas legais. E no que não há maior dificuldade desde que aí se evidencia movimento histórico e consolidado de relativização e funcionalização dos direitos, por isso que por lei limitado o próprio direito à vida, como quando se autoriza a legítima defesa, afinal sempre em tutela e na ponderação com outro igual direito de igual dignidade. Porém, permanece a dúvida: então os direitos da personalidade não podem sofrer limitação voluntária? Por exemplo, se a integridade física é ilimitada para o próprio indivíduo, então ele não se pode submeter a intervenções e cirurgias de alteração de seu corpo, mesmo que estéticas, ou se sujeitar a esportes ou trabalho de risco? Se também assim se toma a privacidade, do mesmo modo estão vedados programas televisivos de autoexposição, tão em voga, tanto quanto manifestações de vedetismo? Todavia, em contrapartida, se não é assim, também será correto admitir que as limitações voluntárias sejam completamente irrestritas e indiferentes ao particular direito da personalidade a que se refiram?

Interessante a inversão da regra, quando comparada à do CC brasileiro, a que procede o Código Civil português. Antes que vedar a limitação voluntária – e posto que, como se verá, no Brasil se devam admitir exceções –, o art. 81.1 do CC lusitano inverte a regra geral do direito brasileiro e permite a limitação voluntária, apenas explicitando quando, então por exceção, ela não se admitirá. Dispõe que "a limitação voluntária é nula se for contrária aos princípios da ordem pública". Certo que ainda há dúvidas sobre quando, exata-

20. CORDEIRO, António Menezes. *Tratado de direito civil*, 2004, p.95-6.

mente, a autolimitação, de resto revogável, fere a ordem pública, mas não menos certo se explicitar regra oposta àquele que se contém em nosso Código Civil, em seu art. 11.

Na verdade, e mesmo diante dessa norma do CC/2002, tende-se a admitir no sistema brasileiro que nem toda limitação voluntária aos direitos da personalidade - e quando deles verdadeiramente se trate - deva ser vedada. A ideia central está em que esses direitos revelam não apenas uma exigência de abstenção a terceiros, portanto uma face negativa (*excludendi alios*), mas também - assim um matiz positivo e promocional - a faculdade de efetiva fruição pelo titular, e mesmo como forma de, respeitada a dimensão relacional em que se inserem, permitir o amplo desenvolvimento, como se viu, de todas as potencialidades da pessoa. O que é preciso ponderar é o alcance destas voluntárias limitações, que não podem servir a anular o valor ético que ao ser humano se reconhece e que não é disponível nem para ele próprio. Tanto quanto não se pode tolerar fruição que maltrate escolhas axiológicas que são nodais à sociedade e que têm sua base na própria dignidade humana. Basta pensar no exemplo comum e conhecido de programas televisivos em que o sujeito, voluntariamente, se envolve em situações que lhe são degradantes, não raro de viés verdadeiramente ofensivo ao próprio gênero, raça, orientação sexual e assim por diante. Tal o que não se autoriza a pretexto da vontade do indivíduo.

A bem dizer, para enfrentamento do problema, é preciso reconhecer que os direitos da personalidade podem envolver uma *orla* ou uma *periferia* mais ou menos extensa, nas palavras de Oliveira Ascensão - que exemplifica ora com a intimidade, ora com a imagem, destarte conforme o particular direito da personalidade de que se cuide -, na qual cabem restrições voluntárias porquanto, sem afrontar, ainda na expressão do autor, o seu *núcleo duro*, essencial, este sim, indisponível mesmo para o titular e porque aí se impõe um real valor social a assegurar.[21] Naquelas situações ditas periféricas, ao revés, não sobreleva razão ética maior que densifica, dá conteúdo aos direitos da personalidade e que, em concreto, justifica a limitação ao próprio indivíduo.[22]

Além disso, lembra Paulo Mota Pinto que a restrição não há de ser confundida com a própria conformação que o titular pode dar a alguns de seus direitos essenciais.[23] É o próprio modo de ser da pessoa.[24] Tomando o exemplo da privacidade, pense-se nas pessoas que definem pela sua ocupação ou

---

21. ASCENSÃO, José de Oliveira, op. cit., p.94-5.
22. Ibidem.
23. PINTO, Paulo Mota, op. cit., p.429 e nota 54.
24. Gustavo Tepedino lembra, a respeito, da lição de Stefano Rodotá, ao menos no que toca ao homem público, salientando que ele próprio, consoante seu modo de se comportar e o ideário que professa, acaba definindo os limites do quanto a propósito de

comportamento já uma esfera mais reduzida de não devassa, de exclusão do conhecimento público sobre dados de sua vida. A questão que aqui se coloca, mas que extravasa os limites do estudo, é se, passado o tempo, esses dados poderiam voltar ao âmbito mais estrito da reserva. É a discussão sobre o *direito ao esquecimento.*[25]

Também é comum considerar, na tentativa de estabelecer balizas à solução do problema das limitações voluntárias, e posto então admitidas, que elas não possam ser gerais, tampouco permanentes, como se levou a enunciado das Jornadas de Direito Civil, sempre ao argumento de que assim haveria, mais que simples restrição, real renúncia.[26] Porém, ainda aqui cabe ressalva, desde que costumeira a aceitação de intervenções no próprio corpo, só para citar um caso, que podem ser gerais e permanentes, mas nem por isso vedadas. E ao mesmo tempo em que limitações particulares e temporárias não se devem admitir, tal qual na hipótese lembrada por Anderson Schreiber, da colocação de *chips* subcutâneos para controlar ou fiscalizar o empregado durante o trabalho.[27] Aliás, vem a calhar no exemplo a consideração importante de que a limitação voluntária, consoante já se disse, deve atender a interesse do titular, não de terceiro. Serve justamente à fruição de seus direitos essenciais, para mais amplo alcance, pelos indivíduos, de seus objetivos existenciais, sempre desde que eticamente valorados.

Pois na exata senda desta questão sobre um espaço reservado à disposição dos direitos da personalidade é que outra de suas características deve ser mencionada, ainda no propósito de verificar as consequências hauridas de sua exata – ou inexata – compreensão. Refere-se, agora, a *extrapatrimoniali-*

---

dados de sua vida pessoal podem ser divulgados (TEPEDINO, Gustavo. "Informação e privacidade". In: ______. *Temas de direito civil*, 2008, p.559).

25. Tratei do tema em: GODOY, Claudio Luiz Bueno de, op. cit., p.76, 79 e 82, remetendo ao precedente da Corte Europeia (Google Spain SL e Google Inc. contra a Agência Espanhola de Proteção de Dados (APD) e Mario Costeja Gonzales, Proc. n. C-131/2012, j. 09.03.2012, acórdão de 13.05.2014), além de outros, no Brasil, do Superior Tribunal de Justiça (*v.g.*, STJ, REsp n. 1.334.097/RJ, 4ª T., rel. Min. Luis Felipe Salomão, j. 28.05.2013). Ainda sobre os casos históricos em que o problema se suscita, desde o *Caso Lebach*, na Alemanha, passando pelo *Caso Doca Street*, no Brasil, ver: MORAES, Maria Celina Bodin de; KONDER, Carlos Nélson, 2012, p.288-9.
26. Enunciado n. 4 do CEJ: "O exercício dos direitos da personalidade pode sofrer limitação voluntária, desde que não seja permanente nem geral". Depois, na III Jornada, ainda foi aprovado o Enunciado n. 139: "Os direitos da personalidade podem sofrer limitações, ainda que não expressamente previstas na lei, não podendo ser exercidos com abuso de direito de seu titular, contrariamente à boa-fé objetiva e aos bons costumes".
27. SCHREIBER, Anderson, 2011, p.39. Contudo, lembra o autor, e acaso com oposta consideração, dos *chips* subcutâneos colocados em boate situada na cidade de Barcelona, para controle do consumo (ibid., p.31).

dade, desde que, realmente, costumeiro assentar que os direitos da personalidade não possuem essencialmente conteúdo econômico-patrimonial, senão de modo indireto ou reflexo e, neste contexto, são impassíveis de negócios jurídicos que traduzam essa finalidade. Mais ainda, e com absoluta justeza, combate-se aqui a ideia mais ampla e relevante que é de evitar a reificação do ser humano, a comercialização de suas faculdades imanentes e essenciais, razão, por exemplo, de em nossa Constituição Federal (art. 199, § 4º) se ter proibido qualquer ato de disposição do próprio corpo que fosse oneroso, igualmente a razão de, em sentido vulgar, se falar em "doação" de órgãos, disciplinada sua remoção, tal como de tecidos e outras partes do corpo humano, para fins de transplantes ou tratamento, em lei especial que, note-se, reitera a gratuidade (Lei n. 9.434/97, art. 1º).

Porém, de novo impõe-se avaliar se possível, malgrado justificável a regra em geral, tomá-la de modo universal, formal, desconsiderando-se o que realmente os direitos da personalidade significam em seu conteúdo ético e o que, afinal, definem, conforme particularmente a faculdade de que se cuide, o raio mais ou menos amplo em que se pode pensar na disponibilidade, na voluntária limitação, ainda uma vez. Não é sem motivo que, historicamente, se aceita a existência de alguns direitos da personalidade no mínimo marcados por reflexos de índole patrimonial, e aproveitáveis, de modo mais saliente, como o direito ao nome, direito à voz ou o direito à imagem. Resta saber se, além disso, não é o caso de se tomar concretamente o específico direito da personalidade de que se agite e verificar, em concreto, em que medida se pode admitir alguma disposição de conteúdo econômico.

A este respeito, ou seja, a propósito do fenômeno dito de indevida comercialização dos direitos da personalidade, Mota Pinto discute se não seria, conforme o caso, quando menos de se tomar posição sobre uma certa dimensão patrimonial que, em particular, o direito, posto que existencial, pode assumir. A seu ver, também aqui seria, isto sim, de se identificar um núcleo essencial que ele chama de *limites materiais* para, além daí, e havido livre consentimento do titular, se cogitar da exploração patrimonial.[28]

Avulta-se a relevância de, com efeito, se diferenciarem os direitos da personalidade de que se cuide, sem descurar da verificação sobre se, antes, verdadeiramente de direitos da personalidade se cuida. Seja como for, sugere Menezes Cordeiro que se distingam direitos da personalidade que, já por si, envolvam uma extrapatrimonialidade em sentido mais ou menos forte (num caso, por exemplo, o direito à vida, noutro alguns aspectos da integridade física, daí que a permitir disposição para competições e espetáculos); e, ainda, aqueles que sejam marcadamente patrimoniais, por representar um valor

---

28. PINTO, Paulo Mota, op. cit., p.430-2.

econômico, como o nome, a imagem ou a criação intelectual.[29] Mota Pinto lembra também do direito a certas informações pessoais que são comercializáveis.[30]

Acredita-se mesmo que, em relação a cada direito em concreto, seja imperioso definir um núcleo intangível e indisponível ao indivíduo, quanto ao mais se controlando a finalidade própria com que o exercício da disposição se dê, sempre e internamente limitado pelo conteúdo ético que à pessoa se deve reservar porque se trata de assegurar seu valor imanente e que é também de todos, social. Quer-se é ponderar que mesmo alguns direitos que não se consideram normalmente patrimoniais se devem examinar, quanto a seu exercício ou pretensão de disposição, de modo particular, concreto, refutando-se soluções abstratas, universais e assépticas. Não será verdade que alguns espetáculos ou, em especial, alguns esportes, e que se praticam de modo profissional, portanto oneroso, trazem risco não apenas à integridade física do indivíduo senão à sua própria vida? São por isso vedados, posto que costumeiramente aceitos e não raro regulamentados? A privacidade, da mesma forma, que se poderia dizer não possui um conteúdo patrimonial marcante, se admite seja passível de certa disposição pelo vedetismo, pela inserção em publicações setoriais (pense-se nas reportagens comuns, em revistas a tanto dedicadas, de pessoas notórias em suas casas, quartos, em seu ambiente íntimo) ou programas televisivos e, identicamente, com possível remuneração. De novo a pergunta: isso estaria vedado? Decerto que, aprioristicamente, não.

Veja-se então que releva sempre divisar a real dimensão ética que tisna aquela situação existencial posta, de um lado a fim de se possibilitar a mais ampla fruição da faculdade que ela encerra, e de sorte a maximizar as potencialidades do indivíduo, mas, ao mesmo tempo, garantindo que, a pretexto de se tutelarem escolhas pessoais ilimitadas, não se abra espaço à própria negação, pelo sujeito, de conteúdo valorativo básico e intangível que subjaz aos direitos da personalidade e que, nessa medida, nem ao próprio sujeito se apresenta disponível. E no que, para finalizar estas reflexões, se torna ao início.

Considerações finais

Ao cabo das reflexões que foram desenvolvidas, parece haver alguns pontos nodais a assentar. O primeiro está em que os direitos da personalidade não se podem compreender, a despeito da crescente influência que, na socieda-

---

29. CORDEIRO, António Menezes, 2004, op. cit., p.97.
30. PINTO, Paulo Mota, op. cit., p.431, nota 56.

de contemporânea, assumem, como um espaço de afirmação individual de escolhas ilimitadas e que desconsiderem, de um lado, uma noção eticamente valorizada da pessoa, portanto o que essencialmente ela seja e, de outro, que não se desenvolvem apenas na sua intrassubjetividade, senão também em relação com o outro, na dimensão da relação comunitária em que necessariamente se inserem.

Daí se colhe imperioso identificar o que realmente seja direito essencial - malgrado prodigalizada a categoria desde que, realmente, recrudescem os modos de ofensa - a uma pessoa tomada em sua densidade ética e concreta, não somente uma categoria instrumental e formal que funcione como veículo de expansão irrestrita da vontade de cada qual. Se importa reconhecer a maximização da fruição e proteção a todas as virtualidades humanas, autonomizando-se faculdades que se lhe admitam inerentes - e o direito à identidade talvez seja um bom exemplo, sob seus diversos matizes, assim a chamada identidade pessoal, a identidade de gênero, a identidade genética -, ao mesmo tempo é preciso cautela para falsos direitos ditos existenciais, destarte, e a rigor, veículo apenas de incontidos desejos ou mesmo até lícitas pretensões, todavia sem a carga ética e a essencialidade própria e bem compreendida - e o exemplo agora pode ser o do chamado direito à felicidade ou, como alhures já se defendeu, o direito às férias saudáveis.[31]

O indivíduo precisa ter assegurado, diante de variada messe de afrontas nos dias que correm, o exercício de suas prerrogativas existenciais, mesmo potencializadas se corretamente entendidas. Por isso importante admitir a redescoberta dogmática dessas manifestações todas, crescente e convenientemente categorizadas de modo autônomo. Todavia, da mesma maneira, impende ter cautela na identificação de quais sejam, de verdade, faculdades que, porquanto eticamente densificadas, sejam coessenciais ao ser humano. Depois, igualmente elas devem ser tomadas sempre na consideração de que se põem em face de outras tantas de mesma dignidade e que, portanto, também desse ponto de vista não podem ser admitidas ilimitadas. Tem-se mesmo a exata constatação, que já se acentuou, de uma própria realização da pessoa necessariamente projetada para fora de si e que, então, se consuma com e não contra o outro.[32] O desenvolvimento global das virtualidades humanas,

31. Além do exemplo, haurido da jurisprudência italiana, da *vacanza rovinata*, outros igualmente criticados podem ser colhidos em: SCHREIBER, Anderson, 2007, p.87-90. Do mesmo modo, tratando do que seja um dano existencial, e apontando os exageros, inclusive também no Direito italiano, conferir: BURGOS, Osvaldo R., 2012, p.208-34.

32. Calha a ressalva de Diogo Costa Gonçalves de que "a intersubjetividade não pode ser considerada um limite à tutela da personalidade, o outro não é um obstáculo à personalidade, antes, em parte, a integra e a potencia" (GONÇALVES, Diogo Costa, op. cit., p.97).

a que se voltam os direitos da personalidade, não se efetiva apenas em sua dimensão íntima, egocêntrica, senão ainda e forçosamente em uma dimensão relacional, por isso em que as faculdades essenciais devem conviver sem que em real estado de beligerância entre si.[33]

Aí se encontra, pois, o segundo ponto a assentar. Na compreensão dos direitos da personalidade, a tônica não pode estar apenas - e o que favorece um discurso de poder, como já se viu - no valor liberdade, senão ao mesmo tempo no valor igualdade (substancial). Os direitos da personalidade não se podem conceber e disciplinar como afirmação de poder e, portanto, de consequente inexorável desequilíbrio. Por isso sua convivência forçosa com deveres, sacrifícios. Mesmo a liberdade não implica autodeterminação livre, porque é jurídica e, sob esse viés, sua característica é bem uma inerente limitação. Cabe, na medida certa, dissociar os direitos da personalidade de sua herança kantiana e antropocêntrica, produto iluminista e racionalista que, hoje, não se compadece com uma concepção ética e concreta de pessoa, em que a intersubjetividade integra o projeto de realização do indivíduo.

Enfim, o desafio atual da matéria talvez seja reconhecer sua expansão responsável e equilibrada. O que significa, a um só tempo, admitir a necessidade de se fortalecerem os direitos da personalidade e novas modalidades de suas manifestações, potencializando sua fruição, mas desde que marcados por real essencialidade ao ser humano e, mesmo assim, não tomados como expressão de escolhas irrestritas, próprias de um individualismo exacerbado e que, por isso, desconsiderem limites próprios que se erigem na consideração do outro e de seus iguais direitos existenciais.

Referências

ANDRADE, Fábio Siebeneichler de. "O desenvolvimento da tutela dos direitos da personalidade nos dez anos de vigência do Código Civil de 2002". In: LOTUFO, Renan; NANNI, Giovanni Ettore; MARTINS, Fernando Rodrigues (coord.). *Temas relevantes de direito civil contemporâneo*. São Paulo, Atlas, 2012. p.51-85.

ASCENSÃO, José de Oliveira. *Direito civil. Teoria geral.* 2.ed. Coimbra, Coimbra, 2000, v.I.

BOBBIO, Norberto. *A era dos direitos.* Trad. Regina Lyra. 3.tir. Rio de Janeiro, Elsevier, 2004.

BURGOS, Osvaldo R. *Daños al proyecto de vida.* Buenos Aires/Bogotá, Astrea, 2012.

---

33. A advertência agora é de Diogo Leite de Campos: "a 'onipotência' dos direitos da personalidade não deve ser sinônimo de estado-de-guerra, mas marca de identidade entre os seres humanos e, logo, de ordem entre iguais" (CAMPOS, Diogo Leite de, op. cit., p.163).

CAMPOS, Diogo Leite de. "Os direitos da personalidade: categoria em reapreciação". In: ______. *Nós - Estudos sobre o direito das pessoas*. Coimbra, Almedina, 2004, p.151-65.

CORDEIRO, António Menezes. *Tratado de direito civil*. Coimbra, Almedina, 2004, v.I, t.III.

______. *Tratado de direito civil*. 3.ed. Coimbra, Almedina, 2011. v.IV.

FERRI, Luigi. *La autonomia privada*. Trad. Luís Sancho Mendizabal. Madrid, Revista de Derecho Privado, 1969.

FRANÇA, Rubens Limongi. *Manual de direito civil*. 2.ed. São Paulo, Revista dos Tribunais, 1971, v.I.

GODOY, Claudio Luiz Bueno de. *A liberdade de imprensa e os direitos da personalidade*. 3.ed. São Paulo, Atlas, 2015.

GOMES, Orlando. "Os direitos da personalidade". *Revista Forense*, Rio de Janeiro, n.216, 1966, p.5-10.

______. *Introdução ao direito civil*. 5.ed. Rio de Janeiro, Forense, 1977.

GONÇALVES, Diogo Costa. *Pessoa e direitos da personalidade. Fundamentação ontológica da tutela*. Coimbra, Almedina, 2008.

MIRANDA, Jorge; RODRIGUES JÚNIOR, Otavio Luiz; FRUET, Gustavo Bonato. "Principais problemas dos direitos da personalidade e estado-da-arte no direito comparado". In: ______. (org.). *Direitos da personalidade*. São Paulo, Atlas, 2012, p.1-24.

MORAES, Maria Celina Bodin de; KONDER, Carlos Nélson. *Dilemas de direito civil constitucional. Casos e decisões*. Rio de Janeiro, Renovar, 2012.

PINTO, Paulo Mota. "Direitos da personalidade no Código Civil português e no novo Código Civil brasileiro". *Revista da AJURIS*, ano XXXI, n. 96, dez./2004, p.407-37.

RAWLS, John. *Uma teoria da justiça*. Trad. Almiro Pisetta e Lenita Esteves. São Paulo, Martins Fontes, 2000.

SCHREIBER, Anderson. *Novos paradigmas da responsabilidade civil*. São Paulo, Atlas, 2007.

______. *Direitos da personalidade*. São Paulo, Atlas, 2011.

SOUSA, Rabindranath V. A. Capelo de. *O direito geral de personalidade*. Coimbra, Coimbra, 1995.

TEPEDINO, Gustavo. "Informação e privacidade". In: ______. *Temas de direito civil*. 4.ed. Rio de Janeiro, Renovar, 2008.

CAPÍTULO 2

Dignidade da pessoa humana e direitos da personalidade: uma visão crítica

Atalá Correia
Fábio Jun Capucho
Anna Ascenção Verdadeiro de Figueiredo

Introdução

A proposta do presente capítulo é avaliar, de forma breve, o conceito e a função da dignidade humana, para então compará-los aos dos direitos da personalidade[1] (no item "Dignidade e direitos da personalidade"), tema central da presente coletânea, uma justíssima homenagem prestada aos trinta anos de docência da Professora Silmara J. A. Chinellato.

A partir da relação entre esses institutos jurídicos e tendo como base a perspectiva privatística do direito, o item 5 será dedicado à formulação das críticas pertinentes.

Para tanto, é importante esclarecer inicialmente que, muito embora a dignidade humana possa ser considerada um valor,[2] a maior parte da doutrina classifica-a como princípio (item "Dignidade: significados possíveis"), motivo pelo qual ela será aqui tratada sob essa ótica.

---

1. Escolhemos, aqui, a nomenclatura de uso mais corrente no Brasil, em contrapartida a "direitos de personalidade", de uso mais frequente em Portugal. Independentemente disso, reconhece-se que estamos tratando dos mesmos tipos de direitos. MIRANDA, Jorge; RODRIGUES JR., Otávio Luiz; FRUET, Gustavo Bonato. "Principais problemas dos direitos da personalidade e estado da arte da matéria no direito comparado". In: ______ (org.). *Direitos da personalidade*, 2012, p.1.
2. Sobre o tema, vale conferir a diferenciação realizada por Miguel Reale em *Filosofia do direito*, 2002.

Princípios

Muito poderia ser dito sobre os princípios, tema cuja literatura é vastíssima. Para os fins a que se propõe o presente capítulo, contudo, cabe realizar um breve apanhado das correntes doutrinárias sobre o tema, para, enfim, relacioná-lo à dignidade humana.

É essencial, no entanto, destacar que não há uma conceituação unívoca para os princípios, ou sequer uma única teoria sobre suas origens e funções.

Tradicionalmente, diz-se que princípios são normas fundamentais ou generalíssimas do sistema.[3] Nesse sentido, Celso Antônio Bandeira de Mello afirma que princípios são "mandamentos nucleares" ou disposições fundamentais de um sistema.[4] Ou seja, parte-se da ideia de que as diversas regras específicas que compõem um determinado sistema jurídico podem ser, em um processo indutivo de raciocínio, sintetizadas em uma norma geral, a qual, então, dá ao conjunto sentido próprio e unidade.

Embora o pensamento desses autores não possa ser unificado de maneira cômoda, pode-se dizer que, em regra, tal visão está associada a um papel secundário atribuído aos princípios. Assim, eles só teriam papel importante em termos doutrinários ou só seriam verdadeiramente decisivos no caso de lacunas.

Mais modernamente, o estudo sobre os princípios procura assegurar-lhes um papel central no sistema legal. Essa visão está associada ao que muito genericamente vem sendo chamado de pós-positivismo. Como já alertado anteriormente, também o pensamento dos diversos autores dessa linha não pode ser sintetizado, com facilidade, em proposições simples ou unívocas.[5]

Para o objeto do presente artigo, bem como por sua grande influência no Brasil e no exterior, deve-se ter em mente o pensamento de Ronald Dworkin. Segundo o autor, as regras aplicam-se conforme um critério de tudo ou nada, ao passo que os princípios indicam razões de decidir, pautadas em uma dimensão de peso que inexiste nas regras.

Dessa forma, no caso de colisão entre princípios, prevalecerá o de maior peso, sem que o outro se torne inválido. O princípio revela-se, assim, um padrão decisório, que se impõe por critérios de justiça e moralidade.[6]

---

3. BOBBIO, Norberto. *Teoria do ordenamento jurídico*, 1994, p.158.
4. MELLO, Celso Antônio Bandeira de. *Curso de direito administrativo*, 2007, p.932.
5. São conhecidas, nesse sentido, as discussões sobre o caráter jurídico ou moral dos princípios, sobre sua diferenciação das regras, entre outros temas de relevância na filosofia do direito.
6. DWORKIN, Ronald. *Levando os direitos a sério*, 2002. Embora seu pensamento guarde peculiaridades inconfundíveis, vale mencionar, por sua influência no Brasil, as ideias de Robert Alexy. Esse autor alemão parte das constatações de Dworkin para

Sob essa perspectiva, os princípios não apenas pautam a atividade legislativa,[7] como ainda auxiliam o julgador na construção de regras para o caso concreto, esteja ele diante de lacunas, de antinomias insuperáveis, de conceitos indeterminados[8] ou de cláusulas gerais.[9] Se não há regras, o juiz deverá construí-las segundo os padrões determinados pelos princípios. Se há várias interpretações possíveis, o juiz deve valer-se daquela que melhor os atenda.[10]

De forma comum entre nós, admite-se mesmo que o princípio reverta a regra legislada ou contratualmente negociada. Há que se tomar cuidado com tal afirmação, no entanto. Para Dworkin, regras e princípios não são (ou não

---

buscar um critério objetivo de ponderação dos princípios (sobre a influência de Dworkin sobre Alexy, *vide*, por exemplo, texto de Neviton Guedes, disponível em http://www.conjur.com.br/2012-nov-05/constituicao-poder-ronald-dworkin-teoria-principios, acesso em: 15.10.2016). Segundo o pensamento de Alexy, os princípios são mandamentos de otimização, ou seja, exigem que algo seja cumprido na maior medida possível diante das possibilidades fáticas e jurídicas existentes. Um conflito de regras resolve-se inicialmente pelo critério de especificidade ou da validade. As regras se aplicam integralmente ou não. No entanto, quando há um conflito de princípios, ambos permanecem válidos e vigentes no ordenamento, mas por um procedimento de ponderação se verifica qual o grau de equilíbrio entre eles. Um princípio não excepciona o outro; há, entre eles, relações condicionadas de precedência. Aqui, diferentemente do que ocorre na visão tradicional, as normas são caracterizadas como princípios em razão de sua estrutura, e não por terem valor fundante de um sistema (ALEXY, Robert. *Teoria discursiva do direito*, 2014; *vide* ainda: SILVA, Virgílio Afonso da. *A constitucionalização do direito:* os direitos fundamentais nas relações entre particulares, 2014, p.32, 36 e 121).

7. MELLO, Celso Antônio Bandeira de. *O conteúdo jurídico do princípio da igualdade*, 2015, p.9.
8. E todos os conceitos o são em alguma medida.
9. A cláusula geral constitui uma "disposição normativa que utiliza, no seu enunciado, uma linguagem de tessitura intencionalmente aberta, fluida ou vaga, caracterizando-se pela ampla extensão do seu campo semântico, a qual é dirigida ao juiz de modo a conferir-lhe um mandato (ou competência) para que, à vista dos casos concretos, crie, complemente ou desenvolva normas jurídicas, mediante o reenvio para elementos cuja concretização pode estar fora do sistema" (MARTINS-COSTA, Judith. *A boa-fé no direito privado:* sistema e tópica no processo obrigacional, 2000, p.303).
10. A incidência desses princípios e a profusão de inúmeras cláusulas gerais flexibilizam a ordem jurídica do Código e favorecem o processo de jurisdicização que vem marcando a sociedade pós-industrial, e que se traduz na crescente importância e responsabilidade do juiz e dos juristas (AMARAL NETO, Francisco dos Santos. "Os princípios jurídicos na relação obrigatória". In: *Roma e America. Diritto romano comune. Rivista di Diritto Dell'integrazione e unificazione del Diritto in Europa e in America Latina*, 2003, p.76).

deveriam ser) realidades antagônicas, sob pena de estar-se diante de um Legislativo ou Judiciário injustos, o que afetaria o Estado como um todo.[11]

Humberto Ávila critica avidamente a compartimentação entre interpretação das regras e ponderação dos princípios. Para o autor, a aplicação de uma regra depende da ponderação de outros fatores além do substrato fático,[12] como da sua finalidade e dos princípios que lhe são axiologicamente sobrejacentes,[13] o que poderia justificar a citada reversão da regra (seja ela legal ou contratual).

Feitas essas considerações, pode-se passar à análise da dignidade, tal como ela é tratada pela maior parte da doutrina.

---

11. DWORKIN, Ronald, op. cit., p.14. Dworkin argumenta que, na visão não centrada no texto, diante de um *hard case*, o juiz investigará os direitos morais com base em algum princípio que capte adequadamente, em nível abstrato, as necessidades das partes, mas esse princípio deverá ser compatível com a legislação. Assim, o juiz não pode se recusar a condenar um pobre a indenizar um rico, por considerar ser a distribuição de riqueza um princípio cristão, porque esse princípio é incompatível com o conjunto das normas jurídicas. Não obstante, haverá inúmeras situações em que princípios diversos levarão a soluções diversas para um *hard case*, sem qualquer incompatibilidade com o sistema, e, então, o juiz decidirá de forma política (ibid., p.15-6). Sobre o tema, Robert Alexy afirma que "embora o caráter principiológico dos direitos fundamentais implique uma frequente presença de conteúdos excedentes, isso é compatível com um grau suficiente de segurança jurídica. O modelo de regras e princípios não tem apenas o nível dos princípios, mas também o nível das regras. Mais adiante será demonstrado que a segurança jurídica que pode ser criada no nível das regras tem como base não somente a exigência elementar de respeito ao teor literal do texto constitucional e à vontade do legislador, mas sobretudo também à força dos precedentes do Tribunal Constitucional Federal" (ALEXY, Robert. *Teoria dos direitos fundamentais*, 2012, p.178-9). Luis Roberto Barroso, um dos principais arautos da constitucionalização do direito civil, frisa que esse é um movimento positivo porque proporciona maior potencial de realização dos direitos fundamentais, mas não deixa de frisar os riscos de uma "constitucionalização excessiva", a saber: (i) esvaziamento do poder das maiorias pelo engessamento da legislação ordinária; (ii) "decisionismo judicial, potencializado pela textura aberta e vaga das normas constitucionais". Daí entender que "em meio a múltiplos esforços para coibir as duas disfunções referidas, destacam-se dois parâmetros preferenciais a serem seguidos pelos intérpretes em geral: (i) preferência pela lei: onde tiver havido manifestação inequívoca e válida do legislador, deve ela prevalecer, abstendo-se o juiz ou o tribunal de produzir solução diversa que lhe pareça mais conveniente; (ii) preferência pela regra: onde o constituinte ou o legislador tiver atuado, mediante a edição de uma regra válida, descritiva da conduta a ser seguida, deve ela prevalecer sobre os princípios de igual hierarquia, que por acaso pudessem postular incidência na matéria" (BARROSO, Luis Roberto. *Curso de direito constitucional contemporâneo:* os conceitos fundamentais e a construção do novo modelo, 2010, p.392-3).
12. ÁVILA, Humberto. *Teoria dos princípios*, 2015, p.46.
13. Ibid., p.225.

Dignidade: significados possíveis

A dignidade humana vem sendo tratada pela doutrina como princípio jurídico.[14] Há mesmo quem defenda que a dignidade sintetiza todos os demais princípios e regras do ordenamento.[15]

Na esteira do que já havia ocorrido na Itália,[16] na Alemanha,[17] em Portugal[18] e na Declaração Universal dos Direitos do Homem,[19] o constituinte brasileiro destacou que a República Federativa do Brasil tem como fundamento, dentre outros, "a dignidade da pessoa humana" (art. 1º, III, da CF).

A ordem econômica, tal como concebida pela Constituição Federal, há de ser fundada "na valorização do trabalho humano e na livre iniciativa" com a finalidade de "assegurar a todos existência digna, conforme os ditames da justiça social" (art. 170, *caput*, da CF).

A importância da dignidade foi novamente sublinhada quando a Constituição Federal tratou de minorias específicas, como a criança e o adolescente, a quem são assegurados

> com absoluta prioridade, o direito à vida, à saúde, à alimentação, à educação, ao lazer, à profissionalização, à cultura, à dignidade, ao respeito, à liberdade e à convivência familiar e comunitária, além de colocá-los a salvo de toda forma

---

14. Sobre o tema, *vide* JACINTHO, Jussara Maria Moreno. *Dignidade humana. Princípio constitucional*, 2006; SIQUEIRA CASTRO, Carlos Roberto. "Dignidade da pessoa humana: o princípio dos princípios constitucionais". In: SARMENTO, Daniel; GALDINO, Flávio (coord.), 2006.
15. "Nossa ordem constitucional tem como fundamento básico a dignidade da pessoa humana, o que significa que todo o direito deve ser construído, seja por via legislativa, seja por concreção judicial, sobre essa noção" (GONDINHO, André Osório. "Codificação e cláusulas gerais". *Revista Trimestral de Direito Civil*, 2000).
16. A Constituição Italiana, promulgada em 27 de dezembro de 1947, afirma que "todos os cidadãos têm a mesma dignidade social e são iguais perante a lei, sem discriminação de sexo, de raça, de língua, de religião, de opiniões políticas, de condições pessoais e sociais".
17. O art. 1º, da Lei Fundamental Alemã, promulgada em 24 de maio de 1949, estabelece que "*die Würde des Menschen ist unantastbar. Sie zu achten und zu schützen ist Verpflichtung aller staatlichen Gewalt*". Em tradução livre, "a dignidade humana é inviolável. Respeitá-la e protegê-la é dever de toda autoridade estatal".
18. Art. 1º da Constituição da República Portuguesa. "Portugal é uma República soberana, baseada na dignidade da pessoa humana e na vontade popular e empenhada na construção de uma sociedade livre, justa e solidária". A Carta Portuguesa foi promulgada em 1976, mas a alusão à dignidade humana remonta à revisão feita em seu texto em 1989.
19. Em 10 de dezembro de 1948, a Assembleia Geral das Nações Unidas proclamou a Declaração Universal dos Direitos Humanos, que, em seu artigo primeiro, estabeleceu que "todas as pessoas nascem livres e iguais em dignidade e direitos. São dotadas de razão e consciência e devem agir em relação umas às outras com espírito de fraternidade".

de negligência, discriminação, exploração, violência, crueldade e opressão. [art. 227 da CF]

De forma correlata, o planejamento familiar assenta-se "nos princípios da dignidade da pessoa humana e da paternidade responsável" (art. 226, § 7º, da CF). No mesmo sentido, é dever da família, da sociedade e do Estado amparar "as pessoas idosas, assegurando sua participação na comunidade, defendendo sua dignidade e bem-estar e garantindo-lhes o direito à vida" (art. 230 da CF).

Essas não são, evidentemente, menções isoladas ou casuísticas. O que se vê no Brasil já no final do século XX é reflexo daquilo que se passou nas décadas anteriores nos países europeus. O apreço pelo tema da dignidade humana após a Segunda Guerra Mundial tem sua razão de ser, em função dos diversos horrores vividos pela Europa, que justificavam a preocupação de que houvesse meios jurídicos que pudessem evitá-los no futuro. Por tal razão, a dignidade humana aparece, reiteradamente, entre as diretrizes primeiras dos Estados europeus e dos Tratados Internacionais de Direitos Humanos subsequentes.

Não se tratou, é claro, de criar, naquele momento histórico, uma noção nova, anteriormente inexistente. A bem da verdade, como todos os demais direitos humanos, o conceito de dignidade, no campo dos direitos e do pensamento, é fruto de uma construção histórica.[20]

Apesar das variações, costuma-se narrar uma evolução crescente em termos da justiça que esse conceito pode envolver. Se ontem eram possíveis a escravidão, a segregação de classes sociais e o menoscabo do papel da mulher, hoje essas distinções estão totalmente superadas ou tendem a diminuir.

A história revela-nos o caminhar sobre os potenciais de nossa existência e, no contexto atual, esse conjunto de ideias está sintetizado na expressão "dignidade da pessoa humana". Assim, embora a ideia de dignidade não seja nova, ela só assume seu significado atual em tempos recentes.

O termo "digno", do latim *dignus*, refere-se àquele que é merecedor de algo.[21] Na visão de Santo Agostinho, o homem detém dignidade porque, dentro do quadro da criação, recebeu de Deus lugar de destaque, acima das demais criaturas.[22] É nesse sentido que se diz que santos (ou mesmo nobres) têm dignidade.[23]

---

20. COMPARATO, Fábio Konder. *A afirmação histórica dos direitos humanos*, 2003.
21. SILVA, Deonísio da. *De onde vêm as palavras:* origens e curiosidades da língua portuguesa, 2014, p.148.
22. "Vemos a face da terra embelezar-se com animais terrestres. Vemos o homem, criado à vossa imagem e semelhança, constituído em dignidade acima de todos os viventes irracionais, por causa de vossa mesma imagem e semelhança, isto é, por virtude da razão e da inteligência" (AGOSTINHO, Santo. *Confissões; De magistro*, 1980, p.345).
23. WALDRON, Jeremy. *Dignity, rights, and responsibilities*, 2010.

Note-se que, sob ventos renascentistas, a expressão começa a mudar de sentido. No século XV, Pico della Mirandolla, em sua *De hominis dignitate oratio*, aduz que o homem, tal como criado por Deus, goza de possibilidades ilimitadas, ou seja, é árbitro e soberano artífice de si mesmo. Para o autor, os homens gozam de liberdade para escolher entre serem "brutos", "vegetais" ou "animais celestes".

Mais ainda, para ele, a liberdade não pode ser compreendida apenas como a autodeterminação, mas também como responsabilidade ou assunção de riscos pela escolha realizada. Se Deus teria dado dons ("sementes e germes") aos homens, fazê-los frutificar (ou não) seria legado à escolha humana e, portanto, dela resultado. Assim, sob seu pensamento, o homem é digno inicialmente por sua relação com Deus, mas essa dignidade desdobra-se na habilidade de se transformar.

Sob o pensamento kantiano, a expressão ganha colorido mais próximo do atual. Immanuel Kant tomava uma especial forma da razão, aquela de cunho prático, como determinante na formulação de juízos morais. Dispôs-se, então, a examinar se é possível afirmar a existência de regras morais universais, concluindo que sim. Essas regras, no seu entender, são impostas pela razão ao homem (na sua terminologia, há imperativos categóricos cujo conhecimento se obtém por meio de juízos sintéticos *a priori*[24]).

Essa regra universal é expressa por Kant em termos formais, segundo a qual todos devemos agir conforme as regras que, entendemos, possam ser aplicadas a todas as pessoas. De maneira mais substancial, a humanidade deve ser tratada como um fim em si mesmo, e não como meio.[25]

As pessoas são fins em si mesmos, não podem ser utilizadas nem se sujeitam a relações de trocas, típicas dos bens que têm preço. Se um bem está acima de todos os valores, pois não é cambiável, ele é dotado de dignidade. Com isso, as pessoas não têm valor, mas sim dignidade. A dignidade é, portanto, autorreferenciada, inerente à condição racional humana.[26]

Ora, se as pessoas devem ser tratadas como fins em si mesmos, isso só pode significar, sob uma primeira perspectiva, que elas detêm liberdade para traçar os rumos de sua própria existência, não podendo ser subjugadas ao querer alheio. É sob essa perspectiva que se advoga, por exemplo, a liberdade de casamento ou de autodesignação sexual.

---

24. KANT, Immanuel. *A metafísica dos costumes*, 2008, p.65.
25. ROVIGHI, Sofia Vanni. *História da filosofia moderna*, 1999, p.581.
26. Antônio Junqueira de Azevedo trata essa perspectiva como insular, pois vê o homem como isolado no campo da existência, distante da natureza que o circunda e do próximo que dele se avizinha (AZEVEDO, Antônio Junqueira. "Caracterização jurídica da dignidade da pessoa humana". *Revista USP*, 2002, p.90-101).

Na perspectiva de Kant, autonomia e dignidade caminham de braços dados. Porque dignos, os homens são livres. O constituinte brasileiro, em particular, procurou frisar esse aspecto individual da dignidade, que é da "pessoa", e não da humanidade (dignidade humana).[27]

Todavia, a liberdade não é ilimitada e pode ser restringida por leis morais universalizáveis.[28] Isso significa que não se torna indigna, por si só, a venda da mão de obra pelo trabalhador ao patrão. A pena de prisão também não se revela indigna. Não são universalizáveis regras que vedem o trabalho assalariado, assim como aquelas que tornem livre a lesão à vida alheia. Nem toda pena, contudo, deve ser aceita.[29] O que se impede, assim, é a mera sujeição da pessoa à condição de objeto.[30]

---

27. No mesmo sentido, ver ALVARENGA, Lúcia Barros Freitas de. *Direitos humanos, dignidade e erradicação da pobreza*, 1998, p.133-4.
28. "Este princípio da humanidade e de toda a natureza racional em geral como fim em si mesma (que é a condição suprema que limita a liberdade das ações de cada homem) não é extraído da experiência, primeiro por causa da universalidade, pois se aplica a todos os seres racionais em geral, sobre o que nenhuma experiência chega para determinar seja o que for; segundo porque nele a humanidade se representa não como fim dos homens (subjectivo), isto é como objecto de que fazemos por nós efectivamente um fim, mas como fim objectivo, o qual, sejam quais forem os fins que tenhamos em vista, deve constituir como lei a condição suprema que limita todos os fins objectivos, e que por isso só pode derivar da razão pura" (KANT, Immanuel, op. cit., p.76). No plano jurídico, José de Oliveira Ascensão ressalta que "a dignidade humana consiste, assim, não apenas na formal capacidade de escolha, que os animais também possuem, mas nesta autorresponsabilidade pelo próprio destino". Por isso, "a liberdade é uma exigência ética, não um postulado individualístico. Só na liberdade pode o homem construir o seu destino". "A ordem social deve servir à realização do homem, e não a inversa" (ASCENSÃO, José de Oliveira. *Direito civil. Teoria geral*, 2010, p.39).
29. "A simples referência normativa à tortura, constante da descrição típica consubstanciada no art. 233 do Estatuto da Criança e do Adolescente, exterioriza um universo conceitual impregnado de noções com que o senso comum e o sentimento de decência das pessoas identificam as condutas aviltantes que traduzem, na concreção de sua prática, o gesto ominoso de ofensa à dignidade da pessoa humana. A tortura constitui a negação arbitrária dos direitos humanos, pois reflete – enquanto prática ilegítima, imoral e abusiva – um inaceitável ensaio de atuação estatal tendente a asfixiar e, até mesmo, a suprimir a dignidade, a autonomia e a liberdade com que o indivíduo foi dotado, de maneira indisponível, pelo ordenamento positivo" (STF, *HC* n. 70.389, Pleno, rel. p/ o ac. Min. Celso de Mello, j. 23.06.1994, *DJ* 10.08.2001). "O direito de defesa constitui pedra angular do sistema de proteção dos direitos individuais e materializa uma das expressões do princípio da dignidade da pessoa humana. Diante da ausência de intimação de defensor público para fins de julgamento do recurso, constata-se, no caso concreto, que o constrangimento alegado é inegável. No que se refere à prerrogativa da intimação pessoal, nos termos do art. 5º, § 5º, da Lei n. 1.060/1950, a jurisprudência desta Corte se firmou no sentido de que essa há de ser respeitada" (STF, *HC* n. 89.176, 2ª T., rel. Min. Gilmar Mendes, *DJ* 22.09.2006).
30. MICHAEL, Lothar; MORLOK, Martin. *Direitos fundamentais*, 2016, p.154.

Dada a influência desse conceito filosófico, é sob essa perspectiva que a dignidade passa a ser tomada na esfera jurídica. O homem não é objeto e, por ter valor intrínseco, é senhor do seu destino.

No entanto, é comum que a dignidade seja tomada sob a perspectiva diametralmente oposta, impondo heteronomia. Sob essa outra ótica, busca-se a proteção do homem contra si mesmo. Ainda que queira, o homem não pode se expor a situações vexatórias ou degradantes, pois tem valor fundamental em si mesmo.

Assim, justificam-se soluções que proíbem trabalhos degradantes (como o famoso caso francês de arremesso de anões) e medidas diversas que visam a impedir o suicídio, a eutanásia ou a comercialização de órgãos.[31]

Também é frequente que se mencione a dignidade como garantia fundamental de segunda geração, a impor deveres prestacionais do estado. Sob essa perspectiva, o Estado está obrigado a prover condições condignas de existência ou, como é comum afirmar, um mínimo existencial.[32]

Reconhecendo que não há, até hoje, uma definição completa do termo, Lothar Michael e Martin Morlok, sob a perspectiva alemã, propõem que esses e outros aspectos da definição de dignidade sejam abordados segundo as teorias: (i) da "fórmula-objeto" (a pessoa não pode ser reduzida a mero objeto); (ii) do dote (o homem é dotado de qualidade especial, seja ela de origem divina, como propunha Agostinho, ou derivada da autonomia moral, como também se pode depreender de Kant); (iii) do desempenho (ganha-se dignidade com o livre desenvolvimento da personalidade); e (iv) da comunicação (a dignidade deriva do acordo da comunidade).[33]

Dworkin propõe, no campo da moral, que o bem viver exige respeito por si mesmo, segundo o qual cada pessoa deve levar a sério sua própria vida, sem dela fazer uma oportunidade perdida, e autenticidade, ou seja, responsabilidade pessoal de identificar os critérios de sucesso de sua própria vida. Juntos, respeito e autenticidade constituem seu conceito de dignidade humana.[34]

Muitas outras noções poderiam ser trazidas a lume, mas tendo sido apresentadas as principais diretrizes na busca de um significado para o termo, pode-se ir além.

---

31. A defender a dignidade sob essa perspectiva, *vide* AZEVEDO, Antônio Junqueira, op. cit., Stéphanie Hennete-Vauchez afirma que, ao exercer essa função, a dignidade revela estar mais próxima do conceito medieval e distante dos direitos humanos em sua visão contemporânea (HENNETTE-VAUCHEZ, Stéphanie. *A human dignitas? The contemporary principle of human dignity as a mere reappraisal of an ancient legal concept*, 2008).
32. MICHAEL, Lothar; MORLOK, Martin, op. cit., p.166.
33. Ibid., p.154-8.
34. DWORKIN, Ronald. *A raposa e o porco-espinho:* justiça e valor, 2014, p.311.

Basta, para fins da síntese que aqui pretendemos realizar, reconhecer que a dignidade humana cumpre diversas funções. Entre elas, cumpre destacar: (i) impedir que o homem seja objeto de relações; (ii) assegurar um espaço de autonomia; (iii) justificar a heteronomia; e (iv) impor ao Estado um dever de mínimo existencial.

Dignidade e direitos da personalidade

O prestígio da dignidade humana nos planos filosófico e jurídico constitucional redundará, no plano do direito civil, na ampla aceitação dos direitos da personalidade.

Na Alemanha, a Lei Fundamental tratou de asseverar que "toda pessoa terá direito a desenvolver sua personalidade tanto quanto não viole os direitos de terceiros, não ofenda a ordem constitucional nem a ordem moral" (art. 2º, 1). De modo semelhante, o Código Civil português assegurou os indivíduos "contra qualquer ofensa ilícita ou ameaça de ofensa à sua personalidade física ou moral" (art. 70, 1), o que envolve não só a possibilidade de buscar reparação civil, mas também a tutela jurisdicional para "evitar a consumação da ameaça ou atenuar os efeitos da ofensa já cometida" (art. 70, 2).

Como esses dois sistemas legislativos estabelecem uma proteção ampla à personalidade, diz-se que há ali um direito geral da personalidade,[35] ou seja, "o direito da pessoa humana a ser respeitada e protegida em todas as suas manifestações imediatas dignas de tutela jurídica".[36] Essa cláusula geral permitiria a proteção da vida, da liberdade, da integridade moral, física[37] e psíquica, ao nome,[38] à voz, à imagem, à privacidade, entre outros.

---

35. SOUSA, Rabindranath Valentino Aleixo Capelo de. *O direito geral de personalidade*, 1995, p.84.
36. GOMES, Orlando, 1983, p.251.
37. "Discrepa, a mais não poder, de garantias constitucionais implícitas e explícitas - preservação da dignidade humana, da intimidade, da intangibilidade do corpo humano, do império da lei e da inexecução específica e direta de obrigação de fazer - provimento judicial que, em ação civil de investigação de paternidade, implique determinação no sentido de o réu ser conduzido ao laboratório, 'debaixo de vara', para coleta do material indispensável à feitura do exame DNA. A recusa resolve-se no plano jurídico-instrumental, consideradas a dogmática, a doutrina e a jurisprudência, no que voltadas ao deslinde das questões ligadas à prova dos fatos" (STF, *HC* n. 71.373, rel. p/ o ac. Min. Marco Aurélio, *DJ* 22.11.1996).
38. "O direito ao nome insere-se no conceito de dignidade da pessoa humana, princípio alçado a fundamento da República Federativa do Brasil (CF, art. 1º, III)" (STF, RE n. 248.869, voto do Min. Maurício Corrêa, *DJ* 12.03.2004).

Entre nós, não há nenhuma norma tão ampla, mas alguns doutrinadores veem na própria proteção constitucional à dignidade humana o amparo necessário para o reconhecimento desse direito geral de personalidade.[39]

O tema não é pacífico. Para Silmara Chinellato, homenageada na presente coletânea, o Direito brasileiro não consagrou o direito geral de personalidade, muito embora reconheça de maneira expressa a necessidade de proteção da dignidade humana. Segundo a professora, o Código Civil brasileiro apenas enumera, de forma não taxativa, direitos da personalidade, como é de sua própria natureza (art. 12).[40]

Crítica

Feito esse panorama, é possível criticá-lo. Em termos abstratos, não há quem possa ser contra a dignidade da pessoa humana. Ademais, é certo que, ao lado de outros fundamentos da República, como soberania, cidadania, valores sociais do trabalho e da livre-iniciativa, bem como pluralismo político,[41] vê-se a dignidade nos centros das preocupações constitucionais.

No entanto, grassam controvérsias sobre os efeitos desse princípio constitucional na revisão ou releitura dos institutos de direito privado.

Toma-se, em primeiro lugar, a função principiológica da dignidade humana. Propala-se aos quatro ventos a era da constitucionalização do direito civil[42] e, de modo mais amplo, do pós-positivismo e da argumentação principiológica. Os dois temas estão interligados.

Na linha de desenvolvimento do pensamento em torno do constitucionalismo, um passo até certo ponto previsível foi, efetivamente, cogitar da eficácia dos direitos humanos fundamentais, como expressão maior dos obje-

---

39. VILLELLA, João Batista. "O novo Código Civil brasileiro e o direito à recusa de tratamento médico". In: Roma e America. Diritto romano comune. *Rivista di Diritto Dell'integrazione e unificazione del Diritto in Europa e in America Latina*, 2003, p.57.
40. CHINELLATO, Silmara Juny. In: COSTA MACHADO, Antônio Cláudio (org.); CHINELLATO, Silmara Juny (coord.). *Código Civil interpretado:* artigo por artigo, parágrafo por parágrafo, 2017, p.50.
41. Fundamentos expressos no art. 1º da Constituição Federal brasileira.
42. Para uma crítica minudente ao direito civil-constitucional, ver RODRIGUES JUNIOR, Otávio Luiz. "Estatuto epistemológico do direito civil contemporâneo na tradição de *civil law* em face do neoconstitucionalismo e dos princípios". *O Direito*, 2011, p.43-66; REIS, Thiago. "Dogmática e incerteza normativa: crítica ao substancialismo jurídico do direito civil-constitucional". *Revista de Direito Civil Contemporâneo*, 2017, p.213-38; e LEAL, Fernando. "Seis objeções ao direito civil constitucional". *Direitos Fundamentais & Justiça*, 2007, p.123-65.

tivos desse processo de evolução do pensamento jurídico, não mais apenas e exclusivamente no âmbito das relações cidadão-Poder Público, mas também nas relações cidadão-cidadão.

A essa modalidade costuma-se referir como eficácia horizontal dos direitos fundamentais, em sintonia com a condição, a princípio, paritária dos sujeitos envolvidos, e também em alusão à propalada verticalidade da relação entre os cidadãos e o Poder Público.

O reconhecimento da eficácia horizontal dos direitos fundamentais abre espaço para uma nova série de cogitações em torno das relações privadas. Com efeito, posto que estas tradicionalmente possuíssem seu cerne normativo em regras e princípios próprios e, em certa medida, isolados do direito público em geral, inclusive do direito constitucional.

A Constituição é rica em princípios valorativos que influenciam o direito civil. De fato, o direito civil não é tema isolado no ordenamento jurídico. Contudo, desde que se entendeu, com o *judicial review*, que a Constituição tem prevalência normativa sobre os demais atos normativos, nada de novo se fez aqui. As diferenças entre poderes dos cônjuges no casamento e a proibição do divórcio foram, a seu tempo, temas de direito civil que estavam em consonância com a leitura que se fazia da Constituição.

Assim, é certo que a constitucionalização do direito civil pretende mais do que a ideia de subordinação da lei ordinária à Constituição. Em verdade, o que se propõe com essa corrente é que uma nova leitura da Constituição seja feita e que, com ela, altere-se a visão tradicional do direito civil.

Essa alteração, como dito, mostra-se sintonizada a um fenômeno mais amplo, que é a tendência à "personalização", ou seja, o fenômeno que se revela pelo incremento da tutela da pessoa humana, não, porém, do sujeito de direito abstrato típico da codificação oitocentista, mas em função do ser humano concreto, vivo e livre. Daniel Sarmento, a esse propósito, afirma:

> O princípio da dignidade da pessoa humana, consagrado como fundamento da República Federativa do Brasil (art. 1º, inciso III, CF), e que costura e unifica todo o sistema pátrio de direito fundamentais, representa o epicentro axiológico da ordem constitucional, irradiando efeitos sobre todo o ordenamento jurídico e balizando não apenas os atos estatais, mas também toda a miríade de relações privadas que se desenvolvem no seio da sociedade civil e no mercado.[43]

Ocorre que as críticas ao positivismo que se encontram na base desse movimento foram recebidas entre nós sem maior reflexão. Hoje o cenário que

---

43. SARMENTO, Daniel. *Direitos fundamentais e relações privadas*, 2004, p.109-10.

se vê é de abandono da força normativa das regras legisladas ou contratualmente negociadas, no fenômeno conhecido como pan-principiologismo. Contrata-se para que o julgador, a custo elevado, diga qual é o direito. Legisla-se para que o Judiciário avalie se a norma vale e pode ser aplicada.

"Direitos fundamentais e políticas públicas são questões que vêm sendo deliberadas judicialmente ao invés de em seus âmbitos de origem. Logo, é indispensável que o seu julgamento seja transparente e também aberto."

A partir de uma compreensão exacerbada e – por que não? – equivocada dos limites mais alargados que teorias pós-positivistas conferem à discricionariedade judicial em relação a modelos pretéritos, muitos juízes acabam por fazer *tabula rasa* de exigências como continuidade, estabilidade e previsibilidade jurisprudencial.

A hipervalorização da liberdade de julgar é um traço infeliz no quadro doutrinário e jurisprudencial contemporâneo, que não encontra suporte no ordenamento constitucional.

Veja-se que não se está a defender uma concepção absolutamente mecanizada de julgamento, mas é imprescindível que se compreenda a relação entre norma e decisão judicial em um ambiente democrático. E é nesse sentido que se clama por respeito e responsabilidade de parte dos magistrados no exercício da sua atividade interpretativa, particularmente na interpretação dos princípios jurídicos. "Isto porque, a eficácia normativa dos princípios acaba por permitir a estipulação de regras diretamente derivadas dos mencionados princípios, em especial daqueles alojados na esfera constitucional, sem qualquer intermediação legislativa."[44]

Isso revela que a função legislativa e a autonomia privada perderam espaço. A última palavra cabe ao Judiciário. Com efeito, é esperável que, em uma sociedade na qual prevaleça o pluralismo de ideias, cada um faça o seu próprio juízo do que é bom. Se certos valores devem ser deixados de lado e cabe à razão investigar novos valores, tal como postula Nietzsche, é porque não há uma lista findável de valores. Tudo aquilo que se utiliza como razão de decidir, razoavelmente ou não, acaba sendo visto como princípio ou como valor protegido pelo ordenamento.

Andrei Marmor aponta de modo correto que a decisão moralmente errônea tomada por um tribunal ou pela maioria dos tribunais não deixa de ser

---

44. LEAL, Roger Stiefelmann. "Pluralismo, políticas públicas e a Constituição de 1988: considerações sobre a práxis constitucional brasileira 20 anos depois". In: MORAES, Alexandre de (coord.). *Os vinte anos da Constituição da República Federativa do Brasil*, 2009, p.88.

válida.[45] Isso significa que, em uma sociedade plural e democrática, o direito não pode, em última análise, ser corrigido pela moral.

Como resultado, tem-se que o pós-positivismo entre nós agrava a discricionariedade que se desejava combater no positivismo. Sem o recurso a critérios metafísicos e sem reduzir os princípios àqueles expressos no texto legal, não há como se advogar a existência de uma ordem objetiva de valores.

É exemplificativo o que se passa com a ideia de dignidade humana. Podendo significar algo e o seu contrário, ou seja, autonomia e heteronomia, a dignidade não se sujeita a qualquer controle lógico racional, representando, mais das vezes, simples exercício de retórica.[46]

No campo do direito de família, por exemplo, até que o Supremo Tribunal Federal reconhecesse a união estável entre pessoas do mesmo sexo, não era unânime, em doutrina e jurisprudência, o papel que a dignidade da pessoa humana iria exercer nessa controvérsia. Após a referida decisão, passou-se a discutir a possibilidade do casamento entre pessoas do mesmo sexo. Hoje, não se sabe se uniões plúrimas estão amparadas por referido princípio, existindo opiniões diversas na doutrina. Para além do desejo inovador, é difícil identificar um projeto prático unívoco na doutrina da constitucionalização do direito civil.

Existe, ainda, o problema da legitimidade de certas decisões judiciais, do ponto de vista da representatividade democrática. Questiona-se em que medida o agente que não representa a vontade popular, porque não eleito democraticamente, estaria autorizado a promover decisões com nítidos reflexos de ordem política, social e econômica.

Por exemplo, em relação ao aborto, uma recente decisão proferida pelo Supremo Tribunal Federal, nos autos do *Habeas Corpus* n. 124.306, oriundo do Estado do Rio de Janeiro, reacendeu a expectativa de que a corte em bre-

45. MARMOR, Andrei, 2011, p.90-1.
46. Antônio Junqueira de Azevedo assevera que "o direito do século XXI não se contenta com os conceitos axiológicos formais, que podem ser usados retoricamente para qualquer tese" (AZEVEDO, Antônio Junqueira, op. cit.). Em sentido análogo, ver COSTA NETO, João. *Dignidade humana:* visão do Tribunal Constitucional Federal alemão, do STF e do tribunal europeu, 2014, p.117. Em sentido contrário, Jeremy Waldron afirma que "*the lack of a canonical definition is not necessarily a problem for dignity's foundational use in human rights law*", pois se trata de um conceito-base a ser desenvolvido pela doutrina. Ele pensa a dignidade como um *status* – mais próximo do sentido medieval do termo – compartilhado por todos os homens, a indicar o que pode e não pode ser feito da pessoa. As pessoas não poderiam ser discriminadas e devem ser tratadas com igualdade. Suas observações mantêm, contudo, a imprecisão lógica do termo (WALDRON, Jeremy. *What do the philosophers have against dignity?*, 2014).

ve irá declarar, em caráter geral, a licitude do aborto independentemente de qualquer justificativa.[47,48]

Não se sabe ao certo, porém, se essa solução está em conformidade com o desejo da população. Diferentemente do que sucedeu, por exemplo, em Portugal, onde não apenas foi editada uma lei afastando a ilicitude penal da aludida conduta (Lei n. 16, de 17 de abril de 2007), mas, também essa norma foi precedida por um verdadeiro referendo,[49] temos um tribunal mais uma vez decidindo um tema sensível independentemente de consulta popular.

Ainda que, porventura, certas decisões sobre temas sensíveis encontrem sintonia com uma maioria, como fica o papel contramajoritário do Judiciário e, particularmente, do Supremo Tribunal Federal, quando ele é o autor do novel direito?[50]

---

47. No julgamento em questão, o *habeas corpus* foi concedido de ofício, tendo o voto vencedor, da lavra do Ministro Roberto Barroso, consignado que seria necessária uma interpretação conforme à Constituição, técnica de julgamento para declaração de nulidade sem redução de texto, dos arts. 124 a 126 do Código Penal, no sentido de afastar a ilicitude penal da interrupção voluntária de gravidez até o final do terceiro mês de gestação. In: http://www.stf.jus.br/portal/processo/verProcessoAndamento.asp?incidente=4637878, acessado em 04.08.2017.
48. Um problema intrínseco a este julgamento é a disparidade da solução adotada no que concerne à colisão dos princípios em jogo. Quando o confronto se forma entre princípios, diz-se que a solução se alcançará mediante procedimento totalmente diverso do adotado para o conflito entre regras, porquanto não se operará no âmbito da validade. O problema, nesse caso, seria de *peso*. O método a utilizar seria o do sopesamento ou o da ponderação, a partir do qual se avaliaria o valor relativo de cada princípio em oposição no caso concreto, e o resultado favorável ao de maior peso faria com que este prevalecesse, sem importar, contudo, exclusão do outro, já que não está em jogo a validade de qualquer deles (ALEXY, Robert. *Teoria dos direitos fundamentais*, op. cit., p.94-5). No caso, evidentemente se encontram em confronto o direito à vida do nascituro e o direito à autodeterminação da grávida, e, ordinariamente, o princípio da proteção à vida deveria prevalecer sobre o princípio da liberdade individual. Aparentemente, portanto, está mais em jogo uma pauta político-social do que uma questão jurídica.
49. Muito embora o resultado real do referendo não tenha respaldado efetivamente a conclusão, conforme aponta Pedro Pais de Vasconcelos, que demonstra que, em relação ao total de votantes aptos a participar, os que se manifestaram favoravelmente à possibilidade de interrupção voluntária de gravidez não chegam a 22% (VASCONCELOS, Pedro Pais. "A posição jurídica do pai na interrupção voluntária da gravidez". In: CHINELLATO, Silmara Juny de Abreu; CAMPOS, Diogo Leite de (coord.), 2009, p.384).
50. Para Lenio Luiz Streck, normas contramajoritárias (que encerram regras em torno da alteração constitucional) seriam necessárias para identificação do núcleo político-essencial da Constituição. Seriam, por conseguinte, importantes para a democracia. Nessa linha, sustenta que a atuação da jurisdição constitucional encerraria função contramajoritária, porquanto lhe incumbiria opor-se aos arroubos da maioria, cuja vontade estaria plasmada na atividade legislativa, em prol do núcleo essencial da Constituição (STRECK, Lenio Luiz. *Verdade e consenso:* Constituição, hermenêu-

Ainda pensando no caso do aborto, existe a problemática (normalmente ignorada) do pai do nascituro, cuja gestação se pretende interromper, a revelar (outra) nítida situação de colisão de direitos. Como ficaria o direito de um pai, nessa hipótese, titular de uma pretensão minoritária em face de uma prévia deliberação judicial com caráter vinculante?[51]

Tem-se ainda que o conceito de dignidade vem sendo banalizado ao extremo. Mencionado em diversos textos constitucionais como uma resposta histórica às ideias de eugenia e holocausto, hoje o princípio é usado até como *topos* argumentativo para indicar que um cidadão não pode esperar na fila de um banco por tempo demasiado.[52] Com isso, a dignidade perde sua valia como ferramenta jurídica e vulgariza-se sem honrar suas origens históricas.

No campo do direito privado, ademais, o exacerbado recurso aos princípios revela que a autonomia privada luta para sobreviver. Cada vez menos, o particular pode ditar as regras que regerão sua vida. Alunos e futuros advogados eventualmente chegam a pensar que, nos contratos, só há dignidade humana, função social[53] e boa-fé objetiva, sendo a autonomia e a obrigatoriedade conceitos superados.

A bem da verdade, diante desse exagero, contrata-se sob a condição de que qualquer das partes poderá tentar reajustar o equilíbrio contratual, barganhando condições mais favoráveis, sob o argumento de que teria havido

---

tica e teorias, 2009, p.19-20, 22). Difícil acolher a aplicabilidade da tese às situações em que a introdução da norma é operada pelo Judiciário, em inegável postura ativista.

51. Pedro Pais de Vasconcelos, por exemplo, acredita que ao pai deveria ser conferida a tutela (VASCONCELOS, Pedro Pais, op. cit., p.406-7). Será que, no Brasil, esta seria a solução adotada? Não é, portanto, de se ignorar uma necessária perspectiva intersubjetiva da dignidade da pessoa humana. Com isso quer-se referir ao fato de que a dignidade de que se trata, sendo inerente a cada pessoa singular, também é uma condição universal a todo ser humano, a reclamar, por isso, recíproco respeito. E, portanto, mesmo um direito assegurado em razão da dignidade da pessoa humana deve sujeitar-se a nova ponderação em face de outra pessoa. Pensar o contrário seria atribuir uma condição absoluta que não se coaduna com o regime dos princípios jurídicos.
52. Como exemplo e sem analisar a justiça do julgado diante da situação concreta, ver o seguinte precedente: "O tempo máximo de espera em filas é de 30 minutos, para a realização do atendimento, conforme expressamente dispõe a Lei Distrital n. 2.547/2000. A extrapolação deste tempo, em verdade, implica violação a dignidade humana e também na ineficácia da prestação dos serviços ofertados" (TJDFT, Ac. n. 952307, rel. Simone Lucindo, rel. designado Alfeu Machado, 1ª Câm. Cível, j. 27.06.2016, *DJe* 06.07.2016, p.240-7). Diz-se que "se para tudo se há de fazer emprego desse princípio, em última análise, ele para nada servirá" (STF, RE n. 363.889, rel. Min. Dias Toffoli, Tribunal Pleno, j. 02.06.2011, *DJe* 16.12.2011).
53. A propósito, as manifestações da existência econômica, como propriedade, contratos e empresa, ou estão em função do social, da coletividade, ou estão em função da dignidade do indivíduo.

violação de um princípio legal ou constitucional. Acresça-se que os princípios informam valores e, assim, cada pessoa os pondera, no seu juízo particular, da forma que lhe é mais conveniente. Com isso, os conflitos se multiplicam.[54] Assim, ao contratar, pouco nos resta além de aguardar o oráculo judicial decifrar qual é, nas nossas vidas, a dignidade a ser observada.

Enfim, não são poucos os obstáculos a superar quando se anseia analisar e aplicar de maneira rigorosamente adequada o princípio da dignidade da pessoa humana, especialmente na esfera do direito privado.

Considerações finais

Observa-se que a excessiva principiologização multiplica os conflitos (no exato momento em que o direito processual luta para dar vazão ao imenso contingente de processos pendentes de julgamento[55]) e gera insegurança jurídica e, por conseguinte, incerteza na sociedade.

Parte significativa dessa problemática decorre do reconhecimento de uma cláusula geral de direitos da personalidade, a partir de cuja interpretação seria possível concretizar novas modalidades de tutela a interesses não previamente disciplinados legislativamente.

Diversos autores estabelecem que os direitos da personalidade estão previstos em nosso ordenamento em rol exemplificativo, pois não podem ser reconduzidos a uma figura única, como é o caso da ora homenageada.

Muitos autores revelam-se, nesse ponto, adeptos da ideia de um direito natural, admitindo os direitos da personalidade como inatos, ou seja, inerentes à condição humana e anteriores ao reconhecimento pelo direito positivado. Carlos Alberto Bittar destaca, ao tratar do tema, que "ao Estado compete reconhecer os direitos que a consciência popular e o Direito natural mostram".[56]

---

54. Lenio Streck revela-se crítico da prática de criar princípios *ad hoc* para solucionar qualquer problema que se apresente ao julgador. Sob a ótica pan-principiologista, "os limites do sentido e o sentido dos limites do aplicador já não estão na Constituição, enquanto programa 'normativo-vinculante', mas, sim, em um conjunto de enunciados criados *ad hoc* (e com funções *ad hoc*), que, travestidos de princípios constituem uma espécie de 'supraconstitucionalidade'" (STRECK, Lenio Luiz, op. cit., p.599).
55. É curioso notar que a intervenção judicial nos negócios privados se dá sob a fundamentação teórica da desigualdade material entre as partes. Conquanto alguma intervenção seja justa, ao possibilitar amplamente a revisão dos negócios jurídicos, milhões de cidadãos são convidados a ajuizar suas demandas.
56. BITTAR, Carlos Alberto. *Os direitos da personalidade*, 1995, p.8; no mesmo sentido, ver FRANÇA, Rubens Limongi. *Instituições de direito civil*, 1988, p.1.027.

Orlando Gomes, de modo ligeiramente diverso, destaca que a dignidade "há de receber conteúdo específico somente por meio da jurisprudência".[57]

Entretanto, o reconhecimento judicial dos direitos da personalidade não é uma situação incompatível com a noção de direito positivo. O sistema da *common law*, fundado na força vinculante dos precedentes, também tem vertentes positivistas. Sob essa perspectiva,[58] a jurisprudência é fonte de direito, o que significa dizer que a aceitação constante de uma norma por precedentes judiciais a torna obrigatória.

Por outro lado, nas relações de direito privado, é comum que haja pelo menos duas partes, ambas igualmente dignas e, eventualmente, não há como salvaguardar-se a situação de uma sem prejuízo da outra. Nesse campo, a dignidade mostra-se critério insuficiente para fundamentar decisões.

Faz-se necessário, portanto, atentar para parâmetros como relevância do interesse a ser tutelado e coerência sistêmica dessa tutela, além de observar preceitos como o da boa-fé, de forma a evitar a adoção surpresa de novos paradigmas para solução das lides, eis que sem ambas atitudes o princípio da dignidade da pessoa humana e os direitos da personalidade em particular acabarão por esvaziar-se de toda e qualquer identidade, tornando-se mera pauta retórica.

Referências

AGOSTINHO, Santo. *Confissões; De magistro*. 2.ed. Trad. J. Oliveira Santos; A. Ambrósio de Pina e Ângelo Ricci. São Paulo, Abril Cultural, 1980.

ALEXY, Robert. *Teoria discursiva do direito*. Trad. Alexandre Trivisonno. Rio de Janeiro, Forense Universitária, 2014.

______. *Teoria dos direitos fundamentais*. 2.ed. Trad. Virgílio Afonso da Silva. São Paulo, Malheiros, 2012.

57. GOMES, Orlando, op. cit., p.253.
58. Para Hart, a regra de reconhecimento também está relacionada à aceitação geral entre os juízes (HART, H.L.A. *The concept of law*, 2012). Para esclarecer o tema, Shapiro indica que "*the 'real' debate between Hart and Dworkin, therefore, concerns the clash of two very different models of law. Should law be understood to consist in those standards socially designated as authoritative? Or is it constituted by those standards morally designated as authoritative? Are the ultimate determinants of law social facts alone or moral facts as well? Dworkin's challenge purports to demonstrate that we must choose the latter. As we will see, the positivist response has been to argue that Dworkin has shown no such thing*" (SHAPIRO, Scott J. *The "Hart-Dworkin" debate:* a short guide for the perplexed, 2007).

ALVARENGA, Lúcia Barros Freitas de. *Direitos humanos, dignidade e erradicação da pobreza*. Brasília, Brasília Jurídica, 1998.

AMARAL NETO, Francisco dos Santos. "Os princípios jurídicos na relação obrigatória". *Roma e America. Diritto romano comune. Rivista di Diritto Dell'integrazione e unificazione del Diritto in Europa e in America Latina*, Modena, n.16, 2003.

ASCENSÃO, José de Oliveira. *Direito civil. Teoria geral*. São Paulo, Saraiva, 2010, v.I.

ÁVILA, Humberto. *Teoria dos princípios*. 16.ed., rev. e atual. São Paulo, Malheiros, 2015.

AZEVEDO, Antônio Junqueira. "Caracterização jurídica da dignidade da pessoa humana". *Revista USP*, São Paulo, n.53, mar-maio/2002, p.90-101.

BARROSO, Luis Roberto. *Curso de direito constitucional contemporâneo:* os conceitos fundamentais e a construção do novo modelo. 2.ed. São Paulo, Saraiva, 2010.

BITTAR, Carlos Alberto. *Os direitos da personalidade*. 2.ed. Rio de Janeiro, Forense Universitária, 1995.

BOBBIO, Norberto. *Teoria do ordenamento jurídico*. 4.ed. Brasília, UnB, 1994.

CHINELLATO, Silmara Juny. In: COSTA MACHADO, Antônio Cláudio da (org.); CHINELLATO, Silmara Juny (coord.). *Código civil interpretado:* artigo por artigo, parágrafo por parágrafo. 10.ed. Barueri, Manole, 2017.

COMPARATO, Fábio Konder. *A afirmação histórica dos direitos humanos*. 3.ed. São Paulo, Saraiva, 2003.

COSTA NETO, João. *Dignidade humana:* visão do Tribunal Constitucional Federal alemão, do STF e do tribunal europeu. São Paulo, Saraiva, 2014.

DWORKIN, Ronald. *Levando os direitos a sério*. Trad. Nelson Boeira. São Paulo, Martins Fontes, 2002.

______. *A raposa e o porco-espinho:* justiça e valor. Trad. Marcelo Brandão Cipolla. São Paulo, Martins Fontes, 2014.

FRANÇA, Rubens Limongi. *Instituições de direito civil*. São Paulo, Saraiva, 1988.

GOMES, Orlando. *Novos temas de direito civil*. Rio de Janeiro, Forense, 1983.

GONDINHO, André Osório. "Codificação e cláusulas gerais". *Revista Trimestral de Direito Civil*. Rio de Janeiro, v.2, n.19, abr-jun/2000.

HART, H.L.A. *The concept of law*. 3.ed. Oxford, Oxford University, 2012.

HENNETTE-VAUCHEZ, Stéphanie. *A human dignitas? The contemporary principle of human dignity as a mere reappraisal of an ancient legal concept* (July 2008). EUI Working Papers LAW n. 2008/18. Disponível em: https://ssrn.com/abstract=1303427 ou http://dx.doi.org/10.2139/ssrn.1303427. Acesso em: 03.08.2017.

JACINTHO, Jussara Maria Moreno. *Dignidade humana. Princípio constitucional*. Curitiba, Juruá, 2006.

KANT, Immanuel. *A metafísica dos costumes*. 2.ed. Bauru, Edipro, 2008.

LEAL, Fernando. "Seis objeções ao direito civil constitucional". *Direitos Fundamentais & Justiça*, Porto Alegre, ano 9, n.33, 2007, p.123-65.

LEAL, Roger Stiefelmann. "Pluralismo, políticas públicas e a Constituição de 1988: considerações sobre a práxis constitucional brasileira 20 anos depois". In: MORAES, Alexandre de (coord.). *Os vinte anos da Constituição da República Federativa do Brasil.* São Paulo, Atlas, 2009.

LOBO, Paulo Luiz Netto. "Danos morais e direitos da personalidade". *Revista Trimestral de Direito Civil*, Rio de Janeiro, n.6, 2001.

MARMOR, Andrei. *Philosophy of law*. Princeton, Princeton University, 2011.

MARTINS-COSTA, Judith. *A boa-fé no direito privado:* sistema e tópica no processo obrigacional. São Paulo, RT, 2000.

MELLO, Celso Antônio Bandeira de. *Curso de direito administrativo.* 24.ed. São Paulo, Malheiros, 2007.

______. *O conteúdo jurídico do princípio da igualdade.* 3.ed., 24.tir. São Paulo, Malheiros, 2015.

MICHAEL, Lothar; MORLOK, Martin. *Direitos fundamentais*. Trad. Antonio Francisco de Souza e Antonio Franco. São Paulo, Saraiva, 2016.

MIRANDA, Jorge; RODRIGUES JR., Otávio Luiz; FRUET, Gustavo Bonato. "Principais problemas dos direitos da personalidade e estado-da-arte da matéria no direito comparado". In: ______ (orgs.). *Direitos da personalidade.* São Paulo, Atlas, 2012.

MORAES, Maria Celina Bodin de. "O princípio da dignidade humana". In: ______ (coord.). *Princípios do direito civil contemporâneo*. Rio de Janeiro, Renovar, 2006.

REALE, Miguel. *Filosofia do direito*. 20.ed. São Paulo, Saraiva, 2002.

REIS, Thiago. "Dogmática e incerteza normativa: crítica ao substancialismo jurídico do direito civil-constitucional". *Revista de Direito Civil Contemporâneo*, São Paulo, v.11, ano 4, abr-jun/2017, p.213-38.

RODRIGUES JUNIOR, Otávio Luiz. "Estatuto epistemológico do direito civil contemporâneo na tradição de *civil law* em face do neoconstitucionalismo e dos princípios". *O Direito*, v.II, n.143, 2011, p.43-66.

ROVIGHI, Sofia Vanni. *História da filosofia moderna*. São Paulo, Loyola, 1999.

SARMENTO, Daniel. *Direitos fundamentais e relações privadas*. Rio de Janeiro, Lumen Juris, 2004.

SHAPIRO, Scott J. *The "Hart-Dworkin" debate: a short guide for the perplexed* (March 5, 2007). Disponível em: https://ssrn.com/abstract=968657. Acesso em: 29.06.2018.

SILVA, Deonísio da. *De onde vêm as palavras:* origens e curiosidades da língua portuguesa. 17.ed. Rio de Janeiro, Lexikon, 2014.

SILVA, Virgílio Afonso da. *A constitucionalização do direito:* os direitos fundamentais nas relações entre particulares. São Paulo, Malheiros, 2014.

SIQUEIRA CASTRO, Carlos Roberto. "Dignidade da pessoa humana: o princípio dos princípios constitucionais". In: SARMENTO, Daniel; GALDINO, Flávio (coord.). *Direitos fundamentais:* estudos em homenagem ao Prof. Ricardo Lobo Torres. Rio de Janeiro, Renovar, 2006.

SOUSA, Rabindranath Valentino Aleixo Capelo de. *O direito geral de personalidade.* Coimbra, Coimbra, 1995.

STRECK, Lenio Luiz. *Verdade e consenso:* Constituição, hermenêutica e teorias discursivas. São Paulo, Saraiva, 2014.

VASCONCELOS, Pedro Pais. "A posição jurídica do pai na interrupção voluntária da gravidez". In: CAMPOS, Diogo Leite de; CHINELLATO, Silmara Juny de Abreu (coords.). *Pessoa humana e direito.* Coimbra, Almedina, 2009.

VILLELA, João Batista. "O novo Código Civil brasileiro e o direito à recusa de tratamento médico". In: *Roma e America. Diritto romano comune. Rivista di Diritto Dell'integrazione e unificazione del Diritto in Europa e in America Latina,* Modena, n.16, 2003.

WALDRON, Jeremy. *Dignity, rights, and responsibilities* (November 17, 2010). NYU School of Law, Public Law Research Paper n. 10-83. Disponível em: https://ssrn.com/abstract=1710759 ou http://dx.doi.org/10.2139/ssrn.1710759. Acesso em: 03.08.2017.

_____. *What do the philosophers have against dignity?* (September 17, 2014). NYU School of Law, Public Law Research Paper n. 14-59. Disponível em: https://ssrn.com/abstract=2497742 ou http://dx.doi.org/10.2139/ssrn.2497742. Acesso em: 03.08.2017.

CAPÍTULO 3

Bioética e direito: a luta pela não reificação da vida

Eduardo C. B. Bittar

Desafios contemporâneos à ciência dogmática do direito

As fronteiras dos saberes estão desafiadas pelo ritmo, pela técnica, pela inconsciência e pela dispersão. As novas fronteiras se reúnem em horizontes antes não conhecidos, e os horizontes se esfacelam com a mesma rapidez com que se constituíram. É com esta fluidez, inconstância e inconsistência que se conhece a *indefinição* do que é *definido* nos tempos atuais, e, diante deste "amolecimento" da modernidade, diante deste *estado-de-coisas*, tem-se procurado atribuir o batizamento de *condição pós-moderna*, como a seguir exposto:

> [...] a expressão pós-modernidade é tomada como o lugar de simplificação conceitual das tensões e contradições (idas e vindas; progressos e retrocessos; ambiguidades e indefinições) da condição humana hodierna, que abalou o projeto da modernidade, sem necessariamente superá-lo completamente. Daí o caráter transitivo da descrição, daí a indefinição de seu contorno semântico, na medida em que a pós-modernidade tem a ver com a modernidade desfigurada, liquefeita, descaracterizada e sob intensa revisão [...].[1]

Neste contexto, em que as categorias "desmancham" e se "diluem", novos seres e saberes emergem redefinindo os horizontes do conhecido, trazendo consigo a perda de sentido das práticas anteriores e, também, a desfiguração dos conceitos conhecidos. Na sociedade digital, tecnologicamente guiada e geneticamente redefinida, em meio à sobrecarga de informações, entrechoque

1. BITTAR, Eduardo C. B. *O direito na pós-modernidade*, 2014, p.118.

de dados e aceleradas formas de interações comunicativas mediadas por dispositivos eletrônicos, na diluição do que *era* e *foi*, dá-se a constituição de nosso novo *ser digital*, em que a ameaça aos direitos humanos é uma constante.[2]

Estes novos horizontes, onde o domínio da técnica floresce no exercício do *biopoder*, redefinimos o que é *ser* e tornamos possível que o convívio da mais avançada tecnologia esteja compartilhado com a mais avançada dinâmica de dominação. O cinismo fortalece a ideia de que o *progresso* é tecnológico, não importando o *regresso* que se produza sobre o corpo, sobre a natureza, sobre as interações humanas, ou mesmo o quanto somos capazes de camuflar que ao constituirmos novas naturezas, devastamos a única que nos garante a vida sustentável.[3]

Enquanto somos constituídos e atravessados pela técnica, faz-se e desfaz-se das dimensões de nossa humanidade, aumentando de forma exponencial o risco de terem-se atingidas, relativizadas ou redefinidas as dimensões da personalidade humana e dos direitos que lhe são respectivos. E isso, sobretudo, porque a liberdade de laboratórios, empresas de alta tecnologia, cientistas e inventores[4] se tornou vertiginosamente arriscada diante da própria tecitura dos direitos, ou ainda, da forma como se conheceu a definição de certos direitos, em especial daqueles que se chamam direitos da personalidade.

É nesse cenário que se afirma, com toda força, a possibilidade constante, atual e desregrada de *banalização* da vida. É nesse cenário que o neologismo contido no termo *bioética*[5] surge para apontar a necessidade de afirmar-se a reflexão que faz da vida um foco de preocupações diante dos avanços da tecnologia, da ciência e das fronteiras do conhecimento hodiernos. Seguindo de perto a lição filosófica de Jürgen Habermas, pode-se dizer que: "Os desenvolvimentos notórios e temidos da tecnologia genética afetam a imagem que ha-

---

2. A respeito, leia-se CAMPOS, Diogo Leite de Campos; BITTAR, Eduardo C. B. (coords.). "Os direitos humanos no espaço virtual". *Galileu: Revista de Economia e Direito*, 2012.
3. "Hoje destruímos algumas centenas de espécies por dia, somos os realizadores de uma extinção em massa; ao mesmo tempo, também nos tornamos capazes de fazer aparecerem novos tipos de vida, novas espécies" (OLIVEIRA, Luiz Alberto. "Biontes, biorgues e borgues". In: NOVAES, Adauto (org.). *O homem-máquina:* a ciência manipula o corpo, 2003, p.169). A esse respeito, consulte-se, também, BITTAR, Eduardo C. B., op. cit.
4. "No tocante à engenharia genética, os riscos abertos pelos desenvolvimentos da biotecnologia instam os intelectuais a refletir sobre as consequências éticas das formas presentes de conhecimento e do âmbito de liberdade de pesquisadores e cientistas" (MAIA, Antônio Cavalcanti Maia. "Biopoder, biopolítica e o tempo presente". In: NOVAES, Adauto (org.). *O homem-máquina:* a ciência manipula o corpo, 2003, p.100).
5. "O neologismo *bioética* tornou-se internacionalmente reconhecido apenas em 1971, após uma publicação do cancerologista norte-americano Van Rensselaer Potter" (GARRAFA, Volnei. "Bioética e manipulação da vida". In: NOVAES, Adauto (org.). *O homem-máquina:* a ciência manipula o corpo, 2003, p.215).

víamos construído de nós enquanto ser cultural da espécie, que é o 'homem', e para o qual parecia não haver alternativas".[6]

Aqui, faz-se presente o quanto uma nova história começa a ser constituída.[7] E a própria redefinição da história afeta a ciência do direito, enquanto ciência social, ou seja, enquanto saber que, de um lado, intervém sobre a sociedade e, de outro lado, é fruto de um *estado-de-coisas* em sociedade. Por isso, a reflexão do cientista do direito deve ser apurada, precisa e pensada à luz dos novos desafios sociais, inclusive do direito privado, e, em especial, do direito civil, na medida em que, como afirma Luiz Edson Fachin: "O direito é um fenômeno profundamente social, o que revela a impossibilidade de se estudar o direito civil sem que se conheça a sociedade na qual ele se integra, bem como a imbricação entre suas categorias e essa sociedade".[8]

Essa percepção nos consente afirmar que a ciência dogmática do direito vem sofrendo intensa modificação nas últimas três décadas, algo que coincide acerbamente, seja com o período de docência da homenageada, seja com o período de maior impacto da tecnologia sobre a vida contemporânea. Ao longo desse curto, mas irrefreável período histórico, não foram poucas as correntes, as linhas, as escolas, as tradições e as concepções do direito civil que vieram se criando e se desfazendo.

Em certa medida, pode-se mesmo mencionar, na ideia de crise das ciências e dos paradigmas científicos, a incapacidade da ciência dogmática do direito de responder com suficiente eficiência aos desafios da sociedade contemporânea, considerada a sua complexidade e, também, os seus avanços e os seus retrocessos.[9] Por isso, são poucas as percepções da ciência dogmática do direito que realmente conseguem se adaptar e enfrentar os desafios próprios da vida contemporânea, especialmente consideradas as transformações advindas dos campos da tecnologia, da medicina e das ciências em geral.

Em certas fronteiras e dimensões da vida contemporânea, o próprio conceito de *vida* parece ter sido *ressignificado*, e uma série de balizas, que tradicionalmente permitiam fazer face ao mundo, se diluíram e se desfizeram,

---

6. HABERMAS, Jürgen. *O futuro da natureza humana:* a caminho de uma eugenia liberal?, 2004, p.56.
7. "As mudanças genéticas possíveis - vegetais, animais e humanas - já alteraram irreversivelmente o curso da história" (GARRAFA, Volnei, op. cit., p.219).
8. FACHIN, Luiz Edson. *Teoria crítica do direito civil*, 2003, p.188.
9. "A dogmática jurídica tradicional já não se mostra tão eficiente como outrora (século XIX, até meados do século XX) na absorção e controle dos conflitos sociais, e vários são os fenômenos implicados nessa crescente inoperância, dentre os quais se poderia destacar: a complexidade progressiva da sociedade contemporânea, gerando situações que exigem decisões não apenas rápidas, mas viáveis [...]" (ADEODATO, João Maurício. *Ética e retóricas:* para uma teoria da dogmática jurídica, 2007, p.149).

como se estivéssemos diante da *modernidade líquida*.[10] Esta se torna uma das frentes mais complexas, controvertidas e atribuladas de dimensionamento conceitual contemporâneo, e todo questionamento sobre a própria noção de vida, seja do seu surgimento, do seu exaurimento, de sua definição ou de sua "objetualização" pelas ciências da natureza, apenas reabre a problematização com a qual o direito tem de lidar.[11] Está-se a pensar, *quase-que-no-limite*, está-se a fazer ciência do direito, em condições de estar na frente, para regular o presente, antever o futuro e lidar com o inesperado dos avanços da técnica, do geneticismo e da banalização da vida.[12]

Por isso, ao tratar do direito civil contemporâneo, pode-se afirmar que a Professora Titular Silmara Juny de Abreu Chinellato vem atuando de forma incisiva em capítulos altamente complexos que envolvem as áreas da bioética, dos direitos da personalidade e do direito de autor, não se negando, a exemplo de sua tese de livre-docência, a dialogar com outros saberes, como a medicina, a psiquiatria e a psicologia,[13] de forma a garantir a conexão entre os desafios do direito civil contemporâneo e os avanços estonteantes da sociedade contemporânea.

Percursos cruzados no direito civil

Deve-se lembrar, neste momento, que, no início de sua carreira docente, tanto na graduação quanto na pós-graduação, em 1986, está a atuação de Silmara como colaboradora do Professor Carlos Alberto Bittar nos cursos da Faculdade de Direito da Universidade de São Paulo (FDUSP). Assim, uma vida dedicada ao ensino, à pesquisa e ao desenvolvimento da ciência jurídica, especialmente considerando mais 30 anos (desde 1986) de sua carreira acadêmica, é

10. "O que foi separado não pode ser colado novamente. Abandonai toda esperança de totalidade, tanto futura como passada, vós que entrais no mundo da modernidade fluida" (BAUMAN, Zygmunt. *Modernidade líquida*, 2001, p.29).
11. "Talvez o traço decisivo das ciências da natureza tenha sido tratar como *objeto* a natureza, o mundo em geral e também o homem, procurando-se entender o que os determina. Um lema constantemente retomado, desde o século XVII, foi tornar o homem senhor do mundo. A ciência assim engendraria uma tecnologia" (RIBEIRO, Renato Janine. "Novas fronteiras entre natureza e cultura". In: NOVAES, Adauto (org.). *O homem-máquina:* a ciência manipula o corpo, 2003, p.15).
12. A exemplo deste trecho: "O novo século que ora se inicia é considerado como 'o século dos genes', pelos diversos autores, entre os quais Jeremy Rifkin ou a 'era dos genes', como o define Tom Wilkie" (CHINELLATO, Silmara Juny de Abreu. Reprodução humana assistida: aspectos civis e bioéticos, 2000, p.217).
13. A exemplo deste outro trecho: "Nessa obra, psiquiatras, psicanalistas, médicos, juristas, advogados e juízes apresentam opiniões divergentes" (ibid., p.180).

de ser louvada e elogiada, admirada e reconhecida. Não por outras palavras, fazemos viva uma tradição intergeracional, utilizando esta oportunidade para retribuir as homenagens que sempre dedicou a Carlos Alberto Bittar.

Os temas de interesse sobre os quais veio investigando são propriamente aqueles que marcaram a intensa produção de Rubens Limongi França e, logo em seguida, de Carlos Alberto Bittar, como a testemunhar uma profunda influência recebida pelos mestres. O doutorado em Direito foi defendido em 1983 (FDUSP), com o tema "Tutela civil do nascituro", em que os direitos da personalidade estavam em foco; a livre-docência foi defendida em 2001 (FDUSP), com o tema "Reprodução humana assistida: aspectos civis e bioéticos", em que novamente os direitos da personalidade se destacam; a titularidade foi defendida em 2009 (FDUSP), com o tema "Direito de autor e direitos da personalidade: reflexões à luz do Código Civil", em que realiza um virtuoso encontro entre os direitos autorais e os direitos da personalidade.

Nesse percurso, não foram poucas as oportunidades em que a Professora Titular do Departamento de Direito Civil da FDUSP, Silmara Juny de Abreu Chinellato, pôde externar sua admiração, seu respeito e sua dedicação ao Professor Titular Carlos Alberto Bittar.[14] Logo após o falecimento deste, os escritos em homenagem assumiram imediatamente a forma que melhor caracterizava e destacava o trabalho de Carlos Alberto Bittar, a saber, os temas de direito de autor, direito da personalidade, direito do consumidor e reparação civil por danos morais, refletidos, inclusive, no próprio título da obra publicada em sua memória.[15]

A Comissão de Defesa dos Direitos do Consumidor da Ordem dos Advogados do Brasil, seção de São Paulo (OAB/SP), também concedeu homenagens públicas, um pouco à carreira da influência de Silmara Chinellato, honrando e reconhecendo os dedicados trabalhos do civilista à causa, especialmente com seus cursos, apoio técnico, consultoria e palestras proferidas na entidade de classe dos advogados de São Paulo. Deve-se pontuar que, ao longo de toda a sua carreira, os artigos e livros de Silmara nunca deixam de referenciar as obras de Carlos Alberto Bittar, com o mesmo reconhecimento e reverência que tinha ao tempo em que era vivo. Esses são breves testemunhos, registros pontuais, que externam o respeito e o carinho ao mestre. O

---

14. A exemplo do teor da entrevista a Rodrigo Moraes. CHINELLATO, Silmara Juny de Abreu. "Entrevista a Rodrigo Moraes". Disponível em: www.rodrigomoraes.adv.br/index.php?site=1&modulo=entrevista&acao=exibir_entrevista&en_cod=16.
15. BITTAR, Eduardo C. B.; CHINELLATO, Silmara Juny de Abreu (coords.). *Estudos de direito de autor, direito da personalidade, direito do consumidor e danos morais*: em homenagem ao Professor Carlos Alberto Bittar, 2002. Outra obra publicada em sua homenagem e que trata do mesmo tema é BITTAR, Carlos Alberto. *Reparação civil por danos morais*, 2015.

que há de consagrar essa proximidade é o fato de que Silmara irá conferir sucessão na Cátedra de Direito de Autor, mantendo viva uma tradição de suma importância no Departamento de Direito Civil da FDUSP, desde Antônio Chaves até Carlos Alberto Bittar, permitindo a difusão de um conhecimento científico, fundamentado e cuidadosamente pensado em torno da produção literária, artística e científica, hoje em dia, especialmente considerados os desafios trazidos pela *internet* e pelo mundo virtual.

Os direitos da personalidade como barreiras à reificação da vida

É no campo dos direitos da personalidade, e diante dos desafios mais contemporâneos à sua garantia, efetivação e proteção, que se afirma o modo pelo qual a produção acadêmica de Silmara irá tornar possível a luta em face da reificação da vida, ou seja, aquilo que, aos poucos, e pelo ruir das estruturas do conhecido, tornaria possível por práticas novas da ciência e da tecnologia, se arvorar na condição de "senhoras da vida e da morte", tornando possível a "objetualização" do ser humano, dimensionando-se essa questão, de forma obstinada, como um problema próprio da ciência dogmática do direito.

Não obstante a clara atitude do legislador, na edição do Código Civil de 2002, ao assumir a *positividade* dos direitos da personalidade, ademais de sua *centralidade* na dimensão privada dos direitos, o conceito de *direitos da personalidade* é controverso, o que não impede de se perfilar a lição de Carlos Alberto Bittar, na matéria:

> Consideram-se da personalidade os direitos reconhecidos à pessoa humana tomada em si mesma e em suas projeções na sociedade, previstos no ordenamento jurídico exatamente para a defesa de valores inatos no homem, como a vida, a higidez física, a intimidade, o segredo, o respeito, a honra, a intelectualidade e outros tantos.[16]

É nesse âmbito que irá se afirmar o maior conjunto das preocupações teórico-científicas de Silmara, e, dentro do domínio dos direitos da personalidade, o direito à vida é definido como um direito físico da personalidade, alvo de suas intensas preocupações, em face dos avanços da tecnologia e da pesquisa biocientífica. Esse tipo de preocupação torna clara a dimensão do saber fronteiriço, pois o que é vida, nos tempos contemporâneos, quando se fala em um direito à vida, ou em definição do momento do início da perso-

---

16. BITTAR, Carlos Alberto. *Os direitos da personalidade*, 2015, p.29.

nalidade humana, ora, exatamente isso se tornou complexo, em função das transformações da medicina, da técnica e da ciência. E isso porque se tem presente, para reproduzir as palavras de José de Oliveira Ascensão, aquilo que define a própria característica central dos direitos da personalidade, qual seja: "No centro do direito de personalidade deve estar a defesa da pessoa humana como tal. Sem isto, a categoria seria supérflua".[17]

A ampla concessão à vida, ou a todas as formas de vida, é o que deve organizar a lógica do pensar dogmático, quando o tema é o direito à vida enquanto direito físico da personalidade. Não sob outro fundamento, senão o da dignidade da pessoa humana (art. 1º, III, da Constituição Federal de 1988), torna-se forçoso pensar os desafios e os limites da vida diante da *antevida* proporcionada pela tecnologia, e diante da *pós-vida*, também proporcionada pela tecnologia. Ainda assim, vale a pena registrar a forma como Carlos Alberto Bittar trata a questão da extensão desse direito:

> Esse direito estende-se a qualquer ente trazido a lume pela espécie humana, independentemente do modo de nascimento, da condição do ser, de seu estado físico ou de seu estado psíquico (se deficiente, portador de doença, etc.). Basta que se trata de forma humana, concebida ou nascida natural, ou ainda artificialmente (*in vitro*, ou por inseminação), não importando, portanto: fecundação artificial, por qualquer processo; eventuais anomalias físicas ou psíquicas, ou doenças, de qualquer grau; estados anormais: coma, letargia ou de vida vegetativa; manutenção do estado vital com o auxílio de processos mecânicos, ou outros (daí porque questões como a da morte aparente e a da ressurreição posterior devem ser resolvidas, à luz do direito, sob a égide da extinção, ou não, da chama vital, remanescendo a personalidade enquanto presente e, portanto, intacto o direito correspondente).[18]

Pois é aí que se põe, com clareza, a afirmação da maior contribuição trazida, ao longo do trabalho acadêmico de Silmara, a saber, a afirmação clara e peremptória da interpretação dogmática relativa ao conceito de *nascituro*, contido no Código Civil (art. 2º da Lei n. 10.406/2002), que contorna o debate sobre os limites da vida humana, afirmando uma posição que se tornou altamente disseminada e contemporaneamente validada por inúmeros outros autores, a saber, a tese concepcionista sobre o início da personalidade humana. Por isso, entre as várias teorias a respeito do início da personalidade, quais sejam, a natalista, a da personalidade condicional e a concepcionista, vingou

---

17. ASCENSÃO, José de Oliveira. "Pessoa, direitos fundamentais e direito da personalidade". *Revista Mestrado em Direito*, 2006, p.149.
18. BITTAR, Carlos Alberto, op. cit., p.120.

esta última, tendo entre suas mais importantes expoentes e pioneiras, Silmara Chinellato.

É dessa forma que a defesa da vida começa a ganhar corpo já na tese de doutorado da homenageada, que reproduzimos a seguir: "Colocamo-nos entre os adeptos da doutrina verdadeiramente concepcionista, isto é, aquela que considera o início da personalidade desde a concepção".[19]

Essa contribuição é decisiva para o que se tem chamado de um direito civil, não simplesmente formalista, abstrato e normativista, mas de um *direito civil personalizado*,[20] permitindo uma reorientação da doutrina, neste capítulo em específico. E, em seguida, prossegue nessa orientação, ao afirmar:

> Se o nascituro é pessoa, biológica e juridicamente, se sua integridade e sua saúde não se confundem com as da mãe - ainda que com ela o concebido mantenha relação de dependência - não há como negar-lhe direito à integridade física e à saúde e deixar de incluí-lo no conceito de "ofendido" do art. 1.538 do Código Civil.[21]

Essa é uma visão que torna possível estruturar a vida como um bem em si, alvo da proteção dos direitos da personalidade, sabendo-se que o *infans conceptus* é dotado de carga genética, potencial de desenvolvimento integral e condições de emergência à vida extrauterina, em sua inteireza, dada a postura assumida: "Entendemos que os direitos do *infans conceptus* à integridade física *stricto sensu* e à saúde - Direitos da personalidade incluídos no gênero Direito à integridade física, em sentido amplo - existem desde a concepção e independem do nascimento com vida".[22]

É com base nessas premissas que, em sua tese de doutorado, Silmara consegue demonstrar as consequências jurídicas pela morte do nascituro, inclusive na jurisprudência, avançando na tese de livre-docência, no mesmo sentido em que a questão é vista sob a ótica dos desafios bioéticos:

---

19. CHINELLATO, Silmara Juny de Abreu. *Tutela civil do nascituro*, 1983, p.185.
20. "A contribuição do presente trabalho é justamente a de defender a *tese concepcionista*, ou seja, de que o nascituro é pessoa humana, gozando de ampla proteção legal. Acredita esse autor que o momento é de reflexão profunda e, quem sabe, de virar as páginas bibliográficas que defendem as outras teses relativas ao nascituro, e que não lhe atribuem personalidade jurídica, o que, para um *direito civil personalizado*, é algo inadmissível. Também, pelo surgimento da *quarta geração ou dimensão de direitos*, aqueles relacionados com a proteção do patrimônio genético da pessoa humana, acreditamos que as teses que negam personalidade ao nascituro estão totalmente ultrapassadas" (TARTUCE, Flávio. *A situação jurídica do nascituro:* uma página a ser virada no direito brasileiro, 2016, p.2).
21. CHINELLATO, Silmara Juny de Abreu. *Tutela civil do nascituro*, op. cit., p.296.
22. Ibid., p.301.

> O desenvolvimento do nascituro em qualquer dos estágios – zigoto, mórula, blástula, embrião pré-implantatório, embrião e feto – representa apenas um *continuum* do mesmo ser que não se modifica depois do nascimento, mas apenas cumpre as etapas posteriores de desenvolvimento, passando de criança a adolescente e de adolescente a adulto.[23]

E, também, neste outro trecho:

> A reprodução humana assistida relaciona-se com direitos da personalidade das pessoas que dela participam – doadores e receptores de gametas ou de embrião pré-implantatório – bem como do próprio embrião pré-implantatório e da criança e adulto que dele resultarão, no processo de desenvolvimento contínuo do próprio ser.[24]

Nesse ambiente de discussão da bioética, enquanto terreno movediço, faz-se presente outra inovadora postura, no que tange ao exercício dos direitos da personalidade na prática, e aplicados tais direitos aos desafios atuais mais instigantes e que decorrem dos avanços da técnica, em torno do direito à identidade, da parte daquele que foi gerado pela inseminação artificial e da parte de quem é doador, também, o correspectivo direito de conhecer quem são seus descendentes, considerando-se nulas as disposições contratuais específicas que possam ter sido fixadas pelos laboratórios, para proteger e conferir "sigilo" e "segurança" aos doadores. Por isso, avulta a importância do pioneirismo da discussão sobre o direito à identidade, ao lado de outros direitos, como o direito de conhecer a própria prole, em que a posição da autora é muito segura:

> Tratando-se de direito da personalidade, é de se ponderar que, em tese, o pai genético também tem direito de conhecer a prole, sendo irrelevante contrato celebrado entre ele e os bancos de sêmen, no sentido de renúncia de um direito que é, por natureza, indisponível.[25]

Todavia, para além dessas questões anteriormente tratadas, vale ressaltar aquela que era a finalidade deste breve estudo, a conclusão apresentada por Silmara, na Seção III da tese de livre-docência, intitulada "Nossa proposta para um projeto de lei", em que afirma, com clareza, uma postura filosofi-

---

23. CHINELLATO, Silmara Juny de Abreu. *Reprodução humana assistida:* aspectos civis e bioéticos, op. cit., p.160.
24. Ibid., p.158.
25. Ibid., p.248.

camente alinhada com a tradição kantiana sobre o valor incontrastável da dignidade da pessoa humana:

> Em síntese de nossa proposta, queremos enfatizar a necessidade de o Projeto de lei não tratar o embrião pré-implantatório como *res*, e, sim, como *individua substantia, rationalis naturae*, na fórmula boeciana, bem como nortear-se, quanto a pais biológicos, pais civis e nascituro, pelo princípio da dignidade da pessoa humana, segundo o qual, a pessoa não é um instrumento, mas um fim em si mesmo.[26]

Ainda, em forma conclusiva, mais adiante, o trecho em que reafirma a problemática discutida na tese e se posiciona contrariamente ao fenômeno laboratorial, técnico e clínico, chamado *descarte* (leia-se, "descartar" como "dispensar", "jogar", qual se coisa fosse, ou seja, "objetualizar") de embriões humanos:

> Entre os direitos da personalidade relacionados à reprodução humana assistida acentuamos o direito à vida do embrião pré-implantatório, o problema crucial do Direito e da Bioética, razão por que nos posicionamos contrariamente a sua destruição, denominada "descarte".[27]

Essa postura, mais uma vez, guarda profundas preocupações humanistas e procura-se conferir mais que simples atualidade, mas compromisso com o direito à vida, em um cenário em que os avanços da técnica se sobrepõem aos avanços sociais, humanos e morais. Não por outro motivo, essa postura é reversivamente observada e bem revelada, mais uma vez, na atualização e reedição da obra de Carlos Alberto Bittar, em que encontros e acertos mantêm o fio da meada ainda aceso, a verificar-se pelo trecho a seguir, constante da 8ª edição atualizada da obra seminal *Os direitos da personalidade*:

> Caso contrário, haveríamos de começar a afirmar que fetos não são seres vivos, não são pessoas, e não são vida em formação, e, uma vez reduzidos a coisas, seriam descartáveis como tudo que circunda o mundo objetal, na lógica da sociedade do consumo e do descartável. Assim, o argumento que valida o aborto não pode servir para interpretar o sentido da vida apenas para restringir o aprisionamento e o sancionamento da conduta típica. Na mesma medida, deve-se considerar o que sobre a matéria tem preocupado os mais recentes estudos filosóficos, como aqueles levados adiante por Jürgen Habermas, em

26. Ibid., p.293.
27. Ibid., p.300.

O futuro da natureza humana, para quem, em nossa atual cultura e estágio do desenvolvimento científico, começamos a permitir brotar a perda da tênue diferenciação no escrutínio entre o certo e o errado em decisões que cada vez mais parecerão imperar como forma de seleção artificial de seres aprimorados, ao estilo de uma eugenia liberal.[28]

A luta pela não reificação da vida parece ser um grande desafio de nossos tempos e envolver várias dimensões. Parece que o consumo, o *marketing*, a tecnologia, a rápida comunicação e o geneticismo tornaram a vulnerabilidade dos direitos da personalidade algo próprio da volatilidade da "modernidade líquida" em que nos ambientamos. Aliás, a descartabilidade se torna um traço típico de nossos tempos, como *habitus* social a ser combatido, pois inconscientizado, na medida em que se considera que a técnica tem a capacidade de converter o que *não-é-técnico* em *algo-que-é-técnico*, e, por isso, passível de avaliação imoral, irresponsável e desconectada de liames éticos, aumentando-se a sensação de "objetualização" da personalidade humana, em diversas de suas projeções na sociedade, na *vida de consumo*, na *vida digital*, na *vida de trabalho*, na *vida familiar*, ou seja, nas várias *vidas-vividas* (ou ainda, das *vidas-semivividas*) dos tempos atuais. Onde está o *poder-tecnológico* estará o *poder-de-disposição* da vida, e, como o *poder-tecnológico* dará o tom do processo civilizatório de agora em diante e fará da história uma história do progresso tecnológico, a ciência dogmática do direito não poderá perder a atitude de quem, apesar das trevas que medram no entorno, enxergar de forma atenta e vigilante a proteção da vida como algo de extrema urgência, presente, portanto, neste *futuro-já-aqui-presente*.

Referências

ADEODATO, João Maurício. *Ética e retóricas:* para uma teoria da dogmática jurídica. 3.ed. São Paulo, Saraiva, 2007.

ASCENSÃO, José de Oliveira. "Pessoa, direitos fundamentais e direito da personalidade". *Revista Mestrado em Direito*, São Paulo, ano 6, n.1, jan-jun/2006, p.145-68.

BAUMAN, Zygmunt. *Modernidade líquida*. Trad. Plínio Dentzien. Rio de Janeiro, Jorge Zahar, 2001.

BITTAR, Carlos Alberto. *Reparação civil por danos morais*. 4.ed. rev., atual. e ampl. por Eduardo C. B. Bittar. São Paulo, Saraiva, 2015.

______. *Os direitos da personalidade*. 8.ed. rev., atual. e ampl. por Eduardo C. B. Bittar. São Paulo, Saraiva, 2015.

---

28. BITTAR, Carlos Alberto, op. cit., p.126.

BITTAR, Eduardo C. B. *O direito na pós-modernidade.* 3.ed. São Paulo, Atlas, 2014.

______; CHINELLATO, Silmara Juny de Abreu (coord.). *Estudos de direito de autor, direito da personalidade, direito do consumidor e danos morais:* em homenagem ao Professor Carlos Alberto Bittar. Rio de Janeiro, Forense Universitária, 2002.

BRONZE, José Fernando. *Lições de introdução ao direito.* 2.ed. Coimbra, Coimbra, 2006.

CAMPOS, Diogo Leite de Campos; BITTAR, Eduardo C. B. (coord.). "Os direitos humanos no espaço virtual". *Galileu: Revista de Economia e Direito,* Lisboa, v.XVII, n.1/n.2, 2012.

CHINELLATO, Silmara Juny de Abreu. Tutela civil do nascituro. São Paulo, 1983. Tese (Doutorado em Direito). Faculdade de Direito, Universidade de São Paulo (USP).

______. Reprodução humana assistida: aspectos civis e bioéticos. São Paulo, 2000. Tese (Livre-docência). Faculdade de Direito, Universidade de São Paulo (USP).

______. "Entrevista a Rodrigo Moraes". Disponível em: www.rodrigomoraes.adv.br/index.php?site=1&modulo=entrevista&acao=exibir_entrevista&en_cod=16. Acesso em: 01.09.2016.

DE CUPIS, Adriano. *Os direitos da personalidade.* Trad. Afonso Celso Furtado Rezende. Campinas, Romana Jurídica, 2004.

DINIZ, Maria Helena. *O estado atual do biodireito.* São Paulo, Saraiva, 2001.

GARRAFA, Volnei. "Bioética e manipulação da vida". In: NOVAES, Adauto (org.). *O homem-máquina:* a ciência manipula o corpo. São Paulo, Companhia das Letras, 2003, p.213-27.

HABERMAS, Jürgen. *O futuro da natureza humana:* a caminho de uma eugenia liberal? Trad. Karina Jannini. São Paulo, Martins Fontes, 2004.

MAIA, Antônio Cavalcanti Maia. "Biopoder, biopolítica e o tempo presente". In: NOVAES, Adauto (org.). *O homem-máquina:* a ciência manipula o corpo. São Paulo, Companhia das Letras, 2003, p.77-108.

MORATO, Antonio Carlos. *Direito de autor em obra coletiva.* São Paulo, Saraiva, 2007. FACHIN, Luiz Edson. *Teoria crítica do direito civil.* 2.ed. Rio de Janeiro, Renovar, 2003.

OLIVEIRA, Luiz Alberto. "Biontes, biorgues e borgues". In: NOVAES, Adauto (org.). *O homem-máquina:* a ciência manipula o corpo. São Paulo, Companhia das Letras, 2003, p.139-74.

RIBEIRO, Renato Janine. "Novas fronteiras entre natureza e cultura". In: NOVAES, Adauto (org.). *O homem-máquina*: a ciência manipula o corpo. São Paulo, Companhia das Letras, 2003, p.15-36.

TARTUCE, Flávio. "A situação jurídica do nascituro: uma página a ser virada no direito brasileiro". Disponível em: www.flaviotartuce.adv.br/artigos/4. Acesso em: 01.09.2016.

CAPÍTULO 4
O conceito de dano moral

Umberto Cassiano Garcia Scramim

Introdução

Nos dias atuais, assiste-se, no âmbito da responsabilidade civil, à ampliação de estudos e julgados acerca dos limites e contornos dos danos morais. Tal circunstância surge como reflexo do fenômeno de expansão de danos indenizáveis, identificado como uma das tendências desse ramo do direito civil.[1]

Pelo fato de a plena aceitação da doutrina dos danos morais somente ter ocorrido em período relativamente recente em nosso sistema jurídico, subsiste uma série de divergências a seu respeito. A ausência de uniformidade dos entendimentos inicia-se já em seus aspectos primeiros, a exemplo de sua própria definição.

O presente capítulo tem por objetivo analisar a questão do conceito de dano moral, ou seja, averiguar qual a delimitação mais exata a seu respeito, aquela que o expressa com maior precisão e permite compreender a realidade que se acha dentro de seus limites.

Para tanto, em primeiro lugar, será verificada a divisão do dano em dois momentos distintos – o dano-evento e o dano-prejuízo –, identificando-se

---

1. Conforme o ensino de Silmara Chinellato, ao tratar da responsabilidade civil: "Apontam-se, tradicionalmente, três tendências: 1. expansão dos danos indenizáveis 2. objetivação da responsabilidade civil 3. coletivização da responsabilidade" (CHINELLATO, Silmara Juny de Abreu. "Adoção de nascituro e a quarta era dos direitos: razões para se alterar o *caput* do art. 1.621 do novo Código Civil". In: DELGADO, Mário Luiz; ALVES, Jones Figueirêdo. *Novo Código Civil:* questões controvertidas, 2003, p.940).

em qual deles se encontra a classificação dos danos morais; em seguida, serão examinados os principais conceitos até então existentes acerca dessa espécie de dano; por fim, serão analisadas as críticas às mencionadas definições, apontando-se aquela que apreende com melhor exatidão a natureza e os limites dos danos morais.

Do conceito de dano moral

Não se revela uníssono na doutrina nem mesmo na jurisprudência o conceito de dano moral. A depender do enfoque realizado, haverá variações na definição a que se chegará. Dois são, basicamente, os critérios de conceituação existentes, subdividindo-se o primeiro em duas variantes: 1. Aquela que caracteriza o dano moral de modo substantivo, e sua primeira subdivisão leva em consideração as consequências sentimentais da vítima (p. ex., dor, tristeza, menoscabo etc.), enquanto a segunda subdivisão considera a violação aos direitos da personalidade ou à dignidade humana como fator determinante; 2. E outra que o define de maneira negativa.

Para melhor delinear os dois modelos mencionados, apontando os respectivos contornos, faz-se necessário, primeiramente, examinar, ainda que de modo abreviado, a distinção entre dano-evento e dano-prejuízo.

Do dano-evento e do dano-prejuízo

Para que exista dano indenizável, mostra-se necessária a presença de dois fenômenos distintos: o dano-evento e o dano-prejuízo. O primeiro refere-se à violação de um interesse juridicamente tutelado (e, consequentemente, da própria norma). O segundo relaciona-se às consequências negativas da violação realizada.[2]

Antonio Junqueira de Azevedo, ao explicar que as palavras dano e prejuízo são muitas vezes utilizadas de modo indistinto, ora como ato violador de certo bem jurídico, ora como consequência da violação, adverte que "O ideal seria sempre se referir a dano-evento (1º momento) e a dano-prejuízo (2º

---

2. De acordo com C. Massimo Bianca, dentro do contexto da responsabilidade extracontratual, pode-se identificar o dano-evento como a lesão a um interesse protegido (o dano injusto), enquanto o dano-consequência (aqui designado como dano-prejuízo) seria a consequência prejudicial relevante oriunda do primeiro (BIANCA, C. MASSIMO. *Diritto civile*: la responsabilità, 1994, p.114).

momento)",[3] em que: "o primeiro é a lesão a algum bem; o segundo, a consequência dessa lesão".[4]

Giovanna Visintini, no mesmo sentido, aponta a existência de duas feições do dano: uma como a violação de um interesse tutelado e a outra atinente ao ressarcimento, momento em que o dano assume o significado de lucro cessante, dano emergente ou sofrimento moral, ligado à noção de prejuízo como objeto de reparação ou compensação.[5]

O dano-evento, desse modo, está relacionado à violação de uma norma que protege determinado interesse. Trata-se da aferição da antijuridicidade, que não deverá ser analisada sob a perspectiva da conduta (que poderá ser lícita ou ilícita), mas sim do resultado, ou seja, de se saber se existiu a violação de um direito subjetivo ou de norma que tutele interesse alheio.

Constata-se que há ações ou omissões que, embora ilícitas, não produzem dano-evento (p. ex., dirigir acima do limite de velocidade permitido, sem que se atinja nenhum bem alheio), assim como há condutas que, conquanto sejam lícitas, ocasionam o surgimento de dano-evento (p. ex., morador que destrói prédio vizinho para escapar de um incêndio - conduta lícita, praticada sob a causa justificadora estado de necessidade, que produz resultado ilícito, em razão da violação ao direito de propriedade).

Com relação ao dano-prejuízo, cumpre apontar que este se refere às consequências negativas sofridas pela vítima em sua esfera jurídica, isto é, aos efeitos prejudiciais resultantes da violação ao interesse juridicamente tutelado, que poderão assumir, dentro de uma classificação econômica, caráter patrimonial ou extrapatrimonial.

Importante consignar que o dano-prejuízo nem sempre se revelará presente, no caso da ocorrência de um dano-evento. Não se trata de um efeito automático. Hipóteses há em que existirá um dano-evento, sem nenhuma espécie de consequência negativa à vítima.

Philippe Le Tourneau e Loïc Cadiet, nessa direção, explicitam que um dano-evento (*dommage*) pode ser, até mesmo, fonte de benefício para a vítima, não resultando em dano-prejuízo (*préjudice*), a exemplo da circunstância em

---

3. AZEVEDO, Antonio Junqueira de. "O direito como sistema complexo e de 2ª ordem; sua autonomia. Ato nulo e ato ilícito. Diferença de espírito entre responsabilidade civil e penal. Necessidade de prejuízo para haver direito de indenização na responsabilidade civil". In: *Estudos e pareceres de direito privado*, 2004, p.33.
4. AZEVEDO, Antonio Junqueira de. "Cadastro de restrição ao crédito. Conceito de dano moral". In: *Estudos e pareceres de direito privado*, 2004, p.291.
5. VISINTINI, Giovanna. *Tratado de la responsabilidad civil. El daño. Otros criterios de imputación*, 1999, p.19.

que uma pessoa, necessitando demolir um velho edifício, vê-se desse ônus desobrigada, em razão de um caminhão desgovernado colidir com o antigo prédio.[6]

Sem a existência de dano-prejuízo não haverá o que reparar ou compensar. Nem mesmo a violação aos direitos da personalidade (dano-evento) ocasionará, automaticamente, o dever de indenizar,[7] em razão de ocorrerem hipóteses cujo prejuízo não estará presente, embora haja presunção relativa no sentido de sua existência.[8]

Elucidativo é o enunciado n. 385 da súmula do Superior Tribunal de Justiça, cujas balizas foram traçadas, posteriormente, pelo REsp n. 138.642-4,[9] proferido sob o rito dos recursos repetitivos. Segundo o apontado enunciado: "Da anotação irregular em cadastro de proteção ao crédito, não cabe indenização por dano moral, quando preexistente legítima inscrição, ressalvado o direito ao cancelamento".

---

6. LE TOURNEAU, Philippe; CADIET, Loïc. *Droit de la responsabilité e des contrats*, 2002/2003, p.349.
7. Nesse sentido, Carlos Alberto Bittar: "É que nem toda violação a direito da personalidade produz dano moral, ou somente dano dessa natureza: pode ou não haver, ou mesclar-se a dano patrimonial. Com efeito, não se pode, *verbi gratia*, extrair que da lesão a componente físico (direito da personalidade) provenha dano moral, diante da multiplicidade de fatores que, em concreto, podem interferir, como: as condições da pessoa; suas reações; seu estado de espírito; a gravidade do fato violador; a intenção do agente e outros tantos" (BITTAR, Carlos Alberto. *Reparação civil por danos morais*, 1997, p.39).
8. Antonio Junqueira de Azevedo ensina que, em responsabilidade civil, não se prescinde do dano-prejuízo. O máximo que pode ocorrer é "nos casos de dano moral, dispensa da *prova* do 'prejuízo moral', por óbvia a *presunção* de sua existência, em certas situações". O autor assevera que até mesmo neste caso, "em que claramente a dispensa não é do prejuízo, e sim da prova do prejuízo, a dispensa a rigor não é nem mesmo da prova do prejuízo; é dispensa de outra prova – eis que a prova já está feita por presunção, que é meio de prova" (AZEVEDO, Antonio Junqueira de, op. cit., p.34).
9. "Recurso especial. Omissão. Não ocorrência. Dano moral. Não caracterizado. Inscrição indevida comandada pelo suposto credor. Anotações anteriores. Súmula n. 385/STJ. 1. O acórdão recorrido analisou todas as questões necessárias ao deslinde da controvérsia, não se configurando omissão alguma ou negativa de prestação jurisdicional. 2. 'Da anotação irregular em cadastro de proteção ao crédito, não cabe indenização por dano moral, quando preexistente legítima inscrição, ressalvado o direito ao cancelamento' (Súmula n. 385/STJ). 3. Embora os precedentes da referida súmula tenham sido acórdãos em que a indenização era buscada contra cadastros restritivos de crédito, o seu fundamento – 'quem já é registrado como mau pagador não pode se sentir moralmente ofendido por mais uma inscrição do nome como inadimplente em cadastros de proteção ao crédito', cf. REsp n. 1.002.985/RS, rel. Ministro Ari Pargendler – aplica-se também às ações voltadas contra o suposto credor que efetivou a inscrição irregular. 4. Hipótese em que a inscrição indevida coexistiu com quatorze outras anotações que as instâncias ordinárias verificaram constar em nome do autor em cadastro de inadimplentes. 5. Recurso especial a que se nega provimento (STJ, REsp n. 1.386.424/MG, 2ª Seção, *DJe* 16.05.2016)".

Conforme se extrai das conclusões do mencionado acórdão, conquanto exista uma violação ao direito à honra (figura social) da vítima, oriunda da indevida inscrição no serviço de proteção ao crédito, inexistiram prejuízos reais e concretos, porquanto a imagem de bom pagador já não se achava presente.[10]

Assim, constata-se que tanto no que tange aos danos patrimoniais (exemplo da demolição do prédio antigo, citado por Philippe Le Tourneau), como no que se refere aos danos extrapatrimoniais (precedente do STJ), para que sejam indenizáveis, há que se mostrarem presentes o dano-evento e o dano-prejuízo.

Isso não quer dizer, contudo, que exista uma correlação necessária entre a natureza de ambos. Em regra, haverá essa correspondência, porquanto, quando se viola um direito de natureza patrimonial, o prejuízo tende a ser, igualmente, patrimonial, ou, quando se infringe direito da personalidade, as consequências, normalmente, inclinam-se para o feitio não econômico, mas essa correspondência não é absoluta.

Nas palavras de António Menezes Cordeiro:[11] "da violação de direitos patrimoniais podem advir danos morais, sendo, da mesma forma, possível, a ocorrência de danos patrimoniais, mercê de atentados a direitos de personalidade". Exemplificam a questão Philippe Le Tourneau e Loïc Cadiet, ao citar que de violações à integridade física (danos corporais) podem resultar prejuízos de ordem patrimonial, a exemplo da perda de salário e das despesas hospitalares, como, também, prejuízos de feitio não econômico, consistentes na perda de bem-estar, sofrimentos morais etc.[12]

Danos-evento de natureza patrimonial ou extrapatrimonial podem gerar danos-prejuízo de feitio econômico, não econômico ou, ainda, de ambas as espécies, concomitantemente.[13]

---

10. Importa explicitar que a matéria é doutrinariamente controvertida, fato este evidenciado pelo próprio voto vencido, proferido pelo Ministro Paulo de Tarso Vieira Sanseverino. Para melhor analisar a questão, isolando-a da possibilidade de prejuízos outros, tal qual a perda de tempo, imagine-se a seguinte situação: consumidor que já possui três negativações regulares e que tem contra si registrada uma quarta, irregular, mas que, em seguida, é retirada, antes mesmo que este tome qualquer providência.
11. CORDEIRO, António Menezes. *Tratado de direito civil. Gestão de negócios. Enriquecimento sem causa. Responsabilidade civil*, 2014, p.513.
12. LE TOURNEAU, Philippe; CADIET, Loïc, op. cit., p.349.
13. Sobre o tema, Rubens Limongi França estabeleceu as seguintes conclusões: "a) Os *efeitos finais* tanto podem ser *patrimoniais, morais ou patrimoniais e morais*. b) O aspecto *moral* do dano não se desnatura se, concomitantemente ou consequentemente, *também* houver danos patrimoniais. c) O dano moral não deixa de ser *puro, quanto ao aspecto moral*, a despeito da convergência de algum aspecto patrimonial, ainda que economicamente mais relevante. d) Em tais hipóteses, indenizam-se *tanto o dano moral como o patrimonial*. e) Não há por que afirmar a *inexistência* de dano moral, se a houver, em virtude da só razão da concomitância, convergência ou consequên-

As hipóteses são múltiplas. A morte de um animal de estimação (que é considerado, em nosso ordenamento, bem móvel), cometida ilicitamente, produzirá prejuízos de ordem extrapatrimonial em escala muito superior ao valor eventualmente desembolsado para sua aquisição. Do mesmo modo, o extravio de peças raras, livros, selos etc. de um aficionado colecionador ocasionará o surgimento de danos morais.

Por sua vez, uma ofensa em público direcionada a um profissional (lesão à honra) poderá resultar em prejuízos patrimoniais (perda de clientes, p. ex.), além das consequências negativas de ordem moral. Lesões à integridade física, conforme já mencionado, também podem ensejar o surgimento de prejuízos de ambas as ordens.

Importante assinalar, ainda, que a classificação dos danos em patrimoniais (ou materiais) e extrapatrimoniais (ou morais) se baseia no critério da economicidade do dano-prejuízo, ou seja, toma por consideração a natureza do efeito da lesão ao interesse juridicamente tutelado e não a do dano-evento, da norma violada.[14]

De acordo com Alfredo Minozzi, a separação do dano em patrimonial e não patrimonial não leva em consideração sua origem, mas o efeito deste.[15]

José de Aguiar Dias,[16] seguindo o ensino do mencionado autor, no mesmo sentido explicita: "Deve notar-se que a distinção entre o dano patrimonial e dano moral só diz respeito aos efeitos, não à origem do dano".

Rubens Limongi França[17] perfilha esse mesmo entendimento. Ao tratar do dano moral, assinala: "No concernente à identificação dessa espécie de dano, tem sido observado que é preciso atentar *não* para o bem sobre o qual incide, mas para a *natureza final* do prejuízo causado".

---

cia de outra espécie de dano. f) Isto se aplica tanto a *dano material* oriundo de *dano moral* como a *dano moral* oriundo de *dano material*. g) Do mesmo modo, se são meramente *concomitantes* ou *convergentes*. Como contribuição para o esclarecimento da matéria, parece-nos relevante articular, *sub censura*, exemplo de *dano moral oriundo de dano material*. A esse respeito, lembraríamos, desde logo, a hipótese da *destruição do acervo de um pintor célebre*. Com efeito, aí se distinguiriam, com certa evidência: a) o valor econômico do *preço da obra*; b) o valor *moral* da *falta estética*; c) o valor *moral* da *insubstituibilidade* e *documentalidade* do acervo" (FRANÇA, Rubens Limongi. "Reparação do dano moral". *Revista dos Tribunais*, v.631, maio/1988, p.32-3).

14. Nesse sentido, António Menezes Cordeiro: "Esta distinção opera, em primeira linha, com referência à natureza da vantagem afectada e não de acordo com o tipo de direito ou de norma, lesado pela ocorrência danosa" (CORDEIRO, António Menezes, op. cit., p.513).
15. MINOZZI, Alfredo. *Danno non patrimonale*, 1909, p.34.
16. DIAS, José de Aguiar. *Da responsabilidade civil*, 1987, p.836.
17. FRANÇA, Rubens Limongi, op. cit., p.31.

O prejuízo, desse modo, pode ser caracterizado como uma consequência patrimonial ou extrapatrimonial do dano, consistindo, igualmente, no objeto da indenização.[18] António Menezes Cordeiro[19] aponta que: "Um dano é patrimonial quando a situação vantajosa prejudicada tenha natureza econômica [...]", mas "que o dano moral se reporta a vantagens que o Direito não admita que possam ser trocadas por dinheiro: embora sejam compensáveis, naturalmente [...]".

Estabelecidas as premissas aqui tratadas, quais sejam, a distinção dos dois momentos do dano, a inexistência de uma vinculação entre a natureza do dano-evento e a do dano-prejuízo e a classificação econômica do dano tomar por base as consequências da lesão e não a norma violada, passa-se à análise do conceito desse requisito da responsabilidade civil.

Do conceito substantivo de dano moral

Conforme já mencionado, uma das modalidades de conceituação do dano moral é aquela que tenta explicá-lo de maneira substancial, positiva, atribuindo características que o consubstancie e delimite.

Duas são as formas pelas quais assim se realiza a definição do dano moral. A primeira, ainda muito utilizada na jurisprudência,[20] atrela essa espécie de dano aos sentimentos negativos sofridos pela vítima, tais como dor, sofrimento, menoscabo, tristeza, humilhação, angústia etc.

Nesse sentido, é pertinente a definição elaborada por René Savatier, citado por Caio Mario da Silva Pereira: "Colocando a questão em termos de maior amplitude, Savatier oferece uma definição de dano moral como 'qualquer sofrimento humano que não é causado por uma perda pecuniária'".[21]

A segunda modalidade, que possui crescente aceitação doutrinária e jurisprudencial, define o dano moral como lesão aos direitos da personalidade

---

18. VINEY, Geneviève; JOURDAIN, Patrice; CARVAL, Suzanne. *Traité de droit civil:* les conditions de la responsabilité, 2013, p.4.
19. CORDEIRO, António Menezes, op. cit., p.513.
20. Citam-se, como exemplo, trechos de dois acórdãos do Superior Tribunal de Justiça: "A indenização por dano imaterial, como a dor, a tristeza ou a humilhação sofridas pela vítima, mercê de valores inapreciáveis economicamente, não impede que se fixe um *quantum* compensatório, com o intuito de suavizar o respectivo dano" (Ag. Reg. no REsp n. 901.897/RN, 1ª T., *DJe* 17.12.2008). "É cabível, em tese, por violação a direitos transindividuais, a condenação por dano moral coletivo, como categoria autônoma de dano, a qual não se relaciona necessariamente com aqueles tradicionais atributos da pessoa humana (dor, sofrimento ou abalo psíquico)" (REsp n. 1.349.188/RJ, 4ª T., *DJe* 22.06.2016).
21. PEREIRA, Caio Mário da Silva. *Responsabilidade civil,* 2001, p.54.

ou à dignidade humana. Concentra-se mais no aspecto objetivo, referente à violação de direitos ligados a questões essenciais e existenciais das pessoas.

Segue nessa direção o entendimento de Roberto H. Brebbia. Nas palavras do autor: "*Daño moral es aquella especie de agravio constituída por la violación de alguno de los derechos inherentes a la personalidad*".[22]

No mesmo sentido, encontra-se a posição de Paulo de Tarso Vieira Sanseverino:[23] "A principal virtude dessa concepção substantiva de dano extrapatrimonial é a limitação do alcance do instituto, reservando sua utilização para situações graves em que tenha ocorrido uma ofensa efetiva a um direito da personalidade".

Na jurisprudência, diversos julgados inclinam-se a essa vertente. Colaciona-se, ilustrativamente, trecho de acórdão proferido pelo Superior Tribunal de Justiça: "Verificada ofensa clara a direitos da personalidade, deve ser reconhecida a existência de dano moral, que dispensa prova, por sua natureza de dano *in re ipsa*".[24]

Em perspectiva semelhante, sob um aspecto constitucional,[25] levando em consideração a dignidade humana, acha-se a definição explicitada por Sérgio Cavalieri Filho. Segundo o autor, o "dano moral é violação do direito à dignidade. E foi justamente por considerar a inviolabilidade da intimidade, da vida privada, da honra e da imagem corolário do direito à dignidade que a Constituição inseriu em seu art. 5º, V e X, a plena reparação do dano moral".[26]

Há decisões judiciais, igualmente, que transitam nessa direção. Transcreve-se, como exemplo, parte de acórdão do Superior Tribunal de Justiça: "A dignidade humana pode ser considerada, assim, um direito constitucional subjetivo, essência de todos os direitos personalíssimos e o ataque àquele direito é o que se convencionou chamar dano moral".[27]

Verificado o conceito substancial e respectivos desdobramentos, passa-se ao exame do conceito negativo e, posteriormente, para uma análise crítica acerca de ambos.

---

22. BREBBIA, Roberto H. *El daño moral*, 1967, p.82.
23. SANSEVERINO, Paulo de Tarso Vieira. *Princípio da reparação integral*, 2010, p.264-5.
24. Ag. Reg. no REsp n. 1.541.966/RS, 3ª T., *DJe* 01.12.2015.
25. Também nesse sentido, a posição de Maria Celina Bodin de Moraes: "Sob esta perspectiva constitucionalizada, conceitua-se o dano moral como lesão à dignidade da pessoa humana. [...] Socorre-se, assim, da opção fundamental do constituinte para destacar que a ofensa a qualquer aspecto extrapatrimonial da personalidade, mesmo que não se subsuma a um direito subjetivo específico, pode produzir dano moral, contanto que grave o suficiente para ser considerada lesiva à dignidade humana" (MORAES, Maria Celina Bodin de. *Na medida da pessoa humana:* estudos de direito civil-constitucional, 2010, p.332-3).
26. CAVALIERI FILHO, Sérgio. *Programa de responsabilidade civil*, 2006, p.101.
27. REsp n. 1.245.550/MG, 4ª T., *DJe* 16.04.2015.

Do conceito negativo de dano moral

Esta modalidade de conceito toma como norte, para a caracterização do dano moral, a natureza do dano-prejuízo, verificada sob o aspecto patrimonial. Em outras palavras, leva em consideração a economicidade dos efeitos da lesão sobre a esfera jurídica da vítima, isto é, se os prejuízos sofridos podem ser expressos por meio monetário ou não.[28] Conforme já explicitado, das mais variadas lesões (dano-evento) podem surgir consequências negativas (dano-prejuízo), pecuniárias ou não.

Danos morais, desse modo, consistiriam nos prejuízos não aferíveis economicamente, decorrentes de lesões a interesses juridicamente tutelados. Trata-se de um critério negativo, cuja definição se lastreia na ausência de patrimonialidade das consequências deletérias suportadas pelo lesado.[29]

Nesse sentido, Antonio Junqueira de Azevedo[30] assevera que: "O dano moral vem a ser, por exclusão, o dano não patrimonial, mas é sempre *mediato* (é dano-prejuízo)". Silvio Rodrigues,[31] na mesma direção, explicita: "Trata-se assim de dano sem qualquer repercussão patrimonial".

Adota o mesmo entendimento Rubens Limongi França,[32] para quem: "*Dano moral é aquele que, direta ou indiretamente, a pessoa, física ou jurídica, bem assim a coletividade, sofre no aspecto não econômico dos seus bens jurídicos*" (grifos do autor). Também é a posição de José de Aguiar Dias:[33] "Ora, o dano moral é o efeito não patrimonial da lesão de direito e não a própria lesão, abstratamente considerada".

Sérgio Severo,[34] visando a evitar a criação de limitações indevidas ao conceito, afirma: "Desta forma, dano extrapatrimonial é a lesão de interesse sem expressão econômica, em composição ao dano patrimonial, não justifican-

---

28. De acordo com Wilson Melo da Silva: "Danos morais são lesões sofridas pelo sujeito físico ou pessoa natural de direito em seu patrimônio ideal, entendendo-se por patrimônio ideal, em contraposição a patrimônio material, o conjunto de tudo aquilo que não seja suscetível de valor econômico" (SILVA, Wilson Melo da. *O dano moral e sua reparação*, 1969, p.13).
29. Segundo Hans Albrecht Fischer: "As coisas passam-se de modo muito diferente com os danos não patrimoniais, entre os quais se contam os mais heterogêneos prejuízos que possam causar-se a uma pessoa, prejuízos que apresentam unicamente de comum a característica negativa que a sua qualificação indica: a de não serem patrimoniais" (FISCHER, Hans Albrecht. *A reparação dos danos no direito civil*, 1938, p.230).
30. AZEVEDO, Antonio Junqueira de, op. cit., p.291.
31. RODRIGUES, Silvio. *Direito civil:* responsabilidade civil, 2004, p.189.
32. FRANÇA, Rubens Limongi, op. cit., p.30.
33. DIAS, José de Aguiar, op. cit., p.861.
34. SEVERO, Sérgio. *Os danos extrapatrimoniais*, 1996, p.43.

do-se [*sic*] a busca de uma definição substancial, uma vez que tal concepção constituir-se-ia numa limitação desnecessária ao instituto".

Percebe-se, desse modo, que o conceito de dano moral formulado com base na ausência de patrimonialidade dos efeitos da violação permite abarcar, sob os seus limites, os mais diversos prejuízos, abrangendo, inclusive, aqueles sofridos de modo coletivo ou difuso, bem como os suportados por pessoas jurídicas.[35] Trata-se de definição mais alargada, que não limita os possíveis prejuízos, nem mesmo as possíveis vítimas.

Verificadas as duas modalidades de conceito, passar-se-á à análise das críticas e vantagens atribuídas a cada uma delas.

Da análise dos conceitos

Parte dos adeptos do conceito substancial fundamenta a escolha desse modelo sob o argumento de que ele traria uma adequada limitação aos contornos do que se poderia considerar dano moral, impedindo, ou ao menos evitando, que este se tornasse tão abrangente a ponto de compreender todo e qualquer efeito não patrimonial, até mesmo aquele destituído de qualquer razoabilidade.[36]

Nesse sentido, explicita Anderson Schreiber:[37] "Da mesma forma, defini-lo por via negativa, como todo prejuízo economicamente incalculável, acaba por converter o dano moral em figura receptora de todos os anseios, dotada de uma vastidão tecnicamente insustentável".

Há, contudo, diversos problemas em se adotar um conceito positivo de dano moral, porquanto aquilo que é apontado como virtude se transforma, na verdade, em inadequado limitador, já que exclui indevidamente realida-

---

35. Conforme já consolidada jurisprudência, embora ainda existam divergências doutrinárias sobre o assunto, pessoas jurídicas podem sofrer danos morais. Transcreve-se o Enunciado n. 227 da súmula do Superior Tribunal de Justiça: "A pessoa jurídica pode sofrer dano moral".

36. Essa é a crítica apontada por Paulo de Tarso Vieira Sanseverino: "Ressalte-se a nobreza do instituto, cuja aceitação da indenizabilidade, no Brasil e no estrangeiro, é fruto de lenta conquista da comunidade jurídica, devendo-se reservá-lo, por isso, para situações efetivamente graves e evitando-se a banalização de sua utilização para meros desconfortos e aborrecimentos, comuns na vida em sociedade, que, embora inequivocamente desagradáveis, devem obter uma resposta por outros instrumentos jurídicos. Essa delimitação mais clara do instituto tem também importância prática, pois permite evitar exageros que têm ocorrido na prática forense, ensejando a identificação de uma verdadeira 'indústria do dano moral'" (SANSEVERINO, Paulo de Tarso Vieira, op. cit., p.265).

37. SCHREIBER, Anderson. *Novos paradigmas da responsabilidade civil:* da erosão dos filtros da reparação à diluição dos danos, 2013, p.109.

des que devem ser abrangidas pelo conceito, além de, tecnicamente, confundir os momentos do dano (dano-evento e dano-prejuízo).

Primeiramente, nota-se que caso seja adotado o conceito de dano moral como qualquer sentimento negativo experimentado (p. ex., dor, tristeza, humilhação etc.), diversos prejuízos restariam inapropriadamente excluídos,[38] tais como aqueles atrelados à imagem (propriamente dita) e não ligados à honra ou aqueles suportados por pessoas jurídicas, bem como pela coletividade.[39]

Trata-se de postura incompatível com sistemas abertos, em que os danos morais não se encontram numa lista taxativa, a exemplo do ordenamento brasileiro, já que sempre será possível o surgimento de novos prejuízos alheios aos conceitos já firmados e consolidados.

Do mesmo modo, não se faz possível conceituar os danos morais como lesão aos direitos da personalidade, visto que, nesse caso, estar-se-ia confundindo o dano-evento com o dano-prejuízo. A lesão aos mencionados direitos (dano-evento), conforme já demonstrado, pode resultar em prejuízos de ordem patrimonial ou extrapatrimonial, e não apenas destes últimos. Por exemplo, a lesão à integridade física, além de danos morais, poderá gerar despesas hospitalares, perda de salário etc. (danos materiais).[40]

Haverá, igualmente, danos morais que serão oriundos de violações a normas de caráter patrimonial, tais como nos já citados casos da morte de animal de estimação e do extravio de livros, peças, selos etc. do aficionado colecionador.

---

38. Segundo Sérgio Severo: "As tentativas de uma conceituação substancial de dano extrapatrimonial têm enfrentado dois tipos de problemas: a ausência de um caractere distintivo e a tendência ao alargamento dos danos ressarcíveis. Inicialmente, vislumbrava-se a dor como caractere distintivo capaz de conduzir a uma conceituação substancial; porém cada vez mais se observa uma tendência no sentido de abolir tal subjetivismo do campo do dano extrapatrimonial, de forma que este elemento foi desbotando progressivamente e tende a ser superado" (SEVERO, Sérgio, op. cit., p.41).
39. Conquanto favorável ao conceito substantivo, Paulo de Tarso Vieira Sanseverino reconhece as restrições deste no que tange às pessoas jurídicas e à coletividade: "O cuidado, porém, com essa noção restritiva de dano extrapatrimonial é que ela não contempla algumas modalidades, que têm surgido com frequência cada vez maior na nossa vida em sociedade, como aqueles fatos que afetam os interesses de pessoas jurídicas e aqueles que atingem interesses coletivos ou difusos, como o chamado dano moral coletivo por ofensas ao meio ambiente" (SANSEVERINO, Paulo de Tarso Vieira, op. cit., p.265).
40. Conforme a lição de Francisco Paulo de Crescenzo Marino: "A distinção entre dano-evento e dano-prejuízo permite compreender o equívoco de conceituar danos morais como lesões a direitos da personalidade ou a interesses extrapatrimoniais. Dano moral é o prejuízo não patrimonial (dano-prejuízo, portanto) advindo de um dano-evento" (MARINO, Francisco Paulo de Crescenzo. "Perdas e danos". In: LOTUFO, Renan; GIOVANNI, Ettore Nanni. *Obrigações*, 2011, p.656).

A definição do dano moral como lesão à dignidade humana não se esquiva da crítica ora apontada, porquanto esse atributo humano, invariavelmente, será consolidado por outros interesses tutelados normativamente (p. ex., direito à integridade física, à honra etc.), consistindo sua violação, de modo idêntico, ao dano-evento, que poderá resultar, conforme já mencionado, em danos de ordem patrimonial ou não. Além disso, esse conceito também não se harmoniza com a possibilidade de as pessoas jurídicas sofrerem danos morais.

Desse modo, a definição substantiva de danos morais não reflete a verdadeira natureza destes e não compreende sua real extensão, porquanto resultará, ao menos, em alguma das seguintes inconsistências: 1. Ou confundirá o dano-prejuízo com o dano-evento; 2. Ou não abrangerá todos os possíveis prejuízos extrapatrimoniais; 3. Ou não alcançará todas as possíveis vítimas (pessoas físicas, jurídicas e a coletividade).

O conceito de dano moral como prejuízo não patrimonial decorrente de uma lesão a interesse juridicamente tutelado revela-se tecnicamente o mais exato, porquanto não padece dos problemas anteriormente apontados, já que trata essa espécie de dano na esfera do dano-prejuízo, não o confundindo com o dano-evento, além de poder abranger, dentro de seus limites, todos os possíveis prejuízos não econômicos protegidos pelas normas e, também, todas as possíveis vítimas, inclusive a coletividade e as pessoas jurídicas.

Considerações finais

Realizado o exame da distinção entre os momentos do dano (dano-evento e dano prejuízo), com suas principais características; os conceitos substantivo, com sua subdivisão, e negativo de danos morais; as principais críticas e vantagens em relação a ambas as posições; conclui-se que o conceito negativo é o que melhor reflete a natureza dos danos morais (espécie não patrimonial de dano-prejuízo) e o que melhor apreende toda a realidade contida nesta definição (abrange todos os possíveis prejuízos e todas as possíveis vítimas).

Desse modo, danos morais podem ser conceituados como prejuízos de natureza não patrimonial, oriundos da lesão a um interesse juridicamente tutelado.

Questão interessante a ser investigada refere-se ao limite do que deve ser reputado como efetivo prejuízo, isto é, quando um interesse pode ser considerado concreta e realmente atingido, e não apenas de modo abstrato, como violação de uma norma, mas como causador de verdadeiras consequências negativas para a vítima, aptas a ensejar o dever de indenizar. Tal demarcação teria o condão de evitar a banalização dos danos morais, que, nas precisas palavras de Silmara Chinellato:[41] "Muito mais importante do que os danos materiais que podem ser reparados são os danos causados à própria pessoa, indeléveis e suscetíveis apenas de compensação".

Referências

AZEVEDO, Antonio Junqueira de. "Cadastro de restrição ao crédito. Conceito de dano moral". *Estudos e pareceres de direito privado*. São Paulo, Saraiva, 2004.

______. "O direito como sistema complexo e de 2ª ordem; sua autonomia. Ato nulo e ato ilícito. Diferença de espírito entre responsabilidade civil e penal. Necessidade de prejuízo para haver direito de indenização na responsabilidade civil". *Estudos e pareceres de direito privado*. São Paulo, Saraiva, 2004.

BIANCA, C. MASSIMO. *Diritto civile*: la responsabilità. Milano, Giuffrè, 1994, v.5.

BITTAR, Carlos Alberto. *Reparação civil por danos morais*. 3.ed. São Paulo, Revista dos Tribunais, 1997.

BREBBIA, Roberto H. *El daño moral*. 2.ed. Córdoba, ORBIR, 1967.

CAVALIERI FILHO, Sérgio. *Programa de responsabilidade civil*. 6.ed. São Paulo, Malheiros, 2006.

CHINELLATO, Silmara Juny de Abreu. "Adoção de nascituro e a quarta era dos direitos: razões para se alterar o *caput* do art. 1.621 do novo Código Civil". In: DELGADO, Mário Luiz; ALVES, Jones Figueirêdo. *Novo Código Civil:* questões controvertidas. São Paulo, Método, 2003.

CORDEIRO, António Menezes. *Tratado de direito civil. Gestão de negócios. Enriquecimento sem causa. Responsabilidade civil*. Coimbra, Almedina, 2014, v.8.

DIAS, José de Aguiar. *Da responsabilidade civil*. 8.ed. Rio de Janeiro, Forense, 1987.

FISCHER, Hans Albrecht. *A reparação dos danos no direito civil*. Trad. António de Arruda Ferrer Correia. São Paulo, Académica, 1938.

FRANÇA, Rubens Limongi. "Reparação do dano moral". *Revista dos Tribunais*, v.631, maio/1988, p.29-37.

LE TOURNEAU, Philippe; CADIET, Loïc. *Droit de la responsabilité e des contrats*. Paris, Dalloz, 2002/2003.

MARINO, Francisco Paulo de Crescenzo. "Perdas e danos". In: LOTUFO, Renan; GIOVANNI, Ettore Nanni. *Obrigações*. São Paulo, Atlas, 2011.

MINOZZI, Alfredo. *Danno non patrimonale*. 2.ed. Milão, Società Editrice, 1909.

MORAES, Maria Celina Bodin de. *Na medida da pessoa humana:* estudos de direito civil-constitucional. Rio de Janeiro, Renovar, 2010.

PEREIRA, Caio Mário da Silva. *Responsabilidade civil*. 9.ed. Rio de Janeiro, Forense, 2001.

41. CHINELLATO, Silmara Juny de Abreu, op. cit., p.945.

RODRIGUES, Silvio. *Direito civil:* responsabilidade civil. 21.ed. São Paulo, Saraiva, 2004, v.4.

SANSEVERINO, Paulo de Tarso Vieira. *Princípio da reparação integral.* São Paulo, Saraiva, 2010.

SCHREIBER, Anderson. *Novos paradigmas da responsabilidade civil:* da erosão dos filtros da reparação à diluição dos danos. 5.ed. São Paulo, Atlas, 2013.

SEVERO, Sérgio. *Os danos extrapatrimoniais.* São Paulo, Saraiva, 1996.

SILVA, Wilson Melo da. *O dano moral e sua reparação.* 2.ed. Rio de Janeiro, Forense, 1969.

VINEY, Geneviève; JOURDAIN, Patrice; CARVAL, Suzanne. *Traité de droit civil:* les conditions de la responsabilité. 4.ed. Paris, LGDJ, 2013.

VISINTINI, Giovanna. *Tratado de la responsabilidad civil. El daño. Otros criterios de imputación.* Trad. Aída Kemelmajer de Carlucci. Buenos Aires, Astrea, 1999. v.2.

CAPÍTULO 5
Ensaio sobre a proteção de dados pessoais à luz da prática do cuidado de si em Foucault

Guilherme Carboni

Foi a vida, muito mais do que o direito,
que se tornou o objeto das lutas políticas,
ainda que estas últimas se formulem
através de afirmações de direito.
Michel Foucault

Introdução

Pretende-se, neste capítulo, articular a visão contemporânea do direito à proteção de dados pessoais - que tem como base a ideia de *autodeterminação informativa* - com a prática do *cuidado de si* da Grécia antiga, teorizada por Michel Foucault. Não temos, aqui, a intenção de apontar soluções jurídicas para questões envolvendo conflitos entre proteção e divulgação de dados pessoais, mas, sim, de problematizá-las,[1] com base na articulação das duas visões citadas.

1. Foucault trata a questão da problematização como o trabalho crítico do pensamento sobre o próprio pensamento, procurando saber de que maneira e até onde seria possível pensar diferentemente em vez de legitimar o que já se sabe, de tal forma a tornar tudo o que passa pela vida matéria de pensamento, produzindo, assim, novas relações entre as coisas (FOUCAULT, Michel. *História da sexualidade 2:* o uso dos prazeres, 2014, p.7-19). Ver ainda CARBONI, Guilherme. "Liberdade de expressão e direito de autor sob a perspectiva do pensamento espinosista". In: VICENTE, Dario Moura et al. (org.). *Estudos de direito intelectual em homenagem ao Prof. Doutor José de Oliveira Ascensão* - 50 anos de vida universitária, 2015.

Iniciaremos nosso ensaio abordando a visão contemporânea da privacidade enquanto direito de construir sua própria esfera particular no âmbito do quadro de organização de poderes que, hoje, necessariamente, envolve as redes de informação.

Na sequência, examinaremos o poder enquanto relação de forças que estão em contínuo devir e que operam ao acaso, a partir de um "lado de fora", que, como veremos, não tem forma. Ao lado das singularidades de poder, existe uma capacidade de resistência do indivíduo para tornar possível a mudança e que se faz em nome da vida, por meio de uma relação direta com esse "lado de fora". Isso ocorre quando o poder abandona o modelo de soberania e se torna modelo disciplinar, ou ainda, *biopoder*, voltado para as técnicas de sujeição dos corpos e de controle das populações.

No item seguinte, discorreremos sobre o *cuidado de si* enquanto prática de subjetivação, por meio da qual a liberdade somente é atingida quando o indivíduo tem o poder de dirigir sua própria vida.

A partir do conceito de *cuidado de si*, faremos, no último item, a sua articulação com o conceito de *autodeterminação informativa*, enquanto fundamento do direito à privacidade, tomando por base a ideia de que a concepção contemporânea desse direito de construir sua própria esfera particular possui fortes relações com a prática do *cuidado de si*.

Privacidade e poder na sociedade da informação

Nos dias atuais, a privacidade não deve ser entendida apenas sob a ótica da visão clássica de defesa da esfera privada contra invasões externas. Houve uma mudança significativa que, segundo Stefano Rodotà, faz com que os problemas da privacidade devam ser considerados em torno de um novo centro gravitacional, que leva em conta as contingências sociais no quadro da organização de poder, no qual a infraestrutura da informação representa um dos componentes fundamentais.[2] De fato, as atuais dimensões da coleta e do tratamento de informações intensificaram a impossibilidade de se considerar essas novas questões dentro do quadro institucional tradicionalmente identificado pelo conceito de privacidade.[3]

A clássica definição de privacidade, cunhada no ensaio apresentado pelos professores Samuel Warren e Louis Brandeis, datado de 1890 e publicado na Revista de Direito da Universidade de Harvard, como *the right to be let alo-*

---

2. RODOTÀ, Stefano. *A vida na sociedade da vigilância* – a privacidade hoje, 2008, p.24.
3. Ibid., p.23.

ne ("o direito de ser deixado só"), vem, então, a ser ressignificada pela ideia de privacidade enquanto poder sobre as informações que lhe dizem respeito ou, segundo a definição de Rodotà: o "direito de manter o controle sobre suas próprias informações e de determinar a maneira de construir sua própria esfera particular".[4] Passa-se, assim, de uma privacidade de caráter eminentemente individualista - voltada para impedir a interferência na vida privada e familiar de uma pessoa, por meio de uma proteção estática e negativa - para uma proteção dinâmica e ativa.

Sob essa nova perspectiva, interessa-nos, aqui, dois aspectos fundamentais: (a) a ideia de que o indivíduo tem o direito de construir sua própria esfera particular; e (b) a vinculação do tema da privacidade à questão da liberdade.

Com relação ao primeiro aspecto, as doutrinas nacional e estrangeira vêm reforçando a concepção da privacidade enquanto direito de construir sua própria esfera particular, como pode ser observado pela definição cunhada por Lawrence Friedman, que considera a privacidade como "a proteção de escolhas de vida contra qualquer forma de controle público e estigma social".[5]

No âmbito da sociedade da informação, Rodotà diz que "nós somos as nossas informações", pois são elas que "nos definem, nos classificam, nos etiquetam", de tal forma que "ter como controlar a circulação das informações e saber quem as usa significa adquirir, concretamente, um poder sobre si mesmo" em uma sociedade que, cada vez mais, se preocupa com a segurança por meio de uma progressiva extensão das formas de controle social, a ponto de os cidadãos correrem o risco de parecerem "homens de vidro".[6]

A necessidade de garantir a autonomia do indivíduo na sociedade da informação foi reconhecida por uma decisão histórica da Corte Constitucional Alemã de 1983, que entendeu a privacidade como *autodeterminação informativa*.[7]

Verifica-se que esse primeiro aspecto da nova concepção de privacidade leva, inevitavelmente, a uma forte associação entre privacidade e liberdade, a partir do momento em que a primeira passa a ser ressignificada enquanto liberdade de desenvolvimento da personalidade, permitindo que crenças e opiniões individuais venham a se tornar públicas.[8]

Há, ainda, que se considerar que a Carta de Direitos Fundamentais da União Europeia, de 2000, veio a estabelecer a distinção entre a privacidade convencional (o "direito de respeito da vida privada e familiar", conforme o

---

4. Ibid., p.17 e 24.
5. FRIEDMAN, L. M., apud RODOTÀ, Stefano, op. cit., p.15.
6. Ibid., p.7-9.
7. Ibid., p.15.
8. Ibid., p.16.

art. 7º) e o chamado "direito à proteção de dados pessoais" (art. 8º), que, segundo Rodotà, torna-se um novo e autônomo direito fundamental.[9]

A distinção entre essas duas concepções de privacidade também acarreta efeitos práticos, especialmente pelo fato de que, na proteção de dados pessoais, a supervisão e outros poderes não são conferidos somente aos sujeitos dos dados, mas também a um órgão público responsável por essa tarefa.

Dessa forma, uma redistribuição de poderes sociais e legais estaria sendo formada, especialmente pela crescente necessidade de dados por parte de instituições públicas e privadas.[10] Para Rodotà, é por meio da identificação das raízes do poder fundado na disponibilidade das informações de seus reais detentores que se poderia não somente projetar formas de contrapoder e de controle, mas também aproveitar as possibilidades oferecidas pela tecnologia para tentar produzir formas diversas de gestão do poder.[11]

Baseando-se em Predieri, Rodotà defende uma estratégia, cujo ponto de chegada "consista na proliferação de processos decisórios racionalizados, tornados transparentes com o auxílio do computador, com um consequente controle social sobre os participantes do processo, de modo a alcançar uma participação no próprio processo".[12] Em outras palavras, isso significa a defesa de maior controle do processo de tratamento das informações sociais por parte do interessado, uma vez que, segundo Rodotà, não bastaria elaborar um sistema de contenção do poder da tecnologia em relação às suas modalidades de utilização, mas seria preciso analisar todas as potencialidades do uso da tecnologia, ligando-as aos diversos significados que possam assumir no conjunto do sistema político.[13]

Assim, no âmbito desse quadro global, Rodotà entende que os problemas da privacidade não se resolveriam por meio das dicotomias "recolhimento" *versus* "divulgação"; "homem prisioneiro de seus segredos" *versus* "homem que nada tem a esconder"; "casa-fortaleza" (que glorifica a privacidade e favorece o egocentrismo) *versus* "casa-vitrine" (que privilegia as trocas sociais).[14] Segundo Rodotà, tais alternativas tornam-se cada vez mais abstratas, tendo em vista que, nelas, reflete-se uma forma de encarar a privacidade que "negligencia justamente a necessidade de dilatar esse conceito para além de sua dimensão estritamente individualista".[15]

9. Idem.
10. Ibid., p.17 e 24.
11. Ibid., p.24.
12. PREDIERI apud RODOTÀ, Stefano, op. cit., p.25.
13. Ibid., p.25.
14. Idem.
15. Idem, ibid.

Por essa razão, enunciados generalizantes e referências genéricas à necessidade de salvaguardar a dignidade humana não resolvem as questões relativas à proteção de dados pessoais - até em razão da abrangência do conceito de dignidade da pessoa humana, acrescentaríamos nós -, uma vez que as formas organizativas e as funções cumpridas pelas diversas instituições variam de caso a caso, o que significa que uma mesma formulação não serve, necessariamente, para instituições distintas, por exemplo, prisão e família. Isso porque, em cada uma dessas instituições, há variações relativas à posição do indivíduo, aos equilíbrios entre interesses públicos e privados, às modalidades de exercício do poder. Portanto, as soluções teriam que levar em conta todas essas variáveis.[16]

A vigilância e a monitoração de indivíduos na sociedade da informação remetem ao conceito de *panóptico* de Jeremy Bentham, que foi resgatado por Michel Foucault em sua teorização sobre o poder e a sociedade disciplinar.[17] Segundo Foucault, o *panóptico* é o vigia que tudo pode ver, sem ser visto. No caso da prisão, os detidos podem ser vistos, sem que possam ver a si próprios. Daí o efeito mais importante do *panóptico*, segundo Foucault: "induzir no detento um estado consciente e permanente de visibilidade que assegura o funcionamento automático do poder".[18]

Segundo Deleuze, quando Foucault define o *panoptismo*, ora ele o define de maneira concreta, como um agenciamento da visão que caracteriza a prisão, ora de forma abstrata, "como uma máquina que não apenas se aplica a uma matéria visível em geral (oficina, quartel, escola, hospital, prisão), mas atravessa geralmente todas as funções enunciáveis".[19] Assim, Deleuze diz que a fórmula abstrata do *panoptismo* não mais seria "ver sem ser visto", mas "impor uma conduta qualquer a uma multiplicidade humana qualquer".[20]

Foucault desenvolve a ideia de que as sociedades modernas podem ser definidas como sociedades "disciplinares". Entretanto, essa "disciplina" não pode ser identificada com uma instituição ou com um aparelho, pelo fato de que ela é um tipo de poder que atravessa todas as espécies de aparelhos e de instituições para, segundo Deleuze, "reuni-los, prolongá-los, fazê-los convergir, fazer com que se apliquem de um novo modo".[21]

A sociedade disciplinar revela-se, progressivamente, como sociedade da classificação. E uma classificação que se opera não para o reconhecimento

16. Ibid., p.31.
17. Ver FOUCAULT, Michel. *Vigiar e punir:* nascimento da prisão, 2014, especialmente p.190-219.
18. Ibid., p.195.
19. DELEUZE, Gilles. *Foucault*, 2013, p.43.
20. Idem.
21. Ibid., p.35.

das diversidades, mas para a imposição de critérios de conformidade aos perfis prevalecentes, com a exclusão dos interesses que não alcançam uma determinada massa crítica, com efeitos que podem afetar bens e serviços decisivos para a formação da personalidade e para a participação política, com o sacrifício de minorias portadoras de tais interesses específicos.[22]

Nesse contexto, a tutela da diversidade somente torna-se efetiva se encontra espaço nas compatibilidades de mercado, se está alinhada com aqueles que são classificados de acordo com critérios de certa "normalidade", que tende cada vez mais a coincidir com a conveniência econômica.[23]

Na verdade, a própria ideia de personalidade também decorre de relações de poder. Cumpre-nos, então, verificar em que medida a ideia de personalidade, centrada no homem, estaria dando espaço à de vida em seu sentido mais amplo.

Biopoder e resistência: o "lado de fora"

Para Foucault, o poder não é uma forma, mas uma relação de forças. Ou melhor, para ele, toda relação de forças é uma relação de poder.[24]

A força nunca está no singular, pois ela tem como característica essencial estar em relação com outras forças, de forma que toda força já é relação, ou seja, poder. A força não tem objeto ou sujeito, senão outras forças.[25]

As relações de poder inserem-se em todos os lugares onde existam singularidades, como em discussões entre vizinhos, brigas entre pais e crianças, desentendimentos de casais.[26]

Com base na definição de Foucault, Deleuze cita como relação de forças (ou de poder), constituídas por ações sobre ações, "incitar, induzir, desviar, tornar fácil ou difícil, ampliar ou limitar, tornar mais ou menos provável [...]". E acrescenta que as teses de Foucault sobre o poder desenvolvem-se em três rubricas: (a) o poder não é essencialmente repressivo (já que "incita, suscita, produz"); (b) ele se exerce antes de se possuir (o poder só se possui sob uma forma determinável - classe - e determinada - Estado); e (c) o poder passa pelos dominados tanto quanto pelos dominantes (já que passa por todas as forças em relação).[27]

---

22. Cf. RODOTÀ, Stefano, op. cit. p.114.
23. Idem.
24. Cf. DELEUZE, Gilles, op. cit., p.78.
25. Idem.
26. Ibid., p.37-8.
27. Ibid., p.79.

Nas palavras de Deleuze, não cabe perguntar "o que é o poder? e de onde vem?", mas "como se exerce?". Assim, um exercício de poder aparece como um afeto, já que a força se define por seu poder de afetar outras forças (com as quais ela está em relação) e de ser por elas afetada.[28]

O poder também não é "propriedade" de uma classe que o teria conquistado, mas uma "estratégia", cujos efeitos não são atribuíveis a uma apropriação, senão a "manobras, táticas, técnicas, funcionamentos".[29] Como o poder se exerce mais do que se possui, ele não é um privilégio adquirido ou conservado pela classe dominante, mas "o efeito de conjunto de suas posições estratégicas".[30]

Segundo Deleuze, essa análise funcional do poder não nega a existência das classes e de suas lutas, mas as insere em um quadro completamente diferente, "com outras paisagens, outros personagens, outros procedimentos, diferentes desses com os quais nos acostumou a história tradicional, inclusive a marxista".[31]

De fato, as relações de poder não são exteriores a outros tipos de relação e não funcionam como uma espécie de "superestrutura". Na verdade, elas agem produzindo. Assim, a imagem piramidal da "superestrutura" marxista é substituída por uma imanência na qual os focos de poder e as técnicas disciplinares formam segmentos que se articulam uns sobre os outros e por meio dos quais os indivíduos passam ou permanecem (família, escola, quartel, fábrica e, se necessário, prisão).[32]

É interessante notar que todo poder é um "poder de Estado", ou seja, estaria localizado no aparelho de Estado. Até mesmo os poderes privados seriam derivados do Estado. O "Estado", aqui, não deve ser entendido em sua concepção tradicional, mas, segundo Deleuze, "como efeito de conjunto ou resultante de uma multiplicidade de engrenagens e de focos que se situam num nível bem diferente e que constituem por sua conta uma 'microfísica do poder'".[33]

Essa ideia de Estado é aquela que Pierre Clastres chamou de "acionamento efetivo da relação de poder". A tese de Clastres é a de que a sociedade poderia prescindir do Estado, isto é, não necessita de sua existência, o que, se-

---

28. Idem.
29. Ibid., p.35.
30. Idem.
31. Ibid.
32. Ibid., p.37.
33. Idem. Ainda segundo Deleuze, "micro" não deve ser entendido como uma miniaturização de formas visíveis ou enunciáveis, mas como um outro domínio, um novo tipo de relações, uma ligação de pensamento com ligações móveis e não localizáveis" (ibid., p.82).

gundo ele, ocorre em diversas sociedades indígenas da América do Sul, as quais, espantosamente, negam o Estado para impossibilitar o seu surgimento, divergindo do mundo ocidental.[34]

Enquanto relação de forças no jogo do "afetar" e "ser afetado", o *panóptico* de Bentham, revisitado por Foucault, pode ser definido pela pura função de impor uma tarefa ou um comportamento a uma multiplicidade qualquer de indivíduos, sem considerar as formas que conferem objetivos a essa função (como educar, tratar, punir, fazer, produzir) ou as substâncias que são formadas por essas forças, sobre as quais se aplica a função ("presos, doentes, escolares, loucos, trabalhadores, soldados").[35]

Interessante notar que, no mecanismo do *panóptico*, qualquer pessoa pode vir a exercer as funções de vigilância e, ao fazê-lo, pode também inspecionar como essa vigilância é exercida. Como diz Foucault: "qualquer membro da sociedade terá direito de vir constatar com seus olhos como funcionam as escolas, os hospitais, as fábricas, as prisões". Isso significa que não haveria o risco de o crescimento de poder, devido ao *panóptico*, resultar em tirania, pois o dispositivo disciplinar seria democraticamente controlado e acessível "ao grande tribunal do mundo".[36] Em outras palavras, Foucault diz que o *panóptico*, "sutilmente arranjado para que um vigia possa observar, com uma olhadela, tantos indivíduos diferentes, permite também a qualquer pessoa vigiar o menor vigia". Assim, o mecanismo do *panóptico* torna o exercício do poder controlável pela sociedade inteira.[37]

Segundo Foucault, esse esquema do *panóptico*, sem se desfazer nem perder qualquer de suas propriedades, é destinado a se difundir no corpo social, isto é, tem por vocação tornar-se uma função generalizada.[38]

As forças estão em contínuo devir e operam ao acaso, a partir de um "lado de fora" que não tem forma. Como diz Deleuze, há um "devir das forças que não se confunde com a história das formas, já que opera em outra dimensão".[39] A pergunta inevitável diz respeito à posição do ser humano nesse contexto. Conforme Deleuze, a verdadeira questão não está no ser humano existente, perceptível ou enunciável, mas, sim, nas forças que o compõem, com quais outras forças "do fora" se combinam e qual o composto que disso advém.[40]

---

34. CLASTRES, Pierre. *A sociedade contra o Estado* – pesquisas de antropologia política, 2013.
35. DELEUZE, Gilles, op. cit., p.80.
36. FOUCAULT, Michel. *Vigiar e punir:* nascimento da prisão, op. cit., p.200-1.
37. Idem.
38. Ibid., p.201.
39. DELEUZE, Gilles, op. cit., p.93.
40. Idem.

Como é sempre "do lado de fora" que uma força é afetada por outras, ou é por elas afetada, o poder é preenchido de forma variável, conforme as forças em relação. A força sempre pode entrar em outras relações e dentro de outras composições. Portanto, o "lado de fora" é sempre uma abertura para um futuro em que nada se acaba, pois nada nunca começou, uma vez que tudo apenas se metamorfoseia. No caso do ser humano, trata-se de um compor-se com forças "do lado de fora" em processo sempre contínuo e aleatório.[41]

Todavia, a força dispõe, ainda, de um terceiro poder, que se apresenta como capacidade de resistência. Um diagrama de forças apresenta, ao lado das singularidades de poder (que, como visto, correspondem às suas relações), singularidades de resistência, que se efetuam de forma a tornar possível a mudança. Enquanto as relações de poder se conservam em um diagrama, a resistência está em uma relação direta com o "lado de fora". Assim, um campo social mais resiste do que cria estratégias.[42]

Em razão disso, o ser humano, para Foucault, não seria dotado de uma consciência universal e eterna dos direitos humanos. Para ele, essa abordagem do ser humano é apenas efeito de certas singularidades de um determinado momento histórico, que se formalizou dessa maneira. O único caso em que o universal é dito ao mesmo tempo em que aparece o enunciado é o das matemáticas. Em todos os outros casos, o universal é posterior.[43]

Quanto ao sujeito de direito, é a vida que o faz, enquanto portadora de singularidades, e não o homem como forma de eternidade. Como diz Deleuze, o homem apareceu no lugar da vida quando as forças vitais compuseram seu semblante na época das constituições.[44]

Além disso, as resistências ao poder tornaram-se transversais - pelo fato de irem de um ponto a outro no âmbito dos diversos aspectos do mundo contemporâneo - em vez de universais, e se fazem em nome da vida, o que ocorre quando o poder abandona o modelo de soberania para fornecer um modelo disciplinar. Em outras palavras, quando ele se torna *biopoder*, isto é, poder que se exerce sobre a vida[45] configurando-se uma *biopolítica*.

A palavra *biopolítica* foi tornada pública pela primeira vez por Foucault em sua conferência de 1974 no Rio de Janeiro. Esse termo designa a forma de exercício do poder soberano nos estados modernos, surgido no final do século XVIII, cujo alvo não era mais o território, mas a gestão calculada de um determinado grupo populacional. Trata-se do conjunto de tecnologias e po-

---

41. Ibid., p.96.
42. Idem.
43. Ibid., p.97.
44. Idem.
45. Ibid., p.98-9.

líticas institucionais voltadas para o controle específico de todos os aspectos da vida e do corpo, desde o controle da natalidade e a higiene corporal à vacinação contra epidemias e infecções.

Segundo Foucault, "o velho direito de causar a morte ou deixar viver foi substituído por um poder de causar a vida ou devolver à morte. Talvez seja assim que se explique essa desqualificação da morte, marcada pelo desuso dos rituais que a acompanhavam".[46] E complementa, dizendo que "agora é sobre a vida e ao longo de todo o seu desenrolar que o poder estabelece seus pontos de fixação; a morte é o limite, o momento que lhe escapa; ela se torna o ponto mais secreto da existência, o mais 'privado'".[47]

Não é por outra razão que o suicídio - que, de acordo com Foucault, foi outrora crime, por usurpar o direito de morte que somente os soberanos poderiam exercer - tenha se tornado, no decorrer do século XIX, uma das primeiras condutas que entraram no campo da análise sociológica, pois fazia aparecer, nas fronteiras do poder exercido sobre a vida, o direito privado de morrer.[48]

Dessa forma, a potência de morte que simbolizava o poder soberano passa a ser, cuidadosamente, recoberta pela administração dos corpos e pela gestão calculista da vida, tendo por consequência o rápido desenvolvimento, no decorrer da época clássica, das diversas disciplinas, tais como escolas, colégios, casernas, ateliês, juntamente com o aparecimento das práticas políticas e observações econômicas em questões de natalidade, longevidade, saúde pública, habitação e migração. Todas elas configuram técnicas diversas para a sujeição dos corpos e o controle das populações, abrindo-se, assim, a era do *biopoder*.[49]

Esse *biopoder* foi, sem dúvida, o elemento indispensável para o desenvolvimento do capitalismo, que, segundo Foucault, "só pôde ser garantido à custa da inserção controlada dos corpos no aparelho de produção e por meio de um ajustamento dos fenômenos de população aos processos econômicos".[50] Mas Foucault diz que o capitalismo exigiu ainda mais do que isso: "foram-lhe necessários métodos de poder capazes de majorar as forças, as aptidões, a vida em geral, sem por isso torná-las mais difíceis de sujeitar". Os rudimentos de *biopolítica* inventados no século XVIII, enquanto técnicas de poder presentes em todo o campo social (família, exército, escola, polícia, medici-

46. FOUCAULT, Michel. *História da sexualidade I:* a vontade de saber, 2014, p.149.
47. Idem.
48. Idem.
49. Ibid., p.150-1.
50. Ibid., p.152.

na individual, administração das coletividades) também operaram como fatores de segregação e de hierarquização social, garantindo relações de dominação. Em outras palavras: o investimento sobre o corpo vivo, sua valorização e a gestão distributiva de suas forças foram indispensáveis ao desenvolvimento do capitalismo.[51] Com isso, passa a haver uma proliferação de tecnologias políticas de investimento sobre o corpo, a saúde, as maneiras de se alimentar e de morar, as condições de vida e todo o espaço da existência,[52] no qual podemos incluir as questões da privacidade, do controle sobre a sua própria vida e da autodeterminação.

Conforme Foucault, outra consequência do desenvolvimento do *biopoder* é a crescente importância da norma às expensas do sistema jurídico da lei, uma vez que um poder que tem a tarefa de se encarregar da vida tem necessidade de mecanismos contínuos, reguladores e corretivos em detrimento de colocar a morte no campo da soberania, como ocorria no passado. Ao contrário, trata-se de distribuir os vivos em um domínio de valor e utilidade, qualificando-os, medindo-os, avaliando-os e hierarquizando-os. Foucault entende que é assim que funcionam as constituições escritas a partir da Revolução Francesa e os códigos reformados que não devem nos iludir com relação ao fato de serem "formas que tornam aceitável um poder essencialmente normalizador".[53]

É surpreendente constatar que, na resistência a esse *biopoder*, então ainda novo no século XIX, as forças que resistem se apoiaram exatamente naquilo sobre o que ele investe: na vida e no homem enquanto ser vivo. Desde o século XIX, as grandes lutas voltadas a colocar em questão o sistema geral de poder não são feitas em nome de um retorno aos antigos direitos. Segundo Foucault, o que se reivindica é a vida, entendida como "as necessidades fundamentais, a essência concreta do homem, a realização de suas virtualidades, a plenitude do possível. [...] a vida como objeto político foi de algum modo tomada ao pé da letra e voltada contra o sistema que tentava controlá-la".[54]

Para Foucault, foi a vida – enquanto capacidade da força de resistir ao *biopoder* –, muito mais do que o direito, que se tornou objeto das lutas políticas, ainda que estas se formulem por meio de afirmações de direito: o direito à vida, ao corpo, à saúde, à felicidade, à satisfação das necessidades. Nas palavras de Foucault: "o 'direito' acima de todas as opressões ou 'alienações', de encontrar o que se é e tudo o que se pode ser, esse 'direito' tão incompreen-

51. Idem.
52. Ibid., p.155.
53. Ibid., p.155-6.
54. Ibid., p.156-7.

sível para o sistema jurídico clássico, foi a réplica política a todos esses novos procedimentos de poder".[55]

Deleuze diz que é no próprio homem que é preciso procurar as forças que resistem à ideia de morte do homem. Para ele, o *super-homem* de Nietzsche não quer dizer outra coisa, senão que "é dentro do próprio homem que é preciso libertar a vida, pois o próprio homem é uma maneira de aprisioná-la".[56]

Há, portanto, um campo de batalha no próprio conceito jurídico da ideia de sujeito, que se distancia do humanismo kantiano (o homem como fim em si mesmo[57]), para se aproximar do reconhecimento do homem enquanto ser vivo alojado em uma "dobra do lado de fora", ou ainda, o indivíduo como interiorização de um "lado de fora" que compõe uma matéria móvel e sem limite fixo.

Assim, os componentes daquilo que a doutrina jurídica classicamente denomina "personalidade" (que inclui a privacidade e a proteção de dados pessoais) não são emanações ou desdobramentos do "um", mas a reduplicação do "outro"; não se trata de uma reprodução do "mesmo", mas uma repetição do "diferente"; não é a emanação de um "eu", mas a instauração de um "sempre outro" ou de um "não eu"; enfim, sou eu que me vejo como o "duplo do outro", ou, ainda, eu não me encontro no exterior, mas encontro "o outro em mim", exatamente como em um tecido na embriologia ou um forro na costura.[58]

O cuidado de si como subjetivação: o "lado de dentro"

No final de sua obra *História da sexualidade I:* vontade de saber, Foucault deixa transparecer uma dúvida e um certo impasse a respeito de como ultrapassar as relações de poder, a partir do momento em que reconhece que o ponto mais intenso da vida é justamente aquele em que ela se choca com o poder e tenta utilizar suas forças ou escapar das suas armadilhas. Portanto, a submissão da interioridade a uma crítica radical havia deixado dúvidas sobre a existência de um "lado de dentro".[59]

Cláudio Ulpiano explica que, ao direcionar seus estudos para a Grécia, muitos haviam entendido, erroneamente, que Foucault teria abandonado o campo de batalha dos assuntos contemporâneos e se dirigido para as curio-

---

55. Ibid., p.157.
56. DELEUZE, Giles, op. cit., p.99.
57. Sobre a concepção da ideia do homem como fim em si mesmo, ver KANT, Immanuel. *Fundamentação da metafísica dos costumes*, 2007.
58. DELEUZE, Gilles, op. cit., p.105.
59. Ibid., p.101 e 103.

sidades.[60] Entretanto, ao voltar-se para a Grécia, Foucault nos trouxe algo absolutamente novo e que, segundo Ulpiano, ainda não havia sido pensado pelos grandes helenistas.[61] Segundo Foucault, houve, no mundo helenístico e romano, o crescimento "de um 'individualismo' que conferiria cada vez mais espaço aos aspectos 'privados' da existência, aos valores da conduta pessoal e ao interesse que se tem por si próprio".[62] Diz Foucault que

> não seria o reforço de uma autoridade pública que poderia dar conta do desenvolvimento dessa moral rigorosa, mas, antes, o enfraquecimento do quadro político e social no qual se desenrolava, no passado, a vida dos indivíduos: menos fortemente inseridos nas cidades, mais isolados uns dos outros e mais dependentes de si próprios, eles teriam buscado na filosofia regras de conduta mais pessoais.[63]

Entretanto, Foucault adverte que esse "individualismo" é, muitas vezes, invocado para explicar fenômenos diversos em épocas diferentes e, sob a sua categoria, misturam-se, frequentemente, realidades completamente distintas. É importante, segundo ele, distinguir três aspectos: (a) "a atitude individualista, caracterizada pelo valor absoluto que se atribui ao indivíduo em sua singularidade e pelo grau de independência que lhe é atribuído em relação ao grupo ao qual ele pertence ou às instituições das quais ele depende"; (b) "a valorização da vida privada, ou seja, a importância reconhecida às relações familiares, às formas de atividade doméstica e ao campo dos interesses patrimoniais"; e (c) "a intensidade das relações consigo, isto é, das formas nas quais se é chamado a se tomar a si próprio como objeto de conhecimento e campo de ação para transformar-se, corrigir-se, purificar-se e promover a própria salvação".[64]

Foucault comenta que essas três atitudes podem estar ligadas entre si, ou seja, "pode ocorrer de o individualismo exigir a intensificação dos valores da vida privada; ou, ainda, que a importância atribuída às relações consigo seja associada à exaltação da singularidade individual".[65] Entretanto, esclarece ele que esses vínculos não são constantes nem necessários. E exemplifica, dizendo que há sociedades ou grupos sociais – como as aristocracias militares – nos quais o indivíduo é chamado a se afirmar em seu próprio valor, por meio de ações que o singularizam e que lhe permitem prevalecer sobre os outros,

60. ULPIANO, Cláudio. Pensamento e liberdade em Espinosa, 2015.
61. Idem.
62. FOUCAULT, Michel. *História da sexualidade 3:* o cuidado de si, 2014, p.53.
63. Idem.
64. Ibid., p.55.
65. Idem.

sem que se tenha que atribuir grande importância à sua vida privada ou às relações para consigo. Há, ainda, sociedades nas quais a vida privada é dotada de grande valor, bem como protegida e organizada enquanto centro de referência das condutas e princípio de valorização, como é o caso das classes burguesas nos países ocidentais do século XIX. Finalmente, Foucault diz que "há sociedades ou grupos nos quais a relação consigo é intensificada e desenvolvida, sem que, por isso, e de modo necessário, os valores do individualismo ou da vida privada encontrem-se reforçados".[66]

Essa "relação consigo" adquire independência, como se, nas palavras de Deleuze,

> as relações do lado de fora se dobrassem, se curvassem para formar um forro e deixassem surgir uma relação consigo, constituindo um lado de dentro que se desenvolve segundo uma dimensão própria e que os gregos chamavam de *enkrateia*,[67] que se caracteriza por uma forma ativa de domínio sobre si que permite resistir ou lutar e garantir sua dominação no terreno dos desejos e dos prazeres.[68]

Como explica Deleuze:

> é um poder que se exerce sobre si mesmo dentro do poder que se exerce sobre os outros [...], a ponto da relação consigo tornar-se "princípio de regulação interna" em relação aos poderes constituintes da política, da família, da eloquência e dos jogos, da própria virtude.[69]

Portanto, o que Foucault descobre de original na Grécia é que o cidadão grego se preocupava com a questão de como se produzir uma vida livre, o que poderia soar estranho para uma civilização que possuía escravos.[70]

Havia duas práticas que constituíam a base da existência do cidadão grego: (a) a primeira diz respeito à sua preocupação de administrar a cidade e produzir leis, organizando, assim, o seu campo político. Vale ressaltar que as leis construídas na Grécia antiga eram produto da prática dos corpos e da vida na cidade; e (b) a segunda refere-se ao poder de administrar a economia (que, aqui, tem relação com a própria casa).[71]

---

66. Ibid., p. 55-6.
67. DELEUZE, Gilles, op. cit., p.107.
68. FOUCAULT, Michel. *História da sexualidade 2:* o uso dos prazeres, op. cit., p.77.
69. DELEUZE, Gilles, op. cit., p.107.
70. Cf. ULPIANO, Cláudio, op. cit.
71. Idem.

A questão que surge é a de como o cidadão grego poderia ter poder sobre a cidade e sobre a sua casa, se não tivesse poder sobre si mesmo. É assim que aparece a ideia do "poder sobre si próprio", na forma de uma "relação agonística de si para consigo próprio".[72]

Segundo Ulpiano, o cidadão grego entendia que os homens trariam múltiplas forças dentro de si. Tais forças tenderiam para um "fora", caracterizado, principalmente, pela religião, superstição e submissão. Dessa forma, a realização do cidadão grego somente seria possível se ele entendesse a si mesmo como um conjunto de forças que entram em confronto e que o tornam livre quando as forças ativas dominam as forças que tendem a levá-lo à submissão.[73]

O *cuidado de si* produz, assim, uma "estética da existência", sendo que "estética", aqui, é pensada em termos de existência, e não de produção de objetos externos ao indivíduo. Em outros termos, somente consegue-se ter uma vida bela quando há liberdade, e isso somente ocorre quando as forças ativas em nós dominam as reativas, isto é, quando a causa da existência vem de dentro de nós.[74]

Autodeterminação informativa enquanto cuidado de si

A ideia de privacidade enquanto *autodeterminação informativa* envolve a construção de uma nova identidade, ou ainda, de várias identidades ao mesmo tempo, como condição essencial para o desenvolvimento da personalidade,[75] o que, sem dúvida, remete à prática do *cuidado de si*, enquanto forma de construção da própria esfera privada.

Tal concepção da personalidade difere da abordagem clássica, que fundamenta a dignidade da pessoa humana na ideia kantiana do homem como um fim em si mesmo. A concepção contemporânea do direito à privacidade com fundamento na *autodeterminação informativa* pressupõe, a nosso ver, outra visão dos direitos da personalidade e, também, da ideia de dignidade da pessoa humana, pois estas passariam a ser garantidas não mais sob a ótica da proteção de um sujeito de direitos, mas, sim, de uma tutela da liberdade existencial de um agente de direitos que pode construir e definir sua pró-

---

72. Idem.
73. Idem.
74. Segundo Ulpiano, há, aqui, um agenciamento Foucault-Espinosa, pois a liberdade entendida dessa forma corresponde ao terceiro gênero do conhecimento da epistemologia de Espinosa - o pensamento -, que nada mais é do que o poder de produzir novas formas de vida e outras maneiras de existência. Idem. Ver CARBONI, Guilherme, op. cit.
75. Cf. RODOTÀ, Stefano, op. cit., p.116.

pria identidade (uma ou mais) a partir das forças que o compõem em um dado momento.

Nas palavras de Rodotà,

> como a mudança da roupa permitia uma ligação social mais equilibrada com os demais estudantes, assim o mudar de nome, sexo, raça, idade na comunicação pela rede pode proteger de discriminações e condicionamentos, proporcionando de fato uma construção mais livre da personalidade.[76]

Podemos dizer que, a partir da ideia de privacidade como *autodeterminação informativa*, a identidade deixa de ser um dado imutável para tornar-se uma construção contínua e mutável, permitindo, assim, que a vida seja mais rica e variada.

Considerações finais

Em uma economia da informação em rede como a que vivemos hoje, a identidade pode ser construída ao bel-prazer do indivíduo, pois a privacidade é hoje tutelada ativamente, enquanto direito à *autodeterminação informativa* de titularidade de um agente (em vez de um sujeito) de direitos.

A afirmação de direitos, hoje, abarca a vida de forma mais ampla e não se restringe ao homem dotado de personalidade fixa e imutável. A proteção de dados pessoais, com base na ideia de *autodeterminação informativa*, é um exemplo dessa nova concepção da personalidade, que passa a ser entendida enquanto singularidade.

A prática do *cuidado de si* da Grécia antiga, como poder que o indivíduo tinha sobre si próprio, tornando-o livre, quando agenciada com a ideia de *autodeterminação informativa*, compõe uma nova maneira de pensar, juridicamente, a privacidade e a proteção de dados pessoais, ao permitir ao indivíduo a criação de novas identidades e, portanto, de novas formas de vida.

Referências

CARBONI, Guilherme. "Liberdade de expressão e direito de autor sob a perspectiva do pensamento espinosista". In: VICENTE, Dario Moura et al. (org.). *Estudos de direito intelectual em homenagem ao Prof. Doutor José de Oliveira Ascensão* – 50 anos de vida universitária. Lisboa, Almedina, 2015.

76. Ibid., p.117.

CLASTRES, Pierre. *A sociedade contra o Estado* - pesquisas de antropologia política. Trad. Theo Santiago. São Paulo, Cosac Naify, 2013.

DELEUZE, Gilles. *Foucault*. Trad. Cláudia Sant'Anna Martins. São Paulo, Brasiliense, 2013.

FOUCAULT, Michel. *Vigiar e punir:* nascimento da prisão. Trad. Raquel Ramalhete. 42.ed. Rio de Janeiro, Vozes, 2014.

______. *História da sexualidade 1:* a vontade de saber. Trad. Maria Thereza da Costa Albuquerque e J.A. Guilhon Albuquerque. São Paulo, Paz e Terra, 2014.

______. *História da sexualidade 2:* o uso dos prazeres. Trad. Maria Thereza da Costa Albuquerque. São Paulo, Paz e Terra, 2014.

______. *História da sexualidade 3:* o cuidado de si. Trad. Maria Thereza da Costa Albuquerque. São Paulo, Paz e Terra, 2014.

KANT, Immanuel. *Fundamentação da metafísica dos costumes*. Trad. Paulo Quintela. Lisboa, Edições 70, 2007.

RODOTÀ, Stefano. *A vida na sociedade da vigilância* - a privacidade hoje. Trad. Danilo Doneda e Luciana Cabral Doneda. Rio de Janeiro, Renovar, 2008.

ULPIANO, Cláudio. Pensamento e liberdade em Espinosa. Aula disponibilizada em: http://acervoclaudioulpiano.com. Acesso em: 12.05.2015.

SEGUNDA PARTE

Direitos da personalidade em espécie

A segunda parte da obra dedica-se a tratar de direitos da personalidade em espécie, como a liberdade de identidade pessoal, a faculdade de modificação corporal, o direito de imagem, aspectos do Estatuto da Pessoa com Deficiência, consentimento informado em reprodução humana assistida e direito à intimidade religiosa. Também é dedicada atenção à relação dos direitos de personalidade com a proteção ao meio ambiente e com as relações de consumo.

CAPÍTULO 6

Novos direitos da personalidade: direito à identidade sexual

Rui Geraldo Camargo Viana

Não sei quantas almas tenho.
Cada momento mudei.
Continuamente me estranho.
Nunca me vi nem achei.
Fernando Pessoa[1]

Introdução

Honra-me o convite feito pelo Professor Fábio Jun Capucho em tributo à colega Professora Doutora Silmara Juny de Abreu Chinellato, com quem pude, por anos, conviver na Faculdade de Direito do Largo São Francisco e de quem também extraí nobres lições não apenas jurídicas - dada a envergadura incontestável de seus conhecimentos -, mas também de afeto, amizade e companheirismo.

O tema proposto, *direito à identidade sexual,* é intrigante e desafiador, intrinsecamente relacionado aos direitos da personalidade, os quais, nesses trinta anos de docência, a Professora Doutora Silmara Juny de Abreu Chinellato enfrentou com tanta sabedoria e maestria, especialmente no que diz respeito ao início da personalidade jurídica.

Aceito o desafio e, afirmado meu respeito, admiração e desejo de vida longa à Professora Doutora Silmara Juny de Abreu Chinellato, espero contribuir para tão merecida homenagem.

---

1. PESSOA, Fernando. *Novas poesias inéditas,* 1973, p.48.

Direito à personalidade – breves considerações

Personalidade é a característica do indivíduo, é o conjunto de atributos e qualidades que distingue uma pessoa de outra. Basta existir com vida para dotar-se de personalidade, tratada como valor-fonte pelo Código Civil de 2002.

Interessa aqui tratar unicamente da pessoa natural, ou seja, o ser humano capaz de se submeter e estar sujeito a relações jurídicas, embora não ignore o fato de que pessoas jurídicas (associações, sociedades etc.), instituídas a partir da ficção e criatividade humana, também sejam dotadas de personalidade.

Juridicamente, a personalidade é a "aptidão para adquirir direitos e contrair deveres".[2] Historicamente, nem toda pessoa era dotada de personalidade, a exemplo dos escravos, tratados como *res* no direito romano. No Brasil, embora os escravos não fossem privados de personalidade jurídica, verdade é que estavam sujeitos a inúmeras restrições, de ordem civil e penal.

É de se notar, no tratamento legislativo pátrio atual, inegável melhora na redação dos direitos relacionados à personalidade.

A Constituição Federal, no seu art. 5º, X, assegura defesa contra lesões perpetradas ao titular. Gierke cunhou a expressão "direitos da personalidade" que o Código Civil atual desenvolveu. O art. 1º da Constituição Federal, no inciso III, coloca a dignidade da pessoa humana como valor maior, ressaltando Caio Mário o poder que a Carta Magna confere às pessoas para conviver com quem queira, realçando que todo sistema jurídico representa uma conciliação "dos valores da ordem e os valores da liberdade".[3] O § 2º do art. 5º da mesma Constituição Federal confere hierarquia especial aos direitos humanos, consagrados nas declarações de direito, como adverte Flávia Piovesan.[4]

Substituiu-se a expressão "*Todo homem*" contida no art. 2º do Código Civil de 1916, para "*Toda pessoa*", atualmente utilizada no art. 1º do Código Civil de 2002. Com isso, objetivou-se eliminar qualquer forma de discriminação entre os sexos, embora parte da doutrina tenha criticado a permuta, preferindo o uso da locução "ser humano".[5]

Seja qual for a expressão utilizada, certo é que a personalidade, como essência do ser humano, é juridicamente tutelada e protegida, dela irradiando direitos que são, por definição, absolutos, extrapatrimoniais, intransmissí-

---

2. BEVILAQUA, Clovis. *Código Civil dos Estados Unidos do Brasil comentado*, 1959, p.138.
3. PEREIRA, Caio Mário da Silva. *Direito civil* – alguns aspectos da sua evolução, 2001, p.13.
4. PIOVESAN, Flávia. *Temas de direitos humanos*, 2003.
5. LOTUFO, Renan. *Código Civil comentado*, 2003, p.9.

veis, inalienáveis, imprescritíveis, impenhoráveis, vitalícios, necessários e oponíveis *erga omnes*.[6]

Os direitos da personalidade, conforme clássica lição de Limongi França, são basicamente: a) direito à integridade física (vida, próprio corpo, partes do corpo); b) direito à integridade intelectual (liberdade de pensamento, direitos autorais); e c) direito à integridade moral (honra, recato, imagem, identidade pessoal, familiar e social).

O afeto entra para o mundo do direito e, embora não estejam explícitos na Constituição nem no Código Civil, o reconhecimento das uniões estáveis como entidade familiar, a equiparação da família biológica e adotiva (art. 227, § 6º, da Constituição Federal), a afiliação socioafetiva (art. 1.593 do CC) e as famílias do mesmo sexo o comprovam, como demonstra Sandra Martins.[7]

A personalidade se inicia com a existência. É o nascimento com vida do ser humano que dá início à personalidade e aos direitos dela derivados. Protege a lei, igualmente, os nascituros, desde a concepção.[8] Extingue-se com a morte, ainda que presumida. Os direitos da personalidade constituem cláusulas pétreas na Constituição Federal, previstos primordialmente nos arts. 1º e 5º. No Código Civil, estão elencados nos arts. 11 a 21.

Constituindo-se o direito uma ciência em constante evolução, os estudos das relações pessoais e das manifestações de vontade dos jurisdicionados não podem ficar alheios da análise jurídica.

A nova ordem constitucional libertária e ampliativa dos direitos pessoais permitiu e evidenciou fenômenos do relacionamento humano antes não vistos ou ignorados. Soma-se a isso, igualmente, notório desenvolvimento da tecnologia para difundir pensamentos e ideias e da medicina com seus procedimentos que surtem efeitos na esfera pessoal e interpessoal das pessoas.

O direito à identidade sexual evidencia-se com essa evolução e está intimamente ligado à manifestação subjetiva da personalidade de cada indivíduo. Trata-se de questão que merece atenta análise do direito.

É eloquente a atual Carta Magna ao afirmar os novos princípios da família "art. 1º, III, art. 3º, IV, art. 5º, *caput*, e X" protegendo a intimidade.

A evolução da sexualidade na história, de sua proibição à admissão, tem sido objeto de alentados estudos na atualidade, tais como os de Maria Berenice Dias (*União homoafetiva*), Débora Vanessa Caus Brandão (*Parcerias ho-*

---

6. GOMES, Orlando. *Introdução ao direito civil*, 1999, p.152.
7. MARTINS, Sandra Regina. Uniões homoafetivas: da invisibilidade à entidade familiar, 2015, p.13.
8. CHINELLATO, Silmara Juny de Abreu. *Tutela civil do nascituro*, 2000.

mossexuais) e Colin Spencer (*Homossexualidade:* uma história), entre outros, indicados por Sandra Regina Martins.[9]

Direito à autodeterminação de gênero

A classificação sexual da pessoa pode ser definida conforme diversos critérios, sendo os principais o genético, o endócrino, o morfológico, o psicológico e o jurídico. A conjugação perfeita de todos estes critérios traduz-se em *unidade de identificação*, masculina ou feminina.

Gênero, por sua vez, é um conceito cultural de atribuições em relação ao sexo dos indivíduos.

Para efeitos civis, não se concebe a possibilidade de um ser humano possuir dois sexos ou mesmo não ter sexo. O sexo é elemento essencial e distintivo da pessoa.

Os trangêneros ou transexuais são aqueles que têm inquietude em seu gênero ou sexo. Diz-se possuírem disforia de gênero, ou seja, um mal-estar decorrente da incongruência entre suas características biológicas e seu estado psicológico.

Na transexualidade, a pessoa apresenta como diagnóstico o desenvolvimento de uma identidade que se assemelha com a do sexo biológico oposto ao seu. O transexual, em razão deste sentimento de pertencer ao sexo biológico oposto, tem seu corpo como um cárcere, pois identifica-se plenamente como o sexo contrário ao seu.[10]

Não se confundem os transexuais com intersexuais (também usualmente chamados de hermafroditas) que, embora nascidos e dotados simultaneamente de órgãos sexuais femininos e masculinos, ainda assim, na esfera civil, lhes é designado um dos sexos.

Identidade sexual não é orientação sexual. A primeira trata do modo que a pessoa se percebe e quer ser percebida; a segunda está relacionada com a preferência afetiva e/ou atração sexual.

Nesse contexto, interessa saber se o ser humano, biológica e fisiologicamente nascido e identificado pelo sexo masculino ou feminino, pode alterá-lo para o oposto, com ou sem intervenção cirúrgica, autodeterminando como se identifica e quer ser entendido pela sociedade em que vive, produzindo esta escolha efeitos na esfera jurídica.

Tratando-se a sexualidade de manifestação subjetiva própria e privada do ser humano, ligada ao estado de sentimento, entendimento e percepção

---

9. MARTINS, Sandra Regina, op. cit.
10. TALAVERA, Glauber Moreno. *União civil entre pessoas do mesmo sexo*, 2004, p.56.

pessoal, de como intimamente se entende e quer se fazer entender perante a sociedade, não se pode desvincular a autodeterminação de gênero da própria personalidade.

Partindo dessa premissa, respeitadas opiniões contrárias, não há como negar o direito à autodeterminação de gênero, ou direito à identidade sexual, frente à análise de princípios e garantias constitucionais e de normas jurídicas integrantes de nosso sistema.

A Constituição Federal de 1988 é um sistema *aberto* de normas que buscou, na prática, efetivar e positivar a dignidade da pessoa humana. Estabelece, ainda, no art. 3º, como objetivos fundamentais, construir uma sociedade livre, justa e solidária, promovendo o bem de todos, sem qualquer tipo de discriminação.

Constitui-se a dignidade da pessoa humana princípio fundamental positivado cuja conceituação é bastante ampla e, ao mesmo tempo, desafiadora, tratando-se de verdadeiro *valor* soberano, do qual irradiam garantias e outros direitos fundamentais, como à vida, à liberdade, à privacidade, à intimidade e à autonomia.

Em singelas palavras, viver com dignidade é viver bem e em paz. É buscar felicidade interna e no convívio social. A felicidade é um objetivo e uma finalidade. Ao mesmo tempo, é um motor próprio do ser humano e de sua vida social. Essa marcha hedonística em busca da igualdade e da identidade caracteriza uma constante "*marche au bonheur*".[11]

Os transexuais e/ou transgêneros vivem em situação que não lhes é natural, estão em permanente desconforto e/ou incômodo com o sexo biológico do nascimento. Querem e desejam estar em paz, optando por manifestar-se no sexo oposto. Vivem, portanto, infelizes com sua condição sexual.

Sujeitos ao princípio da dignidade da pessoa humana, aos transexuais não se pode negar direito à vida, aqui compreendido não apenas como direito de *existência*, mas também e principalmente como direito à integridade física, ou seja, de ter seu corpo da forma que lhes pareça apropriada e condizente ao como se percebem, se entendem e anseiam ser.

Não se desvincula, por outro lado, a dignidade aos transexuais sem cogitar de direito à privacidade, isto é, de serem preservadas suas informações, resguardadas igualmente a intimidade, a vida privada, a imagem e a honra, ou seja, direitos e garantias familiares à própria personalidade.

Não é intenção aqui pormenorizar todos esses princípios, os quais são interligados e complementares entre si. Busca-se evidenciar, em verdade, que há fundamento constitucional a amparar direitos à autodeterminação de gênero ou identidade sexual.

---

11. VIANA, Rui Geraldo Camargo. *A família e a filiação*, 1996, p.8.

> Portanto, as opções do transexual [...] como o de querer ou não querer fazer tratamento hormonal, de pretender ou não assumir o seu sexo psicológico – assumindo postura feminina quando seu sexo biológico é masculino ou uma postura masculina quando seu sexo biológico é feminino – ou, ainda, de se submeter à cirurgia de redesignação de sexo, encontram-se suporte no sistema constitucional atual.[12]

A legislação infraconstitucional também protege e alberga o direito à autodeterminação de gênero, quer ocorra ou não a cirurgia de redefinição de sexo.

Proferi, quando juiz da (então única) Vara de Registros Públicos da Capital/SP, em 1972, a primeira sentença no Brasil deferindo pedido de mudança de sexo, em ação de retificação de registro civil (Proc. n. 1.811/72).

O requerente, nascido e registrado como homem, desde a mais tenra infância, era tratado como menina, e assim se trajava; muito cedo, passou a tomar bombardeios de estrógenos, e psicológica e morfologicamente sentindo-se mulher, rumou para Casablanca, em Marrocos, "porque então proibida no Brasil a conversão" e ali fez a cirurgia, com a ablação dos genitais masculinos e plástica corretiva. Diante desse quadro, acolhi parecer do eminente professor titular de Medicina Legal da Faculdade de Medicina da Universidade de São Paulo (FMUSP), Hilário Veiga de Carvalho, deferindo a alteração do nome e do sexo do seu registro civil.

A decisão causou grande celeuma e restou anulada pelo Tribunal de Justiça do Estado de São Paulo, sem enfrentar o mérito, sob fundamento de tratar-se de direito de família, da competência das varas respectivas.

Admiti o direito à identidade e disposição do próprio corpo, sem o conforto do regramento evolutivo da Constituição de 1988.

Note-se que os direitos da personalidade não estão, um a um, especificados no Capítulo II do Livro I do Código Civil. Estão pressupostos, propositalmente, como técnica legislativa coerente, pois a repetição é desnecessária, já que constitucionalmente materializados por meio de princípios e garantias fundamentais.

O Código Civil, nos artigos relacionados aos direitos da personalidade, busca, em linhas gerais, estabelecer as qualidades e as características desses direitos, dando mais ênfase à sua defesa do que propriamente a elencá-los, exceção feita ao nome.

Merece atenção o art. 13 do Código Civil que apresenta aparente contradição com a tese aqui defendida. Poder-se-ia alegar que o transexual que de-

---

12. ARAUJO, Luiz Alberto David. *A proteção constitucional do transexual*, 2000, p.73.

sejasse submeter-se à cirurgia para alteração de sexo estaria impedido de fazê-lo em razão de tal dispositivo, pelo fato de que o procedimento médico consistiria em ato de ablação, importando em diminuição de sua integridade física.[13] Discorda-se deste posicionamento, pois não se cuida de hipótese de atentar contra a integridade física adequar o corpo ao estado psicológico da pessoa. Penso que se trata exatamente do oposto: com a redefinição sexual por meio de cirurgia é que haverá integridade física entre a percepção da pessoa e sua apresentação.

É de se destacar, por outro lado, a ressalva feita no início do dispositivo, excepcionando a conduta sobre o corpo se feita por exigência de profissional médico. Bastaria, portanto, que houvesse recomendação médica para desaparecer a proibição acerca da cirurgia de alteração de sexo. Nesse sentido, é de se destacar que o Conselho Federal de Medicina caracteriza o transexualismo como sendo um distúrbio e/ou desvio psicológico,[14] ou seja, uma patologia. Ressalvas feitas à classificação discriminatória, preferindo dizer que se trata unicamente de verdadeira *condição* psicológica, certo é que a cirurgia de adequação da genitália ao sexo psíquico (e outras eventualmente necessárias para adequação do corpo ao sexo redefinido) pode resultar de função terapêutica, recomendada por médico e, assim, afastar qualquer ilegalidade ou impedimento.

Ademais, nesse particular, interessante a ponderação feita por Silvio Rodrigues: "Parece-me que só quem tem legitimidade para valer-se da ação de reparação de dano é o próprio paciente, que dispõe do próprio corpo, e parece evidente que, na hipótese da operação ser satisfatória, a vítima da intervenção jamais ingressará no pretório".[15]

Não se concebe, por outro lado, a cirurgia de transgenitalização como ato adverso aos "bons costumes", ou ainda crime a teor do art. 129 do Código Penal. Primeiro porque o costume, entendido como *fonte de direito*, nada mais é do que aquilo que se reputa habitual e rotineiro. Trata-se de conceito subjetivo estabelecido conforme um padrão comportamental, sujeito a inúmeras interpretações. Em adição, não me parece configurar ilícito penal o indivíduo redefinir o sexo, pois, em realidade, está se adequando ao próprio corpo de quem é primordialmente senhor, sobre o qual possui direito absoluto e inalienável de imagem, autonomia e liberdade. Caso emblemático foi o que envolveu o Dr. Roberto Farina, cirurgião plástico que, na década de 1970, realizou cirurgia de transgenitalização em Waldino Nogueira, sendo condenado a

---

13. GONÇALVES, Carlos Roberto. *Direito civil brasileiro*, 2003, p.162.
14. O Conselho Federal de Medicina segue o padrão adotado no Código Internacional de Doenças (CID-10).
15. RODRIGUES, Silvio. *Direito civil*, 1998, p.90.

dois anos de prisão em primeira instância, tendo sido esse entendimento reformado em grau recursal pelo então Tribunal de Alçada Criminal.

É de se dizer, a respeito da suposta criminalidade do ato cirúrgico de redefinição sexual, que, atualmente, o Conselho Federal de Medicina, por meio da Resolução n. 1.955/2010,[16] autoriza a classe médica ao uso desse procedimento, desde que existam, de forma concorrente, contínua e consistente por dois anos: *i)* desconforto com o sexo anatômico natural; e *ii)* desejo expresso de eliminar os genitais, perder as características primárias e secundárias do próprio sexo e ganhar as do sexo oposto. Além disso, exige-se maioridade civil e a avaliação e o acompanhamento de equipe multidisciplinar, caso a caso, por no mínimo dois anos, para então ser autorizada a intervenção cirúrgica.

A escolha do transexual ao ato cirúrgico é questão de foro íntimo, ou seja, algo que diz respeito ao direito à intimidade e à privacidade cuja opção lhe diz respeito com exclusividade. Não me parece que o Estado, que se funda e prima por solidário, livre, justo e não discriminatório, possa impedir, por tais razões, essa decisão, exceto, evidentemente, se utilizada para fins ilícitos.

É de se concluir que o direito à autodeterminação de gênero, também chamado direito à identidade sexual, é albergado não apenas pela Constituição Federal, como também pela legislação infraconstitucional.

Criminalizar a homofobia, como ocorre em alguns países, é uma forma de persegui-la, o que persistiu no Brasil com o Código Penal Militar, tendo a Procuradoria-Geral da República (PGR) ajuizado no Supremo Tribunal Federal (STF) a Arguição de Descumprimento de Preceito Fundamental (ADPF) n. 291/2013, repugnando o art. 235 da lei castrense, excrecência então constante de nosso ordenamento. O legislativo tem se movimentado, anotando-se que o Projeto de Lei (PL) n. 2.772/2000 da Comissão de Constituição e Justiça e de Cidadania (CCJC) da Câmara dos Deputados, apresentado pelo deputado Alceste Almeida (PMDB/RR), exclui referência à pederastia no Código Penal Militar seguido de outros, como o PL n. 6.871/2006, de Laura Carneiro (PFL/RJ).

A Organização Mundial da Saúde não mais classifica a homossexualidade como doença e, pela Circular de 1985, passou a considerá-la como desajustamento social, evoluindo, em 1995, pela 10ª edição da Classificação Internacional de Doenças (CID-10), para incluir nos transtornos psicológicos (F66), ressaltando que "a orientação sexual, por si só, não é para ser considerada um transtorno".

---

16. Disponível em: https://sistemas.cfm.org.br/normas/arquivos/resolucoes/BR/2010/1955_2010.pdf. Acesso em: 14.10.2016.

Repercussões civis sobre alteração de sexo – algumas considerações

Realizada a cirurgia de transgenitalização ou autorizada a alteração de gênero sem o procedimento cirúrgico, algumas consequências civis advirão em decorrência da redefinição da identidade sexual, especialmente em relação a nome e gênero, bem assim em relação ao direito de privacidade (esquecimento).

O nome, como elemento distintivo da pessoa e "manifestação mais expressiva da personalidade",[17] é um Direito da Personalidade assegurado e positivado no art. 16 do Código Civil, composto de prenome e sobrenome. A alteração sexual não importa em modificação do sobrenome, mas apenas do nome próprio.

A priori, a imutabilidade do nome, prevista no art. 58 da Lei de Registros Públicos, vinha sendo mitigada em remotas hipóteses, dentre as quais, exposição do seu portador ao ridículo e/ou erro gráfico evidente. Sucede, em razão do reconhecimento do direito à autodeterminação de gênero, que a lei não poderá permanecer imutável, reclamando modificação e adequação também em questões *sui generis*, como a transexualidade.

"A lei velha é a lei ultrapassada, retrógrada, inaceitável. A lei que se corporifica na vivacidade do homem moderno é a norma que serve ao seu propósito, que evolui e não se fia em conceitos dogmáticos estanques, mas em fórmulas dinâmicas."[18]

Não é difícil vislumbrar o constrangimento que é para o transexual ter, em seu registro civil, gênero e prenome que não condizem com seu estado psicológico, resultando dessa contradição latente razão suficiente para possibilitar a retificação civil.

Alterado o sexo e o gênero, é de rigor reconhecer o direito de modificação do registro civil e outros documentos da pessoa.

Encontra-se em trâmite no Congresso Nacional o PL n. 5.002/2013, também chamada de Lei João W. Nery, que trata justamente sobre o direito à identidade de gênero, propondo, inclusive, alteração no art. 58 da Lei de Registros Públicos, como consequência dos direitos ali previstos, admitindo-se hipótese excepcional de possibilidade de alteração do prenome, "em casos de discordância com a identidade de gênero autopercebida".[19]

---

17. VENOSA, Silvio de Salvo. *Direito civil. Parte Geral*, 2003.
18. MIGLIORE, Alfredo Domingues Barbosa. *A personalidade jurídica dos grandes primatas*, 2010, p.339.
19. BRASIL. Projeto de Lei n. 5.002/2013. Disponível em: www.camara.gov.br/proposicoesWeb/prop_mostrarintegra;jsessionid=B32D7B9369B327282B75C31FBA5F68D7.proposicoesWeb2?codteor=1059446&filename=PL+5002/2013. Acesso em: 14.10.2016.

Embora se trate de projeto legislativo voltado a uma minoria, não se pode ignorar a importância jurídica dessa questão, dadas as repercussões, caso venha a tornar-se lei.

A jurisprudência pátria reconhece o direito à alteração do registro civil desde que submetida a pessoa à cirurgia de alteração sexual. Todavia, é tímida na hipótese de não ter havido o procedimento de transgenitalização.

É de se destacar, ainda, que o STF,[20] atento às questões derivadas do direito à identidade sexual dos transexuais, reconheceu a presença de repercussão geral da matéria, para fins de retificação de nome e gênero sexual, abarcando na discussão, inclusive, a utilização do termo transexual no registro civil, frente aos princípios da personalidade, dignidade da pessoa humana, intimidade, saúde, publicidade e da veracidade dos registros públicos.

O direito à alteração/retificação de informações constantes do registro civil (nome e gênero) deve ser uma consequência do direito à autodeterminação de gênero, seja ou não por via cirúrgica. É o modo pelo qual a pessoa irá materializar e externar civilmente o seu direito de identificação. Entendo, igualmente, que não deverá constar qualquer ressalva, referência ou elemento distintivo da alteração de informações, exceto se assim concordar o(a) próprio(a) identificado(a). Não há sentido na diferenciação, senão para fins puramente discriminatórios.[21]

> Entendemos que deve haver adequação do prenome ao novo sexo do transexual operado sem qualquer referência discriminatória na carteira de identidade, de trabalho, no título de eleitor, no CPF etc. ou averbação sigilosa no registro de nascimento, porque isso impediria sua plena integração social e afetiva, e obstaria seu direito de esquecimento do estado anterior.[22]

Questão interessante que se apresenta é aquela acerca da possibilidade (ou não) da retificação do assento de nascimento de prole havida anteriormente à transgenitalização e modificação do registro civil do transexual. Poderia alterar-se o nome de um dos genitores (ou de ambos), sendo transexual(is), no re-

---

20. BRASIL. Supremo Tribunal Federal. Presença de Repercussão Geral no Recurso Extraordinário n. 670.422. Disponível em: http://redir.stf.jus.br/estfvisualizadorpub/jsp/consultarprocessoeletronico/ConsultarProcessoEletronico.jsf?seqobjetoincidente=4192182. Acesso em: 14.10.2016.
21. Nesse sentido, já decidiu o Superior Tribunal de Justiça que a alteração da designação sexual deverá apenas constar dos livros cartorários, sem qualquer alusão à motivação. Disponível em: https://ww2.stj.jus.br/processo/pesquisa/?src=1.1.2&aplicacao=processos.ea&tipoPesquisa=tipoPesquisaGenerica&num_registro=200702733605. Acesso em: 18.10.2016.
22. DINIZ, Maria Helena. *O estado atual do biodireito*, 2001, p.239.

gistro de nascimento do filho ou filha? Em outras palavras, admitem-se reflexos indiretos em relação ao registro civil modificado da pessoa que redefiniu o gênero? Trata-se de questão extremamente controvertida, sobre a qual há bons fundamentos tanto na defesa da possibilidade quanto do impedimento.

Os que são favoráveis sustentam que a alteração do registro civil do descendente de transgênero decorre do princípio da veracidade dos registros. Aqueles contrários, por sua vez, aduzem que o assento dos descendentes, no momento em que realizado, refletia a realidade fática no momento do registro, sendo certo, ademais, que os descendentes têm direito de conservar seu registro civil, se contrários à decisão [de alteração de gênero] de um de seus ascendentes.

No caso da pessoa que decidiu alterar o sexo, retificando seu registro civil após ter contraído matrimônio, haverá necessidade e/ou possibilidade de alteração das informações constantes da certidão de casamento? Como ficaria a situação do outro cônjuge ou companheiro eventualmente discordante dessa redefinição sexual?

São hipóteses bastantes peculiares, mas que, certamente desafiam os operadores do direito, reclamando elaboração legislativa.

Outras considerações decorrentes da modificação de sexo

Não há qualquer impedimento do transexual contrair matrimônio e/ou constituir união estável em razão da alteração sexual. Foi-se o tempo em que o casamento e/ou a união estável pressupunham necessariamente um integrante do sexo masculino e outro do feminino. Em precedente bastante comentado (Ação Direta de Inconstitucionalidade - ADI n. 4.277 e ADPF n. 132), o STF[23] encerrou essa questão, assentando e reconhecendo como legítima e legal a união estável e o casamento de pessoas do mesmo sexo, ressaltando o Ministro Luis Fux que a homossexualidade é um fato da vida - é uma orientação, e não uma opção. A homossexualidade não constitui doença, desvio ou distúrbio mental, mas uma característica do indivíduo, e assim também entendo que deverá ser encarado o transexual.

Portanto, o transexual poderá, a sua escolha, optar pelo relacionamento que melhor lhe convier, conforme sua orientação sexual, jamais podendo constituir a redefinição sexual como impeditivo para se envolver com homens, mulheres e/ou transgêneros.

---

23. BRASIL. Supremo Tribunal Federal. Disponível em: http://redir.stf.jus.br/estfvisualizadorpub/jsp/consultarprocessoeletronico/ConsultarProcessoEletronico.jsf?seqobjetoincidente=11872. Acesso em: 22.10.2016.

Gera certa discordância na doutrina o direito do(a) consorte, com quem o transexual se relaciona, ter conhecimento da transexualidade de seu par. Muitos advogam a ideia de que o transexual possui direito ao esquecimento, de não ter que expor situação que lhe causava incômodo, em razão de direito à vida privada e intimidade. Todavia, não menos importante também é a situação do(a) cônjuge ou do(a) companheiro(a) saber quem é seu par.

Penso que a transexualidade não se constitua causa de anulação de casamento (art. 1.557, I, do Código Civil). E digo isso porque não me convence – embora não negue a possibilidade – que um relacionamento duradouro perdure sem que a história de seus integrantes seja trazida à discussão no contubérnio e leito comum.

Creio, porém, que possa a transexualidade ser causa objetiva de divórcio, quando dessa situação resultar incompatibilidade da vida em comum. Não se pode obrigar ninguém a permanecer junto com quem não lhe faz feliz, independentemente de sua identidade de gênero. Não acredito, porém, que as obrigações e deveres em relação à prole sejam alteradas por conta da opção de um dos genitores alterar e redefinir o sexo, exceto se, por conta dessa escolha, advierem consequências negativas aos filhos, especialmente de ordem psicológica, quando menores. Não se pode negar que, para uma criança, a redefinição sexual pode ser incompreendida ou até mesmo prejudicial ao seu desenvolvimento.

Resultam, ainda, da alteração sexual, reflexos de ordem previdenciária, especialmente no que diz respeito ao tempo de contribuição e idade mínima de aposentadoria. Entendo que o sexo assumido e redefinido pelo transexual deverá servir de base e passar a valer para fins previdenciários, aproveitando-se o que se cumpriu e atendeu no sexo anterior.

Por fim, questão a ser suscitada é aquela relativa ao serviço militar: estaria obrigada a mulher, assim biologicamente concebida, que decidiu alterar seu sexo para o masculino, ao alistamento? Penso que sim, pois me parece que a decisão de alteração de gênero gera direitos e obrigações, benefícios e ônus, razão pela qual, ainda que tardiamente, deverá cumprir esses deveres, embora em nova condição.

Considerações finais

A transexualidade é uma realidade que o direito não deve nem pode ignorar. "Não pode o Direito isolar-se do ambiente em que vigora, deixar de atender às manifestações da vida social."[24]

---

24. MAXIMILIANO, Carlos. *Hermenêutica e aplicação do direito*, 1988, p.157.

É de se admitir o direito à autodeterminação de gênero, ocorrendo ou não a cirurgia de transgenitalização, pois se trata, verdadeiramente, da fiel manifestação da personalidade de cada indivíduo. A adoção pelo sexo com o qual psicologicamente se identificam os transexuais é, em verdade, materialização de sua dignidade, do pleno exercício de sua liberdade e autonomia individual, retificando, em consequência, nome e gênero, enfim, evidenciando sua verdadeira personalidade.

Referências

ARAÚJO, Luiz Alberto David. *A proteção constitucional do transexual.* São Paulo, Saraiva, 2000.

BEVILAQUA, Clovis. *Código Civil dos Estados Unidos do Brasil comentado.* 12.ed. São Paulo, Paulo de Azevedo, 1959, v.I.

CHINELLATO, Silmara Juny de Abreu. *Tutela civil do nascituro.* São Paulo, Saraiva, 2000.

DINIZ, Maria Helena. *Curso de direito civil brasileiro.* 14.ed. São Paulo, Saraiva, 1998, v.1 (Teoria geral do direito civil).

______. *O estado atual do biodireito.* São Paulo, Saraiva, 2001.

GOMES, Orlando. *Introdução ao direito civil.* Rio de Janeiro, Forense, 1999.

GONÇALVES, Carlos Roberto. *Direito civil brasileiro.* São Paulo, Saraiva, 2003. v.I.

HUNGRIA, Nelson. *Comentários ao Código Penal.* 4.ed. Rio de Janeiro, Forense, 1958, v.V.

LOTUFO, Renan. *Código Civil comentado.* São Paulo, Saraiva, 2003, v.1 (Parte geral).

MARTINS, Sandra Regina. Uniões homoafetivas: da indivisibilidade à entidade familiar. São Paulo, 2015. Dissertação (Mestrado). Faculdade de Direito, Universidade de São Paulo.

MARTINS FILHO, Ives Gandra da Silva et al. *O novo Código Civil. Estudos em homenagem ao Professor Miguel Reale.* São Paulo, LTr, 2003.

MAXIMILIANO, Carlos. *Hermenêutica e aplicação do direito.* 10.ed. Rio de Janeiro, Forense, 1988.

MIGLIORE, Alfredo Domingues Barbosa. A personalidade jurídica dos grandes primatas. São Paulo, 2010. Tese (Doutorado). Faculdade de Direito, Universidade de São Paulo.

MONTEIRO, Washington de Barros. *Curso de direito civil.* 36.ed. São Paulo, Saraiva, 1999, v.1 (Parte Geral)

NERY, Rosa Maria de Andrade. *Manual de direito civil* - Família. São Paulo, Revista dos Tribunais, 2013.

PEREIRA, Caio Mário da Silva. *Direito civil* - Alguns aspectos da sua evolução. Rio de Janeiro, Forense, 2001.

______. *Instituições de direito civil.* 20.ed. Rio de Janeiro, Forense, 2004, v.I.

PESSOA, Fernando. *Novas poesias inéditas.* 4.ed. Lisboa, Ática, 1973.

PIOVESAN, Flávia. *Temas de direitos humanos.* 2.ed. rev., ampl. e atual. São Paulo, Max Limonad, 2003.

RODRIGUES, Silvio. *Direito civil.* 28.ed. São Paulo, Saraiva, 1998, v.1 (Parte geral).

RUGGIERO, Roberto de. *Instituições de direito civil.* Campinas, Bookseller, 1999, v.1.

SILVA, De Plácido e. *Vocabulário jurídico.* 20.ed. Rio de Janeiro, Forense, 2002.

SILVA, José Afonso da. *Curso de direito constitucional positivo.* 18.ed. São Paulo, Malheiros, 2000.

TALAVERA, Glauber Moreno. *União civil entre pessoas do mesmo sexo.* Rio de Janeiro, Forense, 2004.

VENOSA, Silvio de Salvo. *Direito civil. Parte geral.* 3.ed. São Paulo, Jurídico Atlas, 2003.

VIANA, Rui Geraldo Camargo. A família e a filiação. São Paulo, 1996. Tese (Doutorado). Faculdade de Direito, Universidade de São Paulo, p.8.

CAPÍTULO 7

A legitimidade das modificações corporais extremas no ordenamento jurídico brasileiro

Luísa Baran de Mello Alvarenga

Introdução

Nas últimas décadas, os institutos de direito privado sofreram profundas transformações como fruto do processo de personalização do direito, decorrente da inserção da proteção da pessoa humana como fundamento axiológico do ordenamento brasileiro. Consequentemente, a personalidade jurídica, antes encarada como sinônimo de capacidade de direito, ou seja, de aptidão para adquirir direitos e contrair obrigações, assumiu um novo sentido, de viés existencial, sendo compreendida como valor inerente a todo ser humano.

Partindo desta perspectiva, defende-se, com fundamento nas normas constitucionais, uma tutela ampla e geral da personalidade em todas as situações jurídicas em que estiver envolvida, independentemente de previsão legal, tanto de uma perspectiva protetiva quanto da ótica promocional.[1] Ou seja, ao lado

1. Nas palavras de Gustavo Tepedino: "A personalidade humana deve ser considerada antes de tudo como um valor jurídico, insuscetível, pois, de redução a uma situação jurídica-tipo ou a um elenco de direitos subjetivos típicos, de modo a se proteger eficaz e efetivamente as múltiplas e renovadas situações em que a pessoa venha a se encontrar, envolta em suas próprias e variadas circunstâncias [...]. Nem parece suficiente o mecanismo simplesmente repressivo e de ressarcimento, próprio do direito penal, de incidência normativa limitada no aspecto patológico das relações jurídicas, no momento em que ocorre a violação do direito (binômio lesão-sanção), exigindo-se, ao reverso, instrumentos de promoção e emancipação da pessoa [...]" (TEPEDINO, Gustavo. "Crise de fontes normativas e técnica legislativa na Parte Geral do Código Civil de 2002". In: TEPEDINO, Gustavo (coord.). *A parte geral do novo* Código *Civil. Estudos na perspectiva civil-constitucional*, 2007, p.XXIII e XXV).

da tutela da pessoa contra ofensas a seus direitos da personalidade, há que se garantir mecanismos de realização e manifestação desta personalidade.

Neste particular, a preocupação com a tutela da dignidade humana, elevada a fundamento da República pelo art. 1º, III, da Constituição Federal de 1988, e a cláusula de proteção integral dos direitos fundamentais, prevista no § 2º do art. 5º do texto constitucional, levaram a doutrina a sustentar a consagração do direito ao livre desenvolvimento da personalidade como direito fundamental implícito da ordem jurídica brasileira.[2]

Proclamado inicialmente no art. 2º, I, da Constituição alemã de 1949,[3] este direito teve o seu conteúdo delineado pelo Tribunal Constitucional alemão, que o interpretou como o precursor da liberdade geral de ação e do direito geral de personalidade.[4]

Ao analisar o instituto também adotado pelo ordenamento jurídico português,[5] Paulo Otero[6] afirma que, do direito ao livre desenvolvimento da personalidade, decorre o reconhecimento e a tutela dos direitos da personalidade e o respeito pela individualidade de cada pessoa, devendo ser garantido um amplo espaço de autonomia "na exploração das potencialidades das suas forças e talentos, na arbitrariedade da escolha de todas as opções e na configuração do seu modo próprio de vida".[7] Resulta, ainda, na consagração do princípio geral de liberdade de ação humana, entendida como a capacidade de autorregulação dos interesses existenciais de cada indivíduo, de acordo com as suas próprias visões de mundo.[8] Assim, dele deriva a cláusula de ati-

---

2. BARROS, Carlos Roberto Galvão. *O direito ao livre desenvolvimento da personalidade do menor*, 2010, p.31; SARLET, Ingo Wolfgang. *Dignidade (da pessoa) humana e direitos fundamentais na Constituição Federal de 1988*, 2015, p.118-9.
3. "Artigo 2 (1): Todos têm o direito ao livre desenvolvimento da sua personalidade, desde que não violem os direitos de outros e não atentem contra a ordem constitucional ou a lei moral; (2) Todos têm o direito à vida e à integridade física. A liberdade da pessoa é inviolável. Estes direitos só podem ser restringidos em virtude de lei" (ALEMANHA. Lei Fundamental da República Federal da Alemanha).
4. ALMEIDA, Kellyne Laís Laburú Alencar de. "O direito ao livre desenvolvimento da personalidade - perspectiva do direito português". In: MIRANDA, Jorge; RODRIGUES JUNIOR, Otavio Luiz; FRUET, Gustavo Bonato (orgs.). *Direitos da personalidade*, 2012, p.81.
5. "Artigo 26. 1. A todos são reconhecidos os direitos à identidade pessoal, ao desenvolvimento da personalidade, à capacidade civil, à cidadania, ao bom nome e reputação, à imagem, à palavra, à reserva da intimidade da vida privada e familiar e à protecção legal contra quaisquer formas de discriminação (PORTUGAL. Constituição da República Portuguesa).
6. OTERO, Paulo. *Instituições políticas e constitucionais*, 2009, p.580-1.
7. Ibid., p.580.
8. PINTO, Paulo Mota. *O direito ao livre desenvolvimento da personalidade. Boletim da Faculdade de Direito de Coimbra, Portugal-Brasil Ano 2000*, 1999, p.163.

picidade dos direitos de liberdade, sendo proibido somente o que é vedado pelo direito e a lesão a direitos de terceiros. Por fim, promove-se o respeito pelas diferenças, com a valorização da diversidade entre as pessoas, por meio da vedação de censura e discriminação, garantindo a cada um a liberdade de ser, de pensar, de se manifestar e de se expressar.

Diante desta premissa, o conceito de autonomia privada também teve o seu conteúdo reformulado, passando a ser concebido sob um viés existencial, não mais pela ótica exclusivamente patrimonialista. Assim, como instrumento do direito ao livre desenvolvimento da personalidade, a autonomia adquire contornos extrapatrimoniais, entendida como o poder de autodeterminação individual dos interesses existenciais.

Nas palavras de Maria Celina Bodin de Moraes:

> A autonomia privada existencial, por sua vez, seria o instrumento da liberdade que incide precisamente - mas não exclusivamente - nas situações jurídicas subjetivas situadas na esfera extrapatrimonial. Do ponto de vista da garantia constitucional, portanto, o conteúdo da liberdade individual, no que se refere às decisões pessoais, é um espaço, uma possibilidade de escolha que pode se expressar de modos variados: é liberdade tanto a possibilidade de realizar tudo o que não é proibido como a exigência de não intervenção na vida privada do indivíduo, ou ainda a possibilidade de autodeterminação ou obediência a si mesmo (isto é, ao próprio regulamento).[9]

Nesse contexto de manifestação da personalidade, assume primordial importância o direito à autodeterminação corporal. Em seu aspecto unilateral, a autonomia corporal se manifesta por meio de autointerferências na dimensão física, guiadas pelos anseios da esfera psíquica, cabendo a cada um definir o destino e a conformação dos seus próprios corpos, com o objetivo de exaltação da subjetividade e a criação de uma singularidade em nossa sociedade pluralista.[10]

O corpo está inserido na esfera da vida privada dos indivíduos, sendo um forte instrumento de concretização do direito à identidade pessoal, seja por meio da dança, da arte, da moda, de manifestações culturais ou da sexualidade. Com isso, a esfera mais íntima do indivíduo é refletida no seu corpo,

---

9. MORAES, Maria Celina Bodin de; CASTRO, Thamis Dalsenter Viveiros de. "A autonomia existencial nos atos de disposição do próprio corpo". *Revista Pensar,* 2014, p.795
10. BARBOZA, Heloísa Helena. "Disposição do próprio corpo em face da bioética: o caso dos transexuais". In: GOZZO, Débora; LIGIERA, Wilson Ricardo. *Bioética e direitos fundamentais,* 2012, p.130-1.

revelando a sua individualidade, a sua forma de representação e diferenciação no meio social.[11]

Mostra-se imprescindível, portanto, garantir um amplo espaço de autonomia ao indivíduo sobre o seu próprio corpo, sem ingerências indevidas de terceiros e do Estado, como poderoso mecanismo de promoção da sua personalidade e de efetivação dos direitos fundamentais, notadamente dos direitos à liberdade, à privacidade e à intimidade.

Entretanto, diante da evolução incessante dos recursos médicos e científicos, há um grande aumento das possibilidades de interferências sobre o corpo humano,[12] capazes de ensejar conflitos entre valores constitucionalmente assegurados. Assim, faz-se necessário avaliar até que ponto os atos de disposição sobre o próprio corpo podem ser considerados legítimos e merecedores de tutela jurídica.

Disponibilidade[13] relativa dos direitos da personalidade: legitimidade dos atos de disposição sobre o próprio corpo

Influenciado pelos valores existenciais constitucionais, o legislador ordinário, de forma inédita, dedicou um capítulo inteiro à regulação dos direitos da personalidade no Código Civil de 2002, enumerando-os nos arts. 13 a 21, re-

---

11. MORAES, Maria Celina Bodin de. "Ampliando os direitos da personalidade". In: VIEIRA, José Ribas (org.). *20 anos da Constituição cidadã de 1988*: efetivação ou impasse institucional?, 2008, p.381.
12. "No campo da medicina, experiências com novos fármacos, medicamentos e vacinas, transplantes de órgãos e enxertos, modalidades de tratamento e novos estudos sobre a morte, com o progresso na prática da reanimação, suscitam as principais questões. Na biologia, adquire-se o controle da reprodução humana, com a prevenção da gravidez, a inseminação artificial, nas suas diversas espécies (inseminação artificial, e fecundação *in vitro*), o controle da hereditariedade por meio da engenharia genética, com a possibilidade de sanar enfermidades genéticas, mas também manipular a espécie humana, e o controle do sistema nervoso, com a utilização dos recursos da psicofarmacologia, da neurobiologia e das pesquisas psicossociológicas e psicológicas" (AMARAL, Francisco. "O dano à pessoa no direito civil brasileiro". In: CAMPOS, Diogo Leite de; CHINELLATO, Silmara Juny de Abreu (coords.). *Pessoa humana e direito*, 2009, p.125-6).
13. No presente trabalho, emprega-se o termo disponibilidade no mesmo sentido utilizado por Roxana Cardoso Brasileiro Borges: "[...] disponibilidade significa liberdade jurídica de exercer certos direitos de personalidade de forma ativa ou positiva, não apenas na forma negativa, como tradicionalmente se pensou" (BORGES, Roxana Cardoso Brasileiro. *Direitos de personalidade e autonomia privada*, 2007, p.122).

ferentes aos direitos à integridade física, ao nome, à imagem, à honra e à privacidade. Mesmo antes do advento deste diploma legal, já era possível perceber a preocupação do ordenamento jurídico brasileiro com a tutela da pessoa humana em diversas leis extravagantes, como o Estatuto da Criança e do Adolescente (Lei n. 8.069, de 13 de julho de 1990), o Código de Defesa do Consumidor (Lei n. 8.078, de 11 de setembro de 1990) e a Lei de Transplantes (Lei n. 9.434, de 4 de fevereiro de 1997), que se referem especificamente à disponibilidade do corpo humano.

Contudo, no tocante à tutela promocional da personalidade, o legislador civilista não acompanhou as tendências constitucionais, enrijecendo desarrazoadamente o campo de autonomia existencial ao vedar por completo a limitação voluntária do exercício dos direitos da personalidade, como se verifica da leitura do art. 11 do Código Civil: "Art. 11. Com exceção dos casos previstos em lei, os direitos da personalidade são intransmissíveis e irrenunciáveis, não podendo o seu exercício sofrer limitação voluntária".

O rigor legislativo não se justifica. Não obstante serem os direitos da personalidade irrenunciáveis e intransmissíveis, por inerentes ao seu titular, verifica-se, na prática cotidiana, a disposição de diversas manifestações destes direitos.[14] É o caso do direito à privacidade, do qual abrem mão, de forma temporária, os participantes de *reality shows*; também do direito à imagem, objeto de cessão em campanhas publicitárias; e da integridade física, que é limitada seja de forma mais branda, por atletas de alto rendimento, seja por meio de intervenções mais invasivas e extremas, como a *body modification*.

Seriam estes atos inválidos, por representarem autolimitações aos direitos da personalidade, sem autorização legal?

Na realidade, a solução que mais se coaduna com as diretrizes constitucionais de proteção e promoção da pessoa humana é a relativização dos rígidos limites previstos no art. 11 do Código Civil, afastando-se a restrição desproporcional da autonomia privada existencial. Há que se admitir, portanto, a disponibilidade relativa dos direitos da personalidade, desde que voltada

14. Neste particular, destacam-se as lições de Silmara Chinellato no comentário ao art. 11 do Código Civil: "O exercício de alguns direitos, como o direito à imagem (reprodução física da pessoa, no todo ou em parte) e à voz, pode ser cedido, por contrato expresso, como o de licença de uso. O próprio direito é incessível, como decorrente da inalienabilidade. Em regra, o exercício dos direitos não pode sofrer limitação voluntária pelo próprio titular. Essa é a regra que comporta exceções: como a referente ao direito à imagem, à voz, ao nome, ao corpo" (CHINELLATO, Silmara Juny de Abreu; COSTA MACHADO, Antônio Cláudio da. *Código Civil interpretado:* artigo por artigo, parágrafo por parágrafo, 2014, p.44).

para o atendimento dos interesses existenciais do seu titular[15] e para a sua melhor fruição.[16]

Concordamos com o posicionamento de Fernanda Borghetti Cantali:[17]

> Na medida em que se garante à pessoa o direito de decidir de forma autônoma sobre seus projetos existenciais, garante-se também um poder de disposição sobre as posições jurídicas, tuteladas por normas de direitos fundamentais. A realização de um direito fundamental inclui, portanto, a possibilidade de o titular dele dispor, mesmo que o ato importe em restrição; restrição esta que nada mais é, conforme Jorge Reis Novais, do que a expressão mais genuína do direito de autodeterminação pessoal, fundamental para o livre desenvolvimento da personalidade.

Efetivam-se, assim, todas as dimensões do direito ao livre desenvolvimento da personalidade, com a ampliação dos espaços de liberdade individual, sobre os quais não há ingerência estatal e de terceiros, um poder de autodeterminação da vida privada, respeitando-se a individualidade de cada um e a diversidade de expressões da personalidade.

Com isso, há a realização da tutela positiva e promocional dos direitos da personalidade como preconizado pela Constituição Federal, que, segundo Ana Carolina Brochado Teixeira,[18] assume dupla feição:

> [...] de o ordenamento jurídico proteger a autonomia privada, mesmo que seja no sentido da disposição em situações jurídicas existenciais; e de terceiros e o Estado conviverem e tolerarem as escolhas feitas por uma pessoa, mesmo que sejam incomuns, irreverentes, diferenciadas, pois elas acabam por satisfazerem os valores pessoais.

---

15. "Em outras palavras: a autolimitação ao exercício dos direitos da personalidade deve ser admitida pela ordem jurídica quando atenda genuinamente ao propósito de realização da personalidade do seu titular. Deve, ao contrário, ser repelida sempre que guiada por interesses que não estão própria ou imediatamente voltados à realização da dignidade daquela pessoa" (SCHREIBER, Anderson. *Direitos da personalidade*, 2013, p.27). No mesmo sentido, defende Rose Melo Vencelau Meireles: "O titular da situação existencial tem, sim, o poder de produzir efeitos relativos à relação jurídica em que está inserida. Desde que os efeitos desejados pelo titular da situação existencial estejam adequados à função que a mesma deve realizar, essa manifestação da autonomia privada será tida como merecedora de tutela" (MEIRELES, Rose Melo Vencelau. *Autonomia privada e dignidade humana*, 2009, p.188).
16. BITTAR, Carlos Alberto. *Os direitos da personalidade*, 2001, p.12.
17. CANTALI, Fernanda Borghetti. *Direitos da personalidade. Disponibilidade relativa, autonomia privada e dignidade humana*, 2009, p.156.
18. TEIXEIRA, Ana Carolina Brochado. *Saúde, corpo e autonomia privada*, 2010, p.227.

Em relação à integridade física, o Código Civil trouxe dispositivo específico. O art. 13 seguiu a mesma linha de raciocínio restritiva e, igualmente, limitou o exercício da autonomia corporal, protegendo o corpo dos atos de disposição do seu próprio titular:

> Art. 13. Salvo por exigência médica, é defeso o ato de disposição do próprio corpo, quando importar diminuição permanente da integridade física, ou contrariar os bons costumes.
>
> Parágrafo único. O ato previsto neste artigo será admitido para fins de transplante, na forma estabelecida em lei especial.

Houve, da mesma forma, a adoção de uma postura paternalista, por meio da imposição de limites rígidos à esfera de autodeterminação corporal, que nem sequer permitem a análise do merecimento de tutela do interesse do disponente em cada caso concreto.[19]

A avaliação da legitimidade dos atos de disposição sobre o próprio corpo deve partir de uma visão inseparável do corpo e da mente, responsável pela formação da noção de integridade psicofísica.[20] Assim, não se justificam restrições irrazoáveis à autonomia corporal para fins de resguardar tão somente a esfera física do sujeito, devendo ser dada igual importância à sua dimensão psíquica.

Por essa razão, discordando da posição restritiva do legislador, a doutrina, ao proclamar a importância da autonomia privada nas relações extrapatrimoniais como instrumento de promoção da personalidade, propõe uma interpretação constitucional dos limites impostos pelo art. 13 do Código Civil, com a ampliação do campo de liberdade individual relativo à autorregulação dos interesses existenciais e à autodeterminação corporal.

Em relação ao primeiro limite imposto pelo legislador, referente à diminuição da integridade física, há que se observar, na realidade, a finalidade e a funcionalidade do ato de disposição corporal para verificar a sua legitimidade, critérios muito mais relevantes do que a simples duração dos seus efeitos, se temporários ou permanentes.[21] Assim, a autodeterminação corporal será autorizada pelo ordenamento jurídico quando voltada para a satisfação de um interesse existencial do seu titular, efetivando, em última instância, o livre desenvolvimento da sua personalidade, ainda que importe em redução da inte-

19. MEIRELES, Rose Melo Vencelau, op. cit., p.184.
20. PERLINGIERI, Pietro. *Perfis do direito civil*, 2007, p.159.
21. SCHREIBER, Anderson, op. cit., p.43.

gridade física, ressalvados os casos em que houver violação à dignidade.[22] Ou seja, o ato de autonomia não é ilimitado, submetido tão somente à vontade do seu titular, devendo ser destinado à realização de um valor positivo,[23] sem se desvincular da preocupação constitucional com a proteção da pessoa humana.

É o que se verifica, por exemplo, no caso de transplantes de órgãos em vida, em que a diminuição permanente da integridade física é admitida por atender o valor constitucional da solidariedade. Não por outro motivo, o parágrafo único do art. 13 do Código Civil o classifica como ato legítimo de disposição sobre o próprio corpo, excepcionando as restrições impostas à autonomia corporal.

Os bons costumes, por sua vez, tradicionalmente conceituados como o conjunto de regras de convivência estabelecidas socialmente, que traduzem a realidade objetiva da moral social, devem ser interpretados sob a ótica do ordenamento democrático pluralista, em consonância com os princípios constitucionais.

Logo no seu primeiro artigo, a Constituição Federal de 1988 resguardou a diversidade de opiniões e visões de mundo, ao consagrar, dentre os fundamentos da República, o pluralismo político, proclamando a tolerância e a não discriminação. Assim, dificilmente será justificável a restrição da autonomia corporal com fundamento na violação dos bons costumes, mesmo nos casos de atos rotulados como bizarros e irracionais pela sociedade em geral, tendo em vista a impossibilidade de imperar a perspectiva da maioria neste espaço de liberdade individual, que só diz respeito à vida privada do próprio titular.[24]

Por fim, para concluir a análise do art. 13 do Código Civil, é necessário destacar o critério da exigência médica, que excepciona a vedação da disposição corporal de natureza permanente e contrária aos bons costumes. Neste particular, o caso mais emblemático é a transexualidade,[25] definida pela Organização Mundial da Saúde como

---

22. "Nesse sentido, o direito ao próprio corpo não deve ser protegido como uma exigência social de ordem e segurança, mas como um instrumento de realização da pessoa. Sua proteção não é superior à proteção de outras manifestações da personalidade, que podem justificar, no caso concreto, a diminuição permanente da integridade física, como a liberdade de crença, a liberdade de expressão ou a solidariedade social, a exemplo do que ocorre no campo do transplante de órgãos" (ibid., p.46).
23. PERLINGIERI, Pietro, op. cit., p.299.
24. TEPEDINO, Gustavo; BARBOZA, Heloisa Helena; MORAES, Maria Celina Bodin de. *Código Civil interpretado conforme a Constituição da República*, 2007, p.37.
25. Em razão da complexidade do tema e das limitações do presente trabalho, não pretendemos adentrar ao estudo mais profundo da transexualidade, trazendo ao leitor apenas breves considerações no que diz respeito à análise do art. 13 do Código Civil.

> um desejo de viver e de ser aceito como pessoa do sexo oposto, usualmente acompanhado por uma sensação de desconforto ou impropriedade de seu próprio sexo anatômico e um desejo de se submeter a um tratamento hormonal e cirúrgico para tornar seu corpo tão congruente quanto possível com o sexo desejado.[26]

Diante da incongruência entre o sexo físico e o sexo psíquico, os transexuais buscam incessantemente a realização de alterações corporais, inclusive de natureza cirúrgica, a fim de adequar o seu corpo à mente. Apesar de tais procedimentos importarem diminuição permanente da integridade física, em especial a cirurgia de transgenitalização, em que há a extirpação dos órgãos sexuais primários e secundários do paciente, eles são considerados legítimos em razão da sua finalidade terapêutica, como já reconhecido no âmbito médico pelo Conselho Federal de Medicina[27] e pelo Ministério da Saúde.[28] Além da exceção prevista no art. 13 do Código Civil, a submissão ao processo transexualizador também encontra respaldo no art. 199, § 4º, da Constituição Federal, que admite a remoção de órgãos para fins de transplante, pesquisa e tratamento.

Ressaltada a importância da autonomia corporal para a manifestação da personalidade e para a realização dos direitos fundamentais, compreende-se a necessidade de expansão deste poder de autodeterminação individual, com a interpretação constitucional dos limites legislativos rígidos e estáticos dos atos de disposição sobre o próprio corpo. Neste particular, analisaremos, para os fins do presente trabalho, as peculiaridades da *body modification* como ato legítimo do exercício da autonomia corporal.

Body modification: modificações corporais extremas

A *body modification* é uma prática de modificação corporal extrema, deliberada e permanente, executada por motivos de ordem estética, cultural, artís-

---

26. CID-10 - F64.0.
27. A matéria é atualmente regulada pela Resolução n. 1.955, de 3 de setembro de 2010, do Conselho Federal de Medicina (*DOU*, Poder Executivo, Brasília, DF, 02.12.2002, n. 232, Seção 1, p.80-1. Disponível em: http://www.portalmedico.org.br/resolucoes/cfm/2010/1955_2010.htm. Acesso em: 21.05.2014).
28. O processo transexualizador é custeado pelo Sistema Único de Saúde, conforme regulamentação da Portaria n. 2.803, de 19 de novembro de 2013, do Ministério da Saúde (*DOU*, Poder Executivo, Brasília, DF, 21.11.2013, n. 226, Seção 1, p.25. Disponível em: http://bvsms.saude.gov.br/bvs/saudelegis/gm/2013/prt2803_19_11_2013.html. Acesso em: 30.05.2015).

tica ou espiritual, que se concretiza por meio de tatuagens, *piercings, branding*, implantes subcutâneos, bifurcação da língua, escarificação, suspensões corporais, dentre outros. Ou seja, o corpo é quase integralmente coberto por desenhos tatuados, *piercings* são colocados nos mais diferentes locais, orelhas e narinas são alargadas, as línguas são bifurcadas e peças de silicone são implantadas sob a pele.

Na sociedade contemporânea, há uma tendência uniformizadora dos comportamentos, dos corpos, das vestimentas, da linguagem e do modo de se expressar, ditada pelo paradigma da maioria, que padroniza os indivíduos e rotula como estranhos e bizarros aqueles que fogem da normalidade.

Como movimento de resistência a esta homogeneização dos padrões estéticos, germinou em algumas pessoas a procura de autenticidade, o desejo de criar uma identidade única, que as diferencie das demais e traduza a sua real essência na sociedade da aparência.[29] Para isso, elas se apropriam dos seus corpos e, aproveitando-se dos avanços científicos e tecnológicos, formam novas dimensões físicas, nas quais são expressos os seus desejos e convicções pessoais.[30] Há, assim, o surgimento de novas formas corporais que quase sempre causam um desconforto, um estranhamento na sociedade. São práticas contrárias às convenções sociais, que transgridem e desconstroem os padrões estabelecidos como normais, sendo consideradas irracionais pelas pessoas em geral.

Os grupos adeptos da *body modification* resgatam práticas milenares de alterações corporais, desenvolvidas em civilizações tribais desde os tempos mais antigos, que manifestavam a cultura e a tradição desses povos. Podemos citar, como exemplo, o *O-kee-pa*, uma forma de autotortura realizada por meio da suspensão em cerimônias religiosas nas tribos indígenas americanas,[31] bem como a utilização de botoque de madeira no lábio inferior pelos índios brasileiros da tribo Cayapó, a fim de aprimorar a oratória e o canto dos chefes tribais. A escarificação – técnica de produzir desenhos na pele por meio

---

29. ORTEGA, Francisco. *O corpo incerto. Corporeidade, tecnologias médicas e cultura contemporânea*, 2008, p.61.
30. Como afirmam Brunello Stancioli e Nara Pereira Carvalho: "Contudo, na Civilização Ocidental Moderna, é sobretudo no século XX que se tem um aumento vertiginoso da preocupação com o senso estético. A (re)descoberta do corpo, agora como elemento configurador da identidade pessoal, traz novos padrões de beleza, inexoravelmente atrelados a uma crescente instigação ao consumo, em que se têm incrementos tecnológicos até então inimagináveis" (STANCIOLI, Brunello; CARVALHO, Nara Pereira. "Da integridade física ao livre uso do corpo". In: TEIXEIRA, Ana Carolina Brochado; RIBEIRO, Gustavo Pereira Leite. *Manual de teoria geral do direito civil*, 2010, p.273-4).
31. Informações em: http://americanart.si.edu/collections/search/artwork/?id=4204. Acesso em: 12.08.2016.

de cicatrizes realizadas com instrumentos cortantes – é um típico método de embelezamento utilizado pelas mulheres das tribos africanas. Também se verifica a prática de modificações corporais relacionadas a rituais de iniciação, como na tribo Tchambuli, da Nova Guiné, e no povo Nuer, do Sudão, onde os integrantes do sexo masculino são submetidos a procedimentos dolorosos de perfuração da pele com o objetivo de afirmar a sua masculinidade, pela demonstração pública da capacidade de suportar dor, da sua coragem e valentia.[32]

No aspecto psicanalítico, a *body modification* é vista como uma maneira de resgatar o inconsciente via sua representação no corpo. As memórias, as impressões e os sentimentos, anteriormente retidos somente na dimensão psíquica, passam a se manifestar ao mundo exterior por meio das modificações da esfera física. Com isso, entende-se que as diversas formas de alterações corporais representam um prolongamento da mente, manifestações do inconsciente dos indivíduos. É uma forma de "dar oportunidade ao psíquico de expressar-se concretamente sobre o suporte ao qual está vinculado, de trazer à tona, de vivenciar, mais do que isso, de corporificar o inconsciente, de dar matéria ao imaterial [...]".[33]

No viés antropológico, Julyana Vilar[34] analisa as modificações corporais como "uma forma de representar e agir através do corpo, uma significação do eu no mundo. Modificando o corpo, interagimos e intervirmos em nosso meio de uma forma diferenciada, tanto para o próprio sujeito quanto para os outros".

Comum aos adeptos dessa prática, há um forte anseio de unificação do físico e da essência.[35] O corpo é visto como um instrumento, como uma tela em branco, apto a ser modificado e manipulado para satisfazer e expressar os seus anseios pessoais mais íntimos. A *body modification*, portanto, rompe a fronteira da pele, permitindo a realização de interferências que visam a modificar a fisionomia, por meio da implantação de novos elementos ao corpo humano, o que muitas vezes acaba alterando por completo a aparência anterior.

Nas palavras de Beatriz Ferreira Pires:[36]

> O fato de transformar-se esteticamente, de modo consciente e planejado, em um ser que evidencie e torne concreto o que antes era intuído, permite ao indivíduo desenvolver e ter sob controle um processo que aos poucos fortale-

---

32. VILAR, Julyana. "'Esse corpo me pertence': construção corporal através das técnicas da *body modification*". *Vivência Revista de Antropologia*, 2012, p.152-3.
33. PIRES, Beatriz Ferreira. *O corpo como suporte da arte. Piercing, implante, escarificação, tatuagem*, 2005, p.103-4.
34. VILAR, Julyana, op. cit., p.158.
35. PIRES, Beatriz Ferreira, op. cit., p.141.
36. Ibid., p.129.

ce, atualiza - com o surgimento de novas técnicas e materiais - e reforça seu elemento identificador. Estabelece-se assim um ciclo no qual a imagem reforça o que se sente e vice-versa.

Assim, com as modificações corporais extremas, os desejos mais recônditos dos seus praticantes, anteriormente reservados à sua esfera psíquica, passam a ser refletidos no corpo, relacionando-se com o meio externo. O corpo vira palco para a realização das vontades subjetivas do seu titular, sendo modificado e moldado de acordo com as suas próprias convicções e visões de mundo. Há, com isso, a exaltação da individualidade pessoal e a promoção da diversidade, pela criação de novas configurações corporais que distanciam os indivíduos do padrão estético tradicional e constroem uma identidade única.

A importância da percepção corporal para a formação da identidade pessoal implica que, para se diferenciar, cada um se expresse por meio do seu próprio corpo, "algo que não compartilha com os demais, sobre o qual exerce seu querer e através do qual se faz unidade material na coletividade".[37]

A título de ilustração, pode ser mencionado o caso de Erik Sprague, mais conhecido como *The Lizardman,*[38] que, para ter a aparência semelhante à de um lagarto, realizou uma série de modificações corporais. Após diversas sessões de tatuagens que cobriram o seu corpo de escamas verdes, implantes de esferas de silicone sob a pele do supercílio, bifurcação da língua e modelagem de seus dentes, adquiriu a aparência completa de um réptil. Para isso, abandonou seu doutorado em filosofia e, atualmente, realiza apresentações em shows ao redor do mundo.

Dennis Avner, chamado de *Stalking Cat,* entrou para o Guinness Book como o homem com a maior quantidade de modificações corporais feitas com o objetivo de conformar seu corpo à aparência de um tigre. Para tal, tatuou complemente sua pele à semelhança da pelagem de tal animal, aplicou silicone na parte superior dos lábios e implantou fios para simular os bigodes felinos, além de ter se submetido a cirurgias odontológicas para moldar seus dentes.

Rick Genest, por sua vez, não tinha o desejo de se tornar um animal, mas, sim, um zumbi. Conhecido como *Zombie Boy,* gastou mais de R$ 13 mil para cobrir seu corpo de tatuagens que simulam um esqueleto e afirma que quer reproduzir em seu próprio corpo a imagem de um cadáver em decomposição.[39]

---

37. CHOERI, Raul Cleber da Silva. *O direito à identidade na perspectiva civil-constitucional,* 2010, p.22-3.
38. Informações obtidas em: www.thelizardman.com/. Acesso em: 28.07.2016.
39. Informações obtidas em: http://rickgenest.com/. Acesso em: 13.08.2016.

Por outro lado, existem formas de modificações corporais que não representam manifestações artísticas, por exemplo, as suspensões. Nesses atos, um conjunto de roldanas é ligado a ganchos implantados sob a pele dos adeptos dessa prática, suspendendo-os a uma altura de 30 a 60 cm do chão. A suspensão não só é utilizada como forma de entretenimento e arte performática, mas também para meditação, por meio da resistência e da superação da dor física,[40] com o objetivo de elevar os níveis de consciência e realização espiritual.[41]

A *body modification* deve ser considerada, portanto, uma expressão da identidade pessoal, como manifestação da individualidade e da subjetividade pelo corpo. Configura-se como instrumento de ampla promoção e livre desenvolvimento da personalidade, concretizando o poder de autodeterminação dos aspectos inerentes à vida privada, sendo tais atos de disposição dignos de tutela jurídica, sob pena de negação da autonomia corporal.

Ao tratar do corpo como revelação da identidade, Heloisa Helena Barboza[42] afirma:

> Nessa perspectiva, a afirmação da identidade envolve um complexo processo de realização do seu modo existencial, que se configura em sentimentos particulares, traduzidos como de existência corporal, de pertencimento, de consciência de unidade e coerência, de continuidade temporal, de diferença, de valor, de autonomia, de ser na realização do projeto existencial. A afirmação da identidade envolve ainda (e necessariamente) o direito de expressar a verdade pessoal, "quem de fato a pessoa é", em suas realidades física, moral e intelectual, constatáveis de modo objetivo, afirmado, existencial e coexistencial.

Há que se analisar a prática das modificações corporais sob a perspectiva dos princípios democráticos constitucionais que orientam o ordenamento jurídico no sentido do respeito ao pluralismo e à diversidade. O direito ao livre desenvolvimento da personalidade somente se concretiza pela garantia da autonomia individual, ao se permitir a cada um a possibilidade de se autodeterminar e definir os destinos da própria vida. Percebe-se, assim, que "o ser humano não se realizaria verdadeiramente se o fizesse da maneira previamente determinada pelo Estado ou por outrem; o desenvolvimento da per-

---

40. "Esse estado, essa sensação prazerosa, é um dos motivos que levam a pessoa a repetir o ato de manipular o corpo, a escolher determinada forma de manipulação, seja ela qual for - da musculação ao ritual de suspensão - e, aumentar-lhe a intensidade, de forma a produzir níveis mais altos de adrenalina e assim, como consequência, níveis mais altos de relaxamento" (PIRES, Beatriz Ferreira, op. cit., p.110).
41. Mais informações em: http://www.suspension.org/groups/traumatic-stress-discipline. Acesso em: 13.08.2016.
42. BARBOZA, Heloisa Helena, op. cit., p.132-3.

sonalidade humana tem de ser livre e voluntário, de forma tão única, singular e irrepetível quanto cada pessoa".[43]

Então, em relação às modificações corporais extremas, no juízo de ponderação entre os interesses conflitantes, prevalece a autonomia em detrimento da integridade física, sendo permitido o consentimento na realização desses atos de maneira a satisfazer as exigências da esfera psíquica, garantindo aos indivíduos o direito à autodeterminação dos seus interesses existenciais e, como consequência, à livre manifestação da sua personalidade.

São práticas que, por si só, diminuem a integridade física daqueles que as realizam, podendo inclusive causar consequências ainda mais graves, tendo em vista o alto risco de rejeição e infecções. No entanto, sendo realizadas por pessoas dotadas de discernimento, que gozem de aptidão para assumir a responsabilidade, suportar as suas consequências e, principalmente, aceitar a sua provável irreversibilidade, não compete ao Estado reprimi-las.

Dessa maneira, deve ser assegurado aos indivíduos amplo campo de liberdade para a prática da *body modification*, já que os seus adeptos têm consciência dos riscos que estão assumindo ao dispor do seu corpo e conhecem as possíveis complicações que podem ser causadas pelas tatuagens, *piercings*, suspensões, escarificações e implantes subcutâneos.

Em uma sociedade plural, cuja Constituição exalta o respeito pela alteridade, a tolerância e a não discriminação, não seria razoável a intervenção de terceiros ou do Estado na esfera privada, a fim de coibir a prática de tais atos de disposição sobre o próprio corpo. A repressão estatal contra a *body modification* seria uma atitude autoritária e extremamente paternalista, incompatível com as diretrizes do nosso ordenamento constitucional democrático e pluralista, devendo ser respeitado o exercício da autonomia corporal como forma de exaltação e promoção da personalidade e de criação de uma identidade pessoal.

Considerações finais

A autonomia privada existencial é a chave para a efetivação do direito ao livre desenvolvimento da personalidade e, como consequência, para a tutela promocional da pessoa humana, atingindo os objetivos previstos na Constituição. Ao garantir aos indivíduos o poder de autodeterminação dos seus interesses extrapatrimoniais, protege-se a esfera da sua vida privada, relativa aos aspectos essenciais da sua existência, que só dizem respeito ao seu titular.

---

43. ALMEIDA, Kellyne Laís Laburú Alencar de, op. cit., p.78.

A legitimidade do exercício da autonomia deve ser analisada sob a ótica do estado democrático de direito, voltado para a concretização e a realização de uma sociedade plural, tolerante e livre de preconceitos, que permite aos indivíduos se associarem aos mais variados grupos sociais, de acordo com as suas convicções políticas, éticas, religiosas, culturais, sexuais e artísticas, o que não deve se traduzir em ato de discriminação e exclusão social, mas em manifestação da identidade e da diversidade.[44]

No tocante à autodeterminação corporal, há que se afastar a postura paternalista adotada pelo legislador, com a relativização dos rígidos limites legais para a disposição sobre o próprio corpo, ampliando os espaços de liberdade individual, no sentido de garantir o livre desenvolvimento da personalidade.

Em relação às modificações corporais extremas, verifica-se a concretização de uma dupla dimensão: social e pessoal. A *body modification* permite que os indivíduos se sintam pertencentes a outra realidade, que os distancia dos padrões sociais, construindo a sua própria e única individualidade. Da mesma forma, com as intervenções corporais, o sujeito estabelece uma relação consigo mesmo, unificando a dualidade que existe entre o físico e a essência.[45]

Desse modo, na *body modification*, a autonomia corporal se manifesta como instrumento de exaltação da identidade pessoal e da subjetividade, garantindo a coexistência harmônica entre as esferas física e psíquica, ainda que isso importe na diminuição da primeira para satisfação dos desejos da segunda.[46] Portanto, por mais que seja considerada pelo senso comum irracional e bizarra, essa prática não deve ser reprimida pelo ordenamento jurídico, tornando-se necessário assegurar plena autonomia aos indivíduos para realizarem modificações em seus corpos.

Referências

ALEMANHA. Lei Fundamental da República Federal da Alemanha. Edição impressa. Atualização: jan/2011. Trad. Assis Mendonça. Revisor jurídico Urbano Carvelli. Disponível em: www.btg-bestellservice.de/pdf/80208000.pdf. Acesso em: 29.08.2016.

ALMEIDA, Kellyne Laís Laburú Alencar de. "O direito ao livre desenvolvimento da personalidade - perspectiva do direito português". In: MIRANDA, Jorge; RODRIGUES JUNIOR, Otavio Luiz; FRUET, Gustavo Bonato (orgs.). *Direitos da personalidade*. São Paulo, Atlas, 2012.

---

44. CHOERI, Raul Cleber da Silva, op. cit., p.39.
45. PIRES, Beatriz Ferreira, op. cit., p.159.
46. MORAES, Maria Celina Bodin de; CASTRO, Thamis Dalsenter Viveiros de, op. cit., p.803.

AMARAL, Francisco. "O dano à pessoa no direito civil brasileiro". In: CAMPOS, Diogo Leite de; CHINELLATO, Silmara Juny de Abreu (coords.). *Pessoa humana e direito*. Coimbra, Almedina, 2009.

BARBOZA, Heloísa Helena. "Disposição do próprio corpo em face da bioética: o caso dos transexuais". In: GOZZO, Débora; LIGIERA, Wilson Ricardo. *Bioética e direitos fundamentais*. São Paulo, Saraiva, 2012.

BARROS, Carlos Roberto Galvão. *O direito ao livre desenvolvimento da personalidade do menor*. São Paulo, Biblioteca 24 horas, 2010.

BITTAR, Carlos Alberto. *Os direitos da personalidade*. Rio de Janeiro, Forense Universitária, 2001.

BORGES, Roxana Cardoso Brasileiro. *Direitos de personalidade e autonomia privada*. 2.ed. São Paulo, Saraiva, 2007.

CANTALI, Fernanda Borghetti. *Direitos da personalidade. Disponibilidade relativa, autonomia privada e dignidade humana*. Porto Alegre, Livraria do Advogado, 2009.

CHINELLATO, Silmara Juny; COSTA MACHADO, Antônio Cláudio da. *Código Civil interpretado:* artigo por artigo, parágrafo por parágrafo. 7.ed. Barueri, Manole, 2014.

CHOERI, Raul Cleber da Silva. *O direito à identidade na perspectiva civil-constitucional*. Rio de Janeiro, Renovar, 2010.

DANTAS, San Tiago. *Programa de direito civil. Parte geral*. 3. tir. Rio de Janeiro, Rio, 1979.

MEIRELES, Rose Melo Vencelau. *Autonomia privada e dignidade humana*. Rio de Janeiro, Renovar, 2009.

MORAES, Maria Celina Bodin de. "Ampliando os direitos da personalidade". In: VIEIRA, José Ribas (org.). *20 anos da Constituição cidadã de 1988*: efetivação ou impasse institucional? Rio de Janeiro, Forense, 2008.

______; CASTRO, Thamis Dalsenter Viveiros de. "A autonomia existencial nos atos de disposição do próprio corpo". *Revista Pensar*, Fortaleza, v.19, n.3, set-dez/2014. Disponível em: http://ojs.unifor.br/index.php/rpen/article/view/3433. Acesso em: 12.07.2016.

ORTEGA, Francisco. *O corpo incerto. Corporeidade, tecnologias médicas e cultura contemporânea*. Rio de Janeiro, Garamond, 2008.

OTERO, Paulo. *Instituições políticas e constitucionais*. Coimbra, Almedina, 2009, v.I.

PERLINGIERI, Pietro. *Perfis do direito civil*. 3.ed. Trad. Maria Cristina de Cicco. Rio de Janeiro, Renovar, 2007.

PINTO, Paulo Mota. *O direito ao livre desenvolvimento da personalidade. Boletim da Faculdade de Direito de Coimbra, Portugal-Brasil Ano 2000*. Coimbra, Coimbra, 1999.

PIRES, Beatriz Ferreira. *O corpo como suporte da arte. Piercing, implante, escarificação, tatuagem*. São Paulo, Senac, 2005.

PORTUGAL. Constituição da República Portuguesa. Vigência em 25 de abril de 1976. Disponível em www.parlamento.pt/Legislacao/Paginas/ConstituicaoRepublicaPortuguesa.aspx. Acesso em: 18.08.2016.

SARLET, Ingo Wolfgang. *Dignidade (da pessoa) humana e direitos fundamentais na Constituição Federal de 1988*. 10.ed. Porto Alegre, Livraria do Advogado, 2015.

SCHREIBER, Anderson. *Direitos da personalidade*. 2.ed. São Paulo, Atlas, 2013.

STANCIOLI, Brunello; CARVALHO, Nara Pereira. "Da integridade física ao livre uso do corpo". In: TEIXEIRA, Ana Carolina Brochado; RIBEIRO, Gustavo Pereira Leite. *Manual de teoria geral do direito civil*. Belo Horizonte, Del Rey, 2010.

TEIXEIRA, Ana Carolina Brochado. *Saúde, corpo e autonomia privada*. Rio de Janeiro, Renovar, 2010.

TEPEDINO, Gustavo. "Crise de fontes normativas e técnica legislativa na parte geral do Código Civil de 2002". In: TEPEDINO, Gustavo (coord.). *A parte geral do novo* Código *Civil. Estudos na perspectiva civil-constitucional*. 3.ed. Rio de Janeiro, Renovar, 2007.

______; BARBOZA, Heloisa Helena; MORAES, Maria Celina Bodin de. *Código Civil interpretado conforme a Constituição da República*. Rio de Janeiro, Renovar, 2007, v.I.

VILAR, Julyana. "'Esse corpo me pertence': construção corporal através das técnicas da *body modification*". *Vivência Revista de Antropologia*, Natal, v.1, n.40, 2012, p.151-67. Disponível em https://periodicos.ufrn.br/vivencia/article/view/3389/2737. Acesso em: 29/7/2016.

Sites consultados

BRASIL. Ministério da Saúde. Portaria Nº 2.803, de 19 de novembro de 2013. Redefine e amplia o Processo Transexualizador no Sistema Único de Saúde (SUS). Disponível em: http://bvsms.saude.gov.br/bvs/saudelegis/gm/2013/prt2803_19_11_2013.html. Acesso em: 30.05.2015.

CATLIN, George. The last race, Mandan O-kee-pa ceremony. 1832, oil on canvas, Smithsonian American Art Museum, Gift of Mrs. Joseph Harrison, Jr., 1985.66.507. Disponível em: http://americanart.si.edu/collections/search/artwork/?id=4204. Acesso em: 12.08.2016.

CONSELHO FEDERAL DE MEDICINA (CFM). Resolução CFM n. 1.955/2010 (Publicada no *DOU* 03.09.2010, Seção I, p.109-10). Disponível em: www.portalmedico.org.br/resolucoes/cfm/2010/1955_2010.htm. Acesso em: 21/5/2014.

Erik "The Lizardman" Sprague. Disponível em: www.thelizardman.com/. Acesso em: 28.07.2016.

Zombie Boy. http://rickgenest.com/. Acesso em: 13.08.2016.

www.suspension.org/groups/traumatic-stress-discipline. Acesso em: 13.08.2016.

CAPÍTULO 8

Direitos da personalidade: a reparação do dano à integridade física no Código Civil

Eneas Matos

Introdução

Neste breve ensaio, teceremos algumas considerações sobre uma lamentável omissão em nosso direito: a *efetiva* proteção da integridade física da pessoa humana. Lamentável porque até se poderia dizer que nunca foi uma preocupação a defesa da integridade física, mas isso não é verdade.

No conhecido Decreto dos Caminhos de Ferro, Decreto n. 2.681 de 1912, que regulava o transporte ferroviário e a responsabilidade civil advinda do contrato de transporte de pessoas ou coisas, além de previsão de reparação de danos aos proprietários lindeiros, valendo dizer que foi muito utilizado este Decreto analogicamente para acidentes no transporte de pessoas por bondes e ônibus, tínhamos, em seu art. 21, disposição expressa sobre passageiros e já se previa a reparação do dano à integridade física, e isto, deve-se anotar, antes mesmo do Código Civil de 1916. O citado art. 21 assim tinha a sua redação:

> Art. 21. No caso de lesão corpórea ou deformidade, à vista da natureza da mesma e de outras circunstâncias, especialmente a invalidade para o trabalho ou profissão habitual, além das despesas com o tratamento e os lucros cessantes, deverá pelo juiz ser arbitrada uma indenização conveniente.

É verdade que o *caput* do art. 17 do Decreto n. 2.681/1912 já dizia da reparação por "lesão corporal", entretanto, o art. 21 o complementa e deixa expresso o que hoje se consubstancia no dano proveniente da ofensa à integridade física, isto é, dano estético como alteração permanente da integridade física e com reparação específica para tanto, independentemente da verba atinente ao dano moral, nos termos da Súmula n. 387 do Superior Tribunal de Justiça.

A proteção da integridade física com o Código Civil de 1916 (arts. 1.538 e 1.539) não atingiu o esperado e assim, da mesma forma, o Código Civil de 2002 (arts. 949 e 950), que praticamente repetiu o texto do antigo Código, mas, este último, ao menos, dedicou Capítulo especial para a proteção dos direitos da personalidade e assim à integridade física (arts. 11 a 21), tratando-os nos arts. 13 a 15, no que tange ao direito ao próprio corpo.

Sobre esta evolução e dos direitos da personalidade no Código Civil vigente, pertinentes são as palavras da Professora Silmara Juny de Abreu Chinellato:

> É mister observar que o Projeto Bevilaqua, bem como o Código Civil brasileiro vigente, são datados de época em que entre nós não estava plenamente divulgada e alicerçada a Doutrina dos Direitos da Personalidade, falha na qual não incide o Projeto de Código Civil atual que, no entanto, os regulou de modo tímido nos arts. 11 a 21.[1]

Apesar da cláusula de "tutela específica ordinária" e de "tutela específica liminar",[2] utilizando aqui a terminologia do sempre mestre Limongi França, do art. 12 do Código Civil, efetivamente, a devida proteção, principalmente no caso de ofensa e reparação ao dano à integridade física – tutela de "responsabilidade civil" –, dá-se nos termos dos arts. 949 e 950 do Código Civil.

Essa evidentemente frágil proteção do dano à integridade física não acontece à toa; a grande maioria dos ofendidos neste caso são trabalhadores em acidentes de trabalho, acidentes de transporte coletivo, ou seja, pessoas das classes mais pobres; Anton Menger, em análise do projeto do Código Civil alemão (*BGB*), no final do século XIX, já denunciava a mesquinhez da proteção dos danos que sofriam os mais pobres[3] e, mais de um século depois, sua análise é ainda pertinente. *Tollitur quaestio*: o Código Civil de 2002 sequer aduz sobre dano moral nos arts. 949 e 950.

Nesse sentido, segue-se com breves considerações sobre a reparação do dano à integridade física no Código Civil brasileiro.

---

1. CHINELLATO, Silmara Juny de Abreu. "Estatuto jurídico do nascituro: a evolução do direito brasileiro". In: CHINELLATO, Silmara Juny de Abreu; CAMPOS, Diogo Leite (coord.). *Pessoa humana e direito*, 2009, p.430.
2. FRANÇA, Rubens Limongi. "Direitos da personalidade". *Revista dos Tribunais*, 1983, p.15-6.
3. MENGER, Anton. *El derecho civil y los pobres*, 1998, p.311-5.

Direitos da personalidade e direito à integridade física

Definidos os direitos da personalidade, conforme Limongi França, como "as faculdades jurídicas cujo objeto são os diversos aspectos da própria pessoa do sujeito, bem assim da sua projeção essencial no mundo exterior",[4] e, essencialmente, voltados à proteção da pessoa humana, a Constituição de 1988 trouxe a positivação de diversos direitos da personalidade, nos termos de Carlos Alberto Bittar, como os direitos:

> à vida, à liberdade, à segurança, à intimidade, à vida privada, à imagem, a direitos autorais, incluídas as participações individuais em obras coletivas, à reprodução da voz e da imagem (os dois últimos, como inovações) (art. 5º, *caput* e X, XXVII e XXVIII), assegurando o direito à indenização pelo dano moral, em caso de violação (incisos V e X).[5]

Assim, se positivados em nosso ordenamento os direitos da personalidade (em Capítulo especial, Código Civil, arts. 11 a 21), antes disso, diante de sua importância e refletindo a tendência do direito comparado,[6] a Constituição de 1988 acabou por "*constitucionalizar*" alguns direitos da personalidade, o que se denominou "*constitucionalização dos direitos da personalidade*".[7]

Mesmo assim, deve-se lembrar que a codificação dos direitos da personalidade é alvo de intenso debate, principalmente por sua característica de direito ilimitado, mas isso não tem sido obstáculo suficiente para a sua não positivação nos Códigos; como lembrava Carlos Alberto Bittar, há disposições sobre os direitos da personalidade no *BGB*, no Código português, suíço, espanhol, peruano e italiano, este considerado um dos que melhor explana sobre a matéria.[8]

---

4. FRANÇA, Rubens Limongi. *Instituições de direito civil*, 1994, p.1.033.
5. BITTAR, Carlos Alberto. *O direito civil na Constituição de 1988*, 1991, p.57.
6. Para Pietro Perlingieri, essa positivação advém de uma necessária releitura do direito civil conforme a Constituição. PERLINGIERI, Pietro. *Tendenze e metodi della civilistica italiana*, 1979, p.39 e segs.
7. CHAVES, Antônio. "Direitos à vida, ao próprio corpo e às partes do mesmo (transplantes). Esterilização e operações cirúrgicas para 'mudança de sexo'. Direito ao cadáver e a partes do mesmo". In: CHAVES, Antônio (coord.). *Estudos de direito civil*, 1979, p.144-9; BITTAR, Carlos Alberto, op. cit., p.56-7; MIRANDA, Jorge. *Manual de direito constitucional:* direitos fundamentais, 1998, p.55-9; e DE MATTIA, Fábio Maria. "Direitos da personalidade: aspectos gerais". In: CHAVES, Antônio (coord.). *Estudos de direito civil*, 1979, p.102-3.
8. BITTAR, Carlos Alberto, op. cit, p.50-2.

Desta feita, nos arts. 11 a 21, o Código Civil de 2002 traz um capítulo especialmente dedicado aos direitos da personalidade; nesses dispositivos, tem-se a proteção dos direitos da personalidade nos seguintes termos: a) caracterização como direitos "intransmissíveis e irrenunciáveis, não podendo seu exercício sofrer limitação voluntária" (art. 11); b) possibilidade de pedido para que "cesse a ameaça, ou a lesão, a direito da personalidade" (art. 12, *caput*); c) possibilidade de pedido de reparação no caso de lesão a direito da personalidade (art. 12, *caput*); d) legitimidade para proteção dos parentes, depois da morte do titular (art. 12, parágrafo único), sendo esses o cônjuge sobrevivente, ou qualquer parente da linha reta, ou da colateral até o quarto grau; e) direito ao próprio corpo (arts. 13 a 15); f) direito ao nome (arts. 16 e 17, este último vedando a utilização que exponha "ao desprezo público" o nome, e 18, vedando a utilização em autorização); g) direito ao pseudônimo (art. 19); h) direito aos escritos (art. 20); i) direito à voz (art. 20); j) direito à honra (art. 20); k) direito à imagem (art. 20); l) direito à boa fama (art. 20); m) direito à vida privada (art. 21); n) direito à intimidade (art. 21).

Sobre as disposições dos direitos da personalidade no Código Civil, concordamos com o entendimento da Professora Silmara Juny de Abreu Chinellato que é expressa: "No meu modo de ver, a tutela desses direitos não teve sistematização adequada. Não prestigiou totalmente a doutrina e a vasta jurisprudência que havia, nem a Constituição Federal, que já agasalhara vários direitos da personalidade".[9]

E com toda razão, uma vez que o Código Civil não realizou o devido tratamento constitucional entre "integridade física" e "integridade moral",[10] e, ao nosso ver, não seguiu com clareza a distinção de Carlos Alberto Bittar dos direitos da personalidade, dividindo-os em "a) direitos físicos; b) direito psíquicos; e c) direitos morais".[11]

Com a devida vênia, para a reparação do dano à integridade física, visto na doutrina e jurisprudência mais modernas como a modificação permanente na integridade física, parece-nos mais pertinente a divisão proposta por Silmara Juny de Abreu Chinellato:

---

9. CHINELLATO, Silmara Juny de Abreu. "Da responsabilidade civil no Código de 2002: aspectos fundamentais. Tendências do direito contemporâneo". In: TEPEDINO, Gustavo; FACHIN, Luiz Edson (orgs.). *O direito e o tempo: embates jurídicos e utopias contemporâneas* – Estudos em homenagem ao professor Ricardo Pereira Lira, 2008, p.942.
10. Sobre o tratamento constitucional da "*integridade física*" e da "*integridade moral*", *v.* SILVA, José Afonso da. *Curso de direito constitucional positivo*, 1999, p.202-4.
11. BITTAR, Carlos Alberto. *Os direitos da personalidade*, 1995, p.62-4. Ainda, sobre os direitos da personalidade, *v.* DE MATTIA, Fábio Maria, op. cit., p.99 e segs.

Divergindo apenas em parte - e não em substância - da classificação tripartite dada por R. Limongi França nas obras retromencionadas aos direitos da personalidade, classificamo-los em quatro categorias fundamentais, colocando o direito à vida como categoria autônoma, não integrante do direto à integridade física, por ser um direito condicionante, do qual dependem todos os demais. Consideramos, destarte, a seguinte classificação quadripartite: direito à vida, direito à integridade física, direito à integridade moral e direito à integridade intelectual.[12]

Ora, mais condizente, porque a consolidada jurisprudência da reparação do dano à integridade física aduz que (i) dano moral corresponde à ofensa à dignidade humana e/ou integridade moral, enquanto o (ii) dano estético é nitidamente a ofensa definitiva (sem possibilidade de correção/tratamento) à integridade física. Nesse sentido, é claro aresto do Superior Tribunal de Justiça citado como precedente da Súmula n. 387 do mesmo Tribunal Superior:

> Indenização. "Danos estéticos" ou "Danos físicos". Indenizabilidade em separado. 1. A jurisprudência da 3ª Turma admite sejam indenizados, separadamente, os danos morais e os danos estéticos oriundos do mesmo fato. Ressalva do entendimento do relator. 2. As sequelas físicas decorrentes do ato ilícito, mesmo que não sejam visíveis de ordinário e, por isso, não causem repercussão negativa na aparência da vítima, certamente provocam intenso sofrimento. Desta forma, as lesões não precisam estar expostas a terceiros para que sejam indenizáveis, pois o que se considera para os danos estéticos é a degradação da integridade física da vítima, decorrente do ato ilícito. 3. Os danos morais fixados pelo Tribunal recorrido devem ser majorados pelo STJ quando se mostrarem irrisórios e, por isso mesmo, incapazes de punir adequadamente o autor do ato ilícito e de indenizar completamente os prejuízos extrapatrimoniais sofridos pela vítima. 4. Provido o recurso especial da parte que pretendia majoração dos danos morais, fica prejudicado o recurso especial da parte que pretendia a redução da indenização.[13]

Ou seja, o dano à integridade física comporta elementos que transcendem uma simples visão de ofensa causadora de danos extrapatrimoniais ou patrimoniais; o dano à integridade física pode causar (i) danos materiais, (ii) morais e (iii) estéticos; isto é, o dano à integridade física é dano atípico, vez que pode ter vertentes patrimonial (p. ex., danos materiais com verbas de tra-

12. CHINELLATO, Silmara Juny de Abreu. *Tutela civil do nascituro*, 2000, p. 293.
13. STJ, REsp n. 899.869/MG, 3ª Turma, rel. Min. Humberto Gomes de Barros, j. 13.2.2007.

tamento médico e pensão por incapacidades) e extrapatrimonial (danos morais e danos estéticos, cumuláveis autonomamente a teor da Súmula n. 387 do Superior Tribunal de Justiça: "É lícita a cumulação das indenizações de dano estético e dano moral", *DJe* 01.9.2009, ed. 430).

Nesse sentido, mister é analisar os dispositivos de nosso Código Civil que tratam da reparação do dano à integridade física, arts. 949 e 950.

Código Civil de 2002, arts. 949 e 950: as verbas cabíveis para os casos de ofensa à integridade física

As críticas realizadas às disposições que se referem ao Capítulo dos Direitos da Personalidade, infelizmente, repetem-se ao Capítulo da Responsabilidade Civil no vigente Código Civil. Nesse sentido são os comentários de Rui Stoco:

> Sem querer ser benéfico ou malévolo, poder-se-ia dizer que, nessa parte, o Projeto é tímido e conservador. Talvez menos adequado do que o atual Código Civil. Basta dizer que o direito da personalidade, a inviolabilidade da intimidade, da vida privada, da honra e da imagem, consagrados e alçados à condição de garantia fundamental, não mereceram a devida atenção. [...] Mas a grande expectativa e o anseio dos juristas e dos operadores do Direito não foram atendidos, ou seja, a inclusão de capítulo em que fossem estabelecidos critérios de indenização do dano material e compensação do dano moral, que prevalecessem em todas as hipóteses, inclusive para aquelas previstas em outras leis em vigor.[14]

Na mesma toada, após detida análise de artigo por artigo do Capítulo da Responsabilidade Civil, Silmara Juny de Abreu Chinellato é bastante clara sobre a ausência de esperadas disposições sobre o tema, notadamente, em sede de direitos da personalidade:

> Melhor seria ficar com a generalidade no sentido de que os direitos da personalidade terão indenização por dano moral, com reflexos patrimoniais, não se estabelecendo um casuísmo. É impróprio o Código tratar casuisticamente, na responsabilidade civil, de apenas alguns direitos da personalidade esquecendo-se de outros, sendo oportuno lembrar que a opção do legislador não foi pelo direito geral de personalidade, mas, sim, pelo rol não taxativo de direito. O Código também deveria tratar de maneira mais genérica a responsabilidade

14. STOCO, Rui. *Tratado de responsabilidade civil:* responsabilidade civil e sua interpretação doutrinária e jurisprudencial, 1999, p.14-5.

civil, traçando linhas mestras de sua parte geral, necessidade não afastada pelo tratamento casuístico de algumas hipóteses.[15]

E assim tratado de forma casuística, nos termos de Silmara Juny de Abreu Chinellato, foi o dano à integridade física nos arts. 949 e 950 do Código Civil, que possuem a seguinte redação:

> Art. 949. No caso de lesão ou outra ofensa à saúde, o ofensor indenizará o ofendido das despesas do tratamento e dos lucros cessantes até ao fim da convalescença, além de algum outro prejuízo que o ofendido prove haver sofrido.
>
> Art. 950. Se da ofensa resultar defeito pelo qual o ofendido não possa exercer o seu ofício ou profissão, ou se lhe diminua a capacidade de trabalho, a indenização, além das despesas do tratamento e lucros cessantes até ao fim da convalescença, incluirá pensão correspondente à importância do trabalho para que se inabilitou, ou da depreciação que ele sofreu.
>
> Parágrafo único. O prejudicado, se preferir, poderá exigir que a indenização seja arbitrada e paga de uma só vez.

Ora, já de antemão se percebe a pertinência das críticas referidas. Por exemplo, não há sequer referência ao dano moral para o caso de ofensa à integridade física.

Diante dos avanços que a doutrina e a jurisprudência realizaram nos últimos anos, principalmente após a Constituição de 1988, podemos elencar o seguinte rol - atual - de verbas pertinentes para o caso de dano à integridade física e pedido de reparação por sua vítima: (i) todas as despesas de tratamento médico até o fim da convalescença, nos termos dos arts. 949 e 950 do Código Civil; (ii) indenização por eventuais lucros cessantes, nos termos dos arts. 949 e 950 do Código Civil; (iii) indenização de todas as despesas que comprovar em decorrência do evento danoso, conforme a dicção dos arts. 949 e 950 do Código Civil; (iv) reparação por dano moral, independentemente de prova, por força da Súmula n. 37 do Superior Tribunal de Justiça e da interpretação doutrinária e jurisprudencial da Constituição Federal, em seus arts. 1º, III, e 5º, V e X; (v) reparação por dano estético, quando cumpridos seus requisitos, com fundamento na Súmula n. 387 do Superior Tribunal de Justiça e também por força dos arts. 1º, III, 6º e 196 da Constituição Federal; (vi) pensão por incapacidade laborativa, quando diagnosticada mediante prova pericial médica, prevista no art. 950 do Código Civil, que poderá ser tem-

15. CHINELLATO, Silmara Juny de Abreu. "Da responsabilidade civil no Código de 2002: aspectos fundamentais. Tendências do direito contemporâneo", op. cit., p.963.

porária (total ou parcial) ou definitiva (também total ou parcial), nos termos do art. 950, *caput*, do Código Civil.[16]

Desta feita, passamos a seguir com a análise de alguns pontos que exigem debate para o estudo da reparação do dano à integridade física conforme o Código Civil e, notadamente, sua interpretação, seja doutrinária, seja jurisprudencial; como disse Louis Josserand: "A história da responsabilidade é a história e é o triunfo da jurisprudência, e também, de alguma forma, da doutrina".[17]

Tratamento realizado em rede pública de saúde e dever do ofensor de pagamento de despesas de tratamento médico

O serviço de saúde pública é custeado por todos os brasileiros, não sendo o caso de nós todos custearmos um tratamento médico que tem origem em ato ilícito causado por um particular determinado. O que se quer dizer é que, no caso de ofensa à integridade física causada por ato ilícito e por particular, a este cabe o custeio do tratamento e não a todos os brasileiros simplesmente porque o serviço estava à disposição quando do evento danoso.

A Constituição Federal de 1988, em seus arts. 194 a 197, trata do custeio do serviço público de saúde e de sua prestação; lá não se encontra o dever do Estado de arcar com danos causados por particulares; aliás, resta bem evidente que os recursos são advindos do orçamento estatal, conforme o art. 198, § 1º: "O sistema único de saúde será financiado, nos termos do art. 195, com recursos do orçamento da seguridade social, da União, dos Estados, do Distrito Federal e dos Municípios, além de outras fontes"; o art. 195 é mais claro ainda: "A seguridade social será financiada por toda a sociedade, de forma direta e indireta, nos termos da lei, mediante recursos provenientes dos orçamentos da União, dos Estados, do Distrito Federal e dos Municípios, e das seguintes contribuições sociais: [...]".

Deixar o já combalido sistema público de saúde[18] com o dever de arcar com tratamento, que a lei – arts. 949 e 950 do Código Civil – determina que particular, específico e causador da ofensa à saúde de outrem, é o verdadeiro responsável por este tratamento, isto é, no mínimo inventar um sistema de reparação civil pública que não existe no ordenamento brasileiro (p. ex., na

---

16. Para uma análise dessas verbas, notadamente as que não serão tratadas a seguir, como despesas médicas, outras despesas comprovadas e pensionamento por incapacidade laborativa, *v.* MATOS, Eneas. *Dano moral e dano estético*, 2008, p.69-99.
17. JOSSERAND, Louis. "Evolução da responsabilidade civil". Conferência traduzida por Raul Lima. *Revista Forense*, 1941, p.559.
18. Note-se que a Constituição é bem clara sobre as fontes de receita nos arts. 194 a 198.

hipótese de um acidente, quem paga pelo tratamento não é o ofensor, é a sociedade).

Salvo melhor juízo, este é o entendimento de Silmara Juny de Abreu Chinellato:

> No nosso modo de ver, não é o Estado quem deve responder, em regra ou com exclusividade, pela assistência às vítimas de dano causado pela iniciativa de um fornecedor privado. O Estado é composto pelo conjunto de administrados e esquecemos o quanto tal solução lhes é lesiva, pois arcarão com os ônus dessa responsabilidade que é do fornecedor do produto ou serviço do qual resultou o dano. [...] O fato do produto e do serviço, relacionado à segurança, no âmbito da responsabilidade civil nas relações de consumo, constitui tema da maior relevância considerando que a incolumidade físico-psíquica do consumidor é atingida, ao contrário do vício do produto e do serviço, que acarreta dano incidente sobre o patrimônio do consumidor.[19]

Entretanto, este posicionamento infelizmente não é pacífico. Por exemplo, *vide* o seguinte julgado:

> Apelação cível. Direito do consumidor. Ação de responsabilidade civil. Danos materiais e morais. Acidente de trânsito. Atropelamento. Autor que alega ter sido vítima de acidente de trânsito causado pelo coletivo da empresa ré, oportunidade em que foi atropelado quando ia de bicicleta para o trabalho ficando 2 (dois) dias internado. Narra que, em decorrência do evento, teve prejuízos de ordem material consubstanciados com gastos com remédios, tratamento médico e conserto de sua bicicleta, além de ter ficado sem trabalhar. Também sustenta ocorrência de danos morais. Ajuizamento da ação objetivando a condenação da empresa demandada a) ao custeio de seu tratamento médico; [...] Ausência de comprovação de gastos com medicamentos ou tratamentos médicos. Autor que foi atendido em hospital da rede pública. Sentença correta.[20]

É certo que a ação foi julgada improcedente em decorrência de inexistência de prova de culpa do ofensor; entretanto, o que se discute é a interpretação que não cabe reparação de tratamento médico – se fosse procedente a

---

19. CHINELATO, Silmara Juny de Abreu; MORATO, Antonio Carlos. "Responsabilidade civil e o risco do desenvolvimento nas relações de consumo". In: NERY, Rosa Maria de Andrade; DONNINI, Rogério (orgs.). *Responsabilidade civil:* estudos em homenagem ao professor Rui Geraldo Camargo Viana, 2009, p.35-6.
20. TJRJ, Ap. n. 00060574720088190067, *DJ* 09.07.2014.

ação - porque foi o ofendido atendido em rede pública. Esta interpretação dos arts. 949 e 950 do Código Civil pode causar grave externalidade: (i) se o ofensor for rico e o ofendido for pobre (realizou tratamento em rede pública), aquele tem um desconto no valor que deverá pagar de indenização, desconto que é pago pela sociedade; (ii) se o ofendido for rico, pelo mesmo raciocínio, poderá juntar comprovantes de atendimento nos mais caros hospitais do Brasil (e esses tratamentos são muito caros), de forma que, provavelmente, o ofensor, se não for muito rico, não terá condições sequer de pagar esta verba de tratamento médico.

Desta feita, a melhor interpretação é a realização de perícia médica durante a instrução do processo para o arbitramento de valor condizente com tratamento devido para a ofensa à integridade física.[21] E nesse sentido *vide* o seguinte julgado do Superior Tribunal de Justiça:

> Responsabilidade civil contratual. Agravo regimental. Queda de passageiro do trem. Perda da capacidade laborativa e dano estético em grau máximo. 1. Com o advento do Novo Código Civil (art. 950, parágrafo único), o legislador foi expresso em admitir a percepção de indenização imediata e única dos danos materiais nos casos de responsabilidade civil derivada da incapacitação da vítima para o trabalho. 2. No caso em apreço, foi pleiteado o pagamento em parcela única das despesas com medicamentos e tratamentos médicos, nos termos do laudo pericial. [...] 5. Agravo regimental não provido.[22]

Para que não se olvide de novel interpretação, *vide* o seguinte trecho de julgado em Embargos de Declaração do Tribunal de Justiça de São Paulo de 2002:

> O requerente, em seu apelo, ratificando a pretensão da inicial, expressamente postulou o pagamento dos valores relativos aos tratamentos cirúrgicos, psiquiátricos e com medicamentos, apurados no laudo pericial, de uma única vez, pleiteando a reforma da r. sentença nesse ponto, como se destaca: "O quarto

---

21. Sobre a necessidade de perícia médica para arbitramento da verba de tratamento, *v.* MATOS, Eneas. *Erro médico e o judiciário:* teoria e prática da responsabilidade civil médica e sua interpretação pelos tribunais, 2015, p.125-6.
22. STJ, Ag. Reg. no REsp n. 1.221.896/RJ, rel. Min. Luís Felipe Salomão, 4ª T., j. 06.08.2013. No mesmo sentido, *v.* STJ, Emb. Decl. no REsp. n. 1.344.649/RJ, rel. Min. Raul Araújo, 4ª T., j. 01.12.2015: "Embargos de declaração de ambas as partes. Recurso especial. Responsabilidade civil. Atropelamento. Reembolso de despesas médicas. Cabimento. Obscuridade inexistente. Consultas médicas vencidas. Apresentação de recibos. Desnecessidade. Comprovação periódica de necessidade de prosseguimento dos tratamentos médicos previstos no laudo pericial. Omissão suprida. Embargos dos promoventes rejeitados. Embargos da promovida parcialmente acolhidos".

ponto carecedor de reforma, diz respeito ao pagamento dos tratamentos indicados, cirúrgicos, medicamentoso, psiquiátrico, valores já apurados no laudo pericial, que deverão ser pagos de uma só vez. O Sr. Perito às fls. 147 indicou ao Apelante a realização de cirurgia (quesito n. 3) com custo médio de R$ 7.250,50, e tratamento psiquiátrico com custo total de R$ 14.400,00 (quesito n. 8). Ao prestar esclarecimentos às fls. 168, o *expert* arbitrou, também, o custo com medicamento (Hidantal - R$ 4.989,00), o que perfaz um custo com os tratamentos em R$ 26.639,50. Cabe ressaltar, que as verbas apuradas deverão ser pagas de uma só vez, a teor dos arts. 159, 1.538 e 1.539, todos do Código Civil, cabendo como uma luva a /douta decisão prolatada nos autos do processo.[23]

Dano moral

A leitura sem atenção dos arts. 949 e 950 do Código Civil podem levar à conclusão de que não cabe reparação por dano moral nesses casos - de ofensa à integridade física -, vez que ausente previsão expressa.

Entretanto, mesmo antes da Constituição de 1988,[24] isto é, com a querela de ausência de reparação por dano moral no Código Civil de 1916, no caso de ofensa à integridade física, forte doutrina já indicava que um dos casos admitidos de reparação por dano moral era o de lesão corporal, e assim com fundamento no art. 1.538 do CC/1916, como sustenta Wilson Melo da Silva.[25] No mesmo sentido, assim se manifestavam, entre outros, José de Aguiar Dias,[26] Orlando Gomes[27] e Agostinho Alvim.[28]

---

23. TJSP, Emb. Decl. n. 919.007-6/01, rel. Des. Oséas Davi Viana, j. 06.02.2002. Os citados artigos do Código Civil de 1916, arts. 159, 1.538 e 1.539, são exatamente correspondentes aos arts. 186, 949 e 950 do Código Civil de 2002, não se justificando uma interpretação contrária à evolução do direito.
24. Após a Constituição de 1988, com a dicção dos incisos V e X, do art. 5º, é indiscutível a reparação dos danos morais no direito brasileiro. Nesse sentido, o clássico trabalho de BITTAR, Carlos Alberto. *Reparação civil por danos morais*, 2015, p.102-6.
25. SILVA, Wilson Melo da. *O dano moral e sua reparação*, 1969, p.498 e seguintes sobre a reparação do dano moral no Código Civil de 1916.
26. DIAS, José de Aguiar. *Da responsabilidade civil*, 1997, p.757-8.
27. GOMES, Orlando. *Novos temas de direito civil*, 1983, p.261.
28. ALVIM, Agostinho. *Da inexecução das obrigações e suas consequências*, 1955, p.245; BITTAR, Carlos Alberto. *Responsabilidade civil:* teoria e prática, 1990, p.83; CASILO, João. *Dano à pessoa e sua indenização*, 1994, p.215 e segs.; CAVALIERI FILHO, Sérgio. *Programa de responsabilidade civil*, 1996, p.75; e SEVERO, Sérgio. *Os danos extrapatrimoniais*, 1996, p.96.

Na jurisprudência,[29] a título exemplar, *vide*: "A jurisprudência do STF entende somente indenizável por dano material e moral cumulados, à própria vítima".[30] E "Responsabilidade civil – dano moral acumulado com dano material – somente indenizável à própria vítima, não a seus descendentes ou beneficiários. Recurso Extraordinário conhecido, em parte, e, nessa parte, provido".[31]

Portanto, se não bastasse antes da Constituição já existir o entendimento, após a Constituição de 1988, tem razão a Professora Silmara Juny de Abreu Chinellato, ao dizer que a expressão "outros danos" que consta do art. 949 deve ser lida, necessariamente, com a lembrança do dano moral: "Há artigos específicos que estabelecem, como já se afirmou, indenização de 'outros danos', como faz o art. 949 que trata da lesão à integridade física. O legislador foi tímido; não se referiu a danos morais, embora o sejam".[32]

Danos morais reflexos no caso de ofensa à integridade física

Sem dúvida alguma, como bem acentua Silmara Juny de Abreu Chinellato, com fundamento em Carlos Alberto Bittar e doutrina francesa, que a "expansão dos danos indenizáveis" é uma tendência irrecusável na responsabilidade civil contemporânea; nesse sentido, Silmara Juny de Abreu Chinellato é expressa sobre a possibilidade de reparação no direito brasileiro dos danos "por ricochete", inclusive citando o caso de danos à prole eventual.[33] E assim também é indiscutível a tendência de "alargamento do rol de titulares ativos e passivos, lesantes e lesados" na responsabilidade civil.[34]

---

29. É verdade que esse entendimento pela reparação do dano moral neste caso era uma exceção e sempre para pedido formulado pela própria vítima para caso de lesão corporal.
30. STF, 2ª T., Min. Carlos Madeira, j. 13.02.1987, em *RTJ* 120/1.339.
31. STF, RE n. 113.705, Min. Oscar Correa, j. 30.06.1987. No mesmo sentido: RE n. 99.348 em *RTJ* 11/1.223, RE n. 103.727 em *RTJ* 112/939 e RE n. 104.065 em *RTJ* 113/435.
32. CHINELLATO, Silmara Juny de Abreu. "Da responsabilidade civil no Código de 2002: aspectos fundamentais. Tendências do direito contemporâneo", op. cit., p.963.
33. "Mencione-se que não só o dano imediato e indenizado, mas também o mediato, alcançando tanto o dano 'por ricochete', como aquele que tem nexo causal no presente, mas efeitos no futuro, como os danos causados à prole eventual, entre os quais se incluem os danos nucleares" (CHINELLATO, Silmara Juny de Abreu. "Da responsabilidade civil no Código de 2002: aspectos fundamentais. Tendências do direito contemporâneo", op. cit., p.941).
34. A expressão é de Silmara Juny de Abreu Chinellato em CHINELLATO, Silmara Juny de Abreu. "Da responsabilidade civil no Código de 2002: aspectos fundamentais. Tendências do direito contemporâneo", op. cit., p.948.

Nesse sentido é também o caso de danos morais reflexos - ou por ricochete - de terceiros que não da própria vítima da ofensa à integridade física.[35]

Tratam-se os danos morais reflexos de espécie diferenciada, vez que enquanto os danos morais são, em regra, ofensas diretas à integridade física ou psíquica da pessoa humana, hipóteses há de se atingir, por via reflexa, indiretamente, terceira pessoa, impingindo-lhe danos morais, por ver sua integridade moral notoriamente abalada diante da ofensa ao bem jurídico com o qual guarda relação, consubstanciando-se no que a doutrina francesa chama de "*par ricochet*", ou seja, danos por ricochete, danos indiretos, reflexos, gerando a obrigação de reparar todos os danos causados a título próprio, como nos lembra, sobre os danos reflexos, Caio Mário da Silva Pereira.[36]

Por exemplo, casos de danos morais reflexos causados aos pais, por lesão aos filhos, e vice-versa, ou de terceiros a eles relacionados, como se tem adiante; os Mazeaud citam caso de danos morais por enfermidade em noivo, em ação, portanto, pleiteada pela noiva daquele,[37] e caso do pai, em que filha única foi acometida de grave lesão, ou marido, em que esposa ficou desfigurada;[38] no direito anglo-saxão, Edward Kionka cita caso de pedido formulado por marido, tendo em vista danos à integridade física causados à esposa;[39] Larenz defende que se trata de legitimidade por dano que é causado diretamente ao terceiro, por ofensa à sua paz mental, tratando-se, portanto, de "prejuízo direto" à sua saúde mental, e cita o exemplo de dano moral causado a uma mãe por ver seu filho atropelado, sofrendo uma depressão nervosa;[40] Fischer cita casos de marido, por grave lesão causada à esposa, e pai, por dano gravíssimo causado à filha menor.[41]

Importante recomendar o exaustivo estudo sobre o direito à integridade física do nascituro realizado por Silmara Juny de Abreu Chinellato, pelo que,

---

35. MATOS, Eneas. *Dano moral e dano estético*, op. cit., p.120-6. Conforme já sustentava Planiol, trata-se, como visto, de típica hipótese de dano indireto, por ricochete, em que independentemente do dano causado à vítima direta, ocorre outro dano decorrente do primeiro, surgindo direito de reparação de forma autônoma para todos. PLANIOL, Marcel. *Traité élémentaire de droit civil*, 1900, p.278.
36. PEREIRA, Caio Mário da Silva. *Responsabilidade civil*, 1998, p. 42 e seguintes.
37. MAZEUAD, Henri; MAZEUAD, Léon; TUNC, André. *Tratado teórico y prático de la responsabilidad civil delictual e contractual*, 1977, p.462.
38. MAZEUAD, Henri; MAZEUAD, Léon; TUNC, André, op. cit., p.462. O exemplo citado de dano moral pleiteado por pai em caso de ofensa à integridade física de sua filha única foi julgado pela Corte de Cassação, em decisão de 22 de outubro de 1946.
39. KIONKA, Edward J. *Torts*, 1992, p.324-5.
40. Nesse sentido, inclusive o exemplo é seu: LARENZ, Karl. *Derecho de obligaciones*, 1959, p.215.
41. FISCHER, Hans Albrecht. *A reparação dos danos no direito civil*, 1938, p.263.

em nosso entendimento, no caso de dano à integridade daquele, daria ensejo ao pedido de danos morais por ricochete aos pais.[42]

A nossa jurisprudência[43] é firme no sentido da possibilidade de danos morais reflexos por ofensa à integridade física, como se pode atestar pelos seguintes arestos do Superior Tribunal de Justiça:

> Recurso especial. Responsabilidade civil. Acidente ocorrido no interior de restaurante. Queimaduras em criança de sete anos. Pedido de reparação dos danos morais, estéticos e materiais. [...]. 1. Demanda indenizatória ajuizada para reparação de danos morais, estéticos e materiais decorrentes de acidente ocorrido no interior de restaurante que resultou na queimadura de 35% do corpo de uma criança. [...] 6. Caso concreto em que os danos morais e estéticos em favor da vítima devem ser reduzidos para R$ 100.00,00 (cem mil reais) cada um, enquanto os danos morais em favor dos pais deve ser minorado para R$ 50.000,00 (cinquenta mil reais), para cada um, restaurando-se assim os comandos da sentença. [...] 11. Recurso Especial parcialmente provido.[44]

> Recurso especial. Responsabilidade civil. Danos morais reflexos. Verificação do *quantum* indenizatório. Valores mantidos. [...] 1. O princípio da integral reparação deve ser entendido como a exigência de conceder reparação plena àqueles legitimados a tanto pelo ordenamento jurídico. A norma prevista no art. 944, parágrafo único, do Código Civil de 2002 consubstancia a baliza para um juízo de ponderação pautado na proporcionalidade e na equidade, quando houver evidente desproporção entre a culpa e o dano causado. 2. O Tribunal de origem fixou danos morais reflexos ao primeiro autor - menor impúbere, filho e irmão das vítimas -, à segunda autora - mãe, sogra e avó dos falecidos - e aos dois últimos autores - ambos irmãos, cunhados e tios dos *de cujus* -, entregando a cada um, respectivamente, o valor de R$ 140.000,00, R$ 70.000,00

---

42. Sobre o direito à integridade física do nascituro, como referido, *v.* CHINELLATO, Silmara Juny de Abreu. *Tutela civil do nascituro*, op. cit., p.312-20. Em p.320, com citação de julgado norte-americano, de 1946, "onde se requeria indenização por danos causados ao nascituro durante o parto, por erro médico, concedida pela Corte, que, afastando a premissa, reconhecida falsa, de que o feto é parte do corpo da mãe, assentou ser ele independente dela, sem indagar sua viabilidade"; portanto, concluímos que os pais possuem direito autônomo de pedido de reparação moral em caso de danos à integridade física do nascituro.
43. Para uma análise da jurisprudência, *v.* MATOS, Eneas. "Considerações sobre os danos morais reflexos no caso de ofensa à integridade física de terceiro e sua reparação na jurisprudência brasileira". In: CAMILLO, Carlos Eduardo Nicoletti; SMANIO, Gianpaolo Poggio (orgs.). *60 desafios do direito:* direito na sociedade contemporânea, 2013.
44. STJ, REsp n. 1.596.068/DF, rel. Min. Paulo de Tarso Sanseverino, 3ª T., j. 04.04.2017.

e R$ 47.000,00 para os dois últimos, devendo tais valores serem mantidos diante das particularidades de cada demandante. [...] 7. Recurso especial parcialmente provido para determinar o vencimento mensal da pensão como termo inicial dos juros de mora, excluindo, nesse caso, as parcelas vincendas.[45]

Processual civil e administrativo. Recurso especial. Responsabilidade civil do estado. Erro médico. Revisão do valor estipulado a título de danos estéticos e morais para a vítima, dos danos morais reflexos para filho e marido da vítima e da pensão. Redução. Súmula n. 7/STJ. Precedentes. 1. Cuidam os autos de ação de indenização por danos materiais, morais e estéticos ajuizada por vítima de erro médico contra o Estado do Maranhão, em razão de, ao submeter-se a um parto cesariano na maternidade pública estadual foi esquecida uma compressa cirúrgica em seu abdômen, o que acabou por ocasionar septicemia (infecção generalizada). 2. O Superior Tribunal de Justiça consolidou orientação no sentido de que a revisão do valor da indenização somente é possível quando exorbitante ou insignificante a importância arbitrada, em flagrante violação dos princípios da razoabilidade e da proporcionalidade. No particular, o Tribunal de origem, ao considerar as circunstâncias do caso concreto, as condições econômicas das partes e a finalidade da reparação, entendeu por bem majorar a condenação a título de danos estéticos e morais para a vítima, arbitrando-os, respectivamente, em R$ 400.000,00 (quatrocentos mil reais) e R$ 800.000,00 (oitocentos mil reais), e elevar o valor da indenização por danos morais para marido e filho da vítima, fixando-os, respectivamente, em R$ 50.000, 00 (cinquenta mil reais) para o primeiro e R$ 25.000,00 (vinte e cinco mil) para o segundo. A pretensão trazida no especial não se enquadra nas exceções que permitem a interferência desta Corte, uma vez que o valor arbitrado, em face dos parâmetros adotados por esta Corte para casos semelhantes, não se mostra irrisório ou exorbitante. Incidência da Súmula n. 7/STJ. [...] 4. Recurso especial não conhecido.[46]

Verba autônoma de dano estético

Depois de longo debate sobre sua autonomia ou se seria espécie do dano moral, venceu a tese da autonomia e cumulabilidade dos danos morais e estéticos, conforme assentado na Súmula n. 387 do Superior Tribunal de Justiça: "É lícita a cumulação das indenizações de dano estético e dano moral", *DJ*e

45. STJ, REsp n. 1.270.983/SP, rel. Min. Luís Felipe Salomão, 4ª T., j. 08.03.2016, *DJ*e 05.04.2016.
46. STJ, REsp n. 1174490/MA, rel. Min. Benedito Gonçalves, 1ª T., j. 10.08.2010, *DJ*e 20.08.2010.

01.09.2009, ed. 430, a partir da interpretação do art. 21, do Decreto n. 2.681/1912, e do art. 1.538, do Código Civil de 1916, e longa evolução jurisprudencial.[47] Com o Código Civil de 2002, a interpretação se manteve, como de direito.

Entretanto, o dano estético é o dano tipicamente extrapatrimonial correspondente à ofensa à integridade física, à saúde. Desta feita, dano estético é a ofensa causada pela modificação definitiva da integridade física, isto é, é a ofensa ao direito fundamental à saúde.[48]

Nesse sentido, sobre o direito à saúde, bastamo-nos pelas palavras de Fernando Campos Scaff:

> A saúde pode ser entendida como um estado ideal e que representa a situação de equilíbrio físico e psíquico do ser humano, variável entre os indivíduos e em cada momento da vida de cada um. [...] A perda da saúde, desse modo, é atualmente compreendida sob uma dimensão ampla, alcançando toda e qualquer alteração indesejada nos planos físico, mental e social do indivíduo.[49]

Isto é, dano à integridade física e dano à saúde são conceitos intimamente ligados juridicamente, se analisados (i) à luz do art. 949 do Código Civil (que aduz "No caso de lesão ou outra ofensa à saúde"), (ii) dos arts. 6º e 196 da Constituição de 1988, que garantem a proteção do direito à saúde contra qualquer tipo de ofensa, e (iii) que o direito à saúde possui duas vertentes: positiva (direito à políticas públicas de saúde, como sempre lembrado) e negativa (de proteção, de garantia fundamental contra qualquer tipo de ofensa), como sustentam Canotilho e Vital Moreira.[50]

Portanto, não é só da análise do *bem juridicamente tutelado* - direito à integridade física - que se depreende da reparação do dano; a autonomia surge também considerando outro elemento da *relação jurídica de responsabilidade civil*, que é a *norma jurídica de reparação*; enquanto o elemento *norma jurídica de reparação* para o dano moral tem fundamento constitucional, em nosso direito positivo, no art. 5º, V e X, para o dano estético, considerado no seu aspecto de proteção contra ofensas à integridade física, tem-se a *norma*

---

47. Para a análise da evolução da jurisprudência anterior à Súmula n. 387 do STJ, *v.* MATOS, Eneas. *Dano moral e dano estético*, op. cit., p.253-89.
48. Sobre o atual estágio da reparação do dano moral, *v.* BITTAR, Carlos Alberto. *Reparação civil por danos morais*, op. cit., p.270-2.
49. SCAFF, Fernando Campos. "A iatrogenia e o nexo causal na responsabilidade civil". In: RODRIGUES JUNIOR, Otavio Luiz; LEMOS, Patrícia Faga Iglecias; LOPEZ, Teresa Ancona (org.). *Sociedade de risco e direito privado*, 2013, p.186.
50. Apud SILVA, José Afonso da, op. cit., p.312.

jurídica de proteção no direito à saúde, positivado nos arts. 6º e 196 também da Constituição.[51]

Já aplicando esses conceitos para a caracterização do dano à integridade física em nosso direito, é expresso Ricardo Luis Lorenzetti, citando direito constitucional comparado e a origem italiana dessa corrente doutrinária:

> Afirma-se no Direito Comparado a tendência ao reconhecimento constitucional do direito à saúde e ao ressarcimento de danos como uma das técnicas de proteção. Alguns exemplos são eloquentes. Na Itália, afirma-se que a afetação física é um dano à saúde. Esta afirmação possui uma sustentação no Direito Constitucional italiano, em virtude de que o art. 32 da Magna Carta se refere à tutela da saúde, como garantia do indivíduo. Na Espanha também apresenta nível constitucional (art. 43, Constituição espanhola). No Brasil, o Código Civil fala metaforicamente de "ofensa à saúde" (art. 1.538), e que tem garantia constitucional (art. 6º, Constituição de 1988). No Peru, o Código de 1984 dispõe, no art. 5º, o direito à integridade física.[52]

No que se refere aos requisitos do dano estético, a jurisprudência mais recente elenca (i) que deve ser um dano à integridade física da pessoa e (ii) que esta alteração na saúde seja permanente/definitiva, vez que, se cabível tratamento médico, não terá pertinência a verba de dano estético, mas tão somente a verba para o pagamento daquele tratamento médico (dano patrimonial) e, evidentemente, o dano moral.[53]

---

51. Sobre a relação jurídica de responsabilidade civil, *v.* PADILLA, René A. *Sistema de la responsabilidad civil*, 1997. p.28 e segs.
52. LORENZETTI, Ricardo Luis. *Fundamentos do direito privado*, 1998, p.473.
53. Nesse sentido é expresso PERLINGIERI, Pietro. *Manuale di diritto civile*, 2003, p.649, conferindo a autonomia do dano estético em relação aos tradicionais danos materiais e morais: "*Di là dalle due tradizionali figure di danno, si è affermatta di recente la configurabilità del c.d. danno biologico, inteso como lesione del benessere fisico o psichico dell'individuo, risarcibile in sé, indipendentemente dalla natura delle conseguenze, patrimoniali o no patrimoniali, prodotte dall'illecito. Tale pregiudizio investirebbe la persona come valore autonomo, senza riguardo alle ulteriori conseguenze dell'illecito*", e continua aduzindo que a jurisprudência assim entendeu a partir do disposto no art. 32 da Constituição italiana, que dispõe do direito à saúde. Deve-se anotar que, para Perlingieri, portanto, o termo do direito italiano "*danno biológico*" é o que mais se aproxima ao que a nossa jurisprudência chama de *dano estético*, como ofensa à integridade física, notadamente nos termos que o Superior Tribunal de Justiça tem entendido. Em p.650, chama de "*danno estetico*" a "*difficoltà che l'individuo incontra nell'intrattenere relazioni sociali a causa dell'aspetto sgradevole acquisito in séguito alla lesione subita*", ou seja, a dificuldade ou dor que a pessoa encontra nas relações intersociais por estar diferente ou com aspecto físico desagradável adquirido depois

Outrossim, descabe confundir dano estético com aparência da lesão, ou seja, que seja exposta, por exemplo, na face, ou mesmo que cause "enfeamento" na pessoa, o que é de extrema subjetividade.[54] Nesse sentido, já decidiu o Tribunal de Justiça de São Paulo:

> De seu turno, sustenta Eneas de Oliveira Matos que não se exige, à indenização dos danos estéticos, porquanto representativos de uma lesão modificante da integridade física da vítima, que haja exposição ou repulsa na alteração, mas, sim, que ela seja permanente (*Dano moral e dano estético*. Renovar. p. 184). E assim já decidiu o Superior Tribunal de Justiça: "as lesões não precisam estar expostas a terceiros para que sejam indenizáveis, pois o que se considera para os danos estéticos é a degradação da integridade física da vítima, decorrente do ato ilícito" (STJ, REsp. n. 899.869, rel. Min. Gomes de Barros, j. 13.02.2007).[55]

Portanto, os requisitos para que seja reconhecido o dano estético são: (i) que seja dano proveniente de qualquer modificação na integridade física da pessoa humana e (ii) que seja dano certo, permanente e irrecuperável.

Nesse sentido, sobre a verba de dano estético e sua aplicação, pertinentes os seguintes julgados do Superior Tribunal de Justiça:

> Recursos especiais. Direito civil e processual civil. Responsabilidade civil. [...] Acidente automobilístico. Atropelamento. Danos materiais, morais e estéticos. [...] 1. Ação indenizatória por danos materiais, morais e estéticos suportados por vítima de atropelamento por veículo automotor resultante da ação culposa de seu condutor. Vítima que passou a se locomover com ajuda de aparelhos, sendo acometido de sequelas permanentes em membros superiores e inferiores esquerdos, além de lesão cerebral causadora de falta de atenção e desvio de personalidade. [...] 3. É firme na jurisprudência da Segunda Seção a

---

de uma lesão; note-se que essa definição é muito semelhante a muitas utilizadas em nossa doutrina para o que é dano moral em casos de ofensas à integridade física.

54. Nesse sentido, com a devida vênia, LOPEZ, Teresa Ancona. *Dano estético:* responsabilidade civil, 2004, p.46-55, que reconhece cinco requisitos para a caracterização do dano estético: i) pode ser configurado por qualquer modificação na integridade física da pessoa humana; ii) deve ser uma modificação certa e permanente; iii) deve ser uma modificação na "aparência externa da pessoa"; iv) deve ser uma modificação que cause um "enfeamento" na vítima; v) a modificação deve causar no ofendido "humilhações, tristezas, desgostos, constrangimentos, isto, é a pessoa deverá se sentir diferente do que era - menos feliz"; as expressões entre aspas são da autora, uma das pioneiras no estudo do dano estético no Brasil; entretanto, como salientamos, a jurisprudência mais recente considera apenas os dois primeiros requisitos, uma vez que os demais se confundem com os danos morais.
55. TJSP, Ap. n. 0015422-08.2012.8.26.0127, rel. Des. Claudio Godoy, j. 07.02.2017.

orientação de que o proprietário do veículo responde objetiva e solidariamente pelos danos resultantes de acidente de trânsito causado por culpa de seu condutor, não se estendendo, contudo, à pessoa do cônjuge do proprietário do veículo, visto que não se pode a ele atribuir o dever de guarda do automóvel. [...] 10. O Superior Tribunal de Justiça, afastando a incidência da Súmula n. 7/STJ, tem reexaminado os montantes fixados a título de indenização por danos morais e estéticos apenas quando se revelem irrisórios ou exorbitantes, circunstâncias inexistentes no presente caso, em que, diante de suas especificidades, não se pode afirmar desarrazoado o arbitramento das referidas indenizações nos valores de R$ 120.000,00 (cento e vinte mil reais) e R$ 50.000,00 (cinquenta mil reais), respectivamente. [...] 13. Recursos especiais parcialmente providos.[56]

Recursos especiais. Civil. Responsabilidade civil. Atropelamento em via férrea. Culpa exclusiva ou concorrente da vítima (Súmula n. 7/STJ). Reparação por danos morais e estéticos. Caráter irrisório. Majoração. Não comprovação do exercício de atividade laborativa. Pensão mensal. Um salário mínimo. Recebimento de pensão previdenciária. Irrelevância. Recurso da promovida não provido. Recurso da autora parcialmente provido. 1. O Tribunal local entendeu não ter sido comprovada a presença de excludente do nexo causal, ou mesmo a existência de culpa concorrente (concorrência de causas). Nesse contexto, para acolher a tese da concessionária, de que a autora foi responsável pelo acidente, ou concorreu para sua ocorrência, pois caminhava desatenta pela linha do trem, seria necessário o revolvimento do conteúdo fático-probatório dos autos, providência que esbarra na censura da Súmula n. 7/STJ. 2. O Superior Tribunal de Justiça firmou orientação de que somente é admissível o exame do valor fixado a título de danos morais em hipóteses excepcionais, quando for verificada a exorbitância ou a índole irrisória da importância arbitrada, em flagrante ofensa aos princípios da razoabilidade e da proporcionalidade, como na hipótese dos autos. [...] 6. Recurso especial da ré não provido. Recurso especial da autora parcialmente provido.[57]

Civil. Responsabilidade civil. Dano material, moral e estético. Cumulação. Possibilidade. Contratos. Seguro. Cobertura para danos corporais. Alcance. Limites. 1. Ação ajuizada em 31.08.2000. Recurso especial concluso ao gabinete da Relatora em 20.09.2013. 2. Recurso especial em que se discute a cumulatividade dos danos materiais, morais e estéticos, bem como, o alcance, em contratos de seguro, da cobertura por danos corporais. 3. É lícita a cumulação das in-

---

56. STJ, REsp n. 1.591.178/RJ, rel. Min. Ricardo Villas Bôas Cueva, 3ª T., j. 25.04.2017.
57. STJ, REsp n. 1.525.356/RJ, rel. Min. Raul de Araújo, 4ª T., j. 17.09.2015.

denizações por dano material, moral e estético. Incidência do Enunciado n. 387 da Súmula/STJ. 4. A apólice de seguro contra danos corporais pode excluir da cobertura tanto o dano moral quanto o dano estético, desde que o faça de maneira expressa e individualizada para cada uma dessas modalidades de dano extrapatrimonial, sendo descabida a pretensão da seguradora de estender tacitamente a exclusão de cobertura manifestada em relação ao dano moral para o dano estético, ou vice-versa, ante a nítida distinção existente entre as rubricas. 5. Hipótese sob julgamento em que a apólice continha cobertura para danos corporais a terceiros, com exclusão expressa apenas de danos morais, circunstância que obriga a seguradora a indenizar os danos estéticos. 6. Recurso especial parcialmente provido.[58]

Responsabilidade civil. Agravo regimental no recurso especial. Exame médico. Biópsia. Falso diagnóstico negativo de câncer. Obrigação de resultado. Responsabilidade objetiva. Dano moral e dano estético. Cumulação. Possibilidade. Súmula 387/STJ. Decisão agravada, que se mantém por seus próprios fundamentos. 1. Na espécie, narram as decisões recorridas que a emissão de resultado negativo de câncer, quando, na verdade, o diagnóstico era positivo, retardou de tal forma o tratamento que culminou, quando finalmente descoberto, em intervenção cirúrgica drástica provocando defeito na face, com queda dos dentes e distúrbios na fala; contudo, não a tempo suficiente a fim de evitar o sofrimento e o óbito do paciente. 2. Este Tribunal Superior já se manifestou no sentido de que configura obrigação de resultado, a implicar responsabilidade objetiva, o diagnóstico fornecido por exame médico. Precedentes. 3. No caso, o Tribunal de origem, com base no acervo fático-probatório dos autos, de forma bem fundamentada, delineou a configuração dos dois danos – o moral e o estético. 4. Nos termos da jurisprudência deste Tribunal Superior, consolidada na Súmula n. 387 do STJ, é possível a cumulação de danos morais e estéticos. 5. Nesta feita, a agravante, no arrazoado regimental, não deduz argumentação jurídica nova alguma capaz de alterar a decisão ora agravada, que se mantém, na íntegra, por seus próprios fundamentos. 6. Agravo regimental não provido.[59]

O dano estético, portanto, em nosso direito, é a verdadeira verba de compensação pelo dano à integridade física/dano à saúde em sua vertente tipicamente extrapatrimonial, como são inegavelmente os direitos da personalidade.

---

58. STJ, REsp n. 1.408.908/SP, rel. Min. Nancy Andrighi, 3ª T., j. 26.11.2013.
59. STJ, Ag. Reg. no REsp n. 1.117.146/CE, rel. Min. Raul de Araújo, 4ª T., j. 05.09.2013.

Considerações finais

Diante do todo exposto, podemos tecer as seguintes conclusões para o caso de dano à integridade física:

1. O ofensor dever arcar com todas as despesas de tratamento médico da vítima até o fim da convalescença, nos termos dos arts. 949 e 950 do Código Civil.
2. Não é dever do Estado arcar com o pagamento das despesas de tratamento médico decorrente de ato ilícito perpetrado por particular, não podendo o particular se eximir do pagamento das despesas se há tratamento público oferecido ou deixar de arcar com essas despesas desde o momento do evento danoso; forçoso o arbitramento por perícia médica do valor de todo tratamento necessário desde a data do evento até o fim da convalescença; em suma, cabe exclusivamente ao ofensor o pagamento deste valor à vítima.
3. Também é direito da vítima receber a devida reparação por eventuais lucros cessantes, nos termos dos arts. 949 e 950 do Código Civil.
4. No mesmo sentido, se de direito a reparação por lucros cessantes, também de direito a reparação pelos danos emergentes, pelo que a vítima pode pleitear reparação por todas as despesas que comprovar ter pago em decorrência do evento danoso, conforme a dicção dos arts. 949 e 950 do Código Civil.
5. A reparação por danos morais no caso de dano à integridade física independe de prova, apesar da expressão "além de algum outro prejuízo que o ofendido prove haver sofrido" que consta do art. 949 do Código Civil, vez que se trata de *damnum in re ipsa* o dano moral por ofensa à integridade física, bem como por força da Súmula 387 do Superior Tribunal de Justiça e da interpretação doutrinária e jurisprudencial deste mesmo dispositivo legal e da Constituição Federal, em seus arts. 1º, III, e 5º, V e X.
6. Em circunstâncias particulares, que o juiz deverá analisar caso a caso, podem terceiros pedir reparação por danos morais em decorrência de ofensa à integridade física de outrem, isto é, em caso típico de danos morais reflexos ou por ricochete; por exemplo, em caso de dano grave à integridade física de nascituro no momento do parto e pedido autônomo de danos morais pelos pais; ou dano grave à integridade física de esposa (paraplegia) e pedido autônomo de danos morais pelo marido (o mesmo para o caso de filho e pedido pelos pais).
7. Se da ofensa decorrer modificação à integridade física de modo permanente/definitivo, provada pericialmente, cabe também direito à reparação por dano estético, com fundamento na Súmula n. 387 do Superior Tri-

bunal de Justiça e também por força dos arts. 6º e 196 da Constituição Federal, que protegem o direito à saúde contra quaisquer ataques, mediante o primado do princípio da dignidade da pessoa humana, art. 1º, III, também da Constituição.

8. Enquanto o dano moral independe de prova no caso de lesão corporal, dependendo da prudente apreciação do juiz, o dano estético depende da prova pericial médica de dois requisitos: (i) modificação/alteração na saúde ou integridade física da vítima e (ii) que esta modificação/alteração seja definitiva, não necessitando que seja aparente a lesão ou que cause repulsa ou enfeamento.

Assim, a reparação do dano à integridade física e à saúde se trata de importante ponto de debate para o direito civil, vez que se trata de ofensa que repugna a sociedade, seja diante da importância do bem tutelado, seja diante da proteção desse direito da personalidade à luz do princípio da dignidade da pessoa humana, positivada em nossa Carta Máxima.

Portanto, mais do que pertinentes são as palavras da Professora Silmara Juny de Abreu Chinellato para encerrar este ensaio:

> O olhar atento do legislador deve considerar a evolução e as conquistas do Direito, no terceiro milênio, que advieram de longo e demorado caminho percorrido por suas diversas formas de expressão ou "fontes", a prestigiar a vítima, o lesado, de modo a lhe assegurar a justa indenização dos prejuízos sofridos, o que se coaduna com o personalismo ético, refletido no princípio constitucional da dignidade da pessoa humana.[60]

Referências

ALVIM, Agostinho. *Da inexecução das obrigações e suas consequências*. 2.ed. São Paulo, Saraiva, 1955.

BITTAR, Carlos Alberto. *Responsabilidade civil:* teoria e prática. 2.ed. Rio de Janeiro, Forense Universitária, 1990.

______. *O direito civil na Constituição de 1988*. 2.ed. São Paulo, Revista dos Tribunais, 1991.

______. *Os direitos da personalidade*. 2.ed. Rio de Janeiro: Forense, 1995.

______. *Reparação civil por danos morais*. 4.ed. Atualização de Eduardo C.B. Bittar. São Paulo, Saraiva, 2015.

60. CHINELLATO, Silmara Juny de Abreu. "Da responsabilidade civil no Código de 2002: aspectos fundamentais. Tendências do direito contemporâneo", op. cit., p.964.

CASILO, João. *Dano à pessoa e sua indenização.* 2.ed. São Paulo, Revista dos Tribunais, 1994.

CAVALIERI FILHO, Sérgio. *Programa de responsabilidade civil.* São Paulo, Malheiros, 1996.

CHAVES, Antônio. "Direitos à vida, ao próprio corpo e às partes do mesmo (transplantes). Esterilização e operações cirúrgicas para 'mudança de sexo'. Direito ao cadáver e a partes do mesmo". In: CHAVES, Antônio. (coord.). *Estudos de direito civil.* São Paulo, Revista dos Tribunais, 1979.

CHINELLATO, Silmara Juny de Abreu. *Tutela civil do nascituro.* São Paulo, Saraiva, 2000.

______. "Da responsabilidade civil no Código de 2002: aspectos fundamentais. Tendências do direito contemporâneo". In: TEPEDINO, Gustavo & FACHIN, Luiz Edson (org.). *O direito e o tempo:* embates jurídicos e utopias contemporâneas – Estudos em homenagem ao professor Ricardo Pereira Lira. Rio de Janeiro, Renovar, 2008.

______. "Estatuto jurídico do nascituro: a evolução do direito brasileiro". In: CHINELLATO, Silmara Juny de Abreu; CAMPOS, Diogo Leite (coords.). *Pessoa humana e direito.* Coimbra, Almedina, 2009.

______; MORATO, Antonio Carlos. "Responsabilidade civil e o risco do desenvolvimento nas relações de consumo". In: NERY, Rosa Maria de Andrade; DONNINI, Rogério (orgs.). *Responsabilidade civil:* estudos em homenagem ao professor Rui Geraldo Camargo Viana. São Paulo, Revista dos Tribunais, 2009.

______; CAMPOS, Diogo Leite (coords.). *Pessoa humana e direito.* Coimbra, Almedina, 2009.

DE MATTIA, Fábio Maria. "Direitos da personalidade: aspectos gerais". In: CHAVES, Antônio (coord.). *Estudos de direito civil.* São Paulo, Revista dos Tribunais, 1979.

DIAS, José de Aguiar. *Da responsabilidade civil.* 10.ed. 4.Tir. Rio de Janeiro, Forense, 1997, v.2.

FISCHER, Hans Albrecht. *A reparação dos danos no direito civil.* Trad. António de Arruda Ferrer Correia. São Paulo, Saraiva, 1938.

FRANÇA, Rubens Limongi. "Direitos da personalidade". *Revista dos Tribunais,* São Paulo, v.567, jan/1983, p.9-16.

______. *Instituições de direito civil.* 3.ed. São Paulo, Saraiva, 1994.

GOMES, Orlando. *Novos temas de direito civil.* Rio de Janeiro, Forense, 1983.

JOSSERAND, Louis. "Evolução da responsabilidade civil". Conferência traduzida por Raul Lima. *Revista Forense,* Rio de Janeiro, v.86, jun/1941, p.558-9.

KIONKA, Edward J. *Torts.* Minnesota, West Publishing, 1992.

LARENZ, Karl. *Derecho de obligaciones.* Trad. Jaime Santos Briz. Madrid, Revista de Derecho Privado, 1959, t.2.

LOPEZ, Teresa Ancona. *Dano estético:* responsabilidade civil. 3.ed. São Paulo, Revista dos Tribunais, 2004.

LORENZETTI, Ricardo Luis. *Fundamentos do direito privado.* Trad. Vera Maria Jacob de Fradera. São Paulo, Revista dos Tribunais, 1998.

MATOS, Eneas. *Dano moral e dano estético.* Rio de Janeiro, Renovar, 2008.

______. "Considerações sobre os danos morais reflexos no caso de ofensa à integridade física de terceiro e sua reparação na jurisprudência brasileira". In: CAMILLO, Carlos Eduardo Nicoletti; SMANIO, Gianpaolo Poggio (orgs.). *60 desafios do direito:* direito na sociedade contemporânea. São Paulo, Atlas, 2013.

______. *Erro médico e o judiciário:* teoria e prática da responsabilidade civil médica e sua interpretação pelos tribunais. São Paulo, Academia Olímpia, 2015.

MAZEUAD, Henri; MAZEUAD, Léon; TUNC, André. *Tratado teórico y prático de la responsabilidad civil delictual e contractual.* Trad. Luíz Alcalá-Zamora y Castilho. Buenos Aires, Ediciones Jurídicas Europa-América, 1977, v.1, t.1.

MENGER, Anton. *El derecho civil y los pobres.* Trad. Adolfo Posada. Granada, Comares, 1998.

MIRANDA, Jorge. *Manual de direito constitucional:* direitos fundamentais. 2.ed. Coimbra, Coimbra, 1998, t.4.

PADILLA, René A. *Sistema de la responsabilidad civil.* Buenos Aires, Abeledo-Perrot, 1997.

PEREIRA, Caio Mário da Silva. *Responsabilidade civil.* 8.ed. Rio de Janeiro, Forense, 1998.

PERLINGIERI, Pietro. *Tendenze e metodi della civilistica italiana.* Nápoles, Edizioni Scientifiche Italiene, 1979.

______. *Manuale di diritto civile.* 4.ed. Nápoles, Edizioni Scientifiche Italiane, 2003.

PLANIOL, Marcel. *Traité* élémentaire *de droit civil.* Paris, F. Pichon, 1900. t.2.

SCAFF, Fernando Campos. "A iatrogenia e o nexo causal na responsabilidade civil". In: RODRIGUES JUNIOR, Otavio Luiz; LEMOS, Patrícia Faga Iglecias; LOPEZ, Teresa Ancona (orgs.). *Sociedade de risco e direito privado.* São Paulo, Atlas, 2013.

SEVERO, Sérgio. *Os danos extrapatrimoniais.* São Paulo, Saraiva, 1996.

SILVA, José Afonso da. *Curso de direito constitucional positivo.* 16.ed. São Paulo, Malheiros, 1999.

SILVA, Wilson Melo da. *O dano moral e sua reparação.* 2.ed. Rio de Janeiro, Forense, 1969.

STOCO, Rui. *Tratado de responsabilidade civil:* responsabilidade civil e sua interpretação doutrinária e jurisprudencial. 4.ed. São Paulo, Revista dos Tribunais, 1999.

TEPEDINO, Gustavo; FACHIN, Luiz Edson (orgs.). *O direito e o tempo:* embates jurídicos e utopias contemporâneas – Estudos em homenagem ao professor Ricardo Pereira Lira. Rio de Janeiro, Renovar, 2008.

CAPÍTULO 9

Direitos da personalidade no Estatuto da Pessoa com Deficiência

Eduardo Tomasevicius Filho

Introdução

A disciplina dos direitos da personalidade é uma das mais interessantes e instigantes do direito civil, porque é aquela mais próxima da finalidade do direito: a proteção da pessoa humana. Embora desde as primeiras compilações de direitos já houvesse normas garantidoras da existência e da integridade da pessoa, especialmente pela punição ao causador do dano, é de desenvolvimento recente a elaboração doutrinária desse tema pelo direito civil. Em linhas gerais, os direitos da personalidade visam a impedir que a pessoa humana sofra, injustamente, lesões e diminuições nas suas diversas formas de ser. Esse assunto está em constante desenvolvimento, sobretudo nos últimos anos, em razão dos avanços científicos e tecnológicos, que trazem desafios à eficácia social das normas jurídicas.

É também de desenvolvimento recente a disciplina da proteção da pessoa com deficiência. No Brasil, ainda que houvesse regras protetivas nesse sentido, foi a Lei n. 13.146/2015, conhecida como Estatuto da Pessoa com Deficiência, que trouxe à baila maior reflexão sobre o tema pela comunidade jurídica, pelas profundas alterações que realizou em matéria de capacidade negocial. Ao lado dessas regras, existem outras que igualmente merecem análise dos operadores do direito.

Dessa forma, esse capítulo pretende realizar a leitura do Estatuto da Pessoa com Deficiência à luz dos direitos da personalidade. A exposição está dividida em três partes. A primeira delas consiste no delineamento dos conceitos gerais acerca dos direitos da personalidade. Em seguida, faz-se a apresentação dos textos legais sobre a proteção da pessoa com deficiência, em especial, o Estatuto da Pessoa com Deficiência. Por fim, analisam-se os diversos aspectos relativos à pessoa com deficiência, relacionados aos direitos da personalidade.

Os direitos da personalidade

Os direitos da personalidade são o conjunto de princípios e de regras jurídicas que têm por objeto a proteção da própria pessoa humana em si mesma, para que não sofra lesões que resultem em diminuição de qualquer de seus atributos existenciais. Como justificativa para essa proteção, tem-se o reconhecimento da dignidade humana como principal valor do ordenamento jurídico. Nesse sentido, uma das principais preocupações de um legislador, como também dos tribunais e dos doutrinadores, é a de garantir que a pessoa humana será respeitada enquanto tal.

Essa proteção existe desde as primeiras codificações jurídicas. Por exemplo, no Código de Hamurábi (1700 a.C.),[1] previa-se a pena de morte quando uma lesão fosse causada a outrem. Um capítulo desse Código é a "Lei de Talião", que é um marco da história do direito, por ter estabelecido a proporcionalidade entre o dano causado e a sanção imposta. Desde então, tornaram-se célebres as expressões "olho por olho", "dente por dente", mas também há o "osso por osso" e o "filho por filho". Em Roma, a Lex Aquilia é referência obrigatória,[2] por ter estabelecido critérios que serviram de base, posteriormente, para a responsabilidade civil baseada na culpa.[3]

Do ponto de vista doutrinário, essa matéria ganhou outro contorno a partir da Idade Moderna, quando os ideais antropocêntricos substituíram os ideais teocêntricos medievais. Com essa alteração de ponto de partida, houve o reconhecimento da dignidade da pessoa humana por diversos autores, entre os quais Pico della Mirandola,[4] assim como a valorização do corpo humano e, posteriormente, a concepção jusnaturalista de que a pessoa humana tem direitos sobre si mesma, como se observa no pensamento de autores da época, como Gomes de Amesqua e Stryk.[5]

No século XVIII, os ideais iluministas concorreram para a ruptura das tradições jurídicas existentes e resultaram no reconhecimento de liberdades e

---

1. CÓDIGO DE HAMURÁBI (1700 a.C.). In: VIEIRA, Jair Lot (org.). *Código de Hamurabi; Código de Manu, excertos:* livros oitavo e nono*; Lei das XII tábuas*, 2000.
2. JUSTINIANO I (Imperador). *Institutas do Imperador Justiniano:* manual didático para uso dos estudantes de direito de Constantinopla, elaborado por ordem do Imperador Justiniano, no ano de 533 d.C., 2005, p.233.
3. ALVES, José Carlos Moreira. *Direito romano*, 2007, p.591.
4. MIRANDOLA, Giovanni Pico Della. *Discurso sobre a dignidade do homem*, 2010.
5. CIFUENTES, Santos. *Derechos personalíssimos*, 1995, p.24-5.

direitos inalienáveis e inerentes a toda e qualquer pessoa. Esse novo tipo de proteção da pessoa humana veio por meio das Declarações de Direitos do Homem e do Cidadão, como também encontrou suporte nas primeiras constituições políticas modernas, como no caso da Constituição brasileira de 1824, a qual trazia, no art. 179, uma Declaração de Direitos.

A doutrina e a jurisprudência iniciaram a tarefa de sistematização desse tema a partir do século XIX,[6] pela necessidade de correção ou de proteção contra as interferências que as pessoas passavam a sofrer, sobretudo em se tratando de privacidade pela fotografia e imprensa.[7]

No século XX, o desenvolvimento dos direitos da personalidade tornou-se imperioso, porque muitas vidas foram ceifadas em conflitos bélicos e também em pesquisas com seres humanos à força, sem consentimento dos participantes. A privacidade foi sendo reduzida com o desenvolvimento tecnológico, porque as informações sobre cada pessoa, reunidas em bancos de dados, passaram a ser usadas contra elas mesmas. A imagem teve seu uso disseminado pela fotografia e televisão. Os avanços da medicina permitiram os transplantes, mas também a manutenção da vida de forma artificial, pelo uso de aparelhos. Boa parte desses problemas potencializou-se pelo fato de que o Estado recuperou sobremaneira a sua força e capacidade de interferir na esfera de cada pessoa.

Assim, logo após a Segunda Guerra Mundial, fez-se a Declaração Universal dos Direitos Humanos, de 1948, para inaugurar um novo marco de direitos fundamentais do ser humano, o qual foi completado pelo Pacto de Direitos Civis e Políticos e pelo Pacto de Direitos Econômicos e Sociais, ambos de 1966. Em nível continental, promulgou-se a Convenção Europeia de Direitos Humanos, de 1950, e o Pacto de São José da Costa Rica, de 1969. As constituições políticas do pós-guerra passaram a estabelecer a dignidade da pessoa humana como fundamento da ordem jurídica, como nos casos da Constituição italiana de 1947 (art. 3º) e a Lei Fundamental de Bonn de 1949 (art. 1º), assim como, tempos depois, as Constituições portuguesa de 1976 (art. 1º) e brasileira de 1988 (art. 1º, III).

A partir de então, os direitos da personalidade estão regulados por diversos regimes jurídicos, que intencionalmente se sobrepõem para assegurar a mais ampla proteção da pessoa humana, tanto em face do conflito Estado-indivíduo, como também entre indivíduos em suas relações privadas, além do direito internacional, em que a comunidade internacional se coloca como defensora de pessoas, comunidades e povos.

---

6. Idib., p.34-7.
7. WARREN, Samuel D; BRANDEIS, Louis D. "The right to privacy". *Harvard Law Review*, 1890.

No âmbito do direito civil, os direitos da personalidade foram ganhando espaço dentro das codificações recentes. O Código Civil italiano de 1942 trouxe disposições sobre integridade física, nome e imagem nos arts. 5º a 10. Em Portugal, o Código Civil de 1966 estabelece essa disciplina entre os arts. 70 a 81, o Código Civil francês foi emendado em 1970 para recepcionar, no art. 9º, o respeito à vida privada, além de outras mudanças ocorridas até pouco tempo atrás. O Código Civil brasileiro de 2002 inseriu um capítulo na Parte Geral para tratar dos direitos da personalidade nos arts. 11 a 21, uma vez que o Código Civil de 1916 não os disciplinava pela novidade do tema à época de sua promulgação, como também não foi emendado ao longo do século XX para manter-se atualizado com o estado da arte sobre o tema.

A doutrina apresenta os direitos da personalidade quanto à sua conceituação e também quanto à sua tipologia. Tendo em vista a pretensão holística de proteção da pessoa humana pelos direitos da personalidade, os bens jurídicos ligados à pessoa humana correspondem à vida, às integridades física e moral e à identidade. Francisco Amaral, por exemplo, define-os como "[...] os direitos subjetivos que têm por objeto os bens e valores essenciais da pessoa no seu aspecto físico, moral e intelectual".[8] No mesmo sentido, Carlos Alberto Bittar considerava-os como

> [...] os direitos reconhecidos à pessoa humana tomada em si mesma e em suas projeções na sociedade, previstos no ordenamento jurídico exatamente para a defesa de valores inatos no homem, como a vida, a higidez física, a intimidade, a honra, a intelectualidade e outros tantos.[9]

Silmara Juny de Abreu Chinellato, tanto em sua obra "A proteção jurídica do nascituro",[10] quanto no comentário ao art. 11 do Código Civil brasileiro,[11] estabelece uma divisão quadripartite dos direitos da personalidade, entre os quais o direito à vida, à integridade física, à integridade moral e à integridade intelectual. Já Rabindranath Valentino Aleixo Capelo de Sousa apresenta o tema a partir do Código Civil português de 1966, no qual se reconhece, no art. 70, o denominado "direito geral de personalidade", cláusula geral que prevê a proteção da pessoa contra qualquer ofensa ilícita ou ameaça de ofensa

---

8. AMARAL, Francisco. *Direito civil. Introdução*, 2008, p.286.
9. BITTAR, Carlos Alberto. *Os direitos da personalidade*, 2001, p.1.
10. CHINELLATO, Silmara Juny de Abreu. *Tutela civil do nascituro*, 2000, p.293.
11. CHINELLATO, Silmara Juny de Abreu. Comentário ao art. 11 do Código Civil. In: COSTA MACHADO, Antônio Cláudio da (org.); CHINELLATO, Silmara Juny (coord.). *Código civil interpretado:* artigo por artigo, parágrafo por parágrafo, 2008, p.18.

à sua personalidade física ou moral.[12] Esse autor destaca que a Constituição portuguesa de 1933 já trazia regras protetivas da pessoa humana, entre as quais os direitos à vida, à integridade pessoal, ao trabalho, a bom nome e reputação, à liberdade e à inviolabilidade de crença e de práticas religiosas, à inviolabilidade do domicílio e da correspondência, à liberdade de escolha da profissão ou gênero de trabalho, indústria ou comércio. Já na Constituição portuguesa de 1976, acrescentou-se a liberdade, a igualdade, a reserva da intimidade da vida privada e familiar, bem como o direito de constituir família e contrair casamento, além da igualdade no casamento. Do mesmo modo, a liberdade de aprender e o direito de acesso a funções públicas.[13]

Essa maior amplitude decorre da ideia de livre desenvolvimento da personalidade, previsto no art. 2º, 1, da Lei Fundamental de Bonn. Dessa maneira, a proteção da pessoa humana não consiste apenas em colocá-la a salvo de opressões ou de invasões às esferas pessoais, mas também está em assegurar o máximo desenvolvimento das potencialidades humanas. Disposição similar está no art. 6º do Estatuto da Criança e do Adolescente, de 1990, que prevê a garantia dos direitos fundamentais da criança e do adolescente, pelo fato de que são sujeitos em formação. Se não forem respeitados com absoluta prioridade no tempo certo, será tarde demais.

Nesse sentido, Rabindranath Capelo de Sousa também esclarece que o ser humano é dinâmico, evolutivo e com trajetória particular de existência moral e integrado em uma vida comunitária:[14]

> Ou seja, a personalidade humana tutelada não reveste um carácter estático, mas dinâmico, protegendo-se por isso mesmo o direito ao desenvolvimento da própria personalidade (com a sua inerente adaptabilidade ambiental e socioeconômica) e sufragando-se a ideia de que tanto a existência do homem, enquanto determinantes da sua personalidade, merecem idêntica proteção legal.

Dessa maneira, os direitos da personalidade não se voltam apenas à proteção contra lesões, mas também visam a assegurar o livre desenvolvimento da pessoa. Assim, podem-se dividir, segundo este autor, os direitos da personalidade em: a) complexo unitário-somático da personalidade humana, que compreende a vida humana, o corpo e seus elementos - somático, psique, saúde; b) dimensão relacional - "eu-mesmo" da personalidade humana, entre os quais a identidade, a liberdade, a igualdade, a existência, a segurança,

12. SOUSA, Rabindranath Valentino Aleixo Capelo de. *O direito geral de personalidade*, 1995, p.93.
13. Ibid., p.97-8.
14. Ibid., p.117.

a honra, a reserva e o desenvolvimento da personalidade.[15] Essa concepção, sem dúvida, é mais abrangente do que aquela decorrente da interpretação dos arts. 11 a 21 do Código Civil brasileiro, no que se refere à integridade física, ao nome e à integridade moral ou psíquica (vida privada, honra e imagem).

A proteção jurídica da pessoa com deficiência

Considerando-se que a proteção da pessoa humana pelo direito civil é, em termos sistemáticos, bastante recente, datando-se, essencialmente, do fim do século XIX, o mesmo se pode falar da proteção jurídica da pessoa com deficiência. Em uma análise retrospectiva, observa-se que pessoas com deficiência física ou mental não tinham especial proteção. Ao contrário, essas pessoas eram institucionalmente discriminadas e segregadas do convívio social, isso quando não eram eliminadas da sociedade com a morte.

Na Antiguidade, sabe-se que se fazia seleção das crianças com malformação daquelas que não tinham deficiência física. Em Roma, denominava-se "*monstrum*" a criança malformada, sendo que se acreditava - por ignorância da época - que tal fato decorria de relações sexuais com animais (*coitus cum bestia*).[16] Os portadores de deficiência mental, denominados de *furiosi* ou de *mentecapti* (*demens*),[17] conforme o caso, eram estigmatizados. Durante os séculos seguintes, essas pessoas foram segregadas e isoladas do convívio social. Somente com a inserção de métodos científicos na medicina no século XIX é que se iniciou uma primeira abordagem técnica para essa questão.

No século XX, milhões de pessoas foram mutiladas ou lesionadas pelas guerras. Como forma de tentar minorar esse problema, houve a busca da melhoria das condições de vida da pessoa portadora de deficiência, procurando inseri-las na sociedade. Do mesmo modo, foi a partir da década de 1960 que a comunidade científica, em especial, o filósofo Michel Foucault, iniciou o movimento de transformação do tratamento das pessoas portadoras de transtorno mental.

Com efeito, a proteção jurídica da pessoa com deficiência deu-se, em grande parte, pelo direito internacional. A Organização das Nações Unidas editou a Declaração dos Direitos da Pessoa com Deficiência Mental em 1971 (Resolução ONU n. A/8.429, de 1971) e, anos após, a Resolução ONU n. 3.447/75, que consiste na Declaração Universal das Pessoas com Deficiência. No caso brasileiro, a Lei n. 7.853/89 e o Decreto n. 3.298/99, que regulamenta aquela lei,

15. Ibid., p.203-43.
16. ALVES, José Carlos Moreira, op. cit., p.99.
17. Ibid., p.133.

são diplomas legais importantes do direito brasileiro, porque deram início à implantação de medidas para a promoção da inclusão da pessoa com deficiência na sociedade, sobretudo na imposição de medidas garantidoras de acesso à educação, saúde, trabalho e busca da eliminação de barreiras e promoção da acessibilidade em se tratando de logradouros, transportes e edifícios. Do mesmo modo, o art. 37, VIII, da Constituição Federa e a Lei n. 8.112/90 (art. 5º, § 2º) previram a reserva de vagas em concursos públicos para pessoas portadoras de deficiência.

Em 2007, foi elaborada a Convenção de Nova Iorque para Pessoas Portadoras de Deficiência, a qual foi inserida no ordenamento jurídico brasileiro pelo Decreto n. 6.949/2009. Essa Convenção trata dos mais variados aspectos do livre desenvolvimento da pessoa com deficiência, com o intuito de promover a inclusão delas na sociedade sem qualquer discriminação. Por seu turno, desde 2006, tramitava no Congresso Nacional o PL n. 7.669/2006, que trata da proteção da pessoa com deficiência em forma de estatuto. Todavia, durante a tramitação, ofereceu-se um texto substitutivo, o qual reproduz, em linhas gerais, o texto da Convenção de Nova Iorque; este, por sua vez, por estar ratificado pelo Brasil, tornaria desnecessária a edição de lei ordinária. De qualquer modo, esse projeto de lei substitutivo converteu-se no texto da Lei n. 13.146/2015, denominado de Estatuto da Pessoa com Deficiência, e tornou-se amplamente debatido pela comunidade jurídica brasileira, não pela intenção de promover a proteção da pessoa com deficiência nos seus mais variados aspectos, mas somente na questão referente às modificações das regras sobre capacidade negocial, a qual, supostamente, em vez de protegerem as pessoas com transtorno mental, deixaram-nas mais expostas ao risco de dolo, uma vez que a gradação da capacidade negocial serve para proteção delas, e não para a segregação ou discriminação sociais.

Os direitos da personalidade no Estatuto da Pessoa com Deficiência

A questão da proteção jurídica da pessoa portadora de deficiência não é de pequena importância. De acordo com o Relatório Mundial sobre a Deficiência, de 2012,[18] estima-se que 10% da população mundial tenha algum tipo de deficiência, em geral, causada por guerras, acidentes de trânsito e de trabalho. Esse problema agrava-se pelo fato de que essas pessoas acabam sendo excluídas do mercado de trabalho, diminuindo a renda própria como também a renda familiar. Muitas delas passam a depender de outros membros

18. ORGANIZAÇÃO MUNDIAL DA SAÚDE. *Relatório mundial sobre a deficiência*, 2012.

da família, perdendo a autonomia de fato, como também pode exigir que outro membro da família pare de trabalhar para dar-lhe o auxílio necessário. Dessa maneira, acentua-se o círculo vicioso da pobreza, porque pessoas de baixa renda, infelizmente, têm menos acesso a tratamento médico, agravando-se a própria condição física. Ademais, pessoas com deficiência acabam sendo discriminadas quando procuram emprego e são marginalizadas por falta de acessibilidade nos transportes coletivos, passeios públicos, escolas, teatros, cinemas e locais de trabalho, quando conseguem uma oportunidade de emprego.

Por não terem a oportunidade de ampliarem seus relacionamentos interpessoais, nem de se desenvolverem intelectualmente pelo acesso à escola e locais de cultura e lazer, ou de se desenvolverem pelo trabalho, as pessoas portadoras de deficiência não conseguem ter o pleno e livre desenvolvimento da personalidade, que é uma das razões de ser dos direitos da personalidade. Esse problema se agrava ainda mais em relação à pessoa com transtorno mental, que, por não ter oportunidades de estudo e de trabalho, torna-se infantilizada na vida adulta.

Destarte, os direitos da personalidade não se limitam a evitar danos à esfera pessoal, mas também se desdobram na garantia de que os diversos aspectos da pessoa humana não deixarão de se desenvolver por falta de oportunidades, atrofiando-se com o passar do tempo, ou, em outras palavras, lesionando-se, de forma silenciosa, em vez de ser por um único ato, comissivo ou omissivo, doloso, culposo ou independentemente de culpa, conforme o caso.

Pela leitura da Lei n. 13.146/2015, nota-se com clareza o desdobramento de diversos direitos da personalidade para assegurar o livre desenvolvimento da pessoa com deficiência. O primeiro deles é o direito à vida, declarando-se, no art. 10, que receberá proteção do Estado em situações de risco.

Quanto ao direito à integridade física, o Estatuto da Pessoa com Deficiência deu bastante atenção, já que a ideia originária dos direitos da personalidade consistia na preservação da higidez do corpo humano, enquanto, neste caso específico da pessoa com deficiência, essa condição está afetada. Logo, não é porque a pessoa tem deficiência que ela pode se submeter, de forma compulsória, à intervenção clínica ou cirúrgica, nos termos do art. 11 do Estatuto da Pessoa com Deficiência, em paralelismo com o art. 15 do Código Civil de 2002. Tampouco pode ser submetida a tratamento ou institucionalização forçada, para que não seja segregada do convívio social, perdendo a oportunidade de desenvolver-se. Do mesmo modo, a pessoa com deficiência tem o direito de decidir sobre participação em pesquisas científicas, pois essas podem causar danos à integridade física ou até a morte. A exceção é o art. 13, que permite o tratamento em caso de risco de morte e de emergência em saúde.

O direito à saúde, previsto nos arts. 18 a 26 da Lei n. 13.146/2015, visa à melhoria e ao tratamento da redução ou limitação da capacidade física da pessoa com deficiência, completando, consequentemente, a disciplina jurídica do direito à integridade física. Sendo certo que todas as pessoas têm direito à assistência do Sistema Único de Saúde (SUS), a pessoa com deficiência tem, adicionalmente, nos termos do art. 18, § 4º, entre outros, o direito a serviços de habilitação e reabilitação, e o de receber órteses e próteses, meios auxiliares de locomoção, medicamentos, insumos e fórmulas nutricionais.

Ademais, para a completa garantia do livre desenvolvimento da personalidade, é fundamental que se reafirmem os direitos à educação (arts. 27 a 30), ao trabalho (arts. 34 e 35), à habilitação e reabilitação profissionais (art. 36), à promoção da inclusão no mercado e ambiente de trabalho (art. 37), além dos direitos à cultura, esporte, turismo e lazer (arts. 42 a 45).

Outra questão importante é a proteção da honra da pessoa portadora de deficiência. Lamentavelmente, é muito mais fácil que essas pessoas sofram chacotas, humilhações, segregações e discriminações em virtude de sua condição física ou mental. Por isso, o art. 4º do Estatuto da Pessoa com Deficiência veda a discriminação e o art. 5º estabelece que "a pessoa com deficiência será protegida de toda forma de negligência, discriminação, exploração, violência, tortura, crueldade, opressão e tratamento humano e degradante". Igualmente, o direito ao transporte público acessível e à mobilidade urbana (art. 52), assim como à acessibilidade (arts. 53 a 62), procura não apenas assegurar a liberdade de ir e vir, mas também que a pessoa com deficiência não se sinta humilhada nem que tenha sua dignidade degradada por não conseguir acessar os veículos de transporte, como ônibus, vagões e edifícios de acesso público.

A privacidade, entendida não apenas como o direito de estar só, mas também em termos de autonomia para a tomada de decisões sem interferência de terceiros, como do Estado, manifesta-se no art. 6º do Estatuto da Pessoa com Deficiência, ao declarar que ela tem capacidade plena para a constituição de uma nova família, manter relações sexuais e ter filhos, não sofrer interferência no planejamento familiar nem esterilização compulsória, bem como exercer todos os demais direitos de família em igualdade de condições com as demais pessoas. Vale observar que o termo "capacidade", usado no art. 6º, não guarda qualquer relação com o conceito de capacidade negocial, mas, sim, com a ideia de autonomia existencial, bem como o direito de afastar as demais pessoas, quando julgar necessário, no exercício de seus atos da vida civil.

Por fim, a polêmica modificação das regras sobre capacidade negocial, que transformou todos os portadores de transtorno mental em relativamente incapazes, dando-lhes o mecanismo de tomada de decisão apoiada, inserido no Código Civil de 2002 como art. 1.783-A, para que esta pessoa, se assim o desejar, requeira o auxílio de duas pessoas idôneas de sua confiança para a realização de negócios jurídicos. A intenção do legislador era a de promover a autonomia e assegurar privacidade na tomada de decisões pela pessoa com deficiência. Todavia, na grande maioria dos casos, a pessoa com transtorno mental não tem discernimento suficiente para a tomada de decisões negociais, e pode nem mesmo ter discernimento suficiente para solicitar auxílio de terceiros. Logo, se, excepcionalmente, permitem-se limitações aos direitos da personalidade, aqui se deveria ter mantido a regra tradicional acerca da incapacidade absoluta das pessoas com transtorno mental, para protegê-las.

Considerações finais

Os direitos da personalidade consistem em importante capítulo do direito civil, porque se voltam à proteção da pessoa humana em si mesma, de modo a assegurar a sua existência sem lesões às suas dimensões física, moral e intelectual. A disciplina jurídica sobre essa matéria é recente, e há sobreposição de regimes jurídicos, que concorrem para o desenvolvimento do tema, como nos casos do direito internacional e constitucional. Tradicionalmente, os direitos da personalidade se voltam à proteção da vida, da integridade física, da integridade moral (honra, privacidade) e da identidade. Em razão da necessidade de uma proteção holística da pessoa humana, os direitos da personalidade se dividem em dois grupos: o complexo unitário-somático da personalidade humana (vida, psique, saúde) e a dimensão relacional da personalidade humana (identidade, liberdade, igualdade, existência, honra, privacidade e desenvolvimento da personalidade).

Uma vez que os direitos da personalidade garantem a proteção de toda e qualquer pessoa humana, é certo que as pessoas portadoras de deficiência necessitam de maior atenção, porque têm afetadas a sua integridade física e estão mais vulneráveis à violação da honra pela chacota, estigma, humilhação e discriminação, bem como pela falta de oportunidades e de acessibilidade, não têm como ter o livre desenvolvimento da personalidade via educação, trabalho, cultura e lazer. Por isso, a Lei n. 13.146/2015, conhecida como Estatuto da Pessoa com Deficiência, sem prejuízo da Convenção de Nova Iorque, procura melhorar as condições da pessoa com deficiência, como também visa a complementar a disciplina dos direitos da personalidade no direito civil brasileiro.

De qualquer modo, vê-se que a proteção da pessoa com deficiência passa mais pela mudança de atitude da sociedade do que pela ausência de lei, pois, nesse caso, é nítido que existe abundância de normas jurídicas sobre o assunto, mas nem todas saem do papel para se tornarem realidade na vida dessas pessoas.

Referências

ALVES, José Carlos Moreira. *Direito romano*. 14.ed. rev., corr. e ampl. Rio de Janeiro, Forense, 2007.

AMARAL, Francisco. *Direito civil. Introdução*. 7.ed. rev., modif. e ampl. Rio de Janeiro, Renovar, 2008.

BITTAR, Carlos Alberto. *Os direitos da personalidade*. 5.ed. rev., atual. e ampl. por Eduardo C. B. Bittar. Rio de Janeiro, Forense Universitária, 2001.

CHINELLATO, Silmara Juny de Abreu. *Tutela civil do nascituro*. São Paulo, Saraiva, 2000.

______. "Comentário ao art. 11 do Código Civil". In: COSTA MACHADO, Antonio Claudio da (org.); CHINELLATO, Silmara Juny de Abreu (coord.). *Código Civil interpretado:* artigo por artigo, parágrafo por parágrafo. Barueri: Manole, 2008.

CIFUENTES, Santos. *Derechos personalíssimos*. 2.ed. atual. e ampl. Buenos Aires: Ástrea, 1995.

CÓDIGO DE HAMURÁBI (1700 a.C). Trad. Bouzon. In: VIEIRA, Jair Lot (org.). *Código de Hamurabi; Código de Manu, excertos:* livros oitavo e nono; Lei das XII tábuas. Bauru, Edipro, 2000.

JUSTINIANO I (Imperador). *Institutas do Imperador Justiniano:* manual didático para uso dos estudantes de direito de Constantinopla, elaborado por ordem do Imperador Justiniano, no ano de 533 d.C. Trad. José Cretella Junior, Agnes Cretella. 2.ed. São Paulo, Revista dos Tribunais, 2005.

MIRANDOLA, Giovanni Pico Della. *Discurso sobre a dignidade do homem*. Trad. Maria de Lurdes Sirgado Ganho. 6.ed. Lisboa, Edições 70, 2010.

ORGANIZAÇÃO MUNDIAL DA SAÚDE (OMS). *Relatório mundial sobre a deficiência*. São Paulo, SEDPcD, 2012.

SOUSA, Rabindranath Valentino Aleixo Capelo de. *O direito geral de personalidade*. Coimbra, Coimbra, 1995.

WARREN, Samuel D.; BRANDEIS, Louis D. "The right to privacy". *Harvard Law Review*, v.4, n.5, dez./1890, p.193-220.

CAPÍTULO 10
O direito à imagem: proteção e reparação

Fernando Campos Scaff

Introdução

Atendo, feliz, ao convite para contribuir com um texto de obra coletiva feita em homenagem à Professora Silmara Juny de Abreu Chinellato. É sempre uma satisfação – e também um dever – render elogios aos professores que, por tanto tempo e com tanta dedicação, contribuíram para a formação dos estudantes da nossa Faculdade de Direito do Largo São Francisco.

Nessa condição de seu antigo aluno, escolhi um tema que tem sido também do interesse da Professora Silmara, relacionado aos chamados *direitos da personalidade*.

Toda informação é útil? Toda informação é relevante? Temos direito à obtenção de qualquer informação, ainda que inútil e irrelevante?

Ao se buscar o conhecimento sobre dados específicos de certas pessoas ou ao se pretender divulgar, a todo custo, o que foi em relação a elas descoberto – o que se faz, frequentemente, no âmbito de alguma atividade econômica –, é possível que danos injustos sejam causados e que, assim, devam ser adequadamente reparados. A questão é: como realizar tal reparação de modo justo e efetivo?

Analisar as possíveis formas para corrigir as consequências de um dano injusto, decorrente do mau exercício da faculdade de divulgar informações de outrem, é o objetivo deste texto.

Em outras palavras, o problema neste momento colocado é o de se avaliar se a indenização pecuniária realmente constitui a melhor maneira de estabelecer alguma forma de compensação àquele que teve o seu direito à imagem, à intimidade e ao uso parcimonioso de informações pessoais agredido por outrem.

Ademais, devemos avaliar se o nosso ordenamento jurídico permitiria que outras formas de reparação fossem empregadas para a correção de tais atos injustos.

A informação no contrato e fora dele

Inicialmente, devemos ter a clara compreensão de que as questões relativas ao chamado *direito à informação* podem ser analisadas em dois planos distintos.

Um deles, mais amplo, diz respeito à liberdade de informação no sentido da sua divulgação geral, inclusive de modo independente da existência de qualquer vínculo contratual previamente estabelecido.

De outro lado, há a informação que vincula à criação de relações obrigacionais e, especialmente, daquelas de natureza contratual, quando são tratadas como deveres laterais e que determinam, em caso de descumprimento, a possibilidade de reparação autônoma, ou seja, oriunda de pretensão que se forma de modo não subordinado ao cumprimento ou não da obrigação principal.

Um bom exemplo dessas obrigações contratuais de informar de modo compreensível, amplo e direto, e que são ampliadas, ou seja, envolvem as fases pré e pós-contratuais, está no chamado *consentimento informado*, o qual é exigido, em especial, nas relações jurídicas vinculadas ao chamado *direito à saúde*.[1]

Reconhecida a existência de situações distintas, devemos pensar se efetivamente há ou não um direito absoluto à busca e à divulgação da informação obtida.

Nas relações contratuais, tudo dependerá do que foi ajustado pelas partes, da operação econômica subjacente e da finalidade perseguida, tanto pelas cláusulas expressas como pelas naturais.

Já no caso das relações que não estejam fundadas em contratos ou em outros atos de disposição da vontade, a questão deverá ser avaliada sob outra perspectiva. Assim, caso tal direito superior à divulgação de informações não exista - como me parece não existir, quando confrontado com outros direitos da personalidade - e havendo, assim, desvios, deveremos avaliar se a

---

1. Já tivemos ocasião de tratar desse tema. SCAFF, Fernando Campos. *Direito à saúde no âmbito privado:* contratos de adesão, planos de saúde e seguro saúde, 2010, p.81 e segs.

indenização pecuniária, que tem sido a preferida entre as diversas soluções, seria realmente a única ou a melhor forma de reparação.

De um ponto de vista mais aberto, portanto, prescindindo de qualquer relação negocial anteriormente estabelecida entre as partes, haverá a necessidade de confrontar o *direito à informação* ao chamado *direito de imagem*, reconhecendo a eventual incompatibilidade que poderá surgir entre eles.

Podemos entender como *imagem* a "reprodução física da pessoa, no todo ou em parte, por qualquer meio como pintura, fotografia, filme".[2]

Insere-se esse *direito à imagem* no rol dos direitos da personalidade, ou seja, dentre aqueles direitos subjetivos, oponíveis *erga omnes* e que visam a garantir bens e valores essenciais aos indivíduos.[3]

Como se observa por essa definição, não se encontra aí um conceito que se refira a situações taxativas, rigidamente descritas pela lei. Pelo contrário, determinados valores que não se entendiam, em determinados momentos históricos, como essenciais às pessoas, assim passaram a ser considerados, expandindo o rol dos direitos que se consideram *da personalidade*.

Tal alargamento se dá em um âmbito de direitos que devem possuir, efetivamente, uma grandeza superior, ou seja, daqueles que, por sua própria natureza, serão irrenunciáveis, imprescritíveis e oponíveis a todos os demais. A importância que têm, a partir de tais características, é evidente.

O *direito à informação* é um verdadeiro direito da personalidade? Não tenho dúvidas, tanto no que diz respeito ao acesso a dados essenciais para a vida das pessoas, como no tocante à restrição genérica à censura.

Um exemplo da relevância atribuída às informações de qualidade pode ser verificado nos direitos referentes à chamada *segurança alimentar*. De fato, mais do que o mero interesse daquele que efetivamente adquire um produto para seu consumo pessoal tenha acerca da sua composição, tal conhecimento é sobretudo um interesse que se assenta de modo difuso, ou seja, importa a todos os membros de uma comunidade saber o que contém um determinado produto alimentício, interesse que surge pelo puro e simples fato de ter sido disponibilizado tal alimento para eventual aquisição.

Assim, é matéria de ordem pública aquela que trata da chamada *rotulagem* de alimentos - o que também se aplica aos medicamentos -, pela qual se disponibilizam informações essenciais não apenas aos consumidores efetivos, mas também a todos os demais.

---

2. CHINELLATO, Silmara Juny de Abreu. "Direitos da personalidade: o art. 20 do Código Civil e a biografia de pessoas notórias". In: CASSETARI, Christiano (coord.). *10 anos de vigência do Código Civil brasileiro de 2002:* estudo em homenagem ao professor Carlos Alberto Dabus Maluf, 2013, p.130.
3. AMARAL, Francisco. *Direito civil:* introdução, 2006, p.247 e segs.

Assim se pretende garantir, por exemplo, que aqueles que são sensíveis a uma substância em virtude de uma determinada alergia, ou que pretendam comparar produtos que lhes sejam mais adequados, possam dispor de dados minimamente seguros e confiáveis, cuja presença deverá ser exigida pelas autoridades públicas, em especial aquelas que detêm as atribuições de fiscalização.

Até este ponto, poderíamos considerar que, quanto mais amplo for o quadro de tais direitos protegidos, maiores serão os avanços e a consolidação de garantias civilizatórias. Poderíamos também imaginar que a informação é sempre benigna e que a sua limitação não tem qualquer justificativa. Ocorre que essas não são verdades absolutas.

De um lado, a expansão de determinados direitos ou de meras pretensões, às quais em determinado momento histórico se atribui o galardão de se constituir num verdadeiro e próprio *direito da personalidade*, pode gerar conflitos com outros direitos e pretensões, dotados da mesma grandeza ou até de relevância superior, sendo, na verdade, muito mais identificados com valores supremos da Humanidade e que – por que não? – tenham perdido, indevidamente e em um certo período, o reconhecimento que merecem.

Por outro lado, é possível também entender que uma gama artificialmente expandida de *direitos da personalidade* – tanto daqueles que realmente possuam essa natureza como daqueles alçados, indevidamente, a essa estatura – pode gerar consequências bastante indesejadas, tanto do ponto de vista da segurança jurídica como do indevido encarecimento das relações negociais, em virtude de aumento das causas de eventual responsabilização civil.

Analisemos, mais detidamente, uma dessas situações.

Os conflitos

Consideremos o que consta do art. 20 do Código Civil brasileiro, dotado da seguinte redação:

> Art. 20. Salvo se autorizadas, ou se necessárias à administração da justiça ou à manutenção da ordem pública, a divulgação de escritos, a transmissão da palavra, ou a publicação, a exposição ou a utilização da imagem de uma pessoa poderão ser proibidas, a seu requerimento, e sem prejuízo da indenização que couber, se lhe atingirem a honra, a boa fama ou a respeitabilidade ou se destinarem a fins comerciais.

O que justificaria uma regra como essa? Parece-me claro que houve, aqui, o reconhecimento legislativo quanto à importância da proteção a um outro direito da personalidade verdadeiro e próprio, qual seja, o de respeito à privacidade, ao recato, à possibilidade de que uma determinada pessoa resista a ter o seu nome, a sua imagem, bem como aspectos da sua vida e dos seus interesses divulgados de modo contrário à sua própria vontade.

Essa é a regra. Quais são as exceções? Aquelas indicadas na norma e que estão vinculadas ao interesse público superior, vinculadas à *administração da justiça ou à manutenção da ordem pública.*

Não foi essa, contudo, a compreensão recentemente adotada pelo Supremo Tribunal Federal no julgamento da Ação Direta de Inconstitucionalidade n. 4.815.[4]

---

4. É a seguinte a ementa do acórdão proferido: "Ação direta de inconstitucionalidade. Arts. 20 e 21 da Lei n. 10.406/2002 (Código Civil). Preliminar de ilegitimidade ativa rejeitada. Requisitos legais observados. Mérito: aparente conflito entre princípios constitucionais: liberdade de expressão, de informação, artística e cultural, independente de censura ou autorização prévia (arts. 5º, IV, IX, XIV; 220, §§ 1º e 2º) e inviolabilidade da intimidade, vida privada, honra e imagem das pessoas (art. 5º, X). Adoção de critério da ponderação para interpretação de princípio constitucional. Proibição de censura (estatal ou particular). Garantia constitucional de indenização e de direito de resposta. Ação direta julgada procedente para dar interpretação conforme à Constituição aos arts. 20 e 21 do Código Civil, sem redução de texto. 1. A Associação Nacional dos Editores de Livros - Anel congrega a classe dos editores, considerados, para fins estatutários, a pessoa natural ou jurídica à qual se atribui o direito de reprodução de obra literária, artística ou científica, podendo publicá-la e divulgá-la. A correlação entre o conteúdo da norma impugnada e os objetivos da Autora preenche o requisito de pertinência temática e a presença de seus associados em nove Estados da Federação comprova sua representação nacional, nos termos da jurisprudência deste Supremo Tribunal. Preliminar de ilegitimidade ativa rejeitada. 2. O objeto da presente ação restringe-se à interpretação dos arts. 20 e 21 do Código Civil relativa à divulgação de escritos, à transmissão da palavra, à produção, publicação, exposição ou utilização da imagem de pessoa biografada. 3. A Constituição do Brasil proíbe qualquer censura. O exercício do direito à liberdade de expressão não pode ser cerceada (está assim no acórdão publicado) pelo Estado ou por particular. 4. O direito de informação, constitucionalmente garantido, contém a liberdade de informar, de se informar e de ser informado. O primeiro refere-se à formação da opinião pública, considerado cada qual dos cidadãos que pode receber livremente dados sobre assuntos de interesse da coletividade e sobre as pessoas cujas ações, público-estatais ou público-sociais, interferem em sua esfera do acervo do direito de saber, de aprender sobre temas relacionados a suas legítimas cogitações. 5. Biografia é história. A vida não se desenvolve apenas a partir da soleira da porta de casa. 6. Autorização prévia para biografia constitui censura prévia particular. O recolhimento de obras é censura judicial, a substituir a administrativa. O risco é próprio do viver. Erros corrigem-se segundo o direito, não se coartando liberdades conquistadas. A reparação de danos e o direito de resposta devem ser exercidos nos termos da lei. 7. A liberdade é constitucionalmente garantida, não se podendo anular por outra norma constitucional (inciso IV do art. 60), menos ainda por norma de hierarquia inferior (lei civil), ainda que sob o argumento de se estar a resguardar e proteger outro direito constitucionalmen-

Estabelecido o confronto entre o que são dois valores em jogo – o direito à imagem e o direito à divulgação de informações –, considerou aquele Tribunal que haveria um bem superior a se garantir, qual seja aquele que veda a prática de atitudes que possam ser consideradas como *censura*.

Várias são as afirmações contidas em tal julgado. Sobre elas podem ser, segundo entendo, levantadas objeções consistentes e que estão fundadas também no texto constitucional.

Pretendo, contudo, dar destaque às seguintes assertivas, contidas na ementa do acórdão:

> 5. Biografia é história. A vida não se desenvolve apenas a partir da soleira da porta de casa. 6. Autorização prévia para biografia constitui censura prévia particular. O recolhimento de obras é censura judicial, a substituir a administrativa. O risco é próprio do viver. Erros corrigem-se segundo o direito, não se coartando liberdades conquistadas [...].

Vamos às críticas. Primeiro, há de se reconhecer que uma obra qualquer, pelo mero fato de ter sido denominada, pelo seu autor, como uma "biografia", pode conter assertivas, ilações, juízos de valor e opiniões questionáveis, inverídicas e afrontosas.

De modo intencional ou por mera culpa, podem existir no texto também referências incorretas, omissões graves, interpretações distorcidas e afirmações inverossímeis.

Além disso, não poderia haver o real propósito de principalmente atentar contra a honra daquele "biografado", acusando-o de ter praticado atos, de sustentar posições, de defender ideias que jamais foram realmente suas? É evidente que sim. Para tais casos, foi dito no julgado o seguinte: "a reparação de danos e o direito de resposta devem ser exercidos nos termos da lei".

---

te assegurado, qual seja, o da inviolabilidade do direito à intimidade, à privacidade, à honra e à imagem. 8. Para a coexistência das normas constitucionais dos incisos IV, IX e X do art. 5º, há de se acolher o balanceamento de direitos, conjugando-se o direito às liberdades com a inviolabilidade da intimidade, da privacidade, da honra e da imagem da pessoa biografada e daqueles que pretendem elaborar as biografias. 9. Ação direta julgada procedente para dar interpretação conforme à Constituição aos arts. 20 e 21 do Código Civil, sem redução de texto, para, em consonância com os direitos fundamentais à liberdade de pensamento e de sua expressão, de criação artística, produção científica, declarar inexigível autorização de pessoa biografada relativamente a obras biográficas literárias ou audiovisuais, sendo também desnecessária autorização de pessoas retratadas como coadjuvantes (ou de seus familiares, em caso de pessoas falecidas ou ausentes)" (ADI n. 4.815, rel. Min. Cármen Lúcia, Tribunal Pleno, j. 10.06.2015, *DJe* 01.02.2016).

Voltando à nossa questão inicial: qual será essa modalidade de reparação? No nosso atual sistema jurídico, considero que será prioritariamente indenizatória. Assim, verificado o dano injusto, o ofendido poderá buscar o recebimento de um valor que corresponda ao dano material comprovado e, sobretudo nesses casos, ao dano moral eventualmente causado.

O problema é: essa forma de reparação pode ser ineficaz para superar o dano, bem como beneficiar os seus próprios causadores.

É de senso comum que, uma vez levantadas dúvidas sobre a honra de alguém, tal mácula não será, no mais das vezes, apagada por eventuais desmentidos ou pedidos de desculpas posteriormente feitos.

Isso é ainda mais verdadeiro quando reconhecemos a profunda mudança no trânsito de informações ocorrida nos últimos anos, nos quais a reprodução escrita em papel deixou ser a mais importante, em virtude da rapidez e facilidades próprias à divulgação digital e pela transmissão de dados pelas redes de computadores.

Nesse sentido, pensemos em algumas situações hipotéticas:

- Caso 1: um adolescente, filho de um criminoso conhecido e que foi responsável por prejuízos morais e materiais incalculáveis a um sem-número de pessoas, é descoberto por alguém que se interessa em contar a sua história, contra a sua vontade. A despeito de ter tido uma vida pacata, discreta, de nunca ter compactuado com as atitudes de seu pai, passa a sofrer as consequências geradas pelas informações reveladas, em especial o rancor daqueles que viam na imagem de seu pai aquela de um inimigo público.
- Caso 2: um indivíduo, tendo celebrado um acordo com as autoridades públicas para prestar informações sobre os seus comparsas, assume esse compromisso sabendo que deverá, a partir de tal momento, assumir uma nova identidade como condição para a manutenção de sua integridade física e de sua família. Sua nova condição, contudo, é descoberta e divulgada em um texto, a despeito do compromisso assumido pelo Estado de protegê-lo.
- Caso 3: uma pessoa, sofrendo de moléstia altamente contagiosa, mas que se encontra controlada pelo uso de medicamentos, muda-se para outra cidade e procura recomeçar a sua vida. A doença, contudo, reapareceu em outros pacientes, mas não naquele que teve a sua condição de saúde guardada sob sigilo. O médico que o tratou, contudo, acaba por relatar o seu caso a terceiros, informação esta que, revelada, causa pânico nos vizinhos e demais pessoas que se relacionavam com aquele paciente.

Suponhamos que esses três casos sejam inseridos e divulgados em obras que sejam denominadas *biografias não autorizadas.*

Nessas condições, considerando os danos causados a cada uma dessas pessoas, bastaria a eventual reparação financeira e o direito de resposta, propugnados no julgamento do Supremo Tribunal Federal? Naturalmente, isso não bastará.

A reparação

Devemos compreender que a indenização pecuniária, muitas vezes compreendida como resultado da responsabilização civil, atende a muitas ambições, além daquelas da própria vítima, e muitas vezes não considera um interesse efetivamente social.

Não é difícil imaginar quais seriam esses outros interessados. Advogados e companhias seguradoras, principalmente, podem ter parte substancial de seus proventos vinculados às indenizações pretendidas. Assim sendo, maior a indenização, maior será a remuneração desses outros personagens.

Por outro lado, é possível imaginar que outras sanções poderiam ser aplicadas àqueles que violam o direito à imagem? Certamente, há outros caminhos. A reparação é, sem dúvida, o caminho natural da responsabilização civil.[5]

Reinhard Zimmermann esclarece que, para os romanos, a responsabilidade aquiliana era baseada na falta (culpa no sentido mais amplo) e era o termo *iniuria* que dava o ponto de partida óbvio para esse notável refinamento de interpretação dos requisitos da *Lex Aquilia*. Somente se o réu pudesse ser acusado por morte ou dano, os jurisconsultos romanos do período clássico (e mesmo do período da República) iriam vincular a qualificação de *iniuria* ao seu ato e o fazer responsável pelo prejuízo causado.[6] Thomasius, Grotius, Pudendorf e Christian Wolff, nos séculos XVII e XVIII, fundamentaram, segundo Zimmerman, o apartamento das sanções e responsabilidades civis e penais, reservando-se ao Estado e ao seu direito público as penas criminais, e ao direito privado o ressarcimento dos danos sem mais conotação punitiva.

Sob essa finalidade, há o ressarcimento de danos com limite, qual seja o do valor econômico do próprio dano, do próprio prejuízo.

Sem dúvida, esse conceito foi se alargando. O art. 2.043 do Código Civil italiano qualifica o *dano* que deverá ser ressarcido como aquele injusto, superando a doutrina e a legislação anteriores que vinculavam tal pretensão não a um *dano*, mas, sim, a um *fato* injusto. A injustiça, assim, não mais viria

---

5. LARENZ, Karl. *Derecho de obligaciones*, 1958, p.190 e segs.
6. ZIMMERMANN, Richard. *The law of obligations. Foundations of the civilian tradition*, 1996, p.1.004 e segs.

vinculada ao *fato*, ou seja, ao comportamento do agente, mas, sim, ao *dano*, isto é, ao *resultado* verificado.

Por outro lado, foram também criadas novas hipóteses de responsabilidade não fundadas na ideia de *culpa*, tais como a responsabilidade pelo fato de outrem, a responsabilidade presumida e a responsabilidade pela atividade perigosa.

Contudo, três outras finalidades podem ser encontradas nessa matéria. Uma delas é, efetivamente, a vertente sancionatória. A despeito de ser essa a seara natural do direito penal, o fato é que, em determinados ordenamentos jurídicos - e os exemplos mais eloquentes são aqueles encontrados nos Estados Unidos da América e na Inglaterra -, admite-se que não há necessidade de se constatar uma estrita correlação entre o dano causado e a reparação patrimonial, buscando-se meramente a volta ao *status quo ante*.

Poderá haver, sim, uma sanção civil de natureza sobretudo pecuniária como meio eloquente para buscar a correção de condutas e a dissuasão de novos comportamentos que, de modo relevante, se mostram socialmente reprováveis. É o que se entende pela expressão, em língua inglesa, dos *punitive damages*.

Há também uma visão, por assim dizer, *distributivista* da responsabilidade civil, relacionada à negação da existência de uma teoria dos contratos e utilizada como caminho de justiça social. É o que se vê, por exemplo, quando pensamos nos casos de reparação obrigatória para qualquer espécie de dano ou nos chamados seguros obrigatórios. Tal perspectiva, contudo, é aqui só mencionada, uma vez que não se relaciona diretamente ao tema central deste texto.[7]

Dessas finalidades outras da responsabilidade civil, a que mais chama a atenção no tocante à proteção do chamado *direito à imagem* é aquela relacionada às ideias da *precaução* e da *prevenção*.

É no campo do *direito ambiental* que essas formulações se apresentam de modo mais robusto. Por vezes, essa finalidade preventiva gera algumas perplexidades, pois se trata, na verdade, de forma de responsabilização civil sem dano. A justificativa para essa exceção - e que deve ser assim considerada e, portanto, aplicada restritivamente - é que, uma vez ocorrido o evento que se pretende evitar, sua efetiva reparação será impossível.

Se tal finalidade poderá valer, em determinadas circunstâncias, no âmbito do *direito ambiental* com o fito de evitar danos irreparáveis, a mesma finalidade deverá ser reconhecida em relação a eventuais danos ao *direito à imagem*.

Sem dúvida, uma vez registrados em livro, ataques à honra ou à intimidade pessoal, mesmo que sejam posteriormente desmentidos ou objeto de retratações, tais fatos não mais desaparecerão. Não haverá, assim, possibilidade

---

7. Sobre essa finalidade da responsabilidade civil, conferir KEREN-PAZ, Tsachi. *Torts, egalitarianism and distributive justice*, 2007.

de efetiva volta ao *status quo ante*, passível de se vislumbrar em outras situações nas quais o dano seja exclusivamente patrimonial, quando o seu causador for solvente e na medida em que exista processo judicial eficaz e célere.

Para isso, vale o chamado *princípio da precaução*, pelo qual poderão ser *antecipadas* as providências necessárias de prevenção de danos quando ocorrerem situações hipotéticas que tenham em si mesmas um potencial suficiente para causar consequências negativas para a sociedade, para o meio ambiente ou para as demais pessoas individualmente consideradas. Bastará existir, então e para tanto, uma *possibilidade concreta*, não se exigindo a *certeza* de que o risco detectado resultará em dano.

Obtida a informação antecipada de que dados referentes à vida de uma pessoa serão divulgados em uma obra qualquer – e reconhecendo-se que, em determinadas e específicas situações, tal evento poderá causar danos irreparáveis àquela pessoa –, parece-me legítimo e, além disso, estribado em princípios constitucionais e legais, que possa o Poder Judiciário tomar as medidas necessárias para impedir tal divulgação, ou seja, antes que o dano se realize em sua integralidade. Será o exercício daquilo que os processualistas costumavam chamar de *poder geral de cautela*, inerente à atuação dos juízes.

Nesse sentido, além ou em vez da reparação mediante o pagamento de uma indenização em dinheiro, é importante que se reconheça a existência de outras formas de condenação que não sejam pura e simplesmente baseadas na reparação de fundo pecuniário. Isso poderá levar, quiçá, a soluções e resultados mais úteis, como a imposição de restrições de direitos ou da prática compulsória de atos.

Por exemplo, uma editora de revista ou jornal quc divulgasse informações distorcidas em relação a um determinado fabricante de produto; em vez de ser obrigada ao pagamento de uma indenização, poderia ter ela, editora, vedado, por determinado tempo e mediante determinação judicial, o direito de captar verbas de caráter publicitário, sendo obrigada, no lugar disso, a realizar publicações de fundo educativo naquele espaço destinado a propagandas de empresas ou produtos, o que poderia, quiçá, inibir a reiteração do ato reprovável em outras situações.

Além disso, tenho a convicção de que a liberdade de divulgação de toda e qualquer informação não é um dogma, um direito absoluto, cujo mau exercício deva acarretar apenas a imposição de uma indenização.

Considerações finais

Pelas razões aqui tratadas, determinadas informações, de modo excepcional, podem ter a divulgação proibida, não só por questões referentes à segurança pública, como também pelo reconhecimento da vulnerabilidade daqueles que possam vir a ter a sua *imagem* atacada ou exposta de modo indevido, com consequências tão graves que o direito de resposta ou mesmo a indenização pecuniária não serão capazes de mitigar.

Nossa legislação já possui meios para tanto, em especial previstos nos arts. 536 a 538 do atual Código de Processo Civil, ao se tratar de situações de execução.

O caminho, portanto, existe e contribui para que se reconheça, também em relação a essa matéria, que existe um rol amplificado de opções para que o risco de danos aos direitos da personalidade possa vir a ser evitado.

Tais medidas, contudo, deverão ser delimitadas pela lei e pela jurisprudência, e utilizadas de modo restrito, pois o abuso em tal poder poderá levar à aplicação de sanções aleatórias e desmesuradas, a uma restrição desordenada à informação e, aí sim, a um risco de censura indevida.

Enfim, o importante é concluir que nem toda informação pode ser divulgada, em especial aquela que atente contra o *direito de imagem* de pessoas que se reconheçam como de algum modo vulneráveis. Reconhecer essa situação, penso eu, é compreender que determinadas informações, transmitidas sem qualquer limite, poderão causar danos irrecuperáveis. Em suma, pode haver conflito em *direitos da personalidade*, e não me parece que o *direito à informação*, sobretudo no tocante à divulgação de matérias com o prevalente intuito da obtenção de lucro, possa ser alçado à condição de um direito superior aos demais.

Referências

AMARAL, Francisco. *Direito civil: introdução*. 6.ed. Rio de Janeiro, Renovar, 2006.

CHINELLATO, Silmara Juny de Abreu. "Direitos da personalidade: o art. 20 do Código Civil e a biografia de pessoas notórias". In: CASSETARI, Christiano (coord.). *10 anos de vigência do Código Civil brasileiro de 2002: estudo em homenagem ao professor Carlos Alberto Dabus Maluf*. São Paulo, Saraiva, 2013.

KEREN-PAZ, Tsachi. *Torts, egalitarianism and distributive justice*. Hampshire, Ashgat, 2007

LARENZ, Karl. *Derecho de obligaciones*. Trad. Jaime Santos Briz. Madri, Revista de Derecho Privado, 1958, t.1.

SCAFF, Fernando. *Direito à saúde no âmbito privado:* contratos de adesão, planos de saúde e seguro saúde. São Paulo, Saraiva, 2010.

ZIMMERMANN, Richard. *The law of obligations. Foundations of the civilian tradition*. Oxford, Oxford University, 1996.

CAPÍTULO 11

O princípio da boa-fé objetiva aplicado ao termo de consentimento informado na reprodução humana assistida

Maria Cristina de Almeida Bacarim

Introdução

O direito das obrigações sofreu grandes transformações no último século. No dizer de Orlando Gomes, assistimos à chamada "decadência do voluntarismo jurídico", produto das transformações econômicas, políticas e sociais. O dogma da autonomia da vontade, que se iniciou na Revolução Francesa e teve seu auge na Alemanha do século XIX, tinha uma visão individualista e puramente patrimonial.

A partir da Revolução Industrial, com a concentração de riquezas e desigualdades sociais, fez-se necessária a intervenção estatal para proteção da parte mais fraca, visando-se ao restabelecimento do equilíbrio e da igualdade entre as partes. Surgem novas figuras contratuais em razão de um novo tipo de sociedade, industrializada, de consumo, massificada. O contrato passa a ser visto não apenas como espaço reservado à soberana manifestação da vontade das partes, mas também como instrumento jurídico social, submetido a uma série de imposições cogentes. O dogma da liberdade contratual sofre uma releitura. Da prevalência do patrimônio chega-se à maior importância da pessoa humana. A Constituição Federal de 1988 sinalizou a mudança da concepção clássica do contrato, erigindo a fundamento constitucional a dignidade da pessoa humana e buscando uma função social da propriedade.

Nesse contexto, surge uma nova dogmática contratual, com características próprias. Destacaremos a importância dos novos princípios contratuais e nos dedicaremos ao princípio da boa-fé objetiva.

De outro lado, os recentes avanços tecnológicos no âmbito da biogenética e da reprodução humana assistida passaram a exigir a atenção dos juristas do mundo todo. No Brasil, como não poderia deixar de ser, vem crescendo a preocupação dos estudiosos do direito a respeito do tema.

Existem várias clínicas de reprodução humana assistida atuando no Brasil, as quais mantêm os chamados "bancos de embriões" sem real fiscalização por parte do governo. De acordo com a Revista *Veja*, edição de 22 de março de 2006, p. 114, existiam cerca de 30.000 embriões armazenados no Brasil. Em julho de 2015, esse número chegou a 150 mil embriões congelados, segundo estimativa do Sistema Nacional de Produção de Embriões.[1]

Inúmeros casais submetem-se à reprodução humana assistida sem maiores esclarecimentos a respeito da dignidade humana dos embriões. No Brasil, havia, em 2006, cerca de 150 clínicas de reprodução humana assistida (dados da Revista *Veja*, edição de 22 de março de 2006, p.114-5). Em 2012, somavam mais de 200,[2] embora a Agência Nacional de Vigilância Sanitária (Anvisa), em 2014, apontasse a existência de 106 clínicas.

Não há legislação específica regulamentando a reprodução humana assistida. A partir dessa realidade e com base na nova dogmática contratual e nos novos princípios contratuais, pretende-se analisar algumas das normas jurídicas em vigor que poderão nortear a atuação das clínicas de reprodução humana assistida perante os casais que se submeterão ao respectivo tratamento.

A quarta era dos direitos: biodireito

Em termos históricos, os direitos atravessaram três "eras" ou "dimensões": os direitos individuais (de primeira dimensão ou "primeira era dos direitos"), os direitos sociais (de segunda dimensão ou "segunda era dos direitos") e os direitos ecológicos e de solidariedade e fraternidade (de terceira dimensão ou "terceira era dos direitos"). Vivemos atualmente a era dos direitos de quarta dimensão, decorrentes da revolução genética – "quarta era dos direitos".[3]

Fala-se também em "geração" dos direitos. A nosso ver, seja qual for a expressão utilizada, deve-se ressalvar que, na realidade, tais direitos sempre existiram de uma forma ou de outra na sociedade.[4] Ocorre que, dependendo

1. *Vide*: http://g1.globo.com/jornal-nacional/noticia/2015/07/jn-mostra-discussao-delicada-sobre-destino-dos-embrioes-congelados.html, consultado em 17 de novembro de 2016.
2. *Vide*: http://oglobo.globo.com/brasil/mais-da-metade-das-clinicas-de-reproducao-esta-irregular-5694664, consultado em 17 de novembro de 2016.
3. BOBBIO, Norberto. *A era dos direitos*, 1992, p.6.
4. Os direitos de quarta geração estão ligados às novas técnicas de reprodução humana assistida e têm como ponto central a discussão a respeito da condição jurídica do em-

do contexto histórico, uma série de direitos teve maior ou menor destaque em determinado período. O mesmo se poderá dizer, aliás, dos princípios contratuais.

No início do século XXI surge o novo desafio do direito: a proteção do homem em sua origem, em sua concepção e a busca de uma nova humanidade – o biodireito.

A revolução genética trouxe a possibilidade de experimentos com embriões. A partir da fertilização *in vitro* puderam-se vislumbrar pesquisas genéticas com embriões, o surgimento dos chamados "bancos de embriões", clonagem etc.

Surge, outrossim, uma nova figura contratual advinda da relação existente entre os casais que se submeterão a tratamento e as clínicas de reprodução humana assistida. Como se realizam esses novos contratos? Existe norma jurídica regulamentando-os? Podem ser enquadrados em algum tipo contratual? Trata-se de um novo tipo contratual? Seria um contrato do direito de família ou do direito das obrigações? Os casais contratantes são suficientemente esclarecidos pelos médicos? Qual é o objeto de tais contratos? O embrião é objeto do contrato que prevê a sua crioconservação e eventual destruição após determinado período? Seria lícita tal disposição contratual? Trata-se de cláusula abusiva? Essas são apenas algumas das inúmeras indagações que nos preocupam. Nem todas serão analisadas neste trabalho, em razão da complexidade e vastidão do tema. De qualquer forma, analisaremos como se realizam esses novos contratos e algumas normas jurídicas existentes atualmente no ordenamento jurídico brasileiro e aplicáveis a eles.

À vista dos novos rumos tomados pela ciência e experimentos genéticos, impõe-se estudar essas novas figuras contratuais, lembrando-se a lição de Judith Martins-Costa de que o papel do direito não é o de cercear o desenvolvimento científico, mas justamente o de traçar aquelas exigências mínimas que assegurem a compatibilização entre os avanços biomédicos que importam na ruptura de certos paradigmas e a continuidade do reconhecimento da Humanidade enquanto tal, e, como tal, portadora de um quadro de valores que devem ser assegurados e respeitados.[5]

Para uma ampla visão do assunto, não se pode deixar de recorrer aos estudos da professora Silmara Juny de Abreu Chinellato, a qual, em sua brilhante tese de concurso à livre-docência do Departamento de Direito Civil da Fa-

---

brião, o qual, para nós, deve ser tido como nascituro. A discussão a respeito dos direitos do nascituro remontam aos povos antigos. Veja-se, por exemplo, o juramento de Hipócrates, em que o médico se compromete a não praticar o aborto.

5. MARTINS-COSTA, Judith. "Bioética e dignidade da pessoa humana: rumo à construção do biodireito". *Revista da Pós-Graduação da Faculdade de Direito da USP*, 2001, p.18.

culdade de Direito da Universidade de São Paulo, em setembro de 2000, escreveu verdadeiro tratado da reprodução humana assistida, sob o título Reprodução humana assistida: aspectos civis e bioéticos.[6]

Pós-modernismo e a importância dos princípios na dogmática jurídica hodierna: destaque para o princípio constitucional da dignidade da pessoa humana – art. 1º, III, da CF

A finalidade do direito,[7] em apertadíssima síntese, é (ou deveria ser)[8] a proteção do homem *em* si mesmo, *em sua relação* com os demais e *em face do* Estado. Vislumbra-se atualmente a necessidade da proteção do homem *contra* si mesmo, ou seja, contra a sua própria ganância e potencial poder destrutivo.

Vive-se o que se costuma chamar de "pós-modernidade"[9] (se é que alcançamos - no Brasil - a modernidade mesma). A era da velocidade, dos diferentes estilos, da preponderância da imagem e aparência, do hedonismo, do egocentrismo, da competição exacerbada, da insatisfação com o momento presente e tentativa de se antever e viver o futuro, da intolerância religiosa, do terrorismo, da globalização, do estresse... Vislumbra-se o enaltecimento

---

6. Com todo respeito devido à ilustríssima professora e orientadora, a quem rendo sinceras homenagens, devo ressalvar nossa divergência de opinião em relação a alguns pontos, por exemplo, a possibilidade de fertilização de óvulos em número superior ao necessário a um ciclo de tratamento (implantação). Diante do princípio constitucional da dignidade da pessoa humana, filio-me ao entendimento mais restritivo adotado, por exemplo, na Alemanha e na Itália, em que não é lícita a formação dos chamados "bancos de embriões".
7. Bem nos adverte Fábio Konder Comparato: "o primeiro postulado da ciência jurídica é o de que a finalidade-função ou razão de ser do Direito é a proteção da dignidade humana, ou seja, da nossa condição de único ser no mundo capaz de amar, descobrir a verdade e criar a beleza" (COMPARATO, Fábio Konder. "O papel do juiz na efetivação dos direitos humanos". In: ______ et al., *Direitos humanos:* visões contemporâneas, 2001, p.15)
8. Por vezes, o direito é usado como instrumento de dominação. A propósito, cf. Tercio Sampaio Ferraz Jr.: "O direito, assim, de um lado, nos protege do poder arbitrário, exercido à margem de toda regulamentação, nos salva da maioria caótica e do tirano ditatorial, dá a todos oportunidades iguais e, ao mesmo tempo, ampara os desfavorecidos. Por outro lado, é também um instrumento manipulável que frustra as aspirações dos menos privilegiados e permite o uso de técnicas de controle e dominação que, pela sua complexidade, é acessível apenas a uns poucos especialistas" (FERRAZ JR., Tercio Sampaio. *Introdução ao estudo do direito, técnica, decisão, dominação,* 1993, p.33).
9. MARQUES, Cláudia Lima. *Contratos no Código de Defesa do Consumidor, o novo regime das relações contratuais,* 2002, p.155 e segs.; JAYME, Erik. "Visões para uma teoria pós-moderna do direito comparado". *Revista dos Tribunais,* 1999, p.24 e segs.

do egoísmo e do individualismo: fazer tudo para a sua própria felicidade (vaidade extremada: explosão das cirurgias plásticas; tudo para alcançar o máximo de si mesmo; se não se consegue engravidar: impor tal situação a qualquer custo), fuga da dor e busca do máximo prazer, próprios do utilitarismo. Observa-se a "coisificação" do homem, usado como objeto de lazer, de satisfação pessoal, de ridicularização (vejam-se os programas de TV...), de pesquisas genéticas, de instrumento de venda e consumo, de incremento do lucro.

No direito, fala-se em desregulamentação, decodificação, pluralidade de microssistemas legislativos; a velocidade das leis não acompanha a velocidade do desenvolvimento tecnológico. É nesse contexto que a nova hermenêutica jurídica tenta traçar diretrizes para o "novo direito".

Com os excessos e atrocidades do nazismo e do fascismo, cujo fundamento era a própria legalidade e o positivismo jurídico, impôs-se um redimensionamento do direito. Ao final da Segunda Guerra Mundial, surgiu a Declaração Universal dos Direitos do Homem e a introdução nas Constituições europeias da noção de dignidade humana. Determinados valores tradicionais da comunidade passam a materializar princípios de direito abrigados explícita ou implicitamente na Constituição e em alguns Códigos, como o Código de Defesa do Consumidor e o Código Civil de 2002. Exemplo recente de princípio incorporado ao sistema constitucional brasileiro de forma explícita é o da dignidade da pessoa humana, em que pese ter ele sido proclamado há muitos séculos na tradição judaico-cristã, defendido por Jesus Cristo há mais de dois mil anos.

Cite-se, ainda, o princípio da boa-fé objetiva, com previsão expressa nos arts. 113, 187 e 422 do Código Civil de 2002.

Para Erik Jayme,[10] nas palavras de Cláudia Lima Marques, há um "*revival* dos direitos humanos, como novos e únicos valores seguros a utilizar"[11] no caos atual da pós-modernidade, "[...] no momento em que são justamente esses direitos humanos menosprezados em tantas guerras, violências, barbarismo, tanto individualismo, tanto egocentrismo em nosso mundo".[12]

No pós-modernismo, os princípios traçam normas e diretrizes que podem abranger as mais diversas situações da vida, as quais, pela velocidade de suas mudanças e pela especificidade de seus conteúdos, não conseguem ser reguladas pelas regras, por meio da legislação ordinária, cujo processo de aprovação não é célere.

---

10. JAYME, Erik. Narrative *Normen im internationalen Privat - und Verfahrensrechet. Tübingen: Nomos*, 1993, apud MARQUES, Cláudia Lima, op. cit., p.162 e segs.
11. Ibid., p.164.
12. Ibid.

De forma sucinta, poderíamos dizer que este é o conteúdo jurídico da dignidade da pessoa humana sob o ponto de vista deste trabalho: o ser humano não pode ser reduzido à condição de objeto. E isso se explica por ser a pessoa humana única dotada de autotranscendência, "sinal de espiritualidade e essa pertence somente ao homem. E aqui está, portanto, a razão profunda pela qual o homem é pessoa e as coisas não o são: o homem é dotado de espírito, enquanto as coisas dele são carentes".[13]

Para Kant, o homem, como razão e vontade, é um fim em si mesmo e não um meio ou instrumento de outrem:

> [...] os seres racionais são chamados de pessoas, porque sua natureza já os designa como fim em si, ou seja, como algo que não pode ser empregado simplesmente como meio e que, por conseguinte, limita na mesma proporção o nosso arbítrio, por ser um objeto de respeito. [...] *O homem não é uma coisa, não é, por consequ*ência, um objeto que possa ser tratado simplesmente como meio, mas deve em todas as suas ações ser sempre considerado como um fim em si.[14] [grifos nossos].

"Dignidade" significa, no dizer de Kant,[15] valor absoluto, que não é relativo, insubstituível, superior a qualquer preço.[16] "A dignidade é atributo

---

13. Como bem escreve Battista Mondin, "o homem, além de *sapiens, volens, socialis, faber, loquens, ludens* é também *religiosus*. Nem o fato de que, hoje, a religião esteja atravessando crise profunda e se encontram muitos indivíduos que se afirmam ateus constitui argumento plausível contra a relevância do fenômeno religioso. Com efeito, nós consideramos o homem *ludens, loquens, faber, sapiens, volens, socialis*, também se nem todos joguem, falem, trabalhem, pensem, queiram, vivam em sociedade. Outro tanto vale para a dimensão religiosa: ela se impõe como uma constante do ser humano, também se não é cultivada por todos os indivíduos da espécie. E, ainda, os antropólogos informam-nos que o homem desenvolveu atividade religiosa desde a sua primeira aparição na cena da história e que todas as tribos e todas as populações de qualquer nível cultural cultivaram alguma forma de religião. Ademais, é coisa mais que sabida que todas as culturas são profundamente marcadas pela religião e que as melhores produções artísticas e literárias, não só das civilizações antigas, mas também das modernas, se inspiram em motivos religiosos" (MONDIN, Battista. *O homem, quem é ele? Elementos de antropologia filosófica,* 2003, p.224 e 304).
14. KANT, Emmanuel. *Fondements de la Métaphisyque des Moeur*, 1992, p.104 e 106.
15. Ibid., p.112-3.
16. Lembre-se do famoso caso de arremesso de anão, em Morsang-sur-Orge, em que o prefeito interditou o espetáculo de arremesso de anão e o Conselho de Estado reformou decisão do Tribunal de Versailles assentando que "o respeito à dignidade da pessoa humana é um dos componentes da noção de ordem pública; a autoridade investida do poder de polícia municipal pode, mesmo na ausência de circunstâncias locais específicas, interditar um espetáculo atentatório à dignidade da pessoa humana" (TEPEDINO, Gustavo. *Temas de direito civil,* 1999, p.59).

intrínseco, da essência da pessoa humana, único ser que compreende um valor interno, superior a qualquer preço, que não admite substituição equivalente."[17]

Neste contexto, e considerando-se o tema de nosso estudo (termo de consentimento informado na reprodução humana assistida), é intuitivo dizer que a pessoa humana em si mesma não pode ser considerada objeto de um contrato. Então, indagamos: as disposições contratuais sobre o embrião, especificamente seu congelamento e possível destruição, ferem o princípio constitucional da dignidade humana?[18]

Tal questão nos remete a outra grande indagação do biodireito e da bioética: *quando se inicia a vida humana?*[19] Traçado o seu marco inicial, qualquer atentado contra a sua existência traduz-se em ataque ao princípio constitucional da dignidade da pessoa humana e ao direito à vida, também assegurado pela Constituição da República.

Características do direito contratual atual

Como já mencionado, vivemos num mundo "pós-moderno", marcado pela complexidade dos mercados e das relações econômicas.

Tradicionalmente, os contratos eram tidos como categorias bem delimitadas, com regras claras e específicas previstas em lei, ou seja, os contratos eram, em sua maioria, típicos.

Lembre-se que no direito romano clássico havia uma certa exigência de enquadramento do contrato a um determinado modelo em razão do sistema das *actiones*, chamado por Betti de um "*rigido schematismo*".[20] No direito ro-

---

17. SILVA, José Afonso da. "A dignidade da pessoa humana como valor supremo da democracia". *Revista de Direito Administrativo*, 1998, p.91.
18. Ao nosso ver, sim. A propósito, cf. BACARIM, Maria Cristina de Almeida. O princípio constitucional da dignidade da pessoa humana e o descarte de embriões, 2004.
19. Ao nosso ver, *a vida humana se inicia com a concepção* (encontro do óvulo com o espermatozoide – teoria concepcionista, da qual a Professara Silmara é uma das defensoras), mesmo *in vitro*. *Se o embrião (quer* in vitro, *quer dentro do útero materno), não é vida humana, o que será? Algum homem, desde sua concepção (com a formação de seu DNA, isto é, com toda a carga genética que definirá o ser adulto), já foi outra coisa que não ser humano?* Esse debate, aliás, mostra-se muita atual, em razão da discussão no Supremo Tribunal Federal a respeito da descriminalização do aborto até a 12ª semana de gestação, com audiência pública realizada em 03 e 06 de agosto de 2018, nos autos da Arguição de Descumprimento de Preceito Fundamental n. 442. Ora, se a vida humana inicia-se com a concepção (encontro do óvulo com o espermatozoide), atentado contra ela pode constituir crime
20. Cf. BETTI, Emilio. *Teoria generale del negozio giuridico*, 1950, p.190.

mano justinianeu, tal tipicidade vai perdendo aquela característica primitiva com o reconhecimento da possibilidade de se modificar no caso concreto o tipo de *actio*, admitindo-se *actiones* para os chamados contratos inominados. A noção de tipicidade passa por uma reformulação.

Com o desenvolvimento tecnológico e o avanço dos mercados, a sociedade passou a criar novos modelos contratuais não previstos em lei. A situação econômica do mundo atual favorece o despertar de novos tipos contratuais.

Destacamos, então, a primeira característica do direito contratual atual: a existência de uma nova tipologia contratual, predominando os contratos atípicos,[21] assim entendidos os contratos não tipificados em determinado texto legal.

Além dessa nova tipologia contratual, outra característica do direito contratual atual é a tendência de uniformização dos contratos tendo em vista a internacionalização ou a globalização dos mercados. Nesses termos, surgiram em alguns países projetos para tentativa de uniformizar os contratos. Cite-se, por exemplo, o *Unidroit*, criado no meio acadêmico europeu, contendo parte geral contratual e especial, o qual é adotado como parâmetro para vários juristas, servindo de modelo para vários contratantes no mundo todo, em especial na Europa. Cite-se, ainda, o *Uniform Commercial Court* (UCC), nos EUA, adotado na maioria dos Estados norte-americanos.

A terceira característica do direito contratual atual decorre naturalmente das outras duas: em razão do incremento das novas figuras contratuais não previstas em lei (ou dos novos "tipos sociais contratuais") e da tentativa de uma uniformização das normas reguladoras dos contratos, a nova dogmática contratual baseia-se fundamentalmente em princípios contratuais. Há, portanto, uma valorização da teoria geral dos contratos. Os princípios contratuais, portanto, ganham nova força e roupagem, visando-se a uma uniformização das normas reguladoras dos contratos, em especial, das novas figuras contratuais.

---

21. Os contratos não previstos em lei (ou "atípicos") podem ser considerados *típicos do ponto de vista social*, por corresponder a um tipo de contrato de uso comum na sociedade. Assim nos explica Massimo Bianca: "*Il tipo contrattuale si distingue in legale o sociale. Il tipo contrattuale legale è um modello di operazione economica che si è tradotto in un modello normativo, cioè in un modello di contratto previsto e disciplinato dalla legge. Il tipo sociale è invece un modello affermatosi nella pratica degli affari ma non regolato specificamente dalla legge*" (BIANCA, Massimo. *Diritto civile, III, Il Contratto*, 1984, p.446). Também Emilio Betti faz tal distinção referindo-se a *tipicità* legislativa e *tipicità sociale* (BETTI, Emilio, op. cit., p.191) e Rodolfo Sacco menciona *tipi legali, e tipi sociali e giurisprudenziali* (SACCO, Rodolfo. "Autonomia contrattuale e tipi". *Rivista Trimestrale di Diritto e Proceduria Civile*, 1966, p.796).

Os novos princípios contratuais

Princípio é uma espécie de norma jurídica que traduz uma ideia regulamentadora, de ordem geral, irradiando efeitos sobre outras normas, exercendo função fundamental no sistema jurídico de auxiliar a interpretação de tais normas, suprir lacunas e obrigar o legislador a orientar-se de acordo com seu conteúdo (no caso dos princípios constitucionais).

É muito conhecida a sistematização de Dworkin a respeito da norma jurídica, subdividindo-a em duas espécies normativas:[22] os princípios e as regras. Nas palavras de tal autor, "as regras são aplicadas à maneira do tudo-ou-nada",[23] em um juízo de subsunção direta do fato à norma; já os princípios "não apresentam consequências jurídicas que se seguem automaticamente quando as condições são dadas".[24] Além disso, continua o mesmo autor, "os princípios possuem uma dimensão que as regras não têm - a dimensão do peso ou importância".[25] Se duas regras entram em conflito, uma delas não pode ser válida, resolvendo-se a questão no sistema de antinomias. No caso dos princípios, há que se verificar qual a maior importância de um em relação ao outro em determinado caso concreto e, prevalecendo um, o outro não será extirpado do ordenamento jurídico por inválido, mas apenas não se aplicará àquele caso específico.

Tal ordem de ideias também se aplica, evidentemente, aos princípios contratuais, de modo que, em determinado caso concreto, um princípio terá maior peso ou importância dependendo do contexto fático em questão.

Como bem sintetiza Cláudia Lima Marques,[26] o regime das relações contratuais na ciência jurídica do século XIX - marcada pela sistematização do direito como ciência a partir dos pandectistas, na Alemanha - tinha como *sua pedra angular a autonomia da vontade*, vista como fonte por excelência para o nascimento de direitos e obrigações oriundas da relação jurídica contratual. A autonomia da vontade marcou as codificações dos países cultos, destacando-se o Código Civil francês (1804) e o Código Civil alemão em 1896 (*BGB*), erigindo-se a liberdade contratual e a força obrigatória do contrato a princípios fundamentais da teoria civilista. O momento histórico vivido (sociedade liberal em que o Estado não intervinha na economia) propiciou a teoria volunta-

---

22. A propósito, cf. também GRAU, Eros Roberto. *O direito posto e o direito pressuposto*, 1996, p.112 e segs.; BONAVIDES, Paulo. *Curso de direito constitucional*, 2003, p.264 e segs.
23. DWORKIN, Ronald. *Levando os direitos a sério*, 2002, p.39.
24. Ibid., p.40.
25. Ibid., p.42.
26. MARQUES, Cláudia Lima, op. cit., p.39 e segs.

rista com um individualismo exacerbado. Os princípios contratuais "tradicionais", isto é, que remontam aos dois últimos séculos, giram, pois, em torno desse valor de liberdade ou de autonomia da vontade. São três,[27] a saber:

i) princípio da liberdade contratual *lato sensu*, que poderia ser resumido ao poder de as partes convencionarem se querem contratar, com quem querem contratar, o que querem contratar e como querem, dentro dos limites legais. Neste princípio está contido o poder contratual de estabelecer conteúdos inovadores, de criação de novas figuras contratuais que, pela frequência com que são utilizadas no meio social, acabam se tornando tipos contratuais socialmente reconhecidos ou, no dizer de Betti, um *tipo contrattuale sociale*.
ii) princípio da obrigatoriedade dos efeitos contratuais ou da força vinculativa dos contratos, de acordo com o qual o contrato faz lei entre as partes (*pacta sunt servanda*).[28] De fato, partindo-se do pressuposto de que o contratante é livre para se obrigar, fazendo-o de acordo com o princípio da autonomia da vontade, deve respeitar o que foi contratado. De tal princípio decorre a irretratabilidade e irrevogabilidade do contrato e a intangibilidade de seu conteúdo.
iii) princípio da relatividade eficacial ou da relatividade dos efeitos contratuais, segundo o qual o contrato somente vincula as partes, não beneficiando nem prejudicando terceiros (*res inter alios acta tertio neque nocet neque prodest*); somente de quem se obrigou livremente, de acordo com o princípio da autonomia da vontade, pode ser exigido o cumprimento de determinada obrigação contratual.

Tais princípios tradicionais, já nos últimos séculos, a partir da Revolução Industrial, em decorrência dos grandes movimentos sociais do final do século XIX e primeira metade do século XX, sofriam alguma forma de limitação pelos juristas em homenagem ao princípio da supremacia da ordem pública, buscando-se flexibilizar o papel rígido da lei. Mas, foi mesmo a partir da segunda metade do século XX que a teoria geral dos contratos passou a sofrer uma forte reformulação, com o surgimento de novos princípios contratuais.

No dizer de Orlando Gomes,[29] assistimos à chamada "decadência do voluntarismo jurídico", produto das transformações econômicas, políticas e sociais. O dogma da autonomia da vontade, que se iniciou na Revolução Fran-

---

27. Cf. AZEVEDO, Antonio Junqueira de. *Estudos e pareceres de direito privado*, 2004, p.140.
28. Tal princípio é expresso no art. 1.134 do Código Civil francês.
29. GOMES, Orlando. *Transformações gerais do direito das obrigações*, 1967.

cesa e teve seu auge na Alemanha do século XIX, tinha uma visão individualista e puramente patrimonial.

A partir da Revolução Industrial, com a concentração de riquezas e desigualdades sociais, fez-se necessária a intervenção estatal para proteção da parte mais fraca, visando-se ao restabelecimento do equilíbrio e igualdade entre as partes. O contrato passa a ser visto não apenas como espaço reservado à soberana manifestação da vontade das partes, mas também como instrumento jurídico social, submetido a uma série de imposições cogentes.

O dogma da liberdade contratual sofre uma releitura. Da prevalência do patrimônio chega-se à maior importância da pessoa humana. Se antes se presumia a existência de igualdade e liberdade no momento de contrair a obrigação sem qualquer preocupação com a situação econômica e social dos contraentes, agora há preocupação com o real equilíbrio contratual e com a busca de uma sociedade mais justa e solidária.

De acordo com Claudio Luiz Bueno de Godoy,[30] o princípio da autonomia da vontade sofreu tal alteração de conteúdo e compreensão que se poderia considerar mesmo um novo princípio do direito contratual, agora chamado de "autonomia privada", ou seja, a liberdade de atuação dentro de limites legais voltados à proteção da dignidade da pessoa humana e destinados à consecução de um fim social.

No Brasil, a Constituição Federal de 1988 sinalizou a mudança da concepção clássica do contrato, erigindo a fundamento constitucional a dignidade da pessoa humana, bem como passou a preservar uma função social da propriedade.

A evolução da teoria contratual culminou com a criação do Código de Defesa do Consumidor e agora com o Código Civil de 2002, que incorporou os novos princípios contratuais.

Nesse contexto de uma "socialização da teoria contratual", como diria Cláudia Lima Marques, destacamos os novos princípios contratuais, também chamados princípios *sociais* do contrato: a) princípio da função social do contrato; b) princípio da justiça contratual ou do equilíbrio econômico do contrato; c) princípio da boa-fé objetiva. Também poderíamos incluir um quarto princípio no âmbito dos contratos chamados por Antonio Junqueira de Azevedo de *contratos existenciais*,[31] qual seja, o princípio de proteção à parte mais fraca. Vejamos sucintamente os dois primeiros e este último. O terceiro (boa-fé objetiva) será estudado mais detidamente no próximo item.

---

30. GODOY, Claudio Luiz Bueno de. *Função social do contrato*, 2004, p.15.

31. A propósito da dicotomia "contratos existenciais" *vs.* "contratos empresariais", ver AZEVEDO, Antonio Junqueira de. Parecer publicado na *RTDC* v.21, jan-mar/2005, p.253. Trataremos do assunto a seguir.

a) Princípio da função social do contrato: vem expresso no art. 421 do Código Civil de 2002, segundo o qual "a liberdade de contratar será exercida em razão e nos limites da função social do contrato". Além de uma cláusula geral, deve mesmo ser tido como um princípio a nortear os contratos de um modo amplo, isto é, uma norma que se projeta em muitas regras. É, em realidade, projeção da própria função social da propriedade. Com efeito, a propriedade, cuja função social está prevista na Constituição Federal de 1988, circula por meio dos contratos, os quais, portanto, não a podem desprezar.

Diz-se de função social a causa final concreta de determinado contrato ou finalidade concreta, em contraposição à causa da própria obrigação ou finalidade típica (que é o correspectivo da obrigação, a *K*ausa à moda alemã). Em outras palavras, a finalidade pela qual um contrato se realiza, ou o contrato se realiza para atingir determinado fim. A expressão "função social", no entanto, é extremamente vaga, sendo tarefa difícil sua conceituação.

Destacamos a delimitação do conteúdo de tal princípio proposta por Claudio Luiz Bueno de Godoy.[32] De acordo com o autor, podemos vislumbrar um conteúdo intrínseco da função social do contrato – um papel interpartes – e um conteúdo extrínseco da função social do contrato – uma "eficácia social do contrato". O primeiro implica dizer que o contrato deve atender (causa final concreta ou finalidade concreta) às exigências do ordenamento jurídico e estar de acordo com valores básicos da Constituição Federal, de modo especial a dignidade da pessoa humana (art. 1º, III) e o solidarismo (arts. 3º, I, e 170, *caput*). O segundo nos leva a uma releitura do princípio da relatividade dos efeitos contratuais, porquanto o contrato tem importância não apenas para as partes contratantes, mas para toda a sociedade. Como bem nos adverte Antonio Junqueira de Azevedo,[33] não se pode ver o contrato com um átomo isolado, algo que somente interessa às partes, desvinculado de tudo o mais. Por isso mesmo, os terceiros alheios ao contrato, embora não se obriguem por força deste, têm um dever geral de respeitar as partes contratantes e não induzi-las ao descumprimento contratual. Trata-se da chamada oponibilidade dos efeitos do contrato (a *opposabilité* dos franceses em contraposição a *relativité*).

Outra importante delimitação conceitual da função social do contrato nos é proposta por Antonio Junqueira de Azevedo ao agrupar os casos de aplicação prática do princípio, a saber:[34] (i) grupo de casos ligados à chamada "frustração do fim do contrato", isto é, quando o contrato perde sua razão de ser

---

32. GODOY, Claudio Luiz Bueno de, op. cit.
33. AZEVEDO, Antonio Junqueira de, op. cit., p.142.
34. Aula ministrada pelo Professor Antonio Junqueira de Azevedo em 19.04.2006 em curso de pós-graduação *stricto sensu* da Faculdade de Direito da USP.

sem que haja problemas de invalidade (nulidades) ou de impossibilidade da prestação (p. ex., os contratos de locação celebrados por ocasião do cortejo do rei Eduardo, na Inglaterra, o qual foi cancelado na véspera do evento – "*coronation case*"); (ii) grupo de casos em que a finalidade concreta se torna antissocial por fato superveniente, geralmente ligados a interesses metaindividuais (p. ex., um contrato entre A e B que venha a, posteriormente à sua celebração, prejudicar a concorrência por concentrar a maior parte do mercado nas mãos dos contratantes); (iii) grupo de casos ligados à dignidade da pessoa humana nos contratos existenciais[35] (p. ex., o aumento da prestação em descompasso com o aumento salarial do comprador nos contratos de venda e compra da casa própria); (iv) grupo de casos ligados à problemática das cláusulas abusivas.

b) Princípio do equilíbrio econômico do contrato ou do *sinalagma* ou, ainda, princípio da justiça contratual: como já mencionado supra, se antes presumia-se a existência de uma igualdade no momento de contrair a obrigação sem qualquer preocupação com a situação econômica e social dos contraentes (*igualdade formal*), agora há preocupação com o real equilíbrio contratual e com a busca de uma sociedade mais justa e solidária, visando-se a uma *igualdade material* entre as partes, impedindo que uma escravize a outra. Há duas vertentes deste princípio: equivalência objetivo-econômica entre prestação e contraprestação; e equitativa distribuição dos ônus e riscos contratuais entre as partes, a fim de se equilibrar os benefícios e os encargos contratuais.

Embora não expresso em artigo próprio do Código Civil de 2002, pode ser extraído de vários artigos, como 156, 157, 317, 413, 478, 480, 567, 616, 620, 770 etc. As figuras da lesão (art. 157 do CC), do estado de perigo (art. 156 do CC) e da onerosidade excessiva (arts. 478 e 480 do CC) são decorrência de tal princípio.

c) Princípio contratual de proteção à parte mais fraca nos "*contratos existenciais*". Conforme leciona Antonio Junqueira de Azevedo, os "contratos *existenciais*" são aqueles em que pelo menos um dos contratantes busca satisfazer uma necessidade pessoal, ligada à subsistência da sua pessoa humana (p. ex., os contratos de consumo, de trabalho, de locação residencial, de compra da casa própria etc.). Em contraposição, temos os "contratos *empresariais*" ou de "*circulação de riquezas*", nos quais, *a contrario sensu*, nenhum dos contratantes busca a subsistência da pessoa humana em si, mas a consecução do lucro e o desenvolvimento de atividades ligadas à sua concretização.

---

35. A propósito da dicotomia "contratos existenciais" *vs.* "contratos empresariais", ver AZEVEDO, Antonio Junqueira de. Parecer publicado na *RTDC* 2005, op. cit., p.253. Trataremos do assunto a seguir.

Tal distinção, no dizer do citado autor, é "a verdadeira dicotomia contratual do século XXI. [...] está para o século XXI, como a de 'contrato paritário/contrato de adesão' esteve para o século XX".[36]

Pois bem, nos contratos existenciais, havendo num dos polos uma empresa buscando lucro e em outro a pessoa humana buscando sua própria subsistência, é intuitivo dizer que a segunda merece um tratamento especial, ou seja, de maior proteção pelo direito, em razão de certa inferioridade em sua posição contratual. É, de fato, o caso de tratar desigualmente os desiguais, no claro intuito de preservar a igualdade entre as partes, restabelecendo um real equilíbrio contratual. Daí porque se diz que, em tais espécies de contrato, também vigora o princípio de proteção à parte mais fraca, o que se pode extrair do sistema jurídico como um todo, em especial do Código de Defesa do Consumidor (por meio de um diálogo das fontes, como diria Cláudia Lima Marques) e, ainda, da própria Constituição Federal, como decorrência do princípio da dignidade da pessoa humana.

O princípio da boa-fé objetiva

Breve histórico

O terceiro princípio social do contrato, que está mais diretamente relacionado ao nosso estudo, é o da boa-fé objetiva. Por isso, dedicamos um item para analisá-lo mais detidamente.

A boa-fé é historicamente mais conhecida e estudada na sua vertente subjetiva. A boa-fé subjetiva consiste em um estado psicológico ou anímico de ignorância de antijuridicidade ou do potencial ofensivo de determinada situação; no dizer de Judith Martins-Costa é um "estado de consciência" de ignorância, de crença errônea, ainda que escusável, acerca da existência de uma situação.[37]

Mas nem sempre foi assim. A origem da palavra fé (*fides*) está ligada à Roma antiga, em que se cultuava a deusa romana *Fides*, protetora da palavra dada. Ela tinha três atribuições: representava a fé jurada e protegia os segredos; governava a confiança entre os homens; protegia os poderosos de suas fraquezas. A imagem da deusa se relacionava à prosperidade, e seu culto tornou-se comum em Roma expandindo-se para outros âmbitos além da religião, inclusive para o âmbito jurídico, numa noção de *justitia* e *aequitas*. *Fi-*

---

36. Ibid.
37. Cf. MARTINS-COSTA, Judith. *A boa-fé no direito privado*, 1999, p.411.

des remetia à ideia de confiança recíproca entre as pessoas: o aperto de mãos representava a troca de confiança (entrega e recepção).[38]

Como nos ensina Judith Martins-Costa, "nascida com o mundo romano, a ideia de *fides* recebeu, neste, notável expansão e largo espectro de significados, que variarão conforme as influências filosóficas recebidas pelos juristas romanos e consoante o campo do direito onde instalada".[39] Destacam-se três setores aos quais se dirigiu no mundo romano: (i) as relações de clientela, nas quais havia deveres de lealdade e obediência por parte do *cliens* em troca da proteção que lhe era dada pelo cidadão; (ii) os negócios contratuais, nos quais a *fides* representava a confiança na palavra dada, tendo extrema importância no que concerne aos quatro contratos denominados consensuais (compra e venda, locação, sociedade e mandato) e também aos três contratos reais não solenes (mútuo, depósito e comodato); (iii) a proteção possessória, destacando-se o instituto da *usucapio* em que a *bona fides* designa um dos seus requisitos, qual seja, o estado de ignorância, por parte do possuidor, do vício ocorrido no negócio transmissivo do direito real a ser constituído pela usucapião.

A *bona fides* no âmbito dos negócios contratuais, de caráter puramente jurídico, numa primeira fase do direito romano (século III ao século I a.C.) serviu como fundamento de novas ações judiciais - *bona fides iudicia*. Numa segunda fase (período clássico), serviu como fundamento ao *pacta sunt servanda*, como corolário da confiança depositada na palavra dada pela outra parte, bem como ao aumento da intervenção judicial no âmbito negocial - as ações de boa-fé, permitindo ao julgador exigir o cumprimento de certos deveres (origem da função *corrigendi* do pretor), além da prestação principal e também possibilitando a determinação do *quantum debeatur* por critérios elásticos e discricionários (*aequitas*). Na terceira fase (período pós-clássico, na época de Justiniano), serviu de fundamento para a criação de regras específicas de direito contratual, como a compensação, a *exceptio non adimpleti contractus*, a *exceptio doli*.

No direito romano vulgar (século IV e V), vemos bem delimitada as duas noções de boa-fé, uma objetiva (no sentido de lealdade e confiança) e outra subjetiva (consciência interior), com larga prevalência da segunda noção nos textos romanos.

No *Corpus Iuris Civile*, as duas expressões (boa-fé objetiva e subjetiva) são tratadas como sinônimas, o que levou à aproximação dos dois conceitos

---

38. A parte histórica pode ser bem visualizada no livro de Judith Martins-Costa, especialmente a nota de rodapé n. 71 (ibid., p.110-1 e segs.); e também em MENEZES CORDEIRO, Antonio Manuel da Rocha. *Da boa-fé no direito civil*,1984, p.661-718.
39. MARTINS-COSTA, Judith. *A boa-fé no direito privado*, op. cit., p.111.

em um primeiro momento e ao quase desaparecimento da boa-fé objetiva no direito medieval.

Passando ao direito medieval, podemos destacar algumas características da boa-fé neste período histórico: (1) a influência do direito canônico, com a inclusão dos conceitos de *humanitas, clementia* e *aequitas* na boa-fé, que passa a ser entendida com um estado de ausência de pecado; (2) a aproximação entre os conceitos de *bona fides* e *aequitas*; (3) subjetivação quase total do conceito, por influência direta do *Corpus Iuris Civilis*. Nesse período, pode-se dizer que o único resquício da boa-fé objetiva romana foi a superação do princípio "*ex nudo pacto actio non nascitur*" para o princípio do "*solus consensu obligat*".

Não obstante, a boa-fé germânica desenvolvida na Alemanha medieval a partir dos juramentos de honra germânicos influenciou sobremaneira o conceito atual de boa-fé objetiva. A fórmula *Treu und Glauben* (lealdade e crença) faz surgir a ideia de adstrição a determinado comportamento, segundo a boa-fé, como *regra de conduta*, isto é, como *regra de comportamento social* necessária ao estabelecimento da *confiança* geral.[40]

Observa-se, assim, uma objetivação da *bona fides* romana, cujo reflexo poderia ser notado na codificação alemã e, a partir daí, nas outras codificações de influência romana.

No *Code Civil* (Código Civil francês de Napoleão - 1804), há uma bipartição da boa-fé: subjetiva (relativa à posse, à usucapião e à formação dos contratos) e objetiva (dever de executar as convenções de boa-fé - art. 1.134/3). No entanto, como leciona Menezes Cordeiro,[41]

> [...] a boa-fé napoleônica veio a limitar-se à sua tímida aplicação possessória e, para mais, em termos de não levantar ondas dogmáticas. Esse fracasso, patente no panorama dos comentários e obras gerais e claro na falta de resultados obtidos pelas monografias que, em França, se debruçaram sobre a boa-fé, acentua-se pela sua não aplicação jurisprudencial e pelo desaparecimento, se segundo pós-guerra, de estudos a ela voltados.

Já no Código Civil alemão - *BGB*, de 24.08.1896, vemos mais claramente a oposição entre boa-fé obejtiva (*Treu und Glauben*) e boa-fé subjetiva (*guter glauben*). A primeira tem um alcance geral (§§ 157 e 242 do *BGB*) e se refere a um reforço material do contato; o § 242 traz uma cláusula geral de boa-fé objetiva segundo a qual "o devedor está obrigado a executar a prestação como exige a boa-fé, com referência aos usos do tráfico".

---

40. Ibid., p.126.
41. MENEZES CORDEIRO, Antonio Manuel da Rocha, op. cit., p.267.

A noção de boa-fé objetiva na Alemanha ganha importância com a evolução da jurisprudência dos conceitos (paradigma da lei) para a jurisprudência dos interesses (paradigma do juiz - com aumento do poder ao juiz para interferir na aplicação da lei de acordo com os interesses em jogo) e depois com a escola do direito livre (atividade criativa do juiz a partir de conceitos indeterminados como a boa-fé objetiva). Destaca-se, posteriormente, com o Nacional Socialismo, quando os conceitos indeterminados (o chamado "bando dos quatro": interesse público, ordem pública, função social e boa-fé) tornam-se importantes ferramentas de dirigismo estatal.

No Brasil, curioso anotar que, desde 1771 (antes mesmo da jurisprudência dos interesses), em sua prática comercial, já se tinha uma ideia de boa-fé objetiva como regra de comportamento que os negociantes deveriam ter. A propósito cite-se um alvará emitido em dezembro de 1771 pelo rei Dom João V, em que mencionava o seguinte: "sem boa-fé não há sociedade ou comércio que possa subsistir". A boa-fé objetiva pode ser extraída ainda do artigo 131, 1, do Código Comercial (de 25 de junho de 1850), de acordo com o qual "a inteligência simples e adequada, que for *mais conforme à boa-fé*, e ao verdadeiro espírito do contrato, deverá sempre prevalecer à rigorosa e restrita significação das palavras" [grifo nosso].

Como se observa, a boa-fé objetiva já era prevista em sua função meramente interpretativa (*adjuvandi*). Daí porque, atualmente, diz-se que o princípio é novo. Em realidade, trata-se do mesmo princípio, mas com nova roupagem, isto é, com novas funções conferidas ao juiz para, além de interpretar as relações jurídicas de acordo com a boa-fé objetiva, também utilizá-la para suprir eventuais lacunas e para corrigir determinadas situações (lembre-se as questões sobre o abuso de direito e a *exceptio doli*).

Os diplomas civis mais recentes contemplam a boa-fé objetiva e procuram dar a ela um tratamento de destaque. Citamos, por exemplo, o Código Comercial Uniforme americano (UCC, de 1990), em seus §§ 1-102 e 1-203, o Código de Louisiana (de 1999), o Código de Quebec (que entrou em vigor em 1994), o Código dos Contratos do Unidroit, o Código Civil holandês, dentre outros.[42]

O princípio da boa-fé objetiva nos moldes atuais ingressou em nosso ordenamento jurídico a partir da Constituição Federal de 1988, de forma implícita, extraído do solidarismo previsto especialmente nos arts. 3º, I, e 170, *caput*. Veio expresso, posteriormente, no Código de Defesa do Consumidor (art. 4º, III), ganhando destaque no Código Civil de 2002, em seus arts. 113, 187 e 422.

42. Cf. AZEVEDO, Antonio Junqueira de. *Estudos e pareceres de direito privado*, op. cit., p.152 e 154.

Finalizando o traçado histórico do princípio da boa-fé objetiva, anotamos as considerações de Cordeiro Menezes a respeito da redução do espaço da boa-fé objetiva. Embora o princípio esteja extremamente em voga, há de se observar que a lei tem previsto situações e delimitado cada vez mais o campo de atuação da boa-fé objetiva. De um lado, há uma redução do espaço do princípio da boa-fé objetiva porque determinadas situações, antes abrangidas pela sua atuação, vão ingressando no ordenamento jurídico positivo de forma específica. Por exemplo, a revisão dos contratos, no fundo, tem origem em tal princípio. Contudo, também não se pode deixar de considerar que o princípio vem se espalhando por todos os ramos do direito, tais como no processo civil, no direito administrativo, no direito esportivo etc.

Caracterização atual da boa-fé: a tríplice função da boa-fé objetiva

Como mencionamos no item anterior, a boa-fé objetiva não é tão nova quanto alguns apregoam. No entanto, a sua caracterização atual é diversa dos tempos antigos.

Frise-se que a boa-fé objetiva distingue-se da boa-fé subjetiva, sendo a última um estado de consciência de alguém que se imagina em situação de juridicidade. A boa-fé subjetiva consiste em um estado psicológico ou anímico de ignorância de antijuridicidade ou do potencial ofensivo de determinada situação; no dizer de Judith Martins-Costa, é um "estado de consciência" de ignorância, de crença errônea, ainda que escusável, acerca da existência de uma situação.[43]

A boa-fé objetiva, por sua vez, significa um padrão de comportamento ou conduta reta, leal, veraz, de colaboração, fundada na consideração para com os interesses do outro, visto como um membro do conjunto social juridicamente tutelado (solidarismo). Num primeiro plano, negativo e elementar, comum a qualquer contrato, podemos definir a boa-fé objetiva como um não agir com má-fé; num segundo plano, positivo, de cooperação, poderíamos defini-la como um agir de acordo com diversos deveres decorrentes do princípio do solidarismo (lealdade, cooperação, solidariedade etc.).

A conceituação pura, simples e *a priori* do princípio da boa-fé objetiva, porém, é tarefa extremamente difícil, impossível mesmo no dizer de Judith Martins-Costa, porquanto se trata "de uma norma cujo conteúdo não pode ser rigidamente fixado, dependendo sempre das concretas circunstâncias do

---

43. Cf. MARTINS-COSTA, Judith. *A boa-fé no direito privado*, op. cit., p.411.

caso".[44] Frise-se, entretanto, que não se trata de solução de cunho moral, mas técnico-jurídico.

Daí a importância de delimitar bem as funções do princípio da boa-fé objetiva, agrupando-se os tipos de casos de sua incidência, para que não fique ao livre arbítrio do intérprete a sua aplicação e para que a autonomia privada não sofra maiores limitações do que a realmente necessária à consolidação do princípio do solidarismo, evitando-se um dirigismo estatal exacerbado, prejudicial ao mundo dos negócios.

Diz-se, então, que a boa-fé objetiva exerce uma tríplice função: interpretativa (*adjuvandi*); supletiva ou integrativa (*supplendi*); e limitadora ao exercício de direitos subjetivos (*corrigendi*).

A boa-fé interpretativa, como cânone hermenêutico (*adjuvandi*), regulamentada em nosso ordenamento jurídico há muito tempo, vem expressa atualmente no art. 113 do Código Civil nos seguintes termos: "os negócios jurídicos devem ser interpretados conforme a boa-fé e os usos do lugar de sua celebração". Tal previsão é semelhante à constante do art. 1.366 do Código Civil italiano. A interpretação contratual busca apreender o alcance do consenso de ambos os contratantes, daquilo que tenha sido a intenção comum, objetivada no ajuste, vale dizer, a vontade contratual.[45] Interpretar segundo a boa-fé significa dizer que o contrato deve ser interpretado de forma a preservar a confiança de ambos os contratantes, a sua justa expectativa.

A função supletiva ou integrativa (*supplendi*) da boa-fé objetiva diz respeito à criação de "deveres anexos" ao contrato, além de suprir lacunas na interpretação dos negócios jurídicos. A propósito, anoto a separação de Judith Martins-Costa, para quem a função integrativa está contida naquela primeira função, à qual denomina "cânone hermenêutico-integrativo".[46]

No que tange aos deveres anexos, também chamados deveres jurídicos laterais, instrumentais ou acessórios,[47] podem estar previstos expressamente no contrato ou simplesmente decorrer da aplicação do princípio da boa-

---

44. Ibid., p.412.
45. No dizer de Rodolfo Sacco, "*il contratto non è, infatti, l'isolata dichiarazione di una persona ad un'altra, ma è una coppia di due dichiarazioni reciproche perfettamente uguali; o meglio, è um testo unitario, cui prestano la loro adesione entrambe le parti." Para ele, "interpretare secondo buona fede una dichiarazione significa dunque 'mettersi nella disposizione di chi debba prenderne cognizione*" (cf. SACCO, Rodolfo. *Il contratto. Trattato di diritto civile italiano*, p. 778-9).
46. MARTINS-COSTA, Judith. *A boa-fé no direito privado*, op. cit., p.428.
47. A propósito, cf. GODOY, Claudio Luiz Bueno de., op. cit., p.78-9; bem como MARTINS-COSTA, Judith. *A boa-fé no direito privado*, op. cit., p.438; e MENEZES CORDEIRO, Antonio Manuel da Rocha, op. cit., p.592.

-fé objetiva.[48] Em outras palavras, são deveres de cooperação e proteção dos recíprocos interesses presentes em quaisquer negócios jurídicos,[49] em maior ou menor grau.

A propósito, importante relembrarmos distinção feita por Antonio Junqueira de Azevedo entre "contratos existenciais" e "contratos empresariais ou de circulação de riquezas", porquanto tais deveres anexos incidirão de forma diferente nestes e naqueles; em outras palavras, o princípio da boa-fé objetiva (aliás, como qualquer um dos princípios sociais) deve incidir mais fortemente nos primeiros, de modo que os deveres jurídicos laterais terão maior intensidade. Os *contratos existenciais* são aqueles em que pelo menos um dos contratantes busca satisfazer uma necessidade pessoal, ligada à subsistência da sua pessoa humana (p. ex., os contratos de consumo, de trabalho, de locação residencial, de compra da casa própria etc.). Nos *contratos de circulação de riquezas ou empresariais, a contrario sensu,* nenhum dos contratantes busca a subsistência da pessoa humana em si, mas a consecução do lucro e o desenvolvimento de atividades ligadas à sua concretização.[50]

Reiterando-se tal ressalva, vejamos alguns daqueles deveres acessórios, os quais, como bem adverte Menezes Cordeiro, atingem não apenas o devedor na relação contratual, mas também o credor, em razão da "complexidade intraobrigacional":[51]

a) *deveres de proteção, de cuidado, previdência e segurança,* como o dever do depositário de não apenas guardar a coisa, mas de bem acondicioná-la;
b) *deveres de aviso e esclarecimento,* como o do advogado de aconselhar seu cliente sobre a viabilidade de determinada demanda jurídica, ou do cirurgião plástico de alertar para os riscos e benefícios de determinado tratamento ou cirurgia (nesse caso, poderíamos falar mesmo em *dever de advertência,* numa intensidade maior do dever de aviso e esclarecimento);
c) *deveres de informação* sobre todas as cláusulas e implicações do contrato, por exemplo, nas relações de consumo;
d) *deveres de prestar contas,* por exemplo, no contrato celebrado entre um engenheiro e uma pessoa para a construção da sua casa própria;

48. No caso das relações de consumo, o Código de Defesa do Consumidor prevê expressamente tais deveres anexos em vários artigos, por exemplo, 30 e 31.
49. O Código Civil holandês prevê, no art. 248, que as partes devem respeitar não só aquilo que convencionaram como também tudo que resulta da natureza do contrato, da lei, dos usos e das "exigências da razão e da equidade" (modo pelo qual tal Código se refere à boa-fé objetiva).
50. Cf. AZEVEDO, Antonio Junqueira de. Parecer publicado na *RTDC* 2005, op. cit., p.253.
51. MENEZES CORDEIRO, Antonio Manuel da Rocha, op. cit., p.586 e 593.

e) *deveres de lealdade, de cooperação e colaboração* para concretização da prestação, evitando-se, por exemplo, dificultar o pagamento de determinada quantia em dinheiro pelo devedor, ou ainda tornar possível a fruição da prestação pela contraparte (cite-se, como exemplo, o dever de colaboração do vendedor de um carpete para que este seja corretamente instalado em determinada residência);
f) *deveres de proteção e cuidado* com a pessoa e o patrimônio da contraparte, como o dever do dono da loja de zelar pela limpeza do piso de seu estabelecimento de modo a evitar que seus clientes venham a ali se acidentar;
g) *deveres de sigilo*, como o dever de manter segredo sobre determinadas circunstâncias de que se tomou conhecimento por ocasião de tratativas negociais. Estes últimos são os chamados deveres negativos. Os demais podem ser chamados deveres positivos.

No caso do presente estudo (termo de consentimento informado no âmbito da reprodução humana assistida), como veremos no próximo item, esta função da boa-fé objetiva (*supplendi*) é de extrema importância, porquanto inexiste, atualmente, legislação específica a respeito dos contratos ligados à reprodução humana assistida. Há apenas algumas Resoluções do Conselho Federal de Medicina (CFM), da Agência Nacional de Vigilância Sanitária (Anvisa) e do Conselho Nacional de Saúde (CNS), que não têm força de lei.

A terceira função da boa-fé objetiva é a limitadora ao exercício de direitos subjetivos, que tem suas bases na antiga ideia de "abuso de direito" e da *exceptio doli*. Atualmente, tais figuras jurídicas não são mais suficientes para justificar determinadas situações concretas, que podem ser agrupadas para uma melhor sistematização e aplicação do direito, como formas de expressão do princípio da boa-fé objetiva.

Como um grupo de casos para incidência de tal princípio em sua função limitadora de direitos subjetivos, citamos aqueles ligados ao "adimplemento substancial do contrato", em que não se permite a rescisão do contrato se resta apenas uma parte pouco significativa para sua total quitação;[52] nesse caso, o princípio da boa-fé objetiva limita o direito de o credor reclamar a rescisão contratual, possibilitando apenas a exigência do saldo devedor.[53]

---

52. Veja-se a jurisprudência citada por MARTINS-COSTA, Judith, em sua obra já citada, p.457-9.
53. Em uma sentença por nós prolatada perante a 1ª Vara Cível do Foro Regional de Santo Amaro, utilizamos esta noção da boa-fé objetiva para obrigar uma seguradora a indenizar o beneficiário pela morte da segurada, tendo a mesma falecido apenas quatro dias depois de vencida a única prestação em atraso, sendo que esta foi paga dois dias depois da morte, por meio de débito automático bancário como sempre ocorreu no decurso contratual.

Outro grupo de casos são aqueles ligados à *teoria dos atos próprios*, segundo a qual a ninguém é lícito fazer valer um direito em contradição com a sua anterior conduta interpretada objetivamente segundo a lei e os costumes. Em outras palavras, não há como a parte que tenha violado deveres contratuais exigir da outra o cumprimento, ou se valer de seu próprio incumprimento para beneficiar-se de disposição contratual ou legal. A teoria dos atos próprios possui duas vertentes: de um lado, a denominada "*tu quoque*" e, de outro, uma ligada à máxima que proíbe "*venire contra factum proprium*".

O "*tu quoque*", cuja expressão se origina das palavras de Julio César ao perceber que seu filho adotivo Bruto também atentava contra sua vida ("Até tu, Brutus!", ou "*Tu quoque, Brute, fili mi?*"), busca evitar que uma pessoa em situação de violação de uma norma jurídica possa exercer direito decorrente dessa mesma norma transgredida. Assim, num contrato, quem tenha violado determinada disposição contratual não pode invocar o descumprimento do outro contratante para reclamar indenização nem a rescisão do contrato. Daí decorre, aliás, a norma da *exceptio non adimpleti contractus*. No Brasil, tal aspecto do princípio da boa-fé objetiva encontrou aplicação há muito pela invocação do adágio *turpitudinem suam allegans non auditur*.

O *venire contra factum proprium* advém mais precisamente da *doutrina da confiança*, sendo expressão desta, como bem nos adverte Menezes Cordeiro.[54] Um comportamento não pode ser contraditado quando ele seja de molde a suscitar a confiança das pessoas. Um exemplo de tal situação, mencionado por Fernando Noronha,[55] é o caso do locador que tolera o pagamento a menor do valor do aluguel (muito comum nos casos de reajustes anuais) e, depois, de inopino, resolve pedir o despejo com base no inadimplemento no pagamento do aluguel por não corresponder ao valor integral.

Dessa segunda vertente da teoria dos atos próprios, decorrem a *surrectio* e a *supressio*, como que duas faces da mesma moeda. Na *supressio*, a confiança despertada num contratante decorre da inatividade no titular do direito em relação à exigência do cumprimento de tal direito, levando aquele a acreditar que este não mais será exercido (relembramos o exemplo da locação supramencionado). Na *surrectio*, a confiança despertada na parte advém de um comportamento positivo reiterado da outra parte, ainda que não prevista contratualmente. O exemplo clássico da jurisprudência, citado por Menezes Cordeiro,[56] é o da distribuição de lucros que os sócios de uma empresa fizeram por muitos anos, sem previsão no contrato social, cuja alteração formal

---

54. MENEZES CORDEIRO, Antonio Manuel da Rocha., op. cit., p.753 e segs.
55. NORONHA, Fernando. *O direito dos contratos e seus princípios fundamentais*, 1994, p.183.
56. MENEZES CORDEIRO, Antonio Manuel da Rocha, op. cit., p.822.

nunca se concretizou. Pelo princípio da boa-fé objetiva, não poderia um sócio dissidente alegar o descumprimento contratual para o fim de pleitear a devolução do dinheiro então distribuído ou impedir tal distribuição.

Um terceiro grupo de casos ligados à função *corrigendi* da boa-fé objetiva diz respeito à problemática das cláusulas abusivas, considerando-se que o Código Civil não tratou expressamente dessas (diversamente do Código de Defesa do Consumidor - art. 51). Assim, poderiam ser consideradas abusivas determinadas cláusulas que estivessem em desacordo com a exigência de uma conduta leal, veraz e solidária, por exemplo, uma cláusula contratual que desobrigasse um médico de informar sobre todas as eventuais implicações de um determinado tratamento. Sob tal enfoque, o princípio da boa-fé objetiva pode acabar adentrando os casos de incidência do princípio da função social da propriedade e até mesmo do princípio da justiça contratual. É que as relações jurídicas não são posicionamentos estanques, tampouco o são as normas que as disciplinam, podendo, em determinados casos, haver a incidência de todos os princípios contratuais dando-se maior importância a um ou a outros. A meta, na verdade, é sistematizar as relações jurídicas de acordo com os princípios, de forma a buscar soluções técnico-jurídicas, dando conteúdo jurídico às chamadas cláusulas gerais[57] ou aos chamados conceitos indeterminados, evitando-se o arbítrio.

Âmbito de aplicação da boa-fé objetiva: fases contratuais

A par das três funções da boa-fé objetiva, e considerando-se a relação contratual como um processo dinâmico (*in der Zeit verlaufenden Prozess*),[58] podemos situar o princípio em três âmbitos de aplicação, ou seja, nas três fases contratuais: fase pré-contratual, fase contratual propriamente dita e fase pós-contratual. Diz-se, porém, que aquelas funções da boa-fé objetiva atuam efetivamente na fase estritamente contratual, por razão lógica (interpretam-se as cláusulas contratuais, integrando-as e corrigindo-as, se for o caso, pressupondo-se que já se tenha ultrapassado a fase pré-contratual, quando já há o contrato propriamente dito, sem que tenha havido sua extinção). Todavia, não se pode perder de vista que o princípio irradia efeitos também para as demais fases do contrato.

Na fase pré-contratual, em que se realizam negociações preliminares, nas tratativas, embora não haja cláusulas contratuais expressas, já são exigidos

57. A "boa-fé objetiva" assim como a "função social do contrato", além de princípios, são também cláusulas gerais. A propósito, cf. JORGE JUNIOR, Alberto Gosson. *Cláusulas gerais no Novo Código Civil*, 2004, p.40-3.

58. Cf. MARQUES, Claudia Lima, op. cit., p.182-3.

aqueles deveres específicos que uma pessoa precisa ter como comportamento correto, leal e veraz em relação à outra, tendo em vista a confiança por esta depositada na conduta daquela. Cite-se, como exemplo, o caso emblemático da Cia. Cica e dos plantadores de tomate no Rio Grande do Sul, em que o Tribunal de Justiça daquele Estado reconheceu em pelo menos quatro acórdãos que a empresa havia criado expectativas nos possíveis contratantes, pequenos agricultores, ao distribuir, na época do plantio, sementes de tomates e, depois, recusou-se a comprar a safra de tomates.[59] Em outras palavras, a doutrina da responsabilidade pré-contratual (que teve sua origem na doutrina da *culpa in contrahendo*) está embasada no princípio da boa-fé objetiva como proteção à confiança (confiança na realização do futuro negócio, confiança investida pelas partes, objetivamente justificada e gerada pela outra parte). Destacamos, ainda, nesta fase contratual, os deveres de informação (em alguns casos, o dever de aconselhamento e advertência, como mencionado no item anterior) e os deveres de colaboração (esforços na tentativa de superação de meras discordâncias pontuais com o fito de se celebrar o negócio pretendido).

Na fase pós-contratual, já temos o exaurimento das cláusulas expressas no contrato; as partes já cumpriram suas prestações (ou deveres principais). No entanto, mesmo após tal cumprimento ainda perduram deveres decorrentes da boa-fé objetiva (deveres laterais ou anexos). O assunto é estudado pela doutrina como "responsabilidade pós-contratual" ou *post pactum finitum*. Destacam-se nesta fase contratual deveres anexos negativos como o dever de sigilo, o dever de não concorrência e o dever de não impedir a fruição da prestação; bem ainda deveres anexos positivos, como o de informação e lealdade ligadas ao compromisso com a qualidade da prestação (p. ex., *recall*, fornecimento de peças de reposição e serviços de manutenção, prestação de informações sobre o uso adequado de uma máquina comprada etc.). Exemplo prático da aplicação do princípio nesta fase contratual é o caso do hotel que adquiriu carpete para suas instalações. O vendedor entregou a mercadoria e indicou uma pessoa para colocação do carpete, mas não explicou ao colocador que se tratava de um novo tipo de carpete, a demandar uma cola especial. Pouco tempo após a colocação, o carpete estava estragado. Decidiu-se pela responsabilidade do vendedor, que não informou nem cuidou para que a prestação (entrega do carpete) fosse realmente útil ao contratante.[60]

---

59. Veja-se MARTINS-COSTA, Judith. *A boa-fé no direito privado*, op. cit., p.473-7.
60. AZEVEDO, Antonio Junqueira de. *Estudos e pareceres de direito privado*, op. cit., p.151-2.

Críticas ao art. 422 do Código Civil

O princípio da boa-fé objetiva foi positivado pelo nosso Código Civil basicamente nos arts. 113, 187 e 422. O primeiro contempla a função interpretativa (*adjuvandi*) do princípio, à semelhança do art. 131, 1, do Código Comercial de 1850. O segundo dispõe sobre a boa-fé objetiva e os atos ilícitos, partindo da teoria do abuso do direito. É o terceiro, porém, que mais nos interessa, porquanto prevê expressamente a adoção do princípio da boa-fé objetiva nos contratos em geral, nos seguintes termos: "os contratantes são obrigados a guardar, assim na conclusão do contrato, como em sua execução, os princípios de probidade e boa-fé".

Em primeiro lugar, observamos que o dispositivo legal menciona dois princípios: probidade e boa-fé. Todavia, na realidade, o primeiro está contido no segundo. Com efeito, a probidade significa, em resumo, o "não se comportar de má-fé", ou seja, é a faceta de deveres negativos da boa-fé. Na própria Itália, que influenciou fortemente os autores do projeto do Código Civil, a distinção não tem mais razão de ser, falando-se dos dois princípios como um só.

Em segundo lugar, embora o Código Civil não tenha previsto o termo "objetiva", o artigo trata, efetivamente, da boa-fé *objetiva*.

Em terceiro lugar, na esteira de ensinamento de Antonio Junqueira de Azevedo, o artigo apresenta algumas *insuficiências* e *deficiências*.[61]

As *insuficiências* são as seguintes:

(i) o art. 422 não deixou claro se a norma é cogente ou dispositiva, isto é, se em determinados casos as partes podem dispor de forma diversa ao princípio da boa-fé objetiva, ou mesmo se as partes podem fixar determinados padrões (*Standards*) a serem seguidos (mais rígidos em uns contratos e menos em outros). O Código Comercial Uniforme (UCC), por exemplo, impõe a observância do princípio de forma cogente e também estabelece a possibilidade de as partes optarem por "*standards by with the performance of such obligation is to be measured*" (§ 1-102).

A nosso ver, inexistindo no Código disposição expressa a respeito, devemos considerar o princípio da boa-fé objetiva como norma cogente a ser aplicada a todos os contratos. Então, daqueles deveres anexos ou laterais, podemos dizer que se tratam de um conteúdo agregado cogente, isto é, deveres agregados ao contrato por força de lei de forma inderrogável.

Ressalvo, porém, a possibilidade de abrandamento do princípio em determinados tipos de negócio jurídico (dentro da categoria dos *contratos empresa-*

---

61. Ibid., p.148-58.

riais) e maior rigor em outros (no âmbito dos *contratos existenciais*), segundo padrões de conduta dos usos e costumes, à semelhança do que se dá no UCC.

(ii) o artigo se refere apenas à "conclusão" e à "execução" do contrato. Não há menção às fases pré-contratuais e pós-contratuais, em que o princípio da boa-fé objetiva tem grande incidência e importância. No entanto, justamente em razão de tal incidência, caberá ao intérprete ampliar o conteúdo das expressões "conclusão" e "execução", abrangendo as negociações e as tratativas para conclusão do contrato e o período em que, embora já executada a prestação, ainda persista a necessidade de garantir a sua fruição.

Como *deficiências*, poderíamos destacar a ausência de disposições sobre deveres anexos, cláusulas faltantes e cláusulas abusivas. Em outras palavras, o Código não dispôs expressamente sobre as funções *supplendi* e *corrigendi* da boa-fé objetiva. Daí a importância de a doutrina sistematizar bem o princípio de modo a evitar que este seja visto como simples cláusula geral de conteúdo indeterminado, o que poderia conduzir ao arbítrio e a uma interferência excessiva na autonomia privada, além do necessário para a concretização do princípio do solidarismo.

O princípio da boa-fé objetiva deve ser entendido, pois, não como uma porta escancarada para que o juiz altere totalmente o contrato. Necessário se faz uma restrição dessa abertura a ponto de tratar do caso em acordo com as circunstâncias que o envolvem (diferentes padrões de boa-fé - *changeable standards*), a fim de se evitar injustiças no caso concreto bem como o desvirtuamento do próprio contrato, afastando-o da verdadeira vontade declarada pelas partes.

Técnicas de reprodução humana assistida e o termo de consentimento informado

Não pretendemos esgotar de forma alguma o tema em questão, tratando-se de assunto novo e extremamente complexo. Daremos apenas algumas noções básicas sobre o assunto a possibilitar o desenvolvimento do real objetivo de nosso estudo: a aplicação do princípio da boa-fé objetiva ao "termo de consentimento informado" no âmbito da reprodução humana assistida.

A reprodução artificial[62] ou reprodução humana assistida se dá, basicamente, de duas maneiras: (i) inseminação artificial, quando se introduz o es-

62. Pode ser homóloga - quando se utiliza componentes genéticos advindos do próprio casal envolvido - ou heteróloga - quando o material genético utilizado provém de terceiro (sêmen do marido e óvulo de outra mulher, sêmen de terceiro e óvulo da esposa, sêmen e óvulo de estranhos).

perma no aparelho reprodutor feminino (método GIFT - *Gametha Intra Fallopian Transfer*); (ii) fertilização *in vitro*, quando a união do espermatozoide com o óvulo se dá fora do organismo feminino, técnica esta conhecida como FIVET (*Fecundation in Vitro and Embryo Transfer*) ou ZIFT (*Zibot Intra Fallopian Transfer*).

Os métodos de indução de ovulação, fertilização e manutenção dos embriões *in vitro* passaram a ser aplicados à espécie humana a partir de 1978, após o trabalho de P.C. Steptoe e R.G. Edwards,[63] com o nascimento do primeiro "bebê de proveta" do mundo na Inglaterra, em 26 de julho de 1978.[64,65]

Interessa-nos o estudo dessa segunda técnica, pois é a partir dela que são formados os inúmeros bancos de embriões existentes no Brasil e no mundo e que trazem maiores implicações ético-jurídicas. De acordo com a Revista *Veja*, edição de 22 de março de 2006, p. 114, existem cerca de 30.000 embriões armazenados no Brasil. Em julho de 2015, esse número chegou a **150 mil embriões congelados**, segundo estimativa do Sistema Nacional de Produção de Embriões.[66] Apenas no ano de 2011, foram congelados 26.384 embriões.[67]

Em princípio, o FIVET, procedimento popularmente conhecido como "bebê de proveta", consistiria em fecundar artificialmente um único óvulo por um espermatozoide fora do aparelho reprodutor feminino para, depois de alguns dias, injetar o embrião fecundado dentro do útero da mulher. O embrião tem aproximadamente uma semana, após a fecundação, para instalar-se na parede uterina (nidação). Este procedimento, com somente um embrião, é conhecido como "caso simples".

Quando se utiliza apenas um embrião de cada vez na fecundação artificial, a probabilidade de ocorrer a nidação é muito pequena, menor inclusive, por motivos desconhecidos, do que a gravidez natural; por esse motivo, uma mulher que procurasse engravidar por este método teria de fazer várias tentativas para obter uma gravidez. Cada tentativa, no entanto, seria muito dispendiosa, de modo que tal procedimento não costuma ser utilizado.[68] Em

---

63. BEIGUELMAN, Bernardo. "Genética e ética". In: PESSINI, Léo et al. *Fundamentos da bioética*, 2002, p.121-2.
64. DINIZ, Maria Helena. *O estado atual do biodireito*, 2002, p.489.
65. Muito embora já existissem estudos científicos a respeito e tentativas frustradas de se tentar a procriação humana a partir da fecundação *in vitro*.
66. *Vide*: http://g1.globo.com/jornal-nacional/noticia/2015/07/jn-mostra-discussao-delicada-sobre-destino-dos-embrioes-congelados.html, consulta em 17 de novembro de 2016.
67. *Vide*: http://portal.cfm.org.br/index.php?option=com_content&view=article&id=23788:resolucao-de-reproducao-assistida-&catid=3, consulta em 20 de novembro de 2016.
68. No entanto, como as pacientes, em geral, solicitam engravidar de um único bebê, vem-se aperfeiçoando as técnicas de fertilização *in vitro*, na tentativa de se evitar a implantação de um número elevado de embriões, o que pode causar gestação múltipla.

vez disso, a futura gestante recebe uma medicação que induz uma hiperovulação. Os vários óvulos recolhidos são fecundados de uma só vez. A variante mais branda do procedimento consiste em fecundar apenas quatro ou cinco óvulos e inserir os quatro ou cinco embriões de uma só vez no útero da mulher. Em geral, com isto, há uma boa probabilidade de que, na mulher, consiga evoluir uma única gravidez. Isso ocorre porque, colocando um segundo embrião junto com o primeiro, a chance do primeiro conseguir nidar-se diminui nitidamente, mas a chance somada de um só dos dois conseguir evoluir é maior. Colocando um terceiro embrião, a chance de sobrevida de cada um dos três diminui ainda mais, mas a chance de obter a gravidez é consideravelmente maior. Colocando-se quatro ou cinco, as chances de sobrevivência de cada embrião, que já eram pequenas se ele estivesse sozinho, diminuem ainda mais, mas a possibilidade de que a mulher obtenha uma gravidez com um único procedimento chega perto do seu ponto ideal.[69]

No entanto, em geral, os médicos fecundam oito ou mais embriões e sabem que colocarão no útero da mulher somente até quatro. Dependendo da idade da mulher, até dois ou três. Isso é feito para que se possa escolher entre aqueles quais são os melhores, quais são os que não têm "defeitos",[70] por exemplo, a síndrome de Down.[71] Os que não estiverem dentro dos padrões serão descartados. Se a mulher conseguir engravidar na primeira tentativa, mesmo que todos estejam dentro dos padrões, provavelmente serão considerados "excedentes" e mortos. Algumas vezes, podem ser mantidos congelados, mas mesmo neste último caso, geralmente também acabarão mortos depois de algum tempo.[72]

---

69. Há sério questionamento ético e moral a esse respeito, pois se diminui propositalmente a chance de vida de cada ser humano. Para obter uma gravidez mais rapidamente e com menor custo, manipulam-se as chances de vida de cinco ou mais seres humanos como se fossem objetos. Existe, ademais, a probabilidade de que, mesmo com cinco embriões transferidos, dois ou mais e não apenas um consigam nidar-se no útero materno. Para estas eventualidades, foi desenvolvido um método chamado redução fetal (redução embriológica), pelo qual um médico, com o auxílio da ultrassonografia, pode injetar uma solução salina diretamente no coração do bebê para impedir a continuação da vida de um dos dois gêmeos e a gestante possa dar à luz apenas um só filho, conforme havia sido planejado. Tal fato, evidentemente, *constitui crime contra a vida.*
70. A respeito, cf. reportagem publicada em *O Estado de S.Paulo*, 18.08.2004, p. A14, informando a respeito dos procedimentos genéticos para detectar malformação do feto, a fim de que não seja ele implantado no útero materno.
71. Cf. reportagem publicada em Revista *Veja*, 22 de setembro de 2004, p.100-7.
72. "Nem sempre os procedimentos de fecundação artificial têm sucesso. Nos EE. UU, onde a prática da 'reprodução humana assistida' é comum em vários centros, os envolvidos na questão (pais e médicos) já se preocupam. Filhos gerados artificialmente têm apresentado problemas físicos e psicológicos depois de nascidos. Isso tem le-

A nosso ver, além do questionamento ético e moral da própria coisificação do ser humano, "fabricado em laboratório", essa é uma das mais sérias implicações do procedimento: produzir embriões excedentes cujo destino não se sabe qual será. A manutenção de milhares de embriões congelados, os quais serão mortos após cinco anos (mínimo obrigatório, de acordo com a Resolução CFM n. 2.013/2013), merece atenção da sociedade, especialmente diante do princípio constitucional da dignidade humana. O embrião humano não pode ser tido como *res*.

A propósito, o art. 5º da Lei n. 11.105, de 24 de março de 2005 (único artigo de lei que trata especificamente do assunto), permite a utilização de células-tronco embrionárias, e sua inconstitucionalidade foi afastada por maioria de votos nos autos da Ação Declaratória de Inconstitucionalidade (ADI n. 3.510-0)[73] julgada em maio de 2008, com acórdão publicado em maio de 2010.

Vislumbramos, a partir dessa nova realidade, uma nova figura contratual (atípica) desenvolvida pelas clínicas de reprodução humana assistida[74] que passaram a realizar negócios jurídicos com os pretendentes à maternidade/paternidade. Como se concretizam esses contratos? Quais normas os regulamentam?

Os contratos entre os pretendentes a genitores e as clínicas de reprodução humana assistida costumam se materializar por meio dos chamados "termos de consentimento informado" ou simplesmente "consentimentos informados", em que os pacientes são (ou deveriam ser) previamente informados sobre os procedimentos a serem adotados e as implicações médicas, psicológicas, jurídicas e éticas do tratamento, em especial para o caso de se produzir embriões excedentes.

Inexistindo lei sobre o assunto, o Conselho Federal de Medicina, em 1992, publicou a Resolução n. 1.358/92 traçando diretrizes éticas gerais. Entre os *princípios gerais* adotados, no item 3, está a obrigatoriedade de tais "consentimentos informados", nos seguintes termos:

---

vado alguns casais a procurarem a justiça apresentando queixas contra médicos que asseguraram um embrião sadio após a seleção dos embriões". In: www.providafamilia.org.br/doc.php-doc=doc26784.html. Consulta em 20.11.2016.

73. A propósito, conferir análise do julgamento pelo Supremo Tribunal Federal em BACARIM, Maria Cristina de Almeida. Dos embriões pré-implantatórios: direito à vida, 2009. Ali concluímos que não haveria inconstitucionalidade do art. 5º da Lei n. 11.105 porque tal artigo *permite a pesquisa com embriões inviáveis (intrinsecamente), isto é, com os embriões que pararam naturalmente de subdividir* e não evoluiriam mesmo implantados em útero materno.

74. A respeito do tema, veja-se MENEGON, Vera Sonia Mincoff. Entre a linguagem dos direitos e a linguagem dos riscos: os consentimentos informados na reprodução humana assistida, 2003, p.184.

O *consentimento informado será obrigatório* e extensivo aos pacientes inférteis e doadores. *Os aspectos médicos envolvendo todas as circunstâncias da aplicação de uma técnica de RA serão detalhadamente expostos*, assim como os resultados já obtidos naquela unidade de tratamento com a técnica proposta. As informações devem também atingir dados de caráter biológico, *jurídico*, ético e econômico. *O documento de consentimento informado será em formulário especial, e estará completo com a concordância, por escrito, da paciente ou do casal infértil.* [grifo nosso]

Vislumbra-se desde então uma tentativa de uniformização desse novo "tipo contratual social", adotada pelo Conselho Federal de Medicina, traçando-se diretrizes gerais, porém de caráter puramente deontológico, sem força de lei.

A Federação Internacional de Ginecologia e Obstetrícia (Figo), que criou em 1985 o Comitê de Ética para o Estudo dos Aspectos Éticos da Reprodução Humana e da Saúde das Mulheres, inclui o consentimento informado entre suas recomendações éticas (abrangendo qualquer tipo de intervenção médica em mulheres), fundamentando seu uso em documentos oficiais como Declaração Universal dos Direitos Humanos (1948), Convenção Internacional para a Eliminação de Todas as Formas de Discriminação Contra a Mulher (1979), Conferência Internacional do Cairo (1994) e Quarta Conferência Mundial Feminina de Beijing (1995). A FIGO define o consentimento informado como:

consentimento obtido livremente, sem ameaças, ou induções impróprias, *após disponibilizar para a paciente, de forma apropriada, informação adequada e compreensível, em uma forma e linguagem que possam ser compreendidas pela paciente, sobre:*

a) avaliação do diagnóstico;

b) o propósito, método, duração provável e benefícios esperados do tratamento proposto;

c) formas de tratamento alternativo, incluindo aqueles que sejam menos invasivos;

d) possíveis dores ou desconforto, riscos e efeitos colaterais do tratamento proposto.[75] [grifo nosso]

O Conselho Nacional de Saúde publicou a Resolução n. 340, de 8 de julho de 2004, ainda em vigor, estabelecendo o seguinte a respeito do termo de consentimento, a que denomina "livre e esclarecido":

---

75. Ibid., p.188.

V - Termo de Consentimento Livre e Esclarecido (TCLE):

V.1 - O TCLE deve ser elaborado de acordo com o disposto no Capítulo IV da Resolução CNS n. 196/96, com enfoque especial nos seguintes itens:

a) explicitação clara dos exames e testes que serão realizados, indicação dos genes/segmentos do DNA ou do RNA ou produtos gênicos que serão estudados e sua relação com eventual condição do sujeito da pesquisa;

b) garantia de sigilo, privacidade e, quando for o caso, anonimato;

c) plano de aconselhamento genético e acompanhamento clínico, com a indicação dos responsáveis, sem custos para os sujeitos da pesquisa;

d) tipo e grau de acesso aos resultados por parte do sujeito, com opção de tomar ou não conhecimento dessas informações;

e) no caso de armazenamento do material, a informação deve constar do TCLE, explicitando a possibilidade de ser usado em novo projeto de pesquisa. É indispensável que conste também que o sujeito será contatado para conceder ou não autorização para uso do material em futuros projetos e que quando não for possível, o fato será justificado perante o CEP [Comitê de Ética em Pesquisa]. Explicitar também que o material somente será utilizado mediante aprovação do novo projeto pelo CEP e pela CONEP [Comissão Nacional de Ética em Pesquisa] (quando for o caso);

f) informação quanto a medidas de proteção de dados individuais, resultados de exames e testes, bem como do prontuário, que somente serão acessíveis aos pesquisadores envolvidos e que não será permitido o acesso a terceiros (seguradoras, empregadores, supervisores hierárquicos etc.);

g) informação quanto a medidas de proteção contra qualquer tipo de discriminação e/ou estigmatização, individual ou coletiva; e

h) em investigações familiares deverá ser obtido o Termo de Consentimento Livre e Esclarecido de cada indivíduo estudado.

Atualmente, encontra-se em vigor também a Resolução do Conselho Federal de Medicina n. 2.013/2013 que regulamenta alguns aspectos técnicos e éticos da reprodução humana assistida, tais como a idade máxima da mulher a ser submetida ao tratamento (50 anos), o número máximo de embriões a serem implantados de acordo com a idade da paciente (até 2 embriões em pacientes com até 35 anos; até 3 embriões em mulheres entre 36 e 39 anos, e até 4 embriões em pacientes entre 40 e 50 anos), e o período de crioconservação para autorização do aniquilamento de embriões (cinco anos obrigatórios).

Há diversos Projetos de Lei perante o Congresso. Destaco, em razão de sua amplitude, o Projeto de Lei n. 90/99 (último substitutivo, já aprovado no Senado e encaminhado à Câmara dos Deputados, onde ficou parado), que assim dispõe em sua Seção II:

Seção II – Do Consentimento Informado

Art. 3º O consentimento informado será obrigatório e extensivo aos cônjuges e companheiros em união estável, em documento redigido em formulário especial, no qual os usuários manifestem, pela aposição de suas assinaturas, terem dado seu consentimento para a realização das técnicas de RA e terem sido esclarecidos sobre o seguinte:

I – os aspectos técnicos e as implicações médicas das diferentes fases das técnicas de RA disponíveis, bem como os custos envolvidos em cada uma delas;

II – os dados estatísticos sobre a efetividade das técnicas de RA nas diferentes situações, incluídos aqueles específicos do estabelecimento e do profissional envolvido, comparados com os números relativos aos casos em que não se recorreu à RA;

III – a possibilidade e probabilidade de incidência de acidentes, danos ou efeitos indesejados para as mulheres e para as crianças;

IV – *as implicações jurídicas da utilização da RA, inclusive quanto à paternidade da criança;*

V – todas as informações concernentes à licença de atuação dos profissionais e estabelecimentos envolvidos;

VI – demais informações definidas em regulamento.

§ 1º O consentimento mencionado neste artigo, a ser efetivado conforme as normas regulamentadoras que irão especificar as informações mínimas a serem transmitidas, será extensivo aos doadores e seus cônjuges ou companheiros em união estável.

§ 2º No caso do parágrafo anterior, as informações mencionadas devem incluir todas as implicações decorrentes do ato de doar, inclusive a possibilidade de a identificação do doador vir a ser conhecida pela criança e, em alguns casos, de o doador vir a ser obrigado a reconhecer a filiação dessa criança, em virtude do disposto no artigo 12.

§ 3º *O consentimento deverá refletir a livre manifestação da vontade dos envolvidos,* vedada qualquer coação física ou psíquica, e *o documento originado deverá explicitar:*

I – a técnica e os procedimentos autorizados pelos usuários;

II – o destino a ser dado, no caso de divórcio ou separação do casal, aos embriões excedentes que vierem a ser preservados na forma do § 4º do art. 9º;

III – as circunstâncias em que os doadores autorizam ou desautorizam a utilização de seus gametas e embriões.

§ 4º No caso de utilização da RA para a prevenção e tratamento de doenças genéticas ou hereditárias, o documento deve conter a indicação precisa da doença e as garantias de diagnóstico e terapêutica, além de mostrar claramente o consentimento dos receptores para as intervenções a serem efetivadas sobre os gametas ou embriões.

> § 5º *O consentimento só será válido para atos lícitos* e não exonerará os envolvidos em práticas culposas ou dolosas que infrinjam os limites estabelecidos nesta Lei e em seus regulamentos. [grifo nosso]

Em sua tese de doutorado, Vera Sonia Mincoff Menegon[76] anotou, a partir de algumas entrevistas com profissionais da área, a preocupação dos médicos e juristas com a necessidade da prática real do consentimento informado, isto é, que as clínicas sejam efetivamente obrigadas a informar concretamente tudo sobre os procedimentos de reprodução humana assistida, com as implicações médicas, éticas, jurídicas, riscos etc. Infelizmente, na prática, embora existam formulários para a formalização do consentimento, os pacientes (pretendentes a genitores) não são suficientemente esclarecidos pelas clínicas e muitas vezes acabam realizando o tratamento sem pensar nas consequências psicológicas, éticas e jurídicas, em especial no que tange ao destino dos embriões excedentes. *Queixa-se da ausência de legislação obrigando as clínicas a informarem adequadamente os pacientes.*

O princípio da boa-fé objetiva aplicado ao termo de consentimento informado na reprodução humana assistida

A partir das constatações feitas no capítulo anterior a respeito das inúmeras clínicas de reprodução humana assistida no Brasil, do surgimento de um novo "tipo contratual social" e da necessidade de uniformização dos contratos materializados por meio dos termos de consentimento informado, indagamos se realmente, em nosso ordenamento jurídico, inexistiriam dispositivos normativos a regulamentar tais contratos, afirmação corrente no mundo médico.[77]

A nosso ver, após uma análise da nova dogmática contratual e dos princípios contratuais, de modo especial o princípio da boa-fé objetiva, podemos dizer que *não* existem apenas diretrizes éticas estabelecidas pelos órgãos

---

76. Ibid., p.188-90. Esta tese deu origem à obra MENEGON, Vera Sonia Mincoff. *Entre a linguagem dos direitos e a linguagem dos riscos:* os consentimentos informados na reprodução humana assistida, 2006.
77. *Vide*, a propósito, a exposição de motivos da Resolução CFM n. 2.013/2013: "No Brasil, até a presente data, não há legislação específica a respeito da reprodução assistida. Transitam no Congresso Nacional, há anos, diversos projetos a respeito do assunto, mas nenhum deles chegou a termo. [...] Uma insistente e reiterada solicitação das clínicas de fertilidade de todo o país foi a abordagem sobre o descarte de embriões congelados, alguns até com mais de vinte anos, em abandono e entulhando os serviços". Triste perceber a visão das clínicas sobre os embriões congelados: entulhos humanos que atravancam os serviços... Realidade que afronta acintosamente o art. 1º, III, da Constituição da República.

competentes (CFM, CNS, Anvisa etc.), mas também normas jurídicas que devem nortear a atuação das clínicas de reprodução humana e seu relacionamento com os pacientes.

Por imperativo do princípio da boa-fé objetiva, previsto no art. 422 do Código Civil, os contratantes devem pautar suas condutas em padrões de lealdade, veracidade, probidade e colaboração.

Os contratos materializados por meio dos termos de consentimento informado na reprodução humana assistida devem ser considerados dentro da categoria dos "*contratos existenciais*", de modo a exigir um padrão mais elevado de conduta proba e leal por parte das clínicas e dos profissionais da área médica, dando maior proteção à parte mais fraca (pacientes - pretendentes a genitores).

Com efeito, a boa-fé objetiva impõe determinados deveres (laterais ou anexos) a serem *obrigatoriamente* observados, tais como os deveres de proteção, sigilo, informação, advertência, aconselhamento, proteção e cuidado, entre outros.

Assim, as clínicas e os profissionais da área médica a elas vinculados estão obrigadas por lei (art. 422 do CC), de forma cogente ("conteúdo agregado cogente"), a fornecer todas as informações relativas ao tratamento, aos procedimentos e às técnicas de reprodução humana, às implicações médicas, psicológicas, éticas e jurídicas, em especial no caso de fecundação de mais de um óvulo e da concepção de embriões excedentes. E mais, estão obrigadas a advertir os pacientes sobre os riscos e sobre as implicações éticas e jurídicas na formação de embriões excedentes.

As clínicas estão obrigadas, ainda, a guardar sigilo sobre os seus pacientes, a protegê-los, cuidar da sua integridade física e psicológica. O dever de proteção e cuidado inclui, nos casos de embriões excedentes que serão crioconservados,[78] o dever de armazená-los com o maior zelo e cuidado.

As clínicas estão obrigadas aos deveres de aviso e esclarecimento, alertando para os riscos e benefícios do tratamento (nesse caso, poderíamos falar mesmo em *dever de advertência*, numa intensidade maior do dever de aviso e esclarecimento). Os casais devem ser alertados sobre as implicações ético-jurídicas dos embriões excedentes e a existência de leis que garantem a inviolabilidade do direito à vida a todos os seres humanos (art. 5º da CF). Os embriões excedentes não podem ser apresentados aos pacientes como

---

78. A questão a respeito dos embriões excedentes mantidos congelados *in vitro* (crioconservados) nas clínicas de reprodução humana é uma preocupação constante em nossos estudos. Ao nosso ver, o embrião humano mantido *in vitro* tem dignidade humana. Em última análise, não seria lícita cláusula contratual que estabeleça a possibilidade de *gerar* embriões excedentes para serem mantidos congelados por afronta direta ao art. 1º, III, da Constituição da República.

meros objetos (equivocadamente chamados "pré-embriões"). Os pacientes devem ser advertidos e esclarecidos dos dois posicionamentos a respeito dos direitos dos embriões (os que consideram o início da vida a partir da fecundação, ainda que *in vitro*, e os que consideram o início da vida a partir da nidação) com as fundamentações respectivas, fornecendo, inclusive, textos informativos.

As clínicas estão obrigadas aos *deveres de prestar contas* esclarecendo detalhadamente as condutas adotadas em relação aos embriões excedentes ao longo dos anos, se haverá seleção e descarte daqueles considerados "inaptos", como permanecerão congelados, por quanto tempo, e por que razão.[79]

Anoto que a relação jurídica entre pacientes e clínicas não se esgota na simples implantação dos embriões no útero materno, porquanto há o dever de assistência, lealdade, cooperação e colaboração durante a gestação e após o parto. Tais deveres ainda permanecem no caso de serem mantidos embriões congelados.

Por fim, mesmo consentindo sobre todos os aspectos da reprodução humana assistida devidamente informados, há ainda a possibilidade de existência de cláusulas abusivas e até mesmo cláusulas ilícitas, as quais, por conseguinte, poderão sofrer controle por parte do Poder Judiciário. Os contratos materializados por meio dos "consentimentos informados", aliás, como todos os contratos, devem observar os princípios contratuais em geral, destacando-se não apenas o princípio da boa-fé objetiva, mas também o princípio da função social do contrato, cujo conteúdo abrange o princípio constitucional da dignidade da pessoa humana.

Considerações finais

No mundo pós-moderno, onde imperam a velocidade das mudanças e o incremento de informações, com o desenvolvimento tecnológico, surge um novo paradigma contratual.

Nesse novo contexto negocial, destacam-se os novos tipos contratuais sociais, que, sem enquadramento legal típico, geram direitos e deveres nas esferas jurídicas dos contratantes.

Da necessidade de uniformização e sistematização dessas novas figuras contratuais, destaca-se a importância dos princípios de um modo geral e, em especial, os princípios contratuais.

---

79. A propósito, muito se tem discutido por que razão as clínicas insistem em produzir embriões excedentes mesmo sem orientação adequada aos envolvidos. Ora, por que não se investe em técnicas de congelamento de gametas (óvulos e espermatozoides)?

A mudança de paradigma contratual e as transformações sociais, pondo em cheque o dogma da autonomia da vontade (atualmente observada sob a perspectiva da autonomia privada e da autonomia social), fez emergir novos princípios contratuais, baseados no princípio da dignidade da pessoa humana e no solidarismo.

Os novos princípios contratuais, denominados sociais (função social do contrato, boa-fé objetiva e equilíbrio econômico), são aplicados de acordo com o caso concreto com maior peso ou importância, ressalvando-se a nova dicotomia do século XXI: os "*contratos existenciais*" de um lado e os "*contratos empresariais*" de outro. Naqueles, vigora, ainda, um princípio de proteção à parte mais fraca.

O princípio da boa-fé objetiva, que tem suas raízes já no Direito romano e, de modo mais direto, no Direito germânico e no próprio direito comercial brasileiro, tem destacada relevância no mundo negocial hodierno. A obrigatoriedade de um padrão de conduta proba, reta, leal, veraz, de colaboração faz surgir para os contratantes deveres laterais ou anexos.

A sistematização da boa-fé objetiva pela doutrina, em razão das deficiências e insuficiências do art. 422 do Código Civil, é fundamental para a correta compreensão do princípio, de modo a concretizar sua aplicação nas diversas situações da vida, evitando-se o esvaziamento do seu conceito indeterminado bem como o arbítrio do intérprete.

Os termos de consentimento informado na reprodução humana assistida não estão alheios a essa realidade. Embora seja voz corrente a inexistência de qualquer dispositivo legal que regulamente as técnicas de reprodução humana assistida, com o presente trabalho buscamos demonstrar que, na realidade, há dispositivos normativos a impor deveres aos contratantes. O princípio da boa-fé objetiva é uma norma jurídica prevista expressamente no art. 422 do Código Civil e deve ser observado como norma de ordem cogente.

As clínicas de reprodução humana assistida, ao contratarem com os pretendentes à paternidade/maternidade, por meio dos termos de consentimento informado, devem observar os deveres anexos impostos pelo princípio da boa-fé objetiva, entre eles, os deveres de informação, esclarecimento, advertência, aconselhamento, cuidado, lealdade, colaboração, dentre outros.

Referências

AZEVEDO, Álvaro Villaça. "Ética, direito e reprodução humana assistida". In: ______ et al. *Uma vida dedicada ao direito, homenagem a Carlos Henrique de Carvalho, o editor dos juristas*. São Paulo, Revista dos Tribunais, 1995, p.144-55.

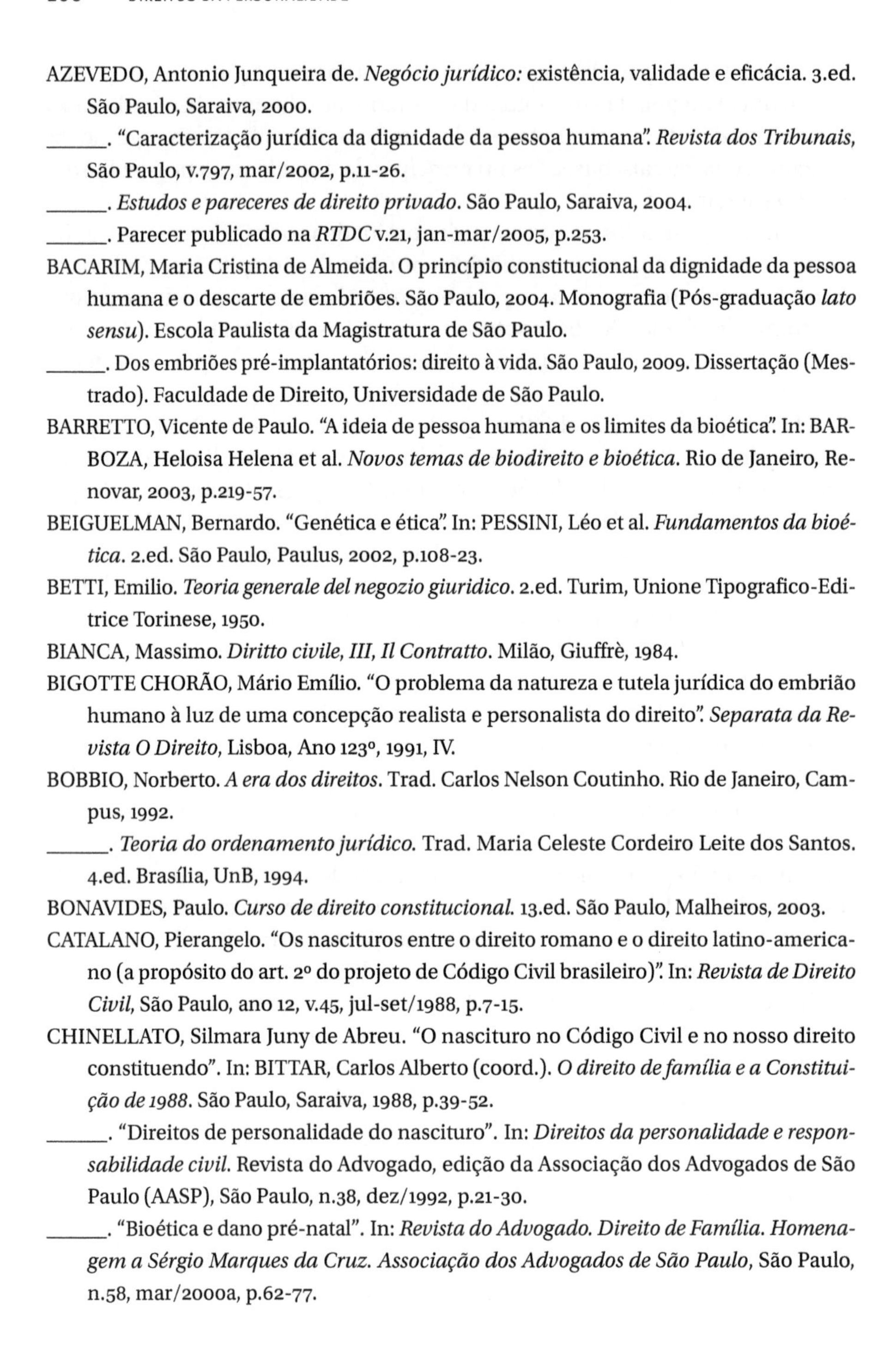

AZEVEDO, Antonio Junqueira de. *Negócio jurídico:* existência, validade e eficácia. 3.ed. São Paulo, Saraiva, 2000.

______. "Caracterização jurídica da dignidade da pessoa humana". *Revista dos Tribunais,* São Paulo, v.797, mar/2002, p.11-26.

______. *Estudos e pareceres de direito privado.* São Paulo, Saraiva, 2004.

______. Parecer publicado na *RTDC* v.21, jan-mar/2005, p.253.

BACARIM, Maria Cristina de Almeida. O princípio constitucional da dignidade da pessoa humana e o descarte de embriões. São Paulo, 2004. Monografia (Pós-graduação *lato sensu*). Escola Paulista da Magistratura de São Paulo.

______. Dos embriões pré-implantatórios: direito à vida. São Paulo, 2009. Dissertação (Mestrado). Faculdade de Direito, Universidade de São Paulo.

BARRETTO, Vicente de Paulo. "A ideia de pessoa humana e os limites da bioética". In: BARBOZA, Heloisa Helena et al. *Novos temas de biodireito e bioética.* Rio de Janeiro, Renovar, 2003, p.219-57.

BEIGUELMAN, Bernardo. "Genética e ética". In: PESSINI, Léo et al. *Fundamentos da bioética.* 2.ed. São Paulo, Paulus, 2002, p.108-23.

BETTI, Emilio. *Teoria generale del negozio giuridico.* 2.ed. Turim, Unione Tipografico-Editrice Torinese, 1950.

BIANCA, Massimo. *Diritto civile, III, Il Contratto.* Milão, Giuffrè, 1984.

BIGOTTE CHORÃO, Mário Emílio. "O problema da natureza e tutela jurídica do embrião humano à luz de uma concepção realista e personalista do direito". *Separata da Revista O Direito,* Lisboa, Ano 123º, 1991, IV.

BOBBIO, Norberto. *A era dos direitos.* Trad. Carlos Nelson Coutinho. Rio de Janeiro, Campus, 1992.

______. *Teoria do ordenamento jurídico.* Trad. Maria Celeste Cordeiro Leite dos Santos. 4.ed. Brasília, UnB, 1994.

BONAVIDES, Paulo. *Curso de direito constitucional.* 13.ed. São Paulo, Malheiros, 2003.

CATALANO, Pierangelo. "Os nascituros entre o direito romano e o direito latino-americano (a propósito do art. 2º do projeto de Código Civil brasileiro)". In: *Revista de Direito Civil,* São Paulo, ano 12, v.45, jul-set/1988, p.7-15.

CHINELLATO, Silmara Juny de Abreu. "O nascituro no Código Civil e no nosso direito constituendo". In: BITTAR, Carlos Alberto (coord.). *O direito de família e a Constituição de 1988.* São Paulo, Saraiva, 1988, p.39-52.

______. "Direitos de personalidade do nascituro". In: *Direitos da personalidade e responsabilidade civil.* Revista do Advogado, edição da Associação dos Advogados de São Paulo (AASP), São Paulo, n.38, dez/1992, p.21-30.

______. "Bioética e dano pré-natal". In: *Revista do Advogado. Direito de Família. Homenagem a Sérgio Marques da Cruz. Associação dos Advogados de São Paulo,* São Paulo, n.58, mar/2000a, p.62-77.

_____. Reprodução humana assistida: aspectos civis e bioéticos. São Paulo, 2000b. Tese (Livre-docência do Departamento de Direito Civil). Faculdade de Direito, Universidade de São Paulo.
_____. *Tutela civil do nascituro.* São Paulo, Saraiva, 2000c.
_____. "Adoção de nascituro e a quarta era dos direitos: razões para alterar o caput do artigo 1.621 do novo Código Civil". In: DELGADO, Mário Luiz; ALVES, Jones Figueiredo (coords.). *Novo Código Civil:* questões controvertidas. São Paulo, Método, 2004, p.355-72.
_____. "Estatuto jurídico do nascituro: o direito brasileiro". In: DELGADO, Mário Luiz; ALVES, Jones Figueiredo (coords.). *Novo Código Civil:* questões controvertidas. São Paulo, Método, 2007, p. 43-81.
_____. *Comentários ao Código Civil, parte especial:* do direito de família. São Paulo, Saraiva, 2004. v.18 (arts. 1.591 a 1.710).
_____. "Direito do nascituro a alimentos: do direito romano ao direito civil". In: *Revista de Direito Civil,* n.54, p.52-60.
COMPARATO, Fábio Konder. "O papel do juiz na efetivação dos direitos humanos". In: _____ et al., *Direitos humanos: visões contemporâneas.* São Paulo, Associação Juízes para a Democracia, 2001, p.15-29.
DINIZ, Maria Helena. *O estado atual do biodireito.* 2.ed. São Paulo, Saraiva, 2002.
DURANT, Guy. *A bioética: natureza, princípios, objetivos.* Trad. Porphirio Figueira de Aguiar Netto. São Paulo, Paulus, 1995. Original francês: *La bioéthique.*
DWORKIN, Ronald. *Levando os direitos a sério.* Trad. Nelson Boeira. São Paulo, Martins Fontes, 2002. Tradução de *Taking rights seriously.*
ENGISH, Karl. *Introdução ao pensamento jurídico.* 6.ed. Trad. J. Baptista Machado. Lisboa, Fundação Calouste Gulbenkian, 1988. Original alemão.
FERRAZ JR., Tercio Sampaio. *Introdução ao estudo do direito, técnica, decisão, dominação.* São Paulo, Atlas, 1993.
GODOY, Claudio Luiz Bueno de. *Função social do contrato.* São Paulo, Saraiva, 2004.
GOMES, Orlando. *Transformações gerais do direito das obrigações.* São Paulo, Revista dos Tribunais, 1967.
_____. *Obrigações.* 5.ed. Rio de Janeiro, Forense, 1978.
GRAU, Eros Roberto. *O direito posto e o direito pressuposto.* São Paulo, Malheiros, 1996.
JAYME, Erik. "Visões para uma teoria pós-moderna do direito comparado". *Revista dos Tribunais,* v.759, jan/1999, p.24-40.
JORGE JUNIOR, Alberto Gosson. *Cláusulas gerais no Novo Código Civil.* São Paulo, Saraiva, 2004.
KANT, Emmanuel. *Fondements de la Métaphisyque des Moeur.* Trad. Victor Delbos. Paris, Librairie Philosophique J. Vrin, 1992.
LEITE, Eduardo de Oliveira. "Eugenia e bioética: os limites da ciência em face da dignidade humana". In: DINIZ, Maria Helena (coord.). *Atualidades jurídicas.* São Paulo, Saraiva, 2004, v.5.
LOTUFO, Renan. *Código Civil comentado, parte geral.* São Paulo, Saraiva, 2003, v.I.

MARQUES, Cláudia Lima. *Contratos no Código de Defesa do Consumidor, o novo regime das relações contratuais.* 4.ed. São Paulo, Revista dos Tribunais, 2002.

MARTINS-COSTA, Judith. *A boa-fé no direito privado.* São Paulo, Revista dos Tribunais, 1999.

______. "Bioética e dignidade da pessoa humana: rumo à construção do biodireito". *Revista da Pós-Graduação da Faculdade de Direito da USP*, São Paulo, v.3, 2001, p.13-30.

MENEGON, Vera Sonia Mincoff. Entre a linguagem dos direitos e a linguagem dos riscos: os consentimentos informados na reprodução humana assistida. São Paulo, 2003. Tese (Doutorado em Psicologia Social). Instituto de Psicologia, Pontifícia Universidade Católica de São Paulo.

______. *Entre a linguagem dos direitos e a linguagem dos riscos:* os consentimentos informados na reprodução humana assistida. São Paulo, EdPUCSP, 2006.

MENEZES CORDEIRO, Antonio Manuel da Rocha. *Da boa-fé no direito civil.* Coimbra, Almedina, 1997.

MONDIN, Battista. *O homem, quem é ele? Elementos de antropologia filosófica.* 11.ed. São Paulo, Paulus, 2003.

NEGREIROS, Teresa. *Teoria do contrato. Novos paradigmas.* Rio de Janeiro, Renovar, 2002.

NORONHA, Fernando. *O direito dos contratos e seus princípios fundamentais.* São Paulo, Saraiva, 1994.

PERELMAN, Chaim. Ética e direito. Trad. Maria Ermantina Galvão. São Paulo, Martins Fontes, 1999. Tradução de Éhique *et Droit.*

PERLINGIERI, Pietro. *La personalità umana nell'ordenamento giuridico.* Nápoles, Camerino, 1972.

______.*Il diritto civile nella legalitá costituzionale.* Roma, Scientifiche Italiane, 1989.

POPP, Carlyle. "Princípio constitucional da dignidade da pessoa humana e a liberdade negocial – A proteção contratual no direito brasileiro". In: LOTUFO, Renan et al. *Direito civil constitucional. Cadernos I.* São Paulo, Max Limonad, 1999, p.151-211.

ROPPO, Enzo. *O contrato.* Trad. Ana Coimbra e Manuel Januário Gomes. Coimbra, Almedina, 1988. Tradução de *Il contratto*, 1977.

SACCO, Rodolfo. "Autonomia contrattuale e tipi". *Rivista Trimestrale di Diritto e Procedura Civile,* Milão, n.3, 1966, p.785-808.

______. *Il contratto. Trattato di diritto civile italiano.* v. VI, t. 2º, p. 778-9.

SILVA, José Afonso da. "A dignidade da pessoa humana como valor supremo da democracia". *Revista de Direito Administrativo,* Rio de Janeiro, v.212, abr-jun/1998, p.89-94.

TEPEDINO, Gustavo. *Temas de direito civil.* Rio de Janeiro, Renovar, 1999, p.23-71.

CAPÍTULO 12

Qual a sua religião? O direito à intimidade religiosa enquanto direito da personalidade

Maria Vital da Rocha
Rogério da Silva e Souza

Introdução

É claro que Deus não é cristão - é o que se pode ler no capítulo de livro homônimo de Desmond Tutu, Prêmio Nobel da Paz, com relação à tolerância entre os credos. No entanto, o bispo anglicano é, intrigantemente, acusado de antissemitismo e contrapõe-se a essa qualificação que lhe fora atribuída simplesmente com a palavra "paciência"; isto porque, em visita ao Museu do Holocausto, registrou no livro de visitantes a benção para que o povo judeu pudesse ser a luz do mundo, perdoando-lhes os algozes, a fim de que esse mal (o holocausto) não tornasse a acontecer, e, desde então, tem sido incompreendido nas tentativas de paz com os judeus, sob o pretexto de que agira com escárnio à causa semita.[1]

A questão da religiosidade tem implicações de ordem pessoal e social; como no exemplo assinalado, a crença de Tutu é anglicana, mas isso não o desautoriza de reconhecer outras concepções religiosas, como ele mesmo comumente reitera a respeito da existência do Dalai Lama e, ainda assim, sofre a crítica acirrada de fundamentalistas que o advertem, negativamente, sobre as suas tentativas de conciliações aos problemas étnico-religiosos no Oriente Médio.

É neste sentido que este capítulo tem por escopo a investigação sobre a intimidade religiosa, suas relações e seus limites em face do proselitismo e, mais, especificamente, em torno da intolerância religiosa, cuja abordagem é livre e exploratória sobre a temática e do tipo bibliográfica, posto que transita entre literaturas especializadas e cataloga julgados afins.

1. TUTU, Desmond. *Deus não é cristão e outras provocações*, 2012.

Na primeira parte do capítulo, tratam-se das questões propedêuticas, a saber, o conceito de intimidade religiosa, sua essência e dimensão nos ramos jurídicos; na segunda parte, abordam-se a intimidade religiosa e o problema do proselitismo, cujos efeitos são, por consequência, a intolerância religiosa; por último, o foco se põe sobre o panorama da jurisprudência em virtude do nexo causal e a reparação devida diante de eventual violação à intimidade religiosa.

O direito à intimidade religiosa

No tema das liberdades em torno dos direitos da personalidade, há um gênero reconhecido como liberdade religiosa, que engloba uma série de espécies, a exemplo da liberdade de culto, bem como o direito à intimidade religiosa.[2] Mas o que vem a ser a intimidade religiosa e, por consequência, a especialização desse direito?

Quando Mahatma Gandhi, o grande líder espiritual da Índia, professou amar o sermão da montanha, mas que tinha de medo dos cristãos, ele queria dizer da sua simpatia pela religiosidade cristã, muito embora não participasse da mesma fé, ora porque era nascido na religiosidade hindu, ora pelo comportamento dos cristãos britânicos com seu povo, ao qual, dificilmente, inclinar-se-ia à fé cristã, dado o colonialismo hostil que a Índia vivia nesse período. Sabe-se que Gandhi dedicou parte de sua existência a estudar a diversas religiões, muito embora se comportasse como autêntico hindu.[3]

É nesse sentido que a transparência da religiosidade de Gandhi, associada à conduta que levava em razão de sua personalidade, bem o caracterizam

---

2. Nesse sentido, Carlos Alberto Bittar argumenta: "Passando ao estudo dos direitos de cunho psíquico, encontramos o direito à liberdade (ou às liberdades), que envolve diferente manifestação, em função das atividades desenvolvidas pelo homem, nos níveis pessoais, negociais e *espirituais*" [grifo nosso] (BITTAR, Carlos Alberto. *Os direitos da personalidade,* 2015, p.167).
3. Compulsando o livro de Mohandâs Karamchand Gandhi, "Minha vida e minhas experiências com a verdade" (GHANDI, Mohandâs Karamchand. *Minha vida e minhas experiências com a verdade,* 1964. p.428), nomeadamente, ao final da obra, pode-se bem compreender este comportamento religioso do líder político e espiritual da Índia, quando procura tratar da sua conduta religiosa em face da política, passa a definir-se: "Para ver face a face o Espírito da Verdade universal, que tudo permeia, o indivíduo deve amar a mais insignificante criatura como a si próprio. E um homem que quer chegar a isso não pode permanecer fora de nenhum campo da vida. É por isso que minha devoção à Verdade me levou ao campo da política. E posso afirmar, sem a menor hesitação e ainda assim humildemente, que aqueles que dizem que religião não tem nada a ver com política não sabem o que significa religião".

como adepto de uma crença. Ser religioso e ter religiosidade compreendem diferenças fundamentais. É que a crença religiosa revela o compromisso com instituição religiosa, liturgias, dogmas, ao passo que religiosidade implica um comportamento espiritual; mesmo sem professar certa religião, é possível atribuir-se determinada manifestação de fé em cada sujeito, na perspectiva de que toda pessoa implica, sazonalmente, conflitos de transcendência psicológica. É assim que até mesmo um agnóstico não hesitaria em aceitar explicações míticas quando se deparasse com o inexplicável.

Mas aqui se fala, particularmente, de crença religiosa, o que se consigna a determinado credo, por isso é preciso esculpir o conceito de intimidade religiosa, qual a natureza desse direito, bem como sua relação com áreas afins do direito.

Conceito

A intimidade de cada um é um atributo da integridade moral da pessoa e, por isso, é uma dimensão do direito da personalidade. A intimidade persegue fatores psicológicos, subjetivos, que delineiam o caráter de alguém, e por ser tão intrínseco à criatura, merecem-lhe atenção personalíssima, vale dizer, que só ao sujeito interessam.

Em quaisquer circunstâncias da vida, o sujeito pode interpelar-se sobre o papel do *religare* (religar-se ao Criador) acerca de sua existência, assinalando-se pela afirmação de Deus, não raro, por oposição diversa da sua vontade; isso significa que, no seu diálogo com todas as oposições sociais, o ser humano toma a onisciência subjetiva que lhe concebe para que Deus o autorize a esse ou aquele mister. Ora, esse estado de subjetividade metafísica é o que compreende, mais especificamente, a intimidade em religiosidade do ser. Pensar, variavelmente, na compreensão dos problemas de modo religioso é estar repleto de fé ideologicamente institucional. Imagine-se, agora, essa religiosidade como atributo da intimidade de alguém; vale dizer, a ninguém importa modificar essa reflexão íntima espiritual.

Do ponto de vista constitucional, a liberdade religiosa é um gênero, no âmbito dos direitos fundamentais, que alberga a liberdade de crença, o livre exercício de cultos religiosos e, dentre outros tantos, a liberdade íntima à religiosidade.

A intimidade religiosa é, pois, produto da formação da personalidade de crenças e pensamentos psicológicos que conformam espiritualidade do sujeito; está-se diante de uma religiosidade íntima que não é segredo, mas é resguardada como atributo psicológico da personalidade. O fato de compartilhar ideias religiosas não contraria a intimidade religiosa de alguém, mas a maneira com que se discutem ou professam ideias religiosas a ponto de influir na esfera psicológica de outrem, esta, sim, pode implicar consequências que malferem o direito à intimidade religiosa.

Natureza

Os direitos da personalidade revelam também uma matriz religiosa, isto porque, no tema da personalidade, encontram-se segmentos da cultura religiosa e, nesse sentido, promovem a formação da personalidade da pessoa, conduzida pela orientação religiosa dos membros da família e transformando as relações sociais em categorias religiosas. Com efeito, o sujeito nasce do núcleo familiar e segue, tradicionalmente, a mesma orientação religiosa de sua família, demandando categorias que se emancipam no meio social.[4]

Destarte, é comum que um sujeito nascido em determinado país com uma religião predominante venha a constituir personalidade neste segmento religioso predominante; por exemplo, no Brasil, é majoritariamente comum que se tenha destinação cristã - muito embora se encontrem segmentos religiosos no cristianismo -, diferentemente da Índia, em que se encontram conglomerados de segmentos religiosos dentro de um mesmo país, a exemplo de religiões cristãs, hindus e muçulmanas.

A questão da intimidade religiosa em relação à sua natureza é, necessariamente, um problema de cultura, vale dizer, não se nasce com certa crença religiosa, mas atribui-se, culturalmente, ora no seio da família, ora no seio social, por isso se compreende a natureza da intimidade religiosa como processo da formação cultural do sujeito, passível, portanto de relativização, na família em que se encontra, na sociedade e até mesmo no país em que vive, cuja cultura religiosa compreende mudanças, na medida em que se agregam valores externos ao sujeito na proteção de sua intimidade religiosa.

Taxonomia

A questão da taxonomia jurídica dá-se em conhecer como a intimidade religiosa se apresenta tanto na égide pública como na égide privada, na medida

---

4. Veja-se em Fustel de Coulanges o instituto da família e sua corporação religiosa: "Se nós nos transportarmos em pensamento para o seio dessas antigas gerações de homens, encontraremos em cada casa um altar, e ao redor desse altar a família reunida. Ela se reúne cada manhã, para dirigir ao fogo sagrado suas preces; e cada noite, para invocá-lo uma vez mais. Durante o dia, a família reúne-se ainda ao seu redor para as refeições, que dividem piedosamente depois da prece e da libação. Em todos esses atos religiosos, canta em comum os hinos que seus pais lhe ensinaram" (COULANGES, Numa-Denys Fustel de. *A cidade antiga*. 1961. p.34).

em que o Estado faz interferência nas relações privadas. É mister aqui saber da subordinação dos direitos fundamentais e das relações interpessoais dos direitos da personalidade, ainda, neste último caso, que associada à tutela jurisdicional.

Nesse sentido, a intimidade religiosa insere-se na esfera pública, já com expressa afirmação constitucional ao estabelecer como direito fundamental a liberdade ideológico-religiosa, veja-se o art. 5º, VI, assinalando a inviolabilidade da liberdade de consciência e de crença, sendo assegurado o livre exercício dos cultos religiosos e garantida, na forma da lei, a proteção aos locais de culto e as suas liturgias.

Para tanto, na ordem constitucional brasileira, firma-se o preceito laico-pluralista ideológico-religioso: o Estado não resguarda uma religião oficial; não obstante, admite a possibilidade diversificada de religiões na égide estatal como se pode abstrair também do art. 5º, VII, da Constituição brasileira de 1988. Assegura-se a liberdade de consciência e de crença religiosa (art. 5º, VIII) frente a obrigações legais a todos impostas. De modo semelhante, ninguém há de ser privado de direitos por motivação religiosa, convicção filosófica ou política.

Assim é que no aspecto jurídico público assenta-se a tensão religiosa no seio das instituições sociais, uma vez que o segmentarismo dogmático de certa parcela social toma conta dos meios institucionais, não raro, em detrimento de um pensamento social ecumênico no campo da religiosidade; *verbi gratia*, em 2009 o Ministério Público federal bandeirante ajuizou ação civil pública solicitando a retirada de símbolos religiosos das repartições públicas, ocasião em que o frade Demétrius dos Santos Silva, citado por Aldroaldo Palaoro,[5] manifestou-se:

> Sou Padre católico e concordo plenamente com o Ministério Público de São Paulo, por querer retirar os símbolos religiosos das repartições públicas [...] Nosso Estado é laico e não deve favorecer esta ou aquela religião. A Cruz deve ser retirada! Aliás, nunca gostei de ver a Cruz em Tribunais, onde os pobres têm menos direitos que os ricos e onde sentenças são barganhadas, vendidas e compradas. Não quero mais ver a Cruz nas Câmaras legislativas, onde a corrupção é a moeda mais forte. Não quero ver também a Cruz em delegacias, cadeias e quartéis, onde os pequenos são constrangidos e torturados. Não quero ver, muito menos, a Cruz em prontos-socorros e hospitais, onde pessoas pobres morrem sem atendimento. É preciso retirar a Cruz das repartições públicas, porque Cristo não abençoa a sórdida política brasileira, causa das desgraças, das misérias e sofrimentos dos pequenos, dos pobres e dos menos favorecidos.

---

5. PALAORO, Adroaldo. *Que vemos ao olhar a cruz?*, 2009.

A discussão sobre a religião e o seu papel na sociedade levam à reflexão sobre o secularismo com que o assunto é tratado atualmente e sobre o que aconteceria se a influência religiosa fosse retirada completamente do mundo, a pretexto de uma plenitude da racionalidade capaz de salvaguardar os problemas humanos. No livro *O diálogo das religiões*, de Andrés Torres Queiruga, entretanto, assinala-se uma proposta de unicidade e universalidade de forma que haja uma inclusão das outras religiões e suas "verdades". O autor defende que a revelação divina não foi realizada muito tarde, como alguns defendem, e que ela é universal, e não um privilégio de alguns "eleitos".[6]

Para tanto, a partir do abandono dos preconceitos e do centralismo religioso, é possível que haja um diálogo entre as diferentes percepções e a unicidade de Deus, como coloca Queiruga: "Tomando seriamente o fato de que Deus se revela em todas as tradições, compreende-se que qualquer outro anúncio que lhes chegue historicamente há de ser necessariamente recebido em e através de sua sensibilidade religiosa".[7]

A proposta parece simples, mas reclama uma apreciação necessariamente crítica, porque a questão da intolerância religiosa alcança níveis complexos na ordem estatal, questão que se persegue no próximo tópico, porquanto muito se tem discutido sobre religião, mas é preciso discutir também se as pessoas que se ocupam em aplicar essa religiosidade têm necessariamente a perspectiva da tolerância em suas próprias condutas, cujo problema é pertinente à tolerância religiosa no âmbito das relações entre sujeitos; e mais: quais pressupostos são necessários para que se possa construir uma realidade social pautada na tolerância?

No âmbito privado, é possível, outrossim, a colisão de direitos da personalidade que se encontram no mesmo patamar de fundamentalidade; é admissível adentrar no tema da ponderação de princípios fundamentais, na medida em que os direitos à intimidade religiosa podem contrapor-se a direitos de liberdade religiosa.

Paradoxalmente, a liberdade é oposta à igualdade, ou seja, quanto mais a liberdade se revela, mais desigualdade é possível defrontar-se, ao passo que quanto mais a igualdade intervém mais se configura a restrição de liberdade.

O problema da colisão de direitos fundamentais no âmbito da intimidade religiosa insurge-se, com veemência, por exemplo, entre sujeitos de credos distintos ou de uma instituição religiosa sobre um sujeito, a exemplo de conflitos contemporâneos de proselitismo religioso, que parece ser a maior chaga ao aspecto da intimidade religiosa.

---

6. QUEIRUGA, Andrés Torres. *O diálogo das religiões*, 1997.
7. Ibid., p.72.

Com efeito, assinala-se que a liberdade de convencimento de crença pode se dar na individualidade, a partir do livre convencimento, ou na alteridade do sujeito quando se leva o proselitismo da alteridade a intentar sobre outro sujeito; problema nenhum há em arregimentar teses argumentativas para que este desiderato se confirme. A questão prejudicial se dá quando o processo de conversão acontece ao rigor da força ou da coerção psicológica; neste último caso, o temor que se causa a outrem, não raro, é razão de condicionamentos, como: não há de firmar-se o matrimônio se não converter-se à determinada religião, não se conseguirá um emprego se não pertencer a tal grupo religioso, ou ainda, se não pertencer a um grupo religioso deparar-se-á com o enfrentamento maligno transcendental.

Na seara laboral, tem se manifestado precípua preocupação com relação às concepções religiosas, *verbi gratia*, espaços de reflexão religiosa dentro do ambiente de trabalho; a adequação a certa religião dentro das instituições de trabalho, ou ainda, a impossibilidade de professar crença distinta do poder diretivo da empresa são questões que reclamam hoje o aperfeiçoamento da tutela jurisdicional para o seu enfrentamento, na busca de se titularizar direitos autônomos e livres de personalidade religiosa.

O pensamento religioso numa sociedade democrática e pluralista pode participar do perfeito argumentativo; neste sentido, Habermas defende a ideia de que o discurso religioso é partícipe de todas as tomadas de decisões democráticas desde que argumente validamente pelo pensamento secular das reflexões e problemas sociais.[8]

Filósofos como Lorenz B. Puntel, que defende o papel da religião expressivo na vida contemporânea, assinala que, muito embora o cristianismo ascenda às concepções de racionalidade e de orientação filosófica mais hábeis, isso não significa também que outras religiões não possam apresentar pensamentos racionais desde que manifestem argumentação válida para os problemas inter-religiosos.[9]

Parece que há renovação no pensamento filosófico quanto à religião. No mais, as expressões ofensivas ou as práticas intolerantes no sentimento religioso podem ofertar responsabilidade e dano ricochete pelas transgressões pessoais ao percalço religioso, vale dizer, é possível responsabilizar tanto nas práticas privadas como nas práticas públicas em detrimento da intimidade religiosa, tantas quantas se possam provar transgressoras no universo jurisdicional.

---

8. HABERMAS, Jürgen. *Fé e saber*, 2013.
9. PUNTEL, Lorenz B. *Ser e Deus:* um enfoque sistemático em confronto com M. Heidegger, É. Lévinas e J. L. Marion, 2011.

Intimidade religiosa e proselitismo: intolerância religiosa positiva e negativa

A crise institucional que concorre à intimidade religiosa é a chamada ingerência sobre a particularidade de segmento religioso a que se filia o sujeito e, paradoxalmente, um dos maiores entraves à intimidade religiosa é a própria crença, sob o pretexto de liberdade religiosa.

Um fato ocorrido em outubro de 1999 veio fazer marco à história brasileira, cujo alcance se dá com a instituição, em 27 de dezembro de 2007, pela Lei n. 11.635, do Dia Nacional de Combate à Intolerância Religiosa. Na ocasião, o periódico de uma igreja evangélica estampou em sua capa uma foto da Iyalorixá, mais conhecida como Mãe Gilda, com o título "Macumbeiros charlatões lesam o bolso e a vida dos clientes", fato que culminara com a morte da mãe de santo, por infarto fulminante. Além disso, a casa da religiosa fora invadida, seu marido agredido verbal e fisicamente e seu terreiro, depredado por integrantes de outro segmento religioso, com manifesto retrato de intolerância religiosa no país.[10]

O interesse pelo tema da tolerância é, igualmente, uma perspectiva humanista e dá-se pela necessidade que tem o ser humano de enxergar a sua essência; é algo sempre a ser retomado e aprofundado, compreendendo o virtual, o potencial e o utópico também, pertinentes à natureza humana.[11] Para tanto, é imprescindível que o indivíduo, como sujeito social, atenda às necessidades de humanizar suas perspectivas de compreensão para a melhor realização de seu espaço comum. O proselitismo religioso, por sua vez, pode configurar exacerbado intervencionismo no meio social, que pode prejudicar o desiderato democrático da sociedade.

Assim é que líderes religiosos partícipes de determinada crença, não raro, anunciam a necessidade de conversão dos semelhantes em sociedade sob o pretexto salvação transcendental. É o conflito que se abre nos interesses também institucionais de vários credos religiosos, problemática que já se estende a conflitos intrarreligiosos.[12]

---

10. TOKARNIA, Mariana. "No Dia de Combate à Intolerância Religiosa, líderes alertam sobre discriminação". *Agência Brasil*, 2015.
11. BOFF, Leonardo. *Ethos mundial*: um consenso mínimo entre os humanos, 2003.
12. A celeuma mais recente no âmbito da Igreja Católica Apostólica Romana se dá justamente no que concerne à questão da liberdade dogmática avultada no Concílio Vaticano II: "No dia 16 de março, ao falar publicamente em uma rara aparição, o Papa Bento XVI deu uma entrevista ao *Avvenire*, o jornal da Conferência Episcopal Italiana, abordando uma 'dupla e profunda crise' que a Igreja está enfrentando na esteira do Concílio Vaticano II. A notícia já chegou até a Alemanha como cortesia do vaticanista Giuseppe Nardi, do *site* de notícias católicas da Alemanha vinculado a Katholis-

Concorre ainda a questão do fundamentalismo religioso em prejuízo da intimidade religiosa, por exemplo, o ápice do fundamentalismo islâmico que se exacerba em face dos conflitos e liberdade de expressão na visão ocidental, por assim dizer. O emblemático caso do periódico francês Charlie Hebdo trouxe consequências ímpares à vida contemporânea, mas é discutível se instituições judiciárias, de certo modo, fomentaram esse desencadeamento, na medida em que não dispuseram reparações indenizatórias ou demandaram o direito de liberdade de expressão sem precedentes, no que tange a ações de desrespeito aos dogmas religiosos, sob o pretexto de liberdade artística.

Com efeito, devem ser repensados tantos os limites de liberdade de expressão quanto de crença religiosa. Quando dos ataques fundamentalistas islâmicos ao jornal francês Charlie Hebdo, o cronista Luís Fernando Veríssimo tratou a respeito:[13]

> [...] Lembro uma capa que ficou famosa, já não sei mais se do *Charlie* ou do *Canard*, que era a seguinte: fotos dos órgãos genitais de várias pessoas, com legendas embaixo especulando de quem seriam. Entravam na lista políticos, astros e estrelas e até o Papa.
>
> O *Charlie Hebdo* é um jornal nitidamente de esquerda, mas que nunca livrou a esquerda das suas gozações. Seu alvo preferencial é a direita religiosa francesa, mas, de uns anos para cá, ele vem incluindo o fundamentalismo islâmico nas suas críticas – mesmo com o risco de atentados como o que acabou acontecendo na quarta-feira, que foi o mais trágico, mas não foi o primeiro.

Muito se questionou da responsabilidade por tais fatos, e até mesmo da intromissão do Estado nessas questões. Isso porque o Estado garantista dos direitos fundamentais deve ter a preocupação de arregimentar a paz social e,

---

ches.info. O Papa Bento nos recorda a antiga e indispensável convicção católica da possibilidade da perda da salvação eterna, ou que as pessoas vão para o inferno: Os missionários do século 16 estavam convencidos de que uma pessoa não batizada está condenada para sempre. Após o Concílio [Vaticano II], essa convicção foi definitivamente abandonada. O resultado foi uma dupla e profunda crise. Sem essa atenção para com a salvação, a Fé perde o seu fundamento. Além disso, ele fala de uma 'profunda evolução do dogma' em relação ao dogma 'fora da Igreja não existe salvação'. Esta mudança proposital do dogma levou, aos olhos do papa, a uma perda do zelo missionário na Igreja – 'Qualquer motivação para um futuro compromisso missionário foi removida'. Papa Bento XVI faz uma pergunta penetrante suscitada por essa mudança palpável de atitude da Igreja: 'Por que você deveria tentar convencer as pessoas a aceitar a fé cristã, se elas podem ser salvas sem ela?'" (FRATRESINUNUM.COM. "Papa emérito Bento XVI rompe o silêncio e fala de 'profunda crise' atingindo a Igreja após o Vaticano II". In: *LifeSiteNews.com*, 2016).

13. VERÍSSIMO, Luís Fernando. "Charlie". *O Globo*, 2014.

assim como outros direitos, a liberdade de crença ou convicção político-religiosa reclama a atenção de tutelas fundamentais das quais o Estado Social deve se ocupar. É compreensível que a liturgia pode ser passível de críticas no âmbito da democracia, e, por vezes, até necessárias às tradições religiosas, mas isso não quer dizer que se possa fazer escárnio inadvertido sem ao menos esperar o direito de reparação litigiosa; assim é que todo excesso deve ser reparado a fim de que não se justifique arbitrariedade insensata só um risco de motivar a denominada intolerância religiosa.

Mas o que vem a ser a intolerância religiosa? Veja que o espírito da compreensão é absorvido às reflexões, às expressões de uns para com os outros; nada mais justo que o espírito da democracia se faça prevalecer também às relações religiosas. Assim é que o pensamento atribuído a Voltaire – "posso não concordar com o que você diz, mas defenderei até a morte o seu direito de dizê-lo" –, a princípio, não se aplicaria ao pensamento dogmático, porquanto se difere do conhecimento filosófico ou do conhecimento científico, mas é oportuno ressaltar que o conhecimento religioso, nos dias de hoje, é uma categoria passível de representação e de respeito à construção das democracias. Quando se utilizam de discursos passíveis de legitimidade, apesar de se firmarem com bases dogmáticas, após o advento da secularização é que se formou notável o respeito também às tradições do pensamento humano, ora científicos, ora filosófico, respeito pelo qual as categorias religiosas devem acordar se quiserem rechaçar os caminhos da intolerância religiosa positiva e negativa.

A esta altura, percebe-se que existe uma intolerância da religião e outra contrária à religião, por isso é oportuno distinguir os conceitos da intolerância religiosa positiva e intolerância religiosa negativa.

A intolerância religiosa negativa é aquela que não se abstém de atuar com restrição em relação à outra crença, ou, por outra forma, tem o propósito de demandar atividade religiosa arbitrariamente; daí que a incorporação de crucifixos em repartições públicas, publicidade com o intuito contumaz de proselitismo malferem a intimidade dos sujeitos em sociedade, de sorte que a difusão exacerbada pode manifestar a interferência psicológica ou temeridade à necessidade de crença, caracterizando-se pela intolerância religiosa negativa.[14]

---

14. Veja-se por Aline Pinheiro emblemático caso de intolerância religiosa negativa assinalada pela Corte Europeia de Direitos Humanos: "A Corte Europeia de Direitos Humanos decidiu que o direito de as pessoas expressarem suas crenças religiosas no ambiente de trabalho pode ser limitado pela empresa. A restrição, no entanto, depende de motivos justos e razoáveis. Caso contrário, pode ser considerada discriminatória. A decisão foi anunciada nesta terça-feira (15/1) por uma das câmaras da corte e ain-

E o que se pode entender por intolerância religiosa positiva? Nesse caso, deve-se entender como aquela em que o sujeito/sociedade se afirma em determinada crença e, para tanto, a autoafirmação religiosa é uma garantia positiva do direito a assinalar este pensamento de acordo com a liberdade religiosa professada, cuja impropriedade agora é um ato de abstenção quanto ao direito religioso de outrem, vale dizer, é outro lado da mesma moeda: a intolerância religiosa positiva insculpe o direito à afirmação íntima como garantia de não ser rechaçado ou confinado a um determinado mister, em razão de crença religiosa. *Vide, verbi gratia,* a situação curiosa em que a um casamento realizado em centro espírita em Salvador foi impedido, *a posteriori,* o direito de obter o registro matrimonial, indeferido o pedido pela Corregedoria do Tribunal de Justiça da Bahia, sob a afirmativa de que espíritas não demandam legitimidade reconhecida pelo Estado, ao que, em recurso, o Tribunal de Justiça por 11 votos a 10 assinalou o direito ao registro, por entender a afirmação da liberdade de culto e suas liturgias.[15]

---

da pode ser modificada pela câmara principal de julgamento. Os juízes tiveram de analisar a reclamação de quatro trabalhadores no Reino Unido que foram impedidos de demonstrar sua crença religiosa no trabalho. Em apenas um caso, o tribunal considerou que houve violação de direito e mandou o governo britânico pagar indenização por danos morais. Nos outros, os juízes consideraram que as restrições foram razoáveis e necessárias para a convivência em um país democrático. Quem deve receber indenização é Nadia Eweida, funcionária da companhia aérea British Airways. Ela atendia os passageiros em um balcão de *check-in* da empresa. Precisava usar uniforme - uma camisa de gola alta e gravata - e, como regra, não podia exibir nenhum outro acessório, como colares. O problema é que Nadia queria usar seu colar com um crucifixo por cima da blusa para poder expressar sua fé. Ela rejeitou os pedidos da empresa para esconder o crucifixo, recusou oferta para mudar de setor e foi posta em licença não remunerada. Só voltou ao trabalho depois que a British Airways mudou suas regras e passou autorizar que funcionários exibissem símbolos religiosos. A Corte Europeia de Direitos Humanos considerou que o direito de Nadia expressar sua crença religiosa foi violado sem motivo justo. Os juízes observaram que a empresa já tinha autorizado mulheres muçulmanas a trabalhar com véu cobrindo os cabelos e homens, com turbantes. Para a corte, a mudança de política da empresa - quando passou a permitir o uso de símbolos religiosos - demonstrou que a proibição imposta à Nadia não se justificava, já que usar ou não o crucifixo não interferia na imagem da companhia aérea. Por não ter repreendido a empresa e garantido o direito da cidadã, o governo britânico foi condenado a pagar 2 mil euros (quase R$ 5,5 mil) de indenização para Nadia" (PINHEIRO, Aline. "Regras de trabalho: Europa autoriza empresa a restringir expressão religiosa". *Conjur,* 2013).

15. CERTIDÃO. *TJBA reconhece casamento feito por espíritas,* 2016.

O casuísmo jurídico

Apesar de o Brasil, já na Primeira República, ter se emancipado do Estado religioso, enfatizando a sua tendência à liberdade religiosa, o amadurecimento das instituições sociais não se fez compassar nitidamente com esta liberdade constitucional; por isso, se faz na história brasileira um demorado processo no esclarecimento dessas questões, e, assim, o casuísmo jurídico tarda a compreender melhor ajuizamento do problema.

As indenizações morais por malferir a intimidade religiosa já povoam enormemente o universo das demandas trabalhistas, e vêm logrando êxito eventuais indenizações que assinalam semelhante mister.[16] É o caso do TRT da 23ª Região como se lê na comunicação concedida pelo próprio Tribunal:

---

16. Veja-se que a Corte Constitucional Portuguesa (2014, *on-line*), já acompanhando a vanguarda ocidental, proferiu em Acórdão n. 545/2014, o seguinte teor: "[...] a recorrente interpôs recurso para o Tribunal Constitucional ao abrigo do disposto na alínea *b)* do n. 1 do art. 70 da Lei do Tribunal Constitucional, a fim de ver apreciada a inconstitucionalidade material do artigo 14, n. 1, alínea *a*), da Lei da Liberdade Religiosa: i) quando aplicada com a interpretação de que a possibilidade de dispensa de trabalho por motivos religiosos apenas se verifica quanto aos trabalhadores em regime de horário flexível por tal interpretação padecer de inconstitucionalidade material por violar os arts. 41, n. 1, 18, ns. 1, 2 e 3, 13, ns. 1 e 2, da CRP; ii) quando aplicada com a interpretação de que a escolha da profissão exercida pela Recorrente implica a aceitação e cumprimento de todos os deveres inerentes a esse ofício, fazendo equivaler ao significado de deveres a impossibilidade de exercício de direitos, liberdades e garantias, sem que se verifiquem os seus pressupostos constitucionais de restrição por tal interpretação padecer de inconstitucionalidade material por ofensa ao direito às liberdades de religião e de escolha de profissão, consagradas nos ns. 1 dos arts. 41 e 47 da CRP. [...] Como vem sendo reconhecido, o preceito consagra três direitos distintos mas entre si conexos: a liberdade de consciência, traduzida essencialmente na faculdade de escolher os próprios padrões de valoração ética e moral de conduta; a liberdade de religião, como sendo a liberdade de adotar ou não uma religião, de escolher uma determinada religião, de fazer proselitismo num sentido ou noutro, de não ser prejudicado por qualquer posição ou atitude religiosa ou antirreligiosa; a liberdade de culto, como uma dimensão da liberdade religiosa dos crentes, compreendendo o direito individual ou colectivo de praticar os actos externos de veneração próprios de uma determinada religião. A liberdade de consciência – indissociável da liberdade de pensamento – é mais ampla do que a liberdade de religião, pois tem por objecto tanto as crenças religiosas como quaisquer convicções morais e filosóficas. Em contrapartida, ela só diz respeito ao foro individual, ao passo que a liberdade de religião possui uma necessária dimensão colectiva e institucional e implica também a liberdade das confissões religiosas. Enquanto direito individual – que interessa aqui especialmente considerar – a liberdade de religião contém uma vertente garantística ou de abstenção e defesa perante o Estado, consistindo na liberdade de ter ou não ter religião e de mudar de religião e que inclui, para quem professe uma religião, o direito de celebrar o respectivo culto e as respectivas festividades, o de cumprir os deveres dela decorren-

TRT, 23ª Região: trabalhadora obrigada a participar de culto religioso no trabalho será indenizada

A Justiça do Trabalho em Mato Grosso condenou uma empresa do ramo de prestação de serviços a indenizar, por danos morais, uma ex-empregada, obrigada a participar de culto religioso todos os dias antes de começar o expediente. O caso foi julgado pela 1ª Turma do TRT/MT. O valor da condenação arbitrada foi de cinco mil reais.

A empresa já ajuizou pedido de Recurso de Revista para tentar reverter a decisão no Tribunal Superior do Trabalho (TST). A análise da admissibilidade do recurso, quando se verifica se o caso pode ser submetido a um novo julgamento, desta vez em Brasília, deve sair nas próximas semanas.

O processo trata de uma trabalhadora que atuava na limpeza e coleta do lixo produzido no ambiente acadêmico da Universidade Federal de Mato Grosso, *campus* de Barra do Garças. Entre as práticas a que era submetida, juntamente com outros colegas do setor, estava a leitura diária do livro "Momentos de Sabedoria", de orientação religiosa, o qual deveria ser explicado para avaliação da compreensão do texto. A rotina também incluía fazer orações em grupo.

---

tes e o de a manifestar na sua vida pessoal, contraindo casamento ou educando os filhos de harmonia com essa religião. Para além dessa dimensão negativa, a liberdade religiosa comporta ainda uma dimensão positiva, de natureza prestacional ou regulatória, que pressupõe que o Estado assuma um conjunto de obrigações, que poderão variar de acordo com a representatividade das diversas religiões, destinadas a proporcionar aos crentes as condições para o cumprimento dos deveres religiosos, como por exemplo sucede com o reconhecimento dos casamentos religiosos, a abertura das escolas públicas ao ensino da religião e a atribuição de condições de assistência religiosa nas instituições públicas, como prisões ou hospitais. E, nesse sentido, o Estado não assegura a liberdade de religião se, apesar de reconhecer aos cidadãos o direito de terem uma religião, os puser em condições que os impeçam de praticar (sobre todos estes aspetos, GOMES CANOTILHO/VITAL MOREIRA, *Constituição da República Portuguesa anotada*, I v., 4.ed., Coimbra, p.609-11, JORGE MIRANDA/RUI MEDEIROS, *Constituição Portuguesa anotada*, I t., Coimbra, p.447). [...] Pelo exposto, decide-se: a) Decide-se não conhecer da questão de inconstitucionalidade do art. 14, n. 1, alínea *a*) da Lei da Liberdade Religiosa, interpretada no sentido de que a escolha da profissão exercida pela Recorrente implica a aceitação e cumprimento de todos os deveres inerentes a esse ofício, fazendo equivaler ao significado de deveres a impossibilidade de exercício de direitos, liberdades e garantias, sem que se verifiquem os seus pressupostos constitucionais de restrição; b) interpretar, ao abrigo do disposto no artigo 80, n. 3, da LTC, a norma do art. 14., n. 1, alínea *a*), da Lei da Liberdade Religiosa no sentido de que se refere também ao trabalho prestado em regime de turnos; c) conceder provimento ao recurso e, em consequência, revogar o acórdão recorrido para que seja reformado de modo a aplicar a referida disposição com aquele sentido interpretativo" (TRIBUNAL CONSTITUCIONAL - PORTUGAL. Acórdão n. 545/2014).

O assédio era praticado pela encarregada da empresa terceirizada. Segundo as testemunhas ouvidas pela Justiça, a superior afirmava que a leitura do livro era norma da empresa. Quem se recusava a participar acabava perseguido e maltratado, recebendo, inclusive, maior volume de serviço. O assédio ainda contava com episódios de humilhações em público, alguns, inclusive, na frente dos alunos da Universidade.

Uma das testemunhas afirmou que o caso chegou a ser informado à administração da empresa, em Cuiabá, por meio de uma carta escrita por um dos trabalhadores do setor. O comunicado, todavia, não surtiu efeito.

Na defesa apresentada no TRT, a empresa disse que a conduta da superior não tinha o propósito de agredir a liberdade religiosa de ninguém. Sustentou, ainda, que o fato da encarregada divulgar sua religião de maneira insistente também não poderia ser considerado assédio, já que, "inobstante o direito de liberdade de culto, fato é que é corriqueiro encontrarmos pessoas determinadas a converter outras pessoas a sua religião, independente de posição social".

Para o juiz convocado Juliano Girardello, relator do processo no Tribunal, a conduta da encarregada não pode ser considerada regular, já que denota claramente o intuito de interferir nas convicções religiosas da trabalhadora, indo de encontro com direitos e garantias asseguradas pela Constituição Federal, que decidiu adotar para nossa nação o conceito de Estado Laico.

Escreveu no voto

> Frise-se que esta situação se agrava pela circunstância de a interferência nas convicções religiosas ocorrer no âmbito da relação de emprego, no ambiente de trabalho e por parte da superior hierárquica da Autora, se confundindo de forma abusiva e irregular com a subordinação jurídica e impedindo, em face disso, o regular exercício do direito de resistência à prática religiosa imposta.

O magistrado também contrapôs o argumento de defesa da empresa, afirmando que o exercício da liberdade religiosa deve merecer contenções, sob pena de restarem vulnerados outros direitos fundamentais das pessoas. "Em verdade, a liberdade de manifestação do pensamento que tutela o religioso, a fim de possibilitar a realização do proselitismo de sua seita, é a mesma que limita o seu raio de ação para igualmente proteger a opinião daquele que crê em fé diferente ou até não crê em rigorosamente nada", sustentou Juliano Girardello, cujo voto foi acompanhado pelos demais integrantes da 1ª Turma.

Entretanto, não é só no campo laboral que se povoam demandas que ora declaram, ora (des)constituem direitos por violação aos direitos de intimidade. Caso emblemático, é a situação que agora se reserva ao Supremo Tribunal Federal na ADI n. 4.439,[17] cujo desiderato já é objeto de controle em sede de ADI Estadual, ao alvedrio das Constituições ora de Minas Gerais, ora a do Brasil, quando o próprio ente federativo municipal promoveu intervenção religiosa na circunscrição de seu território, senão veja-se:

> Ementa: Ação direta de inconstitucionalidade. Resolução n. 3/2002 do município de Carandaí. Obrigação da leitura de versículos bíblicos, no início de toda reunião ordinária da câmara municipal. Liberdade religiosa violada. Laicidade do estado. Procedência do pedido contido na ADI. Tanto a Constituição Federal, quanto a Constituição Estadual, impuseram aos entes federados uma postura de neutralidade em matéria religiosa, *ex vi* do art. 165, § 3º, da Constituição Estadual, que remete ao art. 19, I, da Constituição Federal. Sendo, portanto, o Brasil um Estado laico, afigura-se inconstitucional a resolução da câmara municipal que obriga a leitura de versículos da Bíblia Sagrada antes do início de toda reunião ordinária.
>
> Procedência do pedido contido na inicial da ADI.
>
> Ação direta inconstitucionalidade n. 1.0000.14.072503-7/000. Comarca de Carandaí. Requerente(s): Procurador-Geral Justiça Estado Minas Gerais. Requerido(a)(s): Prefeito Municipal de Carandaí, Câmara Municipal de Carandaí

O gravame de tal discussão pode, nesse caso, passear pela esfera pública ou privada, no que tange ao iter indenizatório. Com efeito, o poder público que arbitrasse o limite de atuação do ensino pluralista religioso nas escolas públicas poderia ser passível de indenização por eventuais educandos subordinados a receber ensino contrário a suas concepções religiosas, a mesma reparação deveria as escolas privadas que não demandassem espaço faculta-

---

17. Noticia o sítio eletrônico do STF: "O ministro do Supremo Tribunal Federal (STF) Luís Roberto Barroso convocou para o dia 15 de junho de 2015 audiência pública para discutir o ensino religioso nas escolas públicas brasileiras. O tema é alvo da Ação Direta de Inconstitucionalidade (ADI) n. 4.439, ajuizada em agosto de 2010 pela então procuradora-geral em exercício, Deborah Duprat. O ministro Roberto Barroso é o relator do processo. Todos os interessados em participar devem enviar mensagem para o *e-mail* ensinoreligioso@stf.jus.br até o dia 15 de abril. A solicitação de participação deve conter a qualificação do órgão, entidade ou especialista, conforme o caso, a indicação do expositor, acompanhada de breve currículo de até uma página, e o sumário das posições a serem defendidas na audiência. Em seu despacho, o ministro esclarece que os participantes serão selecionados, entre outros, pelos seguintes critérios: 'representatividade da comunidade religiosa ou entidade interessada; especialização técnica e expertise do expositor; garantia da pluralidade da composição da audiência e dos pontos de vista a serem defendidos'" (Supremo Tribunal Federal. "Ministro convoca audiência pública para discutir ensino religioso em escolas públicas". *Notícias STF*, 2015).

tivo às aulas confessionais obrigando-os a este mister, sobre o pretexto de que se devem sujeitar o modelo de ensino por escolha própria.

Absolutamente, uma coisa é escolha do modelo metodológico de uma instituição que não agrega somente valores religiosos, ou mesmo as contingências da situação, por exemplo, a inexistência de outra escola privada com metodologia preferida pelos responsáveis do educando; outra coisa é a obrigatoriedade que subordina dogmas, liturgias e avaliações de certa religião àqueles que professam crença distinta; é antissecular, é intolerância negativa.

Outro caso comum, já deveras trabalhado pela academia e jurisprudência pátria, trata-se da transfusão de sangue compulsória em testemunha de Jeová. Assunto que parece já assentado em Tribunais Superiores, caso em que a situação veemente venha a impelir a atividade médica, cuja saída emergencial não seja outra senão a transfusão sanguínea, ao passo que a ausência de consentimento livre e espontâneo do paciente, caso seja violado, implica reparação cível por danos morais, pois, agora, não se trata tão somente de integridade físico-psíquica, mas, outrossim, de integridade moral com relação à intimidade.[18]

---

18. O julgado é conhecido, mas significativo quanto à explicação: "O juiz Renato Luís Dresch, da 4ª Vara da Fazenda Pública Municipal de Belo Horizonte/MG, nos autos do Processo n. 024.08.997938-9, indeferiu um pedido de alvará feito pelo Hospital Odilon Behrens, que pediu autorização para fazer uma transfusão de sangue em uma paciente que pertencia à religião Testemunhas de Jeová. A paciente, por motivos religiosos, não aceitava a transfusão, mesmo ciente do risco de vida que corria. Após passar por uma cirurgia, a paciente apresentava queda progressiva dos níveis de hemoglobina. O magistrado assinalou que as autoridades públicas e o médico têm o poder e o dever de salvar a vida do paciente, desde que ela autorize ou não tenha condições de manifestar oposição. Entretanto, estando a paciente consciente, e apresentando de forma lúcida a recusa, não pode o Estado impor-lhe obediência, já que isso poderia violar o seu estado de consciência e a própria dignidade da pessoa humana. O juiz referiu que as Testemunhas de Jeová não se recusam a submeter a todo e qualquer tratamento clínico. A restrição diz respeito a qualquer tratamento que envolva a transfusão de sangue, especialmente quando existem outras formas alternativas de tratamento. Em trecho lapidar, o magistrado mencionou que no seu entendimento, 'resguardar o direito à vida implica, também, preservar os valores morais, espirituais e psicológicos'. O Dr. Dresch citou que, embora não fosse lícito à parte atentar contra a própria vida, a Constituição, em seu art. 5º, IV, assegura, também, a inviolabilidade da liberdade de consciência e de crença, garantindo o livre exercício dos cultos religiosos. O juiz referiu que o recebimento do sangue pelo seguidor da corrente religiosa 'o torna excluído do grupo social de seus pares e gera conflito de natureza familiar, que acaba por tornar inaceitável a convivência entre seus integrantes'. Em razão disso, e pela informação de que a paciente se encontrava lúcida, o juiz não autorizou a realização da transfusão de sangue, que estava sendo recusada por motivos religiosos: 'Desta forma, tratando-se de pessoa que tem condições de discernir os efeitos da sua conduta, não se lhe pode obrigar a receber a transfusão', concluiu o juiz. O juiz Dresch citou outras decisões do Tribunal de Justiça de Minas Gerais que preservam o direito de se-

A indenização por danos morais: nexo causal e quantum debeatur

A indexação de causalidade por danos morais com relação à intimidade religiosa perpassa ainda por melhor em construção na atividade jurídico-doutrinária,[19] isso porque, *verbo gratia*, não há problema nenhum em consultar alguém sobre sua religiosidade, mas no âmbito das relações comerciais, de consumo ou trabalhistas, pode demandar eventual transgressão moral à intimidade religiosa.

Portanto, questionar a religião de alguém na entrevista de admissibilidade de relação laboral, ou mesmo de exame psicotécnico, quando há manifesta posição subordinativa, indagar o mesmo no âmbito das atividades consumeristas e/ou comercias, cuja distinção possa (des)favorecer vantagem pessoal

---

guidores da religião em não passarem por transfusões de sangue. Em uma das decisões do TJMG ficou decidido que é 'possível que aquele que professa a religião denominada Testemunhas de Jeová não seja judicialmente compelido pelo Estado a realizar transfusão de sangue em tratamento quimioterápico, especialmente quando existem outras técnicas alternativas a serem exauridas para a preservação do sistema imunológico'". Não houve recurso do hospital, tendo a decisão transitada em julgado em 16.07.2008 (LEIRIA, Cláudio da Silva. "Religiosos têm direito a negar transfusão de sangue". *Conjur*, 2009).

19. Na reportagem: *Religião é ponto cego em tribunais trabalhistas*, Marcos de Vasconcellos assinala que: "Nos tribunais trabalhistas do Brasil há um ponto cego, onde a Consolidação das Leis do Trabalho e a Constituição Federal entram em desacordo: a livre associação religiosa. Não há consenso quando se trata da demissão de um trabalhador que se converteu a religião que o impede de cumprir o horário de trabalho acordado com o empregador. Há decisões que classificam a dispensa do funcionário como atitude discriminatória, em decorrência do livre exercício dos cultos religiosos previsto na Constituição. Outros juízes, porém, tratam a falta de um funcionário em dias não acordados no contrato como falta injustificada, geradora da demissão por justa causa. A questão só é conflituosa para trabalhadores que se converteram durante a vigência do contrato de trabalho, explica a advogada trabalhista Sônia Mascaro. Quando o funcionário já tem uma restrição de horários por motivos religiosos antes de ser contratado, 'isso deverá constar no contrato de trabalho e, se for ocultado pelo funcionário, serve como razão para demissão'. O sócio do Fragata e Antunes Advogados Francisco Antonio Fragata Jr. afirma que a questão passa pelo domínio da religião católica nos costumes brasileiros. 'É um país que prima pela liberdade religiosa, mas, como todos os países, adota os princípios da religião dominante', o que pode gerar desconforto para quem segue outra crença. Para o advogado, deve prevalecer a tolerância, com negociações de novos horários. O ministro Lelio Bentes Corrêa, presidente da 1ª Turma do Tribunal Superior do Trabalho, concorda. Para ele, as liberdades de expressão e religiosa são centrais à Constituição, enquanto o contrato é vivo e pode ser alterado. O ministro coloca, porém, que há de se comprovar a boa-fé do funcionário que adota uma nova religião" (VASCONCELLOS, Marcos de. "Religião é ponto cego em tribunais trabalhistas". *Conjur*, 2016).

e econômica, são características potenciais que malferem o direito à intimidade religiosa. É claro que tais questões podem ser sopesadas à luz da eficácia horizontal dos direitos fundamentais como se encontra presente na teoria germânica da *drittwirkung*.

Com efeito, Gilmar Ferreira Mendes entende importantes tais levantamentos, à guisa de cotejamento de princípios fundamentais de natureza privada, a exemplo de se exigir que um sabatista labore em dia sagrado, e mesmo a legitimidade pela qual uma escola religiosa assinalasse preferência, na contratação, a professores que adotassem a religião daquela instituição, ou ainda, certo grupo religioso demandar o direito potestativo de rescindir o contrato de um casal de professores sob a alegação de que estes vivem maritalmente sem a celebração do casamento.[20]

Para tanto, dois critérios demonstram-se exponenciais à relação de causalidade nessa espécie de proteção ao direito da personalidade, a saber: i) pressuposição ou indagação da religião de alguém com o intuito de tomada de decisão para fins pessoais ou econômicos com prejuízo ao sujeito; ii) subordinação à religião implícita ou explícita de um(ns) em detrimento de outro(s) nas relações pessoais ou econômicas.

A primeira, *pressuposição ou indagação da religião de alguém com o intuito de tomada de decisão para fins pessoais ou econômicos*, enquadra-se muito comumente nas relações laborais, mas contemple-se eventual desprestígio em oferta de consumo por causa da religião a que pertença; por exemplo, membros de determinada religião terão benefícios de descontos que os não membros não terão, quando indagados sobre sua religião ou instituição religiosa que frequentem; ou ainda, em certo ambiente acadêmico, alguém é preterido por outrem, por bolsa de estudo em razão de sua religião; e perturbação à psiquê de algum com fins de proselitismo, sob o pretexto de manifestação espiritual, de forma indesejada, como "um santo, um guia, ou mesmo Deus falou comigo para tratar com você".

A segunda – *subordinação à religião implícita ou explícita de um(ns) em detrimento de outro(s) nas relações pessoais ou econômicas* –, muito embora manifeste-se em demasia, outrossim, na experiência trabalhista, pode ser visualizada no ambiente familiar, *verbi gratia*, o cônjuge que condiciona a religião do outro para a manutenção da relação matrimonial, ou mesmo no ambiente escolar: subordinar avaliação de certa religião a outro não partícipe desse mesmo credo em escola pública ou privada (*mutatis mutandis*, objeto da ADI n. 4.439 sobre o ensino religioso nas escolas públicas).

---

20. MENDES, Gilmar Ferreira. *Direitos fundamentais e controle de constitucionalidade:* estudos de direito constitucional, 2012.

E quanto vale a indenização por danos morais por transgressão à intimidade religiosa? Bem, quanto a isso, não se tem ao certo um *quantum* estabelecido com referência específica ao instituto em questão; o que se tem firmado em juízo, são, não raro, ingerências do proselitismo religioso em ofensa à liberdade religiosa de outrem, e, com isso, forma-se um empirismo no que se refere à determinação desta quantia.

É natural que se perpasse à escolta das possibilidades, já que cada caso *in specie* deve resguardar uma relação causal distinta, assim que toda transgressão à intimidade religiosa pode apresentar eventual reparação, mas nem toda indenização será a mesma. Isto porque o desiderato da sanção pecuniária deve resvalar em uma punibilidade que iniba nova prática reiterada ou mesmo que potenciais transgressores mirem-se no exemplo de quem fora apenado por tal transgressão.

Vide a seguinte notícia publicada em 15 de março de 2106, no sítio eletrônico do TRT da 12ª Região, em referência à decisão proferida por juiz da 7ª Vara do Trabalho, com relevante interesse à temática:

> **Trabalhador demitido por se recusar a frequentar culto evangélico vai receber indenização de R$ 25 mil**
>
> Um promotor de eventos de Florianópolis ganhou na Justiça do Trabalho o direito a receber uma indenização de R$ 25 mil por ter sido demitido de forma discriminatória. Ele afirmou que passou a ser perseguido no ambiente de trabalho após deixar de ir ao mesmo culto evangélico frequentado pelos donos da empresa e assumir a condição de homoafetivo. A decisão é da 7ª Vara do Trabalho de Florianópolis.
>
> O trabalhador atuou por dois anos na empresa Sou Promo, na capital catarinense, e contou que, após se afastar do culto, passou a ser convocado para reuniões com os sócios e o pastor da igreja para tratar da sua opção sexual e de seu retorno à entidade religiosa. Ele relatou que, além de ouvir sermões, chegou a ser tratado como "pessoa inconstante", "sem caráter" e "ladrão", sendo posteriormente demitido e desalojado da casa que alugava, nas dependências da empresa.
>
> Intimada a depor, a empresa não compareceu à audiência e foi condenada à revelia. Segundo o autor da sentença, juiz Carlos Alberto Pereira de Castro, a empresa não poderia ter condicionado a continuidade do contrato à conversão do trabalhador, expondo o funcionário a constrangimento.
>
> "Trata-se de procedimento vexatório, que excede o limite de cobrança e gerenciamento, transformando-se em violação à intimidade e dignidade do empregado", apontou o magistrado, condenando a empresa a indenizar o ex-funcionário por dispensa discriminatória.

> **Sofá**
>
> Ao julgar o caso, o juiz também determinou que a Sou Promo restitua ao funcionário uma série de bens - entre eles cama, fogão, geladeira e sofá - que ficaram retidos na companhia e, juntos, somam R$ 9,3 mil. O magistrado negou ao trabalhador o pedido de ressarcimento de R$ 5,2 mil referente à parcela de entrada de um automóvel usado, por entender que a empresa já havia quitado o débito através de parcelas mensais incorporadas ao salário do empregado.[21]

O *quantum* foi justo? Trata-se de intolerância religiosa negativa, vale dizer, o fato de que certa concepção religiosa, no caso representada pela administração da empresa de eventos, promove a invasão na esfera secular do empregado, que resiste na rescisão de contrato trabalhista voluntária, em razão de sua vida econômica, relativizando a sua opção sexual para atender aos ditames ideológicos, em manifesta afronta à Constituição brasileira.

Dando-se por satisfeito o empregado, isso não significa que a quantia fora a ideal, tampouco desprezível, porque, na construção da jurisprudência brasileira, ainda se carece de uma orientação do preço estabelecido para eventuais indenizações por danos morais à intimidade religiosa. É um bom começo, pois, no caso em tela, a transgressora trata-se de pessoa jurídica de direito privado, com fins lucrativos, e que demandaria respeito à competência profissional da vítima, independentemente de sua opção sexual e mais ainda, o dogmatismo antissecular é manifesta indignação à integridade psíquica do sujeito. É dano moral, de caráter objetivo, cuja causalidade é a transgressão à intimidade em razão de proselitismo religioso. Quanto vale? Em pormenores, a empresa não recorreu da decisão, ou seja, pagar este *quantum* já é prejuízo nefasto à empresa.

Há, necessariamente, uma temeridade comum no sentido de que todo dano à integridade religiosa psíquica possa ser indenizável, em manifesta indústria das reparações por danos morais, mas é de bom alvitre que o parâmetro objetivo seja o mínimo essencial à integridade religiosa do ser e suas decorrências, por eventual perda de chance laboral, ou perda patrimonial ou ainda desabono moral que estigmatizasse o sujeito religioso, mas nem tanto o *quantum*, a que se alcance eventual uniformização jurisprudencial para as demandas, ou índice econômico previsto em lei, a partir de estudos estatísticos, é preciso também cuidar da efetividade de tutelas preventivas, que tenham o condão de educar a cidadania no trato da questão da intimidade religiosa.

---

21. Tribunal Regional do Trabalho - 12ª Região. Trabalhador demitido por se recusar a frequentar culto evangélico vai receber indenização de R$ 25 mil, 2016.

Considerações finais

Conta-se que o Papa João Paulo II, já convalescente por tratamento de saúde e com idade tardia, encontrou-se em sessão exclusiva com o rabino judeu Meir Laue. O líder religioso semita assinalou ter perdido a família em tenra idade, em campo de concentração e que o padre da paróquia polonesa conferiu à família substituta o direito de batismo à criança, mas confirmou a condição ajustada entre a mãe biológica e a mãe adotiva segundo a qual, após o término da guerra, o menino iria para Israel a fim de ser educado no judaísmo. Posteriormente, o órfão retornou à religião primária, sem antes se esquecer do ato benemérito do padre; decorridos cinquenta anos, tratava-se de João Paulo II, que diante da narrativa pôs-se a chorar copiosamente com o rabino.

É assim que se estabelece o estoicismo moral na afirmação da tolerância religiosa. O direito à intimidade religiosa enquanto direito da personalidade não é um novo direito, senão uma segmentação do direito à intimidade e, para tanto, revela-se como uma proteção da personalidade religiosa do sujeito contra as ingerências subjetivas de outrem e, não raro, de instituições as quais intentam forçar o proselitismo religioso que malferem à privacidade e à liberdade religiosa de cada um.

A tutela de proteção à intimidade religiosa é concebida na legislação como qualquer proteção à intimidade. Ocorre que a problemática se insurge quando as instituições religiosas se imiscuem no trato das instituições jurídicas, e isso demanda um prejuízo jurisdicional às tutelas que obstaculizem a imparcialidade dos juízes e dos tribunais jurisdicionais.

É possível, entretanto, o esclarecimento que se sensibilize e consciente cada juízo, em cada situação fática, para que não haja perecimento daqueles que pleiteiam autonomia da liberdade religiosa em proveito de suas intimidades no que concerne às suas crenças. Não é tanto o valor que se atribui a eventuais demandas que insurgem na correção de um problema tão exultante na modernidade, quando as instituições promovem o culto do proselitismo desarvorado, à guisa de concupiscência pela arrecadação de adeptos em benefício ainda da salvaguarda de valores econômicos e a patrimonialização de instituições religiosas.

Se há respeito ou não à intimidade religiosa? Eis um problema que ainda merece a atenção estatal, precisamente, do Estado-juiz, de vez que o controle social informal ainda não o faz por si mesmo; incapaz de dissipar-se de seu dogmatismo, prefere o poderio das maiorias do que a democracia de minorias, e mais ainda, do que a particularidade das realidades humanas.

Com efeito, uma legislação hábil seria aquela que prevenisse potencial suspeita à intolerância religiosa e a não discriminação ou não identificação negativa do sujeito em sua égide religiosa ora no espaço de trabalho, ora nas corporações associativas, ora nas instituições educacionais, para que se possa viver livre religiosamente em sociedade.

As contingências que permeiam as dificuldades no enfrentamento de problemas jurisdicionais são eventuais acordos extrajudiciais entre instituições religiosas vítimas de discriminação negativa mesmo no aporte e agentes jurisdicionais que não se conformam com religiões distintas da maioria estatal ou mesmo pseudo-oficiais nas instituições judiciárias Eis o gravame que aqui se endereça à construção de uma realidade mais feliz para a intimidade religiosa na vida contemporânea que se encontra.

Referências

BITTAR, Carlos Alberto. *Os direitos da personalidade*. 8.ed. rev. aum. e mod. por Eduardo C. B. Bittar. São Paulo, Saraiva, 2015.

BOFF, Leonardo. *Ethos mundial:* um consenso mínimo entre os humanos. Rio de Janeiro, Sextante, 2003.

CERTIDÃO. *TJ-BA reconhece casamento feito por espíritas*. São José dos Campos, 14 de março de 2006. Certidão. Disponível em: www.certidao.com.br/portal/noticia/ver.php?id=116. Acesso em: 09.07.2016.

COULANGES, Numa-Denys Fustel de. *A cidade antiga*. Trad. Frederico Ozanam Pessoa de Barros. São Paulo, Edameris, 1961.

FRATRESINUNUM.COM. "Papa emérito Bento XVI rompe o silêncio e fala de 'profunda crise' atingindo a Igreja após o Vaticano II". Trad. Gercione Lima. In: *LifeSiteNews.com*, 16 de março de 2016. Disponível em: https://fratresinunum.com/2016/03/18/papa-emerito-bento-xvi-rompe-o-silencio-e-fala-de-profunda-crise-atingindo-a-igreja-apos-o-vaticano-ii/. Acesso em: 09.07.2016.

GHANDI, Mohandâs Karamchand. *Minha vida e minhas experiências com a verdade*. Trad. Constantino Paleólogo. Rio de Janeiro, O Cruzeiro, 1964.

HABERMAS, Jürgen. *Fé e saber*. Trad. Fernando Costa Mattos. São Paulo, Unesp, 2013.

Leiria. Cláudio da Silva. Religiosos têm direito a negar transfusão de sangue. Conjur, 2009. Disponível em: https://www.conjur.com.br/2009-jun-20/testemunhas-jeova-direito-negar-transfusao-sangue?pagina=20. Acesso em: 09.07.2016.

MENDES, Gilmar Ferreira. *Direitos fundamentais e controle de constitucionalidade: estudos de direito constitucional*. 4.ed. rev. e amp. São Paulo, Saraiva, 2012.

PALAORO, Adroaldo. *Que vemos ao olhar a cruz?* Centro Cultural de Brasília (CCBNnet), 2009. Disponível em: www.ccbnet.org.br/sys/conteudo/visualiza_l008.php?pag=;ccb;paginas;visualiza_l008&cod=9329&secao=397. Acesso em: 20.07.2015.

PINHEIRO, Aline. "Regras de trabalho: Europa autoriza empresa a restringir expressão religiosa". *Conjur*. Disponível em: www.conjur.com.br/2013-jan-15/empresa-restringir-expressao-religiosa-empregado-corte-europeia. Acesso em: 09.07.2016.

PUNTEL, Lorenz B. *Ser e Deus:* um enfoque sistemático em confronto com M. Heidegger, *É. Lévinas e J. L. Marion.* Trad. Nálio Schneider. São Leopoldo, Unisinos, 2011.

QUEIRUGA, Andrés Torres. *O diálogo das religiões.* São Paulo, Paulus, 1997.

SUPREMO TRIBUNAL FEDERAL. "Ministro convoca audiência pública para discutir ensino religioso em escolas públicas". *Notícias STF,* Brasília, 11.03.2015. Disponível em: www.stf.jus.br/portal/cms/verNoticiaDetalhe.asp?idConteudo=287077. Acesso em: 25.06.2016.

TOKARNIA, Mariana. "No Dia de Combate à Intolerância Religiosa, líderes alertam sobre discriminação". *Agência Brasil.* Disponível em: http://agenciabrasil.ebc.com.br/direitos-humanos/noticia/2015-01/no-dia-de-combate-intolerencia-religiosa-lideres-alertam-sobre. Acesso em: 18.07.2015.

TRIBUNAL CONSTITUCIONAL - PORTUGAL. Acórdão n. 545/2014. Tribunal Constitucional - Portugal. Lisboa, 15 de julho de 2014. Disponível em: www.tribunalconstitucional.pt/tc/acordaos/20140545.html. Acesso em: 28.06.2016.

TRIBUNAL REGIONAL DO TRABALHO - 12ª REGIÃO. *Trabalhador demitido por se recusar a frequentar culto evangélico vai receber indenização de R$ 25 mil.* Florianópolis, 15 de março de 2016. Disponível em: www.trt12.jus.br/portal/areas/ascom/extranet/noticias/2016/marco.jsp. Acesso em: 29.06.2016.

TUTU, Desmond. *Deus não é cristão e outras provocações.* Trad. Lilian Jenkino. Rio de Janeiro, Thomas Nelson Brasil, 2012.

VASCONCELLOS, Marcos de. "Religião é ponto cego em tribunais trabalhistas". *Conjur.* Disponível em: www.conjur.com.br/2012-jan-30/religiao-funcionario-ponto-cego-tribunais-trabalhistas. Acesso em: 02.04.2016.

VERÍSSIMO, Luís Fernando. "Charlie". *O Globo,* 2014. Disponível em: http://oglobo.globo.com/opiniao/charlie-15017088. Acesso em: 18.07.2015.

CAPÍTULO 13

Direitos da personalidade e direito ao meio ambiente ecologicamente equilibrado: simbiose necessária

Patrícia Iglecias

Introdução

Na visão de Pontes de Miranda, a teoria dos direitos da personalidade "começou para o mundo, nova manhã do direito".[1]

Rubens Limongi França, responsável pelo desenvolvimento da teoria dos direitos da personalidade no Brasil, afirma que tais direitos configuram-se como "faculdades jurídicas cujo objeto são os diversos aspectos da própria pessoa do sujeito, bem assim seus prolongamentos e projeções".[2]

Já para A. M. Cordeiro, os direitos da personalidade são como expressões de "posições jurídicas protegidas pelo Direito objectivo", dotados da particularidade de se reportarem diretamente à própria pessoa tutelada. Referem-se a realidades como a vida, a integridade física e moral, o bom nome, a honra e a privacidade do próprio sujeito, encerrando assim a "estranha configuração de traduzirem direitos virados para o titular que deles beneficia".[3]

---

1. PONTES DE MIRANDA, Francisco Cavalcanti. *Tratado de direito privado*, 1955, p.6
2. FRANÇA, Rubens Limongi. "Direitos da personalidade: coordenadas fundamentais". *Revista dos Tribunais*, 1983, p.9.
3. A existência de direitos da pessoa sobre bens que diretamente lhe dizem respeito leva-nos a questionar se não seria mais fácil reconhecer e estabelecer um esquema de tutela direta. Menezes Cordeiro afirma que a resposta é de ordem histórica: "A pessoa, em Direito, mormente por via da extensão feita às pessoas colectivas, assume uma dimensão artificial. E assim sendo, ela torna-se insuficiente para protagonizar a competente tutela. Paralelamente, o esquema historicamente mais conseguido para prosseguir tutelas normativas centra-se no direito subjectivo. Pessoa e direito subjectivo são, pois, conceitos exteriores ao dos direitos de personalidade mas que os condicionam fortemente no seu surgimento e na sua configuração" (CORDEIRO, António Menezes. *Tratado de direito civil português*, 2004, p.29-30).

A propósito do tema, bem esclareceu a eminente civilista aqui homenageada, Professora Silmara J. A. Chinellato,[4] de forma precursora, no estudo dos direitos do nascituro, que os direitos da personalidade, para além das disposições do Código Civil (à época em relação ao Código de 1916), têm seu fundamento primeiro no direito natural, doutrina, jurisprudência e lei.

Desde cedo, os hoje ditos bens de personalidade encontraram proteção. Já no direito romano, quem sofria *iniuria* podia recorrer à *actio iniuriarum*, uma *actio ex delicto*, baseada na *Lex Aquilia*. Como se pode notar, a proteção já se dava no que podemos chamar de esfera da responsabilidade civil. Tal possibilidade, guardadas as devidas proporções, pode ser considerada uma pequena semente desses direitos, segundo A. M. Cordeiro.[5]

Evolução no plano teórico

Percebe-se, claramente, uma tendência de ampliação da proteção da personalidade. Primeiro pelo reconhecimento de um direito geral de personalidade, cuja violação ensejaria compensação. Também pelo reconhecimento de que os ataques a "posições" e "situações jurídicas" merecem proteção. Além disso, pelo reconhecimento do direito ao meio ambiente ecologicamente equilibrado como direito da personalidade: danos ao meio ambiente afetam diretamente o direito à vida. Não há dúvidas a respeito disso nos casos graves de poluição, em especial em ambientes urbanos. Basta ver o aumento de atendimentos em hospitais decorrentes da poluição do ar.

K. Larenz ressalta que a proteção da personalidade jurídica por via dos direitos especiais de personalidade foi considerada insuficiente após a Segunda Grande Guerra, em especial em função do menoscabo à dignidade humana e à personalidade. Tal situação impulsionou a jurisprudência alemã na concessão de tutela mais ampla. Ao interpretar os §§ 1º e 2º da Constituição, reconheceu-se a existência de um *direito geral da personalidade*,[6] a despeito

4. CHINELLATO, Silmara Juny de Abreu. "Direitos de personalidade do nascituro". *Revista do Advogado*, 1992, p.24.
5. CORDEIRO, António Menezes, *Tratado de direito civil português*, 2004, p.29-30.
6. LARENZ, Karl. *Derecho civil, parte general*, 1978, p.160-1. "*La acentuada puesta de relieve de la dignidad de la persona y del valor de la personalidad por la Ley Fundamental ha inducido a la jurisprudencia a reconocer el* 'derecho general de la personalidad,' *no contenido en el Código Civil, como parte integrante del ordenamiento jurídico-privado vigente, por vía de un desenvolvimiento del Derecho exigido ético-jurídicamente*" (p.97).

da preferência das codificações europeias pela adoção de direitos especiais de personalidade.[7]

Para R. Capelo de Sousa,[8] a existência de uma cláusula geral (a personalidade humana, juridicamente tutelada) não impede que se reconheça um verdadeiro direito subjetivo, ou seja, um "autêntico poder de exigir de outras pessoas um comportamento positivo ou negativo, normativamente determinado, com a possibilidade de recurso aos tribunais para a instauração de providências coactivas, caso tal comportamento não se verifique".[9]

Percebe-se que, para a tutela do direito ao meio ambiente ecologicamente equilibrado e suas consequências em relação ao próprio direito à vida com qualidade, é fundamental o reconhecimento desse direito geral de personalidade. Aliás, para C. F. Sessarego, a estrutura existencial da pessoa humana não pode ficar suficientemente protegida ao ser decomposta.[10]

K. Larenz também se manifesta a favor de um direito geral de personalidade, a ser concretizado pela jurisprudência, mas sem menosprezar a importância da consagração de direitos especiais de personalidade.[11]

No Brasil, superando a omissão do Código Civil de 1916, o atual dedicou um capítulo ao tema (arts. 11 a 21). Trouxe alguns direitos especiais de personalidade, sem fazer menção a um direito geral.

Como fundamentação dos direitos da personalidade, vale recorrer à teoria das esferas. Cuida-se de uma forma mais eficiente de tutela da pessoa humana, que a reconhece como ser integrado ao meio onde vive. Assim, tem-se, ao lado do chamado interesse individual, o interesse difuso ou as situações protegidas. Juridicamente, é preciso considerar a relação indivíduo-sociedade.

---

7. Esse direito foi admitido em duas célebres decisões do *BGH* de 25 de maio de 1954 e 14 de fevereiro de 1958. Na primeira, reconheceu-se a proteção das cartas missivas, e na segunda, da imagem (CORDEIRO, António Menezes, op. cit., p.46).
8. SOUSA, Rabindranath Valentino Aleixo Capelo de. *O direito geral de personalidade*, 1995, p.93.
9. *"La más moderna doctrina jurídica del método ha señalado que es absolutamente imposible captar e incluir por completo en una tupida red de conceptos la inagotable diversidad de las relaciones vitales, que siempre se hallan en transformación. De hecho, el legislador actual, así como por criterios rectores que la ciencia del Derecho ha reconocido como relevantes en orden al dictamen. Dichos módulos, en el constante proceso de su 'concretización' por la jurisprudencia y la doctrina científica, obtienen cada vez más precisión de contenido, sin que, no obstante, éste pueda nunca condenarse en una simples definición"* (LARENZ, Karl, op. cit., p.88).
10. SESSAREGO, Carlos Fernandes. "Proteción a la persona humana". *Revista Ajuris*, 1992, p.67 e segs.
11. LARENZ, Karl, op. cit., p. 164-5.

Leva-se em conta a insuficiência do modelo "direito subjetivo" para tutelar eficientemente a pessoa humana em todos os seus aspectos, e formula-se a noção de "posições jurídicas" e "situações subjetivas". Em razão da falta de previsibilidade em relação a todas as hipóteses de dano, busca-se tutelar o *valor* pessoa humana por meio do reconhecimento da dignidade da pessoa humana, conceito também determinante para o sistema de responsabilidade civil.[12]

Ricardo Lorenzetti ressalta que a virtude da teoria está em prescindir da ideia de patrimônio e superar a incidência em excessivo individualismo, pois se pressupõe contato entre as esferas e, ao mesmo tempo, limitação entre elas, de forma que se preserva o elemento central que é a relação entre o indivíduo e a sociedade.[13]

Ponto fulcral está na explicitação, pela Constituição Federal brasileira de 1988, da dignidade da pessoa humana como um dos fundamentos da República Federativa do Brasil em seu art. 1º, III. Isso significa que a ordem jurídica brasileira se fundamenta e se constitui sobre a dignidade humana, segundo Maria Celina Bodan de Moraes.[14]

A. J. de Azevedo observa que "a utilização da expressão 'dignidade da pessoa humana' no mundo do direito é fato histórico recente".[15] O autor adota uma nova concepção da dignidade, indicando como preceitos fundamentais a intangibilidade da vida humana (preceito jurídico absoluto, que não admite exceções), o respeito à integridade física e psíquica (condições naturais), meios mínimos para o exercício da vida (condições materiais) e pressupostos mínimos de liberdade e convivência igualitária (condições culturais). Para o autor, os três últimos seriam imperativos jurídicos relativos.[16]

Para a realização de tais preceitos, cumpre acrescentar o direito ao meio ambiente ecologicamente equilibrado.

---

12. SOUSA, Rabindranath Valentino Aleixo Capelo de, op. cit., p.86-7.
13. LORENZETTI, Ricardo. *Fundamentos do direito privado*, 1998, p.462.
14. MORAES, Maria Celina Bodan de. *Danos à pessoa humana:* uma leitura civil-constitucional dos danos morais, 2003, p.83-4.
15. AZEVEDO, Antonio Junqueira de. "Caracterização da dignidade da pessoa humana". *Revista dos Tribunais*, São Paulo, v.797, mar/2002. p.11-2. Nesse ponto, o Professor esclarece, com base em Engisch (*Introdução ao pensamento jurídico*, 1988, p.210) que os conceitos jurídicos indeterminados (como "casa particular") "são assim chamados porque seu conteúdo é *mais* indeterminado que o dos conceitos jurídicos determinados" (como os numéricos: "18 anos", "24 horas").
16. AZEVEDO, Antonio Junqueira de, op. cit., p.19. "*Grosso modo*, o pressuposto e as consequências do princípio da dignidade (art. 1º, III, da CR) estão expressos pelos cinco substantivos correspondentes aos bens jurídicos tutelados no *caput* do art. 5º da CR; são eles: *vida* (é o pressuposto), *segurança* (primeira consequência), *propriedade* (segunda consequência), *liberdade e igualdade* (terceira consequência) sendo o pressuposto absoluto e as consequências, 'quase absolutas'" (p.24).

Poluição e direitos da personalidade

As precisas lições de Helita Barreira Custódio reconhecem que os fenômenos da poluição ambiental ocasionam a degradação da qualidade de vida no meio ambiente, com reflexos direta e indiretamente prejudiciais à vida, à saúde, à segurança, ao trabalho, ao sossego e ao bem-estar da pessoa humana individual, social ou coletivamente considerada e geram danos patrimoniais e extrapatrimoniais. Segundo a autora, esse dano fundamentado em *legítimo interesse moral* assume, nos dias de hoje, particular importância, notadamente diante das questões de ordem ambiental e cultural.[17]

A Constituição Federal de 1988 reconheceu, em seu art. 5º, V e X, que os danos morais devem ser indenizados, e a Súmula n. 37 do Superior Tribunal de Justiça estabeleceu que: "São cumuláveis as indenizações por dano material e dano moral oriundos do mesmo fato". No mesmo sentido, a Lei n. 7.347/85, que, em seu art. 1º, *caput* e I, fixou que são regidas por suas normas as ações de responsabilidade por danos morais e patrimoniais causados ao meio ambiente.

Também preconiza a obrigatoriedade da reparação dos danos ambientais ao dispor no art. 225, § 3º, que as condutas lesivas ao meio ambiente sujeitarão os infratores, sejam pessoas físicas ou jurídicas, às sanções penais e administrativas, independentemente do dever de reparar os danos. Com isso, fica adotada a responsabilidade civil integral e, consequentemente, a reparação integral. Ressalte-se que a mesma Carta reconheceu o caráter indenizável dos danos morais no art. 5º, V e X.

O Código Civil brasileiro de 2002, por sua vez, prevê, no art. 186, a responsabilidade por dano moral ao dispor da seguinte forma: "Aquele que, por ação ou omissão voluntária, negligência ou imprudência, violar direito ou causar dano a outrem, ainda que exclusivamente moral, comete ato ilícito".

O mesmo assunto foi disciplinado pela Lei n. 7.347/85 (Lei da Ação Civil Pública), no seu art. 1º, com a seguinte redação:

> Art. 1º Regem-se pelas disposições desta Lei, sem prejuízo da ação popular, as ações de responsabilidade por danos morais e patrimoniais causados: I – ao meio ambiente; II – ao consumidor; III – a bens e direitos de valor artístico, estético, histórico, turístico e paisagístico; IV – a qualquer outro interesse difuso ou coletivo; V – por infração da ordem econômica.

---

17. CUSTÓDIO, Helita Barreira. "Avaliação de custos ambientais em ações jurídicas de lesão ao meio ambiente". *Revista dos Tribunais*, 1990, p.14-28.

O dano ao meio ambiente divide-se em patrimonial[18] e extrapatrimonial, que, por sua vez, subdivide-se em objetivo (atinge interesse ambiental difuso) e subjetivo (o interesse ambiental atingido diz respeito a interesse individual, o chamado dano reflexo).

A reparação do dano moral objetivo visa a proteger o meio ambiente como valor autônomo e macrobem, pertencente à coletividade, enquanto a reparação do dano extrapatrimonial subjetivo visa a proteger um interesse particular de uma pessoa. O dano ambiental extrapatrimonial configura-se pela perda da qualidade de vida.

O TJRS reconheceu a ocorrência de danos patrimoniais e morais subjetivos em relação ao abuso de direito no uso do direito de propriedade de empresa por mau cheiro, ressaltando que o fato de a empresa atuar dentro das normas e da legislação atinentes à matéria não afasta a sua responsabilidade, pois comprovado o mau cheiro constante e perceptível nas redondezas da empresa, determinou-se o pagamento de indenização por dano moral, entendendo-se que houve uma situação

> efetivamente anormal e atípica, causadora de algo mais do que um mero aborrecimento ou de mera inconveniência própria do cotidiano, de quem convive em sociedade, pois a empresa recorrente ao realizar o mau uso de sua propriedade ocasionou transtornos desagradáveis ao recorrido e demais moradores das proximidades da fábrica, ao conviverem com o mau cheiro exalado de tanque da ré. A indenização imposta se faz também justificada pelo fato desta situação anômala alterar a estrutura social e até anímica do autor, seus familiares e vizinhos, convivendo com o inconveniente e desagradável cheiro exalado.

A tutela do meio ambiente deve ocorrer em duas frentes: a tutela do meio ambiente como microbem, relacionado com o interesse de um indivíduo, e a tutela do meio ambiente como macrobem, ligado a interesses difusos, situação em que o titular do direito ao meio ambiente equilibrado não pode ser identificado, confundindo-se com a coletividade.

Assim como a doutrina e os nossos tribunais vêm reconhecendo o cabimento de indenização por dano extrapatrimonial da pessoa jurídica, não é possível deixar de reconhecer o dano extrapatrimonial de titularidade difusa.[19]

O direito ao meio ambiente é um novo direito, essencial à personalidade individual e à difusa, configurada na qualidade de vida. Danos ao meio ambiente podem diminuir a própria expectativa de vida. Na verdade, a personalidade não pode se desenvolver sem um meio ambiente sadio e equilibrado.

---

18. Ap. Cível n. 70.012.779.773, rel. Des. Elaine Harzheim Macedo, j. 11.05.2006.
19. *V.* Súmula n. 227 do STJ: "A pessoa jurídica pode sofrer dano moral".

Por isso, o reconhecimento do meio ambiente como direito da personalidade integra e completa a concretude dos outros direitos da personalidade, já que tem forte ligação com o direito à vida. Vida só é vida com qualidade. Constata-se a necessidade de um meio ambiente salubre para a garantia do pleno desenvolvimento da personalidade.

Por outro lado, é importante notar que o dano extrapatrimonial ambiental diz respeito à perda de qualidade de vida, ou seja, aspectos ligados à saúde humana, ao sossego, ao direito à determinada situação ecológica.

A responsabilidade por danos extrapatrimoniais ambientais enseja uma possibilidade de efetiva e integral compensação do dano. Sua função será recuperar o meio ambiente afetado e tem caráter punitivo e pedagógico, para que o degradador não volte a causar dano.

A reparação do dano extrapatrimonial ambiental é útil especialmente em situações em que a restauração ambiental é possível, mas há um lapso de tempo entre a ocorrência do dano e a efetiva reparação, como ocorre, por exemplo, nos casos de restauração ecológica de áreas de preservação permanente. São situações nas quais os resultados concretos demorarão muito tempo para que se manifestem. Também será útil quando é possível fazer a compensação, mas não a restauração: nessas situações, a diferença entre o estado anterior (meio ambiente equilibrado) e o atual (meio ambiente compensado) pode ensejar indenização por dano extrapatrimonial.

Caso emblemático para o reconhecimento dos danos extrapatrimoniais ambientais de titularidade difusa foi julgado pelo Tribunal de Justiça do Rio de Janeiro, em março de 2002. O Município do Rio de Janeiro ingressou com ação civil pública em face de réu que realizou corte de árvores, gerando a supressão de sub-bosque, próximo a uma unidade de conservação ambiental, e iniciou uma construção não licenciada pela Municipalidade. Em Primeira Instância, houve condenação para desfazimento da obra irregular, retirada dos entulhos e plantio de 2.800 mudas de espécies nativas no prazo de noventa dias. O Município apelou, pleiteando indenização por danos morais. A Desembargadora Raimunda T. de Azevedo, relatora, proferiu voto recondenando o réu, além do replantio, ao pagamento de 200 salários mínimos a título de danos morais ambientais, a serem revertidos em favor do Fundo para Recuperação de Bens Lesados.[20]

O que mais impressiona no caso é a fundamentação adotada, que confirma o caminho a ser trilhado na reparação do dano extrapatrimonial ambiental objetivo. O voto toma por base a perda da qualidade ambiental e paisagística da coletividade ocasionado pelo corte das árvores e pela construção de obra irregular, gerando perda de qualidade de vida. A relatora ressalta que,

---

20. TJRJ, Ap. Cível n. 2001.001.14586, j. 06.03.2002.

com o corte, houve piora no microclima local e diminuição da retenção de poluentes e ruídos, afetando diretamente o sossego e a saúde da coletividade. Com isso, entendeu que o dano gerou perda da qualidade ambiental para as futuras gerações, reconhecendo a ocorrência de um dano intergeracional. Para a atribuição da indenização devida, tomou-se em conta o lapso temporal para a restauração do bem: em torno de dez a quinze anos para reflorestamento do sub-bosque, no mínimo. Com isso, durante esse período, entendeu o Tribunal que a coletividade sofrerá as consequências da perda da qualidade de vida.

Trata-se de julgado exemplar que demonstra, em termos precisos, a real necessidade, para o cumprimento, dentre outros, do princípio da responsabilização, que essa se dê de forma integral, o que não admite a exclusão da indenização por danos extrapatrimoniais. Na verdade, a adoção ampla do mecanismo de responsabilização patrimonial e extrapatrimonial mostra-se como forte instrumento de proteção ambiental, pois o empreendedor certamente fará uma aferição de riscos antes de sua atuação.

Considerações finais

Percebe-se uma tendência de ampliação da proteção da personalidade com o reconhecimento do direito geral de personalidade, bem como com a proteção a ataques perpetrados a posições e situações jurídicas. Complementando esse rol protetivo, impõe-se o reconhecimento do direito ao meio ambiente ecologicamente equilibrado como direito da personalidade.

Como fundamentação dos direitos da personalidade, vale recorrer à teoria das esferas. Cuida-se de uma forma mais eficiente de tutela da pessoa humana, que a reconhece como ser integrado ao meio onde vive. Assim, tem-se, ao lado do chamado interesse individual, o interesse difuso ou as situações protegidas. Juridicamente, é preciso considerar a relação indivíduo-sociedade.

A poluição ambiental ocasiona a degradação da qualidade de vida no meio ambiente, com reflexos direta e indiretamente prejudiciais à vida, à saúde, à segurança, ao trabalho, ao sossego e ao bem-estar da pessoa humana individual, social ou coletivamente considerada e gera danos patrimoniais e extrapatrimoniais.

O dano ao meio ambiente divide-se em dano patrimonial e extrapatrimonial, que, por sua vez, subdivide-se em objetivo, que atinge patrimônio difuso, e subjetivo, que atinge interesse individual e configura um dano reflexo.

A reparação do dano extrapatrimonial ambiental é útil sempre que for possível restaurar o bem degradado, mas houver um intervalo temporal considerável ou mesmo quando for apenas factível a compensação e não a restauração.

O direito ao meio ambiente é um novo direito, essencial à personalidade individual e à difusa, configurada na qualidade de vida. Danos ao meio ambiente podem diminuir a própria expectativa de vida. Na verdade, a personalidade não pode se desenvolver sem um meio ambiente sadio e equilibrado. Por isso, o reconhecimento do meio ambiente como direito da personalidade integra e completa a concretude dos outros direitos da personalidade, já que tem forte ligação com o direito à vida. Vida só é vida com qualidade. Constata-se a necessidade de um meio ambiente salubre para a garantia do pleno desenvolvimento da personalidade.

Referências

AZEVEDO, Antonio Junqueira de. "Caracterização da dignidade da pessoa humana". *Revista dos Tribunais,* São Paulo, v.797, mar/2002, p.11-26.

CHINELLATO, Silmara Juny de Abreu. "Direitos de personalidade do nascituro". *Revista do Advogado,* São Paulo, n.38, dez/1992.

CORDEIRO, António Menezes. *Tratado de direito civil português.* Coimbra, Almedina, 2004, t.III.

CUSTÓDIO, Helita Barreira. "Avaliação de custos ambientais em ações jurídicas de lesão ao meio ambiente". *Revista dos Tribunais,* São Paulo, v.652, ano 79, fev/1990.

FRANÇA, Rubens Limongi. "Direitos da personalidade: coordenadas fundamentais. *Revista dos Tribunais,* São Paulo, v.567, jan/1983, p.9.

LARENZ, Karl. *Derecho civil, parte general.* Trad. Miguel Izquierdo y Macías-Picavea, Madri, Editoriales de Derecho Reunidas, 1978.

LORENZETTI, Ricardo. *Fundamentos do direito privado.* São Paulo, Revista dos Tribunais, 1998.

MORAES, Maria Celina Bodan de. *Danos à pessoa humana: uma leitura civil-constitucional dos danos morais.* Rio de Janeiro, Renovar, 2003.

PONTES DE MIRANDA, Francisco Cavalcanti. *Tratado de direito privado.* Rio de Janeiro, Borsoi, 1955, v.7.

SESSAREGO, Carlos Fernandes. "Proteción a la persona humana". *Revista Ajuris,* v.19, n.56, 1992.

SOUSA, Rabindranath Valentino Aleixo Capelo de. *O direito geral de personalidade.* Coimbra, Coimbra, 1995.

CAPÍTULO 14
Transparência e regime da informação do Código de Proteção e Defesa do Consumidor

Alcides Tomasetti Jr.

Do objetivo de transparência ao modelo da informação eficiente

Convém iniciar pelo conceito de *transparência*. Modismo à parte, no contexto das declarações negociais para consumo e das consequentes relações jurídicas de consumo (tal como reguladas pelo Código de Proteção e Defesa do Consumidor), transparência significa uma situação informativa favorável à apreensão racional - pelos agentes econômicos que figuram como sujeitos naquelas declarações e decorrentes nexos normativos - dos sentimentos, impulsos e interesses, fatores, conveniências e injunções, todos os quais surgem ou são suscitados para interferir e condicionar as expectativas e o comportamento daqueles mesmos sujeitos, enquanto consumidores e fornecedores conscientes de seus papéis, poderes, deveres e responsabilidades.

Ao leitor decerto vai ocorrer que carece de adequada transparência um tal conceito de transparência. À míngua da desejável concisão, porém, na prolixidez da fórmula não deixa de haver uma certa prestabilidade.

A transparência é um resultado prático, que a lei persegue mediante o que se pode denominar *princípio* (e correspondentes deveres legais) *de informação.*

Informação, persuasão, sugestão

Ao devedor de informação cumpre esclarecer, avisar e predispor os consumidores a escolhas predominantemente refletidas e, na sua maior parte, autodeterminadas. Em suma: *a informação tem o sentido funcional de racionalizar as opções do consumidor*. A racionalização das declarações negociais e das relações jurídicas de consumo é resultado que não se obtém pela *sugestão* (publicitária, em especial), a qual primordialmente atua pela incitação dos sentidos.

A *persuasão* passa sempre por um apelo à razão e, nessa medida, é admitida e regulada juridicamente.

É necessário delimitar, ainda por definição estipulativa, os conceitos de "*informação*" e de "*sugestão*".

Por informação pode-se entender, originariamente, a conformação aplicada a um certo dado, o qual, por causa dessa conformação, torna-se passível de ser conhecido e, por consequência, comunicável. Assim sendo, informação é palavra que refere tanto o processo de formulação e transmissão de dados cognoscíveis, como também estes últimos, na exata medida em que estão no conteúdo e na resultante daquele processo. É de particular interesse, além disso, enfocar a informação enquanto fenômeno coletivo. Sob tal aspecto, a finalidade da informação está em dar conta dos significados sociais, em especial dos cotidianos, na proporção em que vêm selecionados, organizados e formulados por agentes especialistas, e difundidos pelos meios de comunicação em massa – pela "mídia".

Pode conceituar-se sugestão o ato ou a situação que provoca uma acentuada ou integral paralisia (senão mesmo supressão) do senso de discernimento e crítica do agente, conservando-se, no entanto, em níveis normais ou próximos da normalidade todas as suas outras funções psíquicas. A sugestão exclui ou se sobrepõe à informação, quer do ponto de vista individual, quer do ponto de vista coletivo, e, nessa medida, tende a ser juridicamente rejeitada pelas técnicas de controle racional da comunicação.

Sobretudo em razão da influência do liberalismo e do neoliberalismo avançados, nas sociedades econômicas de mercado – cuja abundância caracteriza os países desenvolvidos –, passou a ser indispensável um certo grau de transparência nas declarações negociais e nas relações jurídicas de consumo, provocado pelo controle da difusão e eficiência da informação acerca dos produtos, dos serviços e do contexto mesmo das *situações de consumo*, nestas incluídos a declaração negocial constitutiva do vínculo e seus desdobramentos anteriores e ulteriores.

O objetivo de transparência pela informação foi acolhido e privilegiado pelo Código de Proteção e Defesa do Consumidor. Uma releitura do art. 4º, *caput* (*verbo* "transparência"); do art. 6º, II a IV; dos arts. 8º e 9º; do art. 14; dos arts. 30 e 31; do art. 36; dos arts. 43 e 44; dos arts. 46 e 54, §§ 3º e 4º; e do art. 60 basta para rastrear o grau de clareza e de precisão que deve estar presente nas estruturas da declaração negocial para consumo e no contexto das relações de consumo cujo regime legal está ordenado no sentido de impor ao fornecedor deveres de *informação eficiente.*

As linhas de força do objetivo de transparência assimilado pela codificação protetora do consumidor não são coextensivas à racionalidade ínsita no Código Comercial de 1850 e no Código Civil de 1916.

Princípio da relevância dos motivos

A dessemelhança entre o Código de Proteção e Defesa do Consumidor e aqueloutras codificações de base novecentista pode ser expressivamente ressaltada pela ótica do conceito e regime jurídicos do *motivo*, tal como se achava *implícito no Código Comercial*, e defeituosa, mas não menos sintomaticamente, no *art.* 90 do CC 1916, em que o vocábulo "causa" aparecia no lugar de "motivo".

Compreendem-se no conceito de *motivo*, em direito privado, os dados psíquicos, as circunstâncias e as injunções objetivas e subjetivas que precedem e determinam no todo ou em parte a declaração negocial.[1]

Apesar dos muitos desacertos que percutiram na aplicação prática do art. 90 do CC/1916 - no qual o termo "causa", como já foi dito, acha-se em vez de "motivo" -, a melhor doutrina soube diferenciá-los com base em refinamentos dogmático-conceituais.

> Com a causa, dissemos, não se confundem os motivos, que levam a pessoa a praticar o ato. Não se inserem, esses, no suporte fático; ficam aquém, ou além; psicologicamente, subjazem. Isso importa dizer-se que não entram no mundo jurídico porque só entrariam se integrassem o suporte fático, e não o integram. Pode dar-se, porém [...] que os figurantes confiram relevância a motivos. Então, inserem-se eles no suporte fático [...] *O princípio, que rege, é o da irrelevância dos motivos*, ainda na compra e venda e na locação (A comprou para auxiliar o vendedor, B empregou C para que se acostume ao trabalho). Sob a *causa donandi*, podem estar a gratidão, a publicação do nome, o suborno, a intenção de angariar simpatia e tantos outros motivos. Uma vez que os motivos não entram no mundo jurídico (plano da existência), também não vão ao plano da validade, ou ao plano da eficácia... Junto ao princípio da irrelevância dos motivos, existe o de poderem ser insertos nos suportes fáticos (*princípio da inseribilidade dos motivos*). A condição é motivo tornado relevante; estabe-

---

1. AZEVEDO, Antônio Junqueira de. *Negócio jurídico e declaração negocial:* noções gerais e formação da declaração negocial, 1986, p.210-2.

lece-se a expectativa do fato jurídico, e dele faz-se depender a eficácia do ato jurídico.[2]

Diversa é a compleição do modelo de transparência decorrente da informação. Neste modelo, pelo menos concorre, se não prepondera, *o princípio da relevância dos motivos* que *levam* o consumidor à prática do negócio jurídico orientado à função consumo. As emoções, os desejos, os sentimentos, os impulsos, os interesses, as conveniências ou injunções outras, endógenas e exógenas, que engendram as circunstâncias dos negócios para consumo - circunstâncias estas parcialmente subsumíveis ao conceito de motivo - reputam-se, *ex lege*, insertos no suporte fático daqueles negócios (plano da existência) e, por consequência, relevantes para a respectiva validade, absoluta ou relativa (plano da validade), e para os seus correspondentes efeitos (plano da eficácia).

Tome-se como exemplo o art. 49 do Código de Proteção e Defesa do Consumidor, que permite a este "desistir do contrato no prazo de 7 dias a contar de sua assinatura ou do ato de recebimento do produto ou serviço, sempre que a contratação de produtos ou serviços ocorrer fora do estabelecimento comercial, especialmente por telefone ou a domicílio".

Tratou-se de atribuir ao consumidor a titularidade de um poder formativo extintivo da eficácia do contrato, a ser exercitado depois da conclusão (plano da existência) de um negócio contratual regular (plano da validade) cujos concretos efeitos (plano da eficácia) passam a exclusivamente depender da ausência de declaração de arrependimento, por parte do consumidor, dentro do prazo legal. "Desistir do contrato" significa, na espécie, declarar a resolução, sem inadimplemento, da relação jurídica contratual, desde o momento em que esse vínculo surgiu, isto é, cuida-se da deseficacização, a mais possivelmente completa (*ex tunc*), de um contrato existente, válido e eficaz, aperfeiçoado, em todos esses três planos, entre fornecedor e consumidor, fora do estabelecimento comercial.

Qual é o fundamento apontado para a atribuição desse *poder*, reconhecido pela lei ao consumidor, para que este *promova a resolução, sem inadimplemento* (deseficacização total; *ex tunc*), da relação jurídica de consumo nascida (plano da eficácia) regularmente (plano da validade) do contrato já concluído (plano da existência)?

Nos contratos para consumo concluídos fora do estabelecimento comercial,

---

2. PONTES DE MIRANDA, Francisco Cavalcanti. *Tratado de direito privado*, p.101-2, grifos nossos.

o espírito do consumidor não está preparado para uma abordagem mais agressiva, derivada de práticas e técnicas de venda mais incisivas, não terá discernimento suficiente para contratar ou deixar de contratar, dependendo do poder de convencimento empregado nessas práticas mais agressivas.

Por exemplo: o consumidor fica "vulnerável também ao desconhecimento do produto ou serviço, quando a venda é feita por catálogo [...] Não tem oportunidade de examinar o produto ou serviço, verificando suas qualidades e defeitos etc."[3]

Por força da transparência, enquanto objetivo do regramento legal das declarações negociais e das conseguintes relações de consumo - relações estas que são eficácia da atuação de negócios jurídicos funcionalizados ao consumo - predomina tendenciosamente, nesse campo, o princípio da relevância dos motivos, sob o controle de um modelo de transparência pela informação eficiente, de que não se cogita, em geral, para o subsistema de direito privado positivo.

Esse *modelo de transparência pela informação eficiente* importa na ponderação e na ordenação das seguintes variáveis, obtidas pela sintetização de várias das normas mais incisivas do Código de Proteção e Defesa do Consumidor, dentre as quais convém desde agora ressaltar o *princípio da vulnerabilidade do consumidor no mercado de consumo* (CDC, art. 4º, I):

a) consciencialização dos desejos de consumo e da priorização das preferências que lhes digam respeito;
b) possibilitação de que sejam averiguados, de acordo com critérios técnicos e econômicos acessíveis ao leigo, as qualidades e o preço de cada produto ou de cada serviço;
c) criação e multiplicação de oportunidades para comparar os diversificados produtos e serviços;
d) conhecimento das posições jurídicas subjetivas próprias e alheias que se manifestam na contextualidade das séries infindáveis de situações de consumo;
e) agilização e efetivação da presença estatal preventiva, mediadora ou decisória de conflitos no mercado de consumo.

Seria demasiado insistir nas diferenças materiais entre a hipótese inata ao modelo aqui esquematicamente apresentado e as concretas relações que se travam na fenomenicidade do mercado de consumo.

---

3. NERY Jr., Nelson et al. *Código Brasileiro de Defesa do Consumidor*: comentado pelo autores do anteprojeto, 2007, p.561.

As disfunções dos mecanismos de mercado afetam direta e intensamente a consciência e a percepção dos consumidores reais quanto àquelas que seriam as suas necessidades e carências verdadeiras,[4] objetiva e/ou subjetivas, de sorte a anestesiar a capacidade de seleção da qual talvez pudessem dispor, se não fossem aturdidos pela avalanche de produtos e serviços ofertados sem interrupção,[5] ao mesmo tempo ou sucessivamente, num grau vertiginoso de complexidade e de sofisticação crescentes no contexto da oferta e dos bens ofertados.

Graus da informação

O instrumento teorético denominado *modelo* supõe, entretanto, uma racionalização dos comportamentos, o que equivale a entender que exista uma certa possibilidade de previsão da realidade, mediante a apreensão crítica[6] das constâncias de seus fenômenos e da repetição das relações estruturais correspondentes, de modo que, para além da previsão, haja também, embora limitadamente, possibilidade de interferência sobre a realidade mesma, com o objetivo de modificá-la.[7]

---

4. A contragosto de quem escreve, fica no texto o vocábulo "verdadeiras": o que implica, ao menos em aparência, um pretensioso juízo de valor, passível de dificílima fundamentação. Melhor seria, talvez, empregar a palavra "verossímeis".
5. "Este processo de destruição criadora é básico para entender o capitalismo. É dele que se constitui o capitalismo e a ele deve se adaptar toda empresa capitalista para sobreviver" (SCHUMPETER, Joseph Alois. *Capitalismo, socialismo e democracia*, 1961, p.106). "O impulso fundamental que põe e mantém em funcionamento a máquina capitalista procede dos novos bens de consumo, dos novos métodos de produção ou transporte, dos novos mercados e das novas formas de organização industrial criadas pela empresa capitalista" (ibid., p.105).
6. "Por ora, desejamos que se atente ao especial significado da palavra criticismo... Aplica-se a todo e qualquer sistema que busque preliminarmente discriminar, com todo rigor, os pressupostos ou condições em geral do conhecer e do agir. Criticar significa indagar das raízes de um problema, daquilo que condiciona, lógica, axiológica ou historicamente, esse mesmo problema. Toda vez que indagamos dos pressupostos ou das razões de legitimidade ou da validez de algo, estamos fazendo sua 'crítica'" (REALE, Miguel. *Introdução à filosofia*, 1988, p.26).
7. Fique advertido o leitor de que o *racionalismo*, que se considera pressuposto no *modelo* enquanto instrumento teórico (prescritivo, no caso), vem decididamente subordinado – *ao menos na intenção do autor* – àquele chamado, por um dos maiores pensadores do século XX, "racionalismo crítico", em cuja concepção se entranha uma "concessão mínima ao irracionalismo" (POPPER, Karl. *A sociedade aberta e seus inimigos*, 1987, p.239). "Meu modo de usar o termo 'racionalismo' pode tornar-se um tanto mais claro, talvez, se distinguirmos entre o verdadeiro racionalismo e o falso ou pseudorracionalismo. O que chamo de 'verdadeiro racionalismo' é o 'racionalismo de Sócrates' – a consciência das próprias limitações, a modéstia intelectual dos que sabem quantas vezes erram e quanto dependem dos outros, até para esse conheci-

As disfunções do mercado, sumariadas anteriormente, são, na sua maior parte, explicáveis em suas manifestações e suscetíveis de modificações no nível de minoração e/ou de correção, pelo intermédio de aplicações progressivas do modelo de transparência potenciado pela difusão de informação eficiente nas relações jurídicas de consumo.

O *modelo da transparência* implica não só a difusão da informação, mas também a *eficiência da mensagem informativa*. Pode dizer-se *eficiente* a informação que enseja, de maneira apropriada (total ou altamente satisfatória), a consecução do objetivo de transparência, propiciando ao consumidor atuar segundo a ponderação e a ordenação das cinco variáveis de racionalidade comportamental consideradas, aqui, modelarmente decisivas para a implantação da Política Nacional das Relações de Consumo em direção à qual avança a Lei n. 8.078, de 11.09.1990 (CDC).

Insuficiente será a informação que deixar de atender integralmente a qualquer uma ou mais daquelas variáveis, de jeito que não se atinge sequer o perfazimento de um grau mínimo de transparência: o objetivo buscado pelo modelo resta simplesmente inalcançado. Será *deficiente* a informação que desatende a alguma, algumas ou todas aquelas variáveis. Nessas hipóteses, há *defeito de transparência*. Ou seja: alguma transparência existe, mas não é ajustada ao modelo; não é modelar, porque destituída de informação em grau eficiente.

---

mento. É a verificação de que não devemos esperar demasiado da razão, de que a argumentação raras vezes resolve uma questão, embora seja o único modo de aprender - não a ver claramente, *mas a ver mais claramente do que antes*" (POPPER, Karl, op. cit., p.234-5, grifos nossos). Como observou lucidamente em teoria econômica Betty Mindlin Lafer, o "*Planejamento nada mais é do que um modelo teórico para a ação.* Propõe-se organizar racionalmente o sistema econômico a partir de certas hipóteses sobre a realidade. Naturalmente, cada experiência de planejamento se afasta de sua formulação teórica, e *o que é interessante na análise dos planos é justamente separar a história do modelo e verificar por que os fatos ocorreram de forma diversa da prevista* [...]. A previsão é feita através de escolhas variáveis para explicar a situação. Não há, necessariamente, uma relação determinista entre as variáveis e o fenômeno explicado, mas uma correlação estatística - o conceito de causalidade é probabilístico. Supõe-se que haja regularidade nos fenômenos e que as relações estruturais se repitam, ou seja, supõe-se que os acontecimentos não sejam únicos e a história não se dê ao acaso. As variáveis usadas no modelo explicam sempre uma certa porcentagem do fenômeno - o resto é atribuído ao acaso, ao que não pode ser analisado racionalmente. *O fracasso ou não do planejamento está obviamente ligado à exclusão de variáveis importantes* [...]. A principal deficiência dos planos, porém, talvez se deva a fatores em geral não passíveis de inclusão em modelos, ao que Maquiavel atribuiu à fortuna, e costumamos chamar de irracional ou aleatório" [LAFER, Betty Mindlin. "O conceito de planejamento". In: ______. *Planejamento no Brasil*, 1975, p.7 (apresentação) e 26-7; grifos nossos].

Pode também ocorrer um *excesso de informação*, ou *hipereficiência informativa*, o que provoca no consumidor dificuldade ou mesmo impossibilidade de apreender o que, na mensagem, constitui o núcleo cognoscitivo. O dado fundamental para a informação do consumidor não vem claramente identificado ou ressaltado. Nesses casos, a informação demasiada prejudica a eficiência e pode ser enquadrada na categoria *defeito de informação*.

A insuficiência, a deficiência e a hipereficiência de informação - dado o caráter prescritivo do modelo de transparência que pode ser dogmaticamente construído a partir do Código de Proteção e Defesa do Consumidor - caracterizam infração, pelo fornecedor, do dever legal de cooperar com a difusão eficiente da informação adaptada ao conseguimento de transparência. No contrapolo da relação jurídica de consumo, pode encontrar-se o consumidor, como titular de um direito subjetivo à informação, bem assim da pretensão e da ação prefiguradas à exigência e à tutela correspectivas (Código de Proteção e Defesa do Consumidor, arts. 6º, II a IV e VII, e 83). A mais desse aspecto individual ou coletivo, ressalta o princípio da ação estatal no mercado de consumo, para garantir a qualidade efetiva dos produtos e dos serviços (CDC, art. 4º, II). A matéria será especificada logo adiante.

Função normativa do art. 4º, CDC – Direito subjetivo à informação eficiente

A diferença específica da chamada *norma-objetivo* verticaliza-se na sua particular eficácia teleológica sobre o manejo de ordenamentos jurídicos:

> Na interpretação de suas normas de conduta e de organização, de modo que não poderá ser tida como aceitável hermenêutica que não seja estritamente coerente com a realização dos fins nela [norma-objetivo] inscritos.
>
> As normas-objetivo, em verdade, compõem os instrumentos normativos que operam a transformação de fins sociais e econômicos em jurídicos.[8]

Estreitando-se o campo da norma-objetivo aos horizontes limitados desta investigação, ressalta-se que o art. 4º do Código de Proteção e Defesa do Consumidor condiciona a incidência e a aplicação das demais normas que o integram aos objetivos (fins) nele discriminados. Um desses objetivos, como já foi explicado, é o da transparência nas declarações negociais para consumo e nas relações jurídicas de consumo geradas por aquelas declarações.

---

8. GRAU, Eros Roberto. *Direito, conceitos e normas jurídicas*, 1988, p.152.

Nas páginas antecedentes, foi delineado um *modelo de transparência potenciado de informação eficiente*. A conjugação desse modelo à operabilidade própria da norma-objetivo a partir da qual ele foi esboçado auxilia a detecção da racionalidade[9] que envolve, penetra e orienta a articulação do conjunto normativo sob análise e tentativa de recomposição. Para tanto, foi discriminada a tricotomia informação eficiente/informação insuficiente/informação deficiente, obtendo-se essa tríade pela comparação do modelo dogmático - arranjado pela disposição móvel de cinco variáveis consideradas fundamentais - com a oscilação, igualmente instável, da informação eficiente, enquanto elemento inderrogável do regramento jurídico das declarações negociais para consumo e das relações de consumo, que, ambas, têm a transparência como objetivo.

Esse objetivo supõe-se alcançado quando se puder afirmar que ao consumidor foi emitida informação em grau de eficiência, controlado pela ponderação e pela ordenação daquelas cinco variáveis que enformam, interpenetram e orientam o modelo teórico (dogmático) de transparência, condicionando a rejeição da informação insuficiente, da informação deficiente ou da hipereficiente (defeito de informação) à sindicância de sua adaptação ao modelo. Na medida em que este se sustenta em norma-objetivo, de "ordem pública" e "interesse social"[10] - art. 4º, *caput*, c/c o art. 1º do Código de Proteção e Defesa do Consumidor -, a transparência das declarações negociais para consumo e das relações jurídicas de consumo, pela eficiência da informação, passa a ser uma finalidade jurídica priorizada e, assim, não permeável a juízos hermenêuticos de mera razoabilidade.[11]

---

9. Entenda-se por "racionalidade", neste passo, o complexo de elementos e atributos que não têm na sua origem acidentes factuais meramente contingentes, mas sim uma ou mais conexões de sentido que mantêm coesas - embora não necessariamente harmônicas nem isentas de antinomias - as muitas vezes incontáveis significações de um (macro ou micro) sistema jurídico.
10. Não há como repercorrer aqui o leito dos rios de tinta já despendida para tentar delimitar por definições "essencialistas" os conceitos de "ordem pública" e de "interesse social", muito embora esforços para o desempenho estipulativo dessas tarefas sejam agora inadiáveis em face do art. 1º, CDC. Não basta evocar as noções correntias que retêm a especificidade da "ordem pública" no caráter cogente das normas jurídicas, que a revelam como o conteúdo delas próprias, ou que a ela se instrumentalizam, quando a "ordem pública" vem posta como um fim a ser realizado. Nem é suficiente, por sua vez, entender por "interesse social" todo aquele que, não sendo público, é indisponível por parte de seus titulares privados, pela alegada razão de que a importância do objeto, ou do objetivo, a que se refere tal interesse transcende a órbita das esferas jurídicas dos particulares. Veja-se, adiante, em que as locuções "ordem pública" e "interesse social" serão abordadas como expressão de conceitos normativos sobrepostos, ou sobreconceitos operantes no sistema do CDC.
11. Luís Recaséns Siches ensinou: "*Cuando experimento que los métodos de la lógica tradicional son incapaces de darme la solución correcta de un problema jurídico, o que*

Ou o atendimento ao direito e aos interesses do consumidor se concretiza, porque a informação sobre o produto e o serviço foi eficiente, ou há infração do dever de informar. *Nihil est tertium.*[12]

É prudente admitir que possa surgir dúvida quanto à hipótese de defeito na informação, mas essa dúvida, dado o modelo de transparência e o princípio da vulnerabilidade do consumidor no mercado de consumo (art. 4º, I), somente em casos extremos poderá ser resolvida mediante juízos de razoabilidade em benefício do fornecedor. Um exemplo dessa possibilidade estaria na comprovação de que o consumidor pudesse violar o princípio da boa-fé objetiva (art. 4º, III), alegando informação deficiente, apesar de já estar a receber a prestação continuada, do produto ou do serviço, em circunstâncias de obviedade inequívoca do defeito de informação desde o primeiro momento da recepção, da conservação, ou da utilização do bem.

O que não pode ser esquecido é que a racionalidade do microssistema, polarizada como está no sentido da *defesa do consumidor* (em obediência, relembre-se, ao programa normativo da Constituição Federal de 1988, expresso nos arts. 5º, XXXII, e 170, *caput* e V), impõe decididamente ao fornecedor o cumprimento de deveres de esclarecimento e de advertência, cumprimento esse que exige uma eficiente veiculação de informações, segundo o modelo da transparência (art. 6º, II a IV e VII, do CDC).

Dessa correlação, juridicamente predisposta para reequilibrar agentes econômicos dominantes e dominados,[13] deriva, aliás, a inaplicabilidade, às

---

me, llevan a un resultado inadmisible, frente a esos métodos non opongo un acto de arbitrariedad, un capricho, sino que opongo un razonamiento de tipo diferente, que es precisamente el que nos pone en contacto con la solución correcta. Ese razonamiento que nos hace encontrar lo que buscamos, la solución correcta, la solución justa, es la razón aplicable al caso; es la razón que nos permite dominar el problema". Observa Ortega y Gasset que "*Para mi es razón, en el verdadero y rigoroso sentido, toda acción intelectual que nos pone en contacto con la realidad, por medio de la cual topamos con el trascendente. Lo demás no es sino [...] puro intelecto; mero juego casen y sin consecuencias, que primero divierte el hombre, luego lo estraga, y, por fin, le desespera y le hace despreciarse a si mismo*" (SICHES, Luis Récasens. *Nueva filosofia de la interpretación del derecho*, 1956, p.129-30).

12. Esta conhecida sentença de Cícero significa "Não há lugar para o meio-termo". Certo, é retórica; mas provavelmente apropriada para desautorizar distorções interpretativas na matéria sob análise e obstruir a instalação furtiva de portas de fundo nas paredes sólidas das intencionalidades normativas objetivadas.

13. É sempre bom recordar que, nas sociedades industriais *et post*, onde impera a concorrência imperfeita, monopolística ou oligopolística, as organizações empresariais "são sujeitos que sujeitam"; os consumidores (bem como a grande massa de assalariados) são "sujeitos que se sujeitam". O poder econômico desencadeia o poder de dominação no mercado, este, de seu turno, expande-se ao nível de poder contratual. Essas projeções de ordinário favorecem abusos de poder, juridicamente tratáveis como ilícitos. O CDC tem todo um arcabouço apropriado à "proteção contratual", do uten-

declarações negociais praticadas para consumo e às relações delas decorrentes, de dois consectários do aludido princípio da irrelevância dos motivos: o farisaico *Caveat emptor* ("O comprador que se acautele") foi como que substituído pelo *Caveat praebitor* ("O fornecedor que se acautele"); e não há mais espaço para a hipocrisia congenial ao *dolus bonus.*

Num plano que inclusive transcende a proteção do consumidor, o reconhecimento de direito subjetivo (público e privado) à informação corresponde a uma mudança no próprio conceito de liberdade, que se transformou de um dado estritamente individual a ser preservado numa aptidão a realizar concretamente no quadro existencial do indivíduo, ou seja, dentro do grupo social e conforme as pertinentes instituições.[14]

Daí o conceito de *cidadania,* que, expurgado das conotações declamatórias em moda, compõe-se, também relacionalmente, pelo poder/dever de participação nas escolhas da sociedade, ao que é indispensável a *eficiente formação/informação da personalidade (em sentido ético-jurídico)* individual, num amplo espectro de melhoria econômica e mobilidade social (CF, arts. 1º, II a IV, e 3º, *caput,* I e III).[15]

---

te inclusive, em face dos órgãos públicos (cf. Cap. VI, arts. 46 a 54, 4º, VII, 22 e 6º, VII). *V.* a nota seguinte.

14. As ideias simplesmente apontadas nesse lugar têm como base o livro de Ralf Dahrendorf, *Legge e Ordine,* especialmente p.133 e segs. "*La risposta al problema di 'legge e ordine' può riassumersi in due sole parole: costruire istituzioni. Può, sembrare un sistema non molto originale e poco pratico e, certamente, non si trata di una medicina risolutiva, ma é commune que una risposta democratica ed è forse l'unica che merita questo nome [...] Le istituzioni ci proteggono dalla selvaggia ingordigia altrui verso le cose e il potere. Esse mettono in grado di organizzare a buoni fini la nostra solidarietà con gli altri individui. Sopratutto, però, ci offrono la corniice entro la quale 'l'antagonismo' che motiva tante azioni umane puó essere transformato in forza per il progresso. È solo dall'interno delle istituzioni che speriamo di migliorare la qualità della nostra vita. Le istituzioni non sono soltanto una necessaria condizione di libertà, come le costituzioni sono una condizione necessaria per il rispetto dei diritti umani e per uno controlo sistematico del potere, ma esse representano anche la materia che ha bisogno di essere ta plasma e modelata per dare spressione al desiderio di una maggiore libertà per un numero sempre crescente di persone*" (DAHRENDORF, Ralf. *Legge e ordine,* 1991, p.132 e 136-7).

15. Na sociedade aberta - que ainda é um projeto para o Brasil (CF, arts. 1º e 3º) - as pessoas estão em posição de melhorar por si mesmas, graças, decisivamente, ao seu esforço individual, a própria vida. Naquelas sociedades, a palavra "cidadania" passou a significar possibilidade de opção. "*Con essa intendeva participazione, entrate economiche dignitose, ed anche mobilità sociale*" (DAHRENDORF, Ralf, op. cit., p.107). "*La politicà economica e sociale può e deve essere informata ancora al perseguimento di migliori chances di vita per ogni membro della società, che è quanto dire* ***cittadinanza per tutti***" (Ibid., p.166; grifos nossos).

O dever de informação eficiente nas declarações negociais para consumo

O Código de Proteção e Defesa do Consumidor alterou radicalmente o regime de distribuição dos riscos nos negócios para consumo e nas relações de consumo, as quais constituem a eficácia típica daqueles negócios. É urgente o traçamento de um modelo da distribuição dos riscos nas relações jurídicas de consumo, e assim, de (sobre) modelos outros, como os da "ordem pública" e "interesse social" (art. 1º do CDC), até que se possa chegar à ordenação teórica (dogmática) geral das estruturas intrassistêmicas do ordenamento aberto e não pleno (art. 7º do CDC) que tem no seu cerne a lei protetora do consumidor.

Essa tarefa há de ser desempenhada, mas não aqui. Agora, basta rememorar o enunciado dos arts. 6º, I, 8º, 9º, 12 e 14 daquela lei, dos quais se extraem vários dos fundamentos que alicerçam um nítido princípio de responsabilidade do fornecedor pelos riscos dos produtos e dos serviços.

No art. 12, § 1º, I a III, encontra-se o discernimento, em número aberto, no que deve ser considerado produto defeituoso para o fim de responsabilizar civilmente o fornecedor em virtude da ocorrência de acidente de consumo.

No art. 14, § 1º, I a III, também sob enumeração aberta, a lei estabelece o que é necessário para a configuração do serviço defeituoso, igualmente com o escopo de responsabilizar o fornecedor pela reparação civil dos acidentes de consumo.

Na parte final do *caput* desses dois dispositivos, lê-se que a imputação da responsabilidade civil, prevista como consequência jurídica de ambas as normas, incidirá sobre o fornecedor de produtos e/ou de serviços "por informações insuficientes ou inadequadas sobre sua utilização e riscos". De acordo com as precisões tentadas anteriormente, a palavra "inadequadas" significa, em rigor terminológico recomendável, "defeituosas". E tanto é assim que, nos parágrafos primeiros dos arts. 12 e 14, a lei já menciona produto defeituoso e serviço defeituoso.

Consideram-se defeituosos, dentre outras possibilidades, os produtos que, podendo causar riscos ao consumidor, na sua "apresentação" omitem informação, em nível de insuficiência (= inexistência de informação), de deficiência (= defeito de informação) ou de hipereficiência (= defeito de informação). A lei, todavia, não aponta explicitamente defeituosidade nos serviços por insuficiência ou deficiência de informação na respectiva "apresentação" e faz uso da expressão "modo de seu fornecimento" (arts. 12, § 1º, I, e 14, § 1º, I).

Essa diferenciação posta no art. 12, I, dá preponderância à ideia de apresentação do produto enquanto embalagem. Como os serviços são normalmente prestados sem embalagem, na redação do inciso I ao § 1º do art. 14 empregou-se a locução "o modo de seu fornecimento": ela engloba um campo semântico elástico a ponto de apanhar inclusive a "apresentação" daqueles bens de consumo ordinariamente insuscetíveis de embalagem, isto é, os serviços. Este passo requer alguma digressão.

O conceito de "*apresentação*" - que se pode dessumir pela interpretação sistemática do Código de Proteção e Defesa do Consumidor - suplanta uma aparente equivalência entre" apresentação" e "embalagem" que poderia insinuar-se desde uma intelecção isolada do citado art. 12, *caput* e I.

Conforme o enunciado dos arts. 31 e 32 do CDC, a "apresentação" dos produtos e serviços no mercado de consumo, tanto como a "publicidade" e a "oferta" (em sentido estrito) desses mesmos bens, integram um conceito mais amplo, o de "oferta" (em sentido largo), que desponta na epígrafe da Seção II do Capítulo V.

Note-se bem que oferta (*stricto sensu*), apresentação e publicidade *não só vinculam* o fornecedor oferente, apresentante ou "publicitante" (conforme resultaria da eficácia própria ao art. 427 do CC 2002), mas verdadeiramente *obrigam-no*, ou seja, acarretam-lhe um dever de prestar, o qual, conforme a oferta (*lato sensu*) declarada, pode ser exigível à vista, a termo ou sob condição (CDC, art. 35).

Segundo as linhas mais genéricas do modelo do Código Civil, para regular a formação dos contratos em todo o âmbito do direito privado, nos casos normais, aquele que faz a oferta ou proposta somente está adstrito a efetuar a prestação correspondente (dar, fazer, não fazer, tolerar) depois de a aceitação - imediatamente manifestada se a oferta for entre presentes, ou expedida pelo destinatário da proposta, se esta for entre ausentes - chegar ao oferente ainda antes de que chegue ao ofertado (ou oblato) a revogação da proposta recebida (CC, arts. 427, 428 e 432 a 434).

Isto tudo significa que, na lógica do Código Civil em matéria de formação do contrato, um dever de prestar nasce para o proponente apenas depois da conclusão do contrato - negócio jurídico de formação no mínimo bilateral - pelo intermédio da soldagem (no plano da eficácia) das consequências respectivamente típicas aos negócios jurídicos unilaterais contrapostos que se chamam oferta e aceitação.[16] O contrato define-se, então, como negócio jurí-

16. Esse modo de explicar a formação do contrato como negócio no mínimo bilateral, integrado pela eficácia de pelo menos dois negócios jurídicos unilaterais (a oferta e a aceitação), o autor apreendeu da obra de Pontes de Miranda, talvez o único jurista do país que tenha captado na sua inteireza o modelo do Código Civil de 1916, desentendido, acrescente-se, por todos aqueles que seguem interpretando e aplicando o Código Civil de 2002 sob o viés da "união de vontades" à qual usualmente recorrem os autores franceses e italianos cuja base dogmática não corresponde às fundações próprias da lei nacional brasileira.

dico plurilateral ou multilateral formado pela interligação eficacial de dois negócios jurídicos unilaterais, isto é, negócios que se perfazem e se atualizam pela declaração de vontade suficiente, válida e eficaz de uma só *parte* (p. ex., o testamento, o negócio fundacional, a promessa de recompensa, a oferta de contrato, a aceitação da oferta, a emissão de um título de crédito etc.).

Muito diversamente do modelo do Código Civil, no art. 35, *caput* e I, CDC, vêm para logo atribuídos ao consumidor - com independência de que este previamente declare a respectiva aceitação - o direito, a pretensão e a ação tendentes a exigir e obter do fornecedor não a execução específica de prestação prometida em contrato já concluído, mas, sim, o cumprimento forçado de uma obrigação, unilateralmente contraída pelo fornecedor, desde o momento em que foi veiculada a oferta (em senso estrito), a apresentação ou a publicidade do produto ou do serviço.

É de extrema importância fazer sobressair que, para além da eficácia típica do negócio jurídico unilateral de oferta - isto é, a vinculação, efeito quase coextensivo à irrevogabilidade da declaração negocial -, o Código de Proteção e Defesa do Consumidor aumenta a abrangência do conceito tradicional de oferta, a ele reconduzindo também a apresentação e a publicidade de produtos e serviços no mercado de consumo. Demais disso, ao efeito vinculatório da oferta (em senso amplo) a lei protetiva do consumidor acrescenta, àquele mesmo negócio jurídico unilateral, o efeito da obrigação em sentido técnico mais rigoroso, qual seja o de ficar o fornecedor (devedor) adstrito a cumprir um dever de prestar ao consumidor (credor) o bem de consumo ofertado (*lato sensu*) tão logo o consumidor exercitar a sua pretensão ao recebimento do mesmo bem, em congruência com os elementos e as circunstâncias da declaração negocial de oferta (em sentido amplo, repita-se) no mercado de consumo.

Depois desse excurso, posto em marcha para salientar alguns "lugares paralelos" à questão de situar, na arquitetura do Código de Proteção e Defesa do Consumidor, o ambiente dos deveres de informação na dinâmica das declarações negociais para consumo, é necessário recapitular, reformular sucintamente e apreender as seguintes averiguações:

a) não há como negar a existência, a vigência e a eficácia normativas[17] do princípio de responsabilidade do fornecedor pelos riscos dos produtos e serviços;

17. Sobre "*el modo de vigencia de los principios*", LARENZ, Karl. *El derecho justo:* fundamentos de ética jurídica, p.191-202. Luiz Diés-Picazo, o grande privatista espanhol que traduziu o original alemão (LARENZ, Karl. *Richtiges Recht; Grundzüge einer Rechtsethik*, 1979, p.174-85), verteu a expressão *Geltungsweise* à forma castelhana "*modo de*

b) a esse princípio remontam os deveres do fornecedor no sentido de esclarecer e avisar eficientemente o consumidor sobre os riscos deriváveis do recebimento, da conservação e da utilização dos produtos ou dos serviços, e no sentido de reparar os danos ocorríveis por informações insuficientes ou inadequadas (modelo da transparência pela informação eficiente);
c) na expressão "informações inadequadas" o adjetivo significa "defeituosas" e, portanto, há uma evidente conexão entre os conceitos de produtos e serviços defeituosos e os conceitos de informação deficiente e de informação hipereficiente (= defeito de informação);
d) o defeito de informação não está no produto ou no serviço, mas no contexto e nas circunstâncias da correspondente oferta (em sentido amplo) declarada no mercado de consumo, senão no contexto e nas circunstâncias da dinâmica característica às relações jurídicas de consumo;
e) na lei protetiva do consumidor, "oferta" compreende a apresentação, a publicidade e a oferta de contrato (ou oferta em sentido estrito);
f) na ideia de "apresentação" do produto ou do serviço estão compreendidos, respectivamente, a embalagem e o "modo de fornecimento";
g) oferta, apresentação e publicidade dos produtos e dos serviços, na maioria das vezes, constituem negócios jurídicos unilaterais tipicamente praticáveis pelo fornecedor no mercado de consumo;[18]
h) esses três negócios jurídicos unilaterais, uma vez ativados no plano da eficácia, engendram, ao fornecedor responsável (mediata ou imediatamente) pela declaração negocial, não apenas o dever de sustentá-la (*vinculação pela irrevogabilidade da declaração*), mas também o dever de prestar o produto ou o serviço ofertados, apresentados ou "publicitados" no momento mesmo no qual se fizerem exigíveis (obrigação em sentido técnico o mais estrito), em congruência com os elementos e circunstâncias da declaração de oferta (no sentido amplo do CDC).

No que respeita a tais elementos e circunstâncias da declaração de oferta, o Código de Proteção e Defesa do Consumidor desceu quase à casuística, pela fundada sabedoria de que, em sua inexaurível dimensão concreta, os defeitos de informação podem e devem ser evitados pelos fornecedores, mediante a

---

vigencia". Validade (conceito lógico-jurídico) não é o mesmo que vigência (conceito axiológico-jurídico).

18. Oferta (em sentido estrito), apresentação e publicidade compõem, no todo ou parte, negócios jurídicos unilaterais para consumo, subordinando-se, pois, às regras dos arts. 46 e 47 do CDC, *ex argumento*, até porque, como está explicado no texto, a teor do art. 35 da mesma lei, a oferta (*lato sensu*) tem eficácia obrigacional coextensiva à eficácia contratual.

facilitação do conhecimento quanto à adimplência efetiva das atinentes prescrições legais, por parte de todos os agentes no encadeamento da produção para o consumo, até o destinatário final (= consumidor; CDC, art. 2º).

O art. 31 do CDC orçou a exaustividade das espécies hipotetizáveis:

> A oferta e a apresentação de produtos ou serviços devem assegurar informações corretas, claras, precisas, ostensivas, e em língua portuguesa, sobre suas características, qualidades, quantidade, composição, preço, garantia, prazos de validade e origem, entre outros dados, bem como sobre os riscos que apresentam à saúde e segurança dos consumidores.

A *embalagem*, como foi visto, compreende-se no conceito de apresentação. Assim, todos os atributos da apresentação, postos em número aberto pelo art. 31 do CDC, têm de estar presentes na embalagem, ou, se isto não for possível - *e.g.*, quando o produto ofertado é de pouco tamanho -, em mensagem de advertência e esclarecimento claramente visíveis e compreensíveis pelo consumidor até mesmo analfabeto.

São muitos os fornecedores que já obedecem o Código de Proteção e Defesa do Consumidor fazendo constar, ao lado do recipiente em que estão expostos em oferta pública pequenos produtos, um cartaz onde estão referidas, a respeito desses mesmos produtos, informações compatíveis com o modelo de transparência nas declarações negociais para consumo potenciado pela informação em grau de eficiência.

Providências esclarecedoras como essas poderão impedir que o fornecedor seja responsabilizado por defeitos de informação inerentes ao recebimento, à conservação e ao consumo de produtos ou serviços, e pelos riscos e danos consentâneos.

Isso, quanto à perspectiva do fornecedor.

O consumidor, de sua parte, tem, como igualmente foi lembrado, um direito subjetivo - não por acaso nomeado "básico" pela lei (CDC, art. 6º, *caput* e I) - que está funcionalizado à prévia asseguração dele, consumidor, "contra os riscos provocados por práticas no fornecimento de produtos e serviços considerados perigosos ou nocivos", e funcionalizado, também, à obtenção de "informação adequada e clara sobre os diferentes produtos e serviços, com especificação correta da quantidade, características, composição, qualidade e preço, bem como sobre os riscos que apresentem" (CDC, art. 6º, III).

Desatende a direito subjetivo do consumidor o fornecedor que não cuida de cumprir, dentre outras, as normas dos arts. 6º, *caput* e I e II, 8º, 9º, 12, última parte, 14, última parte, e 31. Dada a infração, o consumidor tem direito, pretensão e ação adaptados a eliminar previamente os riscos e para evitar ou reparar os danos, morais ou materiais, que sejam (art. 6º, VI a VIII, do

CDC). Aí estão algumas das mais óbvias áreas em que se atualiza o princípio da responsabilidade do fornecedor pelos riscos (e danos) dos produtos e dos serviços, apertando-se o prisma de observação às relações jurídicas de consumo em que estão presentes, frente a frente, o fornecedor (sujeito passivo, destinatário de deveres jurídicos) e o consumidor (sujeito ativo, titular dos poderes jurídicos correlativos àqueles deveres).

Essa relação jurídica é dotada de estrutura bilateral, que tem o consumidor individualizado ou individualizável num de seus dois polos - chamado polo ativo - e o fornecedor como figurante, no contrapolo - denominado polo passivo.

A relação jurídica de consumo, ainda bilateralmente do ponto de vista estrutural, pode apresentar-se com outra função, predominantemente afeta ao direito público administrativo, na medida em que, no correspondente polo ativo, figurar o Estado, para o desempenho dos poderes funcionais,[19] simetricamente imbricados no princípio da ação estatal no mercado de consumo (CDC, art. 4º, II), de maneira que se possam garantir, mediante atuação de ofício exercitada diretamente sobre o fornecedor, "produtos e serviços com padrões adequados de qualidade, segurança, durabilidade e desempenho" (CDC, art. 4º, II, *a, c* e *d*).

A relação jurídica de consumo pode, outrossim, estruturar-se trilateralmente, à semelhança da concepção de relação jurídica processual ainda preponderante, posicionando-se o Estado acima e entre as outras duas partes - o consumidor e o fornecedor -, não só para exercer poderes corretivos das disfunções do mercado, mas também para o fim de concretizar os princípios

---

19. Os poderes funcionais (em terminologia inadequada "poderes-deveres") têm este nome porque vêm atribuídos para a consecução de um fim que é de interesse público e porque a este fim devem permanecer aderentes nos momentos em que sejam exercitados, a ponto de ser necessário que todo ato ou atividade implicado no respectivo exercício - quando não estiver minudenciadamente regulado por lei - não possa deixar de ser posto em prática, pelos órgãos legitimados a desincumbir as funções, com todo o rigor decorrente da exigência de consonância integral entre a finalidade que se busca em favor do interesse público e o exercício mesmo do poder concedido. O titular de um poder funcional tem de exercitá-lo, assegurando ao mesmo tempo um interesse (público, no caso) que pode perfeitamente estar em contrariedade com os interesses próprios dele, órgão titular. No direito público, dentre os poderes funcionais, a figura mais importante é o poder discricionário ou discricionariedade (MORTATI, Constantino. *Istituzioni di diritto publico*, 1975, p.184). Em direito privado, são exemplos de poderes funcionais o pátrio poder e os poderes dos órgãos da administração de uma sociedade: trata-se de poderes atribuídos para a realização de um interesse coletivo que pode ser diverso do interesse do titular desses poderes, o qual, todavia, não pode deixar de adequadamente atuá-los, sob pena de ser destituído da posição jurídica a que está predeterminada a desincumbência da função e subsequente consecução do fim.

de "harmonização dos interesses dos participantes das relações de consumo" e de "compatibilização da proteção do consumidor com a necessidade de desenvolvimento econômico e tecnológico" (CDC, art. 4º, III, primeira parte).

Discernir essas três espécies de relações jurídicas de consumo tomando-se como critério diretor a função prevalecente é de toda a importância. Sobrelevam os seguintes aspectos funcionais:

a) no esquema da relação jurídica bilateral em que são figurantes o Estado como titular de poderes funcionais e o fornecedor como sujeito passivo desses poderes, o órgão estatal está legitimado, tanto como o consumidor, à eliminação prévia dos riscos imputáveis a defeitos de informação; aqui predomina o objetivo de regulação da ordem pública econômica e da prevenção dos litígios no mercado de consumo;
b) no esquema da relação jurídica de consumo tripartite, a atuação[20] estatal deve orientar-se no sentido do desenvolvimento da mediação social[21] entre agentes econômicos fornecedores e consumidores segundo os horizontes neoliberais do ordenamento constitucional (arts. 170, 173 e 174).

Notadas tais particularidades, cabe ao investigador adiantar-se para a adaptação do aqui chamado modelo de transparência pela informação eficiente às circunstâncias pressupostas e implicadas pelas três diferentes categorias de relações jurídicas de consumo indicadas. Por ora, basta talvez assinalar que, na segunda delas, o Estado, na medida em que cumpre a sua função de agente regulador da economia (CF, art. 174), faz com que o seu aparato especializado entre em confronto com outro tipo de organização – caracterizada pela busca racional do ponto ótimo na coordenação dos recursos econô-

---

20. Note-se que a Constituição Federal de 1988 já não menciona a *intervenção* do Estado na ordem econômica, e sim o menos, que consiste na *atuação* estatal (arts. 173 e 174): "[...] mantendo a orientação da Constituição anterior, a atual assegurou à iniciativa privada a preferência para exploração da atividade econômica, atribuindo ao Estado somente as funções de fiscalização, incentivo e planejamento, sendo este determinante para o setor público e indicativo para o setor privado" (MEIRELLES, Hely Lopes. *Direito administrativo brasileiro*, 2007, p.641). Fica a ressalva de quem escreve em não concordar em que a vigente Constituição da República tenha mantido o estatalismo do ordenamento outorgado que a precedeu, bem como os respectivos "valores superiores" (Constituição espanhola, art. 1º), os quais, na Constituição brasileira em vigor, concentram-se, mas não se esgotam, nos arts. 1º e 3º.
21. Mediação política, entenda-se, enquanto atividade reguladora da existência coletiva pelo exercício de um poder decisório na luta entre interesses sociais contraditórios (conflitos sociais) e entre aqueles que disputam uns contra os outros a titularidade ou o exercício dos poderes de mando. Poder decisório, para, em última análise, desencadear a força institucionalmente organizada".

micos com o fim de maximalizar os lucros –, isto é, a empresa, seja ela dirigida pelo modesto empresário individual ou por um gigantesco conglomerado societário transnacional nucleado numa *holding*.

Em situações como esta, a organização estatal – Estado-aparato[22] – encontra-se face a face com a organização empresarial: os comportamentos irracionais não têm espaço nesse confronto. De um lado, deve estar a implementação do planeamento estatal da economia; no outro lado, deve estar um agente econômico articulado para operar no mercado em caráter concorrencial imperfeito (monopolização e oligopolização).

A empreitada *giusliberista*, numa economia não concorrencial em proporções assustadoras, tem, na dominação racional do mercado por um reduzido número de grandes sociedades empresárias, o estímulo para uma plataforma racionalizadora das distorções concentracionistas, a ser realizada por um planeamento *soft*, cuidadosamente redimensionado para ajustes ou aperfeiçoamentos sistêmicos introduzidos via atuação estatal.

Em quadro semelhante, como é o do país, uma política efetiva (CDC, art. 4º, II) de proteção e defesa do consumidor[23] pode levar a aplicação do modelo de transparência pela informação eficiente à racionalização máxima, pragmática, mas sempre democraticamente,[24] detectável e imponível pela atuação

---

22. Dentre outros privatistas italianos de vanguarda, também Francesco Galgano cuidou de divulgar num livro escolar a distinção entre "Estado-ordenamento" e "Estado-aparato". Eis, resumidamente, o que se lê naquele livro a respeito dos dois primeiros conceitos. Estado-ordenamento é locução pela qual se designa o Estado como ponto de referência do conjunto totalizador das normas jurídicas positivas dadas por um mesmo poder soberano ou, pelo menos, reconhecidas como válidas e eficazes para a coletividade submetida àquele poder soberano. Fala-se de Estado-aparato para indicar os aparelhamentos componentes da organização estatal que são necessários para a atuação do mesmo poder soberano. Os aparatos orgânicos titulares das funções mais características do Estado são os encarregados de editar, controlar e cumprir as normas jurídicas emanadas da própria entidade estatal. São exemplos de órgãos do aparato de Estado o Congresso Nacional, investido em funções legiferantes, os órgãos investidos de poder jurisdicional, isto é, os juízes e os tribunais; a administração pública, à qual incumbe, pelos seus muitos órgãos, cumprir com a executividade ordinária das leis (em sentido material). *V.* GALGANO, Francesco. *Diritto privato*, 1984, p.12.
23. Efetividade não convém confundir com eficácia. Esta é conceito lógico-jurídico que opera no "mundo do direito"; aquela é conceito sociológico e significa prática socialmente constatável dos programas de regulação contidos nas normas de direito. O Código de Proteção e Defesa do Consumidor, assim, já é integralmente eficaz; será, todavia, efetivo desde o momento em que for de fato obedecido, no todo ou em parte, quer compulsória quer voluntariamente.
24. Retomando a linha de raciocínio documentada na nota 21, retro: "*La costruzione delle istituzioni... deve iniziare da principi di base. Democrazia significa ricerca di progresso in un mondo di incertezza. La sua costituzione deve rendere il cambiamento possibile, ma, al tempo stesso, deve sottrarre ogni innovazione all'arbitrio dei pochi.*

espontânea e imediata dos órgãos estatais competentes. Preventiva, em específico, quanto ao cumprimento das normas jurídicas que reordenaram a distribuição dos riscos, numa etapa do ciclo econômico (o consumo), aglutinando-os, nas relações sociais de consumo, como deveres de esclarecimento e de aviso (deveres de informação) que envolvem e perpassam o polo relacional onde se posiciona o fornecedor. Repressiva, quando preciso for, mas não opressora, nem economicamente desestimulante (CF, arts. 1º, IV, e 170, *caput*).

Referências

AZEVEDO, Antônio Junqueira de. Negócio jurídico e declaração negocial: noções gerais e formação da declaração negocial. São Paulo, 1986. Tese (titular). Faculdade de Direito, Universidade de São Paulo.

DAHRENDORF, Ralf. *Legge e ordine*. Milão, Giuffrè, 1991.

GALGANO, Francesco. *Diritto privato*. Pádua, Cedam, 1984.

GRAU, Eros Roberto. *Direito, conceitos e normas jurídicas*. São Paulo, Revista dos Tribunais, 1988.

LAFER, Betty Mindlin. "O conceito de planejamento". In: ______. *Planejamento no Brasil*. 3.ed. São Paulo, Perspectiva, 1975.

LARENZ, Karl. *Richtiges Recht; Grundzüge einer Rechtsethik*. Munique, C.H. Beck, 1979.

______. El derecho justo; fundamientos de ética jurídica. Trad. Luiz Diés-Picazo. Madrid, Civitas, 1985.

MEIRELLES, Hely Lopes. *Direito administrativo brasileiro*. 33.ed. São Paulo, Malheiros, 2007.

MORTATI, Constantino. *Istituzioni di diritto pubblico*. Pádua, Cedam, 1975, v.1.

NERY Jr., Nelson *et alie*. *Código Brasileiro de Defesa do Consumidor*: Comentado pelo Autores do Anteprojeto. 9.ed. Rio de Janeiro: Forense Universitária, 2007.

PONTES DE MIRANDA, Francisco Cavalcanti. *Tratado de direito privado*. São Paulo, Revista dos Tribunais, 2013, t.III (Negócios Jurídicos. Representação. Conteúdo. Forma. Prova).

POPPER, Karl. *A sociedade aberta e seus inimigos*. Belo Horizonte, Itatiaia, 1987, v.2.

REALE, Miguel. *Introdução à filosofia*. São Paulo, Saraiva, 1988.

Questo significa creare le condizioni per l'iniziativa, ma anche per il controllo, e collegare entrambi ai diritti e agli interessi dei cittadini. Per lungo tempo il problema è stato il controllo; si è guardato ad ogni forma di autoritarismo come ad un governo usurpante potere per quanto benevolo esso potesse essere. Ma oggi il problema principale è quello dell'iniziativa. ***Le istituzioni debbono incorraggiare l'iniziativa senza annullare i meccanismi di controllo***" (cf. DAHRENDORF, Ralf, op. cit., p.147; grifos nossos).

SCHUMPETER, Joseph Alois. *Capitalismo, socialismo e democracia*. Trad. Ruy Jungmann. Rio de Janeiro, Fundo de Cultura, 1961.

SICHES, Luis Récasens. *Nueva filosofía de la interpretación del derecho*. México/Buenos Aires, Fondo de Cultura Económica, 1956.

CAPÍTULO 15
Intimidade e privacidade na era da informação

Ivana Có Galdino Crivelli

Introdução

Entre os direitos e garantias constitucionais individuais e coletivos, foram consagrados pela Constituição Federal da República:

> a) a liberdade de expressão da atividade intelectual, artística, científica e de comunicação, independentemente de censura ou licença (art. 5º, IX);
> b) a intimidade, a vida privada, a honra e a imagem das pessoas, assegurado o direto à indenização pelo dano material ou moral decorrente de sua violação (art. 5º, X);
> c) a manifestação do pensamento, a criação, a expressão e a informação, sob qualquer forma, processo ou veículo, não poderão sofrer qualquer restrição (art. 220);
> d) nenhuma lei conterá dispositivo que possa constituir embaraço à plena liberdade de informação jornalística em qualquer veículo de comunicação social, observado o disposto no art. 5º, IV, V, X, XIII e XIV (§ 1º do art. 220);
> e) é vedada toda e qualquer censura de natureza política, ideológica e artística (§ 2º do art. 220).

O interesse público encontra fundamentos na Constituição da República, assim também a liberdade de expressão, consagrada como direito e garantia fundamental no inciso IX do art. 5º, assim como a liberdade do ser humano de estar só em sua intimidade e privacidade.

Ante o conflito de direitos de natureza constitucional, importa o uso da técnica do sopesamento, orientada pelo princípio da proporcionalidade (necessidade, adequação e proporcionalidade em sentido estrito) e, no mais das vezes, merece ser prestigiado o interesse público coletivo,[1] considerado de modo geral e apriorístico.

Entendemos ser pertinente o resguardo da intimidade e da privacidade contra informações sem relevo ao interesse público.

A intimidade e a privacidade do ser humano devem ser protegidas contra a devassa voltada a agraciar o interesse do público por bisbilhotices.

A personalidade é tutelada pelo direito no sentido de reconhecer-lhe a autonomia plena e de proteger-lhe a integridade pessoal em suas amplas dimensões, ressaltado por Silmara Chinellato:[2]

> O Código Civil de 2002 consagra direitos da personalidade, inalienáveis, que se referem à própria pessoa do sujeito, bem como a suas projeções e prolongamentos, uma conquista em defesa da pessoa humana, o que encontra pleno respaldo no princípio de sua dignidade, consagrado pelo art. 1º, III, da Constituição da República, conceito que embora banalizado, aqui é plenamente oportuno.
>
> Os direitos da personalidade há muito são reconhecidos pela Doutrina e pela Jurisprudência, inclusive do Supremo Tribunal Federal, ambos forma de expressão do Direito, entre os quais, em rol não taxativo, o direito à vida privada, à intimidade, ao segredo (círculos concêntricos), à imagem, à honra, à boa fama e à respeitabilidade.

Por outro lado, a liberdade de expressão deverá ser exercida para ser legítima a persecução de fatos, ainda que privativos, sempre que instruam sobre a História e cultura de uma nação.

Da dignidade da pessoa humana

O direito brasileiro vem sofrendo importante influência do personalismo ético, desde o século XIX, processo este que culmina na redação da Parte Geral do livro *Das Pessoas*, da Consolidação das Leis Civis, no art. 2º do Código Ci-

---

1. SÁNCHEZ, Juan José Bonilla. *Personas y derechos de la personalidad*, 2010, p.125: "*La noticia emanada del correcto ejercicio de las libertades de información y expresión puede justificar, o no constituye, una intromisión ilegítima en el derecho al honor* [...]".
2. CHINELLATO, Silmara Juny de Abreu. "Direitos da personalidade: o artigo 20 do Código Civil e a biografia de pessoas notórias". In: CASSETTARI, Christiano (coord.). *10 anos de vigência do Código Civil brasileiro de 2002* – Estudos em homenagem ao Professor Carlos Alberto Dabus Maluf, 2014, p.126-51.

vil de 1916, bem como na própria redação do art. 1º, III, da Constituição Federal do Brasil, além do art. 1º do Código Civil de 2002.

O personalismo ético apregoa o reconhecimento da dignidade da pessoa humana e a necessidade do respeito ao ser humano, diferentemente da relação que se é possível estabelecer com coisas, perante as quais se permite atribuir preço. Nasceu dos ideais iluministas do século XVIII e recebeu especial atenção de Kant em seu trabalho conhecido como *Fundamentos da metafísica dos costumes*.[3]

A efetividade consagrada ao princípio da dignidade humana restaurou a primazia da tutela da pessoa como valor fundante da ordem jurídica, recolocando a pessoa enquanto ser dotado de dignidade como sendo a finalidade e a função de todo o sistema jurídico brasileiro.[4]

A personalidade é tutelada pelo direito no sentido de reconhecer-lhe a autonomia plena e de proteger-lhe a integridade pessoal em suas amplas dimensões, posição ressaltada pela Professora Chinellato quando afirma que "O Código Civil de 2002 consagra direitos da personalidade, inalienáveis, que se referem à própria pessoa do sujeito, bem como a suas projeções e prolongamentos".[5]

O privado sem reservas

Sendo a esfera íntima aquela desenvolvida em circunstâncias e em ambientes subtraídos ao exame de terceiros,[6] é, portanto, a circunscrição onde todo ser humano se iguala, despojando-se de cargos públicos, funções profissionais de notoriedade ou notoriedade.

---

3. Cf. observa AZEVEDO, Antônio Junqueira de. "Crítica ao personalismo ético da Constituição da República e do Código Civil em favor de uma ética biocêntrica". In: GRINOVER, Ada Pellegrini; MORAES, Alexandre de (coords.). *Os 20 anos da Constituição da República Federativa do Brasil*, 2009, p.63.
4. CANTALI, Fernanda Borghetti. Direitos da personalidade: disponibilidade relativa, autonomia privada e dignidade humana, 2008.
5. CHINELLATO, Silmara Juny de Abreu, op. cit., p.126-51. "[...] uma conquista em defesa da pessoa humana, o que encontra pleno respaldo no princípio de sua dignidade, consagrado pelo art. 1º, III, da Constituição da República, conceito que embora banalizado, aqui é plenamente oportuno. Os direitos da personalidade há muito são reconhecidos pela Doutrina e pela Jurisprudência, inclusive do Supremo Tribunal Federal, ambos forma de expressão do Direito, entre os quais, em rol não taxativo, o direito à vida privada, à intimidade, ao segredo (círculos concêntricos, à imagem, à honra, à boa fama e à respeitabilidade".
6. DE CUPIS, Adriano. *Os direitos da personalidade*, 2004, p.141.

Por outro lado, não se legitima o reclame do sujeito de direitos que transfere para a esfera pública sua vivência íntima, dando a todos indistintamente e de forma massiva, a oportunidade de conhecer aspectos que seriam originalmente particulares e íntimos. Este não pode se socorrer da reserva regularmente assegurada, conforme se pronuncia De Cupis.[7]

Do direito à reserva das pessoas notórias

A reserva dos direitos da personalidade é de tamanha importância que, mesmo que se assegure autonomia ao homem, aplica-se a este a característica da indisponibilidade. Há situações em que nem mesmo mediante o consentimento do titular de direitos da personalidade se torna legítima ou lícita a finalidade e/ou a forma de utilização de algum de seus atributos. O direito repudia o consentimento que viole a dignidade da pessoa humana.[8]

É função do direito proteger a pessoa humana contra a arbitrária difusão de sua imagem, da exposição injustificada da vida privada, como assegurar o respeito à honra de cada cidadão.

Não há consenso na doutrina e na jurisprudência acerca de critérios rígidos para se conceituar pessoa pública[9] e pessoa notória,[10] porém, mesmo aquele que exerça cargo público, ou seja, uma pessoa notória, não terá em

---

7. Ibid., p.141.
8. Ibid., p.151; e COSTA JR., Paulo José. *O direito de estar só. Tutela penal da intimidade*, 1995, p.48: "Nada impede seja o consentimento obtido mediante retribuição econômica. Mas se vier a envolver a dignidade da própria pessoa, repugna mercadejar o consentimento".
9. Cf. LEOPOLDO E SILVA JUNIOR, Alcides. *A pessoa pública e o seu direito de imagem*, 2002, p.88: "Pessoa pública é aquela que se dedica à vida pública ou que a ela está ligada, ou que exerça cargos políticos, ou cuja atuação dependa do sufrágio popular ou do reconhecimento das pessoas ou a elas é voltado, ainda que para entretenimento e lazer, mesmo que sem objetivo de lucro ou com caráter eminentemente social, como são por exemplo, os políticos, esportistas, artistas, modelos, socialites e outras pessoas notórias, etc.".
10. Ibid., p.88: "O direito à privacidade não é absoluto, admitindo atenuações. Fala-se em círculo de reserva ou resguardo, e a rigidez da proteção à intimidade se mitiga desde que se trate de pessoa dotada de notoriedade pública, podendo ocorrer a revelação de fatos de interesse público, independentemente de sua anuência. Entende-se que, nesse caso, existe redução espontânea dos limites da privacidade (como ocorre com os políticos, atletas, artistas e outros que se mantêm em contato com o público com maior intensidade)".

face do direito à informação,[11] à liberdade de expressão,[12] do direito à cultura ou direito à comunicação[13] a derrogação de sua vontade na reprodução de sua imagem como pessoa pública para usos injustificados, como deverá ver respeitadas sua intimidade, honra e vida privada.

A esfera íntima é aquela desenvolvida em circunstâncias e em ambientes subtraídos ao exame de terceiros,[14] é aquela circunscrição onde todo ser humano se iguala, despojando-se de cargos públicos, funções profissionais ou atribuições midiáticas.

Por outro lado, não se legitima o reclame do individualismo excessivo. O sujeito de direitos que transfere para a esfera pública sua vivência íntima, dando a todos, indistintamente e de forma massiva, a oportunidade de conhecer aspectos que seriam originalmente particulares, não pode se socorrer da reserva, conforme se pronuncia De Cupis:[15]

> [...] fora da esfera íntima da vida privada, o indivíduo encontra-se continuamente exposto ao exame público; se a este contínuo e quotidiano exame se junta a recordação proporcionada pelo retrato, não se pode dizer lesado um interesse nem atingida a sensibilidade do tipo de pessoa equilibrada e educada para as exigências da vida social que o legislador deve considerar. Sustentar o contrário significa dar provas de excessivo individualismo.

Em resumo, o direito atende ao fato social com suas peculiaridades.

Por outro lado, existem circunstâncias que se aplicam como limitações[16] aos direitos da personalidade; o Código Civil português indica: (i) notorieda-

---

11. FONTES JUNIOR, João Bosco. *Liberdades e limites na atividade de rádio e televisão. Teoria geral da comunicação social na ordem jurídica brasileira e no direito comparado*, 2001, p.47: "Composto pelo direito de obter informação, de informar e de ser informado, tem por objeto a obtenção, transmissão e recepção de notícias e não opiniões".
12. Ibid.: "Constitui o direito de manifestar livremente as próprias convicções, ideias e pensamentos, por qualquer forma e meio, não sendo exigível que estas sejam necessariamente verdadeiras".
13. SAHM, Regina. *Direito à imagem no direito civil contemporâneo*, 2002, p.108: "Os direitos da personalidade só se curvam diante do direito à informação (*droit de information*); direito da cultura (*droit de la culture*); e do recente ramo do direito da comunicação (*droit de la communication*), que procura compilá-los sob um sistema institucional de comunicação".
14. DE CUPIS, Adriano, op. cit., p.141.
15. Ibid., p.141.
16. BITTAR, Carlos Alberto. *Os direitos da personalidade*, 2000, p.110-1: "Limitações existem ao direito à intimidade, em razão de interesses vários da coletividade e pelo desenvolvimento crescente de atividades estatais, que a doutrina tem apontado, a saber: exigências de ordem histórica, científica, cultural ou artística [...]".

de da pessoa, (ii) cargo público exercido, (iii) necessidades de justiça ou de polícia, (iv) fins científicos, didáticos ou culturais, (v) repercussão relacionada com fatos, acontecimentos, cerimoniais de interesse público ou ocorridos em público.

Um dos casos de maior repercussão em diversos seguimentos de nossa sociedade, nos últimos anos, foi o acordo judicial que culminou na suspensão, seguida de busca e apreensão, da biografia elaborada pelo historiador Paulo César de Araújo, publicada pela Editora Planeta, sobre a vida e obra do cantor e compositor Roberto Carlos, sob o título *Roberto Carlos em detalhes*.

Roberto Carlos alegou que não havia autorizado a publicação e que nesta haviam sido relatados fatos por ele considerados inerentes à esfera privada, como também inverdades. A ação ordinária proposta apontava os seguintes ilícitos: (i) invasão da vida privada, (ii) denegrimento de imagem e (iii) denegrimento da honra.

Já a defesa reclamou ser legítima e lícita a publicação em função dos consagrados direitos constitucionais (i) à liberdade de expressão, bem como (ii) à informação e (iii) ao conhecimento. Na imprensa, foi recorrente dizer-se que o mérito da obra estaria na junção dos fatos, no estudo dos fatos e na exposição analítica sob o crivo da opinião do escritor sobre os fatos.

Esse caso exemplifica o típico conflito de direitos da personalidade sob o crivo do direito civil, ou, se a análise for realizada a partir do direito público, a nomenclatura a ser adotada seria conflito de direitos humanos ou conflito de direitos fundamentais. Os direitos fundamentais são reivindicados de ambos os lados. Há uma verdadeira sobreposição de direitos constitucionais. De uma parte estão os membros da sociedade civil, representados pelas figuras do escritor e sua editora, reclamando a vigência dos direitos à informação e ao conhecimento (art. 5º, IX) como também do direito à livre expressão da atividade intelectual, artística, científica e da comunicação (art. 5º, IX).

O direito de acesso à cultura (art. 5º, XIV) é outro direito fundamental que poderia ser invocado. O legislador constituinte, no capítulo da comunicação social, repisa o reconhecimento às liberdades de pensamento, criação, expressão e informação sob qualquer forma, processo ou veículo, vedando-se a censura prévia (art. 220 da CF).

Do outro lado, está o biografado, pessoa sobre a qual a vida e a carreira foram pesquisadas e descritas numa publicação editorial. Desgostoso, reclama a violação de sua vida privada e honra, bem como repudia a utilização desautorizada de sua imagem (art. 5º, X, da CF e art. 20 do CC).

Os direitos da personalidade das pessoas notórias devem ser observados a partir do balizamento regular da pessoa humana, só aceitando ser excepcionado casuisticamente, no que tange à exata medida do rigor de um registro que constitua, enriqueça ou esclareça a história e/ou a cultura e/ou as artes e/ou as ciências, conforme a doutrina já reconheceu ser limitação legítima aos direitos da personalidade, citando-se os ensinamentos do Professor Bittar.[17]

Um segundo caso de grande repercussão em que se discutiu a liberdade de expressão e o direito de reserva da intimidade e imagem de uma pessoa notória foi o caso em que apresentadora de TV foi flagrada por um *paparazzo* em cenas amorosas em uma praia.

O Desembargador Ênio Santarelli Zuliani, relator da decisão do Tribunal de Justiça de São Paulo,[18] com uma expressão do sopesamento dos direitos envolvidos para alcançar uma decisão equilibrada, discrimina dois dos atos jurídicos envolvidos. O primeiro seria a notícia em si, e o segundo, a exibição do filme. O magistrado afirma que

> a notícia do fato escandaloso ainda poderia ser admitida como lícita em homenagem da liberdade de informação e comunicação, o que não se dá com a incessante exibição do filme, como se fosse normal ou moralmente aceito a sua manutenção em sites de acesso livre.

A decisão observou a natureza jurídica do fato filmado e posteriormente exibido como "atividade mais íntima dos seres humanos". Capelo de Sousa afirma que "é sobretudo na intimidade familiar, doméstica, sentimental e sexual e no ser do homem para si mesmo que reside uma maior eficácia da reserva, originando um crivo muito mais apertado de eventuais causas de justificação da ilicitude nas ofensas a tais bens".

O local *lato sensu* (mesmo que não realizado em ambiente não privado) em que se realiza um ato íntimo não o descaracteriza como tal, portanto, deve ser mantido o direito à sua reserva. Ademais, as cenas de sexo, ainda que de pessoas notórias, foram atos públicos e, em regra, não são de interesse público, histórico e tampouco cultural. Até mesmo a divulgação da informação poderia ser compreendida como invasão de privacidade, já que seria socialmente compreensível o desejo dos retratados de manter em segredo um acontecimento de foro íntimo.

A Constituição espanhola (art. 20.4) compreende ser o direito à intimidade um limitador às liberdades de informação e expressão. Na colisão de direitos, ensina a doutrina que se deve verificar em primeiro lugar se a notícia afeta o direito e em segundo lugar, se o fato pessoal divulgado tem interesse

---

17. Ibid.
18. Ap. cível n. 556.090.4/4-00/São Paulo, 131617.

e relevância públicos. Considera-se irrelevante para o sopesamento se o fato for verdadeiro ou falso.[19]

É verdade que o direito à privacidade não é absoluto, admitindo atenuações. Alcides Leopoldo e Silva Junior[20] admitem que haja mitigação do círculo de reserva, e a rigidez da proteção à intimidade, desde que se trate de pessoa dotada de notoriedade pública, podendo ocorrer a revelação de fatos de interesse público.

Segundo Adriano De Cupis,[21] as pessoas de certa notoriedade, em tese, não poderiam se opor à difusão da própria imagem, à divulgação dos acontecimentos de sua vida. Mesmo nesses casos, "as exigências do público detêm-se perante a esfera íntima, e, além disso, as mesmas exigências são satisfeitas pelo modo menos prejudicial para o interesse individual". O interesse público pode sobrepor o privado, mas não apenas como uma informação em si mesma e não quando não apresenta repercussão relevante na esfera da coletividade (na história,[22] na cultura de uma nação, na política).

É bastante subjetivo apontar quais são os valores e os fatos da vida íntima e privada de terceiros que podem ser transportados para o ambiente público. O foro íntimo é certamente um universo a não se molestar, enquanto for tratado de forma reservada por seu titular.

Do direito à liberdade de expressão

No campo dos direitos coletivos, parece-nos ser inquestionável que as liberdades de uma nação constituam seu bem maior.[23] Já no campo dos direitos

---

19. SÁNCHEZ, Juan José Bonilla, op. cit., p.184: "*Es preciso que la noticia sea de utilidad pública, bien por si misma o por la persona a la que atañe, para que su difusión este justificada; pues sólo entonces puede exigirse a quienes afecta o perturba que soporten dicha difusión, en aras del conocimiento general de hechos o situaciones que interesan a la sociedad. Sin embargo, desde el plano subjetivo, el mero carácter público de un personaje por el cargo o profesión que desempeña no concede carta blanca para hurgaren el núcleo esencial de su vida íntima, cuando, objetivamente, los relatos sobre el son irrelevantes con su actuación pública, o con la función social que desempeña*".
20. LEOPOLDO E SILVA JUNIOR, Alcides, op. cit., p.88.
21. DE CUPIS, Adriano, op. cit., p.146.
22. SÁNCHEZ, Juan José Bonilla, op. cit., p.124. Ao comentar sobre a liberdade na jurisprudência do Tribunal Europeu de Direitos Humanos de Estrasburgo, o autor afirma que "*La búsqueda de la verdad histórica forma parte integrante de la libertad de expresión, no correspondiendo a lo Tribunal arbitrar la cuestión histórica de fondo*". Cita decisões Chauvy et al. c. Francia, de 23.06.2004, § 69; Monnat c. Suiza, de 21.09.2006, § 57.
23. Ibid., p.123: "*La prensa tiene el derecho, en el cumplimiento de su deber y responsabilidad, de comunicar informaciones e ideas de interés general. La libertad de prensa com-*

individuais, também é inquestionável que o bem mais relevante da pessoa humana seja sua própria vida.

A vida é constituída pelos atributos físicos e psíquicos do ser humano, nos quais se incluem os fatos da vida íntima e da vida privada.

A liberdade de expressão jamais deverá voltar a sofrer censura em nosso país, porém, ainda assim, a liberdade de expressão não é um direito fundamental superior aos demais direitos fundamentais, pois, como os demais princípios, não é absoluto, ilimitado e, como garantia fundamental do homem, subordina-se ao mesmo balizamento constitucional que a inspirou: o princípio da dignidade humana.[24]

O direito à liberdade de expressão é compreendido como um direito-dever que se exerce ante os limites impostos pelo respeito aos direitos de ordem pública assegurados a todos indistintamente, e com menor resguardo, em certas e determinadas ocasiões, às pessoas que se despojam da reserva da plena proteção dos direitos da personalidade, quando atuam no exercício de profissões que impliquem grande exposição pública.

Metodologia de solução de conflito entre direitos fundamentais

Para a elucidação do tema proposto, importa analisar os ensinamentos doutrinários e jurisprudenciais relativos à colisão de direitos fundamentais e a resposta da jurisprudência para os casos concretos.

Verifica-se a classificação das normas jurídicas em dois grandes grupos: regras e princípios. As regras correspondem às normas que, diante da ocorrência do seu suposto fato, exigem, proíbem ou permitem algo em termos categóricos; são normas aplicáveis ou não aplicáveis, não se admite a gradação de uma regra: é tudo ou nada. Os princípios, por sua vez, são normas que exi-

---

prende la posible utilización de cierta dosis de exageración, o incluso de provocación. La libertad está sometida a excepciones que deben interpretarse estrictamente y la necesidad de imponerle limitaciones debe probarse de una manera convincente".

24. Cf. MENDES, Gilmar Ferreira. "Colisão de direitos fundamentais: liberdade de expressão e de comunicação e direito à honra e à imagem". *Cadernos de Direito Tributário e Finanças Públicas*, 1993, p.16-20: "O não estabelecimento de expressa reserva legal ao direito de liberdade artística significava que eventuais limitações deveriam decorrer, diretamente, do Texto Constitucional enquanto elemento integrante do sistema de valores dos direitos individuais, o direito de liberdade artística estava subordinado ao princípio da dignidade humana (Constituição Federal, art. 1º), que, como princípio supremo, estabelece as linhas gerais para os demais direitos individuais".

gem a realização de algo, da melhor forma possível, de acordo com as possibilidades fáticas e jurídicas.[25]

Canotilho[26] identifica princípios como mandados de otimização, característica que revela aos princípios um caráter *prima facie* como elemento essencial. Para a compreensão do conteúdo e limites de um princípio, é necessário observar todos os fatores que envolvam a situação fática que lhe pede amparo, e não somente a descrição da norma que o consagra. Quanto mais intensa a intervenção em determinado direito, maior a necessidade de se identificar fundamentos justificadores da intervenção. Para a aplicação de um princípio, admite-se a gradação a ser realizada caso a caso.

No conflito de princípios, deve-se buscar a conciliação entre eles, uma aplicação de cada qual em extensões variadas, segundo a respectiva relevância no caso concreto, sem que se tenha um dos princípios como excluído do ordenamento jurídico por irremediável contradição com outro.[27] Nesse caso, o método da solução de conflito é a ponderação.

O juízo de prudência, mais conhecido como juízo de ponderação, é o método pelo qual o julgador analisará o caso concreto com base no princípio da proporcionalidade.[28] Esse é o processo de aplicação do direito que sopesará os valores dos bens jurídicos envolvidos, verificando-se se o sacrifício de um direito que pareça útil para a solução do problema é o único meio para atingir o resultado desejado, respeitando a proporcionalidade entre o benefício conferido e o ônus acarretado ao sujeito sacrificado.[29]

O processo de ponderação colabora para a identificação do núcleo essencial do direito pleiteado ao amparo constitucional. A preservação do núcleo essencial do direito preterido será o parâmetro do princípio da proporcionalidade. Para esse exercício, Gilmar Mendes[30] reconhece apenas as restrições aos direitos fundamentais estipuladas em lei. Na ausência de uma restrição

---

25. MENDES, Gilmar Ferreira; BRANCO, Paulo Gustavo Gonet. *Curso de direito constitucional*, p.274.
26. CANOTILHO, José Joaquim Gomes. *Direito constitucional e teoria da Constituição*, 2003, p.1.123.
27. MENDES, Gilmar Ferreira; BRANCO, Paulo Gustavo Gonet. *Curso de direito constitucional*, op. cit., p.274.
28. MARMELSTEIN DE LIMA, George. "A hierarquia entre princípios e a colisão de normas constitucionais". *Revista Âmbito Jurídico*, 2006: "A Legitimidade da interpretação apenas será preservada na medida em que, em cada caso, informada pelo critério da proporcionalidade, essa composição seja operada".
29. Ibid.: "O intérprete, no caso concreto, terá que verificar qual o valor que o ordenamento, em seu conjunto, deseja preservar naquela situação, sempre buscando conciliar os dois princípios em colisão".
30. MENDES, Gilmar Ferreira; BRANCO, Paulo Gustavo Gonet. *Curso de direito constitucional*, op. cit., p.282.

legal, recomenda a utilização dos princípios de concordância e de ponderação entre os direitos afetados e os valores constitucionais que inspiram a relação especial.

Já o conflito de regras se resolve pela análise da validade de cada uma das regras em conflito. Regras díspares não podem conviver simultaneamente no ordenamento jurídico. Aplica-se como método de solução de conflito a subsunção.

Para a finalidade deste estudo, classificam-se os direitos fundamentais como princípios.

A doutrina alemã tem sido a precursora desse tema e, com isso, ainda é muito utilizada para melhor esclarecer os conceitos inerentes à matéria. Para discorrer sobre subprincípios, Gilmar Mendes[31] cita as lições de Bodo Pieroth e Bernhard Schlink, Grundrechte. Os doutrinadores alemães definem subprincípio de adequação como aquele que exige que as medidas inventivas adotadas se mostrem aptas a atingir os objetivos pretendidos. A Corte Constitucional alemã examina se: (i) o meio é simplesmente inadequado, (ii) objetivamente inadequado, (iii) manifestamente inadequado e (iv) se, com sua utilização, o resultado pretendido pode ser estimulado.

Por sua vez, o subprincípio da necessidade é aquele aplicado para verificar se não haveria nenhum outro meio menos gravoso para o indivíduo alcançar, de forma eficaz, o objetivo pretendido. Na prática, os subprincípios da adequação e da necessidade não têm a mesma relevância no juízo de ponderação. Pode-se afirmar que o que é adequado pode ser necessário, mas o que é necessário *tem que* ser adequado. Roberty Alexy,[32] por sua vez, ao classificar os subprincípios do princípio da proporcionalidade, elege de forma hierárquica: (i) postulado da adequação, (ii) postulado da necessidade desse meio e (iii) postulado da ponderação.

O Supremo Tribunal Federal, ao apreciar a arguição de inconstitucionalidade do art. 5º e seus parágrafos e incisos da Lei n. 8.713, de 30.09.1993, consolidou o desenvolvimento do princípio da proporcionalidade[33] em nosso sistema jurídico como princípio constitucional autônomo fundamentado no art. 5º, LIV – princípio do devido processo legal.[34]

---

31. PIEROTH, Bodo; SCHLINK, Bernhard. Grundrechte – Staatsrecht II, p.67-8, apud MENDES, Gilmar Ferreira; BRANCO, Paulo Gustavo Gonet. Ibid., p.322-3.
32. ALEXY, Robert. Theorie der Grundrechte. Frankfurt am Main: [s.n.], 1986, apud MENDES, Gilmar Ferreira; BRANCO, Paulo Gustavo Gonet. Ibid., p.292-2.
33. O princípio da proporcionalidade ou princípio da proibição de excesso (Alemanha e Portugal).
34. Caso em que se discutiu a possibilidade de se estabelecer restrição ao direito dos partidos políticos de participar de processo eleitoral. A decisão rejeitou a adoção de critérios relacionados a fatos passados para limitar a atuação futura dos partidos.

A decisão do STF prolatada nos autos do *Habeas Corpus* n. 82.424-2/RS (*DJ* 19.03.2004) muito bem ilustra a boa experiência da utilização da técnica de sopesamento de direitos já adotada por essa Egrégia Corte, e nesse caso concreto, um escritor, sob o prisma do princípio constitucional de liberdade de expressão, pleiteou *habeas corpus*, o qual fora negado sob o fundamento da superveniência, no caso em tela, de crime de racismo e, por conseguinte, ofensa à honra e à dignidade de terceiros.

Critério de solução de conflitos entre direitos fundamentais

Não existe um critério de solução de conflitos válido em termos abstratos, todavia, recomenda-se observar os seguintes fatores: (i) as peculiaridades do caso concreto, (ii) os diferentes "pesos abstratos" dos diversos princípios constitucionais, (iii) o grau de interferência sobre o direito preterido que a escolha do outro pode ocasionar, (iv) a confiabilidade das premissas empíricas em que se escoram os argumentos sobre o significado da solução proposta para os direitos em colisão, (v) o uso de precedente, que requer a equivalência da situação fática.

A utilização de tal metodologia sofre críticas quando nem sempre a jurisprudência se restringe às indicações fornecidas pela Constituição, o que importa no risco de se substituir a decisão legislativa pela avaliação subjetiva do juiz,[35] o que incide em ato abusivo, pois afronta o devido processo legal e o Estado Democrático de Direito.

A jurisprudência no conflito de direitos fundamentais

Em voto proferido pelo Ministro Eros Grau,[36] no Supremo Tribunal Federal, destaca-se como solução apresentada a conflito entre regras e princípios a prevalência, no caso concreto do direito, do acesso à cultura como medida de preservação do interesse da coletividade.

---

35. PIEROTH, Bodo; SCHLINK, Bernhard. Grundrechte - Staatsrecht II, p.67-8 apud MENDES, Gilmar Ferreira; BRANCO, Paulo Gustavo Gonet. op. cit., p.322-3.
36. Cf. conflito de direitos fundamentais retratado no julgamento da ADI n. 1.950. "Se de um lado a Constituição assegura a livre-iniciativa, de outro determina ao Estado a adoção de todas as providências tendentes a garantir o efetivo exercício do direito à educação, à cultura e ao desporto [arts. 23, V, 205, 208, 215 e 217, § 3º, da Constituição]. Na composição entre esses princípios e regras há de ser preservado o interesse da coletividade, interesse público primário. O direito ao acesso à cultura, ao esporte e ao lazer, são meios de complementar a formação dos estudantes."

Outra interessante decisão ocorreu em um litígio cujo tema central não eram direitos fundamentais, mas, sim, uma questão de aplicação ou não de imunidade tributária para a publicação de álbum de figurinhas. A Ministra Ellen Grace menciona em voto[37] que a imunidade tributária sobre livros, jornais, periódicos e o papel destinado à sua impressão tem por escopo evitar embaraços ao exercício da liberdade de expressão intelectual, artística, científica e de comunicação, bem como facilitar o acesso da população à cultura, à informação e à educação. Dessa forma, entende que, quando o Constituinte instituiu essa benesse, não fez ressalvas quanto ao valor artístico ou didático, à relevância das informações divulgadas ou à qualidade cultural de uma publicação. Portanto, concluiu que não cabe ao aplicador da norma constitucional afastar benefício fiscal instituído para proteger direito tão importante ao exercício da democracia, por força de um juízo subjetivo acerca da qualidade cultural ou do valor pedagógico de uma publicação destinada ao público infantojuvenil.

René Ariel Dotti,[38] em sua obra *Proteção da vida privada e liberdades de informação*, reconhece como legítima a limitação ao resguardo de certos bens da personalidade quando justificado o interesse comum. O autor afirma que o interesse da História se revela como uma das formas mais "elevadas" de invasão da vida privada, na qual os aspectos culturais e intelectuais de um fato se sobrepõem ao interesse individualista da proibição de sua divulgação.

Na classificação dos aspectos fundamentais dos direitos da personalidade, revelam-se três distintas naturezas: física, moral e intelectual. A natureza de aspecto físico é vista no direito à vida, o aspecto intelectual na liberdade de expressão e o moral nos direitos da personalidade de intimidade, vida privada, imagem e honra.

A disputa ocorrida em face da obra *Roberto Carlos em detalhes* remete à análise de um conflito entre direitos fundamentais de natureza intelectual (liberdade de expressão e criação) e moral (intimidade, privacidade, imagem e honra).

A hermenêutica deverá atentar para a correlação da obra com o interesse público, o que não se confunde com o interesse social,[39] mas o interesse de desenvolvimento da nação por meio do acesso à cultura, ao conhecimento e a informações de significado histórico. O bem da personalidade deve ser preser-

---

37. RE n. 221.239, rel. Min. Ellen Gracie, j. 25.05.2004, *DJ* 06.08.2004.
38. DOTTI, René Ariel. *Proteção da vida privada e liberdade de informação:* possibilidade e limites, 1980, p.60.
39. DE CUPIS, Adriano, op. cit., p.148, nota 82: "É o inerente à satisfação da curiosidade do público que deseja conhecer as feições de um homem ilustre. Trata-se de uma curiosidade, de um desejo que não pode ter nada que ver com o direito".

vado da utilização que se limite ao deleite da simples curiosidade, da bisbilhotice, do sensacionalismo e do *marketing* abusivo dos meios de comunicação.

No caso da obra audiovisual *Dois filhos de Francisco*, houve também a tentativa, por parte dos retratados, de se coibir sua exibição, levando o Judiciário a enfrentar o confronto dos direitos de privacidade, honra e imagem *versus* a liberdade de expressão. Ante a unidade constitucional, em que não se permite estabelecer hierarquia[40] entre os direitos consagrados, os magistrados valeram-se do princípio da proporcionalidade para, por meio do instrumento da ponderação dos valores envolvidos, encontrarem uma solução equilibrada.

O tribunal reconheceu que a proteção à privacidade, à honra e à imagem das pessoas não são direitos absolutos, visto que são limitados por outros da mesma forma assegurados pela Constituição Federal, conforme se opera o direito à liberdade de expressão, que é direito fundamental do ser humano e constitui um dos pilares do Estado Democrático de Direito, sendo vedada a censura prévia expressamente pelo art. 220, § 2º, da Constituição Federal.[41]

Na decisão proferida no caso que discutiu a exposição do ex-presidente Juscelino Kubitschek e familiares, também em obra audiovisual, o tribunal, ao sopesar os valores envolvidos, reconheceu a figura humana do ex-presidente da República como personalidade histórica, bem como constatou que os fatos que cercaram a vida do ex-presidente, por ele relatados, são de interesse histórico evidente, o que justifica e determina o relativismo da preservação do direito à intimidade de personalidades históricas.[42]

A Desembargadora Heloísa Combat do Tribunal de Justiça de Minas Gerais explicita em uma decisão de sua relatoria uma sugestão de orientação geral para o trato desse tipo de conflito: "Havendo conflitos entre as notícias as quais se pretende veicular, dar publicidade, e o resguardo devido à vida privada dos envolvidos, necessário se estabelecem critérios que permitam a ponderação e a conciliação dos direitos fundamentais em questão".[43]

A Desembargadora[44] alerta que o que não se pode admitir é o excesso dos órgãos de comunicação que, extrapolando o dever de informar, adentram à circunscrição da vida privada e da intimidade com o exclusivo intuito de maximizar vendas, por meio da provocação da curiosidade mesquinha e indis-

---

40. Cf. CANOTILHO, José Joaquim Gomes, op. cit., p.1.241: "a especificidade, conteúdo, extensão e alcance próprios de cada princípio não exigem nem admitem o sacrifício unilateral de um princípio em relação aos outros, antes reclamam a harmonização dos mesmos, de modo a obter-se a máxima efetividade de todos eles".
41. TJGO, AI n. 47074-5/180, 4ª Câm. Cível, rel. Des. Almeida Branco, j. 19.01.2006.
42. Ap. Cível n. 95.250-4/SP, 3ª Câm. de Dir. Priv., rel. Alfredo Migliore, j. 06.06.2000, v.u.
43. Cf. TJMG, Ap. Cível n. 424.599-2, rel. Juíza Heloísa Combat.
44. Ibid.

crição dos leitores com matérias sensacionalistas à custa da honra e da moral alheia. Essa situação seria propícia para a aplicação do art. 20 do Código Civil de 2002.

Os direitos de privacidade e intimidade aceitarão a relativização conforme um contexto justificado, ou seja, ainda que a informação seja de cunho privado e/ou íntimo, sua divulgação será lícita se for indispensável para o discernimento dos cidadãos, sua formação cultural[45] e seu desenvolvimento pleno como cidadão.

Dada a ordem de igualdade entre os direitos fundamentais, destacamos os principais argumentos sustentados pela Professora Dra. Chinellato, em audiência pública realizada no dia 21 de novembro de 2013, no STF, na discussão sobre a ADI n. 4.815, os quais são diretrizes para a ponderação no caso de conflito de direitos:

1) Não há necessidade de se pedir autorização para a publicação de biografias.

2) Não há hierarquia em favor da liberdade de expressão, abstratamente considerada.

3) As liberdades públicas não são incondicionais, por isso devem ser exercidas de maneira harmônica, observados os limites definidos na própria Constituição Federal (art. 5º, § 2º, primeira parte).

4) Não há direito de caráter absoluto. Há limitações como as de interesse público, social, histórico.

5) Não se identifica censura no conteúdo dos arts. 20 e 21 do Código Civil.

6) Se houver dano, a responsabilidade civil não deve ser excepcionada, mesmo reconhecendo-se a relevância das biografias para a História e cultura de um país.

7) Não há relação de causa e efeito entre autorização para biografia e isenção de responsabilidade civil, bem como entre falta de autorização para biografia e existência de dano fundado em responsabilidade civil.

8) Enfatiza-se a importância do caso concreto e a tutela jurisdicional preventiva e *a posteriori* pelo Poder Judiciário, invocando-se o art. 5º, XXXV, da Constituição Federal.

Considerações finais

A Constituição reconhece o valor da pessoa humana, qualificando-o como princípio fundamental do Estado brasileiro. O princípio da dignidade huma-

---

45. SAHM, Regina, op. cit., p.108.

na é a pedra angular de todo o sistema jurídico brasileiro e ampara o ser humano em sua plenitude, não cabendo derrogação tácita ou injustificada por interesse público para a relativização do resguardo dos bens de personalidade.

A sociedade não deve ser cerceada de um levantamento histórico, pois essa vedação violaria direito fundamental de acesso à cultura, à informação e ao conhecimento (arts. 215 e 216 da CF), portanto, será lícita a biografia, mas ilícita a narrativa que nela incida em abuso.

A jurisprudência, alicerçada na doutrina, deve analisar os casos concretos dentro da unicidade de nosso sistema normativo, sem ultrapassar as fronteiras estabelecidas em favor da preservação do homem (tanto na esfera individual, como na esfera coletiva) em sua plenitude física, intelectual e espiritual, conforme os mandamentos da Constituição Federal da República Federativa do Brasil.

Referências

ALEXY, Robert. *Teoria dos direitos fundamentais*. Trad. Virgílio Afonso da Silva. São Paulo, Malheiros, 2008.

AZEVEDO, Antônio Junqueira de. "Crítica ao personalismo ético da Constituição da República e do Código Civil em favor de uma ética biocêntrica". In: GRINOVER, Ada Pellegrini; MORAES, Alexandre de (coords.). *Os 20 anos da Constituição da República Federativa do Brasil*. São Paulo, Atlas, 2009.

BARROSO, Luís Roberto. *Interpretação e aplicação da Constituição*. 6.ed. São Paulo, Saraiva, 2008.

______. *Curso de direito constitucional contemporâneo. Os conceitos fundamentais e a construção do novo modelo*. São Paulo, Saraiva, 2009.

BELTRÃO, Silvio Romero. *Direitos da personalidade*. São Paulo, Atlas, 2005.

BITTAR, Carlos Alberto. *Os direitos da personalidade*. 4.ed. rev. e atual. por Eduardo C. B. Bittar. Rio de Janeiro, Forense Universitária, 2000.

______; BITTAR FILHO, Carlos Alberto. *Tutela dos direitos da personalidade e dos direitos autorais nas atividades empresariais*. 2.ed. rev. e atual. São Paulo, Revista dos Tribunais, 2001.

CANOTILHO, José Joaquim Gomes. *Direito constitucional e teoria da Constituição*. 7.ed. Lisboa, Almedina, 2003.

CANTALI, Fernanda Borghetti. Direitos da personalidade: disponibilidade relativa, autonomia privada e dignidade humana. Porto Alegre, 2008. Dissertação (Mestrado em Direito). Faculdade de Direito, Pontifícia Universidade Católica do Rio Grande do Sul.

CHINELLATO, Silmara Juny de Abreu. Direito de autor e direitos conexos da personalidade: reflexões à luz do Código Civil. São Paulo, 2008. Tese (Concurso de Professor Titular de Direito Civil). Faculdade de Direito, Universidade de São Paulo.

______. "Direitos da personalidade: o artigo 20 do Código Civil e a biografia de pessoas notórias". In: CASSETTARI, Christiano (coord.). *10 anos de vigência do Código Civil brasileiro de 2002* - Estudos em homenagem ao Professor Carlos Alberto Dabus Maluf. São Paulo, Saraiva, 2014.

COSTA JR., Paulo José. *O direito de estar só. Tutela penal da intimidade*. 2.ed. São Paulo, Revista dos Tribunais, 1995.

DE CUPIS, Adriano. *Os direitos da personalidade*. Campinas, Romana Jurídica, 2004.

D'ELBOUX, Sonia Maria. Considerações sobre liberdade de expressão e direito à intimidade. Disponível em: https://www.conjur.com.br/2007-mai-10/interesse_fatos_nao_vio lacao_intimidade?pagina=2. Acesso em: 07.08.2018.

DOTTI, René Ariel. *Proteção da vida privada e liberdade de informação*: possibilidade e limites. São Paulo, Revista dos Tribunais, 1980.

FONTES JUNIOR, João Bosco. *Liberdades e limites na atividade de rádio e televisão. Teoria geral da comunicação social na ordem jurídica brasileira e no direito comparado*. Belo Horizonte, Del Rey, 2001.

GARCIA, Enéas Costa. *Responsabilidade civil dos meios de comunicação*. São Paulo, Juarez de Oliveira, 2002.

GODOY, Claudio Luiz Bueno de. *A liberdade de imprensa e os direitos da personalidade*. São Paulo, Atlas, 2001.

HART, Herbetet L.A. *O conceito de direito*. 3.ed. Trad. A. Ribeiro Mendes. Lisboa, Fundação Calouste Gulbenkian, 1997.

JABUR, Gilberto Haddad. "Limitações ao direito à própria imagem no novo Código Civil. In: *Novo Código Civil. Questões controvertidas*. São Paulo, Método, 2004, v.1, p.11-44.

LARENZ, Karl. *Metodologia da ciência do direito*. 3.ed. Trad. José Lamego. Lisboa, Fundação Calouste Gulbenkian, 1994.

LEOPOLDO E SILVA JUNIOR, Alcides. *A pessoa pública e o seu direito de imagem*. São Paulo, Juarez de Oliveira, 2002.

MARMELSTEIN DE LIMA, George. "A hierarquia entre princípios e a colisão de normas constitucionais". *Revista Âmbito Jurídico*. Disponível em: http://www.ambito-juridi co.com.br/site/index.php?n_link=revista_artigos_leitura&artigo_id=5614?. Acesso em: 31.08.2018.

MENDES, Gilmar Ferreira. "Colisão de direitos fundamentais: liberdade de expressão e de comunicação e direito à honra e à imagem". *Cadernos de Direito Tributário e Finanças Públicas*, v.5, out-dez/1993, p.16-20.

______. "A colisão de direitos fundamentais: liberdade de expressão e de comunicação e direito à honra e à imagem". *Revista de Informação Legislativa*, v.122, abr-jun/2004, p.297-301.

______. *Curso de direito constitucional*. São Paulo, Saraiva, 2007.

SAHM, Regina. *Direito à imagem no direito civil contemporâneo*. São Paulo, Atlas, 2002.

SÁNCHEZ, Juan José Bonilla. *Personas y derechos de la personalidad*. Madri, 2010. (Col. Jurídica General. Monografias).

SILVA, Virgílio Afonso da. *Interpretação constitucional*. 2. tir. São Paulo, Malheiros, 2007.

______. *A constitucionalização do direito. Os direitos fundamentais nas relações entre particulares*. 2. tir. São Paulo, Malheiros, 2008.

VELOSO, Carlos Mário da Silva Velloso. "Os direitos da personalidade no Código Civil português e no novo Código Civil brasileiro". In: ALVIM, Arruda; ROSAS, Roberto; CÉSAR, Joaquim Portes de Cerqueira (coord.). *Aspectos controvertidos do novo Código Civil*. São Paulo, Revista dos Tribunais, 2003. p.115-23.

TERCEIRA PARTE
Direitos de autor

Para bem representar os direitos da personalidade relacionados à criação do intelecto, a terceira parte desta obra procura tratar da primazia do direito moral de autor como direito da personalidade, dos critérios para reparação dos danos extrapatrimoniais causados nessa seara, do direito de arena e dos direitos do intérprete na música orquestrada. Há atenção especial para a relação dos direitos de autor com a propriedade industrial.

CAPÍTULO 16

A primazia do direito moral de autor como direito da personalidade: aspectos relevantes

Andrea Hototian

Os espelhos são usados para ver
o rosto; a arte para ver a alma.
George Bernard Shaw[1]

Introdução

O cotidiano nos mergulha em uma série de exposições midiáticas nas quais nos vemos, muitas vezes, enredados, sem, contudo, participar ativamente dessa opção. Isso porque, em tempos de sociedades virtuais, redes e enredamentos,[2] o compartilhamento de informações torna-se cada vez mais presente e, por vezes imposto, em ambientes pessoais, profissionais e acadêmicos.

Da velocidade em que as informações são disseminadas, emerge igual demanda por proteção, sendo cada vez mais necessário o desenvolvimento de mecanismos protetivos que, da forma mais abrangente possível, amparem a pessoa em todas as vertentes de sua personalidade, colocando-a acima de qualquer outra relação que dela possa emanar.

Nesse cenário, nota-se que a valorização da pessoa, alocada ao centro das relações sociais, traz por consequência a importância da preservação dos direitos inatos, por assim dizer, direitos da personalidade, conforme observa

---

1. Dramaturgo e jornalista irlandês, ganhador do prêmio Nobel de Literatura, em 1925.
2. Leia-se, a respeito: BOBBIO, Norberto. *A era dos direitos*, 2004.

Francisco Amaral: "da sua importância, decorre a tutela 'mais reforçada' do que a generalidade dos demais direitos subjetivos [...]".[3]

Nas palavras de Rubens Limongi França, "os direitos da personalidade são as faculdades jurídicas cujo objeto são os diversos aspectos da própria pessoa do sujeito, bem assim suas emanações e prolongamentos".[4]

A necessidade de proteção dos direitos da personalidade faz-se presente nas diversas relações jurídicas da vida civil. Não obstante a matéria ser objeto de estudo em diversos ramos do direito, o presente capítulo limitará sua análise ao direito autoral, no qual se expressa por meio do chamado *direito moral* de autor.

Direitos da personalidade no direito autoral

Com olhos voltados a sua essencialidade, os direitos da personalidade destacam-se por serem "indisponíveis, intransmissíveis, inseparáveis do titular",[5] impenhoráveis, absolutos; direitos que permanecem com o seu titular por toda a sua vida e após sua morte. Esses direitos emergem, no cenário jurídico, como fundamentais,[6] com *status* de norma de ordem pública. Elencados entre as cláusulas pétreas constitucionais, atuam como verdadeiros freios inibitórios de condutas; são direitos de observância obrigatória e de tutela estatal.[7]

No tocante ao direito autoral, sua legislação, além de disciplinar a matéria, tem por objetivo proteger o autor e seu vínculo com a obra intelectual exteriorizada, objeto de sua criação.

Com o propósito de dar efetividade a esse objetivo, os direitos morais de autor despontam como direitos da personalidade; nascem, contudo, com a criação da obra. São valores inerentes ao autor que, nesse contexto, é o cerne da criação, sem o qual ela não existiria e para quem se submete toda forma de utilização e reprodução da criação pela sociedade.[8] A projeção dos direitos morais de autor sobre a criação da obra revestida de originalidade

---

3. AMARAL, Francisco. *Direito civil*, 2008, p.285.
4. FRANÇA, Rubens Limongi. "Direitos da personalidade - coordenadas fundamentais". *Revista do Advogado*, 1992, p.5-13.
5. AMARAL, Francisco, op. cit., p.285.
6. CANOTILHO, José Joaquim Gomes. *Estudos sobre direitos fundamentais*, 2008, p.223.
7. BITTAR, Eduardo C. B. "Direito do consumidor e direitos da personalidade: limites, intersecções, relações". *Revista de Informação Legislativa*, 1999, p.64.
8. "Art. 28. Cabe ao autor o direito exclusivo de utilizar, fruir e dispor da obra literária, artística ou científica" (BRASIL. Lei Federal n. 9.610, de 19 de fevereiro de 1998).

confere ao criador uma proteção com *status* de direitos absolutos. Essa relevância foi atestada por Capelo de Souza:

> A capacidade criadora, enquanto síntese das mais importantes energias e estruturas corpóreo-espirituais do homem, que acentuadamente o diferencia das demais espécies animais, constitui no âmbito da tutela geral da personalidade um bem juscivilístico hierarquicamente muito elevado.[9]

Antônio Chaves acentua a importância da identificação desses direitos na produção intelectual, em qualquer forma de expressão artística:

> Patenteia um vínculo de natureza pessoal, no sentido de formar a personalidade do autor um elemento constante do seu regulamento jurídico e porque seu objeto constitui, sob certos aspectos, uma representação ou uma exteriorização, uma emanação da personalidade do autor, de modo a manter o direito de autor, constantemente, uma *inerência ativa* ao criador da obra, representando, por outro lado, uma relação de direito patrimonial, porquanto a obra do engenho é, ao mesmo tempo, tratada pela lei como um bem econômico.[10]

Apesar disso, não se desconhece que a valorização dos direitos da personalidade do criador sobre sua criação não foi imediata, mas consequência de um longo período de maturação da ideia de valorização do homem, no caso, do artista, autor e criador da obra intelectual.

Dados históricos apontam ser a jurisprudência francesa o berço dos direitos morais de autor, cujo reconhecimento veio a compatibilizar a finalidade protetiva da lei com o caráter patrimonial que a obra poderia render pelo seu aproveitamento econômico.[11] Desponta-se, assim, com o ato da criação, a consciência sobre os direitos da personalidade do autor e o seu vínculo com a obra.

Registre-se que a importância de se observar esses direitos encontra previsão no art. 6º *bis* da Convenção de Berna, que consagra o direito moral do autor ao proclamar o direito "de reivindicar a paternidade da obra e de se opor a toda deformação, mutilação ou a qualquer dano à mesma obra, prejudiciais à sua honra ou à sua reputação".[12]

---

9. SOUZA, Rabindranath Valentino Aleixo Capelo de. *O direito geral de personalidade*, 1995, p.241.
10. CHAVES, Antônio. *Criador da obra intelectual*, 1995, p.16.
11. ASCENSÃO, José de Oliveira. *Direito autoral*, 1997, p.4-5.
12. BRASIL. Decreto n. 75.699, de 6 de maio de 1975.

Em nosso país, a lei promulgada em 1827,[13] que trata da fundação de cursos jurídicos, destacou a proteção desses direitos,[14] proclamando o privilégio do autor sobre a obra. Ainda que a cronologia das leis que regulam essa matéria escape ao objetivo deste estudo,[15] vale ressaltar que a Lei n. 496, de 1º de agosto de 1898 – legislação específica que disciplinou os direitos autorais –, consagrou em seu texto uma proteção que ultrapassava o caráter meramente patrimonial da obra, conforme observa Silmara Chinellato, ao pontuar que "embora a Lei n. 496, de 1898, não tenha utilizado a expressão 'direitos morais,' não deixou de considerá-los em vários artigos, a demonstrar que o legislador tinha a noção da diferença entre eles e os direitos patrimoniais".[16]

Já a Lei n. 5.988, de 14 de dezembro de 1973, abordou em capítulo específico, nos arts. 25 a 28, os direitos morais de autor. Em rol exemplificativo, o art. 25 dessa Lei de 1973 foi reproduzido na legislação vigente que rege a matéria, a Lei n. 9.610, de 19 de fevereiro de 1998, também conhecida como Lei de Direito Autoral.

Nesse caminho, a Lei n. 9.610/98 contempla, em seu art. 24, alguns dos principais direitos morais de autor, cuja natureza de direitos da personalidade impede a formulação de um rol taxativo, encontrando-se dispersos inclusive no decorrer do texto legal, como observa Silmara Chinellato ao referir-se ao "direito de sequência (art. 38), direito de corrigir edições sucessivas (art. 66), direito de dar à obra versão definitiva (art. 35), direito de se opor a espetáculo mal ensaiado e respectiva fiscalização (art. 70)".[17]

Consoante acentua Adriano de Cupis: "são vários os poderes compreendidos no direito moral de autor, mas todos eles podem ser considerados no aspecto geral da tutela da paternidade intelectual".[18]

A paternidade da obra se expressa principalmente no direito de reivindicar a autoria e de ter o seu nome, pseudônimo ou sinal convencional anun-

---

13. "Art. 7º Os Lentes farão a escolha dos compendios da sua profissão, ou os arranjarão, não existindo já feitos, com tanto que as doutrinas estejam de accôrdo com o systema jurado pela nação. Estes compendios, depois de approvados pela Congregação, servirão interinamente; submettendo-se porém á approvação da Assembléa Geral, e o Governo os fará imprimir e fornecer ás escolas, competindo aos seus autores o privilégio exclusivo da obra, por dez anos" [*sic*]. (BRASIL. Lei de 11 de agosto de 1827.)
14. Sobre o assunto, ver também a proteção nas esferas constitucional e penal, bem como decretos protetivos promulgados à época.
15. O Código Civil de 1916 disciplinou a matéria nos arts. 649 a 673, como direito de "propriedade literária, artística e científica"; e tratou dos contratos nos arts. 1.346 a 1.358.
16. CHINELLATO, Silmara Juny de Abreu. Direito de autor e direitos da personalidade: reflexões à luz do Código Civil, 2008, p.57-8.
17. Ibid., p.165.
18. DE CUPIS, Adriano. *Os direitos da personalidade*, 2004, p.336.

ciado como autor da obra (incisos I e II do art. 24 da Lei n. 9.610/98). Além disso, o dispositivo legal menciona o direito de conservar a obra inédita, de modificá-la, de suspender sua utilização, de assegurar a sua integridade, de ter o nome vinculado à obra e de ter acesso a exemplar único.

Dentre todos esses direitos, interessa-nos, no momento, o desafio de manter e assegurar a integridade das obras, tarefa difícil, em tempos de compartilhamento e de diversas inserções tecnológicas por meio de mecanismos que possibilitam condutas fraudulentas.

A relevância da proteção à integridade da obra

A evolução jurisprudencial no tocante à valorização da pessoa do autor como a autoridade máxima da obra criada, assim entendida como aquela a quem toda utilização, reprodução, veiculação e projeção devem ser submetidas e autorizadas, tem sido crescente em nossos tribunais; por assim dizer, o entendimento sobre a necessidade da proteção do criador contra utilizações indevidas já está pacificado.

Em recente acórdão, o Superior Tribunal de Justiça, ao julgar ação de indenização proposta contra a Empresa Brasileira de Correios e Telégrafos (EBCT), prestigiou os direitos morais de autor, salientando a posição máxima do criador em relação à obra e destacando ainda a necessidade de se respeitar esse vínculo. A ação foi proposta por uma artista plástica que teve sua obra artística fotografada pela EBCT e comercializada em selos, sem a devida e expressa autorização. Em seu voto, o Relator Ministro Humberto Martins ressaltou a importância dos direitos morais de autor diante da sua natureza de direitos da personalidade. Confira-se:

> [...] A expressão artística é um direito individual, de modo que a reprodução da obra deve ser autorizada prévia e expressamente pelo autor ou titular do direito. Basta a reprodução total ou parcial da criação intelectual para que seja violado o direito autoral, sendo irrelevantes a quantidade (se um exemplar ou vários) e a finalidade (comercial ou não). 4. O direito do autor é híbrido e, portanto, composto de direitos morais (cuja natureza jurídica é a de direitos da personalidade) e patrimoniais. Logo, "enquanto direitos morais são inalienáveis, incessíveis, imprescritíveis, impenhoráveis, intransmissíveis; os direitos patrimoniais, ao contrário, alienáveis, cessíveis, prescritíveis, penhoráveis, transmissíveis" (CHINELLATO, Silmara Juny de Abreu. "Requisitos fundamentais para a proteção autoral de obras literárias, artísticas e científicas. Peculiaridades da obra de artes plásticas. Direito da arte". Gladston Mamede; Marcílio Toscano Franca Filho; Otavio Luiz Rodrigues Junior (orgs.). São Paulo, Atlas, 2015, p.307-8).

5. Os direitos do autor pertencem exclusivamente a este, ao qual cabe utilizar, fruir e dispor da obra literária, artística ou científica.[19]

O prestígio aos direitos morais de autor também pode ser constatado no acórdão proferido em ação indenizatória pela utilização indevida de obra fotográfica, protegida pelo inciso VII do art. 7º da Lei n. 9.610/98, que foi divulgada em um *site* da internet, sendo utilizada para "propagandeamento". Em seu voto, o Relator Desembargador Mendes Pereira do Tribunal de Justiça de São Paulo salientou que o fato de estar exposta a fotografia em uma pesquisa em banco de dados na internet não significa que a obra esteja desprotegida ou em domínio público. Assim, nos termos do inciso VI do art. 24 da Lei n. 9.610/98, manteve a sentença que determinou a retirada da obra de circulação do *site* indevido.[20]

A preservação da obra sob os domínios do seu criador confere fidedignidade à produção cultural, sendo de fundamental importância para a sociedade em que é veiculada. Como observa Carlos A. Villalba e Delia Lipszyc: "*Interesa no sólo al autor – quien tiene derecho a que su pensamiento no sea modificado o desnaturalizado – sino también a la comunidad, porque el público tiene derecho a conocer expresiones, creativas genuinas, no bastardeadas*".[21]

Ressalta-se que, permanece a necessidade de proteção das obras, ainda que em domínio público, conferindo-se ao Estado o dever de zelar por sua preservação, em expressa disposição legal (§ 2º do art. 24 da Lei n. 9.610/98).[22] Assim, o Ministério Público e a Defensoria Pública, por exemplo, podem valer-se de ação civil pública para tal fim.[23]

Em relação aos direitos sucessórios, em caso de morte do autor, compete aos seus sucessores a defesa dos direitos de paternidade, de conservar a obra inédita, de assegurar a sua integridade e de retirar ou suspender sua circulação em caso de violações (§ 1º do art. 24 da Lei n. 9.610/98).

José Carlos Costa Netto, respeitado autoralista e desembargador do Tribunal de Justiça de São Paulo, ao discorrer sobre os direitos sucessórios e a

---

19. STJ, REsp n. 1.422.699/SP, 2ª T., rel. Min. Humberto Martins. j. 01.09.2015.
20. TJSP, Ap. n. 3003470-81.2007.8.26.0506/SP, 7ª Câm. de Dir. Priv., rel. Des. Mendes Pereira, j. 14.03.2012.
21. LIPSZYC, Delia; VILLALBA, Carlos A. *El derecho de autor en Argentina*, 2001, p.89-90.
22. "§ 2º Compete ao Estado a defesa da integridade e autoria da obra caída em domínio público" (BRASIL. Lei n. 9.610, de 19 de fevereiro de 1998, op. cit.).
23. "Art. 1º Regem-se pelas disposições desta Lei, sem prejuízo da ação popular, as ações de responsabilidade por danos morais e patrimoniais causados [...] III – a bens e direitos de valor artístico, estético, histórico, turístico e paisagístico" (BRASIL. Lei n. 7.347, de 24 de julho de 1985).

proteção das obras em domínio público, observa que a lei "objetiva dar efetividade à condição de perpetuidade e imprescritibilidade dos direitos morais de autor, no que concerne à tutela da integridade da obra intelectual".[24]

Um importante limite à utilização da obra se revela a proteção a sua integridade. Essa vertente impõe a utilização da obra como um todo, sem qualquer alteração, adaptação ou qualquer outro ato que importe em sua desnaturação e - por que não dizer? - na despersonalização da criação, sem autorização prévia ou interferência do autor.

Prestigiando-se o objetivo protetivo da Lei n. 9.610/98, há que se concluir que as modificações de uma obra sem autorização de seu autor acarretam violação de direitos autorais. A proteção à integridade vale por si. Prestigia a finalidade da lei, valorizando o autor e a sua criação, tal como concebida e idealizada por ele, não permitindo alterações sem o seu consentimento.[25]

Seguindo essa interpretação legal, o Tribunal de Justiça do Rio Grande do Sul elevou o valor da reparação dos danos morais devidos ao autor, por violação de seu direito moral, decorrentes da fragmentação de músicas veiculadas em toques de telefones celulares (*ringtones*) e da nova forma de utilização da obra sem prévio consentimento. Em sua fundamentação, a Relatora Desembargadora Elaine Maria Canto da Fonseca concluiu:

> houve sim, ofensa à integridade da obra musical intitulada "De tempo em tempo", porquanto esta foi fracionada e teve sua melodia modificada. Outrossim, não há nos autos prova acerca da anuência ou qualquer conduta permissiva do autor, para o uso da canção formatada como *ringtone* [...].[26]

No mesmo caminho, repudiando alterações em obras de arte, o Tribunal de Justiça de São Paulo condenou determinada editora a indenizar autor de obra de grafitismo (artista mural), por tê-la manipulado digitalmente, alterando toda a criação original. Na parte que interessa, dispôs o acórdão:

---

24. COSTA NETTO, José Carlos. *Direito autoral no Brasil*, 2008, p.139.
25. Essa regra prevalece sobre a exceção prevista no art. 46 da Lei de Direito Autoral, uma vez que a modificação da obra, sem consentimento do autor, sempre acarreta prejuízos de ordem moral. "Art. 46. Não constitui ofensa aos direitos autorais: [...] VIII - a reprodução, em quaisquer obras, de pequenos trechos de obras preexistentes, de qualquer natureza, ou de obra integral, quando de artes plásticas, sempre que a reprodução em si não seja o objetivo principal da obra nova e que não prejudique a exploração normal da obra reproduzida nem cause um prejuízo injustificado aos legítimos interesses dos autores" (BRASIL. Lei n. 9.610, de 19 de fevereiro de 1998, op. cit.).
26. TJRS, Ap. Cível n. 70.043.049.808, 18ª Câm. Cível, rel. Des. Elaine Maria Canto da Fonseca, j. 30.10.2014.

> Destarte, muito embora constitua direito personalíssimo do autor a seu exclusivo alvitre a manutenção da incolumidade da obra ou, ao revés, sua superveniente modificação, tem-se que, *in casu*, não se limitou a ré a reproduzir a imagem no bojo da revista. Fê-lo após ter introduzido, presumivelmente mediante manipulação digital da imagem, ao menos três modificações em diferentes pontos da pintura, descaracterizando e deformando a criação tal qual elaborada pelo demandante. Tais alterações acham-se bem identificadas pelas fotografias de fls. 26/29 e são apreensíveis mesmo a olho nu. Se compete ao autor e apenas a ele modificar a criação quando lhe aprouver e, bem, vetar alterações com as quais não consinta, é certo que as modificações operadas pela apelante sobre a imagem da obra – e nem ela nega – se traduzem em ato ilícito que deu azo a prejuízo em desfavor do autor, configurando-se *in re ipsa*.[27]

Outro exemplo vem do Tribunal de Justiça do Rio Grande do Sul, que condenou determinada empresa a indenizar o autor de obra musical que, por ocasião da sua utilização em *site* de internet, teria sido "despersonalizada" da obra original em flagrante violação ao direito moral de autor. A respeito desse tema, observou o Desembargador:

> [...] assiste razão ao autor ao frisar que o trecho que fora disponibilizado pela ré na internet é uma sequência ininteligível de notas musicais em piano, sem qualquer consonância com nenhum dos trechos da obra original e, pior, sem que tenha seu autor autorizado qualquer modificação nesse sentido.[28]

Os recentes precedentes demonstram a importante contribuição dos tribunais ao aplicarem e interpretarem a Lei de Direito Autoral, em consonância com o seu caráter protetivo, colocando o autor, criador da obra intelectual, no cerne das relações que dela possam emanar. O reconhecimento do autor como a autoridade máxima sobre a obra criada é condição primordial para o desenvolvimento da efetiva tutela autoral visando à inibição de práticas violadoras.

Assegurar a integridade da obra tal como idealizada e expressada pelo seu mentor tem sido uma tarefa difícil em decorrência dos variados mecanismos tecnológicos para propagação das informações. Entretanto, a jurisprudência tem contribuído de forma primorosa para a constatação e a repressão dessas práticas.

---

27. TJSP, Ap. Cível n. 0139084-90.2012.8.26.0100, 6ª Câm. de Dir. Priv., rel. Des. Vito Guglielmi, j. 17.03.2016.
28. TJRS, Ap. Cível n. 70.041.595.612, 20ª Câm. de Dir. Priv., rel. Des. Rubem Duarte, j. 03.02.2012.

Considerações finais

Em uma época de sociedades virtuais e em rede, que dispõem de diversos mecanismos para a troca de informações, textos, imagens, sons, entre outros, não se desconhece o impacto do desenvolvimento tecnológico sobre as obras e as produções artísticas, que ficam à mercê das mais variadas violações, alimentando um círculo vicioso de utilizações ilegais. As transgressões perpetradas contra a integridade de obras, com o intuito de disseminá-las de diferentes maneiras, têm sido cada vez mais constantes nos dias atuais. Desestimular práticas ofensivas e violadoras dos direitos autorais é um ofício árduo.

Pela análise dos atuais precedentes, constata-se que a ilicitude das condutas reside na violação do dever de respeito ao vínculo que liga o autor à sua obra. A tarefa do Judiciário em posicionar a sociedade diante desse dever de observância e de respeito aos direitos da personalidade do autor, direitos morais, contribui para a preservação da produção intelectual original.

A valorização dos objetivos da Lei de Direito Autoral, quer seja pela sua aplicação em interpretação protetiva em prol do criador da obra,[29] quer seja pela imposição de condenações em valores cada vez mais expressivos visando a prevenir reincidências violadoras, tem sido prestigiada na jurisprudência.

Apesar de as violações deflagradas por meios tecnológicos desafiarem constante vigília, necessitando de tutela preventiva e repressiva a impor limites às condutas lesivas, o elemento fundamental para viabilizar essa tutela é a conscientização de que sem o autor, ou melhor, sem a sua valorização, sacrifica-se a produção intelectual, empobrecendo o relevante papel social a ele confiado, ao desempenhar o ofício da criação.

Por fim, sintetizando o breve estudo aqui proposto, longe de esgotá-lo, mas firme na tese da valorização da pessoa do autor e da projeção de sua personalidade sobre a obra criada, evoca-se o pensamento de Victor Hugo,[30] reconhecido escritor que, com maestria, proclama o significado dos direitos morais de autor ao dizer que "todo grande artista amolda a arte à sua personalidade".

Referências

AMARAL, Francisco. *Direito civil*. 7.ed. Rio de Janeiro, Renovar, 2008.

ASCENSÃO, José de Oliveira. *Direito autoral*. 2.ed. Rio de Janeiro, Renovar, 1997.

29. HOTOTIAN, Andrea. *Tutela autoral da obra jornalística gráfica*, 2011, p.98.
30. Victor Hugo foi criador e presidente honorário da Association Littéraire et Artistique Internationale (Alai), criada em 1878, em Paris, França.

BITTAR, Eduardo C. B. "Direito do consumidor e direitos da personalidade: limites, intersecções, relações". *Revista de Informação Legislativa*, Brasília, ano 36, n.143, jul-set/1999, p.63-9.

BOBBIO, Norberto. *A era dos direitos*. 9.ed. Rio de Janeiro, Elsevier, 2004.

BRASIL. Lei de 11 de agosto de 1827. Crêa dous Cursos de sciencias Juridicas e Sociaes, um na cidade de S. Paulo e outro na de Olinda [*sic*]. Disponível em: http://www.planalto.gov.br/ccivil_03/leis/lim/LIM.-11-08-1827.htm?. Acesso em: 27.10.2016.

______. Decreto n. 75.699, de 6 de maio de 1975. Promulga a Convenção de Berna para a Proteção das Obras Literárias e Artísticas, de 9 de setembro de 1886, revista em Paris, a 24 de julho de 1971. Disponível em: www.planalto.gov.br/ccivil_03/decreto/1970-1979/d75699.htm. Acesso em: 27.10.2016.

______. Lei n. 7.347, de 24 de julho de 1985. Disciplina a ação civil pública de responsabilidade por danos causados ao meio-ambiente, ao consumidor, a bens e direitos de valor artístico, estético, histórico, turístico e paisagístico (*vetado*) e dá outras providências. Disponível em: www.planalto.gov.br/ccivil_03/LEIS/L7347Compilada.htm. Acesso em: 27.10.2016.

______. Lei n. 9.610, de 19 de fevereiro de 1998. Altera, atualiza e consolida a legislação sobre direitos autorais e dá outras providências. Disponível em: www.planalto.gov.br/ccivil_03/leis/L9610.htm. Acesso em: 27.10.2016.

______. Tribunal de Justiça do Estado do Rio Grande do Sul, Rio Grande do Sul, Ap. Cível n. 70.041.595.612, 20ª Câm. de Dir. Priv., rel. Des. Rubem Duarte, j. 03.02.2012.

______. Tribunal de Justiça do Estado de São Paulo, São Paulo, Ap. n. 3003470-81.2007.8.26.0506, 7ª Câm. de Dir. Priv., rel. Des. Mendes Pereira, j. 14.03.2012.

______. Tribunal de Justiça do Estado do Rio Grande do Sul, Porto Alegre, Ap. Cível n. 70.043.049.808, 18ª Câm. Cível, rel. Des. Elaine Maria Canto da Fonseca, j. 30.10.2014.

______. Superior Tribunal de Justiça, Brasília, REsp n. 1.422.699/SP, 2ª T., rel. Min. Humberto Martins. j. 01.09.2015.

______. Tribunal de Justiça do Estado de São Paulo, São Paulo, Ap. Cível n. 0139084-90.2012.8.26.0100, 6ª Câm. de Dir. Priv., rel. Des. Vito Guglielmi, j. 17.03.2016.

CANOTILHO, José Joaquim Gomes. *Estudos sobre direitos fundamentais*. São Paulo, RT, 2008.

CHAVES, Antônio. *Criador da obra intelectual*. São Paulo, LTr, 1995.

CHINELLATO, Silmara Juny de Abreu. Direito de autor e direitos da personalidade: reflexões à luz do Código Civil. São Paulo, 2008. Tese (Professor Titular de Direito Civil). Faculdade de Direito, Universidade de São Paulo.

COSTA NETTO, José Carlos. *Direito autoral no Brasil*. 2.ed. São Paulo, FTD, 2008.

DE CUPIS, Adriano. *Os direitos da personalidade*. Campinas, Romana Jurídica, 2004.

FRANÇA, Rubens Limongi. "Direitos da personalidade - Coordenadas fundamentais". *Revista do Advogado*, São Paulo, n.38, dez/1992, p.5-13.

HOTOTIAN, Andrea. Tutela autoral da obra jornalística gráfica. São Paulo, 2011. Dissertação (Mestrado em Direito). Faculdade de Direito, Universidade de São Paulo.

LIPSZYC, Delia; VILLALBA, Carlos A. *El derecho de autor en Argentina*. Buenos Aires, La Ley, 2001.

SOUZA, Rabindranath Valentino Aleixo Capelo de. *O direito geral de personalidade*. Coimbra, Coimbra, 1995.

CAPÍTULO 17

Critérios para reparação de danos decorrentes da violação de direitos morais de autor

José Carlos Costa Netto

O direito autoral de personalidade a que antes se chamou de direito moral de autor, ou direito pessoal de autor, somente tarde se isolou do conglomerado de direitos que se via como se fosse um só direito [...] O que se tutela, no direito autoral de personalidade, é a identificação pessoal da obra, a sua autenticidade, a sua autoria.
Pontes de Miranda[1]

[...] por que se alterar, fracionar uma obra de arte sem a autorização do seu autor? Como se fracionar um livro de Vitor Hugo, de Cervantes? Uma tela de Goya? [...] vale a pena este Tribunal da Cidadania começar a refletir sobre a obra humana, como uma criação inteira e protegida pelo direito autoral, que não pode seguir o mesmo destino de uma duplicata endossada inúmeras vezes.
Paulo Dias de Moura Ribeiro[2]

---

1. PONTES DE MIRANDA, Francisco Cavalcanti. *Tratado de direito privado. Parte especial*, 1974, p.142-3.
2. Trecho de acórdão recente: STJ, REsp n. 1.558.663/SP, rel. Min. Paulo Dias de Moura Ribeiro, j. 15.09.2016.

Natureza jurídica do direito de autor: a teoria dualista

Elencados como um dos ramos dos direitos da personalidade, os direitos morais de autor[3] são inerentes à criação intelectual que: (a) permanece ligada à esfera da personalidade do autor e (b) é representativa de sua personalidade.[4]

Nos termos que tive oportunidade de consignar na obra *Direito autoral no Brasil*,[5] a maioria dos juristas que já se debruçaram sobre o tema procurou trazer ao *direito de autor* uma noção especial: seria um ramo do direito de natureza híbrida.

A peculiaridade seria decorrente, basicamente, da fusão - *em seus elementos constitutivos essenciais* - de características pessoais com patrimoniais.

Se, por exemplo, o direito à intimidade, à liberdade de expressão, à vida, à educação não contém vínculo de ordem patrimonial, o mesmo não ocorre em relação à criação intelectual: juntamente ao direito moral de autor (*que é um dos ramos dos direitos da personalidade*) nasce um bem (*a obra intelectual*) que entra para o campo da propriedade exclusiva do seu autor.

Nesse contexto, da necessidade dos doutrinadores de melhor conceituar a natureza jurídica do direito de autor (*ou autoral*), foi apresentada na França, em 1950, pelo jurista francês Henri Desbois, a *teoria dualista*. A pertinência da concepção dualista como uma *verdadeira evolução* de todas as teorias é defendida, a exemplo da maioria dos autoralistas, por Henry Jessen, concluindo que esta conciliaria as teses anteriores, pois veria na proteção à criação intelectual um instituto autônomo que enfeixa dois direitos diversos, interdependentes, porém distintos um do outro: o patrimonial, transferível, e o pessoal, insub-rogável.[6]

A legislação brasileira em vigor (Lei n. 9.610, de 1998), a exemplo da Lei n. 5.988/73, embora não defina especificamente o termo "direitos de autor", ado-

---

3. Adotamos neste estudo a denominação legal brasileira (art. 24, *caput*, da Lei n. 9.610/98). Adriano de Cupis relaciona os direitos morais de autor como modalidade dos direitos da personalidade (DE CUPIS, Adriano. *Os direitos de personalidade*, 1961, p.53) e Rubens Limongi França, ao apresentar sua "tríplice divisão atinente à natureza dominante" dos direitos da personalidade (*1. Direito à integridade física, 2. Direito à integridade intelectual, 3. Direito à integridade moral*), enquadra os direitos morais de autor no rol dos "Direitos à Integridade Intelectual" (FRANÇA, Rubens Limongi. "Direitos da personalidade - Coordenadas fundamentais". *Revista dos Tribunais*, 1983, p.9-16).
4. Cf. Silmara Juny de Abreu Chinellato citando Piola Caselli (CHINELLATO, Silmara Juny de Abreu. *Direito de autor e direitos da personalidade. Reflexões à luz do Código Civil*, 2008, p.90).
5. COSTA NETTO, José Carlos. *Direito autoral no Brasil*, 2008, p.74 e segs.
6. JESSEN, Henry Francis. *Direitos intelectuais*, 1967, p.27.

tou, conforme pode se avaliar tendo em vista o seu conjunto de sua orientação normativa, a concepção dualista, ou seja, nos direitos de autor coexistem, distintamente (*embora interdependentes*), direitos morais e direitos patrimoniais, prevalecendo o primeiro sobre o segundo, em virtude de aquele "estar relacionado à defesa dos interesses espirituais do criador (intelectual)".[7]

A prevalência dos direitos morais de autor aos patrimoniais

Na esteira da orientação de Desbois, já destacado, encontra-se pacificado na doutrina que, no confronto entre os direitos morais de autor e os patrimoniais, prevalecem os primeiros.

Nesse sentido, a lição de Silmara Chinellato de que "embora se reconheça a hibridez do direito de autor, parece-nos que a ênfase é dos direitos morais, direitos da personalidade".[8]

Nesse caminho, também se filia a jurisprudência, por exemplo, a lúcida orientação do Ministro João Otávio de Noronha do STJ:

> Nessa linha de raciocínio, deve-se distinguir os direitos extrapatrimoniais (considerados pela lei "morais") para, reconhecendo significativa amplitude em relação aos patrimoniais, impor obediência a atributos de direitos pessoais e imanentes decorrentes de perene liame entre o autor e sua criação – aqui presentes os princípios de identificação e vinculação do nome do autor à obra intelectual e de proteção a ela –, constituindo-se, portanto, numa espécie de direitos personalíssimos protegidos pela Constituição Federal, por isso inalienáveis e irrenunciáveis, além de imprescritíveis.[9]

Apesar de algumas contradições que o texto legal brasileiro encerra, a adoção do princípio da impossibilidade de transferência ou renúncia dos direitos morais de autor (art. 27) indica, textualmente, essa sua predominância às relações negociais ou econômicas que envolvem a utilização da obra intelectual, chegando, o nosso direito positivo, mesmo a proibir a cessão de direitos autorais (em alguns casos) – aqui se entenda como direitos autorais de natureza patrimonial – e a estabelecer, influenciado pelo regime legal francês de 1957, em seu art. 39: "O autor, que alienar obra de arte ou manuscrito, sendo originais os direitos patrimoniais sobre a obra intelectual, tem direito

---

7. DESBOIS, Henry. *Le droit d'auteur en France*, 1966, p.239.
8. CHINELLATO, Silmara Juny de Abreu, op. cit., p.95.
9. Trecho da declaração de voto vencedor: STJ, REsp n. 1.558.683/SP, 3ª T., rel. Min. João Otávio de Noronha, j. 15.09.2016.

irrenunciável e inalienável a participar na mais-valia que a eles advierem, em benefício do vendedor, quando novamente alienados".

Esse dispositivo da lei autoral brasileira de 1973, reeditado, com alteração pelo art. 38 da Lei n. 9.610, de 1998, que estabelece o *direito de sequência* no campo das obras de arte ou manuscritos originais, consiste em condição inalienável e irrenunciável (*que é característica própria ao direito moral*) de participação econômica do autor em relação à valorização pecuniária (*que é característica própria do direito patrimonial*) de sua obra.

Portanto, é inequívoco, no conceito híbrido da comentada *existência paralela* de direitos pessoais e econômicos no campo dos direitos de autor, que, em algumas condições de encontro (às vezes contendo interesses conflitantes) entre essas duas vertentes, os direitos morais de autor (*na essencialidade própria aos direitos da personalidade*) deverão, em muitos casos, condicionar o exercício, por terceiros, de direitos patrimoniais de autor, mesmo nas transferências (*concessões ou cessões*) regulares.

Classificação dos direitos morais de autor: tratamento legal vigente e precedentes jurisprudenciais

Ainda, como já expus em *Direito autoral no Brasil*, em decorrência de sua natureza, portanto, o direito moral de autor é perpétuo, inalienável e imprescritível.[10] Nossa legislação acrescenta, ainda, a característica da irrenunciabilidade,[11] catalogando os direitos morais de autor, de acordo com os paradigmas internacionais, como os atributos do autor de:[12]

(a) Incisos de I a IV:

I - o de reivindicar, a qualquer tempo, a paternidade da obra;

10. Cf. CHAVES, Antonio. "O direito moral de autor na legislação brasileira". *Il Diritto di autore*, 1979, p.74.

11. Art. 27 da Lei n. 9.610/98, que reproduziu textualmente o art. 28 da Lei n. 5.988, de 14.12.1973. Além desse dispositivo, tratando-se o direito moral de autor de direito da personalidade, aplica-se, também, o art. 11 do Código Civil de 2002, em vigor, que estabelece: "Com exceção dos casos previstos em lei, os direitos da personalidade são intransmissíveis e irrenunciáveis, não podendo o seu exercício sofrer limitação voluntária".

12. A lei vigente de direitos autorais (Lei n. 9.610/98) reproduz, em seu art. 24, I a VII, o que já constava no art. 25, I a VI, da Lei n. 5.988/73, com dois acréscimos: a ressalva da condição em que o autor poderá retirar de circulação ou suspender a utilização de sua obra: apenas "quando a circulação ou utilização implicarem afronta à sua reputação ou imagem" (inciso VI) e o inciso VII, importante conquista que se soma às prerrogativas do autor de obra intelectual.

II - o de ter seu nome, pseudônimo ou sinal convencional indicado ou anunciado como sendo o do autor, na utilização de sua obra;[13]

III - o de conservar a obra inédita;[14]

IV - o de assegurar a "integridade" da obra, opondo-se a quaisquer modificações, ou à prática de atos que, de qualquer forma, possam prejudicá-la, ou atingi-lo, como autor, em sua reputação ou honra;[15]

No concernente ao direito moral de autor de assegurar a integridade da obra, observa, com inegável pertinência, Carlos Fernando Mathias de Souza, a sua preservação - *ao lado do direito de paternidade* - no que tange a programa de computador pela Lei n. 9.609, de 19.02.1998, e a criticável omissão, em relação a essa obra, da previsão naquele diploma legal em relação aos demais direitos morais de autor elencados nos incisos II, III e V a VII da Lei n. 9.610, da mesma data. Complementa, em lúcida crítica, o festejado jurista que o direito de autor de programa de computador de opor-se a alterações não autorizadas, na preservação da integridade da obra, foi tratado na Lei n. 9.609/98 (art. 2º, § 1º) de forma mitigada em razão de o exercício de seu direito estar condicionado à "deformação, mutilação ou outra modificação do programa, que acarretem prejuízo para sua honra ou reputação".[16]

---

13. Apesar de não haver previsões específicas a respeito dos direitos morais de autor no Código Civil de 1916, o Supremo Tribunal Federal, já em 1950, ou seja, 23 anos antes da Lei n. 5.988, de 1973, que incorporou a matéria ao direito positivo brasileiro, decidia: "Composição musical. De dizer a lei que o compositor pode autorizar a reprodução do seu trabalho, sem autorização do autor do texto poético, não se segue que ao segundo se suprima também o direito de ter mencionado o seu nome" (RE n. 17.378/DF, 1ª T., rel. Min. Luis Gallotti, j. 14.08.1950, v.u.).
14. O direito moral de autor de conservação do ineditismo da obra intelectual mereceu reconhecimento jurisprudencial importante pelo STJ, com a seguinte ementa: "Direito autoral. Dano moral. Ineditismo. Honorários. Nos termos do art. 25, III, da Lei n. 5.988/73, o autor de obra intelectual tem o direito de conservá-la inédita, e a ofensa a esse direito leva à indenização do dano moral sofrido. Recurso do autor conhecido e provido parcialmente, para deferir a indenização pelo dano moral. Recurso do réu julgado prejudicado" (STJ, REsp n. 327.000/RJ, 4ª T., rel. Min. Ruy Rosado de Aguiar, j. 26.02.2002, *DJ* 04.08.2003, p.306).
15. Na proteção à integridade da obra, especificamente "à prática de atos que, de qualquer forma, possam prejudicá-la ou atingi-lo como autor, em sua reputação" relevante, embora relativa ao "revisor" e não, diretamente, ao autor da obra, a decisão do Tribunal de Justiça de São Paulo: "Dano moral. Alegado o abalo na credibilidade profissional de revisor de obra literária. Livro publicado com vários erros. Demonstrada a publicação de texto com a revisão inacabada e com erros de digitação. Constrangimento evidente para o revisor. Indenização devida, apenas reduzido o valor da mesma. Recurso parcialmente provido" (TJSP, Ap. Cível n. 517.964-4/SP, 2ª Câm. de Dir. Priv., rel. Des. Boris Kauffmann, j. 06.11.2007, v.u.).
16. SOUZA, Carlos Fernando Mathias de. *Direito autoral* - Legislação básica, 1998, p.62.

(b) Inciso V:
"V - o de modificar a obra, antes ou depois de utilizada;"[17]

(c) Incisos VI e VII:
VI - o de retirar de circulação a obra ou suspender qualquer forma de utilização já autorizada, quando a circulação ou utilização implicarem afronta à sua reputação e imagem;
VII - o de ter acesso a exemplar único e raro da obra, quando se encontre legitimamente em poder de outrem, para o fim de, por meio de processo fotográfico ou assemelhado, ou audiovisual, preservar sua memória, de forma que cause o menor inconveniente possível a seu detentor, que, em todo o caso, será indenizado de qualquer dano ou prejuízo que lhe seja causado.

Possivelmente, no contexto dessas regras tutelares dos direitos morais de autor, uma das questões mais importantes seja reprimir o uso depreciativo da obra intelectual, em todas as nuances que possa resultar. A respeito da decisão do Superior Tribunal de Justiça que condenou uma galeria de arte a indenizar artista plástico pela realização de exposição de suas obras "em detrimento do respeito ao seu autor":

> Embora não se possa negar ao adquirente de uma obra de arte, especialmente em se tratando de galeria de arte, o direito de expô-la, não se pode deixar sem proteção outros direitos decorrentes da produção artística ou intelectual, tais como o da titularidade da autoria e o da intangibilidade da obra. A teleologia da Lei n. 5.988/73, ao garantir a integridade da obra artística ou intelectual, veda a utilização desta em detrimento do respeito ao seu autor, ensejando reparação do dano causado.[18]

---

17. O direito moral do autor de "modificar a obra, antes ou depois de utilizada", ainda no regime da Lei n. 5.988, de 14.12.1973, foi reconhecido pelo Supremo Tribunal Federal em 1984, em decisão conjunta com violação do direito moral de indicação do nome do autor na utilização de sua obra (neste caso, fotográfica). Nesse sentido, a ementa: "Direito autoral. Fotografia. Modificação da obra e omissão do nome do autor, nos termos do art. 126 da Lei n. 5.988, de 1973, o autor tem direito a ser indenizado por danos morais e a ver divulgada sua identidade, independentemente da prova tópica de haver sofrido prejuízo econômico, hipótese de não conhecimento do recurso da agência de publicidade, e de provimento do recurso do autor" (STJ, RE n. 99.501/SP, 2ª T., rel. Min. Francisco Rezek, j. 28.02.1984, *RTJ* 109/744).
18. Ementa do acórdão: REsp n. 7.550/SP, 4ª T., rel. Min. Sálvio de Figueiredo Teixeira, j. 29.10.1991, v.u.

Regras gerais reparatórias de danos autorais: aspectos morais e patrimoniais

O duplo caráter indenizatório das violações

Assimilação no âmbito reparatório das teorias da pena civil, dos danos punitivos, do valor do desestímulo e do enriquecimento ilícito

Examinando a lei autoral brasileira, mesmo ainda a anteriormente vigente (5.988/73), já indicava o renomado jurista português José de Oliveira Ascensão a assimilação do sistema de penas civis pelo nosso direito positivo. Segundo a lição de Ascensão, "As penas não são unicamente criminais. Há penas disciplinares; e há também penas civis. A finalidade é sempre reagir contra uma infração, impondo ao transgressor um castigo que contém implícita uma reprovação". Exemplifica: "É o que acontece na indignidade sucessória; a sanção tem o caráter de pena. Não pretende reparar, compelir, prevenir ou obter qualquer finalidade de outra categoria de sanções, mas simplesmente punir". E prossegue:

> Também aqui há uma pena civil (refere-se à sanção estabelecida nos arts. 122 a 126 da Lei n. 5.988/73). A lei, na preocupação protecionista do autor, quer castigar de maneira exemplar quem violar o direito daquele: por isso institui penas. Mas as penas não correspondem a uma reparação devida à comunidade; são penas civis. O beneficiário delas, como, aliás, acontece também na hipótese da indignidade sucessória, é um particular: é o autor, que terá sem contrapartida direito à edição ou ao preço desta.[19]

Referindo-se à influência do Direito estadunidense, Carlos Fernando Mathias de Souza explica que

> por *punitive damage* (*ao pé da letra, indenizações punitivas*) diz-se a indenização por dano, em que é fixado valor com o objetivo a um só tempo de desestimular o autor à prática de outros idênticos danos e a servir de exemplo para que as demais pessoas também assim se conduzam [...] ainda que não muito farta a doutrina brasileira no particular, tem ela designado as "*punitive damages*" como a "*teoria do valor do desestímulo*", posto que, repita-se em outras pa-

19. ASCENSÃO, José de Oliveira. *Direito autoral*, 1997, p.549-50. Antonio Jeová Santos, examinando o tema sob a ótica do dano moral, discorda dessa denominação: "O grande erro desse entendimento é considerá-lo como pena civil. Não o é. No sistema que já vem sendo adotado no Brasil, parte integrante da quantia da indenização servirá como alerta ao ofensor e terá caráter pedagógico, para que não mais incorra no mesmo erro" (SANTOS, Antonio Jeová. *Dano moral indenizável*, 2003, p.159).

lavras, a informar a indenização, está a intenção punitiva ao causador do dano e de modo a que ninguém queira expor-se a receber idêntica sanção.[20]

Nesse mesmo tema, enfocando a reparabilidade do dano moral, observa Antonio Jeová Santos que

> os danos punitivos, como também é chamada a indenização que tem esse aspecto, merecem ampla repercussão nos países da *common law*, sobretudo nos Estados Unidos da América. Muito embora vozes abalizadas se oponham à indenização que tenha caráter penal, não se pode afastar de todo que no montante indenizatório do dano moral, deve o juiz estipular certa quantia como fato dissuasivo da prática de novos danos.[21]

Nesse contexto, Délia Lipszyc aponta a influência do Direito estadunidense[22] também em relação aos denominados *actual damages and profits* (*danos efetivos e lucros*), que consistem na faculdade do titular do direito (*copyright owner*) de recuperar os direitos efetivos que tenha sofrido com a infração, assim como adjudica todos os benefícios obtidos pelo infrator.[23]

Nesse quadro, teríamos, de um lado (adotando-se a indenização com caráter sancionatório), a possibilidade de *enriquecimento injustificado* da vítima e, do outro (na hipótese de indenização sem o elemento punitivo), o *enriquecimento ilícito* do infrator. Qual dessas seria a solução justa para a diretriz reparatória do dano? Tratando dessa matéria, Antonio Chaves comenta que

> quando um editor reproduz ilegítima e intencionalmente passagens de uma obra protegida, sem ter pedido a autorização ao titular do direito, desse fato já decorre que o editor tem um interesse todo particular em proceder à reprodução. Do contrário, não se tornaria culpado de tal infração das suas obrigações profissionais e da lei penal. Em cada caso particular não é possível provar o

---

20. SOUZA, Carlos Fernando Mathias de, op. cit., p.55.
21. SANTOS, Antonio Jeová, op. cit., p.157.
22. Teresa Ancona Lopes destaca os Estados Unidos entre os países avançadíssimos na matéria de responsabilidade civil, "onde qualquer ofensa à pessoa, seja material, seja moral, é tratada com a maior severidade possível" (LOPES, Teresa Ancona. *O dano estético* - Responsabilidade civil, 2004, p.175).
23. LIPSZYC, Délia. *Derecho de autor y derechos conexos*, 1993, p.574. Acrescenta a jurista que estes benefícios devem ser imputáveis à infração e não devem ser levados em conta ao se fazer o cálculo dos danos efetivos. Para quantificar os benefícios do infrator, o titular do direito lesado deve apresentar provas unicamente sobre a renda bruta que tenha obtido o infrator e este deverá apresentar provas de seus gastos dedutíveis, assim como sobre os benefícios que podem imputar-se a outros fatores que não sejam a obra (p. ex., a fama do intérprete).

montante do enriquecimento, que não consiste senão no benefício líquido realizado pelo autor da lesão. Pode-se desde logo admitir que esse proveito representa diversas vezes a retribuição que o violador teria pago aos autores se estes tivessem autorizado a reprodução.[24]

Consolidação do fundamento do duplo caráter indenizatório (*ressarcitório e punitivo*) no direito de autor

Além de o fundamento jurídico da aplicação do duplo caráter indenizatório (*ressarcitório e punitivo*) à reparação de danos autorais, tanto de natureza moral quanto patrimonial, resultar das sanções civis trazidas pela lei regente para a matéria em nosso país, a evolução jurisprudencial brasileira, apesar de alguns retrocessos isolados, caminha nessa trilha.

Nesse caminho, cabe destacar, no terreno reparatório de danos em relação a direito de autor, a decisão precursora proferida há mais de quarenta anos pelo Supremo Tribunal Federal:

> Ficaria abalado esse sistema legal, se a reprodução fraudulenta ou ilícita desse lugar apenas a uma reparação pecuniária equivalente ao que ele receberia, se houvesse concordado com a reprodução. A consequência do ato vedado não pode ser a mesma do ato permitido, sobretudo quanto há implicações de ordem moral. Por isso, a lei dá ao autor o direito de apreender os exemplares existentes e de receber indenização equivalente ao "valor de toda a edição", à base do preço que teriam os exemplares "genuínos", isto é, autorizados regularmente deduzindo-se o valor dos que tenham sido apreendidos.[25]

Mesmo antes desse importante julgado (do STF de 1965), no início da década de 1950, a respeito da função punitiva que deve conter a reparação de danos no terreno do direito de autor, Antonio Chaves já indagava e esclarecia, com apoio em relevante jurisprudência estrangeira:

> Como porém encontrar-se um princípio que sirva de base para o cálculo de quantas vezes a soma dos prejuízos e danos deve ser maior, no caso de contrafação intencional, da retribuição costumeira? Poderia essa "pena", de caráter eminentemente delitual, ser imposta no âmbito civil? As questões tiveram que ser enfrentadas pelo "*Kammergericht*" de Berlim, em acórdão de 20.04.1943 (Dr. d'A., 1944, p. 91 e segs.): "Não existe, a bem dizer, qualquer prática geral de acordo com a qual uma casa editora que tenha cometido uma contrafação intencional deva pagar a título de perdas e danos uma soma igual a quatro ou

---

24. CHAVES, Antonio. *Tratado de direito civil* - Responsabilidade civil, 1985, p.47.
25. RE n. 56.904/SP, 1ª T., rel. Min. Victor Nunes Leal, j. 06.12.1965, v.u., *RJTJ* 38/271).

cinco vezes a retribuição costumeira. Mas a circunstância de que uma casa editorial não tenha hesitado em agir com desprezo ao direito de um autor pode constituir um índice quanto ao valor da obra contrafeita e, portanto, quanto ao enriquecimento daquele que lesou o direito do autor.[26]

Essa orientação foi se consolidando no plano jurisprudencial e adquirindo contornos seguros no fortalecimento da eficiência reparatória, a exemplo da decisão, adotada pelo mesmo Pretório Excelso, vinte anos após a que mencionamos, que retirou do autor lesado o ônus de comprovar – *e dimensionar* – o efetivo prejuízo sofrido pelo ato lesivo. Nesse sentido, é categórica a ementa do acórdão de 28.02.1984, proferido no RE n. 99.501/SP com votação unânime de sua 2ª Turma, relator o Ministro Francisco Rezek:

> Direito autoral. Fotografia. Modificação da obra e omissão do nome do autor. Nos termos do art. 126 da Lei n. 5.988, de 1973, o autor tem direito a ser indenizado por danos morais e a ver divulgada sua identidade, independentemente da prova tópica de haver sofrido prejuízo econômico. Hipótese de não conhecimento do recurso da agência de publicidade, e de provimento do recurso do autor.

Anteriormente a essa decisão, e discordando do pressuposto defendido por Marcelle Azéma (em *De la Responsabilitté Civile de l'Écrivain, Bordeaux, Imprimérie G. Bière,* 1935, p. 59) de comprovação de prejuízo para reconheci-

---

26. Complementa o jurista, comentando o aresto relatado, que "salienta o texto do acórdão que, de conformidade com a jurisprudência constante do *Reichsgericht* e do *Kammergericht,* em caso de reprodução ilícita, o titular do direito de autor pode exigir ou o pagamento de perdas e danos, ou a restituição do enriquecimento. De acordo com os princípios gerais, a pessoa lesada pode fazer valer a diferença que seu patrimônio acusa em seguida ao prejuízo sofrido, ou, ao contrário, tolerar a ofensa sofrida pelo seu direito, e pedir a retribuição que ela teria equitativamente recebido, se um acordo se houvesse verificado quanto à utilização do direito do autor (*Reichsgericht,* 27.10.1942. Esta decisão encontra-se no Dr. D'A., 1945, p. 129). A título de enriquecimento, a pessoa prejudicada pode finalmente exigir a restituição do proveito, que o próprio autor da lesão realizou. Cita o aresto três decisões anteriores do *Reichsgericht* nesse mesmo sentido". Anota o jurista brasileiro que "sem dúvida, o tribunal tem completa liberdade de fixar como bem entende o montante das perdas e danos, podendo os usos e costumes desempenhar papel saliente a esse respeito, desde que estejam conformes à boa-fé. Mas o uso não resulta somente de uma prática uniforme, que se exerce num quadro mais ou menos vasto; necessita um amplo período de exercício, e deve corresponder à opinião dos meios entendidos, convindo tomar em consideração especialmente a representação de valor corrente na comunidade popular de que se trata" (CHAVES, Antonio. *Proteção internacional do direito autoral de radiodifusão,* 1952, p.157-8).

mento do dever de indenizar, Fabio Maria de Mattia já lecionava, com inegável acerto, que

> a indenização deve ser reconhecida mesmo que não se possa provar o prejuízo sofrido pelo autor plagiado. A toda infração ao direito de autor deve corresponder uma indenização. Nas legislações onde não há uma multa mínima prevista, a solução estará na aplicação do princípio do enriquecimento sem causa, como sucede, por exemplo, perante o direito de autor brasileiro.[27]

A orientação da casuística brasileira, na direção construtiva professada pelo Supremo Tribunal Federal,[28] a reparação decorrente da violação de direitos autorais - *de natureza moral e patrimonial* - deverá ser arbitrada, no âmbito da especificidade de cada caso concreto, pelo julgador, de forma exemplar, ou seja, que represente, ao infrator, verdadeiro desestímulo à prática do ato ilícito, sob pena de total esvaziamento da fundamental tutela à propriedade intelectual.

A adoção de princípio da punição do ofensor no arbitramento indenizatório de danos morais vem se tornando pacífica em nossos Tribunais. Decidiu, nesse sentido, em 1989, a 1ª Turma do Supremo Tribunal Federal, sendo relator o Ministro Sidney Sanches: "Está assentado também que o arbitramento do dano, por ser este inavaliável e destinar-se a um lenitivo do ofendido mediante a punição do ofensor, deve ser confiado à prudência do juiz".[29]

---

27. MATTIA, Fabio Maria de. *O autor e o editor na obra gráfica*, 1975. p.353-4. A solução apontada encontra-se referida, também, no artigo, do mesmo jurista, intitulado "Indenização por violação ao direito de autor". In: *Estudos de direito de autor*, 1975.
28. Sobre a importância dessa atribuição, note-se a lição de COSTA NETTO, Benedicto. *A função construtiva do Supremo Tribunal Federal*, 1952, p.87.
29. Em acórdão proferido no RE n. 112.263-3/RJ, publicado na *LEX JSTF* n. 131, p.158. Registre-se que mais de duas décadas antes desse aresto, em 1975, Fabio Maria de Mattia, ao comentar os tipos possíveis de sanção, já manifestava o seu entendimento de que a indenização poderia, em alguns casos, implicar penalidade do infrator: "As sanções podem ser de dois tipos: a) reparações com medidas, tais como: supressão total ou parcial da obra, retificação, publicação do julgamento; b) reparação equivalente às perdas e danos ou apenas uma simples indenização a título de penalidade" (MATTIA, Fabio Maria de, op. cit., p.354). José de Oliveira Ascensão, a respeito, leciona: "Concluímos assim que as reações previstas à violação do direito de autor são fundamentalmente de três ordens: 1 - A suspensão da violação em curso e a apreensão dos veículos materiais dessa violação. Esta reação é de índole objetiva. 2 - A indenização de perdas e danos. Pressupõe culpa, nos termos gerais. 3 - Penas civis, como as consistentes na entrega ao autor dos exemplares da edição fraudulenta, ou seu preço, em castigo do ilícito culposo do infrator" (ASCENSÃO, José de Oliveira, op. cit., p.552). O procedimento de arbitramento vem sendo adotado pelos Tribunais como medida mais adequada para quantificação reparatória em danos autorais. Nessa orientação,

Ainda no contexto da orientação indenizatória do art. 669 do Código Civil de 1916, seguida em linhas gerais pela Lei n. 5.988, de 14.12.1973 (art. 122) e, posteriormente, pela Lei n. 9.610, de 19.02.1998 (art. 103), é fundamental a adoção do parâmetro do *valor de mercado* dos produtos que reproduzam obra intelectual sem autorização dos seus titulares e constituam, portanto, ato ilícito.

Esse caminho reparatório foi se consolidando na jurisprudência e, já na órbita do art. 122 da Lei n. 5.988, de 14.12.1973 (e não mais, portanto, no âmbito do Código Civil de 1916), desaguou na decisão unânime de 1986 da 2ª Turma do Supremo Tribunal Federal, baseado no voto do Ministro Francisco Rezek (relator), que majorou o *quantum* indenizatório para ajustá-lo ao *valor econômico* ou *valor de mercado* dos produtos que reproduziram obra intelectual sem autorização de seus titulares.[30]

O dispositivo legal referido (art. 122 da Lei n. 5.988/73) que, conforme mencionamos, reeditou, com algumas alterações, o art. 669 do Código Civil de 1916, manteve no ordenamento jurídico a penalização da prática de ato ilícito no campo do direito de autor. Assim, conforme se depreende do inequívoco julgado que acabamos de referir, o *valor de mercado* ou o *preço de venda* como parâmetro indenizatório pela utilização indevida de obra intelectual[31]

---

por exemplo: STJ, REsp n. 310.834/SP, 4ª T., rel. Min. Aldir Passarinho Junior, j. 26.05.2003, v.u., *DJ* 08.09.2003, p.333.

30. STF, RE n. 102.963/RJ, j. 21.10.1986, v.u. (compilado em "Direito Autoral - Série Jurisprudência, já citado, p. 116-24). "*Ementa*: Direito do autor. Lei n. 5.988/73, art. 122. Uso desautorizado de obra poética em gravação que se distribuiu gratuitamente à classe médica, para propaganda de laboratório farmacêutico. A base de cálculo da indenização devida ao autor, vítima do ilícito, não é o preço de custo da gravação, mas seu valor econômico, que, no caso, a judiciosa sentença de primeiro grau apurou levando em conta o valor de mercado de produtos congêneres. Hipótese de provimento do recurso do autor, para reforma do acórdão, no ponto em que modificou a sentença, reduzindo o montante indenizatório." No mesmo ano, o Pretório Excelso confirmara a decisão de que "a indenização em favor do autor se faria na base do dobro do valor fixado para honorários pela tabela de remuneração de serviços e direitos autorais do projeto arquitetônico" e complementando essa decisão para que ficasse declarado que "o valor a ser apurado será o contemporâneo à data da construção, aplicando-se, a partir daí, a correção monetária, de conformidade com o previsto na Súmula n. 562 - STF" (transcrição parcial da ementa do acórdão: STF, Emb. Decl. no RE n. 94.201-ED/RD, 2ª T., rel. Min. Aldir Passarinho, j. 14.03.1986, *DJ* 18.04.1986, p.5.991). Nesse mesmo caminho, destaque-se decisão anterior também do STF: 4) "Valor da indenização. Apura-se pelo preço que tiverem os exemplares genuínos no momento da liquidação da sentença" (Ementa - parte final - do acórdão RE n. 87746/SP, 2ª T., rel. Min. Décio Miranda, j. 18.03.1980, v.u., *RTJ* 93/1.183).

31. O preço de venda consistia, também, em um dos critérios indenizatórios, nos termos do art. 122 da Lei n. 5.988/73. A Lei n. 9.610/98 atualmente em vigor reedita esse preceito, modificando a expressão "imprimir" por "editar" obra literária, artística ou científica e majorando - uma vez que não se conheça o número de exemplares da "edição

não pode sofrer reduções com os possíveis *descontos* ou outras estratégias destinadas a potencializar vendas, muitas vezes praticadas nas atividades de comércio. Nesse sentido, foi categórico o Tribunal de Justiça de São Paulo no acórdão de 26.03.1981 (confirmação de sentença que concedeu indenização pela publicação, sem autorização, de obra científica) proferido na Ap. cível n. 11.421-1, com votação unânime de sua 6ª Câmara Cível, relator Desembargador Gonçalves Santana:

> No atinente ao *quantum* da indenização, o Magistrado também se ateve à perícia, esta contábil. Nem é possível fazer a dedução pretendida sob o argumento de que havia um desconto de 50% da capa. É que tal desconto era faculdade da autora e esta, inquestionavelmente, não seria obrigada a fazê-lo à ré.[32]

Na mesma direção de trazer à vítima ampla reparação, já há jurisprudência sumulada pelo *Superior Tribunal de Justiça* sobre a possibilidade de cumulação de indenizações de natureza diversa (moral e patrimonial). A respeito, Yussef Said Cahali considera que *superando* as digressões jurisprudenciais que ainda remanesciam, o Superior Tribunal de Justiça, agora também com respaldo no preceito constitucional, consolidou a Súmula n. 37, segundo a qual, "são cumuláveis as indenizações por dano material e dano moral oriundos do mesmo fato".[33]

Na esfera específica do direito de autor também já há pronunciamento do mesmo STJ reafirmando o princípio geral da viabilidade de correlação de indenização: decorrente da violação a direitos morais com a de direitos patrimoniais. Nesse sentido há, entre outros pronunciamentos jurisprudenciais importantes, o acórdão, de 30.06.1992, do Superior Tribunal de Justiça (com votação unânime da sua 3ª Turma), sendo relator o Ministro Nilson Chaves, com a seguinte ementa:

---

fraudulenta" - para o valor de 3.000 (a lei revogada estabelecia 2.000) exemplares, o que será pago pelo "transgressor" (art. 103 e seu parágrafo único).

32. Acórdão publicado na *RJTJSP* 71/66. O mesmo Tribunal adotou, posteriormente, também, o critério do proveito obtido com o uso ilícito da obra intelectual para nortear a fixação indenizatória: "À míngua de melhores elementos para a fixação do *quantum* indenizatório, é de se admitir o critério fundado no proveito que a ré obteve com a divulgação indevida do trabalho dos autores, a ser apurado em execução, mediante liquidação por arbitramento" (parte da ementa do acórdão, já referido: TJSP, Ap. Cível n. 19.920-1, 2ª Câm. Cível, rel. Des. Sidney Sanches - ex-Ministro do Supremo Tribunal Federal, *RT* 571/98, maio/1983).
33. CAHALI, Yussef Said. *Dano moral*, 1999. p.52. A Súmula traz como referência os REsp n. 1.604, 4ª T., j. 09.10.1991; n. 3.229, 3ª T., j. 10.06.1991; n. 3.604, 2ª T., j. 19.09.1990; n. 4.236, 3ª T., j. 04.06.1991; n. 10.536, 3ª T., j. 21.06.1991; n. 11.177, 4ª T., j. 01.10.1991, todos publicados na *RSTJ* 33/515.

Direito autoral (Lei n. 5.988/73). O autor de obra intelectual é titular de direitos morais e patrimoniais (art. 21). Depende de autorização qualquer forma de utilização de sua obra (art. 30). Ocorrendo ofensa a ambos os direitos, cumulam-se as indenizações. Caso em que se reconheceu, também, a lesão de direitos patrimoniais. Recurso especial, por isso, conhecido e provido, em parte.[34]

Nesse passo, em harmonia com o direito positivo pátrio e estrangeiro, a jurisprudência brasileira, com poucos retrocessos isolados, tem evoluído significativamente nos últimos anos, procurando estabelecer critérios adequados à justa reparação, apenas de natureza moral em alguns casos, ou patrimonial em outros, ou de forma cumulativa (moral e patrimonial), como a maioria das reivindicações.

A coexistência harmoniosa desses dispositivos reparatórios - de ordem geral e especial - se estende no tempo: a lei autoral de 1973 que regulou inteiramente a matéria, e a de 1998, que a substituiu, já se compatibilizavam com o Código Civil de 1916 - dispositivo originário, art. 1.059 - e, agora, naturalmente, a compatibilização permanece em relação ao dispositivo reeditado, art. 402 do Código Civil de 2002. Com efeito, consta do próprio dispositivo do Código Civil - tanto o anterior (1.059) como o vigente (402) - a ressalva da predominância da legislação especial ("salvo as exceções expressamente previstas em lei"), o que é exatamente o caso.[35]

---

34. REsp n. 13.575/SP, rel. Min. Nilson Naves, j. 30.06.1992 e compilado em *Direito autoral*, 1997. Série Jurisprudência. LINS, Paulo Sérgio da C. (org.), nota 145, p.378.
35. Nesse caminho, o Superior Tribunal de Justiça em aresto de 2007: "A ação de perdas e danos decorrentes do ato ilícito praticado por quem viola direitos do autor de programa de computador tem fundamento na regra geral do Código Civil (art. 159 do CCB/1916). Os critérios para a quantificação dos danos materiais, entretanto, estão previstos na Lei n. 9.610/98. [...] Lembro, por oportuno, voto da eminente Ministra Nancy Andrighi: '[...] Incluído, pois, o programa de computador no conceito de obra intelectual (Lei n. 9.610/98, art. 7º, XII), deve-se considerar, para fins de quantificação dos danos materiais produzidos com a sua contrafação, a lei especial aplicável à espécie (Lei n. 9.610/98, art. 103) e não a regra geral prevista no art. 159 do CC. Isto porque o art. 103 prevê os critérios de sancionamento civil para a contrafação de obra literária, artística ou científica, e o programa de computador, por força do art. 2º da Lei n. 9.609/98, está sujeito ao regime jurídico adotado para a obra literária' (trecho do desfecho decisório, p.3 do seguinte acórdão: REsp n. 768.783/RS, 3ª T., rel. Min. Humberto Gomes de Barros, j. 25.09.2007, v.u., *DJ* 22.10.2007, p.247). Posteriormente, em 2010, em questão relativa a *software*, o Superior Tribunal de Justiça confirmou esse entendimento: "A fixação do valor da indenização pela prática da contrafação deve servir, entre outras coisas, para desestimular a prática ofensiva, sem, no entanto, implicar enriquecimento sem causa do titular dos direitos autorais violados" (trecho final da ementa do seguinte acórdão: STJ, REsp n. 1.136.676/RS, 3ª T., rel. Min. Nancy Andrighi, j. 17.06.2010, v.u.). A condenação indenizatória importou em dez vezes o va-

Em todos os casos, o exame acurado das peculiaridades da hipótese *sub judice* fornecerá os elementos orientadores da avaliação indenizatória. Assim, a lição da jurisprudência tem se lastreado em dois princípios básicos: (a) a efetiva penalização dos infratores, com o objetivo de desestimular a prática ilícita,[36] e (b) a adequação indenizatória frente ao volume econômico da atividade em que a utilização indevida da obra foi inserida.

O benefício econômico do ofensor pelo ilícito praticado como parâmetro indenizatório e uma punição que seja realmente sentida pelo infrator são fundamentais para o desestímulo da violação de direito de autor. A respeito da amplitude da fixação indenizatória, o grande autoralista português, José Oliveira Ascensão, em sua monumental obra *Direito autoral*, cita o jurista brasileiro Fábio Maria de Mattia ("Estudos de Direito de Autor", p.87) para observar, também, que "havendo um cúmulo de infrações, cada utilização ou execução deve originar uma indenização diferente, pois os ilícitos acrescem uns aos outros e as indenizações são cumulativas".[37]

Nesse passo, o princípio de se impor ao causador do dano uma punição exemplar, proporcional ao dolo ou culpa com que se houve, e proporcional ao seu patrimônio, consiste exatamente, no direito brasileiro, em um dos parâmetros orientadores de fixação indenizatória para reparação de danos morais e patrimoniais[38] nas ofensas relacionadas a direitos autorais.

Nessa orientação, o Tribunal de Justiça de São Paulo tem atuado de forma precursora. Entre inúmeras decisões irretocáveis, podemos destacar três acórdãos que confirmam essa tendência evolutiva jurisprudencial no plano indenizatório:

---

lor de mercado de cada cópia de *softwares* (programas de computador) reproduzida com infração de direito autoral.

36. A tendência do direito positivo acompanha a evolução jurisprudencial.
37. ASCENSÃO, José de Oliveira, op. cit., p.542.
38. A respeito da apuração dos danos patrimoniais em hipóteses de violação a direito de autor, José de Oliveira Ascensão pondera: "o autor deveria ter recebido um pagamento, em consequência da utilização da obra por terceiro, e não o recebeu; este dano está sem dúvida presente quando se trata da violação de direito patrimonial de autor. Mas devem concorrer outros danos, senão tudo se resumiria ao pagamento pelo utente, após a utilização, do que deveria ter sido, na normalidade dos casos, prestado espontaneamente antes dessa utilização. Esses danos parecem consistir no que o autor deixou de ganhar em consequência da ilícita intromissão de terceiro. Assim, o disco contrafeito tirou o interesse ao disco autêntico, a edição ilícita esgotou mercado para a edição lícita, ou até o plágio diminuiu o prestígio do autor plagiado, reduzindo assim a sua capacidade de ganhos futuros. Temos em todos os casos uma diminuição de uma capacidade de lucro do autor, em consequência da ilícita intromissão. A diminuição terá de ser calculada por si, para ser indenizada pelo infrator. Parece assim que esses outros danos entram na categorização dos lucros cessantes" (ASCENSÃO, José de Oliveira, op. cit., p.546).

a) Ap. cível n. 203.962.1/3, 5ª Câm. Cível, rel. Des. Silveira Neto, j. 07.04.1994, v.u.;[39]
b) Ap. cível n. 244.450-1/7, 1ª Câm. Cível de Férias "A", rel. Des. Luis de Macedo, j. 23.04.1996, v.u.;[40] e
c) Ap. cível n. 232.180-1/1, 7ª Câm. Cível de Férias "J", rel. Des. Julio Vidal (com voto vencedor), j. 19.06.1996, m.v.; acórdão que confirmou a decisão majoritária anterior: Embargos Infringentes n. 232.180-1/5-02, 7ª Câm. Cível de Férias "J", rel. Des. Cambrea Filho (com voto vencedor), j. 04.06.1997, m.v.[41]

---

39. Tratou-se, este caso, de utilização indevida de obra de desenho em embalagens de produto comercial (*sacos de açúcar*) comercializados nacionalmente em grande volume. A indenização, a título de dano patrimonial, foi fixada em 5% do total das vendas do fabricante.
40. Este caso, com decisão já transitada em julgado, consistiu em obra de desenho "utilizada pela empregadora para caracterizar seus produtos", com a seguinte condenação: "Impõe-se dupla indenização – uma de natureza patrimonial, identificada em quantia que traduza participação do apelante nos lucros proporcionados pela utilização dos bens, outra de natureza moral pela simples infringência aos direitos ora reconhecidos. No que diz com o boneco, fica a indenização patrimonial arbitrada em 40% dos lucros líquidos auferidos com a venda de unidades dos respectivos brinquedos. E a indenização por danos morais, em 10% sobre a indenização por danos materiais. Tudo conforme se apurar em liquidação de sentença. Já pela infração aos direitos de autor sobre o desenho de que se tratou no item 7 acima, ficam as indenizações por danos materiais e morais arbitradas, englobadamente, em 5% sobre os lucros líquidos da empresa ré, no período em que, conforme se apurar em execução se utilizou ela, ou venha a se utilizar, do desenho como 'símbolo distintivo' de seus produtos (cf. fl.5, item 12)".
41. Esse terceiro caso, em que o renomado cartunista Paulo Caruso pleiteou reparação pela utilização indevida de sua obra em campanha publicitária, gerou os dois acórdãos já referidos, proferidos pela mesma Câmara, primeiramente em recurso de apelação e, depois, em embargos infringentes fundados em voto vencido, que confirmaram, integralmente, sentença de precisão exemplar, do Juiz Sergio Coimbra Schmidt, da 9ª Vara Cível de São Paulo, que consignou: "O dano patrimonial foi estimado no correspondente ao preço de mercado do espaço publicitário da íntegra de uma contracapa da revista semanal *Isto É*, as rés nenhuma objeção fizeram à estimativa, motivo pelo qual pode servir como parâmetro para fixação dessa parcela. Para que a reparação do dano patrimonial guarde estrita correspondência com a extensão do prejuízo quando foi gerado o fato motivador da reparação, o *quantum* a se considerar há de corresponder ao custo efetivo da inserção do anúncio *sub judice* na segunda contracapa interna da edição 1.134 da revista *Isto É*. O dano moral incontroversamente ocorreu e deve ser ressarcido, a par do material, até mesmo como sanção aplicada àqueles que optam pelo atalho da apropriação da criação alheia com objetivos comerciais, em completo desprezo às normas de ordem legal e ética que devem reger as relações em sociedade, notadamente as de índole negocial. A sanção é necessária para coibir abusos dessa natureza, praticadas à sorrelfa e que, à toda evidência, provocam desalento e revolta no ser do criador desacatado. A propósito, cabe invocar o aresto citado na inicial, onde se declara que 'ficaria abalado esse sistema legal, se a reprodução fraudulenta ou ilícita desse lugar apenas a uma reparação pecuniária equivalente ao que ele rece-

Critérios para reparação de danos decorrentes da violação de direitos morais de autor

Danos autorais de natureza moral e patrimonial: similitudes e diferenciações de critérios indenizatórios

Considerações iniciais

Como examinamos no item anterior, na grande maioria dos casos em que ocorre a violação de direitos autorais, esta atinge tanto os aspectos patrimoniais (normalmente quando não houve autorização do autor da obra ou, na hipótese de cessão dos direitos autorais, do titular-cessionário) na utilização da obra intelectual, quanto os aspectos morais (quando há, nesse uso não autorizado da obra, também, ausência de indicação de autoria ou, por exemplo, ilícitos mais graves como modificação ou deturpação da obra utilizada).

Nessas hipóteses, como vimos, incide a cumulação de indenização de natureza diversa (*moral e patrimonial*),[42] sendo adotado como critério reparatório:

a) a apuração do *quantum* indenizatório decorrente da violação de direitos autorais de natureza patrimonial para, em seguida,
b) utilizar esse valor como base para quantificação indenizatória dos danos autorais de natureza moral.[43]

Assim, indaga-se: e quando não houver violação de direitos patrimoniais, como estabelecer os critérios – e a consequente quantificação – indenizatórios quanto às ofensas praticadas exclusivamente aos direitos morais de autor? Seria razoável substituir esse critério pelo adotado para os danos morais

---

beria, se houvesse concordado com a reprodução. A consequência do ato vedado não pode ser a mesma do ato permitido, sobretudo quando há implicações de ordem moral'. O montante dessas parcelas da indenização deve guardar proporção com a extensão do dano material subjacente, observada a capacidade econômica das partes – no caso, privilegiada – deve ser exemplar e apta o suficiente para servir como elemento de coerção destinado a frear o ânimo de quem assim o fez e veja-se tentado à recidiva, ou mesmo daqueles que, primário, veja-se estimulado à prática de ato semelhante em razão da (irrisória) extensão patrimonial das consequências da infração. Ponderados esses aspectos, considero razoável arbitrar a reparação do dano moral no equivalente ao cêntuplo da parcela correspondente ao dano patrimonial".

42. Regra pacificada na jurisprudência, conforme a Súmula n. 37 do STJ: "São cumuláveis as indenizações por dano material e moral oriundos do mesmo fato".

43. Nesse sentido, observe-se o item anterior deste capítulo, com precedentes jurisprudenciais que chegam à condenação do infrator, em face da gravidade da ofensa aos direitos morais de autor praticada, ao "equivalente ao cêntuplo da parcela correspondente ao dano patrimonial" (*vide* a nota de rodapé n. 41 deste capítulo).

convencionais, como uma indevida inscrição de nome junto às entidades de cadastro de devedores inadimplentes (Serasa, SPC etc.), habitualmente valores indenizatórios fixados, de forma tarifária, aleatoriamente? Seria justo?

A negativa se impõe.

Com efeito, não seria plausível, que, por exemplo – em uma industrialização/comercialização fonográfica regularmente autorizada (ou seja, sem a ofensa de direitos patrimoniais de autor) –, a violação do direito moral de autor consistente na falta de indicação do nome do compositor de uma canção na capa ou encarte de determinado disco (CD) resultasse em condenação do infrator no mesmo *quantum* indenizatório, seja em reprodução/comercialização de 1.000 unidades quanto de 1 milhão de exemplares. Obviamente o valor indenizatório nesta segunda hipótese (1 milhão de CD) merece ser substancialmente superior à primeira hipótese (ilícito praticado em apenas 1.000 exemplares).

Desse terreno sinuoso decorre a necessidade de cuidadoso exame de cada caso concreto.

As similitudes e distinções de critérios indenizatórios entre os danos autorais de natureza moral e os patrimoniais

As questões lançadas no item anterior encontram relevância mediante a constatação de que, diversamente do dano patrimonial, de origem econômica, o dano autoral de natureza moral é extrapatrimonial. Assim, a consequência indenizatória poderia conter, à primeira vista, tratamento jurídico que levasse a critérios diferenciados, sob o aspecto econômico da reparação devida ao autor lesado.

Essa linha de raciocínio acaba resultando, muitas vezes, na adoção – *que vimos ser criticável no terreno dos direitos de autor* – de prefixação tarifária do *quantum* indenizatório que costuma ser aplicado em relação aos danos morais de natureza diversa do autoral.

Consequentemente, é fundamental destacarmos quais são os elementos, com repercussão jurídica, que são similares ou diferentes na concepção dos critérios indenizatórios em relação a essas duas vertentes de danos autorais. Nesse passo,

a) a diferenciação:

a1) conforme examinamos no item "A prevalência dos direitos morais de autor aos patrimoniais" deste capítulo, os direitos morais de autor, em virtude de sua natureza jurídica de direitos da personalidade, prevalecem em relação aos direitos patrimoniais e, portanto, no plano indenizatório, não devem ser mitigados em relação a estes;

a2) a gravidade da violação de direito moral de autor, pela sua natureza (*mutilação da obra, apropriação indevida de sua paternidade etc.*), é, normalmente, mais acentuada do que a violação de direitos patrimoniais (*que poderá ser uma utilização da obra intelectual íntegra, mas sem a autorização do autor*);

b) a similitude:

b1) ambos consistem em atos ilícitos que resultam em sanções indenizatórias de natureza pecuniária ou econômica;

b2) em ambos, conforme examinamos no item "Regras gerais reparatórias de danos autorais: aspectos morais e patrimoniais" deste capítulo, aplica-se o *duplo caráter indenizatório das violações*, ou seja, a reparação correspondente tanto aos danos autorais morais quanto aos patrimoniais, contém não somente a finalidade ressarcitória/reparatória como também punitiva;

b3) em ambos, o critério indenizatório deverá levar em conta a abrangência do dano e o benefício que o ato ilícito gerou ao infrator, especialmente de ordem econômica.

Em conclusão: os critérios para reparação de danos autorais decorrentes da violação de direitos morais de autor

A reparação de danos autorais, confrontando-a com a teoria tradicional da responsabilidade civil, apesar da convivência de fundamentos comuns, especialmente no plano da equidade, para fazer frente aos malefícios da violação aos direitos de autor, além do ressarcimento do ofendido – *medido pela extensão do dano* –, impõe o efeito pedagógico trazido com a punição do ofensor.

Na discussão sobre a natureza jurídica dessa penalização, abordamos a avaliação doutrinária de alguns institutos, especialmente da *pena civil*, dos *danos punitivos*, do *valor do desestímulo* e do *enriquecimento ilícito*, em suas variadas vertentes de entendimento e aplicação. Concretamente, procuramos demonstrar que – independentemente da denominação que tem recebido, a composição condenatória integrada pelo ressarcimento do ofendido, combinada com a punição pedagógica do infrator, no âmbito dos danos autorais – a tônica da nossa jurisprudência nas últimas décadas tem se pautado judiciosamente pela assimilação da diretriz sancionatória expressa em nosso direito positivo (especialmente os arts. 102 a 110 da Lei n. 9.610/98, que regula os direitos autorais em nosso país) no sentido da ampla reparação do dano autoral sofrido pelo autor ou titular, conjuntamente com a penalização – *de natureza pecuniária civil* – exemplar do infrator[44] (devendo, inclusive, o

44. Neste sentido destacamos, na lei autoral brasileira vigente, os dispositivos que estabelecem – *direta ou indiretamente* – diretriz indenizatória para violações de direitos patrimoniais de autor entre dez e vinte vezes o valor que o autor ou titular lesado re-

quantum indenizatório ser adequado à capacidade econômica do ofensor para que a punição seja, efetivamente, sentida por este) a título de desestímulo à prática de novas violações aos direitos autorais.

Exatamente a respeito desse tema, tive oportunidade de atuar como relator no acórdão proferido por votação unânime, em 16.08.2016, pela 9ª Câmara de Direito Privado do Tribunal de Justiça do Estado de São Paulo (Ap. cível n. 0187707-59.2010.8.26.0100):

> No concernente aos danos morais, a doutrina anota que a reparação dos danos deve pautar-se pela observância das funções da responsabilidade civil, classicamente: reparatórias ou compensatórias (*esta quando se tratar em dano moral*), sancionatória ou punitiva e dissuasória ou preventiva.
>
> Corrobora esse entendimento, o Superior Tribunal de Justiça, no REsp n. 1.317.861/PR (Proc. n. 2012/0068814-2), em recente acórdão proferido pelo Ministro João Otávio de Noronha, publicado em 11.05.2016 (3ª T., j. 11.05.2016).
>
> Na hipótese vertente, a quantificação reparatória frente à violação dos direitos morais praticados, especialmente quando envolve, como neste caso, atividades empresariais e comerciais ilícitas, deve se relacionar estreitamente com a abrangência da operação ilícita que consiste, basicamente, na repercussão econômica da violação para o ofendido, ou seja, o seu prejuízo, tanto na esfera dos danos emergentes quanto na dos lucros cessantes sofridos. Nesse caminho, mais adequado do que se buscar um valor fixo, aleatório, a título de indenização por dano moral, será vincular essa quantificação reparatória ao âmbito de tais prejuízos, estabelecendo-se dentro de critérios compensatórios à vítima e penalizadores ao ofensor, com razoabilidade, um agravante percentual (como

---

ceberia se a utilização de sua obra tivesse sido regular: (a) a reversão, para o autor, do produto da violação ao seu direito (a perda – pelo infrator em benefício do autor – dos exemplares ilícitos apreendidos, além do pagamento ao autor do preço dos exemplares vendidos), uma vez que, não se conhecendo esse número, "pagará o transgressor o valor de três mil exemplares, além dos apreendidos" (art. 103 e seu parágrafo único); (b) multa diária e "demais indenizações cabíveis", independentemente das sanções penais aplicáveis, além do aumento, em caso de reincidência, até o dobro do valor da multa (para as hipóteses de transmissão e retransmissão e comunicação ao público de obras artísticas literárias e científicas de interpretação e de fonogramas realizados com violação de direito autoral (art. 105), e (c) multa equivalente a vinte vezes o valor que deveria ser originariamente pago pela execução pública de obras musicais, interpretações, fonogramas e obras audiovisuais, se realizada sem autorização dos titulares (art. 109). Acrescente-se que, por estarem esses dispositivos inseridos em legislação especial, prevalecem em relação às regras reparatórias – *de natureza geral* – do Código Civil. Nessa orientação, inclusive (como registramos e transcrevemos, em parte, no referido item) o acórdão recente, de 25.09.2007 do Superior Tribunal de Justiça.

o fez escorreitamente a r. sentença recorrida) ou multiplicador, conforme as nuances do caso concreto.[45]

Nessa linha de entendimento, de apuração do *quantum* indenizatório, o ato ilícito que gera dano autoral de natureza moral, no plano reparatório, deverá, como expusemos, em relação aos critérios no dano patrimonial, conter similitudes e diferenciações.

Em perfeita sintonia com essa orientação, em recente acórdão, o Tribunal de Justiça de São Paulo decidiu:

> No mérito, autoria do projeto incontroversa, plágio devidamente configurado. Segundo entendimento da maioria, os danos materiais foram fixados em R$ 301.500,00, que corresponde ao valor do preço estabelecido para a contratação originária legítima, acrescido de 50% e os danos morais fixados em R$ 301.500,00, pois não se afigurando apropriado o arbitramento da indenização por danos morais em valor fixo, aleatório, tarifário, necessário que o arbitramento se realize mediante utilização do valor já encontrado para ressarcimento dos danos materiais.[46]

---

45. Nesse mesmo sentido, atuando, também, como relator - desta feita nos autos do Recurso de Apelação n. 0210996-84.2011.8.26.0100/SP - de acórdão, por votação unânime, de 05.09.2017, da 9ª Câmara de Direito Privado do Tribunal de Justiça de São Paulo, com a seguinte ementa: "[...] Critérios de reparação decorrentes da violação dos direitos patrimoniais e morais de autor: Direitos patrimoniais: para resultar na penalização do infrator, fixação em 10 vezes o valor pecuniário que o autor lesado receberia na hipótese de que tivesse sido lícita a comercialização. No caso, considerando-se que o uso lícito importava em 3%, essa majoração punitiva vai resultar no total indenizatório de 30% sobre o preço dos exemplares vendidos indevidamente. Liquidação de sentença. Apuração do número de exemplares da obra *sub judice* (4ª e 5ª edições) comercializados pela ré, a 4ª a partir de 15.09.2008 e a 5ª integralmente, com base nos preços '*de capa*' (ao consumidor final) atualizados, primeiramente, para a data do laudo pericial de liquidação de sentença e, posteriormente, até a data do efetivo pagamento, nos termos legais. Aplicação do parágrafo único do art. 103 da Lei n. 9.610/98. O número de 3.000 (três mil) exemplares será devido apenas na hipótese de não ser conhecida a quantidade de exemplares, que tenham constituído a 5ª edição da obra *sub judice*, e o número de 1.500 (mil e quinhentos) exemplares para a 4ª edição, correspondente a 50% do estipulado no referido dispositivo legal, tendo em vista que, aproximadamente, metade do período de comercialização (2005/2008) não é passível de reivindicação nestes autos em face da ocorrência da prescrição. Critérios de indenização por violação de direitos morais de autor: O montante deverá corresponder ao mesmo valor apurado a título de danos patrimoniais, que será, portanto, acrescido a este, constatado em sede de liquidação de sentença. Honorários advocatícios. Majoração de 10 para 15% sobre o valor indenizatório integral a ser apurado".
46. Ementa (transcrição parcial) do Acórdão de 27.03.2018, da 9ª Câmara de Direito Privado do Tribunal de Justiça de São Paulo, por maioria de votos, relator Desembarga-

Esses critérios deverão servir para apuração dos danos autorais, mesmo que sejam exclusivamente de natureza moral e não patrimonial. Ou seja, não poderão aqueles serem mitigados pela ausência destes. Isso porque, quanto às similitudes, o dano autoral exclusivamente moral não deixa (na hipótese de inexistir o dano patrimonial) de conter: (a) sanção indenizatória de natureza pecuniária ou econômica, (b) duplo caráter indenizatório (*finalidade reparatória e punitiva*), e (c) o critério indenizatório deverá levar em conta a abrangência do dano e o benefício que o ato ilícito gerou ao infrator, especialmente de ordem econômica. Por outro lado, no tocante às diferenciações: (a) os direitos morais de autor prevalecem em relação aos direitos patrimoniais e, portanto, no plano indenizatório, não devem ser mitigados em relação a estes, e (b) a gravidade da violação de dano moral de autor, pela sua natureza (mutilação da obra, apropriação da paternidade etc.), é normalmente mais acentuada do que a violação de direitos patrimoniais (que poderá ser uma utilização de obra intelectual integral, mas sem a autorização do autor).

A criteriosa utilização desses elementos resultará na justa aferição do *quantum* indenizatório correspondente à violação de direitos morais de autor para cada caso concreto. Vejamos, a seguir, um exemplo: uma determinada pessoa adquire, do respectivo autor, regularmente, os direitos de traduzir, publicar e comercializar uma obra literária estrangeira em tiragem de 3.000 exemplares (livros) e respeita, rigorosamente, os direitos patrimoniais de autor, ou seja, a tradução é de alta qualidade, em respeito ao conteúdo originário da obra, são publicados e comercializados exatamente 3.000 exemplares e tempestivamente pagos os 10% contratados (com base no preço "de capa", qual seja, valor ao consumidor) a título de direitos autorais contratados.

Contudo, não há o mesmo procedimento em relação ao respeito aos direitos morais de autor, muito pelo contrário: o licenciado se apropria da autoria da obra substituindo, em cada livro de toda a edição, o nome do verdadeiro autor pelo seu.

Nesse caso, indaga-se: além, naturalmente, da busca e apreensão de toda a edição, bem como das sanções penais aplicáveis (na órbita criminal), quais seriam os critérios indenizatórios adequados para reparação desses danos, decorrentes da violação dos respectivos direitos morais de autor (art. 24, I e II, da Lei n. 9.610/98)?

A resposta não poderia ser a mera fixação tarifária de um valor aleatório a título de danos morais, mas, sim, obedecer aos critérios que deverão se nortear pelas similitudes – e diferenciações – expostas em relação aos danos patrimoniais. Nesse caminho, o valor de toda a edição (art. 103 da Lei n. 9.610/98)

---

dor Piva Rodrigues (vencido), voto vencedor do Desembargador José Aparício Coelho Prado Neto (Ap. n. 0048649-03.2011.8.26.0554).

servirá como base para apuração do *quantum* indenizatório (obviamente o número de exemplares tem relação direta com a abrangência da violação do direito moral em questão), acrescido do percentual - ou multiplicador - a ser arbitrado em face da gravidade da prática ilícita referida.[47]

Enfim, esse mesmo raciocínio merece ser aplicado sobre qualquer que seja a espécie do benefício obtido pelo infrator com sua prática ilícita. No exemplo que destacamos, trata-se de violação de direitos autorais morais em reprodução e comercialização de CD, mas outras modalidades de utilização de obras intelectuais - com ofensa a direitos morais de autor - que possam produzir outras espécies de receitas, inclusive as denominadas *verbas publicitárias*, podem servir como parâmetro indenizatório "em hipótese de violação de direitos da personalidade",[48] categoria jurídica que, como expressamos, engloba os direitos morais de autor.

Nesse caminho, e para encerrarmos, cabe destacar a judiciosidade de recente acórdão do STJ de relatoria do Ministro Moura Ribeiro que, após destacar a melhor trilha doutrinária e jurisprudencial aplicável na fixação de critérios para a valoração da reparação dos danos decorrentes de violação de direitos morais de autor, conclui com inegável acerto:

> Feitas essas considerações, é de se ressaltar que os critérios para o arbitramento dos danos morais serão apreciados nas instâncias inferiores de acordo com a legislação de regência, observados os elementos orientadores para a reparação integral do dano, abrangendo a efetiva penalização dos infratores, com o objetivo de desestimular a prática ilícita, bem como a adequação do montante indenizatório de acordo com o volume econômico da atividade em que a utilização indevida da obra foi inserida.[49]

---

47. Nesse sentido, o Tribunal de Justiça de São Paulo, em acórdão proferido em 22.06.2004, pela 3ª Câmara de Direito Privado, por votação unânime, relator Desembargador Luiz Antonio de Godoy, confirmou integralmente a sentença que quantificou indenização a título de dano moral (omissão do nome do autor de obra fotográfica em propaganda) em valor correspondente a 10 vezes o *quantum* indenizatório atribuído ao dano material.
48. Ainda sobre a adoção do volume econômico envolvido na utilização não autorizada de obra intelectual, Carlos Alberto Bittar lembra a possibilidade de que a "verba publicitária" venha a servir como parâmetro indenizatório: "Como esses valores já encontram parâmetros no mercado, definida a verba publicitária, poder-se-ia traduzir, por outro lado, a indenização em percentual sobre o respectivo montante, fazendo-se a correlação com o resultado pretendido pelo anunciante (que se dimensiona pelo valor aplicado na campanha). Conjugar-se-iam, assim, o interesse do lesado e o sacrifício do lesante, dentro do binômio justo para a determinação de indenização em hipótese de violação de direitos da personalidade" (BITTAR, Carlos Alberto. *Tutela dos direitos de personalidade e dos direitos autorais nas atividades empresariais*, 1993, p.60).
49. STJ, REsp n. 1.558.683/SP, 3ª T., rel. Min. Paulo Dias de Moura Ribeiro, j. 16.05.2017.

Referências

ASCENSÃO, José de Oliveira. *Direito autoral.* 2.ed. refund. e ampl. Rio de Janeiro, Renovar, 1997.

BITTAR, Carlos Alberto. *Tutela dos direitos de personalidade e dos direitos autorais nas atividades empresariais.* São Paulo, Revista dos Tribunais, 1993.

CAHALI, Yussef Said. *Dano moral.* 2.ed. São Paulo, Revista dos Tribunais, 1999.

CHAVES, Antonio. *Proteção internacional do direito autoral de radiodifusão.* São Paulo, Max Limonad, 1952.

______. "O direito moral de autor na legislação brasileira". *Il diritto di autore*, volume celebrativo do cinquentenário da revista Giuffré, Milão, 1979.

______. *Tratado de direito civil* - Responsabilidade civil. São Paulo, Revista dos Tribunais, 1985. v.III.

CHINELLATO, Silmara Juny de Abreu. Direito de autor e direitos da personalidade: reflexões à luz do Código Civil. São Paulo, 2008. Tese (Professora Titular de Direito Civil). Faculdade de Direito, Universidade de São Paulo.

COSTA NETTO, Benedicto. *A função construtiva do Supremo Tribunal Federal.* São Paulo, Impress, 1952.

COSTA NETTO, José Carlos. *Direito autoral no Brasil.* 2.ed. rev. e atual. São Paulo, FTD, 2008.

DE CUPIS, Adriano. *Os direitos de personalidade.* Trad. Adriano Vera Jardim e Antônio Miguel Caeiro. Lisboa, Morais, 1961.

DESBOIS, Henry. *Le droit d'auteur en France.* 2.ed. Paris, Dalloz, 1966.

FRANÇA, Rubens Limongi. "Direitos da personalidade - Coordenadas fundamentais". *Revista dos Tribunais*, São Paulo, v.72, n.567, jan/1983, p.9-16.

JESSEN, Henry Francis. *Direitos intelectuais.* Rio de Janeiro, Itaipu, 1967.

LINS, Paulo Sérgio da C. (org.). *Direito autoral.* 2. ed. Série Jurisprudência, nota 145, p.378. Rio de Janeiro, 1997.

LIPSZYC, Délia. *Derecho de autor y derechos conexos.* Buenos Aires, Unesco, 1993.

LOPES, Teresa Ancona. *O dano estético* - Responsabilidade civil. 3.ed. São Paulo, RT, 2004.

MATTIA, Fabio Maria de. *O autor e o editor na obra gráfica.* São Paulo, Saraiva, 1975.

______. "Indenização por violação ao direito de autor". In: *Estudos de direito de autor.* São Paulo, Saraiva, 1975.

PONTES DE MIRANDA, Francisco Cavalcanti. *Tratado de direito privado. Parte especial.* 4.ed. São Paulo, Revista dos Tribunais, 1974. t.VIII.

SANTOS, Antonio Jeová. *Dano moral indenizável.* 4.ed. rev. e ampl. de acordo com o Novo Código Civil. São Paulo, Revista dos Tribunais, 2003.

SOUZA, Carlos Fernando Mathias de. *Direito autoral* - Legislação básica. Brasília, Brasília Jurídica, 1998.

CAPÍTULO 18

O espetáculo desportivo e o direito autoral: o direito de arena e a utilização da imagem dos atletas e de outros intervenientes

Antonio Carlos Morato

O espetáculo desportivo aproxima-se do espetáculo artístico que conflui na atualidade para um ramo denominado *direito do entretenimento*, mas convém não olvidar que o tema foi trazido ao ordenamento jurídico brasileiro por meio da antiga Lei de Direitos Autorais (Lei federal n. 5.988/73).

A relação entre o esporte e a arte foi muito bem desenvolvida pela professora homenageada nesta obra – Silmara Juny de Abreu Chinellato – com a percepção apurada, talento e originalidade que sempre a caracterizaram, uma vez que a ilustre professora sempre norteou suas pesquisas para temas e ramos do direito que até então eram praticamente inexplorados.

Em sua reflexão, concluiu que "o jogador de futebol está forte e expressivamente ligado à arte: como poeta, como prosador, como bailarino, como compositor, como pintor. Ligados pela arte, a lei os separa para melhor tutela das especificidades de cada um: artistas, em sentido estrito, e atletas".[1]

---

1. Tal estudo foi desenvolvido inicialmente em texto em meio eletrônico (CHINELLATO, Silmara Juny de Abreu. "Futebol, arte e direito de arena". *Migalhas*, 2005), que posteriormente foi publicado em obra em homenagem a Otávio Afonso dos Santos (Idem. "Futebol, arte e direito de arena". In: PIMENTA, Eduardo Salles (org.). *Direitos autorais: estudos em homenagem a Otávio Afonso dos Santos*, 2008, p.335-340), sem olvidar dos alentados estudos anteriores sobre o tema que foram desenvolvidos por Silmara Juny Chinellato, estudos estes publicados tanto em revistas especializadas (Idem. "Direito de arena". *Revista do Instituto dos Advogados de São Paulo*, Revista dos Tribunais, 1999, p.127-34; Idem. "Direito autoral e direito de arena". *Revista Trimestral de Direito Civil*, 2000) como em obra de estudos em homenagem a Carlos Alberto Bittar (Idem. "Direito de arena, direito de autor e direito à imagem". In: CHINELLATO, Silmara Juny de Abreu; BITTAR, Eduardo C. B. (coords.). *Estudos de direito de autor, direito da personalidade, direito do consumidor e danos morais*, 2002. p.3-24.) e também pela imprensa (Idem. "Futebol e direito de arena". *Data venia. Cotidiano, Folha de S. Paulo*, 04.07.1998).

Além de basear o seu trabalho em decisões judiciais e em textos legais, a autora desenvolveu seu trabalho por meio de uma abordagem interdisciplinar com citações do historiador britânico Eric J. Hobsbawm, do compositor brasileiro Chico Buarque de Hollanda e do cineasta italiano Pier Paolo Pasolini e – em comum – merece destaque o fato de que tais autores consideraram o futebol (em especial o brasileiro) como uma forma de arte.

Cumpre acrescentar, com base em suas inspiradas comparações que, mesmo quando desenvolveu sua pesquisa em tema já analisado por outros autores, Silmara Juny de Abreu Chinellato o fez de maneira substancialmente inovadora, o que levou sua obra – como ocorreu no tema do direito de arena[2] – a ser muito citada pelos Tribunais especializados na matéria, como é possível depreender da análise de diversos acórdãos na Justiça do Trabalho.[3]

Cumpre observar que o direito de arena, apesar de inicialmente incluído na Lei federal n. 5.988/73 (Lei de Direitos Autorais), nem sempre foi aceito pacificamente como de tal natureza[4] e hoje está inserido no art. 42 da Lei fe-

---

2. Sem dúvida alguma, aí se encontra a originalidade da posição assumida pela autora contrariando a opinião de autores como José de Oliveira Ascensão que não vislumbram na atividade esportiva uma forma de arte, ainda que exista uma contradição, em nosso sentir, na negação da arte ao menos a algumas modalidades esportivas que reconhecidamente apresentam caráter estético, se imaginarmos que o movimento é protegido pelo direito autoral, como é o caso da obra coreográfica. De qualquer sorte, para José de Oliveira Ascensão "o direito de autor refere-se a um bem jurídico determinado, que é uma obra literária ou artística" e "os direitos conexos referem-se a bens diferenciados, e nem sequer pressupõem sempre a preexistência ou execução da obra literária ou artística" e, em sua visão, "esta é totalmente alheia ao direito de arena" (cf. ASCENSÃO, Jose de Oliveira. "Uma inovação da lei brasileira: o direito de arena". *Jurisprudência brasileira*, 1992. p.39).
3. TST, RR n. 15393520105010054, 7ª T., rel. Cláudio Mascarenhas Brandão, j. 08.06.2016, *DEJT* 17.06.2016; TST, RR n. 8000420125090011, 7ª T., rel. Cláudio Mascarenhas Brandão, j. 13.05.2015, *DEJT* 22.05.2015; TRT-1, RO n. 00002156220105010069/RJ, 8ª T., rel. Jose Antonio Teixeira da Silva, j. 14.07.2015, j. 12.08.2015; TRT-2, RO n. 01496000520085020012/SP, 11ª T., rel. Ricardo Verta Luduvice, j. 08.04.2014, public. 15.04.2014.
4. Antônio Chaves afirmou até que "das inovações mais ousadas da Lei 5.188, é sem dúvida a que diz respeito ao 'direito de arena'" e que a "ideia primitiva, consubstanciada no art. 191, primeira parte, do Projeto Barbosa-Chaves, contrariando, aliás, minha oposição formal" era a de outorgar "às entidades, associações promotoras de quaisquer modalidades desportivas poderes para autorizar e receber os proventos decorrentes de transmissões, retransmissões ou fixações por qualquer processo, de competições atléticas, assegurando-se aos figurantes do espetáculo e técnicos, uma participação de 10% da importância recebida, a ser dividida proporcionalmente e igualmente, na forma em que for determinado pelo Conselho Nacional de Desportos" e "convocado a prestar meu depoimento pessoal numa eventual ação de investigação de paternidade, terei, não apenas de confessar, com toda humildade, nenhuma participação no nascimento dessa criatura, fruto exclusivo dos arroubos e dos ímpetos do Des. Milton Sebastião Barbosa, como até mesmo terei que repudiá-la, com toda energia, pois pelo

deral n. 9.615/98 (que institui normas gerais sobre desporto e foi denominada de Lei Pelé),[5] após sua inserção no art. 21 da Lei federal n. 8.672/93 (Lei Zico) que a retirou da Lei de Direitos Autorais,[6] ainda que não tenha ocorrido a revogação expressa na ocasião.[7]

---

meu voto tinha sido expungida do projeto, ali vendo-a ressurgir não sei por que demoníacas artimanhas. Não se trata, com efeito, a meu ver, de um direito de autor, e sim de outra espécie de direito de personalidade, um como que direito à própria imagem, importante, sem dúvida, nas obras cinematográficas, teatrais, coreográficas e semelhantes, mas de natureza essencialmente diferente. Antes de um direito de autor ou de um direito conexo, teremos, nessa hipótese, um reflexo do direito de personalidade à própria imagem, de natureza essencialmente diferente daquele que interessa às obras cinematográficas, teatrais, coreográficas e semelhantes" (cf. CHAVES, Antônio. "Direito de arena". *Revista da Faculdade de Direito*, 1982. p.235-6).

5. Art. 42 da Lei federal n. 9.615/98: "Pertence às entidades de prática desportiva o direito de arena, consistente na prerrogativa exclusiva de negociar, autorizar ou proibir a captação, a fixação, a emissão, a transmissão, a retransmissão ou a reprodução de imagens, por qualquer meio ou processo, de espetáculo desportivo de que participem. [Redação dada pela Lei n. 12.395/2011.]
§ 1º Salvo convenção coletiva de trabalho em contrário, 5% (cinco por cento) da receita proveniente da exploração de direitos desportivos audiovisuais serão repassados aos sindicatos de atletas profissionais, e estes distribuirão, em partes iguais, aos atletas profissionais participantes do espetáculo, como parcela de natureza civil. [Redação dada pela Lei n. 12.395/2011.]
§ 2º O disposto neste artigo não se aplica à exibição de flagrantes de espetáculo ou evento desportivo para fins exclusivamente jornalísticos, desportivos ou educativos ou para a captação de apostas legalmente autorizadas, respeitadas as seguintes condições: [Redação dada pela Lei n. 13.155/2015.]
I - a captação das imagens para a exibição de flagrante de espetáculo ou evento desportivo dar-se-á em locais reservados, nos estádios e ginásios, para não detentores de direitos ou, caso não disponíveis, mediante o fornecimento das imagens pelo detentor de direitos locais para a respectiva mídia; [Incluído pela Lei n. 12.395/2011.]
II - a duração de todas as imagens do flagrante do espetáculo ou evento desportivo exibidas não poderá exceder 3% (três por cento) do total do tempo de espetáculo ou evento; [Incluído pela Lei n. 12.395/2011.]
III - é proibida a associação das imagens exibidas com base neste artigo a qualquer forma de patrocínio, propaganda ou promoção comercial. [Incluído pela Lei n. 12.395/2011.]
§ 3º O espectador pagante, por qualquer meio, de espetáculo ou evento desportivo equipara-se, para todos os efeitos legais, ao consumidor, nos termos do art. 2º da Lei n. 8.078, de 11 de setembro de 1990".
6. "Art. 24. Às entidades de prática desportiva pertence o direito de autorizar a fixação, transmissão ou retransmissão de imagem de espetáculo desportivo de que participem.
§ 1º Salvo convenção em contrário, vinte por cento do preço da autorização serão distribuídos, em partes iguais, aos atletas participantes do espetáculo.
§ 2º O disposto neste artigo não se aplica a flagrantes do espetáculo desportivo para fins exclusivamente jornalísticos ou educativos, cuja duração, no conjunto, não exceda de três minutos."
7. O art. 100 da Lei federal n. 5.988/73 não foi revogado de forma expressa pelo art. 71 da Lei federal n. 8.672/93 ("Art. 71. Revogam-se as Leis n. 6.251, de 8 de outubro de 1975,

Desde logo, é oportuno distinguir o direito de arena da imagem do atleta ou de outros intervenientes, uma vez que a imagem, como ensinou a homenageada, "significa reprodução física da pessoa, no todo ou em parte, por qualquer meio como pintura, fotografia, filme" e "esse sentido é o corretamente empregado no inciso XXVIII, *a*, do art. 5º da Constituição da República[8] que, no inciso X do mesmo artigo, parece confundi-la com patrimônio moral" para ainda frisar que "no sentido tradicionalmente empregado pela doutrina e também implicitamente pelas leis, antes da Constituição, refere-se, no entanto, à reprodução física da pessoa, sem depender da intimidade".[9]

Acrescentamos que temos ciência do fato de que parte dos doutrinadores sustenta a divisão entre a imagem "retrato" (como reprodução física) e a imagem "atributo", considerada esta como repercussão social relacionada às qualidades e às características intrínsecas do indivíduo, mas sempre insistimos na ociosidade da distinção porque sua adoção esvazia, além do direito à intimidade como bem apontou Silmara Juny Chinellato, o conceito de honra objetiva.

Como observaram Carlos Alberto Bittar e Carlos Alberto Bittar Filho quanto ao alcance do direito à imagem, "relaciona-se esse direito à escolha que cabe à pessoa dos modos pelos quais lhe convém aparecer em público, retirando, quando de fim comercial o uso, os proveitos econômicos próprios, mediante a remuneração ajustada no contrato de licença celebrado com o interessado" e, por tal razão:

> compete-lhe, assim, eleger a forma, o veículo, a empresa, o produto e demais elementos próprios; daí, a absoluta necessidade do consentimento expresso, que lhe possibilita, ademais, quando de interesse de segmentos vários, eleger o mais conveniente, ou o mais interessante, ou o mais lucrativo, enfim, aquele que atenda às suas expectativas à ocasião, como ocorre, aliás, com frequência, com as pessoas notórias, assediadas sempre por diferentes anunciantes, entidades, instituições, ou empresas.[10]

---

n. 6.269, de 24 de novembro de 1975, o Decreto-lei n. 1.617, de 3 de março de 1978, o Decreto-lei n. 1.924, de 20 de janeiro de 1982, o art. 5º da Lei n. 7.787, de 30 de junho de 1989, a Lei n. 7.921, de 12 de dezembro de 1989, o art. 14 e art. 44 da Lei n. 8.028, de 12 de abril de 1990 e demais disposições em contrário.").

8. Art. 5º: "XXVIII – são assegurados, nos termos da lei: *a)* a proteção às participações individuais em obras coletivas e à reprodução da imagem e voz humanas, inclusive nas atividades desportivas".
9. Cf. CHINELLATO, Silmara Juny de Abreu. "Comentários à Parte Geral – arts. 1º a 21". In: COSTA MACHADO, Antônio Cláudio (org.); CHINELLATO, Silmara Juny de Abreu (coord.). *Código Civil interpretado:* artigo por artigo, parágrafo por parágrafo, 2014, p.53.
10. Cf. BITTAR, Carlos Alberto; BITTAR FILHO, Carlos Alberto. *Tutela dos direitos da personalidade e dos direitos autorais nas atividades empresariais*, 1993. p.50.

Assim, partindo do conceito de reprodução física da pessoa, por nós integralmente adotado,[11] assim como da necessidade de autorização do titular do direito à imagem, há que se estabelecer distinção entre o direito que o titular exerce sobre a sua imagem e o direito de arena a fim de evitar a visão equivocada de confederações, federações e clubes que confundem o direito do atleta a utilizar sua imagem fora da competição.

A esse respeito, decidiu o Superior Tribunal de Justiça,[12] em voto do Ministro Eduardo Ribeiro, que "o direito de arena é uma exceção ao direito de imagem e deve ser interpretado restritivamente" uma vez que "a utilização com intuito comercial da imagem do atleta fora do contexto do evento esportivo não está por ele autorizada".[13]

Em seu voto, o Ministro Eduardo Ribeiro asseverou ainda, com base no artigo 100 da revogada Lei de Direitos Autorais[14] (Lei federal n. 5.988/73), que

> o que esse artigo concede aos organizadores do evento esportivo é que explorem comercialmente, dentro do contexto do espetáculo, suas imagens. Se o proveito econômico da imagem individual de cada jogador, no caso de uma partida de futebol, revertesse inteiramente para o atleta, a organização de eventos esportivos estaria inviabilizada.

Com o escopo de diferenciá-lo do direito à imagem, enfatizou que:

> a norma não permite, porém, que, anos depois, a imagem do participante do acontecimento seja utilizada para propiciar lucro, ainda que indireto, à entida-

---

11. Tratamos do tema no texto "Dano à imagem" (In: RODRIGUES JUNIOR, Otavio Luiz; MAMEDE, Gladston; ROCHA, Maria Vital da (orgs.). *Responsabilidade civil contemporânea:* em homenagem a Sílvio de Salvo Venosa, 2011, p.562-72).
12. Em litígio que envolveu a própria Confederação Brasileira de Futebol e o espólio de um interveniente bastante conhecido que atuava como massagista da seleção brasileira de futebol (Mário Américo) e teve ainda como interessada a editora Abril S/A.
13. Direito de Arena. Limitação. Direito de Imagem. Divergência jurisprudencial não configurada. I – O direito de arena é uma exceção ao direito de imagem e deve ser interpretado restritivamente. A utilização com intuito comercial da imagem do atleta fora do contexto do evento esportivo não está por ele autorizada. Dever de indenizar que se impõe. II – Para a caracterização da divergência é necessário que, partindo de base fática idêntica, dois ou mais Tribunais vislumbrem consequências jurídicas diversas. (STJ, Ag. Reg. no Ag. n. 141.987/SP, Proc. n. 1997/0017825-0, 3ª T., rel. Min. Eduardo Ribeiro, j. 15.12.1997)
14. "Art. 100. A entidade a que esteja vinculado o atleta, pertence o direito de autorizar, ou proibir, a fixação, transmissão ou retransmissão, por quaisquer meios ou processos de espetáculo desportivo público, com entrada paga. Parágrafo único. Salvo convenção em contrário, vinte por cento do preço da autorização serão distribuídos, em partes iguais, aos atletas participantes do espetáculo."

de patrocinadora do certame. Por "fixação", na dicção da lei, deve-se entender a fotografia, filmagem ou apreensão, por qualquer outro meio disponível, da imagem do jogo, para sua utilização em relação direta ao acontecimento. Não apenas do jogo em si, mas do evento esportivo que está sendo explorado. Retirar a imagem do participante do contexto do acontecimento extrapola os limites do direito de arena, afetando o direito individual de imagem de cada um. Inclusive de utilizar-se dela comercialmente.[15]

Desde a vigência da Lei federal n. 5.988/73, houve polêmica acerca da titularidade do direito de arena e o debate chegou ao antigo Conselho Nacional de Direito Autoral (Parecer n. 110/86 - Aprovado em 20.11.1986 - Processo n. 23003.000842/84-9) e, *naquele momento*, prevaleceu o entendimento de que não seriam titulares as pessoas jurídicas (Confederações, Federações ou Clubes), mas sim os atletas[16] e os árbitros de futebol,[17] sendo conveniente res-

---

15. STJ, Ag. Reg. no Ag. n. 14198/SP, 3ª T., rel. Min. Eduardo Ribeiro, j. 15.12.1997.
16. "Parece-nos que o ponto crucial da polêmica em tomo deste Processo reside na discussão sobre a titularidade do Direito de Arena: são titulares destes direitos os atletas ou os clubes a que os mesmos pertencem? Esta discussão permeia toda a questão, havendo autoralistas que julgam ser, os clubes, os verdadeiros titulares dos Direitos de Arena - razão pela qual faltaria, a uma associação de atletas e árbitros, a legitimidade para apresentar-se como uma associação de titulares daqueles direitos. Não foi outra a razão que levou inúmeros membros deste Conselho a denegarem a solicitação da ABDA. A redação do Art. 100 da Lei n. 5.988/73, de resto, permite tal interpretação. Aprofundada a questão, entretanto, vislumbra-se em sentido contrário. Cabe lembrar que os pareceres dos ilustres Conselheiros Carlos Alberto Bittar e Hildebrando Pontes Neto, em momentos diversos da tramitação do presente processo, reconhecem a legitimidade de atletas e árbitros enquanto titulares do Direito de Arena, baseados, inclusive, numa literatura que já se faz extensa e onde pontifica a argumentação cristalina de um mestre como o Professor Antônio Chaves. É da lavra do Professor Chaves, 'p. ex.', o parecer exarado no Processo n. 54/82, 'aprovado' na 933ª Reunião Ordinária deste Conselho, na qual se reconhece aquela titularidade a atletas e árbitros. Os argumentos em contrário parecem derivar da condição prevista no art. 100 da LDA, que assegura à entidade a que esteja vinculado o atleta, o direito de autorizar ou proibir a fixação, transmissão ou retransmissão, por quaisquer meios ou processos, de espetáculo desportivo público, com entrada paga. Entendemos que essa faculdade não é condição suficiente para assegurar a titularidade em pauta unicamente aos clubes, excluindo atletas e árbitros. Em analogia, lembramos o caso dos direitos conexos: a execução pública de fonogramas, sabe-se, só pode ser feita mediante autorização do Produtor Fonográfico; embora detenha o poder de autorizar ou proibir, nem por isso o Produtor Fonográfico suprime ou elide o direito de intérpretes/executantes na titularidade dos fonogramas. Ninguém exclui intérpretes e executantes da titularidade dos direitos conexos, embora seja inegável a ênfase assegurada ao Produtor Fonográfico, até mesmo definido em Lei como 'mandatário tácito do artista'. Por essa razão, julgamos que a prerrogativa de autorizar ou proibir a fixação, transmissão ou retransmissão de eventos desportivos, conferida aos clubes, deve ser interpretada mais como delimitação específica de competência, que como garantia

saltar, quanto aos últimos, que atualmente, antes de se discutir a titularidade, o que se pretende é a extensão dos direitos reconhecidos ao atleta para os árbitros, o que, aliás, foi vetado recentemente pelo Poder Executivo como teremos a oportunidade de observar posteriormente.

---

de exclusividade na titularidade. Da mesma forma que as prerrogativas do Produtor Fonográfico não excluem intérpretes e executantes da titularidade na área conexa, as prerrogativas dos Clubes não excluem atletas e árbitros da titularidade do Direito de Arena. Há ainda que convir que a referência a 'entidade a que esteja vinculado o atleta' (Lei n. 5.988/73, art. 100, *caput*) não significa, obrigatoriamente, o Clube que o detém sob contrato. Por que esta entidade não poderia ser, 'p. ex.', a Associação a que o atleta, como titular, estivesse filiado, para a defesa de seus direitos? Da mesma forma como uma Associação de Titulares da área musical tem a prerrogativa de autorizar ou proibir a utilização pública dos bens intelectuais que administra, não poderia fazer o mesmo uma Associação de Titulares de Direitos de Arena, com relação as 'performances" de seus associados? A referência genérica 'entidade', ao invés da referência expressa 'Clube', no *caput* do art. 100 da Lei n. 5.988/73 permite-nos tais ilações. Outra questão se coloca: e quando o evento desportivo não envolve a existência de um Clube, como, 'p. ex.', a transmissão de uma luta de boxe? Não devem ir, os direitos de arena, para os lutadores que fizeram o espetáculo? Ou inexistem tais direitos simplesmente porque inexistem os Clubes que deveriam ser beneficiários? Custa crer que todo o arcabouço doutrinário em torno deste novo direito tenha sido erigido como casuísmo compensatório da evasão de receita de pessoas jurídicas, e não para atender a uma demanda real face ao avanço tecnológico que reproduz os bens intelectuais, sem contrapartida para os seus criadores. De qualquer forma, mesmo que se reconheça o Clube como o titular detentor da maior fatia dos Direitos de Arena, isso não exclui a legítima titularidade de atletas e árbitros, vez que, como afirma o Professor Antônio Chaves, 'é o espetáculo desportivo que origina o direito, incluindo, assim, todos os que nele figuram.' Acertadas, pois, as analogias com a obra cinematográfica (onde o Produtor recebe a remuneração, mas os demais titulares dela participam) mencionadas nos pareceres dos Drs. Carlos Alberto Bittar e Hildebrando Pontes Neto. Entendemos que se o parecer de Antônio Chaves no Processo n. 54/82 não foi revogado por este Conselho, mantém-se de pé o reconhecimento de que os atletas e árbitros são legítimos titulares dos Direitos de Arena – o que equivale a reconhecer a ABDA como uma entidade de titulares que, tendo cumprido as exigências legais, tem direito a autorização para funcionar no País [...] Pela concessão da autorização para funcionamento da Associação Brasileira de Direito de Arena – ABDA. Brasília, 20 de novembro de 1986. Marco Venício Mororó de Andrade – Conselheiro Relator [...]. Por maioria de votos, o Colegiado acompanhou o voto do Conselheiro Relator. Votos contrários do Conselheiro João Carlos Müller Chaves e Romeo Brayner Nunes dos Santos". *DOU* 12.12.1986 – Seção 1, p.18.711.

17. A inserção dos árbitros de futebol sempre ensejou controvérsia, a exemplo de outros intervenientes, como bem observou José de Oliveira Ascensão: "É nosso objetivo apurar se os vários participantes de um espetáculo desportivo, que complementam a atuação dos que desempenham a atividade atlética que é a essência do espetáculo, podem de alguma maneira autorizar ou proibir a fixação, transmissão ou retransmissão do espetáculo, ou participar do preço da autorização. Assim, num encontro de futebol, está em causa saber se, além dos jogadores, também os juízes, massagistas e outros intervenientes podem invocar direitos. As fronteiras desta categoria alongada são

A questão já não era simples entre os autoralistas, até porque, naquela oportunidade, não foi obtida a unanimidade de votos[18] quando se pleiteou a autorização de funcionamento da Associação de Titulares de Direitos de Arena em 1986, ainda que interessantes argumentos oriundos de pareceres anteriores tenham sido levantados, como a possibilidade de aplicação de dispositivos relativos à obra audiovisual, e o relator Marco Venício Mororó de Andrade tenha destacado a importância de um esporte individual como o boxe (ainda que também possamos pensar nas Federações e Confederações em tal modalidade esportiva) em razão da predominância do futebol na época.

---

extremamente imprecisas. Logo teríamos de perguntar se estão também abrangidos os 'gandulas,' os policiais que vigiam o recinto, os jogadores que ficam no banco, e assim por diante. Vamos, porém, considerar em especial os juízes. O que sobre eles dissermos será aplicável, por maioria de razão, aos outros intervenientes. Para maior simplificação de linguagem, abrangeremos sempre a categoria falando simplesmente em 'outros intervenientes' no espetáculo desportivo, além dos atletas. Isto sem embargo de as várias expressões utilizadas, como a de atleta, estarem sujeitas a crítica ulterior". (Cf. ASCENSÃO, José de Oliveira, op. cit., p.24)

18. "O Conselheiro Romeo Brayner Nanes dos Santos, após analisar o Estatuto da Associação Brasileira de Direito de Arena - ABDA, em seu voto sustentou que: "quanto à constituição do quadro social fixa o art. 52 do já mencionado Estatuto, que à ABDA poderão se associar árbitros e jogadores de futebol e de outras categorias desportivas, como tais considerados quaisquer árbitros ou jogadores de futebol e demais categorias desportivas titulares de direito de arena e de imagem. Existe pois, na pretensão da ABDA (e em seus Estatutos estabelecida), a disposição implícita de serem os seus integrantes, titulares de direito de arena e de imagem [o grifo é nosso mais uma vez] [...] O eminente autoralista e não menos ilustre membro deste Colegiado, Conselheiro Henry Jessen, tendo pedido vista do processo nele profere voto e vai fundo na divergência dos termos estatutários da ABDA, que confunde direito de Arena e Direito de Imagem. Desnecessário é, aqui repetir a irreconciabilidade, tão bem lembrada pelo referido Conselheiro, que termina levantando a preliminar, de que a decisão por maioria, da Colenda 3ª Câmara, não abordou o mérito da questão. Decidido em sessão plenária foi o processo devolvido à 3ª Câmara, por despacho do Sr. Presidente deste Conselho. Vem a seguir, na decisão do mérito, o voto do ilustre Conselheiro Dirceu de Oliveira e Silva, que agora adoto, posto que, entendo, igualmente, que a titularidade dos direitos que a requerente pretende arrecadar e distribuir, não lhe pertence e sim à entidade a que esteja vinculado o atleta. Tal como entende, o Dr. Dirceu de Oliveira e Silva, entende que, não sendo os árbitros e os atletas, titulares de Direito de Arena não podem se associar com aqueles objetivos retroassinalados, de arrecadar e distribuir. Podem os árbitros e atletas, como o fizeram, se associar para outras finalidades, já que nos casos, por lei, têm já e apenas uma participação percentual. Aliás, tal prática - da participação percentual - já se tomou uso e costume em todos os casos negociados e pagos pelos clubes, que autorizam a radiodifusão e transmissão por televisão, de seus jogos. Acompanho, pois, o voto do Conselheiro Dirceu de Oliveira e Silva, pela não concessão da autorização por ausência de titularidade na pretensão da requerente"." Voto no processo administrativo de autorização de funcionamento da Associação Brasileira de Direito de Arena disponível no acervo do Ministério da Cultura

Em sentido oposto, se tais semelhanças eram identificadas por um órgão administrativo que tinha como uma de suas atividades a de julgar questões relativas aos direitos autorais (na qual o direito de arena estava expressamente inserido por meio do art. 100 da Lei n. 5.988/73, como mencionamos no início), o inverso não é verdadeiro nos dias atuais.

Acentue-se que o inverso não é verdadeiro apesar do entretenimento constituir o vetor da proteção conferida pelo constituinte aos participantes do espetáculo desportivo e, como bem observou Álvaro Melo Filho, o constituinte "ao dar guarida, no texto constitucional, ao direito de arena nas atividades desportivas" realmente "demonstrou conhecimento e sensibilidade", uma vez que "atualmente, não se pode olvidar que os estádios foram transformados em estúdios" em face "das modernas técnicas de difusão e de redução do mundo dispositivo a uma aldeia global".[19]

Entretanto, apesar das possibilidades de ampliação sem necessidade de que houvesse a alteração do texto legal e fundadas na *ratio* do texto constitucional, cabe lembrar que a possibilidade de interpretação mais ampla dos dispositivos relativos ao direito de arena não foi admitida em julgado que não considerou semelhante a atividade dos atletas e da filmagem de uma companhia de baile, ainda que ali tenhamos a captação do movimento e que o movimento seja - como asseveramos na introdução deste trabalho - objeto da proteção dos direitos autorais ao lado da palavra escrita, do som e da imagem.

Por tal razão, não é por acaso que uma interpretação conjunta das Leis ns. 9.610/98 e 9.615/98, por meio de um vetor constitucional, qual seja, o já citado art. 5º, XXIII, *a*, da Constituição da República, permite a melhor proteção aos atletas e, eventualmente, sua extensão a titulares de direitos conexos como os bailarinos.

O julgado (00648-2004-044-03-00-6-RO) ao qual nos referimos é da Segunda Turma do Tribunal Regional do Trabalho da 3ª Região (Minas Gerais), em que se decidiu pela eficácia limitada do dispositivo constitucional, uma vez que estaria condicionado à existência de lei ordinária e não haveria previsão específica para a atividade da bailarina que integrasse a companhia de dança e, com isso, não seria possível a aplicação analógica da Lei. n. 9.615/98.[20]

---

19. Cf. MELO FILHO, Álvaro. *O desporto na ordem jurídica constitucional brasileira*, 1995, p.41.
20. TRT-3, RO n. 1124304 00648-2004-044-03-00-6, 2ª T., rel. Hegel de Brito Boson, j. 31.08.2004, *DJMG* 09.09.2004. "Direito de arena. Companhia de dança. Bailarina. Falta de regulamentação legal. Analogia. Impossibilidade. O *caput* do inciso XXVIII, do art. 5º da Constituição Federal, é de eficácia limitada, vez que condiciona o direito pela reprodução da imagem e voz humanas à existência de lei ordinária. No caso do atleta profissional, a matéria encontra-se regulada pela Lei n. 9.615/98, prevendo o art. 42 o direito dos participantes a 20% do preço total pago para transmissão da ima-

Com a devida vênia, ao contrário do que se decidiu, há a perspectiva da inclusão de diversas atividades ligadas ao entretenimento justamente por meio do dispositivo constitucional mencionado, que confere à Lei n. 9.610/98 a possibilidade de colmatar lacunas da Lei n. 9.615/98, assim como esta o faz em relação àquela.

Finalizando esta homenagem, destacamos o agradecimento pela oportunidade de apresentar o debate sobre a possibilidade de inserção de outros intervenientes (árbitros, massagistas, técnicos de futebol e membros da comissão técnica), possibilidade já analisada pelos doutrinadores, pela jurisprudência e por Projetos de Lei.

---

gem do espetáculo ou evento esportivo. Já em relação à atividade de bailarina de companhia de dança não há lei regulando o direito de arena, não havendo lugar para aplicação analógica da Lei n. 9.615/98, por se tratar de situações fáticas totalmente distintas. [...] Pleiteou a reclamante, na alínea *g* da inicial, o direito à participação nos lucros decorrentes dos espetáculos promovidos pela reclamada e dos quais participou como dançarina, e, de forma alternativa, o pagamento de parcela correspondente ao direito de arena, no valor nunca inferior a um salário mínimo por mês, sob o argumento de que nada recebeu pelas participações, como dançarina principal, nos espetáculos promovidos pela reclamada. O Julgador de origem, ao julgar improcedente o pleito, fundamentou, às fls. 114/115, que o caso concreto não se enquadra nas disposições do art. 2º da Lei n. 10.101/2000, e que o direito de arena é restrito ao jogador de futebol profissional. No recurso interposto, explicita a reclamante que não formulou pedido com base na Lei n. 10.101/2000, mas sim indenização do direito de arena, decorrente da participação em espetáculos de dança promovidos pela reclamada, quando teve seu nome e imagem incluídos nos respectivos cartazes, panfletos, folders e programas de divulgação. O direito de arena previsto o inciso XXVIII, alínea *a*, do art. 5º da Constituição Federal, não é, *data venia*, exclusivo do jogador de futebol profissional. Nesse aspecto, não comungo do pensamento esposado na sentença recorrida. A proteção à reprodução da imagem e voz humanas é ampla. O legislador constituinte fez questão de destacar, de forma explícita, a inclusão das atividades desportivas como originária do direito de arena, mas não excluiu, em momento algum, outras atividades que envolvem a reprodução da imagem e/ou a voz da pessoa. De qualquer forma, o *caput* do inciso XXVIII, do art. 5º da Constituição Federal, é de eficácia limitada, vez que condiciona o direito pela reprodução da imagem e voz humanas à existência de lei ordinária. No caso do atleta profissional, a matéria encontra-se regulada pela Lei n. 9.615/98, prevendo o art. 42 o direito dos participantes a 20% do preço total pago para transmissão da imagem do espetáculo ou evento esportivo. Já em relação à atividade de bailarina de companhia de dança não há lei regulando o direito de arena, não havendo lugar para aplicação analógica da Lei n. 9.615/98, por se tratar de situação fática totalmente distinta. Ainda que assim não fosse, não há, nos autos, prova de que a reclamada tenha negociado e/ou autorizado, mediante pagamento, a transmissão ou retransmissão de imagem dos espetáculos de dança dos quais participou a reclamante. O fato de se tratar de espetáculo pago, ou ainda a inclusão de foto e nome da reclamante em cartazes de divulgação, não se confunde com negociação de transmissão do espetáculo, que pudesse gerar, analogicamente, o direito de arena assegurado aos atletas profissionais".

Alinhamo-nos, a esse respeito, ao entendimento de que nada obsta que ao menos os árbitros e os técnicos de futebol também se beneficiem do direito de arena, uma vez que a expressão "atleta" deve ser interpretada como "participante do espetáculo desportivo" a fim de abranger os outros intervenientes.

Não olvidamos das dificuldades apontadas por José de Oliveira Ascensão no sentido de incluir vários intervenientes ("Com isto os outros intervenientes ficam excluídos da razão do preceito. Estes não contribuem por natureza com prestações atléticas. Era desfigurar a realidade pretender que o façam os policiais, os 'gandulas', os massagistas, e assim por diante"), mas do ilustre mestre discordamos quando este afirmou que "também os juízes não ocupam qualquer posição especial. Seria ridículo pretender que o juiz de partida de tênis, imóvel no alto do escadote, é um atleta, quando o único esforço físico que realiza é o de subir para o escadote".[21]

Talvez o argumento relativo ao esforço físico empreendido pelo árbitro fosse razoável na época em que José de Oliveira Ascensão elaborou o seu texto (1986); mas, no esporte contemporâneo, revela-se incompatível com a realidade dos árbitros, que exige notável preparo físico (e, a esse respeito, basta a consulta ao Manual de treinamento físico para árbitros e assistentes editado pela CBF e pela Fifa), sem negligenciar a importância do árbitro para o espetáculo desportivo, *o que constitui a essência do que aqui defendemos.*[22]

De fato, no passado e no presente, árbitros como Armando Marques e Arnaldo César Coelho no Brasil ou Pierluigi Collina na Itália, assim como técnicos que contam com inegável prestígio e apelo nos meios de comunicação (como Josep Guardiola, Telê Santana, Zagalo ou José Mourinho no futebol ou Bernardinho e José Roberto Guimarães no vôlei), eram e continuam a ser enfocados pelas câmeras das emissoras de televisão talvez com maior frequên-

---

21. Cf. ASCENSÃO, José de Oliveira, op. cit., 1986, p.36.
22. "Este programa de treinamento traz para nossos árbitros atividades desenvolvidas através de macrociclos periódicos, com evolução progressiva de preparação física durante todo o ano. As fases de treinamentos proporcionarão aos nossos profissionais habilidades para atingir seu melhor desempenho e acompanhar a evolução de um esporte que vem, ao longo dos anos, exigindo cada vez mais do binômio capacidade técnica e física de forma integrada. Este programa contempla, ainda, todos os requisitos de preparação física para nossos árbitros, tais como: resistência aeróbica/anaeróbica, flexibilidade, força, velocidade, agilidade, enfim, todas as atribuições necessárias para o desempenho de nossos profissionais, acompanhando assim a evolução deste esporte. Na certeza de que todos os nossos profissionais de arbitragem estarão nessa nova fase motivados em atingir a excelência, este programa de treinamento dará contribuição para que esses objetivos sejam alcançados" (Cf. LEGUIZAMON, A. Perez; HELSEN, W; UTSUMI, T. *Manual de treinamento físico para árbitros e assistentes*, 2011).

cia do que muitos atletas em um sentido estrito do termo e, por tal razão, discordamos do entendimento de parte dos doutrinadores, assim como do Poder Judiciário e, por fim, do veto ao dispositivo que estendia o direito de arena aos árbitros na pela Lei federal n. 13.155/2015[23].

É fato que o veto quanto à extensão do direito de arena aos árbitros reforça o argumento[24] – que já era utilizado por José de Oliveira Ascensão para rebater o entendimento de Antônio Chaves favorável a incluir os árbitros[25] – de que o projeto original previa a inclusão de outros intervenientes e que a re-

---

23. Mensagem n. 295. Vetos. Lei federal n. 13.155, de 4 de agosto de 2015: § 1º-A do art. 42 da Lei n. 9.615, de 24 de março de 1998, inserido pelo art. 38 do projeto de lei de conversão "§ 1º-A. Parcela equivalente a 0,5% (cinco décimos por cento) da receita proveniente do direito de arena será repassada a entidade representativa nacional dos árbitros, em competição de âmbito nacional, e a entidade representativa regional dos árbitros, em competição de âmbito estadual, que a distribuirá como parcela de natureza civil aos árbitros participantes do espetáculo esportivo, respeitados os atuais contratos". Razões do veto: "Embora medidas que busquem o aperfeiçoamento da arbitragem mereçam ser estimuladas, seu custeio por parcela decorrente do direito de arena não se revela mecanismo adequado para esse fim. Além disso, o regramento da matéria deveria prever critérios para utilização e controle dos recursos recebidos".
24. Posicionamento que foi seguido por vários autores, como Mauricio de Figueiredo C. da Veiga, que destacou que "o projeto original da Lei de Direitos Autorais de 1973 assegurava a prerrogativa 'aos outros participantes figurantes do espetáculo e técnicos' da participação na importância recebida a ser dividida proporcionalmente na forma que fosse determinada pelo Conselho Nacional de Desportos. Caso esta previsão tivesse prevalecido, poderia sim se defender a garantia do direito de arena aos árbitros. Porém, não é esta a previsão legal vigente em nosso ordenamento jurídico" (cf. CORRÊA DA VEIGA, Mauricio de Figueiredo. "O direito de arena e o árbitro de futebol". *Revista Legislação do Trabalho*, 2013, p.565), assim como por Felipe Ezzabella, para quem o técnico de futebol e os preparadores físicos não teriam direito a receber o valor "a ser partilhado do direito de arena, bem como suas aparições nos meios audiovisuais decorrem de suas atividades laborais" (cf. EZABELLA, Felipe Legrazie. *O direito desportivo e a imagem do atleta*, 2006, p.112).
25. José de Oliveira Ascensão discordou de Antônio Chaves nos seguintes termos: "Poderá dizer-se que aos outros intervenientes cabe uma participação no preço da autorização, diversa da que cabe aos atletas? Supomos ser esta a posição defendida recentemente pelo ilustre mestre Antônio Chaves, num estudo sobre Direito de Arena. Considera que é o espetáculo desportivo público que origina o direito, 'incluindo assim todos aqueles que nele figuraram: juízes, 'bandeirinhas', técnicos, massagistas, enfermeiros, cuja imagem esteja não fugazmente, nem como composição do cenário, relacionada com o espetáculo esportivo'. Ficamos na dúvida se o ilustre autor toma a posição de *iure condito* ou de *iure condendo*. Baseia-se num princípio de justiça, como quando afirma: 'Reconhecer-lhe (ao árbitro), pois, participação no direito de arena, a ser regulado pelo CNDA, no uso das suas atribuições, parece, assim, um imperativo da mais estrita justiça'. E aconselha os árbitros a constituir-se em associação para obter esse reconhecimento. Se o autor se refere a uma mudança de lei, o proble-

dação final teria contemplado somente os atletas em um sentido estrito do termo, mas isso não invalida o fato de que, cada vez mais, árbitros e técnicos de futebol integram o espetáculo desportivo, sendo bastante discutível o argumento de que não existiria limite para a inclusão de outros intervenientes (como gandulas, médicos, policiais etc.).

Todavia, ponderamos que a jurisprudência poderia ter limitado uma extensão desarrazoada, uma vez que já existem precedentes a excluir a extensão em relação a técnicos de futebol[26] (exclusão esta que consideramos inadequada ao escopo original da norma - assim como a dos árbitros), assim como julgado que versa sobre a utilização de imagens de um massagista da seleção brasileira[27] (em relação a tal caso concreto, apesar do renome do profissional e sua relevância histórica, realmente julgamos que a extensão do direito de arena seria algo excessivo, ainda que a questão principal no julgado envolvesse o uso da imagem isolada).

Não olvidamos, no entanto, que o ideal seria obter a segurança jurídica por meio de disposição expressa no texto legal caso tivesse sido aprovada a alteração proposta pela Lei federal n. 13.155/2015 por meio do § 1º-A do art. 42 da Lei federal n. 9.615/98 (Lei Pelé), mas isso não foi possível em razão do já

---

ma é diverso do que nos ocupa, pois nos limitamos a interpretar o direito existente. Observaremos todavia, que nunca seria o CNDA a entidade competente para proceder a qualquer tipo de inovação neste domínio. As matérias de Direito Civil — e o Direito Autoral é Direito Civil — estão constitucionalmente reservadas à lei em sentido formal. As resoluções do CNDA, como tivemos ocasião de dizer, são regulamentos: só se podem referir a formas de execução ou à estruturação dos serviços. Se pretenderem, porém, demarcar os direitos e deveres dos particulares exorbitam do seu âmbito" (cf. ASCENSÃO, José de Oliveira, op. cit., p.24-42).

26. Ainda que a exclusão decorra de questões diversas porque - segundo o julgado - havia fraude no caso concreto, o que não permitiu uma discussão mais aprofundada da extensão do direito de arena aos técnicos ("Treinador de Futebol. Direito de Imagem. Fraude. Salário. O contrato do treinador de futebol não se confunde com os dos atletas profissionais. Esses profissionais possuem legislação própria, não se sujeitando às mesmas regras e direitos que os atletas, como passe e o direito de arena. Nesses termos, a existência de um contrato de direito de imagem celebrado por empresa na qual o empregado figura como gerente, para cessão de sua imagem profissional, com pagamento mensal de importância fixa, sem direito a qualquer percentual sobre as vendas dos produtos que fossem comercializados com sua imagem, o que é incomum nessa espécie de contrato, revela a tentativa de se mascarar o real salário do treinador, mormente quando este é estipulado no contrato de trabalho em valor bem inferior a média paga pelos clubes a esses profissionais". TRT 1, RO n. 00330006820035010022/RJ, 6ª T., rel. José Antonio Teixeira da Silva, j. 14.02.2007.

27. STJ, Ag. Reg. no Ag. n. 141987/SP, Proc. n. 1997/0017825-0, 3ª T., rel. Min. Eduardo Ribeiro, j. 15.12.1997.

mencionado veto do Poder Executivo que, em 2015, ocasionou protestos dos árbitros e da entidade[28] que os representa.[29]

Ponderamos que os movimentos dos árbitros e as instruções à beira do gramado (ou das quadras) transmitidas pelos técnicos também integram o espetáculo e traduzem com precisão a tensão do momento, dando ao espetáculo desportivo a dimensão humana necessária, assim como o suporte a um verdadeiro drama (como bem lembrou Álvaro Melo Filho, os estádios foram transformados em verdadeiros estúdios pelas emissoras de radiodifusão, lição que pode ser somada à transmitida por Silmara Juny Chinellato quando enfatiza os aspectos artísticos do esporte).

Igualmente acentuamos a possibilidade de ampliação das atividades esportivas - o que já é admitido há muitos anos - e, louvando-se nos ensinamentos de Silmara Juny Chinellato, não é razoável negligenciar outros esportes coletivos, como o basquete e o voleibol, os quais também tiveram (e têm) momentos que tangenciaram a criação artística, tal como ocorreu no voleibol com a chamada "geração de prata". Tal geração conquistou a medalha de prata nos Jogos Olímpicos de Los Angeles em 1984, criou saques com nomes inspirados em séries norte-americanas da década de 1960, como "jornada nas estrelas" e "viagem ao fundo do mar", e conduziu as gerações posteriores a tal

28. A criação de uma associação de árbitros foi estimulada por Antônio Chaves como um meio de representar os interesses destes quanto ao direito de arena, o que inclusive foi objeto do já relatado debate com José de Oliveira Ascensão.
29. "A Associação Nacional dos Árbitros de Futebol (Anaf) estuda medidas judiciais que possam reverter o veto da presidente Dilma Rousseff ao artigo do Profut que daria aos árbitros 0,5% de todo o valor pago anualmente pelas empresas detentoras de direito de transmissão dos jogos no Brasil pelo direito de arena. Uma das medidas estudadas, segundo o presidente da Anaf, Marco Antônio Martins, é pedir à Justiça a proibição de que árbitros tenham suas imagens veiculadas em transmissões de jogos. Algo que tornaria inviável qualquer televisionamento ao vivo, já que o árbitro é presença constante em campo. No momento, está descartada uma greve, mas a Anaf pretende convocar uma assembleia dos árbitros onde, nesse encontro, essa medida pode ser colocada em pauta [...] A Anaf calcula que, se o artigo fosse mantido na lei de responsabilidade fiscal do futebol, a associação teria entre R$ 7 milhões e R$ 8 milhões para repartir com os árbitros atualmente. 'Uma pressão política, de pessoas que não querem que a arbitragem tenha verba, fez com que a presidente vetasse. Um absurdo, algo que batalhamos por anos', disse o presidente da Anaf. Segundo ele, o veto da presidente foi uma recomendação da AGU (Advocacia-Geral da União), que avaliou que o dinheiro do direito de arena seria usado para a qualificação dos árbitros. O entendimento do governo federal, porém, é que há outras verbas para se fazer isso. 'O dinheiro do direito de arena não é público, é privado. E um direito dos árbitros que tem a imagem transmitida para milhões de pessoas', disse Martins. A CBF ainda não se pronunciou sobre o assunto" (cf. RIZZO, Marcel. "Veto de Dilma irrita árbitros, que querem proibir imagem na TV". *Folha de S.Paulo*, 2015).

prática esportiva, afastando a visão de que o esporte deveria ser burocrático e enfadonho em seus fundamentos, a exemplo do que já ocorria no futebol.

Logo, ainda que a questões relativas ao direito de arena sejam debatidas na Justiça especializada, como a do Trabalho, consideramos de suma importância uma visão interdisciplinar, sendo que tal visão – na prática – reconhece que o *autor é um trabalhador*, lição igualmente ensinada por Silmara Juny Chinellato, assim como são os atletas e outros intervenientes em face das entidades esportivas que titularizam o direito de arena.

Referências

ASCENSÃO, José de Oliveira. "Direitos dos outros intervenientes, além dos atletas, em caso de fixação, transmissão ou retransmissão de espetáculo desportivo". *Revista de Direito Civil, Imobiliário, Agrário e Empresarial*, São Paulo, v.10, n.35, 1986, p.24-42.

______. "Uma inovação da lei brasileira: o direito de arena". *Jurisprudência brasileira*, Curitiba, n.167, 1992, p.37-43.

BITTAR, Carlos Alberto; BITTAR FILHO, Carlos Alberto. *Tutela dos direitos da personalidade e dos direitos autorais nas atividades empresariais*. São Paulo, Revista dos Tribunais, 1993.

CHAVES, Antônio. "Direito de arena". *Revista da Faculdade de Direito*, São Paulo, v.77, 1982, p.235-6.

CHINELLATO, Silmara Juny de Abreu. "Futebol e direito de arena". *Data venia*. Cotidiano. 04.07.1998, *Folha de S. Paulo*. Caderno 3, p. 2.

______. "Direito de arena". *Revista do Instituto dos Advogados de São Paulo*, Revista dos Tribunais, São Paulo, ano 2, n.3, jan-jun/1999, p.127-34.

______. "Direito autoral e direito de arena". *Revista Trimestral de Direito Civil*, Rio de Janeiro, v.4, 2000, p.79-96.

______. "Direito de arena, direito de autor e direito à imagem". In: CHINELLATO, Silmara Juny de Abreu; BITTAR, Eduardo C. B. (coords.). *Estudos de direito de autor, direito da personalidade, direito do consumidor e danos morais*. São Paulo, Forense Universitária, 2002. p.3-24.

______. "Futebol, arte e direito de arena". *Migalhas*. 5 de abril de 2005. Disponível em: www.migalhas.com.br/dePeso/16,MI11142,11049-Futebol+arte+e+direito+de+arena. Acesso em: 1/12/2016.

______. "Futebol, arte e direito de arena". In: PIMENTA, Eduardo Salles (org.). *Direitos autorais:* estudos em homenagem a Otávio Afonso dos Santos. São Paulo, Revista dos Tribunais, 2008.

______. "Comentários à Parte Geral – arts. 1º a 21". In: COSTA MACHADO, Antônio Cláudio (org.); CHINELLATO, Silmara Juny de Abreu (coord.). *Código Civil interpretado:* artigo por artigo, parágrafo por parágrafo. 7.ed. Barueri, Manole, 2014.

CORRÊA DA VEIGA, Mauricio de Figueiredo. "O direito de arena e o árbitro de futebol". *Revista Legislação do Trabalho*, São Paulo, v.77, n.5. maio/2013, p.563-6.

EZABELLA, Felipe Legrazie. *O direito desportivo e a imagem do atleta*. São Paulo, Thomson IOB, 2006.

LEGUIZAMON, A. Perez; HELSEN, W; UTSUMI, T. *Manual de treinamento físico para árbitros e assistentes*. Trad. Sandro Meira Ricci. Rio de Janeiro, Confederação Brasileira de Futebol, 2011.

MELO FILHO, Álvaro. *O desporto na ordem jurídica constitucional brasileira*. São Paulo, Malheiros, 1995.

MORATO, Antonio Carlos. "Dano à imagem". In: RODRIGUES JUNIOR, Otavio Luiz; MAMEDE, Gladston; ROCHA, Maria Vital da (orgs.). *Responsabilidade civil contemporânea:* em homenagem a Sílvio de Salvo Venosa. São Paulo, Atlas, 2011, p.562-72.

RIZZO, Marcel. "Veto de Dilma irrita árbitros, que querem proibir imagem na TV". *Folha de S.Paulo*. Esporte. Edição de 07.08.2015. Disponível em: www.folha.uol.com.br/esporte/2015/08/1665714-veto-de-dilma-irrita-arbitros-que-querem-proibir-imagem-na-tv.shtml. Acesso em: 08.01.2017.

http://www.cultura.gov.br/documents/10883/38605/Parecer110-1986.pdf/1d62aff4-f2ed-4126--8ad1-d814dc704f7f

CAPÍTULO 19
Direitos do intérprete na música orquestrada

Erich Bernat Castilhos

Introdução

A partir das tecnologias criadas ou difundidas no século XX, como as utilizadas no rádio, no cinema e na televisão, os direitos de autor passaram a contar com o importante apoio do trabalho do intérprete na difusão da obra. Desde então, o que antes era efêmero e poderia ser testemunhado apenas por aqueles que estavam presentes na execução de uma peça teatral, na récita de um poema ou na interpretação de uma partitura ou letra musical passou a merecer a crescente atenção do meio jurídico para melhor definir a natureza e a extensão dos chamados direitos conexos aos direitos de autor.

No início deste novo século, com o crescente incremento de tecnologias de transmissão de dados, o acesso à internet e o aumento de capacidade e de formas de armazenamento de produtos culturais pelo usuário final, foram incorporados novos desafios para a proteção dos direitos intelectuais de modo que a facilidade de acesso não implique desestímulo ao trabalho de criadores e de intérpretes.

O âmbito de proteção aos direitos de autor e conexos é amplo. No plano do direito internacional, podemos citar a Convenção de Berna para a Proteção das Obras Literárias e Artísticas, de 9 de setembro de 1886, que passou por sucessivas revisões, culminando com a de Paris em 24 de julho de 1971, incorporada ao nosso direito interno pelo Decreto n. 75.699, de 6 de maio de 1975 e Decreto n. 76.905, de 24 de dezembro de 1975.

A Convenção de Roma, de 26 de outubro de 1961, trata dos direitos conexos aos direitos de autor, promulgada pelo Decreto n. 57.125, de 19 de outubro de 1965.

No plano constitucional, esses direitos foram contemplados no art. 5º, nos incisos XXVII e XXVIII, conferindo ao autor o direito exclusivo de utilização, publicação ou reprodução de suas obras, com transmissão aos herdeiros, por tempo determinado em lei, bem como a participação individual em obras coletivas e o direito de fiscalização das obras que criarem, e aos intérpretes, das que executarem.

Por fim, a regulamentação dos direitos de autor e conexos é feita pelo diploma base, Lei n. 9.610, de 19 de fevereiro de 1998; quanto aos direitos conexos, convém destacar a Lei n. 3.857, de 22 de dezembro de 1960, que cria a Ordem dos Músicos do Brasil e regulamenta a profissão de músico; a Lei n. 6.533, de 24 de maio de 1978, que regulamenta as profissões de artistas e de técnicos em espetáculos de diversões, bem como a Lei n. 6.615, de 16 de dezembro de 1978, que regulamenta a profissão de radialista.

Do direito de autor sobre a obra

Antes de adentrar no tema dos direitos conexos, convém definir em que consiste a proteção dada ao autor, vez que os direitos conexos são direitos vizinhos aos de autor, regidos pelo mesmo diploma base, o qual determina a aplicação para os direitos conexos, no que couber, das disposições concernentes aos direitos autorais.

Assim, no que diz respeito ao direito de autor, a Lei n. 9.610, de 1998, no art. 7º, delimita o âmbito de proteção do autor a partir das obras que cria, dispondo que: "São obras intelectuais protegidas as criações do espírito, expressas por qualquer meio ou fixadas em qualquer suporte, tangível ou intangível, conhecido ou que se invente no futuro", sendo o autor a pessoa física que cria obra literária, artística ou científica (art. 11), cuja tutela dos direitos pode ser estendida à pessoa jurídica, dentro dos limites legais (art. 11, parágrafo único).

Extrai-se da conceituação legal que a obra, na forma como o autor expressou suas ideias, é objeto de proteção,[1] e tal proteção não se dá à ideia ou à concepção abstrata, mas necessariamente àquela produção estética incorporada pelo autor a um meio material.

Nas palavras de Otávio Afonso,[2] o designado direito de autor tem por propósito proteger tão somente as formas como as ideias se materializam ou são expressas. "É necessário que a ideia tome um corpo físico, tangível ou intangível, que seja expressa por meio de um livro, de um desenho, de um filme,

1. CHAVES, Antônio. *Direito de autor*, 1987, p.166.
2. AFONSO, Otávio. *Direito autoral:* conceitos essenciais, 2009, p.12.

de uma pintura etc."; portanto, a ideia não necessita ser original e não é objeto de proteção em si, podendo ser aproveitada por outros autores.

Avançando nessa distinção da forma como objeto de proteção autoral, sobre o conteúdo veiculado na obra, a ilustre professora Silmara Juny de Abreu Chinellato destaca que há uma intercontextualidade entre temas e ideias expressas nas obras de criação; não há originalidade absoluta,[3] ocorre "o aproveitamento de fontes comuns, do acervo cultural da humanidade";[4] assim, dois autores podem escrever, por exemplo, sobre um tema proposto por um editor, culminando em resultados estéticos completamente diferentes, merecendo, ambas as obras, proteção no âmbito dos direitos de autor.

Além da forma, há consenso na doutrina de que, para gozar de proteção, a obra deve ser dotada de originalidade, daí a exclusão de procedimentos puramente descritivos que não apresentem um suporte material com individualidade própria, que se vislumbre um trabalho criativo e singular do gênio do autor.

Com propriedade, Carlos Fernando Mathias de Souza[5] enfatizou que, a despeito dos progressos científicos e tecnológicos, a obra intelectual pressupõe uma criação do intelecto humano, ou seja, "uma forma natural, por maior expressão estética que tenha, não pode ser considerada, por exemplo, uma obra artística", como também não seria uma fotografia tirada por um computador sem intervenção humana, ou um texto produzido a partir de um *software* que imita a escrita humana.

Portanto, não basta a existência de um suporte material para merecer a proteção legal como direito de autor; é necessário que se faça um exame do conteúdo para verificar se, independentemente da qualidade artística, há a presença de elementos criativos e próprios do autor no plano estético, que o *corpus mechanicum* não se limita à descrição de objeto ou obra já existente.

Dos direitos conexos

Criada a obra, quando sua exteriorização se dá no campo das artes plásticas, como a pintura, a escultura, o artesanato, ou se corporifica na edição de um livro, ou é reproduzida em um jornal ou revista, a fruição pelo público é ime-

---

3. CHINELLATO, Silmara Juny de Abreu. "Violações de direito autoral: plágio, 'autoplágio' e contrafação". In: COSTA NETTO, José Carlos (coord.). *Direito autoral atual*, 2015, p.204.
4. Ibid.
5. SOUZA, Carlos Fernando Mathias de. *Direito autoral*, 1998, p.23.

diata, não precisa de intermediários e a experiência no contato com a obra é completa.

Já obras como peças teatrais, roteiros de filmes, coreografias de dança e composições musicais, para proporcionarem uma experiência completa ao expectador, precisam de um intermediário que as execute, representando ou interpretando a peça, o roteiro, a coreografia ou a composição musical. Evidente que os textos dessas produções artísticas podem ser lidos e desfrutados pelo leitor em contato direto, mesmo uma partitura quando lida por um músico proporciona uma experiência estética, mas tais obras nascem para serem executadas, e o intérprete é o hermeneuta que projeta essas obras em nosso mundo sensível, proporcionando que sejam captadas por nossos sentidos.

Assim, ao lado da criação autoral, há situações em que a atuação de um intérprete é fundamental para dar vida e alma à primeira, a tal ponto que, no que se refere a estes últimos, as disposições sobre os direitos conexos na Lei n. 9.610/98 estabelecem que se aplicam a eles, no que couber, a proteção conferida aos autores (art. 89), especificando o art. 92 que os intérpretes são titulares dos direitos morais de integridade e paternidade de suas interpretações.

A essa atividade dos intérpretes associa-se um feixe de direitos, todos igualmente designados direitos conexos, que a Lei n. 9.610/98, no Título V, entre os arts. 89 a 96, reserva também aos produtores fonográficos e à indústria de radiodifusão.

Quando a atuação do intérprete começa ser fixada em áudio ou em vídeo ou difundida por meio de programas de rádio ou televisão, a *performance* se pereniza e amplia-se além do espaço físico em que é executada.[6]

6. Essa projeção das interpretações para além do momento e do espaço da execução está situada em um momento recente. Em rápida notícia histórica, Emerson Santiago informa que a tecnologia de gravação de sons começa a se desenvolver a partir de um invento de Thomas Edson, em 1877, que patenteou a gravação e reprodução sonora por meio dos cilindros de cera. A tecnologia persistiu até cerca de 1910, sendo substituída pelos discos de goma laca de 78 rotações dos gramofones, que, em 1948, foram sucedidos pelo LP de vinil lançado pela Columbia. Em 1960, surgiu a fita cassete, que permite não apenas a gravação sonora como também de imagens (SANTIAGO, Emerson. *História da gravação do som*). O rádio, segundo José de Almeida Castro, surgiu no Brasil oficialmente em 1922 com a transmissão de um discurso do presidente Epitácio Pessoa no Dia da Independência; ao ouvi-lo, Roquette Pinto convenceu a Academia Brasileira de Ciências a fundar a Rádio Sociedade do Rio de Janeiro, disseminando-se, posteriormente, novas emissoras. Com a comercialização de mais aparelhos receptores individuais, o rádio passou a ter um papel histórico relevante; nas décadas de 1930, foi utilizado como recurso de propaganda política (CASTRO, José de Almeida. *História do rádio no Brasil*). No Brasil, Getúlio Vargas criou, em 1935, o programa *A Hora do Brasil*, conhecida atualmente como *A Voz do Brasil* (CANUTO, Luiz Cláudio. A Voz do Brasil está no ar há 80 anos). Sérgio Famá D'Antino e Larissa Andréa Carasso informam que a primeira emissora de televisão do país surgiu em 1950, a PRF3 –

Todos esses titulares de direitos conexos têm como ponto de partida a execução de uma obra autoral e em comum sua difusão. Recebem essa designação, segundo lição de Carlos Fernando Mathias de Souza, porque "são direitos que não existiriam se não houvesse a obra intelectual".[7]

Os direitos conexos, titularizados por artistas, gravadoras de fonogramas e emissoras de rádio e televisão, são também denominados direitos vizinhos aos direitos de autor e foram definidos por Eliane Yachouh Abrão como "direitos de conteúdo não autoral aos quais se reconheceriam direitos patrimoniais equiparados aos de autor, pelo fato de seus titulares atuarem e difundirem obras autorais".[8]

Como direitos que vieram à tona no universo jurídico em razão do desenvolvimento tecnológico, que permitiu expandir o alcance das interpretações e perpetuá-las com o registro do som e das imagens, Otávio Afonso[9] destaca que a concepção de conexão desses direitos com o direito de autor "explica-se pelas circunstâncias em que as três categorias de beneficiários mencionadas aportam aos autores o concurso de sua atuação para permitir-lhes transmitir ao mundo suas mensagens, constituídas pelas obras literárias e artísticas", e conclui que, na condição de direitos ligados, não se confundem com o direito de autor.

Antônio Chaves[10] aproxima a criação realizada pelos intérpretes da criação autoral, pois eles criam obras conexas ao executar obras não originárias, obras "que criam a partir daquelas preexistentes, adquirindo, quando meritoriamente desempenhadas, sua própria individualidade, como obras *interpretadas*", executadas ao vivo ou gravadas para reprodução.

Identificado o elemento comum dos direitos conexos, Francisco Luciano Minharro[11] os distingue quanto à titularidade e o objeto:

> Os direitos conexos dos intérpretes e artistas e os direitos conexos das empresas de fonogramas e de radiodifusão diferenciam-se quanto aos titulares e

---

TV Tupi, inicialmente exibindo somente programas ao vivo por algumas horas. Entre as décadas de 1950 e 1960, surgiram outras redes de televisão abertas; no início da década de 1960, com o advento do *videotape*, passa a ser possível gravar os programas produzidos para posterior transmissão e retransmissão (D'ANTINO, Sérgio Famá; CARASSO, Larissa Andréa. "Os direitos conexos dos atores de telenovelas e minisséries". In: COSTA NETTO, José Carlos (coord.). *Direito autoral atual*, 2015).

7. SOUZA, Carlos Fernando Mathias de. "Considerações sobre direitos autorais relativos à execução pública de obras musicais". In: *Direito autoral atual*, 2015, p.95.
8. ABRÃO, Eliane Yachouh. *Direitos de autor e direitos conexos*, 2002, p.193.
9. AFONSO, Otávio, op. cit., p.68.
10. CHAVES, Antônio. *Direitos conexos*, 1999, p.22.
11. MINHARRO, Francisco Luciano. *A propriedade intelectual no direito do trabalho*, 2010, p.54.

em relação ao respectivo objeto. Os intérpretes e artistas são necessariamente pessoas físicas e o objeto desses direitos é uma atividade pessoal, com profunda expressão espiritual. As produtoras de fonogramas e empresas de rádio e televisão são pessoas jurídicas e o que se protege é o sucesso da atividade comercial e industrial que desenvolvem, com a finalidade de facilitar e incentivar a sua tarefa tão primordial que é servir de veículo para que as criações literárias e artísticas atinjam o grande público. Destas diferenças decorre que direitos de natureza moral são exclusivos dos artistas e intérpretes e não contempla as produtoras e empresas de rádio e televisão.

Vale observar que, apesar da proximidade, o editor, de livros ou de música, é tido historicamente "como titular de direito autoral original (obra coletiva) ou derivado (em virtude de cessão) e não como titular de direito conexo", a despeito das afinidades de seu ramo de atividade com o daqueles, conforme doutrina Eliane Yachouh Abrão.[12]

De fato, se o elemento comum entre as atividades dos produtores de fonograma, das empresas de rádio e televisão e das editoras de livros é a difusão da obra, a manutenção das editoras como titulares de direito de autor só se justifica por razões históricas.

Feita a ressalva, para efeito de proteção, os direitos conexos não são vitalícios como os direitos de autor. O prazo de proteção é de setenta anos e a contagem se inicia a partir de 1º de janeiro do ano imediatamente posterior ao da fixação, à transmissão, à execução e à representação pública.[13]

Da mesma forma que as obras derivadas, os direitos conexos dependem da autorização prévia do autor e, quando executados, fixados ou retransmitidos, são independentes da obra originária.

Quanto aos direitos do intérprete ou executante, pode-se abreviadamente resumi-los como o direito exclusivo de autorizar ou proibir a fixação, a reprodução, a execução pública e a locação de suas interpretações ou execuções, de autorizar ou proibir a radiodifusão das suas interpretações ou execuções, fixadas ou não, bem como de permitir ou vedar a colocação à disposição do público de suas interpretações ou execuções, de maneira que qualquer pessoa a elas possa ter acesso, no tempo e no lugar que individualmente escolherem, a título oneroso ou gratuito.

A prerrogativa do intérprete de autorizar ou proibir o uso de suas interpretações ou execuções por terceiros estende-se a qualquer outra modalidade de utilização.

---

12. ABRÃO, Eliane Yachouh, op. cit., p.19.
13. Art. 96 da Lei n. 9.610, de 19 de fevereiro de 1998.

Quanto ao produtor de fonograma, ele terá a exclusividade de autorizar ou proibir, a título oneroso ou gratuito, a reprodução direta ou indireta, total ou parcial, a distribuição por meio da venda ou locação de exemplares da reprodução, a comunicação ao público por meio da execução pública, inclusive pela radiodifusão, ou quaisquer outras modalidades de utilização, existentes ou que venham a ser inventadas.

Por fim, às empresas de radiodifusão assiste o direito exclusivo de autorizar ou proibir a retransmissão, fixação e reprodução de suas emissões, bem como a comunicação ao público, pela televisão, em locais de frequência coletiva, sem prejuízo dos direitos dos titulares de bens intelectuais incluídos na programação.

Dos músicos na definição artistas intérpretes ou executantes

A Lei n. 9.610/98 apresenta rol no art. 5º, em seu inciso XIII, de quem considera artistas intérpretes ou executantes, de forma exemplificativa, sendo "todos os atores, cantores, músicos, bailarinos ou outras pessoas que representem um papel, cantem, recitem, declamem, interpretem ou executem em qualquer forma obras literárias ou artísticas ou expressões do folclore."

Já a Lei n. 6.533, de 24 de maio de 1978, no art. 2º, I, define artista como "o profissional que cria, interpreta ou executa obra de caráter cultural de qualquer natureza, para efeito de exibição ou divulgação pública, através de meios de comunicação de massa ou em locais onde se realizam espetáculos de diversão pública".

A segunda definição goza da vantagem de evitar exemplificações que incluem categorias *a priori*, procura conceituar a atividade artística pela realização de ações que tenha caráter cultural (criar, interpretar ou executar obra) vinculadas à finalidade de exibição ou divulgação pública.

Segundo o Dicionário Eletrônico Houaiss, artista é "aquele que estuda ou se dedica às belas-artes e/ou delas faz profissão"; "aquele que tem o sentimento ou o gosto pelas artes"; "aquele que interpreta papéis em teatro, cinema, televisão ou rádio; ator" ou "aquele que é dotado de habilidades ou particularidades físicas especiais e as exibe em circos, feiras etc.".

Dentro dessa definição, estão incluídas diversas profissões expressamente, como a de ator ou o circense e, implicitamente, dentro da expressão belas-artes, estão compreendidos o artista plástico, o músico, o poeta e o dançarino.

No seu mister, o artista é designado intérprete ou executante, ressaltando a legislação essa característica da atividade desse profissional que, ao interpretar, decodifica a obra; a interpretação é uma atividade que revela o sentido de algo que não está claro e, ao executar, põe em prática e realiza a obra autoral.

Procurando distinguir o trabalho de interpretação do trabalho de execução de uma obra, Antônio Chaves[14] afirma que:

> Procurando identificar a correta denominação que possa caber ao artista na execução musical, especialmente de obras populares, quando várias categorias deles intervêm na mesma execução, entende H. JESSEN (*Direitos intelectuais*, Rio de Janeiro, Itaipu, 1967) que a designação do intérprete cabe exclusivamente ao artista que dê à execução o cunho de sua personalidade, designação essa que, a seu ver, aplicar-se-á automaticamente ao cantor. Também poderá intitular-se intérprete o músico solista que execute a totalidade ou a maior parte da obra.
>
> Aos demais, porém, que apenas atuam no acompanhamento, executando breves solos ou fazendo as harmonias, prefere denominar acompanhantes, que serão objetos de tópico ulterior.
>
> É observação que retoma EDY CAMPOS SILVEIRA ao notar, à página 492, que, quanto ao executante, não há falar em criatividade.

Ao citar Edy, para distinguir a interpretação da execução, Chaves[15] utiliza-se como exemplo do trabalho executado por uma orquestra sinfônica: "A criatividade da interpretação, no caso, é do regente, que é o artista intérprete da obra executada, sendo considerados os músicos da orquestra como artistas executantes".

Em que pese a distinção doutrinária entre intérpretes e executantes, em nosso direito, ambos gozam do mesmo nível de proteção, incluídos na segunda categoria os músicos acompanhantes. No entender deste autor, andou bem nosso legislador, vez que o virtuosismo do músico integrante de uma orquestra na interpretação de sua parte do arranjo musical é fundamental para a construção da interpretação do todo.

Além do direito de impedir a fixação ou a reprodução em suporte material sem o seu consentimento, conforme estabelecido na Convenção de Roma, os intérpretes e executantes têm, com base na Lei n. 9.610/98, direitos positivos no art. 90, não se limitando à prerrogativa de impedir, mas também com exclusividade autorizar ou proibir "a fixação, a execução pública, a locação, a reprodução de suas interpretações, assim como a radiodifusão delas, ou qualquer outra modalidade de utilização de suas obras, colocadas ou não à disposição do público".[16]

---

14. CHAVES, Antônio. *Direitos conexos*, op. cit., p.43.
15. Ibid., p.44.
16. ABRÃO, Eliane Yachouh, op. cit., p.196.

A orquestra e o exercício dos direitos conexos pelos músicos

A origem da orquestra é remota; data do século V a.C. e, segundo Paula Perin dos Santos,[17] o termo vem do grego, *orkestra*, que significava "lugar destinado à dança" e era o espaço destinado aos músicos, à frente do palco nos anfiteatros, também ocupado pelo coro e pelos dançarinos, enquanto o palco se destinava aos atores na representação dramática.

Posteriormente, o termo evoluiu para designar essa reunião de músicos destinada a interpretar uma obra musical. O número de componentes não é fixo, varia conforme o repertório e a quantidade de 'vozes' da composição (instrumentos de sopro, cordas e percussão), e o número de instrumentistas de um naipe[18] é determinado pela força que é preciso dar ao som, sendo natural que orquestras sinfônicas possuam um maior número de instrumentistas de cordas para que os sons de violinos e violas, por exemplo, não seja abafado pelo dos instrumentos de sopro e percussão. Os músicos cuja função é de executar esse reforço sonoro são designados músico fila ou *tutti*, enquanto os que executam solos, partes específicas da composição, são os solistas ou *spallas*.

Os regentes são os intérpretes por excelência da execução da obra pela orquestra: ditam o ritmo da música, harmonizam o som dos instrumentos para que um grupo não toque mais forte do que outro e desenham a interpretação orquestral da melodia indicando a intensidade ou a suavidade com que os músicos devem tocar em cada trecho da composição.

Esse papel proeminente do regente nas orquestras foi reconhecido por nosso legislador, que lhe delegou a função de exercer os direitos dos integrantes do grupo,[19] corroborando a opinião doutrinária de que, nas orquestras, o intérprete é o regente, conforme sintetiza Costa Netto,[20] no seguinte excerto:

> Tanto JESSEN quanto MORAES consideram, a meu ver acertadamente, o regente como verdadeiro intérprete (e não executante) de obra musical executada por orquestra ou coral. A lei brasileira que regulou, anteriormente ao diploma regente de 1973 [reeditado, nesse aspecto, pela Lei n. 9.610, de 1998], especificamente a matéria [Lei n. 4.944, de 06.04.1966] não menciona a expressão

17. SANTOS, Paula Perin dos. *Orquestra*, 2006-2018.
18. Segundo o Dicionário Houaiss, naipe, na música, significa "num conjunto instrumental ou vocal, grupo de executantes do mesmo tipo de instrumento ou mesma classificação vocal". Disponível em https://houaiss.uol.com.br/pub/apps/www/v2-3/html/index.htm#1. Acessado em: 20.10.2016.
19. Art. 90, § 1º, da Lei n. 9.610, de 19 de fevereiro de 1998.
20. COSTA NETTO, José Carlos. *Direito autoral no Brasil*, 2008, p.196.

"regente" (ou maestro), designando-o "diretor" (art. 6º, §§ 3º e 4º). Já a Convenção de Roma, a exemplo da lei brasileira, não fez distinção a essa categoria de intérprete musical, englobando-a na denominação genérica de "*músico*".

Antônio Chaves[21] discorda do posicionamento de Jessen na parte que considera praticamente nula a atuação interpretativa dos músicos acompanhantes. Aquele autor ressalva que os músicos acompanhantes merecem, tanto quanto os artistas principais, o reconhecimento como artista, pois a obra só se realiza como um todo contando com essas participações de menor expressão e conclui que a opção legislativa de delegar ao regente da orquestra a representação dos músicos foi por questão de simplicidade e pragmatismo, *verbis*:

> No mercado, todavia, considerações de ordem prática têm suas imposições. É por isso, e por uma questão de simplicidade e de praticidade, que ao lado do tratamento especial dispensado aos artistas principais, a lei considera os músicos acompanhantes, ou os componentes de um coro, em bloco, em segundo plano, constituindo um pano de fundo, como um condomínio, ou melhor, formando estes acompanhantes uma só pessoa, uma coletividade de natureza especial: cada um, sob a responsabilidade do chefe da orquestra, ou do coro, receberá a participação a que tem direito; no entanto, salvo raras exceções, pelas mesmas razões de natureza prática as participações serão igualadas.

Muito embora o festejado mestre discorde do entendimento doutrinário de que os músicos acompanhantes não seriam considerados intérpretes, ressalta que o tratamento em bloco que recebem na Lei n. 9.610 sacrifica seu direito moral ao ponto de não ter "o direito à identificação, diante da inviabilidade de se mencionar cada um dos nomes dos acompanhantes de uma orquestra",[22] não lhes assistindo também o direito de exercer individualmente os direitos morais.

Como a lei que regulamenta a profissão dos músicos (Lei n. 3.857/60) não traz qualquer disposição acerca dos direitos conexos de ordem moral ou patrimonial especificamente para esta categoria profissional, incidem na plenitude as disposições atinentes aos direitos conexos, reservadas aos intérpretes ou executantes previstas na Lei de Direitos Autorais,[23] exercendo o regente o papel de representação dos músicos acompanhantes.

---

21. CHAVES, Antônio. *Direitos conexos*, op. cit., p.79.
22. Ibid., p.293.
23. Cf. MINHARRO, Francisco Luciano, op. cit., p.129.

Esse posicionamento tem sido corroborado pela jurisprudência, como pode se extrair de julgado do Tribunal Regional do Trabalho da 4ª Região,[24] que decidiu litígio entre o músico da orquestra e a Universidade Unisinos, que postulava o pagamento de direitos conexos a serem calculados pela quantidade de exibições das apresentações da orquestra junto à TV Cultura/RS, e entendeu que não caberia ao músico o exercício individual desses direitos, que somente poderiam ser reclamados pelo regente representante do conjunto dos músicos.

A modalidade de contratação dos músicos dependerá do vínculo estabelecido entre as partes; configurada a habitualidade, a pessoalidade e a subordinação hierárquica, deverá ser firmado um contrato de trabalho entre o músico e o contratante; ausentes esses requisitos, mormente quando o recrutamento se dá para uma apresentação específica, para acompanhar um cantor, por exemplo, vigorará entre as partes um contrato de prestação de serviços ou, como prefere Antonio Chaves, "contrato de representação pública direta",[25] cuja remuneração prevista retribui os direitos conexos diretamente devidos pela apresentação.

Por oportuno, tratando-se apenas de apresentação pública, o Superior Tribunal de Justiça[26] já decidiu que os direitos conexos estão quitados me-

24. BRASIL. Tribunal Regional do Trabalho, 4ª Região. Acórdão em Recurso Ordinário n. 01140-2006-332-04-00-6. Relator: Fabiano de Castilhos Bertolucci. Publicado em 26.11.2007: "Considerando-se o disposto no citado § 1º, conclui-se que os direitos de executantes de orquestra são exercidos pelo regente. Significa que os músicos, como integrantes da orquestra, não podem exercer seus direitos de executantes individualmente. Questionável, pois, a legitimidade do reclamante para postular contra sua empregadora os direitos em relação aos quais está alegado o cerceamento de defesa que ora se examina, compreendidos em incisos do art. 90, da Lei n. 9.610/98. Idem, quanto ao pedido de indenização por dano moral, deduzido como decorrência de tais direitos. Logo, impertinente a produção de prova a respeito. De qualquer sorte, não resta configurado o cerceio de defesa ora apreciado. À luz da Lei n. 9.610/98, o fato gerador do direito do executante sobre imagem é simplesmente a caracterização de alguma modalidade de utilização de sua execução. Vale ressalvar que tal direito pode ser objeto de cessão, situação em que o executante perde sua titularidade. Registra-se que o aludido diploma não contém norma no sentido de que o direito sobre imagem só se perfectibiliza conforme o número de vezes em que caracterizada alguma modalidade de utilização da execução".
25. CHAVES, Antônio. *Direitos conexos*, op. cit., p.169.
26. BRASIL. Superior Tribunal de Justiça. Acórdão em REsp n. 1.114.817/MG, 4ª T., rel. Min. Luis Felipe Salomão, *DJe* 17.12.2013: "O fato gerador da ação de cobrança proposta pelo Ecad teve como conteúdo patrimonial os direitos de autor – proteção da relação jurídica pelo trabalho intelectual na composição da obra musical – e não arrecadar a prestação pecuniária decorrente de sua execução musical, que é fato gerador advindo da interpretação do artista no espetáculo. Assim, independentemente do cachê recebi-

diante o pagamento do cachê ao artista, sendo prerrogativa do Ecad a cobrança dos direitos autorais da composição, devidos ainda que se trate de músicas de autoria do próprio intérprete.

Portanto, para fins do exercício dos direitos conexos, é relevante pactuar os desdobramentos em outros produtos ou conteúdos produzidos a partir das apresentações musicais, que, por si só, são efêmeras. Naturalmente, não se despreza a presença de direitos conexos nas apresentações ao vivo, mas os direitos conexos ficam mais evidentes quanto se destacam da execução ao vivo, seja pela fixação da interpretação, seja pela retransmissão radiofônica ou eventualmente em razão do uso da imagem ou da voz do artista[27] e gravação de ensaios para o uso em materiais de divulgação.[28]

Na esteira desse entendimento, Eliane Yachou Abrão ressalta que "A interpretação do artista dá-se ao vivo, ou gravada. A primeira funde trabalho com criação artística, enquanto que a outra só registra esta última. Os direitos conexos estão voltados aos aspectos da interpretação fixada".

Francisco Luciano Minharro[29] igualmente observa que:

> Caso o artista intérprete ou executor despenda sua força de trabalho fazendo ensaios para a preparação de sua apresentação sem contudo gravá-la não há falar em direitos conexos. Uma vez fixada a interpretação em suporte inicia-se uma relação jurídica entre empregado e empregador relativa aos direitos conexos referentes a esse suporte com as imagens e o som da interpretação revelando direitos e obrigações patrimoniais.

Tal entendimento é também esposado por José Carlos Costa Netto,[30] que preconiza que "a titularidade originária dos direitos conexos aos de autor, no campo musical, pode surgir somente a partir da fixação sonora da obra intelectual".

Assim, aplicando-se no que couber as disposições atinentes aos direitos de autor aos artistas intérpretes ou executantes, é necessário pactuar expressa e discriminadamente os direitos que se estão licenciando ou cedendo, uma

---

do pelos artistas em contraprestação ao espetáculo realizado (direito conexo), é devido parcela pecuniária pela composição da obra musical (direito de autor)".

27. Vale ressaltar, como bem faz Eliane Yachouh Abrão, que há, no caso dos artistas, uma dupla proteção da imagem e voz: uma enquanto intérprete de um papel e outra como pessoa em sua vida privada, a primeira como direito conexo, a segunda como direito da personalidade (ABRÃO, Eliane Yachouh, op. cit., p.24).
28. Ibid., p.195.
29. MINHARRO, Francisco Luciano, op. cit., p.125.
30. COSTA NETTO, José Carlos, op. cit., p.194.

vez que o contrato se interpreta restritivamente[31] e vigora para o músico o princípio da autonomia negocial.

Lembre-se que, pela sistemática da Lei de Direitos Autorais, a autorização para a utilização de interpretações fixadas em fonogramas ou a radiodifusão, bem como a quantidade de retransmissões são independentes entre si, devendo o contrato com o músico prever quais modalidades serão utilizadas e que compreendem a remuneração recebida. Deve autorizar também às empresas de radiodifusão a realização de fixações da interpretação ou execução dos artistas para utilização em número determinado de emissões, e se o contrato em que se ceder os direitos conexos não especificar a extensão territorial onde produz seus efeitos, presume-se que suas disposições se limitam ao país em que foi assinado.

No âmbito da fixação das obras interpretadas, necessário também prever no contrato com o músico os suportes que serão utilizados, como o VHS, *video-disc*, CD, CD ROM, CD-I (*compact disc* interativo), *homevideo*, DVD (*digital video disc*), MP3, suportes de computação gráfica em geral, películas cinematográficas, bem como a autorização para sua reprodução, edição, distribuição ao público, comercialização e qualquer outra forma de utilização desses suportes, sob pena de serem necessárias novas negociações para os pontos em que o contrato foi omisso.

Para execução musical, exibição e reexibição, precisa estar previsto o meio a ser utilizado, se pela via televisiva, a espécie, televisão aberta ou televisão por assinatura, e os meios existentes como a radiodifusão em sistema UHF, VHF, cabo, MMDS, satélite, a modalidade de comercialização a ser utilizada, como *pay tv*, *pay-per-view*, *near video on demand* ou *video on demand*, por exemplo, devendo constar outros meios como a projeção em tela, em qualquer tipo de local de frequência coletiva, em circuito fechado, em circuito cinematográfico ou via internet.

Esses cuidados na negociação dos direitos também se aplicam às relações de emprego, uma vez que a Lei dos Músicos (Lei n. 3.857, de 22 de dezembro de 1960) não tratou dos direitos conexos nem estabeleceu qualquer ressalva à regulamentação dos direitos autorais.

É também relevante observar que não se aplica aos músicos a vedação de cessão dos direitos estabelecida no art. 13 da Lei n. 6.533, de 24 de maio de 1.978, quando em regime de contrato de trabalho, como bem observam Francisco Luciano Minharro,[32] Eliane Yachouh Abrão,[33] Antônio Chaves[34] e José

---

31. Art. 4º c/c art. 89 da Lei n. 9.610/98.
32. MINHARRO, Francisco Luciano, op. cit., p.127.
33. ABRÃO, Eliane Yachouh, op. cit., p.197.
34. CHAVES, Antônio. *Direitos conexos*, op. cit., p.77.

Carlos Costa Netto,[35] podendo o contrato individual de trabalho, por ocasião de sua formação, prever a cessão de direitos aqui mencionados e as condições para a remuneração dos músicos, estabelecer um valor fixo para a remuneração dos direitos conexos, cujo reajuste pode ser pactuado coletivamente, ou em percentual sobre a remuneração ao empregador pelo evento.

Não se olvide que, no contrato de trabalho, além das disposições relativas à Lei de Direitos Autorais, deve-se atentar para os princípios do direito do trabalho, igualmente aplicáveis, quais sejam, a aplicação da norma mais favorável, a incidência da condição mais benéfica ao trabalhador e a irrenunciabilidade de direitos.

Assim, dentre as hipóteses previstas de contratualização dos direitos conexos dos empregados previstas nos parágrafos anteriores, é imprescindível ter em conta que alterações contratuais em prejuízo ao empregado são, em princípio, vedadas, sendo somente admissíveis na hipótese de convenção ou acordo coletivo em que se pactuam cláusulas compensatórias, contando-se com a assistência do sindicato de classe.

Por se tratar de direitos irrenunciáveis, não se admitem nem apenas a renúncia pura e simples, nem cessões gratuitas, sendo necessário que as tratativas sobre os direitos conexos possuam conteúdo econômico.

Contratada a orquestra por terceiros e estando todos esses direitos regulados e previstos no contrato de trabalho, desnecessário obter nova anuência dos músicos. Todavia, diante de hipótese não prevista, é necessário o ajuste com os músicos da orquestra, representados por seu regente, com pagamento dos respectivos direitos conexos em igual proporção, salvo a hipótese em que a interpretação de um músico se destacará como solista, ou a orquestra acompanhar um cantor, quando a retribuição pelos direitos será negociada separadamente.

Referências

ABRÃO, Eliane Yachouh. *Direitos de autor e direitos conexos*. São Paulo, Editora do Brasil, 2002.

AFONSO, Otávio. *Direito autoral:* conceitos essenciais. Barueri, Manole, 2009.

CANUTO, Luiz Cláudio. A Voz do Brasil está no ar há 80 anos. *A música do dia*. Rádio Câmara. 22/07/2015 In: http://www2.camara.leg.br/camaranoticias/radio/materias/A-MUSICA-DO-DIA/492595-A-VOZ-DO-BRASIL-ESTA-NO-AR-HA-80-ANOS.html. Acesso em: 30.10.2016.

---

35. COSTA NETTO, José Carlos, op. cit., p.246.

CASTRO, José de Almeida. *História do rádio no Brasil*: Clubes de amigos e primeira "PR" no rádio brasileiro https://www.abert.org.br/web/index.php/quemsomos/historia-do-radio-no-brasil. Acesso em: 30.10.2016.

CHAVES, Antônio. *Direito de autor*. Rio de Janeiro, Forense, 1987.

______. *Direitos conexos*. São Paulo, LTr, 1999.

CHINELLATO, Silmara Juny de Abreu. "Violações de direito autoral: plágio, 'autoplágio' e contrafação". In: COSTA NETTO, José Carlos (coord.). *Direito autoral atual*. Rio de Janeiro, Elsevier, 2015, p.200-19.

COSTA NETTO, José Carlos. *Direito autoral no Brasil*. 2.ed. São Paulo, FTD, 2008.

D'ANTINO, Sérgio Famá; CARASSO, Larissa Andréa. "Os direitos conexos dos atores de telenovelas e minisséries". In: COSTA NETTO, José Carlos (coord.). *Direito autoral atual*. Rio de Janeiro, Elsevier, 2015, p.168-79.

JESSEN, H. *Direitos intelectuais*. Rio de Janeiro, Itaipu, 1967 apud CHAVES, Antonio. Direitos *conexos*. São Paulo, LTr, 1999.

MINHARRO, Francisco Luciano. *A propriedade intelectual no direito do trabalho*. São Paulo, LTr, 2010.

SANTIAGO, Emerson. *História da gravação do som*. Disponível em texto e áudio no site https://www.infoescola.com/curiosidades/historia-da-gravacao-do-som/. Acesso em: 30.10.2016.

SANTOS, Paula Perin dos. *Orquestra*. Disponível em www.infoescola.com/musica/orquestra/, 2006-2018. Acesso em: 30.10.2016.

SOUZA, Carlos Fernando Mathias de. *Direito autoral*. Brasília, Brasília Jurídica, 1998.

______. "Considerações sobre direitos autorais relativos à execução pública de obras musicais". In: COSTA NETTO, José Carlos (coord.). *Direito autoral atual*. Rio de Janeiro, Elsevier, 2015.

CAPÍTULO 20

Direito autoral e propriedade industrial: por um ensino integrado desses dois subsistemas do direito intelectual

Rodrigo Moraes

Tu deviens responsable pour toujours
de ce que tu as apprivoisé.
Le Petit Prince, de Antoine de Saint-Exupéry[1]

Introdução

Os senhores me desculpem, mas
devido ao adiantado das horas eu
me sinto anterior às fronteiras.
Carlos Drummond de Andrade

É uma honra participar desta obra coletiva em homenagem aos trinta anos de carreira docente da Professora Silmara Chinellato. Sem dúvida alguma, ela é digna desta e de outras futuras homenagens. Neste breve estudo, desejamos expressar a nossa imensa admiração por ela, na certeza de que, como cantara Gonzaguinha, "toda pessoa sempre é as marcas das lições diárias de outras tantas pessoas".[2]

---

1. Artigo em homenagem à renomada civilista e autoralista Silmara Juny de Abreu Chinellato. Tive a honra de ser aluno da ilustre Professora Silmara na disciplina "Direitos Intelectuais. Direito de Autor no Terceiro Milênio: do Mecenato às Novas Tecnologias, na Sociedade da Informação", no primeiro semestre de 2016, no doutorado da Faculdade de Direito da Universidade de São Paulo.
2. "Caminhos do Coração", música de autoria de Gonzaguinha.

A Faculdade do Largo de São Francisco, a mais antiga do país,[3] é pioneira no ensino da disciplina Direito Autoral. O professor Antônio Chaves criou essa disciplina autônoma em 1971 e, de lá para cá, uma safra de renomados autoralistas foi gerada nas Arcadas.

Carlos Alberto Bittar, que também lecionou a disciplina Direito Autoral na Faculdade de Direito da USP e foi autor de diversos estudos sobre a matéria, no seu artigo intitulado "Autonomia científica do direito de autor", publicado em 1994, valendo-se da lição do jurista italiano Alfredo Rocco, comprovou que o direito autoral contém "objeto próprio, princípios específicos, normas especiais e conceitos e figuras próprias",[4] sendo, portanto, um "ramo autônomo do direito privado".

O direito autoral possui autonomia científica, mas autonomia científica não se confunde com isolamento científico. O estudo do direito de autor não pode ser insular, egocêntrico, encastelado.

Ciente da interface entre direito autoral e propriedade industrial, e rechaçando o insulamento, Silmara Juny de Abreu Chinellato convidou Balmes Vega Garcia, professor de Propriedade Industrial da Faculdade de Direito da USP, para ministrar uma aula, no dia 3 de maio de 2016, sobre a temática das convergências e divergências entre os dois subsistemas.

Com os pés no chão da realidade e uma visão pragmática, Balmes, que dedicou sua aula ao saudoso jurista Denis Borges Barbosa, fez a seguinte indagação: por que uma separação no ensino, se, na prática, o capitalista não faz distinções entre os subsistemas protetivos? Para Balmes, o capitalista se apropria de tudo, bebe em todas as fontes, "transita com idêntica desinibição" tanto no direito de autor quanto na propriedade industrial. Ou seja, o empresário do século XXI, quando se trata de auferir ganhos, está à vontade em qualquer canto, em qualquer subsistema.

A universidade não pode negar o mundo real. É preciso teorizar (contemplar filosoficamente) o direito intelectual, mas sem perder de vista sua inegável aplicação prática, que não é dicotômica, mas integrada.

O professor Balmes, que também é engenheiro, nessa mesma aula, lembrou que a noção de patrimônio cultural engloba criações científicas e tecnológicas (CF, art. 216, III), e que há técnicas construtivas da engenharia que pertencem ao patrimônio cultural brasileiro.[5] Muitos objetos técnicos de ou-

---

3. Em 11 de agosto de 1827, foi promulgada a lei que criou os cursos jurídicos em Olinda (PE) e São Paulo (SP).
4. BITTAR, Carlos Alberto. "Autonomia científica do direito de autor". *Revista da Faculdade de Direito da Universidade de S. Paulo*, 1994, p.95.
5. "Art. 216. Constituem patrimônio cultural brasileiro os bens de natureza material e imaterial, tomados individualmente ou em conjunto, portadores de referência à iden-

trora podem, com o tempo, se transformar em objetos artísticos e, inclusive, ser expostos em famosos museus. Portanto, o patrimônio cultural brasileiro não é formado apenas por bens artísticos, mas também por bens tecnológicos. Balmes apontou, assim, um interessante entrelaçamento entre o direito autoral e a propriedade industrial.

O autoralista dos dias atuais precisa saber aproximar e distanciar os dois subsistemas. Precisa saber apontar diferenças e semelhanças. Para conhecer profundamente o direito autoral, precisa também ter sólidos conhecimentos do conteúdo programático da propriedade industrial. A superespecialização em direito de autor pode levar àquela máxima: "quem só vê uma árvore não enxerga a floresta". Os estudiosos do direito intelectual precisam evitar o estudo ensimesmado e tomar o devido cuidado com os riscos da hiperespecialização do conhecimento.

No campo profissional, os autoralistas costumam dizer que os advogados de propriedade industrial pouco ou nada sabem sobre direito autoral, e vice-versa, mas esse tipo de queixa pode, às vezes, ser fruto da luta pela reserva de mercado. Por exemplo, um autoralista que conhece o direito marcário não deve ser considerado "intruso" ou "aventureiro", caso também atue nesse segmento.

Uma metáfora pode auxiliar na reflexão.

O famoso rio Amazonas é formado pela confluência, em Manaus, do rio Negro com o rio Solimões. As águas desses dois rios não se misturam pela extensão de mais de seis quilômetros, em razão das diferenças de temperatura, densidade e velocidade de suas correntezas. O famoso encontro das águas, que é uma atração turística de Manaus, nos desperta para a seguinte indagação: um encontro do direito autoral com a propriedade industrial será inevitável? Já ocorreu? As águas do direito autoral se misturam (ou se misturarão) com as da propriedade industrial? Ainda estamos, historicamente falando, no trecho de seis quilômetros em que esses dois subsistemas, apesar de estarem bem próximos, não se misturam? Será que teremos a ocorrência desse encontro no ensino jurídico? E na atuação profissional, seja consultiva ou litigiosa? No campo legislativo, existirá um tratamento integrado, com a fusão de leis num único Código, como fez a França em 1992?

Em âmbito internacional, pode-se dizer que há uma tendência uniformizadora, já iniciada por organizações internacionais. A Organização Mundial da Propriedade Intelectual (OMPI), por exemplo, unificou as Secretarias da Convenção da União de Paris e da Convenção de Berna.

---

tidade, à ação, à memória dos diferentes grupos formadores da sociedade brasileira, nos quais se incluem: [...] III – as criações científicas, artísticas e tecnológicas."

O Acordo TRIPS, por sua vez, afirma que o termo "propriedade intelectual" refere-se a todas as categorias de propriedade intelectual que são objeto das Seções 1 a 7, quais sejam: i) direito do autor e direitos conexos; ii) marcas; iii) indicações geográficas; iv) desenhos industriais; v) patentes; vi) topografias de circuitos integrados; vii) proteção de informação confidencial.

Acreditamos que a doutrina autoralista clássica merece uma revisão. O objeto de proteção do direito autoral não se resume, nos dias atuais, a "criações estéticas".[6] Os *softwares* não têm caráter estético e são protegidos pelo direito de autor.

É verdade que parte da tradicional doutrina autoralista criticou o enquadramento do *software* como "obra literária", alegando que "linguagem de máquina" não poderia, nunca, ser confundida com "linguagem humana".

No programa de computador, há dois tipos de linguagem: uma de alto nível (código fonte, escrita em linguagem de programação) e outra de baixo nível. Esta última é linguagem de máquina, binária, formada por 1 e 0, conhecida por código objeto.

Os defensores da proteção autoral rechaçaram essa crítica alegando que o código fonte seria um tipo de linguagem inteligível para os iniciados em informática, assim como uma partitura musical é uma forma de linguagem inteligível apenas para os iniciados em teoria musical. Portanto, o fato de o código fonte não ser legível por um ser humano comum, leigo, não seria argumento suficiente para a exclusão da tutela autoral. Obras musicais escritas em partituras são perceptíveis apenas por musicistas que sabem "ler partitura".

Os puristas disseram que um programa de computador não possui valor estético, mas essa questão de beleza estética já deixou de ser considerada necessária para a tutela autoral.

O jurista alemão Eugen Ulmer, professor da Universidade de Munique, foi uma das principais vozes em defesa da proteção autoral dos programas de computador. Segundo ele, "o fundamento para a proteção do direito autoral repousa em proteger o trabalho intelectual individual conforme ele é manifestado numa obra, não no prazer estético produzido pela obra".[7]

A enorme pressão dos produtores de *software*, em âmbito mundial, conseguiu inserir a proteção do *software* pelo direito autoral. Era, estrategica-

6. O professor Carlos Alberto Bittar traz a seguinte definição para o direito de autor: "É o ramo do Direito Privado que regula as relações jurídicas advindas da criação e da utilização econômica de obras intelectuais estéticas, compreendidas na literatura, nas artes e nas ciências" (BITTAR, Carlos Alberto. *Direito de autor*, 1997).
7. ULMER, Eugen. "A proteção sob o Direito Autoral dos programas de computador". In: *A proteção jurídica do "software"*, 1985, p.133-4.

mente, mais cômodo fazer-se presente na Convenção de Berna, que já agregava inúmeros países, do que criar um sistema de proteção *sui generis*, que necessitaria de uma proteção internacional, da criação de nova Convenção e da adesão de inúmeros países. O triunfo da proteção pelo direito autoral é fruto, portanto, de um pragmatismo estratégico. Optou-se por uma solução de ordem prática, pelo caminho mais cômodo e eficiente, ainda que possa ser considerada forçada a analogia de um programa de computador com uma obra literária.

Se, por um lado, houve desconfiguração de aspectos doutrinários do direito de autor, ocorreu, por outro, uma proteção eficaz de investimentos. Entre coerência científico-doutrinária e regime protetivo eficiente, optou-se por este último. Motivos econômicos falaram mais alto, ainda que se possa alegar certo desvirtuamento ou desnaturamento em aspectos teóricos. Essa tutela, segundo alguns autoralistas, foi *contra naturam*.[8]

Eis três bons motivos que levaram a indústria da informática a pleitear a proteção jurídica do *software* pelo regime do direito autoral:

i) A proteção autoral oferece prazo de proteção bem maior que o das patentes. A Convenção de Berna prevê prazo mínimo de 50 anos, adotado pela nossa vigente Lei de Programa de Computador (Lei n. 9.609/98). Já o prazo de patente de invenção é de, no máximo, 20 anos.
ii) A proteção autoral é automática, conferida pela simples exteriorização da obra intelectual, independe de registro ou de qualquer outra formalidade.
iii) A proteção autoral do programa de computador seria enquadrada automaticamente nas convenções internacionais, tornando desnecessária a criação de uma nova convenção.[9]

Eugen Ulmer reconheceu explicitamente que haveria dificuldade para uma "conferência diplomática" sobre o tema, e que seria, portanto, mais "conveniente" a proteção internacional dos programas de computador à luz das convenções já existentes.[10]

Pois bem, será que existe um sistema de direito intelectual ou, ao revés, há um amontoado de bens intelectuais, isolados e impermeáveis? Podemos falar na existência de uma teoria geral de direito intelectual (TGDI), com princípios que sirvam aos dois subsistemas (direito autoral e propriedade industrial)? O que seria uma TGDI?

---

8. ASCENSÃO, José de Oliveira. *Direito autoral*, 1997, p.668.
9. Ibid.
10. ULMER, Eugen, op. cit., p.161-2.

Teoria geral do direito intelectual (TGDI): breve esboço para um vindouro contributo doutrinário

Teoria em grego quer dizer o ser em contemplação.
Gilberto Gil - *Quanta*

Inicialmente, faz-se importante explicar o porquê da escolha da terminologia direito intelectual, em vez de propriedade intelectual. Na prática, esses dois vocábulos são considerados sinônimos, significando o gênero (sistema) que envolve as espécies (subsistemas) direito autoral e propriedade industrial.

Apesar de propriedade intelectual ser a terminologia mais conhecida em todo o mundo, acreditamos que a sua utilização não atende a um rigor científico. Um bem intelectual não se confunde com a propriedade (móvel e imóvel) estudada pelos civilistas.

No seu livro *Direitos reais*, considerado um clássico do direito civil, Orlando Gomes afirma que a denominada "propriedade intelectual" não é, na verdade, propriedade. Certíssima observação do ilustre jurista baiano. Para ele, "a assimilação é tecnicamente falsa".[11]

A professora Silmara Juny de Abreu Chinellato, em sua tese para concurso de Professor Titular de Direito Civil da Faculdade de Direito da USP, ao

11. GOMES, Orlando. *Direitos reais*, 2008, p.112. Eis as palavras do mestre Orlando, sem qualquer nota do atualizador: "O objeto do direito de propriedade não é definido em termos incontroversos. Tradicionalmente, afirma-se que hão de ser os bens corpóreos, mas, contra essa doutrina, que foi pacífica, levantou-se corrente doutrinária que o estende aos bens incorpóreos. Seus partidários admitem a existência de propriedade literária, artística e científica, que, recaindo nas produções do espírito humano, teria como objeto bens imateriais. Outros vão adiante, sustentando que os direitos podem ser objeto de propriedade. Recentemente, o conceito de propriedade alarga-se abrangendo certos valores, como o fundo de comércio, a clientela, o nome comercial, as patentes de invenção e tantos outros. Fala-se, constantemente, em propriedade industrial para significar o direito dos inventores e o que se assegura aos industriais e comerciantes sobre as marcas de fábricas, desenhos e modelos. Chega-se até a admitir a propriedade de cargos e empregos. O fenômeno da propriedade incorpórea explica-se como reflexo do valor psicológico da ideia de propriedade, mas, embora esses direitos novos tenham semelhança com o de propriedade, porque também são exclusivos e absolutos, com ela não se confundem. A assimilação é tecnicamente falsa. Poderiam enquadrar-se, contudo, numa categoria à parte, que, alhures, denominamos quase-propriedade. Quanto à propriedade de direitos, admitida por Gierke para significar o poder de um indivíduo sobre a totalidade de seu direito, só poderia aceitar como força de expressão; porquanto, como salienta Wolff, não é possível aplicar-se-lhe o regime jurídico da propriedade corpórea. Subsiste, assim, a doutrina de que o objeto do direito de propriedade não pode ser senão bens corpóreos".

analisar a natureza jurídica do direito de autor, faz uma profunda e minudente análise das diferenças entre esse ramo do direito e o direito de propriedade estudado pelos civilistas,[12] comprovando que "propriedade intelectual", indubitavelmente, contém equivocidade terminológica.

Concordamos com a nomenclatura "direitos intelectuais" para designar uma quarta categoria de direitos (além dos direitos pessoais, obrigacionais e reais), seguindo, assim, a classificação quadripartida criada pelo jurista belga Edmond Picard, no final do século XIX.[13]

Consideramos correta, portanto, a nomenclatura utilizada, por exemplo, pela Associação Portuguesa de Direito Intelectual (APDI), que inspirou, inclusive, a terminologia do Instituto Baiano de Direito Intelectual (Ibadin).

Não seria inviável a criação de um Código de Direito Intelectual. Na França, desde 1992, há um tratamento integrado, mas é importante dizer que uma teoria geral do direito intelectual não se confunde com a parte geral de um código. É preciso não confundir enunciados doutrinários (atividade filosófica ou científica) com enunciados normativos (atividade legislativa).[14] Uma teoria geral do direito intelectual é tarefa da doutrina, e não do legislador.

Uma teoria geral do direito intelectual consiste numa fonte teórica que visa a oferecer conceitos jurídicos indispensáveis à compreensão de cada um dos seus institutos.

Ainda a título de metáfora, podemos dizer que o objeto do direito intelectual é um grande arquipélago, que contém diversas ilhas, diferentes entre si. Estas ilhas não devem ser estudadas isoladamente, mas em conjunto, de maneira sistemática.

A teoria geral do direito intelectual seria uma espécie de introdução ao estudo do direito intelectual. Com seu amplo repertório conceitual, contribuiria na formação teórica sólida dos profissionais que militam no setor.

Enfim, uma teoria geral do direito intelectual tem a missão de apresentar conceitos comuns aplicáveis aos dois sistemas (direito autoral e propriedade industrial), sistematizando conceitos jurídicos fundamentais à compreensão dos diversos direitos intelectuais.

No próximo item, faremos um brevíssimo escorço histórico da positivação desses dois subsistemas, tentando encontrar alguns entrelaçamentos.

---

12. CHINELLATO, Silmara Juny de Abreu. *Direito de autor e direitos da personalidade:* reflexões à luz do Código Civil, 2008, p.79-85.
13. PICARD, Edmond. *Le droit pur*, 1908.
14. DIDIER JR., Fredie. *Teoria geral do processo, essa desconhecida*, 2016.

Raízes históricas da positivação da propriedade industrial e do direito autoral no Brasil

É mais fácil mimeografar o passado
que imprimir o futuro.
Zeca Baleiro

A positivação da chamada propriedade industrial ocorreu um pouco antes da positivação do direito autoral, mas, como veremos, há um paralelismo nos trajetos internacionais desses dois subsistemas.

Em 1623, na Inglaterra, foi promulgado o *Statute of Monopolies* (Estatuto dos Monopólios), que fixou em 14 anos o prazo do privilégio temporário para as novas invenções.

Em 10 de abril de 1790, o presidente George Washington sancionou a *Patent Act*, primeira lei norte-americana sobre a matéria, que também previa o prazo de duração do privilégio de 14 anos. Thomas Jefferson foi o primeiro administrador do sistema de patentes dos Estados Unidos.

Na França, a primeira lei versando sobre patentes surgiu em 1791, estabelecendo prazo de 15 anos para o direito de exclusivo. A França foi, destarte, o terceiro país a legislar sobre direito patentário. A internacionalização da matéria era inexorável. Em 1883, foi assinada a Convenção da União de Paris (CUP), primeiro acordo internacional sobre propriedade industrial, que continua em vigor até os dias de hoje, do qual o Brasil é signatário.

O Brasil teve um progresso industrial tardio. Portugal evitou ao máximo o desenvolvimento da indústria brasileira. Em 5 de janeiro de 1785, por exemplo, o alvará de Dona Maria determinou a extinção de quase todas as fábricas e manufaturas existentes na colônia, para que a mineração e a agricultura não fossem prejudicadas. Em 1808, a família real portuguesa, fugindo do exército francês de Napoleão Bonaparte, veio para o Brasil. Em 28 de janeiro de 1808, ainda na Bahia, o Príncipe Regente, por meio de alvará, autorizou a abertura dos portos brasileiros ao comércio e à navegação das nações amigas. A colônia brasileira começou a livrar-se do entrave e da segregação imposta pela coroa portuguesa. Em 1º de abril de 1808, D. João editou alvará revogando o de 1785, autorizando, assim, a instalação de fábricas no Brasil. Antes, era terminantemente proibido qualquer tipo de relação comercial que não fosse com a metrópole portuguesa. Iniciou-se, então, a história do direito industrial em *Terra Brasilis*. A indústria nacional começou a ganhar fôlego.

Em 28 de abril de 1809, surgiu a primeira lei brasileira sobre patentes. O legislador constitucional de 1824, no art. 179, XXVI, dispôs apenas sobre os direitos dos inventores, omitindo-se em relação ao direito de autor.[15] E essa mesma Constituição do Império previa apenas a proteção das patentes, omitindo-se em relação às marcas. O Código Comercial de 1850 não cogitava de qualquer proteção marcária. A primeira lei brasileira sobre marcas foi a Lei n. 2.682, de 23 de outubro de 1875, promulgada logo após uma derrota judicial de Ruy Barbosa num célebre caso do rapé Areia Preta, ocorrido na Cidade do Salvador.[16]

Vê-se, portanto, que, no Brasil, a construção legislativa da chamada propriedade industrial ocorreu aos poucos, e o instituto da patente obteve proteção legal primeiro que as marcas.

Em síntese apertada, em 27 de agosto de 1945 foi promulgado o Decreto-lei n. 7.903, o primeiro Código de Propriedade Industrial. Em 21 de dezembro de 1971, foi publicado um novo Código de Propriedade Industrial (Lei n. 5.772/71), que foi revogado pela vigente Lei n. 9.279, de 14 de maio de 1996.

Denis Borges Barbosa noticia que, devido à enorme pressa que o governo tinha para aprovar a nova legislação, e já que o art. 64, § 4º, da Constituição Federal de 1988 proíbe o regime de urgência para projetos de código, o jeito encontrado foi chamar o "código" de "lei".[17] Segundo esse autor, a Lei de Propriedade Industrial (LPI, n. 9.279/96) trata-se de "um Código que se envergonha de seu título".[18]

A Lei n. 9.279/96 nasceu sob forte pressão dos Estados Unidos, sobretudo da indústria farmacêutica norte-americana. Em 1987, os Estados Unidos impuseram sanções unilaterais sob a seção 301 da Lei de Comércio (*Trade Act*). Isso porque o revogado Código de Propriedade Industrial (Lei n. 5.772, de 1971) vedava o direito patentário para o setor farmacêutico. Em 20 de outubro de 1988, o governo norte-americano fez uma ameaça de sanções comerciais. O governo brasileiro rechaçou a pressão estadunidense, alegando que o país, ao não reconhecer patentes para produtos farmacêuticos, químicos e alimentícios, não violava a Convenção da União de Paris, de 1883, do qual o Brasil é signatário.

A partir de 1990, com a eleição do presidente Fernando Collor de Mello, o governo brasileiro firmou o compromisso de editar uma nova lei de propriedade industrial, prevendo a proteção das patentes farmacêuticas. Em 1994, com o Decreto n. 1.355, o Brasil promulgou o TRIPS, demonstrando a intenção de aderir ao cenário internacional das patentes.

---

15. "XXVI. Os inventores terão a propriedade das suas descobertas, ou das suas producções. A Lei lhes assegurará um privilegio exclusivo temporario, ou lhes remunerará em resarcimento da perda, que hajam de soffrer pela vulgarisação."
16. MORAES, Rodrigo. *Salvador:* marco inicial do Direito de marcas, 2014.
17. BARBOBA, Denis Borges. *Uma introdução à propriedade intelectual*, 2003, p.4.
18. Ibid., p.11.

Em 1996, o governo colocou em regime de urgência, no Senado Federal, o projeto de lei. Em 14 de maio do mesmo ano, a Lei n. 9.279 foi sancionada pelo presidente Fernando Henrique Cardoso, com *vacatio legis* de um ano.

Vale dizer, ainda, que a Constituição Federal de 1988, em seu art. 5º, XXIX, dispõe *in verbis*:

> a lei assegurará aos autores de inventos industriais privilégio temporário para sua utilização, bem como proteção às criações industriais, à propriedade das marcas, aos nomes de empresa e a outros signos distintivos, tendo em vista o interesse social e o desenvolvimento tecnológico e econômico do País.

Tratando-se de um resumidíssimo histórico da positivação do direito autoral, pode-se dizer que os ingleses são também pioneiros.

A primeira lei específica de que se tem conhecimento versando sobre a matéria foi aprovada pela Câmara dos Comuns, em 10 de abril de 1710, na Inglaterra. O Estatuto da Rainha Ana é considerado a primeira lei sobre direito de autor. Trazia o prazo de monopólio de 14 anos para as obras literárias ainda não publicadas, contado esse prazo da data de sua publicação.

Esse prazo de 14 anos tem origem no *Statute of Monopolies* de 1623. Após tal prazo, a obra cairia em domínio público. Vê-se, pois, que a análise do *Statute of Monopolies* (1623) serve, ao menos, para uma melhor compreensão do *Statute of Anne* (1710), que, ao prever o prazo de 14 anos para que a obra inédita caísse em domínio público, não o fez por mero capricho. Nesse quesito, o direito dos inventores inspirou o direito de autor.

Em 9 de setembro de 1886, foi assinada, na cidade de Berna, na Suíça, a denominada Convenção de Berna. Trata-se do mais antigo tratado multilateral sobre direito de autor, que trouxe um conteúdo mínimo de proteção para diversos países signatários. A Convenção de Berna foi fruto de reivindicações e trabalhos da *Association Littéraire et Artistique Internationale* (Alai), fundada em 1878 em Paris, dentre outras personalidades, pelo escritor francês Victor Hugo, com o escopo de fomentar a tutela internacional do direito de autor.[19]

A política cultural que Portugal aplicava na sua então colônia foi a principal causa do atraso da regulação do direito autoral no país. O colonialismo português limitou por muito tempo – até quando possível – o desenvolvimento cultural do Brasil, proibindo a imprensa e indeferindo solicitações de universidades.

---

19. A Alai (www.alai.org) continua tendo destaque no plano internacional, sendo responsável pela realização de prestigiosos congressos no campo do direito de autor, bem como pela publicação de relevantes estudos doutrinários.

Em 1747, por exemplo, quando já havia estabelecimentos gráficos nas principais cidades da América Espanhola, uma carta régia de Portugal proibiu a impressão de livros e avulsos no Brasil, o que levou ao fechamento da pioneira tipografia existente no Rio de Janeiro, a oficina de Antônio Isidoro da Fonseca. Essa proibição da metrópole atrasou bastante a implantação da imprensa na então colônia. Os entraves lusitanos à imprensa tinham o escopo de impedir a livre circulação de ideias políticas rebeldes e progressistas, que pudessem colocar em risco a estabilidade de sua dominação. Somente em 1808, com a abertura dos portos e a fuga da Família Real para o Brasil, foi autorizada a imprensa.

No Brasil, a primeira lei infraconstitucional sobre direito de autor foi a chamada Medeiros e Albuquerque (Lei n. 496, de 1898).

O Código Civil de 1916 trouxe a disciplina autoral nos arts. 649-673 e 1.346-1.358. Os arts. 649 a 673 formavam o Capítulo VI ("Da propriedade literária, científica e artística") do Título I ("Da posse") do Livro II ("Do direito das coisas"). Os arts. 1.346 a 1.358 tratavam do contrato de edição, previstos no Capítulo IX ("Da edição") do Título V ("Das várias espécies de contrato") do Livro III ("Do direito das obrigações").

Todavia, o direito autoral precisava ganhar novo abrigo. A legislação autoral de 1973, com princípios peculiares, configura exemplo concreto da chamada descodificação do direito civil.

Em 14 de dezembro de 1973, foi sancionada a Lei n. 5.988, revogando os artigos referentes à matéria constantes no Código Civil. Em 19 de fevereiro de 1998, durante o mandato do presidente Fernando Henrique Cardoso, cem anos após a pioneira Lei Medeiros e Albuquerque, foi sancionada a Lei n. 9.610.

O Código Civil de 2002, ratificando o entendimento de que o direito autoral consiste num ramo autônomo, com normas próprias e princípios peculiares, não ousou novamente disciplinar a matéria.

Tratando-se da previsão constitucional, o direito de autor, como já dito, não estava previsto na Constituição de 1824. A Constituição de 1937, implantada durante a ditadura estadonovista, também não trouxe previsão da matéria.

A Constituição Federal de 1988, em seu art. 5º, XXVII e XXVIII, trata da proteção aos autores e intérpretes.

Enfim, Portugal evitou ao máximo tanto o desenvolvimento da indústria brasileira quanto o surgimento da imprensa local. Eis o porquê do atraso de nosso país na positivação da propriedade industrial e do direito de autor. Acreditamos ser pertinente traçar essa causa comum de tardança: a metrópole (Portugal) receava que a sua então colônia (Brasil) se tornasse independente.

Noticiadas as principais legislações infraconstitucionais brasileiras sobre o tema, analisaremos, no próximo item, algumas divergências e convergências relevantes entre direito autoral e propriedade industrial.

Convergências e divergências relevantes entre direito autoral e propriedade industrial

O céu de Ícaro tem mais poesia que o de Galileu.
Herbert Vianna e Tetê Tillett - *Tendo a lua*

Iniciemos falando de algumas convergências relevantes entre direito autoral e propriedade industrial. Eis, a seguir, alguns pontos de intersecção.

i) Os dois subsistemas têm caráter internacional e cosmopolita em virtude da ubiquidade dos diversos bens intelectuais. Tanto isso é verdade que foi necessário criar convenções internacionais, como a Convenção da União de Paris (1883) e a Convenção de Berna (1886). Portanto, há um paralelismo nos trajetos internacionais desses dois subsistemas.
ii) O direito de autor e a propriedade industrial, de modo geral, têm como escopo fomentar a criatividade humana e desincentivar a concorrência desleal. Conforme lecionam Manoel J. Pereira dos Santos e Wilson Pinheiro Jabur,

> De um modo geral, pois, todos os direitos de propriedade intelectual são formas de reconhecimento do valor de criações que a sociedade, ao longo do tempo, cunhou e vem aperfeiçoando.
>
> Busca-se, com isto, incentivar que mais autores, inventores e empresários continuem criando, desenvolvendo e investindo em benefício geral da humanidade, quer porque, ao fim dos prazos de proteção dos privilégios, essas criações passarão a ser livremente exploradas, quer porque o detentor de um sinal distintivo se esforçará para assegurar padrões de qualidade aos seus produtos ou serviços identificados por aquele sinal, em benefício de justas expectativas dos consumidores.[20]

iii) As ideias não são protegidas por nenhum dos dois subsistemas. Pode-se dizer que se trata de princípio comum. Assim como o art. 8º da Lei n. 9.610/98 elenca criações intelectuais insuscetíveis de tutela autoral,[21] o art. 10 da Lei

---

20. SANTOS, Manoel Joaquim Pereira dos; JABUR, Wilson Pinheiro. "Interface entre propriedade industrial e direito de autor". In: _____(coord.). *Direito autoral*, 2014, p.217.
21. "Art. 8º Não são objeto de proteção como direitos autorais de que trata esta Lei: I - as ideias, procedimentos normativos, sistemas, métodos, projetos ou conceitos matemáticos como tais; II - os esquemas, planos ou regras para realizar atos mentais, jogos ou negócios; III - os formulários em branco para serem preenchidos por qualquer tipo de informação, científica ou não, e suas instruções; IV - os textos de tratados ou convenções, leis, decretos, regulamentos, decisões judiciais e demais atos oficiais; V -

n. 9.279/96 dispõe sobre manifestações do pensamento insuscetíveis de proteção patentária.[22] O fundamento é o mesmo: o art. 8º da Lei de Direito Autoral (LDA) pretende afastar o totalitarismo cultural, e o art. 10 da Lei de Propriedade Industrial (LPI) visa a evitar o engessamento do progresso tecnológico. O legislador, por exemplo, não quis proteger a matemática, que é de livre acesso. Há um entrelaçamento entre o art. 8º da LDA e o art. 10 da LPI. Esses dispositivos merecem ser analisados em sintonia, tanto na disciplina Direito Autoral quanto em Propriedade Industrial.

O art. 7º, § 3º, da Lei n. 9.610 afirma que "no domínio das ciências, a proteção recairá sobre a forma literária ou artística, não abrangendo o seu conteúdo científico ou técnico, sem prejuízo dos direitos que protegem os demais campos da propriedade imaterial". Portanto, a "ideia" científica não é protegida pelo direito de autor, mas tão somente a forma literária ou artística pela qual o autor exteriorizou essa ideia.

iv) Existe uma temporalidade do direito de exclusivo tanto no direito de autor quanto na propriedade industrial (com exceção da marca, que pode nunca cair em domínio público[23]). Os prazos são distintos de acordo com o bem intelectual protegido. Por exemplo, o prazo de exclusividade para uma patente de invenção é de 20 (vinte) anos contados da data de depósito no Instituto Nacional da Propriedade Industrial (Inpi).

Acreditamos ser um equívoco dizer que o prazo de setenta anos para uma obra literária e musical, contado a partir do ano subsequente à morte do au-

---

as informações de uso comum tais como calendários, agendas, cadastros ou legendas; VI - os nomes e títulos isolados; VII - o aproveitamento industrial ou comercial das ideias contidas nas obras."

22. "Art. 10. Não se considera invenção nem modelo de utilidade: I - descobertas, teorias científicas e métodos matemáticos; II - concepções puramente abstratas; III - esquemas, planos, princípios ou métodos comerciais, contábeis, financeiros, educativos, publicitários, de sorteio e de fiscalização; IV - as obras literárias, arquitetônicas, artísticas e científicas ou qualquer criação estética; V - programas de computador em si; VI - apresentação de informações; VII - regras de jogo; VIII - técnicas e métodos operatórios ou cirúrgicos, bem como métodos terapêuticos ou de diagnóstico, para aplicação no corpo humano ou animal; e IX - o todo ou parte de seres vivos naturais e materiais biológicos encontrados na natureza, ou ainda que dela isolados, inclusive o genoma ou germoplasma de qualquer ser vivo natural e os processos biológicos naturais."

23. Daí por que o legislador constitucional utiliza a expressão "propriedade das marcas", e não "privilégio temporário" (CF, art. 5º, XXIX). O registro de marca dura 10 anos, contados da concessão, e é sempre prorrogável. Caso o titular não peça a prorrogação, o registro será extinto, e a marca estará, em princípio, disponível (LPI, art. 133).

tor, seria muito longo se comparado com o prazo de vinte anos de uma patente de invenção. Há razões suficientes para uma diferenciação dos respectivos prazos de exclusividade. A tecnologia costuma sofrer obsolescência e há um interesse mais imediato da sociedade no domínio público. Por sua vez, as obras de arte costumam ter longevidade, e há interesse menos imediato da coletividade no domínio público. E, ademais, a proteção patentária é bem mais forte do que a proteção autoral, que não impede que novas criações sejam feitas. Enfim, o direito autoral permite a coexistência de diversas obras sobre um mesmo tema.

Feitas essas considerações, é preciso tecer severas críticas ao Projeto de Lei n. 3.006/2015, do deputado federal Veneziano Vital do Rêgo, que pretende alterar o art. 41 da Lei n. 9.610/98, diminuindo de 70 (setenta) para 30 (trinta) anos o prazo para os direitos patrimoniais de autor caírem em domínio público. Segundo a justificativa do projeto, o prazo de 70 (setenta) anos seria "por demais extensos" [*sic*], e "se revela contraproducente para a popularização da obra e ao incremento à cultura". Importante frisar que esse deputado paraibano é ex-prefeito de Campina Grande (2004-2011), considerada a cidade do "maior São João do mundo". Durante os seus dois mandatos como gestor municipal, nenhum valor foi pago a título de direitos autorais decorrentes de execução pública.[24] O deputado sequer lembrou que o Brasil é signatário da Convenção de Berna, que, em seu art. 7 (1), estabelece o prazo mínimo de 50 anos após a morte do autor.

v) Outra semelhança pode ser apontada entre os dois subsistemas (direito autoral e propriedade industrial). Em ambos, há grande tensão de interesses (interesse público *versus* interesse privado). Há arautos do endurecimento e da flexibilização, tanto no direito de autor quanto na propriedade industrial. Portanto, nos dois subsistemas, há a presença de "conservadores" e "flexibilistas". Importante dizer que o art. 5º, XXIX, da Constituição de 1988, possui uma cláusula finalística: "tendo em vista o interesse social e o desenvolvimento tecnológico e econômico do País". O fato de o art. 5º, XXVII, não possuir cláusula semelhante não significa que o direito de autor não deva atender, também, a uma finalidade social.

Apontemos, doravante, algumas divergências relevantes entre direito autoral e propriedade industrial.

i) No campo das invenções, é preciso haver novidade, que não se confunde com originalidade. A invenção e o modelo de utilidade são considera-

---

24. Disponível em: www.ubc.org.br/Publicacoes/Noticias/4360. Acesso em: 17.06.2016.

dos novos quando não compreendidos no estado da técnica (LPI, art. 11). Estado da técnica é tudo aquilo tornado acessível ao público, em todos os países do mundo, antes da data de depósito do pedido de patente (art. 11, § 1º). Em outras palavras, o invento tem de ser novo não somente no País, mas em todo o mundo. Pode-se dizer que a novidade ultrapassa fronteiras. A análise é feita em âmbito mundial. A invenção deve trazer um avanço técnico em relação ao estado da técnica. Esse avanço é analisado extraterritorialmente. Não adianta a solução tecnológica ser nova no Brasil, mas já ser conhecida, por exemplo, na França. Nessa hipótese, a novidade estará prejudicada. Não será aceita, portanto, a novidade relativa, circunscrita nos limites territoriais do país do inventor. As anterioridades técnicas são analisadas em âmbito internacional.

ii) A proteção de uma obra pela lei autoral não depende de registro, que é considerado facultativo, trazendo efeitos meramente declaratórios (art. 18 da Lei n. 9.610). O art. 2º, § 3º, da Lei n. 9.609 (Lei de Programa de Computador) também dispõe que "a proteção aos direitos de que trata esta Lei independe de registro". É certo que a primeira lei autoral do Brasil, Lei Medeiros e Albuquerque (n. 496, de 1898), dizia, em seu art. 13, que o registro era "formalidade indispensável". O registro de uma marca, todavia, exige o registro no INPI, que é considerado ato constitutivo de direitos (art. 129 da Lei n. 9.279).

iii) Tanto o inventor quanto o *designer* e o autor são trabalhadores intelectuais, mas há grande diferença no tratamento da titularidade dos direitos patrimoniais na hipótese de criação decorrente de contrato de trabalho. Na Lei n. 9.279 (arts. 88 e 121) e na Lei n. 9.609 (art. 4º), a presunção é de que a titularidade pertence ao empregador. Importante frisar que houve a supressão dos arts. 36 a 38 do projeto que originou a Lei n. 9.610/98. Portanto, o regramento da Lei n. 9.610 é bem diverso daquele das Leis n. 9.279 e n. 9.609.

Interface do direito de autor com as marcas e os desenhos industriais

Tratando-se da interface entre marcas e direito de autor, podemos citar o art. 124, XVII, da Lei n. 9.279/96, que afirma não serem registráveis como marca "obra literária, artística ou científica, assim como os títulos que estejam protegidos pelo direito autoral e sejam suscetíveis de causar confusão ou associação, salvo com consentimento do autor ou titular".

Indaga-se: quais títulos estão protegidos pelo direito autoral? A doutrina autoralista pode ajudar.

O *caput* do art. 10 da Lei n. 9.610 afirma que "a proteção à obra intelectual abrange o seu título, se original e inconfundível com o de obra do mesmo gênero, divulgada anteriormente por outro autor".

A lei autoral, portanto, faz duas exigências para a proteção de um título de obra: a) originalidade; b) inconfundibilidade com outro do mesmo gênero.

Primeiramente, o título há de ser original. "Curso de direito civil", "História do Brasil" ou "Manual de direito penal" carecem de originalidade, são designações genéricas,[25] banais, comuns, e, portanto, insuscetíveis de proteção autoral. Diferentemente, por exemplo, do romance *Gabriela, cravo e canela*, de Jorge Amado.

Em segundo lugar, a proteção de um título não se estende a todos os gêneros de obras. Com efeito, o título original de um quadro pode ser utilizado numa canção, tendo em vista que o gênero "artes plásticas" é distinto do gênero "obras musicais". Todavia, essa licitude para gêneros distintos pode gerar, na prática, consequências injustas. Imagine-se a hipótese de um filme (obra audiovisual) reproduzir o título de uma famosa obra literária. Tal situação poderia gerar confusão no público, que poderia acreditar numa adaptação da obra homônima. Não seria absurda, nesse caso, a sustentação de abuso de direito. Seria inaceitável, por exemplo, uma peça de teatro intitulada *Dona Flor e seus dois maridos*, de Jorge Amado, ainda que contivesse conteúdo totalmente diverso do famoso romance, tendo em vista que o público certamente acreditaria ser uma adaptação (obra derivada) da obra literária do escritor baiano.

O Tribunal de Justiça fluminense, mantendo o entendimento do juízo de piso, entendeu que o título da obra literária *Campo de Estrelas* não tem originalidade, pois possui como inspiração e referência o conhecido Caminho de Santiago de Compostela.[26] A expressão latina *Campus Stellae*, ou Compostela, inspirou a própria designação do Caminho de Santiago de Compostela. O judiciário entendeu que o título adotado por ambas as partes gozam de natureza genérica e, ademais, já havia publicação anterior com idêntico vocábulo. O juízo de primeiro grau entendeu, corretamente, que as publicações

---

25. Nesse sentido, a decisão do tribunal bandeirante: "Título de obra. Proteção inexistente. Título comum de domínio público. Falta de originalidade e novidade. Usurpação inocorrente. Plágio não configurado. Indenização indevida. Sentença confirmada" (TJSP, Ap. Cível n. 39.951-1, 6ª Câm. Cível, rel. Camargo Sampaio, j. 15.12.1983).

26. "Ação de obrigação de fazer c/c indenizatória. Obras literárias com o mesmo título. Alegação de anterioridade. Sentença de improcedência. Título de natureza genérica. Obras literárias pertencentes a gêneros diversos. Inexistência de originalidade e anterioridade. Efetivo prejuízo não comprovado. Ausência de ofensa à dignidade humana. Danos morais não configurados. Desprovimento do recurso" (TJRS, Ap. Cível n. 0020264-55.2008.0001, 19ª Câm. Cível, rel. Des. Valéria Dacheux, j. 03.12.2013).

pertenciam a um mesmo "gênero" (literário), mas inexistia originalidade no título. O acórdão, todavia, equivocou-se ao confundir o conceito de gênero com o de classificação literária feita pelas livrarias e sites de internet (autoajuda, religião, esoterismo, romance etc.). O livro do requerente era de autoajuda, enquanto o da requerida pertencia à categoria de romance. Todavia, ambas as obras pertencem a um mesmo gênero de obras: literário. O acórdão não faz qualquer fundamentação ao afirmar que as publicações pertenceriam a "gêneros diversos".[27]

Assim como *Campo de Estrelas*, o tribunal fluminense entendeu que o título *Meu pão de cada dia* era genérico, "expressão de domínio público e utilização universal".[28]

---

27. Outra decisão do Tribunal fluminense fez a mesma interpretação do conceito de "gêneros diversos". *As Meninas*, obra audiovisual baseada na obra literária homônima da escritora Lygia Fagundes Telles, versa sobre um pensionato em que vivem três estudantes universitárias, cujas relações são uma metáfora das relações sociais no Brasil daquele momento histórico, na década de 1970. Já a obra *Meninas* retrata o drama da gravidez precoce de adolescentes de baixa renda, em favela do Rio de Janeiro, tratando-se de documentário. A titular dos direitos da obra *As meninas* ajuizou uma ação em face da titular dos direitos da obra *Meninas*. Contudo, o TJRJ julgou improcedente o pleito, entendendo que os "gêneros" dos filmes *AS MENINAS* e *MENINAS* são diferentes. Eis a ementa: "Ação de obrigação de fazer c/c indenizatória. Alegação a respeito da existência de dois nomes semelhantes para filmes diferentes, o que a rigor causaria confusão no da comercialização dos filmes expostos à venda ou locação, no mercado. Sentença de improcedência dos pedidos. Semelhança do nome do filme da empresa autora, intitulado *As meninas* (drama), com o nome do filme pertencente à empresa ré, cujo título é *Meninas* (documentário). Impossibilidade de confusão entre os consumidores de modo a causar prejuízo na arrecadação de numerário pelos direitos autorais. Obras de estilos completamente diferentes, sendo uma ficção e, a outra, documentário. Se o nome do filme da ré fosse exatamente igual ao nome do filme da autora, a Fundação Biblioteca Nacional não teria feito o registro do outro filme – *Meninas*. Dispõe o art. 10 da Lei n. 9.610/98 que 'a proteção à obra intelectual abrange o seu título, se original e inconfundível com o de obra do mesmo gênero, divulgada anteriormente por outro autor'. Se os gêneros dos filmes *As meninas* e *Meninas* são diferentes, não se vislumbra violação ao referido dispositivo legal. Em se tratando de nome comum, e é esse o caso dos autos – *As meninas* – não há que se falar em criatividade, ou originalidade, como aliás bem explicitado pela lei de proteção aos direitos autorais. Sentença que não merece reparo. Desprovimento do recurso" (TJRJ, Ap. Cível n. 0024718-49.2006.8.19.0001, 13ª Câm. Cível, rel. Des. Sirley Abreu Biondi, j. 05.08.2009).
28. "Indenização. Plágio. Autora que alega ter título de livro copiado, bem assim excertos, ideias e palavras de obras de sua autoria. Nomeação de perito. Autora que desistiu da prova técnica, não fazendo, na ocasião, qualquer ressalva. Dificuldade na localização de pessoa capacitada que não eximia a Recorrente de se insurgir no momento oportuno, ou de tentar continuar a busca. Renúncia verificada, descabendo pretensão de nova procura e nomeação somente agora, após insucesso no pleito inicial. Mérito. Obra intitulada *Meu pão de cada dia*. Expressão de domínio público e utilização

Para a proteção de um título, faz-se imprescindível a existência de uma obra. Portanto, o título deve fazer parte de uma obra. Quando a lei afirma que há proteção autônoma desse elemento identificador, não significa que pode haver título sem obra, mas que é possível, por exemplo, plágio tão somente de um título original.

O Inpi tem indeferido pedidos de registro de títulos originais de obras literárias e musicais.[29] Em outras ocasiões, contudo, tem deferido, o que demonstra não existir muita coerência dos examinadores de marcas na consideração do que é, realmente, um título original, protegido pelo direito de autor.[30]

Um questionamento importante merece ser feito: títulos originais de obras caídas em domínio público podem ser transformados em marcas? O Inpi já deferiu, por exemplo, o registro de alguns títulos originais já caídos em domínio público.[31] Como fica a questão do direito moral do autor? Seria possível o registro, como marca, de preservativos "Aquarela do Brasil", quando essa obra de Ary Barroso cair em domínio público? Deixaremos para responder a tais questionamentos em outra oportunidade, apenas registrando que a doutrina nacional não enfrentou, ainda, com o devido cuidado, essa questão.

---

universal. Lei n. 9.610/98. Arts. 8º, I e VI, e 10. Dispositivos que não protegem títulos não originais ou genuínos, igualmente não resguardando palavras ou ideias, mormente quando se escreve sobre temas amplos. Trechos dos livros que não guardam qualquer semelhança. Demais teses prejudicadas. Negado provimento" (TJRJ, Ap. Cível n. 0141615-49.1995.8.19.0001, 4ª Câm. Cível, rel. Des. Reinaldo Pinto Alberto Filho, j. 04.07.2006).

29. Eis alguns pedidos indeferidos pelo Inpi: (i) Garota de Ipanema (820446033). (ii) Lojas Expresso 2222 (901985449). (iii) Grande Sertão Veredas (812298144). O pedido de registro foi para serviços de comunicação. (iv) Viva o povo brasileiro (826536808). Editora Nova Fronteira requereu o registro para livros, revistas e periódicos. (v) O sorriso do lagarto (816111413). A TV Globo tentou o registro na classe 41. (vi) O nome da rosa (903007886). Floricultura. (vii) Empreguetes (905573048). Site de buscas. (Detalhes do despacho: "Apresente competente autorização para registrar como marca o nome 'EMPREGUETES', na medida em que o sinal remete à música 'Vida de Empreguete', disseminada na telenovela brasileira 'Cheias de Charme', em conformidade com o art. 124, XVII, da Lei da Propriedade Industrial (Lei n. 9.279/96) 'Art. 124. Não são registráveis como marca: [...] XVII – obra literária, artística ou científica, assim como os títulos que estejam protegidos pelo direito autoral e sejam suscetíveis de causar confusão ou associação, salvo com consentimento do autor ou titular'). (viii) Aquarela do Brasil (827659431). A TV Globo tentou o registro na classe 41 (822517779). (ix) Ai se eu te pego (904750078). (x) Vapor barato (840344783).
30. O Inpi não se opôs de ofício ao pedido de registro de "Terra em transe" (824028333). Este processo foi arquivado por falta do pagamento do primeiro decênio. Contudo, o Inpi não levou em consideração o fato de a expressão "Terra em transe" ser título da famosa obra cinematográfica do cineasta baiano Glauber Rocha.
31. Já foi aceito pelo Inpi o registro de "Os Lusíadas" (827874553) como marca de um restaurante, e "Livraria Dom Casmurro" (830202617), como marca de livraria.

Ainda sobre a conexão entre marcas e direito de autor, podemos dizer que o art. 132, IV, da LPI afirma que o titular da marca não poderá "impedir a citação da marca em discurso, obra científica ou literária ou qualquer outra publicação, desde que sem conotação comercial e sem prejuízo para seu caráter distintivo". Vê-se, pois, que há uma limitação ao titular da marca em prol da liberdade de expressão.

Caetano Veloso, por exemplo, na sua célebre canção "Alegria, alegria", diz: "Eu tomo uma Coca-Cola, ela pensa em casamento". O autor baiano não precisou pedir autorização do titular dessa marca de alto renome para inseri-la em sua obra musical.

Um último ponto merece ser levado em consideração.

É uma cautela importante que o encomendante de uma logomarca obtenha a cessão escrita dos direitos patrimoniais do autor do elemento figurativo, tendo em vista que este criador intelectual pode tentar buscar tutela autoral, utilizando-se, inclusive, do princípio da interpretação restritiva dos negócios jurídicos relacionados a direitos autorais (LDA, art. 4º).

Em outras palavras, é possível uma tutela autoral, a despeito de a titularidade do sinal distintivo ser do encomendante.[32]

O Superior Tribunal de Justiça, inclusive, já considerou uma logomarca criada para uma cervejaria, em 1973, como obra intelectual protegida pela lei autoral (n. 5.988).[33]

---

32. Ver, nesse sentido, a lição de Manoel J. Pereira dos Santos e Wilson Pinheiro Jabur: "Ainda assim, não devem ser descuidados algumas cautelas e alguns direitos: o encomendante do sinal não pode deixar de obter a cessão de direitos do autor - cessão esta que deve ser escrita - porque o criador pode buscar a tutela autoral, que lhe será atribuída, independentemente de a titularidade do direito marcário ser conferida ao encomendante" (SANTOS, Manoel Joaquim Pereira dos; JABUR, Wilson Pinheiro, op. cit., p.224).
33. "Direito Autoral. Logotipo. Logomarca ou símbolo-marca. Obra intelectual. Criação advinda da relação de emprego. Tutela devida evolução histórica. Inexistência de direito de propriedade industrial. Alegação de não originalidade e de criação coletiva. Processo civil. Impossibilidade de exame. Matéria de prova. Enunciado n. 7 da Súmula/STJ. Art. 36 da Lei n. 5.988/73. Norma jurídica. Eficácia Contida. Aplicabilidade Imediata. Inexistência de condição suspensiva. Regulamento irrelevante. Prequestionamento. Inocorrência. Falta de Pressuposto do Recurso Especial. Verbete n. 282 da Súmula/STF. Divergência. Não caracterização. Enunciado n. 13 da Súmula/STJ. Doutrina e jurisprudência. Recurso Desacolhido. I - Todo ato físico literário, artístico ou científico resultante da produção intelectual do homem, criado pelo exercício do intelecto, merece a proteção legal, o logotipo, sinal criado para ser o meio divulgador do produto, por demandar esforço de imaginação, com criação de cores, formato e modo de veiculação, caracteriza-se como obra intelectual. II - Sendo a logomarca tutelada pela lei de direitos autorais, são devidos direitos respectivos ao seu criador, mesmo ligada a sua produção a obrigação decorrente de contrato de trabalho. III - A norma jurídica de eficácia contida, embora dependa em parte de regulamentação,

Analisemos, doravante, em brevíssimas linhas, a interface do desenho industrial com o direito de autor.

O art. 98 da Lei n. 9.279/96 afirma que "não se considera desenho industrial qualquer obra de caráter puramente artístico". Em geral, obras de arte são únicas e não costumam ser reproduzidas em escala industrial. Seria possível uma dupla cumulação protetiva? A questão costuma despertar sérias discussões doutrinárias. Citemos duas correntes.

A primeira defende a teoria da unidade da arte ("*l'unité de l'art*"). Foi criada na França, por Pouillet. Segundo tal corrente, seria possível a cumulação protetiva, tanto pela lei autoral quanto pela lei de propriedade industrial. Segundo essa teoria, a destinação industrial não deve ser considerada, mas, sim, a criação intelectual em si.

A segunda corrente é chamada de teoria da dissociabilidade. A Lei n. 5.988 adotou essa teoria, ao afirmar, no seu art. 6º, XI, que seriam protegidas "as obras de arte aplicada, desde que seu valor artístico possa dissociar-se do caráter industrial do objeto a que estiverem sobrepostas".

A Lei n. 9.610 não repetiu esse dispositivo, mas a enumeração do art. 7º é meramente exemplificativo. Essa lacuna não impede que a vigente lei autoral proteja as obras de arte aplicada, sendo possível a cumulação protetiva do direito de autor e do desenho industrial. A apreciação será casuística.

Para Manoel J. Pereira dos Santos e Wilson Pinheiro Jabur, "o ideal seria que a lei brasileira fosse aditada para expressamente contemplar uma orientação, confirmando a adoção da possibilidade de cumulação de regimes". Os autores resumem seu ponto de vista: "Não havendo expressa previsão legal, é concebível que se sustente que, tendo o titular optado pelo regime do desenho industrial, teria aberto mão da proteção pelo direito de autor e, diante da extinção do registro, a obra passaria a ser livremente reproduzível".[34]

Por fim, cumpre salientar que são diferentes os requisitos exigidos pela lei autoral e pela lei de propriedade industrial. A cumulação protetiva será viável tão somente quando forem preenchidos os requisitos de cada uma das leis.

---

produz efeitos de imediato, até que o regulamento venha para limitar o seu campo de atuação. IV – O Recurso Especial não se presta ao exame da prova produzida nos autos, consoante dispõe o Enunciado n. 7 da súmula/STJ. V – Ausente o pressuposto específico do prequestionamento, impossível analisar a suposta ofensa ao direito federal ou mesmo a divergência jurisprudencial (Verbete n. 282 da Súmula/STF). VI – O dissídio não se caracteriza se o aresto tido como paradigma advém do mesmo tribunal que proferiu a decisão hostilizada (Súmula desta corte, Enunciado n. 13)" (REsp n. 57.449/RJ, rel. Min. Sálvio de Figueiredo Teixeira, 4ª T., j. 24.06.1997, *DJ* 08.09.1997, p.42.506).

34. SANTOS, Manoel Joaquim Pereira dos; JABUR, Wilson Pinheiro, op. cit., p.237.

O desenho industrial exige registro no Inpi, enquanto a lei autoral deixa claro que é facultativo, inexistindo formalidade nesse sentido. Os prazos protetivos são distintos. Enquanto o direito de exclusivo do desenho industrial limita-se ao prazo máximo de 25,[35] a lei autoral confere proteção de 70 anos.

O ensino do direito intelectual nas universidades brasileiras

Sei que a arte é irmã da ciência.
Gilberto Gil - *Quanta*

Tradicionalmente, os autoralistas são civilistas, enquanto os estudiosos da propriedade industrial são comercialistas. Contudo, essa característica primígena não parece que permanecerá incólume neste século XXI.

Em 1951, o deputado federal paulista Cunha Bueno (1918-1981) propôs, na Câmara dos Deputados, o Projeto de Lei n. 1.169/51, que visava a instituir cátedra de Direito de Autor nas Faculdades de Direito.[36] O projeto de lei foi rejeitado, apesar de visionário e relevantíssimo.

---

35. Eis o *caput* do art. 108 da LPI: "Art. 108. O registro vigorará pelo prazo de 10 (dez) anos contados da data do depósito, prorrogável por 3 (três) períodos sucessivos de 5 (cinco) anos cada".

36. Eis, na íntegra, o Projeto de Lei n. 1.169, de 1951, bem como a sua justificação: "Projeto n. 1.169 - 1951. Institui cátedra de Direito de Autor das Faculdades de Direito e dá outras providências, correlatas. (Do Sr. Cunha Bueno) O Congresso Nacional decreta: Art. 1º Fica instituída nas Faculdades de Direito - oficiais, oficialidades ou livres reconhecidas - uma cátedra de Direito de Autor. Art. 2º Para as primeiras nomeações de professores, observadas as prescrições constitucionais quanto a concurso, terão preferência os que apresentarem publicações a respeito dessas disciplinas, ou prova de que hajam exercido cargo, ou função, que demonstre conhecimento das mesmas. Art. 3º Esta lei entrará em vigor na data de sua publicação, revogando-se as disposições em contrário. Sala das Sessões, em 18 de setembro de 1951. - Cunha Bueno. Justificação. Assume dia a dia maior importância o direito de autor não somente sobre a produção literária, como, principalmente, sobre a produção artística em geral e musical em particular. De fato, as novas técnicas - a gravação em discos, rolos e fitas magnéticas, o cinema, o rádio e, finalmente, a televisão - tornam as empresas que exploram essas atividades cada vez mais ávidas de produção intelectual, tanto nacional como estrangeira, proporcionando assim estímulo e incentivo à atividade criadora de autores, artistas e compositores. Como já se tornou importante e tende a aumentar de ano para ano entre os diversos países não somente um intercâmbio de ideias e de cultura, como, também, um intercâmbio econômico de valor não desprezível. Nesse movimento todo o Brasil assume papel de grande relevo, dada a sua participação, desde 1933 - na qualidade de único país americano - da Convenção de Berna (Decreto n. 23.270, de 24 de outubro) e desde 1948 da Convenção de Washington (Decreto Legislativo n. 12, de 22 de junho), da qual, aliás, foi um dos primeiros signatários. Para dizer da importância da primeira basta salientar que os países dela participantes en-

Como já dito, a Faculdade de Direito da USP é pioneira no ensino do direito autoral. O saudoso professor Antônio Chaves criou essa disciplina autônoma em 1971. No Rio Grande do Sul, é importante destacar o pioneirismo do saudoso Bruno Jorge Hammes, que, em 1975, ofereceu a disciplina "Propriedade Intelectual".

O professor Newton Silveira, em artigo de sua autoria publicado no início da década de 1980, afirmou: "o importante é destacar que no mundo de hoje a separação estanque entre o Direito de Autor (ramo do Direito Civil) e a Propriedade Industrial (como matéria compreendida pelo Direito Comercial) não mais encontra razão de ser".[37]

De fato, o ensino jurídico há de ser, cada vez mais, interdisciplinar. Os departamentos existentes nas faculdades de direito precisam dialogar mais entre si. O ambiente acadêmico, infelizmente, ainda costuma ser refratário a esse tipo de diálogo, segregando importantes áreas do direito. A autossuficiência é um dos piores defeitos do ensino jurídico.

O direito autoral e a propriedade industrial demandam conhecimentos de diversas outras disciplinas, como direito civil, direito empresarial, direito administrativo, direito penal, direito internacional, direito processual, direito do trabalho etc.

As divisões departamentais, *interna corporis*, não podem servir como entraves para a imprescindível interdisciplinaridade exigida para o estudo do direito intelectual. E a interdisciplinaridade não deve envolver apenas as disciplinas jurídicas, num diálogo intramuros. O estudioso do direito intelectual deve dialogar com professores e alunos de diversas outras faculdades, incluindo escritores, bibliotecários, compositores, músicos, cantores, arranjadores, produtores fonográficos, editores, artistas plásticos, fotógrafos, cineastas, dra-

---

globam uma população total estimada em aproximadamente um bilhão de almas. Está para ser sancionado o decreto que aprova o texto da Revisão de Bruxelas, atualizando e modernizando a Convenção de Berna. Apesar do culto que o brasileiro devota às artes, a hesitação da nossa jurisprudência ainda incipiente, e o grande número de textos legislativos dispersos evidenciam que o progresso no estudo do direito de autor entre nós não acompanha o evoluir técnico e industrial do assunto. O direito de autor, apesar da importância transcendental que vem assumindo dia a dia, encontra entre nós apenas raros e dedicados cultores. Estre eles é de justiça colocar o nome do Exmo. Sr. Dr. Getúlio Vargas, autor do Decreto n. 5.492, de 16 de julho de 1928, que como justa homenagem, leva seu nome: Lei Getúlio Vargas. Mostra S. Exa. no momento empenhado em encontrar um meio para melhorar a condição de autores e artistas, e para tornar mais acessíveis os princípios que regem a matéria. Penso que um dos remédios para a situação consistirá na aprovação do projeto que tenho a honra de apresentar à consideração de meus pares. — Cunha Bueno."

37. SILVEIRA, Newton. "O ensino do direito intelectual nas universidades". *Revista da Faculdade de Direito da Universidade de S. Paulo*, 1983, p.48.

maturgos, jornalistas, publicitários, arquitetos, engenheiros, biólogos, inventores, cientistas, *designers*, empresários, farmacêuticos, programadores de *software* etc.

O ensino do direito intelectual não deve se limitar às faculdades de direito. Noções elementares dessa matéria devem ser transmitidas, inclusive, no ensino médio e nas escolas técnicas. A preocupação com a divulgação e aplicação do direito intelectual é de todos que produzem (e consomem) cultura e tecnologia.

O ensino e a pesquisa do direito intelectual não deve se limitar ao ambiente jurídico. O *locus* do seu desenvolvimento não se esgota nos cursos jurídicos. A universidade como um todo deve fomentar a formação de uma consciência autoral e de respeito ao direito intelectual.[38]

Pois bem. Na primeira fase do exame da OAB, as estatísticas comprovam que há uma prevalência de questões ligadas à propriedade industrial, até porque esta disciplina integra formalmente o conteúdo programático de direito comercial (direito empresarial). Infelizmente, pouquíssimas questões de direito autoral são encontradas no exame da OAB e nos concursos públicos em geral.[39]

A autonomia legislativa do direito autoral, desde 1973, com a promulgação da Lei n. 5.988/73, fez com que muitos civilistas abandonassem os estudos dessa importante área do conhecimento.

É imenso o programa de cada uma das disciplinas (direito autoral e propriedade industrial), mas, em nossa opinião, o fato de o conteúdo programático de ambas ser imenso não significa que o estudo deva se dar de maneira segregada.

Gostaríamos que o ensino do direito intelectual, nos cursos de mestrado e doutorado, tivesse ao menos duas disciplinas: Direito Intelectual I, envolvendo teoria geral do direito intelectual e direito autoral; e Direito Intelectual

---

38. Este é também o pensamento da professora de Direito da Propriedade Intelectual da Unisinos, Ângela Kretschmann. KRETSCHMANN, Ângela. "A propriedade intelectual e o papel das instituições de ensino superior". In: ADOLFO, Luiz Gonzaga Silva; WACHOWICZ, Marcos (coords.). *Direito da propriedade intelectual:* estudos em homenagem ao Pe. Bruno Jorge Hammes, 2006, p.450.

39. Na primeira prova escrita (discursiva) para o cargo de juiz federal substituto do TRF, 1ª Região, em 2011, elaborada pela CESPE, consta a seguinte questão: "Estabeleça as principais semelhanças e diferenças entre propriedade intelectual e propriedade convencional, bem como as existentes entre os direitos de propriedade industrial e os direitos autorais". Este singelo estudo, que pretende traçar as principais semelhanças e diferenças entre propriedade industrial e direito autoral, apesar de não ter como foco o público concursando, pode servir, de algum modo, para esse estudo preparatório direcionado a concursos públicos.

II, incluindo propriedade industrial e novos institutos, como a proteção de cultivares.

A teoria geral do direito intelectual apresentaria, sistematicamente, as principais semelhanças e diferenças entre os dois subsistemas, fomentando um maior diálogo entre os professores e alunos de cada uma das disciplinas. A produção acadêmica e a realização de seminários aperfeiçoariam esse frutífero intercâmbio científico.

Considerações finais

> [...] *proíbo-te que chegues a outras conclusões que não sejam já achadas por outros. Foge a tudo que possa cheirar a reflexão, originalidade, etc., etc.*
> Machado de Assis, *Teoria do medalhão*

No conto *Teoria do medalhão*, de Machado de Assis, publicado em 1881, o jovem Janjão é aconselhado, pelo pai, a não ter ideias próprias.

Uma pós-graduação em direito, induvidosamente, deve se comportar contrariamente a esse pai do conto machadiano. Deve fomentar a criatividade, e não a subserviência; deve incentivar a geração de ideias próprias, e não a clonagem de ideias alheias.

A academia deve ser o oposto do pai de Janjão, que disse ao seu filho: "Longe de inventar um Tratado científico da criação dos carneiros, compra um carneiro e dá-o aos amigos sob a forma de um jantar, cuja notícia não pode ser indiferente aos seus concidadãos".

Este estudo tentou não repetir a inópia mental encontrada em alguns manuais que tratam, superficial e dicotomicamente, dos subsistemas direito autoral e propriedade industrial.

Janjão, ao completar a maioridade civil, escutou de seu pai essa máxima que, infelizmente, é ovacionada no ensino jurídico dos dias atuais: "Nesse ramo dos conhecimentos humanos tudo está achado, formulado, rotulado, encaixotado; é só prover os alforjes da memória".[40]

Acreditamos que "o céu de Ícaro tem mais poesia que o de Galileu".[41] Por isso, temos maior apreço pelo direito de autor que pela propriedade indus-

---

40. Disponível em: www.dominiopublico.gov.br/download/texto/bv000232.pdf. Acesso em: 16.06.2016.
41. Trecho da música "Tendo a lua", de Herbert Vianna e Tetê Tillett, que está no disco *Os Grãos*, do conjunto musical Os Paralamas do Sucesso.

trial. Todavia, este gosto pessoal não significa falta de curiosidade (e de estudo!) pelo céu de Galileu. Nem tampouco que os dois céus devem ser segregados, separados no ensino universitário.

Há um longo caminho a ser trilhado.

Que este ligeiro rascunho acadêmico sirva para incentivar outras pessoas a se debruçar na análise das convergências e divergências entre direito autoral e propriedade industrial, traçando, com maior nitidez, suas semelhanças e diferenças.

Assim, nossa tentativa de sair da zona de conforto não terá sido em vão.

Referências

ASCENSÃO, José de Oliveira. *Direito autoral.* 2.ed. Rio de Janeiro, Renovar, 1997.

BARBOBA, Denis Borges. "Autonomia científica do direito de autor". *Revista da Faculdade de Direito da Universidade de S. Paulo*, São Paulo, v.89, 1994, p.87-98.

______. *Direito de autor.* 2.ed. Rio de Janeiro, Forense Universitária, 1997.

______. *Uma introdução à propriedade intelectual.* 2.ed. Rio de Janeiro, Lumen Juris, 2003.

BASSO, Maristela. *O direito internacional da propriedade intelectual.* Porto Alegre, Livraria do Advogado, 2000.

BITTAR, Carlos Alberto. *Curso de direito autoral.* Rio de Janeiro, Forense, 1988.

CERQUEIRA, João da Gama. *Tratado da propriedade industrial.* 2.ed. São Paulo, Revista dos Tribunais, 1982.

CHINELLATO, Silmara Juny de Abreu. Direito de autor e direitos da personalidade: reflexões à luz do Código Civil. São Paulo, 2008. Tese (Professor Titular do Departamento de Direito Civil). Faculdade de Direito, Universidade de São Paulo.

______. "Requisitos fundamentais para a proteção autoral de obras literárias, artísticas e científicas. Peculiaridades da obra de artes plásticas". In: MAMEDE, Gladston; FRANCA FILHO, Marcílio Toscano; RODRIGUES JUNIOR, Otavio Luiz (orgs.). *Direito da arte.* São Paulo, Atlas, 2015.

COLOMBET, Claude. *Grands principes du droit d'auteur et des droits voisins dans le mondw: approche de droit comparé.* 2.ed. Paris, Litec, 1992.

DIDIER JR., Fredie. *Teoria geral do processo, essa desconhecida.* 3.ed. Salvador, JusPodivm, 2016.

GOMES, Orlando. *Direitos reais.* 19. ed. rev., atual. e ampl. por Luiz Edson Fachin. Rio de Janeiro, Forense, 2008.

HAMMES, Bruno Jorge. *O direito de propriedade intelectual.* 3.ed. São Leopoldo, Unisinos, 2002.

KRETSCHMANN, Ângela. "A propriedade intelectual e o papel das instituições de ensino superior". In: ADOLFO, Luiz Gonzaga Silva; WACHOWICZ, Marcos (coords.). *Direito da propriedade intelectual:* estudos em homenagem ao Pe. Bruno Jorge Hammes. Curitiba, Juruá, 2006.

MORAES, Rodrigo. "Uma visão sócio-política da nova Lei de Direito Autoral (Lei 9.610/98)". *Revista Jurídica dos Formandos em Direito da UFBA*, Salvador, v.2, 1999.

______. "Direito fundamental à temporalidade razoável dos direitos patrimoniais de autor". In: SANTOS, Manoel J. Pereira dos (org.). *Direito de autor e direitos fundamentais*. São Paulo, Saraiva, 2011.

______. *Salvador: marco inicial do direito de marcas*. 26.11.2014. Disponível em: www.rodrigomoraes.com.br/index.php?site=1&modulo=eva_conteudo&co_cod=540. Acesso em: 16.06.2016.

MORO, Maitê Cecília Fabbri. *Marcas tridimensionais:* sua proteção e os aparentes conflitos com a proteção outorgada por outros institutos da propriedade intelectual. São Paulo, Saraiva, 2009.

PICARD, Edmond. *Le droit pur*. Paris, Ernesr Flammarion, 1908.

SANTOS, Manoel Joaquim Pereira dos; JABUR, Wilson Pinheiro. "Interface entre propriedade industrial e direito de autor". In: ______ (coord.). *Direito autoral*. São Paulo, Saraiva, 2014.

SILVEIRA, Newton. "O ensino do direito intelectual nas universidades". *Revista da Faculdade de Direito da Universidade de S. Paulo*, São Paulo, v.78, 1983, p.48-51.

______. *Direito de autor no design*. 2.ed. São Paulo, Saraiva, 2012.

ULMER, Eugen. "A proteção sob o Direito Autoral dos programas de computador". In: *A proteção jurídica do "software"*. Rio de Janeiro, Forense, 1985.

VACCARO, Christian Schmitz. "Propiedad industrial y derecho de autor. ¿Una división vigente?". In: ANDRADE, Marcos Morales (coord.). *Temas actuales de propiedad intelectual: estudios en homenaje a la memoria del profesor Santiago Larraguibel Zavala*. 2.ed. Santiago, Legal Publishing Chile, 2007.

ZANINI, Leonardo Estevam de Assis. *Direito de autor*. São Paulo, Saraiva, 2015.

CAPÍTULO 21

Ghost writer possui direitos morais de autor e esses direitos são inalienáveis

Janaina Conceição Paschoal

O convite para participar de obra coletiva em homenagem à Professora Silmara Juny A. Chinellato constituiu grande honra. Apesar de pertencermos a departamentos diferentes, tenho muito carinho pela homenageada, pela personalidade forte e pelo apoio que sempre devota às mulheres. Ademais, paulatinamente, foram surgindo muitos interesses comuns.

A Professora Silmara Chinellato preocupa-se com os direitos do nascituro, sendo incontáveis os estudos que produzira a esse respeito. Em muitas oportunidades, discorri sobre a proteção à vida do feto, até por entender que, se não garantida a vida, todos os outros direitos perdem o sentido.[1]

A homenageada é uma das poucas juristas que se ocupam da Bioética; graças a esse outro ponto comum de interesse, tenho tido a honra de compor muitas bancas de seus orientandos, autores de dissertações e teses alvissareiras, referentes, por exemplo, às diretivas de fim de vida e à mudança de sexo.[2]

Muitos, portanto, seriam os assuntos que poderiam ser abordados nesta singela homenagem; entretanto, entendi adequado olhar para o primeiro tema que me uniu à Professora Silmara: os direitos autorais.

---

1. Nas Universidades, ganhou muita força a ideia de que o aborto seria um direito fundamental da mulher; entretanto, por mais que a mulher tenha direito ao próprio corpo, não existe direito fundamental sobre a vida (ou expectativa de vida) de outrem.
2. Já há alguns anos, junto ao Departamento de Direito Penal, ministro a disciplina Biodireito, focando os aspectos penais de assuntos relevantes como o planejamento familiar, o tráfico de órgãos, as pesquisas com seres humanos e a responsabilidade dos médicos. Para o próximo semestre, a professora homenageada e eu estudamos a possibilidade de desenvolver disciplina conjunta, a fim de trabalhar os aspectos cíveis e penais dos temas relacionados à Bioética.

Com efeito, há alguns anos, participamos de simpósio interdepartamental concernente a esses direitos, sendo certo que minha intervenção resultou em artigo publicado no livro em homenagem à Professora Ivette Senise Ferreira.[3] Em referida publicação, abordou-se de forma mais genérica os direitos autorais; porém, já na oportunidade, procurei ressaltar a importância dos direitos morais, quando comparados aos direitos materiais de autor.

A questão que pretendo analisar nesta breve intervenção tem natureza mais específica e concreta. Em filmes americanos, são muito comuns as referências a *ghost writers*. Por mais que já tivesse ouvido falar de tal instituto, não havia, confesso, refletido suficientemente a seu respeito. No entanto, depois que apresentei a denúncia por crime de responsabilidade, em face da Presidente Dilma Rousseff, algumas pessoas me procuraram, seja para sugerir que eu redigisse um livro, por meio de um *ghost writer*; seja para oferecer os serviços de *ghost writer*.

Na primeira vez em que esse tipo de proposta me foi formulada, senti-me profundamente ofendida. Recebi como verdadeira agressão a mera alusão à possibilidade de lançar como meu um livro escrito por outra pessoa. É bem verdade que pretendo escrever acerca dos bastidores do *impeachment*, uma análise subjetiva, de quem viveu todo o processo muito intensamente, mas quando decidir escrever, o farei eu mesma, com todas as qualidades e defeitos de uma escrita legítima.

Apesar de ter recusado a oferta, foi possível perceber que lançamentos de livros escritos por outras pessoas como próprios são bem mais comuns do que se imagina, sendo certo que as indagações com relação à legitimidade dessa prática invadiram minha alma.

Em certa medida, a luta pelo *impeachment* teve, em seu centro, o anseio por maior transparência. Daí toda a discussão concernente à fidedignidade da escrituração das contas públicas. Essa busca por transparência fez com que passasse a indagar até que ponto se revela honesto para com o leitor vender e autografar um livro como sendo próprio, quando, na verdade, o livro foi integralmente escrito por um terceiro desconhecido.

Durante o processo de *impeachment*, passei muito tempo no Congresso Nacional; pensava se seria legítimo um assessor escrever um discurso para o parlamentar ler. Afinal, eleito foi o parlamentar, não o assessor. E nós, eleitores, queremos saber o que o eleito realmente pensa. Queremos ter certeza de que ele pensa!

Talvez eu seja aficionada por transparência. Não raras vezes, exagero ao dizer a verdade para as pessoas. Quero que a contabilidade reflita a real si-

---

3. SILVEIRA, Renato de Mello Jorge; GOMES, Mariângela Gama de Magalhães (orgs.). *Estudos em homenagem a Ivette Senise Ferreira*, 2015.

tuação das contas públicas; quero que os políticos digam o que julgam correto e não o que os marqueteiros dizem que é, quero comprar livros escritos por quem diz que os escreveu. No entanto, foi uma grande surpresa constatar que esse apego à autenticidade é apenas meu.

De fato, em pesquisa jurisprudencial, foi possível constatar que nossos tribunais não comungam dessa aflição. Em 3 de fevereiro de 2015, o Superior Tribunal de Justiça negou provimento ao Recurso Especial n. 1.387.242/SP, em que um *ghost writer* requeria ser reconhecido como único e exclusivo titular do direito autoral da obra, a condenação da editora às sanções legais, por ter traduzido e publicado a obra no exterior, sem sua autorização, bem como pela violação de seus direitos patrimoniais e morais de autor.

O acórdão, relatado pelo Ministro Paulo de Tarso Sanseverino, referendou as decisões das instâncias inferiores, prolatadas no sentido de que o *ghost writer* nada mais faz que ordenar fatos narrados pelo verdadeiro autor.

Os trechos das decisões confirmadas revelam que os magistrados, em primeira e segunda instâncias, avaliaram a questão pelo enfoque das relações contratuais. Em outras palavras, se o *ghost writer* aceitou uma determinada quantia, a título de remuneração, prestou o serviço e por ele recebeu, nada mais teria a reclamar.

Alguns trechos dessas decisões, transcritos no acórdão, são bastante emblemáticos. Pede-se vênia para reproduzir um deles: "Percebe-se que o apelante sempre teve ampla ciência que não seria considerado autor da obra, não havendo nos autos nenhum elemento probatório que afaste este entendimento".

Nota-se, claramente, o viés contratual com que fora analisado o caso. Ocorre que os direitos autorais, sobretudo em seu aspecto moral, salvo melhor juízo, não estão no campo dos direitos disponíveis, tratando-se, na verdade, de direitos individuais fundamentais, verdadeiros direitos da personalidade, tema bastante caro a nossa querida homenageada.

Tanto é assim que o art. 5º, XVII e XXVIII, da Constituição Federal, versa sobre os direitos de autor, sendo sabido que o art. 5º pode ser equiparado ao coração da Carta Magna.

Haja vista a natureza de direito fundamental, penso que o autor até poderia dispor de seus direitos patrimoniais, mas não de seus direitos morais.

A Lei n. 9.610/98, que disciplina os direitos autorais, é bastante clara ao diferenciar os aspectos materiais dos morais, valendo lembrar que, contrariamente ao que ocorre com as consequências materiais dos direitos autorais, as implicações morais não têm limite temporal.

Com efeito, quando uma obra cai no domínio público, o autor e seus herdeiros deixam de ter poder acerca de sua utilização, artistas poderão, por exemplo, transformar um livro em peça teatral, sem pedir autorização e sem pagar por tal adaptação. Não obstante, em nenhuma hipótese, poderão deixar de mencionar o nome do autor como titular da obra original!

Cabe lembrar que o art. 4º, também da Lei n. 9.610/98, reza, categoricamente, que se interpretam "restritivamente os negócios jurídicos sobre os direitos autorais". No entanto, não foi o que fez o Superior Tribunal de Justiça, no caso de que ora se trata.

Diante da importância dos direitos morais de autor, salvo melhor juízo, o Superior Tribunal de Justiça até poderia ter negado ao recorrente os ganhos pela obra escrita na condição de *ghost writer*, mas não foi condizente com o ordenamento jurídico vigente negar vincular seu nome ao livro que escrevera.

No Brasil, o direito moral de autor mais básico é ter seu nome atribuído a sua obra. Não há contrato que possa afastar referida garantia! Destaque-se que o art. 24, I, da Lei n. 9.610/98 diz, textualmente, que "são direitos morais de autor o de reivindicar, a qualquer tempo, a autoria da obra"; não sendo possível deixar de lembrar o constante do art. 27 da mesma lei, que diz que "os direitos morais do autor são inalienáveis e irrenunciáveis".[4]

É bem verdade que as decisões mantidas por aquela Corte Superior partiram do pressuposto de que autor é quem conta a história, sendo o *ghost writer* um mero organizador de fatos.

Com todo respeito, fosse assim, não se poderia sustentar a decisão do Supremo Tribunal Federal, proferida nos autos da ADI n. 4.815/DF referente às biografias, pois, a vigorar o entendimento do Superior Tribunal de Justiça, a autoria das biografias seria sempre do biografado, dado que a história é dele, fazendo-se, portanto, necessário ter autorização para contá-la.

Não é possível que nossos tribunais entendam que o titular da história sequer precisa ser consultado para a publicação de sua biografia, por um lado, e, por outro, sustentem que quem escreve a história de alguém não é autor, pois a história pertence ao biografado.

Chega a ser teratológico: o escritor que redige a história de alguém, sem autorização do biografado, é autor e tem todos os bônus dessa condição. Já o escritor que redige a história de alguém, com autorização do biografado, não é autor, não passando de um mero prestador de serviço? Um verdadeiro sistema jurídico precisa guardar alguma lógica!

---

4. Apesar de sustentarem a legalidade do contrato para prestação de serviços como *ghost writer*, Larissa Tristão Savignon e Kone Prieto Furtunato Cesário defendem que não se pode confundir tal legalidade com uma pretensa renúncia aos direitos morais de autor. Como consequência, caso o *ghost writer* decida pleitear seus direitos, haverá de tê-los reconhecidos, muito embora tenha que indenizar o contratante pela quebra do contrato, haja vista que tinha assumido o compromisso de manter o sigilo (SAVIGNON, Larissa Tristão; CESÁRIO, Kone Prieto Furtunato. "Os direitos autorais do *ghost writer*", *Revista Eletrônica do IBPI*, 2014).

Na condição de docentes na Faculdade de Direito da Universidade de São Paulo, orientamos várias dissertações de mestrado, teses de doutoramento e teses de láurea. Não raras vezes, damos aos orientados a ideia, indicamos as obras, o rumo a seguir, corrigimos. Nem por isso podemos nos alçar à condição de autores da obra.

Sabe-se que, nas Faculdades de Medicina, a mentalidade é diferente, pois o orientador é, automaticamente, considerado coautor das dissertações e teses produzidas por seus alunos.

Ainda que se adotasse a mentalidade da Medicina no que tange às obras escritas por *ghost writers*, seria necessário estabelecer uma coautoria! A pessoa que viveu e contou a história poderia figurar como coautora da obra redigida por outrem.

Toda literatura sobre os direitos autorais mostra que a proteção não recai sobre a ideia, mas sobre a fixação da ideia. Quantas ideias cada um de nós não dá para os outros todos os dias? Se alguém decidir escrever sobre uma ideia nossa, seremos nós os autores? Não parece razoável!

A única hipótese em que o *ghost writer* não seria autor seria a de o "titular da história" ter, na verdade, ditado para ele redigir. Aí sim, não haveria nenhuma criação do espírito.

Ao escrever a história de alguém, o autor da obra vai conferir o seu estilo, e a história contada, com seu estilo, é digna de proteção.

No período em que este texto foi redigido, dei várias entrevistas para a jornalista Júlia Duailibi, da *Revista Piauí*. Ela se propôs a fazer o meu perfil, em virtude de toda a exposição no processo de *impeachment*. Por muitos dias, contei a ela detalhes referentes aos bastidores do processo, bem como acerca de minha vida profissional e pessoal. Jamais passou por minha cabeça pleitear a autoria sobre o texto por ela elaborado, sob a alegação de que a história é minha. Não faz o menor sentido!

Talvez transportando a situação para obras de arte, fique mais fácil visualizar. Pense-se na *Monalisa*. A famosa obra original foi pintada por Leonardo da Vinci, caiu no domínio público e, depois, foi adaptada por Botero. A *Monalisa* de Botero, muito embora inspirada na *Monalisa* de Da Vinci, pertence a Botero, não a Da Vinci.

Se o *ghost writer* confere forma e estilo à história contada por alguém, a obra fixada é de autoria dele. No máximo, poder-se-ia, como já dito, conferir uma coautoria.

Ainda recorrendo à arte para tentar ilustrar, pode-se estabelecer um paralelo com o quadro mais intrigante que já vi na vida: *Lincoln*. Esse quadro foi pintado por Salvador Dali e, como muitos outros do mesmo artista, foi inspirado em sua esposa e musa, Gala. À primeira vista, o quadro retrata Gala de costas, nua, olhando por uma janela; entretanto, tomando-se distância, percebe-se se tratar da face de Abraham Lincoln, Presidente dos Estados Unidos entre 1861 e 1865. Seria apropriado dizer que Gala é a verdadeira autora do quadro *Lincoln*, na medida em que posou para a confecção do retrato? A imagem é dela, mas quem a fixou e conferiu estilo e forma foi Dali.

Vai-se além: se alguém, que não tem nenhum dom artístico, idealizar uma escultura e encomendá-la a um escultor, poderá apresentar-se como autor da obra final? Óbvio que não! Por que, então, com obras escritas o tratamento é diferenciado?

Infelizmente, a decisão do Superior Tribunal de Justiça, ora comentada, reflete a tendência, já diagnosticada no texto escrito em homenagem à Professora Ivette Senise, de diminuir os aspectos morais dos direitos de autor, frente aos aspectos patrimoniais desses mesmos direitos.

Vale dizer que a decisão do Superior Tribunal de Justiça não é isolada, muito embora o tema ainda não tenha sido suficientemente debatido nos tribunais pátrios. Em buscas realizadas em diversas cortes estaduais e federais, logrou-se êxito em encontrar uma outra decisão, negando o reconhecimento de direitos autorais ao *ghost writer*.

Trata-se da Apelação n. 50625666820124047100, julgada em setembro de 2013, pelo Tribunal Regional Federal da 4ª Região. Em acórdão relatado pela Desembargadora Federal Vânia Hack de Almeida, a Corte negou direitos autorais pleiteados por assessor de imprensa, que escrevera inúmeros textos, assinados pelo então presidente da Ordem dos Advogados do Rio Grande do Sul (OAB/RS).

O fundamento desposado pelo Tribunal foi no sentido de que o contratado escrevia direcionado pelo presidente da OAB/RS, que seria, portanto, o verdadeiro autor dos diversos textos questionados. Na decisão, a Turma destacou, ainda, que a atividade profissional fora aceita pelo demandante, que recebera a justa remuneração. Salta aos olhos, novamente, a preponderância do direito contratual, em prejuízo dos direitos individuais.[5]

Referida decisão confirma sentença proferida por magistrado da 4ª Vara Federal de Porto Alegre, segundo quem a Lei n. 9.610/98 não protegeria a atividade do *ghost writer*. O juiz chega a lembrar que o mencionado diploma legal permite ao autor requerer a autoria de sua obra, a qualquer tempo; porém, a seu ver, esse dispositivo se aplica àquele que deu a ideia.

---

5. No âmbito doutrinário, há quem defenda, expressamente, que o instituto do *ghost writer* é válido e implica renúncia aos direitos morais de autor. Tudo em nome da segurança nas relações jurídicas (LARA, Paula Maria Tecles; ZAMBONI, Sabrina Alves. "*Ghost writer*: autonomia privada e a possibilidade jurídica da renúncia aos direitos morais de autor". In: BARROS, Carla Eugênia Caldas; LIMA, Renata Albuquerque; ASSAFIM, João Marcelo de Lima (org.). *XXI Encontro Nacional do CONPEDI-UFS: Direito, inovação, propriedade intelectual e concorrência*, 2015, p.153-80).

Interessante o fato de o magistrado mencionar, em sua decisão, a condição dos políticos e seus assessores. Melhor explicando, ao negar reconhecer direitos autorais ao *ghost writer*, o julgador afirma que, se a pretensão prosperasse, restaria aniquilada a função dos assessores políticos, pois os detentores de cargo público, ao fim de um discurso, teriam que conceder o crédito a quem o escreveu. Para ilustrar, transcreve-se o seguinte trecho da sentença prolatada:

> O *ghost writer* é um assessor do cliente, que a partir dos conceitos ou da história que este deseja transmitir, prepara o texto na forma adequada, submete à aprovação e correção/alterações e dá a forma final. Entendo que não existe nenhum problema ético em fazê-lo e essa atividade é tão antiga quanto a organização das sociedades. Entendo que esse tipo de atividade não está protegido, tampouco é objeto da lei de direitos autorais, especialmente em casos como o dos autos, nos quais os textos produzidos não são artigos científicos ou literários, mas manifestações de opinião pessoal do contratante, que sugere, confere, aprova o texto - que visa a refletir não a opinião de quem faz a redação, mas o pensamento de quem vai assiná-lo. A Lei n. 9.610/98 estabelece que são direitos morais do autor, entre outros, o de reivindicar, a qualquer tempo, a autoria da obra, e protege os textos de obras literárias, artísticas ou científicas; as conferências, alocuções, sermões e outras obras da mesma natureza (art. 7º, I e II).
>
> Todavia, essa proteção visa a evitar a usurpação de ideias ou da criação literária ou científica de outrem, e não impedir que uma autoridade ou qualquer outra pessoa conte com a colaboração e assessoramento de terceiros para emissão de notas, de discursos, de artigos opinativos, que refletem o seu pensamento e as suas convicções.
>
> Seria muito estranho que a Presidenta da República, por exemplo, ao final de um discurso tivesse que dizer que esse texto foi elaborado pelo assessor Fulano de Tal. Portanto, entendo que não há direitos morais do autor da presente ação violados pelo fato de ter elaborado textos submetidos à avaliação e aprovação do réu, para que fossem publicados com o nome deste.[6]

Contrariamente ao posicionamento desposado pelo magistrado, já há algum tempo defendo que se um político não tem condições de escrever os próprios discursos, talvez não tenha condições de estar no cargo que ocupa.

Muitos dos problemas que o Brasil enfrenta, na atualidade, devem-se à falta de autenticidade. Políticos de fachada lendo discursos, cujo conteúdo sequer compreendem.

Além dos crimes de responsabilidade, sobejamente comprovados, a Presidente Dilma Rousseff perdeu seu mandato por ter permitido que marque-

---

6. Disponível em: www.espacovital.com.br/arquivos/1_29899_520e1ff5e54ae.pdf.

teiros, pagos a peso de ouro, ditassem o rumo a ser dado ao país por ela comandado.

Enquanto a população vai às ruas, clamando por maior transparência e autenticidade, os tribunais pátrios consolidam o entendimento de que seria constitucional e legal assinar, vender e autografar o livro escrito por outrem, como se fosse próprio. Pior, os tribunais pátrios chancelam como natural que detentores de cargos da maior importância usurpem o trabalho alheio. É triste, mas é verdade.

Poder-se-ia objetar, alegando que, no sistema americano, também funciona assim. No entanto, conforme se procurou evidenciar no texto homenagem a Ivete Senise, no sistema americano, prepondera a ideia de *copyright*, que tem no centro, única e exclusivamente, os aspectos patrimoniais de autor.

Os direitos autorais, primordialmente conhecidos como direitos literários, passaram a ser protegidos, no Brasil, com a instalação das primeiras faculdades, em São Paulo (nosso Largo de São Francisco) e em Pernambuco (a irmã Faculdade de Direito).

Em seu concurso de ingresso, com lente da Faculdade de Recife, Tobias Barreto dissertou sobre os direitos literários, tratando-os por direitos autorais. Naquele momento, ganhou destaque a face moral de referidos direitos. Talvez por isso, há anos, sustento que o nome de Tobias Barreto haveria de ser inscrito no Monumento de 32, que se encontra no pátio de nossas Arcadas.[7]

Em artigo bastante corajoso, o magistrado e docente Alexandre Morais da Rosa discorre acerca da participação de estagiários e assessores, na elaboração de decisões judiciais. Aduz o autor que, quando ocorrem erros, estes são atribuídos aos bodes expiatórios; entretanto, os vários acertos são apenas devotados aos próprios magistrados, transformando-se os assessores em meros *ghost writers*.[8]

Ao mencionar a análise referente aos assessores dos juízes, não se está postulando que haveria direitos autorais a serem reconhecidos; porém, sob o aspecto ético, parece essencial que o Judiciário dê o exemplo, permitindo que os profissionais que, em alguma medida, participaram da construção da decisão a assinem, ao menos, conjuntamente. O valor de decisão judicial, bem se sabe, depende da assinatura do juiz. No entanto, o reconhecimento

---

7. Além de ter feito um requerimento formal à Diretoria nesse sentido, abordei o assunto no artigo em homenagem à Professora Ivette, já antes mencionado, bem como no artigo em homenagem ao Professor Celso Lafer (PASCHOAL, Janaina Conceição. "Desagravo a Tobias Barreto". *Revista Brasileira de Filosofia*, 2011).
8. ROSA, Alexandre Morais da. *Assessores e estagiários:* de bodes expiatórios a *ghost writers* judiciais, 2016.

do trabalho de todos os intervenientes é essencial, não só para responsabilizações, mas para a construção de uma verdadeira República.[9]

De há muito, venho desenvolvendo reflexão correlata com relação à advocacia, sobretudo à advocacia exercida pelas mulheres.

Com efeito, em palestra proferida em evento da Ordem dos Advogados do Brasil, em São Paulo, no dia Internacional das Mulheres e, posteriormente, em discussão realizada junto ao Núcleo de Mulheres do Escritório Machado Meyer, procurei evidenciar como as advogadas, nos grandes escritórios, funcionam como *ghost writers.*

Não raras vezes, são as advogadas que acompanham verdadeiramente os processos, fazem as pesquisas necessárias para elaboração das peças, redigem as petições; entretanto, na hora de fazer a reunião com os clientes, passam as informações aos parceiros (sócios ou chefes) do sexo masculino, para que eles apareçam como os "cabeças" da situação.

Quantas mulheres, as verdadeiras autoras das teses a serem sustentadas perante os tribunais, participam das reuniões caladas, enquanto o parceiro do sexo masculino verbaliza aquilo que por elas lhes foi ventilado, minutos antes de entrarem na sala? E quantas não são repreendidas com olhares, quando ousam participar mais ativamente das discussões referentes a seu próprio trabalho?

Sabe-se que, tal qual ocorre com as decisões judiciais, não existem direitos autorais sobre petições; entretanto, o Código de Ética da Advocacia sempre exigiu conferir créditos a todos que trabalharam para a consecução de peças jurídicas.

Por óbvio, esse reconhecimento vale para todos os profissionais, trate-se de homens ou de mulheres. Nossas palestras têm destacado a condição das mulheres, por ser comum, mesmo sendo maioria na carreira advocatícia, ficarem relegadas às atividades de bastidores, importantes, mas invisíveis.[10]

Sair da condição de fantasma exige responsabilidade, é bem verdade. No entanto, em um país que aprendeu a lutar por transparência e autenticidade, salvo melhor juízo, parece ser um contrassenso que os tribunais tornem questões contratuais mais importantes que direitos fundamentais insculpidos no art. 5º da Constituição Federal.

---

9. Nelson Wanderley Ribeiro Meira analisa a ilicitude na contratação de trabalhos acadêmicos (MEIRA, Nelson Wanderley Ribeiro. *Ghost writer, plágio, direito autoral e monografias, dissertações e teses:* ou de como tipificar uma relação conflituosa). A diminuição da importância dos direitos morais de autor, ainda que não se pretenda, finda favorecendo esse tipo de promiscuidade.
10. *Big eyes* é um filme bastante ilustrativo acerca da problemática em tela.

Resta muito conveniente às editoras pagar pelo serviço de um exército de fantasmas e apor nomes famosos às obras pelos fantasmas elaboradas. As estrelas passam a brilhar mais, pois, além dos dotes artísticos e/ou políticos, têm também dotes literários. O leitor, enganado, muitas vezes, reconhece valor no texto, apenas por pensar ter sido produzido por alguém considerável. Até quando viveremos no país da mentira?

A esse respeito, interessante mencionar que, em obra referente aos direitos morais de autor, Rodrigo Moraes chega a caracterizar como ofensa à honra alguém dizer que um escritor lança mão de *ghost writers*. Confira-se:

> O ofício do *ghost writer*, apesar de bastante antigo, continua sendo tabu, profissão clandestina e inconfessável, por comercializar de forma antiética o trabalho intelectual. O cinismo velado inerente ao ofício, chega a ser escandaloso quando o *ghost writer* escreve obras de caráter eminentemente pessoal, a exemplo de uma monografia/dissertação/tese ou de um romance literário. Artigos, discursos oficiais e pronunciamentos políticos, que geralmente não contêm forte carga de pessoalidade, podem até ser eticamente aceitáveis, mas, ainda assim, não estão imunes a críticas. Por outro lado, é perfeitamente possível alguém, acusado publicamente de ter encomendado criação e autoria de obra literária, sair-se vitorioso em uma ação judicial. Nesse caso, é possível ter havido violação ao direito à honra. Imagine-se a hipótese de um jornalista, crítico de política ou literatura, afirmar publicamente que o discurso proferido, os artigos ou livros publicados de alguém certamente foram feitos por um *ghost writer*, chamando tácita ou expressamente o indivíduo de incapaz intelectualmente para produzir referidas obras.[11]

Diferentemente do que ocorre nos Estados Unidos, onde se reconhecem apenas os direitos patrimoniais de autor, no Brasil, os direitos morais são plenamente assegurados, podendo o autor pleitear a autoria de sua obra, a qualquer momento.

Os tribunais pátrios, em nome da segurança jurídica, em observância à força dos contratos, têm desconsiderado o próprio ordenamento, negando direitos morais de autor ao *ghost writer*.

Nesta oportunidade, sustenta-se que o contrato deve vincular apenas para os aspectos patrimoniais (ou materiais) dos direitos autorais.[12] Desse modo,

---

11. MORAES, Rodrigo. *Os direitos morais de autor:* repersonalizando o direito autoral, 2008, p.133.
12. Fernanda Machado Amarante vai mais longe, ao sustentar a nulidade do contrato firmado com *ghost writers*, haja vista a ilicitude de seu objeto (AMARANTE, Fernanda Machado. "Direitos morais de autor e autonomia privada: os *ghost writers* e a indisponibilidade da paternidade da obra", *Revista Direito UNIFACS*, 2014).

ao assumir o compromisso de prestar o serviço, o *ghost writer* não mais poderá postular ganhos financeiros pela obra contratada.

Não obstante, revelar ser o verdadeiro autor da obra é um direito moral do *ghost writer* e, por conseguinte, contrato nenhum pode alienar a garantia de ter seu nome vinculado a sua criação. Sustentamos, inclusive, que o *ghost writer*, por exercer um direito inalienável ao pleitear a paternidade de sua obra, não precisará indenizar o contratante, sob pena de se estar instituindo uma punição ao gozo de um direito.

Exaltar a autenticidade parece coerente com o intuito de homenagear uma mulher bastante autêntica!

Referências

AMARANTE, Fernanda Machado. "Direitos morais de autor e autonomia privada: os *ghost writers* e a indisponibilidade da paternidade da obra", *Revista Direito UNIFACS*, n.165, 2014. Disponível em: www.revistas.unifacs.br

LARA, Paula Maria Tecles; ZAMBONI, Sabrina Alves. "*Ghost writer*: autonomia privada e a possibilidade jurídica da renúncia aos direitos morais de autor". In: BARROS, Carla Eugênia Caldas; LIMA, Renata Albuquerque; ASSAFIM, João Marcelo de Lima (org.). *XXI Encontro Nacional do CONPEDI-UFS: Direito, inovação, propriedade intelectual e concorrência*. Florianópolis, Conpedi, 2015. p.153-80.

MEIRA, Nelson Wanderley Ribeiro. Ghost writer, plágio, direito autoral e monografias, dissertações e teses: ou de como tipificar uma relação conflituosa. Disponível em: http://revistametodologiaufba.xpg.uol.com.br/arquivos/artigo038.pdf.

MORAES, Rodrigo. *Os direitos morais de autor:* repersonalizando o direito autoral. Rio de Janeiro, Lumen Juris, 2008.

PASCHOAL, Janaina Conceição. "Desagravo a Tobias Barreto". *Revista Brasileira de Filosofia*, v.237, jul-dez/2011.

ROSA, Alexandre Morais da. *Assessores e estagiários:* de bodes expiatórios a *ghost writers* judiciais. 30.04.2016. Disponível em: www.conjur.com.br/2016-abr-30/diario-classe-assessores-estagiarios-bodes-expiatorios-ghost-writers-judiciais.

SAVIGNON, Larissa Tristão; CESÁRIO, Kone Prieto Furtunato. "Os direitos autorais do *ghost-writer*", *Revista Eletrônica do IBPI*, n.10, 2014, p.84-97.

SILVEIRA, Renato de Mello Jorge; GOMES, Mariângela Gama de Magalhães (org.). *Estudos em Homenagem a Ivette Senise Ferreira*. São Paulo, LiberArs, 2015.

CAPÍTULO 22

A prestação de serviços intelectuais no direito tributário: limites à desconsideração da personalidade jurídica

Heleno Taveira Torres

Considerações iniciais: Constituição de pessoas jurídicas para a prestação de serviços e o princípio constitucional da autonomia privada

A Constituição Federal consagra e afirma garantias às liberdades na interação social. Entre as mais elevadas, temos as liberdades negociais e as liberdades de organização econômica, como é o caso do princípio da autonomia privada, corolário do máxime princípio da livre-iniciativa, fundamento do Estado democrático de Direito (art. 1º, parágrafo único) e arquétipo fundante da ordem econômica em nosso ordenamento (art. 170, *caput*).

É da Constituição, portanto, que avulta a liberdade de organização das empresas, da qual se depreende que a autonomia privada equivale ao exercício do poder de criar normas negociais e societárias, pela liberdade contratual ou societária, de escolha dos melhores tipos, formas e causas jurídicas. Chamo, assim, de *autonomia privada societária* a escolha dos tipos dispostos na nossa legislação para criação livre de sociedades, segundo os limites entabulados pela ordem jurídica, para a realização dos atos negociais, que devem ter substância e forma.

Por força do reconhecimento constitucional das liberdades de iniciativa e do direito de propriedade (arts. 1º, 5º, XXII, e 170), os particulares gozam de amplo espaço para a escolha dos *tipos, formas* e *causas* jurídicas que qualificam os negócios jurídicos e as organizações societárias, observadas as chamadas "regras de ordem pública" que prescrevem os requisitos de validade e demais condições. Nossa premissa metodológica parte do pressuposto de que toda interpretação exigirá que o ato societário venha a respeitar aquelas três liberdades que condicionam o exercício da autonomia privada.

Os atos e contratos entre particulares regem-se pelas normas do direito privado, pelas regras do Código Civil e outras normas esparsas. É nesse âmbito que devemos identificar os requisitos de sua validade e eficácia. Outros domínios normativos são obrigados a respeitar esses critérios e a recepcionar as sociedades e os negócios jurídicos em conformidade com esses pressupostos.

Assim é o caso do direito administrativo, do direito penal ou do direito tributário. Se os atos e contratos dos particulares são considerados válidos e eficazes pelo direito privado, estes devem ser respeitados pelas autoridades administrativas ou penais,[1] porquanto pautadas pela legalidade estrita.

A personalidade jurídica das sociedades e a liberdade de exercício de atividade econômica são conceitos fundamentais, pilares de nosso ordenamento jurídico, máxime o fundamento constitucional que as ampara.

Nesse sentir, assim preconizam o art. 2º da Lei n. 6.404/76 (Lei das S/A) e o art. 981 do Código Civil, *in verbis*:

> Art. 2º Pode ser objeto da companhia qualquer empresa de fim lucrativo, não contrário à lei, à ordem pública e aos bons costumes.
>
> Art. 981. Celebram contrato de sociedade as pessoas que reciprocamente se obrigam a contribuir, com bens ou serviços, para o exercício de atividade econômica e a partilha, entre si, dos resultados.
>
> Parágrafo único. A atividade pode restringir-se à realização de um ou mais negócios determinados.

A sociedade comercial não é um mero agregado patrimonial. Antes de ser ficção ou apenas uma massa patrimonial dirigida a um fim mercantil, a *personalidade jurídica da sociedade mercantil* é norma jurídica que surge a partir de um dado fato jurídico; e sua vida não será mais do que uma sequência dos cumprimentos de atos regrados pelo Direito. As pessoas jurídicas têm personalidade própria e são sujeitos de direitos e de obrigações.[2]

Por força da aplicação do regime jurídico que lhe configura, formal e materialmente, a sociedade obtém do Direito, mediante outras tantas normas, personalidade jurídica distinta das pessoas que a formam, com *capacidade para ser centro de imputação de direitos e obrigações*.

---

1. Nesse sentido é o art. 109 do CTN: "Os princípios gerais de direito privado utilizam-se para pesquisa da definição, do conteúdo e do alcance de seus institutos, conceitos e formas, mas não para definição dos respectivos efeitos tributários".
2. "A personalidade é uma qualidade: a qualidade de ser pessoa. É uma qualidade que o Direito se limita a constatar e respeitar e que não pode ser ignorada ou recusada. É um dado extrajurídico que se impõe ao Direito" (VASCONCELOS, Pedro Pais de. *Teoria geral do direito civil*, 2007, p. 35).

Assim, vista internamente, a sociedade não é mais do que um complexo de relações jurídicas, todas regradas pelo Direito, relações entre pessoas, entre pessoas e órgãos, relações dos órgãos entre si; e percebida no seu relacionar-se com o mundo exterior, somam-se outras tantas relações, agora, já não mais como polos destacados em pessoas e órgãos, mas como unidade.

Desse modo, há de se examinar, de modo inafastável, três aspectos capitais para a demarcação da segurança jurídica do uso de pessoas jurídicas prestadoras de serviços intelectuais, a saber:

a) o dever da separação patrimonial entre bens do sócio e bens da sociedade;
b) a prestação de serviços intelectuais por sociedades não autoriza nenhuma forma de desconsideração da personalidade jurídica quando atendidos os requisitos legais, salvo em presença dos pressupostos do art. 50 do Código Civil ou nas hipóteses de fraude ou simulação;
c) a entrada em vigor do art. 129 da Lei n. 11.196/2005 afastou a possibilidade de requalificação, para fins fiscais e previdenciários, das sociedades prestadoras de serviços intelectuais como relações de "emprego", excetuadas as hipóteses da legislação trabalhista.

Quanto à constituição de pessoas jurídicas para prestação de serviços intelectuais, importa destacar que a assinalada prática se encontra amparada pelo art. 129 da Lei n. 11.196/2005, que assim dispõe:

> Art. 129. Para fins fiscais e previdenciários, a prestação de serviços intelectuais, inclusive os de natureza científica, artística ou cultural, em caráter personalíssimo ou não, com ou sem a designação de quaisquer obrigações a sócios ou empregados da sociedade prestadora de serviços, quando por esta realizada, se sujeita tão somente à legislação aplicável às pessoas jurídicas, sem prejuízo da observância do disposto no art. 50 da Lei n. 10.406, de 10 de janeiro de 2002 - Código Civil.

Como se vê, não há nenhuma vedação que impeça a constituição de pessoas jurídicas para prestar serviços intelectuais de assessoria administrativa, financeira ou de qualquer outra espécie. Pelo contrário: o art. 129 da Lei n. 11.196/2005 admite a prestação de serviços intelectuais, em caráter personalíssimo ou não, por pessoas jurídicas, assim como a prevalência do regime jurídico aplicável a estas para fins fiscais.

O que cabe evidenciar é se as pessoas jurídicas são constituídas sem nenhum indício de fraude, dolo ou simulação, bem como se o respectivo funcionamento operou-se com substância e sem qualquer propósito fraudulento.

Antes da edição da Lei n. 11.196/2005, era questionável a constituição de pessoas jurídicas para prestação de serviços personalíssimos. No entanto, após o início da vigência dessa Lei, tornou-se válida, para os fins previdenciários e tributários, a contratação de pessoa jurídica para prestação de serviços intelectuais personalíssimos.

Nesse sentido tem sido unânime a jurisprudência do Carf:

> Ementa: Assunto: Imposto sobre a Renda Retido na Fonte - IRRF. Exercício: 2000, 2001, 2002 IRPF. Rendimentos. Pessoa jurídica para pessoa física. Reclassificação. Demonstração de características. Ausência. São tributáveis os rendimentos do trabalho não assalariado, tais como honorários do livre exercício das profissões de médico, engenheiro, advogado, dentista, veterinário, professor, economista, contador, jornalista, pintor, escritor, escultor e de outras que lhes possam ser assemelhadas. *No presente caso, não há como tributar como rendimentos de pessoa física os oriundos de pessoa jurídica, pois restou comprovada nos autos a existência, jurídica e fática, da pessoa jurídica.* Normas gerais. Lei interpretativa, requisitos. Ausência. Para que uma lei seja considerada interpretativa, são necessários requisitos como: o caráter interpretativo tem que ser expresso; indicação da lei anterior que está sendo interpretada; existência de lei anterior disciplinando a matéria tratada na lei interpretativa; e existência de dúvida quanto ao sentido de uma lei anterior. Como esses requisitos não constam da Lei n. 11.196/2005, não há como argumentar que o seu art. 129 seja interpretativo.[3]

Observada a manutenção e continuidade das sociedades, segundo as regras do direito privado, cumpre, ao direito tributário, a "recepção" das suas correspondentes repercussões jurídicas. Desse modo, a todas as sociedades criadas para fins de prestação de serviços, quando atendidos os pressupostos formais e materiais, exigidos pelo direito privado, deve ser mantida a garantia de separação entre as pessoas físicas e as pessoas jurídicas, entre bens dos sócios e bens da sociedade.

O direito positivo outorgou personalidade jurídica às sociedades, que são figuras distintas dos sócios que as compõem, com patrimônio, direitos e obrigações próprios e, para algumas modalidades, outorgou o princípio da separação patrimonial;[4] patrimônio próprio, direitos e obrigações distintas daqueles dos sócios ou acionistas.

---

3. Processo n. 11516.001798/2004-55, rel. Marcelo Oliveira. Conselho Administrativo de Recursos Fiscais. Câmara Superior de Recursos Fiscais, j. 12.02.2014.
4. PRADO, Viviane Muller. "Pessoa jurídica, separação patrimonial e estrutura organizacional". In: PÜSCHEL, Flávia Portella (org.). *Organização das relações privadas*: uma

Nosso sistema jurídico sempre reconheceu a personalidade jurídica e a separação patrimonial das sociedades por quotas de responsabilidade limitada, desde a constituição, com o registro do contrato perante os órgãos competentes, até a extinção pela dissolução, quando os sócios assim deliberam ou pelas causas legais.

Como visto, no direito privado, afora o art. 50 do Código Civil e os limites aos tipos societários, não há nenhum outro óbice à constituição de sociedades que detenham, por objeto, a prestação de serviços personalíssimos. Com efeito, expressamente, reconhece essa hipótese o parágrafo único do art. 966 do Código Civil, ao admitir como empresário aquele que exerce profissão artística, quando esta se constitui elemento da empresa.[5] Confira-se:

> Art. 966. Considera-se empresário quem exerce profissionalmente atividade econômica organizada para a produção ou a circulação de bens ou de serviços.
>
> Parágrafo único. Não se considera empresário quem exerce profissão intelectual, de natureza científica, literária ou artística, ainda com o concurso de auxiliares ou colaboradores, *salvo se o exercício da profissão constituir elemento de empresa.* [grifamos]

A lei civil, portanto, admite a constituição de sociedades para prestação de serviços científicos, literários ou artísticos, como confirma-se, ainda, pela Lei n. 12.441/2011, que alterou o Código Civil para admitir também a consti-

---

introdução ao direito privado com métodos de ensino participativos, 2007, p.151-63; ZOPPINI, Andrea. "Appunti sul patrimonio separato della società per azioni". In: BERLINGUER, Aldo. *Finanziamento e internazionalizzazione di impresa*, 2006, p.313-22; JEZZI, Philip Laroma. *Separazione patrimoniale e imposizione sul reddito*, 2006, 366 p.; PINTO JÚNIOR, Mario Engler. "A opção entre a forma Ltda. ou S.A.". *Revista de Direito Mercantil Industrial, Econômico e Financeiro*, São Paulo, v.29, n.79, p.26-33, jul./set. 1990; FRONTINI, Paulo Salvador. "A sociedade limitada e seu apelo às normas da sociedade anônima". *Revista de Direito Mercantil Industrial, Econômico e Financeiro*, São Paulo, v. 29, n.79, p.23-5, jul./set. 1990; MÉLEGA, Luiz. "As sociedades anônimas e as sociedades por cotas de responsabilidade limitada: confronto de eventuais vantagens e desvantagens". *Revista de Direito Mercantil Industrial, Econômico e Financeiro*, São Paulo, v.16, n.25, p.119-32, 1977; TEIXEIRA, Egberto Lacerda. "Sociedade de responsabilidade limitada: dívida particular do sócio: penhorabilidade das respectivas cotas de capital – recurso extraordinário conhecido e provido". *Revista de Direito Mercantil Industrial, Econômico e Financeiro*, São Paulo, v.19, n.40, p.103-10, out./dez. 1980; LEÃES, Luiz Gastão Paes de Barros. "Responsabilidade dos administradores das sociedades por cotas de responsabilidade limitada". *Revista de Direito Mercantil Industrial, Econômico e Financeiro*, São Paulo, v.16, n.25, p.49-54, 1977.

5. TEPEDINO, Gustavo. "Sociedade prestadora de serviços intelectuais: qualificação das atividades privadas no âmbito do direito tributário". In: TEPEDINO, Gustavo. *Temas de direito civil*, t.III, 2009, p.100-1.

tuição de pessoa jurídica individual, composta por um único titular, que conserva o regime de responsabilidade limitada, *verbis*:

> Art. 980-A. A empresa individual de responsabilidade limitada será constituída por uma única pessoa titular da totalidade do capital social, devidamente integralizado, que não será inferior a 100 (cem) vezes o maior salário mínimo vigente no País.
>
> § 1º O nome empresarial deverá ser formado pela inclusão da expressão "EIRELI" após a firma ou a denominação social da empresa individual de responsabilidade limitada.
>
> § 2º A pessoa natural que constituir empresa individual de responsabilidade limitada somente poderá figurar em uma única empresa dessa modalidade.
>
> § 3º A empresa individual de responsabilidade limitada também poderá resultar da concentração das quotas de outra modalidade societária num único sócio, independentemente das razões que motivaram tal concentração.
>
> § 4º (*Vetado.*)
>
> § 5º Poderá ser atribuída à empresa individual de responsabilidade limitada constituída para a prestação de serviços de qualquer natureza a remuneração decorrente da cessão de direitos patrimoniais de autor ou de imagem, nome, marca ou voz de que seja detentor o titular da pessoa jurídica, vinculados à atividade profissional.
>
> § 6º Aplicam-se à empresa individual de responsabilidade limitada, no que couber, as regras previstas para as sociedades limitadas.

A Lei n. 12.441/2011 supriu uma lacuna de nosso ordenamento jurídico, que, a exemplo de outros países, como os Estados Unidos da América, a Alemanha, a França, Portugal e outros, passou a admitir a sociedade unipessoal.

A forma jurídica da sociedade ou empresa não está mais adstrita ao ultrapassado conceito de associação de duas ou mais pessoas, mas pauta-se *na forma de organização de capitais e negócios*, de organização racional dos mais diversos bens de produção - inclusive intelectuais - vinculados ao caráter empresarial da atividade.

Entre outras repercussões jurídicas do contrato societário, com um ou mais sócios, tem-se a *separação patrimonial*, de caráter vinculante e decorrente do tipo societário adotado, na forma de sociedade anônima (art. 1.088 do Código Civil - CC); sociedade em comandita por ações (art. 1.090 do CC); sociedade cooperativa (art. 1.093 do CC); sociedade em nome coletivo (arts. 1.039 a 1.044); sociedade em comandita simples (arts. 1.045 a 1.051); sociedade limitada (arts. 1.052 a 1.087); sociedade anônima (arts. 1.088 e 1.089); e até mesmo a recente empresa individual de responsabilidade limitada (EIRELI - art. 980-A do Código Civil), introduzida pela Lei n. 12.441/2011.

Em vista desse princípio maior, o art. 567 do Código de Processo Civil e o art. 1.024 do Código Civil[6] prescrevem taxativamente que "os bens particulares dos sócios não respondem pelas dívidas da sociedade", senão nos casos previstos em lei, de tal modo que sempre que forem executadas dívidas da sociedade deverão ser nomeados tantos bens de propriedade desta quantos bastem para fins de pagamento do débito, segundo os limites de cada tipo societário e, ademais, da forma jurídica pela qual decidiram os sócios repartir, entre si, as responsabilidades associadas ao negócio.

Liberdade para criação de empresas prestadoras de serviços e limites à desconsideração para fins tributários

O princípio da livre-iniciativa (arts. 1º e 170 da CF) qualifica a liberdade societária, de escolha dos melhores tipos, formas e causas jurídicas. Deveras, é direito constitucional que orienta toda a ordem econômica. Essa é a razão pela qual nosso ordenamento jurídico autoriza a constituição de sociedades, voltadas à prestação de serviços intelectuais, culturais e artísticos personalíssimos.

Desde janeiro de 1997, com a edição da Lei n. 9.430/96,[7] o rendimento das sociedades civis de prestação de serviços profissionais passou a ser tributado como o das demais pessoas jurídicas. Mais tarde, foi editado o já mencionado art. 129 da Lei n. 11.196/2005. Como amplamente difundido na doutrina, tratava-se de norma meramente interpretativa, que não modificou o regime jurídico já existente para as sociedades, mas, tão somente, expressou textualmente o que antes já se via plasmado como inerente ao regime de direito privado e a todos os critérios adotados nas leis tributárias.[8]

---

6. "Art. 1.022. A sociedade adquire direitos, assume obrigações e procede judicialmente, por meio de administradores com poderes especiais, ou, não os havendo, por intermédio de qualquer administrador. Art. 1.023. Se os bens da sociedade não lhe cobrirem as dívidas, respondem os sócios pelo saldo, na proporção em que participem das perdas sociais, salvo cláusula de responsabilidade solidária. Art. 1.024. Os bens particulares dos sócios não podem ser executados por dívidas da sociedade, senão depois de executados os bens sociais."
7. "Art. 55. As sociedades civis de prestação de serviços profissionais relativos ao exercício de profissão legalmente regulamentada de que trata o art. 1º do Decreto-lei n. 2.397, de 21 de dezembro de 1987, passam, em relação aos resultados auferidos a partir de 1º de janeiro de 1997, a ser tributadas pelo imposto de renda de conformidade com as normas aplicáveis às demais pessoas jurídicas."
8. Esse caráter meramente interpretativo do art. 129 da Lei n. 11.196/2005 é confirmado pela justificação da sua inclusão no Projeto de Lei de Conversão da Medida Provisória n. 252, de 15.06.2005 (PLV n. 23/2005), *in verbis*: "Os princípios da valorização do

Esta é a lição de Roque Carrazza, *in verbis*:

> A nosso ver, o dispositivo em foco limitou-se a explicitar situação tributária que, em matéria de imposto sobre a renda e de contribuição – como pensamos haver demonstrado – *sempre existiu* para as sociedades civis de prestação de serviços profissionais, *em caráter personalíssimo ou não*, relativos ao exercício de profissão não regulamentada e, no caso daquelas de "*profissão legalmente regulamentada*", mereceu tratamento diverso apenas no período compreendido entre 1988 e 1996.[9]

O citado art. 129 da Lei n. 11.196/2005 apenas esclareceu que devem ser tributadas, inclusive por meio de imposto sobre a renda, de contribuição social sobre o lucro líquido e de contribuição ao PIS e Cofins, as próprias sociedades civis de prestação de serviços profissionais, em detrimento das pessoas físicas que as integram. Temos, portanto, *a contrario sensu*, que, em relação a essas pessoas físicas, a norma em pauta *somente declarou situações de não incidência a ela preexistentes.*

De toda sorte, essa nova formulação de ideias, já consagrada em nosso ordenamento, tornou ao debate público por ocasião do trâmite do Projeto de Lei da Super-Receita (PL n. 6.272/2005). Na Emenda n. 3, aprovada pelo Senado,[10] indicava-se que a autoridade fiscal poderia desconsiderar "ato, negócio ou pessoa jurídica que implicasse o reconhecimento de relação de emprego", quando "precedida de decisão judicial".[11] A emenda foi vetada pelo Presidente da República,[12] para afastar a "ampla desconsideração" de perso-

---

trabalho humano e da livre-iniciativa previstos no art. 170 da Constituição Federal asseguram a todos os cidadãos o poder de empreender e organizar seus próprios negócios. O crescimento da demanda por serviços de natureza intelectual em nossa economia requer a edição de norma interpretativa que norteie a atuação dos agentes da Administração e as atividades dos prestadores de serviços intelectuais, esclarecendo eventuais controvérsias sobre a matéria".

9. CARRAZZA, Roque Antonio. "O caráter interpretativo do art. 129 da Lei n. 11.196/2005". In: *Prestação de serviços intelectuais por pessoas jurídicas*: aspectos legais, econômicos e tributários, 2008, p.245-59.
10. "No exercício das atribuições da autoridade fiscal de que trata esta Lei, a desconsideração da pessoa, ato ou negócio jurídico que implique reconhecimento de relação de trabalho, com ou sem vínculo empregatício, deverá sempre ser precedida de decisão judicial."
11. ANAN JR., Pedro; PEIXOTO, Marcelo M. "Apresentação". In: ANAN JR., Pedro; PEIXOTO, Marcelo M. (org.). *Prestação de serviços intelectuais por pessoas jurídicas.* Aspectos legais, econômicos e tributários, 2008, p.11-2 (11).
12. Conforme exarado nas Razões de Veto, "[a]s legislações tributária e previdenciária, para incidirem sobre o fato gerador cominado em lei, independem da existência de relação de trabalho entre o tomador do serviço e o prestador do serviço. Condicionar

nalidade jurídica de sociedade de pessoas,[13] com reação parlamentar na forma do Projeto de Lei n. 133/2007.[14]

O que remanesce, em qualquer cenário, como de observância necessária para a desconsideração da personalidade jurídica, é o emprego dos critérios definidos em lei, hodiernamente expostos no aludido art. 50 do Código Civil.

A partir de 2003, com a vigência do novo Código Civil, na função de regra geral, o art. 50 trouxe dispositivo próprio para justificar a desconsideração das sociedades, *in verbis*:

> em caso de abuso da personalidade jurídica, caracterizado pelo *desvio de finalidade, ou pela confusão patrimonial*, pode o juiz decidir, a requerimento da parte, ou do Ministério Público quando lhe couber intervir no processo, que os efeitos de certas e determinadas relações de obrigações sejam estendidos aos bens particulares dos administradores ou sócios da pessoa jurídica. [grifamos]

Essa regra, portanto, autoriza o juiz, e somente o juiz, a desconsiderar a personalidade jurídica de sociedades quando em presença do pressuposto de *abuso de personalidade*, provado previamente, o qual se define pelo cometimento de desvio de finalidade ou de confusão patrimonial.

O Carf, consoante já fora antecipado em distintos julgados, já admitiu a ausência de simulação e atestou a legalidade da constituição de pessoa jurídica para a prestação de serviços personalíssimos. A esse respeito, transcrevemos o voto vencedor do Conselheiro Alexandre Nishioka:

> Nesse sentido, conforme já aduzido anteriormente, a legislação cível não veda a constituição de pessoas jurídicas para a prestação de serviços intelec-

---

a ocorrência do fato gerador à existência de decisão judicial não atende ao princípio constitucional da separação dos Poderes".

13. "*O raciocínio que se estabeleceu aqui era relativamente simples (e simplista): a proposta legislativa, no que vedava aos agentes certos poderes, foi vetada, logo, teria sido aprovada a lei, implicitamente permissiva, significando o reconhecimento do referido poder aos agentes.* Assim, pode-se dizer que o veto à proibição aparentemente permitiria concluir que os fiscais teriam recebido (implicitamente) essa ampla prerrogativa (de agrado do governo federal), desde que a aprovação da lei se deu sem a restrição proposta inicialmente (porque rejeitada pelo Chefe do Executivo). Não há qualquer justificativa razoável para admitir-se tese tão disparatada do ponto de vista de sua adequação ao Estado Constitucional de Direito" (cf. TAVARES, André Ramos. "Liberdade econômica e tributação: o caso da Emenda 3 e a fraude à Constituição". In: ANAN JR., Pedro; PEIXOTO, Marcelo M. (org.). *Prestação de serviços intelectuais por pessoas jurídicas.* Aspectos legais, econômicos e tributários, 2008, p.83-93, sem destaques no original).

14. "Art. 1º A autoridade fiscal poderá desconsiderar pessoa, ato ou negócio jurídico, para fins de reconhecimento de relação de emprego e consequente imposição de tributos, sanções e encargos, após decisão judicial autorizadora."

> tuais, consoante se verifica do texto do art. 966, parágrafo único, do Código Civil, apenas ressaltando que referidas sociedades não se amoldam ao conceito de empresário, uma vez que, via de regra, não organizam os fatores de produção objetivando o lucro.
>
> O que efetivamente importa, assim, para a aferição da regularidade da constituição da sociedade, é a verificação da existência de *affectio societatis* entre os sócios, demonstrando haver, de fato, uma comunhão de interesses, seja quais forem, para a prestação de determinada atividade social. No presente caso, portanto, não havendo a fiscalização demonstrando, de forma inolvidável, o caráter simulado do contrato social, não há que se falar em tributação na pessoa da Recorrente.[15]

Com a presença de *affectio societatis* entre os sócios (causa jurídica), a desconsideração da personalidade jurídica somente será admitida excepcionalmente, diante de *prova de simulação*, a configurar o abuso de *personalidade jurídica* e/ou o *desvio de finalidade*, que constituem as condições de aplicabilidade do referido art. 50 do Código Civil de 2002. Assim, a legislação brasileira admite a prestação de serviços personalíssimos por meio de pessoas jurídicas e disciplina as formas contratuais possíveis, tomando em conta especialmente a atividade desenvolvida *in concreto*, pela finalidade que persigam. Não há nenhum impedimento legal para tanto, desde que não seja configurada fraude ou simulação. E essas formas contratuais contemplam, como visto, inclusive, a figura da Empresa Individual de Responsabilidade (EIRELI), desde o advento da Lei n. 12.441/2011.

Em conclusão, sob a ótica estritamente fiscal, a desconsideração da personalidade jurídica promovida em função da natureza *pessoal* dos serviços intelectuais não pode subsistir, porque o elemento "pessoalidade" *não* é alheado das situações delimitadas pela lei, relevante para determinar, ou não, a aplicação de um regime tributário próprio às pessoas jurídicas.

A remuneração da prestação de serviços entre sociedades – IRPF e confusão com verbas equivalentes a salário

Prestação de serviços designa uma obrigação de fazer, negócio jurídico pelo qual uma parte obriga-se a realizar um *facere*,[16] mediante o pagamento de

15. Processo n. 18471.001253/200532, rel. José Raimundo Tosta Santos. Conselho Administrativo de Recursos Fiscais, 1ª S., j. 19.02.2013.
16. Código Civil: "Art. 594. Toda a espécie de serviço ou trabalho lícito, material ou imaterial, pode ser contratada mediante retribuição".

contraprestação, o que se pode operar entre pessoas físicas, entre pessoas físicas e jurídicas ou, exclusivamente, entre estas últimas.

No direito privado, o *contrato de prestação de serviços* caracteriza-se pela presença dos seguintes elementos: (a) o prestador (ou devedor) que é contratado para prestar serviços; (b) o tomador (ou credor) em favor de quem o serviço deve ser prestado; (c) o objeto, que é a prestação de serviços, trabalho ou atividade lícita, material ou imaterial; e (d) o pagamento de contraprestação. Note-se que não estão abrangidos na disciplina do Código Civil contratos sujeitos às leis trabalhistas ou a normas especiais.[17]

Ainda sob a égide da Constituição de 1946, Pontes de Miranda bem afirmava que o contrato de prestação de serviços pode ser tácito:

> As manifestações de vontade com que se há de concluir o contrato de locação de serviços não precisam ser *expressas*. Podem ser *tácitas*. Bastam, portanto, *atos*. Uma vez que pela conduta o locador de serviços se manifestou e pela conduta se manifestou o locatário, concluído está o contrato. Os serviços não se supõem prestáveis ou prestados gratuitamente, de jeito que, se houve a manifestação de vontade ("presto os serviços", "quero os serviços"), mesmo se nada se determinou quanto ao preço (a remuneração), tem-se como *querido* o preço que a regra jurídica aponta (Código Civil, art. 1.218; Decreto-lei n. 5.452, de 1º de maio de 1943, arts. 460 e 461, *caput* e §§ 1º a 3º).[18]

Nessa esteira, o art. 595 do Código Civil prevê a validade e eficácia de contrato de prestação de serviços assinado a rogo: "Art. 595. No contrato de prestação de serviço, quando qualquer das partes não souber ler, nem escrever, o instrumento poderá ser assinado a rogo e subscrito por duas testemunhas".

A prestação dos serviços é tipo da obrigação de fazer, "por ela, o devedor compromete-se a prestar uma atividade qualquer, lícita e vantajosa, ao seu credor", como explicou Álvaro Vilaça de Azevedo.[19] E a remuneração pode ser pactuada livremente pelas partes, no entanto, ela deve ter relação com os serviços prestados pela pessoa jurídica.

Se a contratação for tácita ou não houver sido estabelecida a remuneração da prestação de serviços, caberá seu arbitramento nos termos do art. 596 do Código Civil: "Art. 596. Não se tendo estipulado, nem chegado a acordo as partes, fixar-se-á por arbitramento a retribuição, segundo o costume do lugar, o tempo de serviço e sua qualidade".

---

17. "Art. 593. A prestação de serviço, que não estiver sujeita às leis trabalhistas ou a lei especial, reger-se-á pelas disposições deste Capítulo."
18. PONTES DE MIRANDA, Francisco Cavalcanti. *Tratado de direito privado*, 1984, p.28.
19. AZEVEDO, Álvaro Vilaça. *Curso de direito civil*. Teoria geral das obrigações, 1998, p.69.

Com efeito, os serviços devem ser efetivamente prestados para que o prestador tenha o direito à remuneração, nos termos do que prevê o art. 597 do Código Civil.[20]

Sobre o objeto da prestação de serviços, diz Pontes de Miranda:

> O serviço ou é inerente à finalidade do contrato, ou está mencionado no contrato, ou ficou sem precisa determinação. Lê-se no Código Civil, art. 1.224: "Não sendo o locador contratado para certo e determinado trabalho, entender-se-á que se obrigou a todo e qualquer serviço compatível com as suas forças e condições". A lei apenas supõe que o serviço seja "certo e determinado" (*e.g.*, lições de latim, ou de matemática, ou de álgebra, ou de aritmética, datilografia, passagem a ferro, cozinha, arrumação da casa, limpeza dos vidros e mobiliário), ou não o seja (doméstica para todo serviço, caseiro). Se no que se mencionou como serviço cabe algum que não se previu, o art. 1.224 do Código Civil incide. Assim, mesmo quando se disse qual o serviço, pode acontecer que algum serviço se haja de incluir. A regra jurídica também está no Código Civil português, art. 1.375: "Não sendo o serviçal ajustado para certo e determinado serviço, entender-se-á que é obrigado a todo e qualquer serviço compatível com as suas forças e condição". Cf. Código Civil mexicano, art. 2.240. Já nas Ordenações Filipinas, Livro IV, Título 31, § 12, se dizia que "o escudeiro, pajem ou outro criado deve servir a seu amo em todo o ministério, que lhe mandar", razão por que, se alguma vez serviu em função mais alta, não podia pedir salário maior.[21]

O art. 593 do Código Civil expressamente exclui da disciplina típica do direito privado a prestação de serviços qualificada como uma relação trabalhista: "Art. 593. A prestação de serviço, que não estiver sujeita às leis trabalhistas ou a lei especial, reger-se-á pelas disposições deste Capítulo".

A prestação de serviços qualificada como uma relação trabalhista tem regime jurídico próprio, e sua remuneração da pessoa física recebe um tratamento tributário específico, nos termos do art. 43 do Regulamento do Imposto sobre a Renda (RIR), veiculado pelo Decreto n. 3.000/99.

A remuneração do trabalho com vínculo empregatício, nos termos da CLT, é rendimento da pessoa física, sujeito à incidência do imposto de renda da pessoa física (IRPF), mediante aplicação de alíquotas progressivas. Esse imposto deve ser retido pela fonte pagadora, por antecipação ou de modo definitivo, nos termos do que estabelecem o RIR e a Instrução Normativa n. 1.500/2014.

---

20. "Art. 597. A retribuição pagar-se-á depois de prestado o serviço, se, por convenção, ou costume, não houver de ser adiantada, ou paga em prestações."
21. PONTES DE MIRANDA, Francisco Cavalcanti. *Tratado de direito privado*, 1984, p.31.

As receitas de prestação de serviços efetuada por pessoa jurídica e a remuneração recebida por pessoas físicas em decorrência da relação trabalhista têm tratamento distinto tanto no direito privado como no direito tributário.

Como exemplo, a prestação de serviços por meio de pessoas jurídicas estará sujeita a regime tributário próprio, previsto no art. 647 do RIR, veiculado pelo Decreto n. 3.000/99.

Esse dispositivo legal prevê o tratamento tributário específico de pessoas jurídicas que prestam serviços para outras pessoas jurídicas. No entanto, as hipóteses nele consignadas não se revelam suficientes para restringir a legalidade de toda e qualquer prestação de serviços efetuada por pessoas jurídicas.

A remuneração dos serviços deve estar em conformidade com o costume do lugar, o tempo de serviço e sua qualidade, nos termos do art. 596 do Código Civil. No mesmo sentido é o art. 152 da Lei das Sociedades Anônimas, que estabelece limites para remuneração dos administradores pessoas físicas e para o pagamento, a estes, de participação nos lucros.

A existência de sociedades de profissionais que prestam serviços intelectuais de modo personalíssimo, como diretores, artistas, jornalistas e outros, desde que esteja de acordo com as normas de direito privado, será sempre lícita e válida perante terceiros, inclusive o próprio Fisco.

A prestação de serviços por sociedades profissionais nos termos do art. 129 da Lei n. 11.196/2005, de se ver, não implica solidariedade tributária. Na ausência de fraude ou simulação, deve prevalecer a personalidade jurídica das sociedades, sem nenhum espaço para requalificação dos pagamentos efetuados ou mesmo para a desconsideração dos efeitos tributários próprios do instituto jurídico em tela.

A contratação de empresas terceirizadas para a prestação de serviços tem inúmeras vantagens, como a criação de novos postos de trabalho, o incentivo à livre-iniciativa e ao empreendedorismo. Segundo Antônio Carlos Efing:[22] "A criação de novas formas de prestação de serviços não é resultado somente do desenvolvimento tecnológico, mas representa a transformação social e econômica pela qual passam os países em desenvolvimento (ou emergentes)". Contudo, a terceirização não deve ser uma forma de burlar a legislação trabalhista e reduzir os encargos trabalhistas, previdenciários e tributários, mediante a redução de postos de trabalho formal.

Nesse sentido, a autonomia privada não autoriza a prevalência de atos praticados com dolo, fraude ou simulação, como bem afirmam decisões do Carf:

---

22. EFING, Antonio Carlos. *Prestação de serviços*: uma análise jurídica, econômica e social a partir da realidade brasileira, 2005, p.127.

Contribuições sociais previdenciárias. Período de apuração: 01.01.2009 a 31.12.2009 Carf. Súmula n. 76. Na determinação dos valores a serem lançados de ofício para cada tributo, após a exclusão do Simples, devem ser deduzidos eventuais recolhimentos da mesma natureza efetuados nessa sistemática, observando-se os percentuais previstos em lei sobre o montante pago de forma unificada. *Simulação. Forma de evadir-se das obrigações tributárias. Interpostas pessoas. Simples. A simulação não é aceita como forma de planejamento tributário com vistas a reduzir a carga tributária da empresa. Manobra considerada ilegal. A utilização de interpostas pessoas enquadradas no Simples para contratação de mão de obra e colocação à disposição de uma outra pessoa jurídica, a fim de não recolher a quota patronal das contribuições previdenciárias, quando comprovado que o único fim desta empresa é desvincular o empregador para com uma empresa, há de ser reconhecida a nulidade do negócio por abuso de direito e simulação.* Multa qualificada. Demonstrados exaustivamente pela autoridade fiscal, conforme carreado pelas provas dos autos, os pressupostos da fraude e do dolo, além do conluio, resta patente o intuito de prática dolosa para omitir os fatos geradores das contribuições, razão pela qual deve incidir a imputação da multa qualificada, nos termos do art. 44, § 1º, da Lei n. 9.430/96. Recurso voluntário provido em parte.[23]

Contribuições sociais previdenciárias. Período de apuração: 01.01.2008 a 31.12.2009. *Utilização de empresas interpostas inscritas no Simples. Simulação. Possibilidade. A autoridade administrativa poderá desconsiderar atos ou negócios jurídicos praticados com a finalidade de dissimular a ocorrência do fato gerador do tributo ou a natureza dos elementos constitutivos da obrigação tributária.* Multa qualificada. Sonegação. Presença de interposta pessoa. Procedência. A multa de ofício qualificada de 150% é aplicável quando caracterizada a prática de sonegação com o objetivo de impedir o conhecimento da ocorrência do fato gerador pelo Fisco e de reduzir o montante das contribuições devidas, utilizando-se de interpostas pessoas jurídicas. Recurso voluntário negado.[24]

Destarte, haverá requalificação do pagamento de prestação de serviços, efetuado às pessoas jurídicas, sempre que comprovada a efetiva existência de fraude ou simulação quanto à personalidade jurídica da sociedade prestadora de serviços, nos termos do art. 149, VII, do CTN:

---

23. Processo n. 13855.723413/2011-18, rel. Marcelo Magalhães Peixoto. Conselho Administrativo de Recursos Fiscais, 2ª S., j. 03.12.2014.
24. Processo n. 11065.721256/2011-87, rel. Nereu Miguel Ribeiro Domingues. Conselho Administrativo de Recursos Fiscais, 2ª S., j. 07.10.2014.

> Art. 149. O lançamento é efetuado e revisto de ofício pela autoridade administrativa nos seguintes casos: [...]
>
> VII - quando se comprove que o sujeito passivo, ou terceiro em benefício daquele, agiu com dolo, fraude ou simulação.

Se não comprovada cabalmente a ocorrência de fraude ou simulação, as autoridades fiscais e, ainda com mais efeito, os mecanismos sancionadores do Estado devem respeitar a liberdade e a autonomia privada, nos moldes do art. 110 do CTN,[25] mantendo-se hígida não só a qualificação dos pagamentos recebidos em razão dos serviços intelectuais, prestados diretamente por pessoas jurídicas, mas também os respectivos efeitos tributários destes.

A sociedade prestadora de serviços intelectuais no art. 129 da Lei n. 11.196/2005

Como se tem procurado esclarecer, por meio da regra do art. 129 da Lei n. 11.196/2005, o legislador, unicamente, reafirmou o que já estava claro em nosso ordenamento jurídico: as sociedades, por força constitucional (arts. 1º e 170 da CF), mesmo quando prestam *serviços intelectuais de caráter personalíssimo*, submetem-se ao regime societário típico, que deve ser preservado, relativamente aos mais distintos efeitos jurídicos que repercutem, seja em âmbito fiscal e previdenciário, exatamente como já previa o art. 109 do CTN, seja em âmbito regulatório, bancário etc.

Por razões de estabilidade sistêmica, convém que se preserve, ao máximo, a coerência e unidade de sentido das categorias jurídicas utilizadas nos mais diversificados ramos didaticamente autônomos do Direito. Se, por exemplo, uma categoria de direito privado, utilizada pelo direito tributário, apresentar, neste último âmbito, sentido distinto daquele consagrado no primeiro, essa não recepção certamente deverá ser consignada em lei expressa.

Algumas considerações a respeito do tema são de ordem.

Em primeiro lugar, a pessoalidade da prestação de determinado serviço em nada contradita com sua eventual organização por meio de sociedade.

A criação de pessoas jurídicas, como dito, visa à imputação, a um novo sujeito de direito, de certos direitos e obrigações, especialmente patrimoniais; sua *causa*, pois, repousa na atribuição originária, a uma entidade jurídica,

---

25. "Art. 110. A lei tributária não pode alterar a definição, o conteúdo e o alcance de institutos, conceitos e formas de direito privado, utilizados, expressa ou implicitamente, pela Constituição Federal, pelas Constituições dos Estados, ou pelas Leis Orgânicas do Distrito Federal ou dos Municípios, para definir ou limitar competências tributárias."

dos direitos e obrigações patrimoniais resultantes do exercício de uma determinada atividade econômica (a prestação de serviços intelectuais), notadamente do direito à remuneração.[26]

Defender o contrário seria, ainda, ignorar a legislação privatista, que, ademais de autorizar a criação de pessoas jurídicas, inclusive compostas por uma única pessoa física (EIRELI), detalha os requisitos para tanto, sem nenhuma restrição, relativamente à prestação de serviços intelectuais personalíssimos.

Como observa Alberto Xavier, nas suas palavras:

> Um primeiro argumento no sentido do necessário deslocamento de rendimentos de pessoa jurídica para pessoa física poderia fundar-se em uma pretensa impossibilidade jurídica do objeto das pessoas jurídicas em causa, que não poderiam prestar serviços de caráter pessoal no que concerne às profissões que formam objeto de autuação por parte do Fisco, notadamente as de atletas, artistas, jornalistas e apresentadores de rádio e televisão.
>
> Semelhante proibição de objeto, caso existisse, seria flagrantemente inconstitucional em virtude dos incisos XII e XVII do art. 5º da Constituição Federal, que estabelecem, respectivamente, ser "livre o exercício de qualquer trabalho, ofício ou profissão, atendidas as qualificações profissionais que a lei estabelecer", e que é "plena a liberdade de associação para fins lícitos, vedada a de caráter paramilitar".
>
> A verdade, porém, é que não só não existe qualquer vedação legal à existência de pessoas jurídicas com o referido objeto, como a lei prevê expressamente a legalidade da sua constituição.
>
> Com efeito, o Código Civil, após estabelecer, no art. 44, que são pessoas jurídicas de direito privado as associações, as sociedades e as funções, dispõe no seu art. 981 que "celebram contrato de sociedade as pessoas que reciprocamente se obrigam a contribuir com bens ou serviços para o exercício de atividade econômica e a partilha, entre si, dos resultados".[27]

---

26. XAVIER, Alberto. "Tributação das pessoas jurídicas tendo por objeto direitos patrimoniais relacionados com a atividade profissional de atletas, artistas, jornalistas, apresentadores de rádio e TV, bem como a cessão de direito ao uso de imagem, nome, marca e som de voz. Parecer". In: ANAN JR., Pedro; PEIXOTO, Marcelo M. *Prestação de serviços intelectuais por pessoas jurídicas*. Aspectos legais, econômicos e tributários, 2008, p.217-43 (220).
27. XAVIER, Alberto. "Tributação das pessoas jurídicas tendo por objeto direitos patrimoniais relacionados com a atividade profissional de atletas, artistas, jornalistas, apresentadores de rádio e TV, bem como a cessão de direito ao uso de imagem, nome, marca e som de voz. Parecer". In: ANAN JR., Pedro; PEIXOTO, Marcelo M. *Prestação de serviços intelectuais por pessoas jurídicas*. Aspectos legais, econômicos e tributários, 2008, p.217-43 (218-9).

Apesar de o elemento "pessoalidade" na prestação de serviços não ter sido indicado pelo legislador como relevante à constituição válida de sociedades ou à escolha do regime a que estas devem se submeter, alguns serviços que contêm esse predicado parecem ter merecido consideração especial.

É o que sugere a diferenciação, feita pelo art. 982 do CC,[28] entre as sociedades *empresárias* e *não empresárias*.[29] Esse dispositivo, sem definir propriamente ditas formas de sociedade, aponta para a figura do *empresário* do art. 967 do CC,[30] que, a seu turno, recorre à definição do citado art. 966,[31] asseverando, por via oblíqua, no parágrafo único, que "não se considera empresário quem exerce profissão intelectual, de natureza científica, literária ou artística, ainda com o concurso de auxiliares ou colaboradores [...]".

O legislador, todavia, ocupou-se corretamente em possibilitar a criação de sociedades empresárias, voltadas ao exercício de profissão, desde que este, constitua "elemento de empresa", o que fica claro no final do citado parágrafo único do art. 966 do CC/2002: "se o exercício da profissão constituir elemento de empresa".[32]

---

28. "Art. 982. Salvo as exceções expressas, considera-se empresária a sociedade que tem por objeto o exercício de atividade própria de empresário sujeito a registro (art. 967); e, simples, as demais. Parágrafo único. Independentemente de seu objeto, considera-se empresária a sociedade por ações; e, simples, a cooperativa."
29. MONTEIRO, Manoel Ignácio Torres. "A prestação de serviços artísticos, científicos e literários através da sociedade empresária". In: ANAN JR., Pedro; PEIXOTO, Marcelo M. *Prestação de serviços intelectuais por pessoas jurídicas*. Aspectos legais, econômicos e tributários, 2008, p. 51-64 (51-2). Ainda, cf. AMARAL, Antônio Carlos Rodrigues; VIGGIANO, Letícia M. F. do Amaral. *Apontamentos sobre a desconsideração da personalidade jurídica e os serviços de natureza intelectual*. In: ANAN JR., Pedro; PEIXOTO, Marcelo M. *Prestação de serviços intelectuais por pessoas jurídicas*. Aspectos legais, econômicos e tributários. p.295-335 (322). Tal dispositivo, em linha com o art. 966 do CC, revela a ruptura do Código de 2002 em relação à *teoria dos atos de comércio*, que animava a codificação privatista anterior (o Código Civil de 1916 e o Código Comercial de 1850). À luz dessa teoria, carreada sob influência do Código Napoleônico de 1807, distinguiam-se atividades comerciais daquelas não comerciais – ou civis –, a partir de critérios indicadores da *mercancia* em sua prática. Agora sob influência do Código Civil italiano de 1942, o novo Código brasileiro adotou a *teoria da empresa*, que unificou as obrigações comerciais e civis e extinguiu a figura da antiga "sociedade civil".
30. "Art. 967. É obrigatória a inscrição do empresário no Registro Público de Empresas Mercantis da respectiva sede, antes do início de sua atividade."
31. "Art. 966. Considera-se empresário quem exerce profissionalmente atividade econômica organizada para a produção ou a circulação de bens ou de serviços. Parágrafo único. Não se considera empresário quem exerce profissão intelectual, de natureza científica, literária ou artística, ainda com o concurso de auxiliares ou colaboradores, salvo se o exercício da profissão constituir elemento de empresa."
32. AMENDOLARA, Leslie. "A sociedade intelectual no Código Civil". In: ANAN JR., Pedro; PEIXOTO, Marcelo M. *Prestação de serviços intelectuais por pessoas jurídicas*. Aspectos legais, econômicos e tributários, 2008, p. 73-82 (74). "É conveniente deixar claras duas

Nesses termos, a sociedade empresária deve constituir-se segundo um dos tipos regulados nos arts. 1.039 a 1.092 do CC/2002, enquanto a sociedade simples pode constituir-se de conformidade com um desses tipos e, não o fazendo, subordina-se às normas que lhe são próprias.[33]

Embora sem estabelecer uma definição clara, a doutrina tem considerado que seriam elementos da empresa aqueles *de organização dos fatores da produção*,[34] como a *profissionalização*, a *organicidade* e a *economicidade*.[35]

---

questões. Em primeiro lugar, a sociedade simples dedica-se à exploração de atividade econômica com persecução de lucro e divisão do resultado entre os sócios, na forma do art. 981 do Código Civil. *A natureza intelectual de um trabalho não o torna incompatível com a ideia de atividade econômica*; importa se ele é oferecido ao mercado mediante remuneração, pois ele também faz parte dos bens e serviços que circulam, na forma da parte final do *caput* do art. 966 do Código Civil. De outra parte – em segundo lugar –, mesmo uma atividade que seja própria de uma profissão regulamentada pode ser explorada por sociedade empresária." Cf., ainda, ANDRADE FILHO, Edmar Oliveira. "Análise estrutural e teleológica do enunciado do art. 129 da Lei n. 11.196/2005". In: ANAN JR., Pedro; PEIXOTO, Marcelo M. *Prestação de serviços intelectuais por pessoas jurídicas*. Aspectos legais, econômicos e tributários, 2008, p.481-515 (502).

33. "Art. 983. A sociedade empresária deve constituir-se segundo um dos tipos regulados nos arts. 1.039 a 1.092; a sociedade simples pode constituir-se de conformidade com um desses tipos, e, não o fazendo, subordina-se às normas que lhe são próprias. Parágrafo único. Ressalvam-se as disposições concernentes à sociedade em conta de participação e à cooperativa, bem como as constantes de leis especiais que, para o exercício de certas atividades, imponham a constituição da sociedade segundo determinado tipo. Art. 984. A sociedade que tenha por objeto o exercício de atividade própria de empresário rural e seja constituída, ou transformada, de acordo com um dos tipos de sociedade empresária, pode, com as formalidades do art. 968, requerer inscrição no Registro Público de Empresas Mercantis da sua sede, caso em que, depois de inscrita, ficará equiparada, para todos os efeitos, à sociedade empresária. Parágrafo único. Embora já constituída a sociedade segundo um daqueles tipos, o pedido de inscrição se subordinará, no que for aplicável, às normas que regem a transformação."

34. "Há, porém, pessoas que exercem profissionalmente uma atividade criadora de bens ou de serviços, mas não devem e não podem ser consideradas empresários – referimo-nos às pessoas que exercem profissão intelectual – pela simples razão de que o profissional intelectual pode produzir bens, como o fazem os artistas; podem produzir serviços, como o fazem os chamados profissionais liberais; mas nessa atividade profissional, exercida por essas pessoas, *falta aquele elemento de organização dos fatores da produção*; porque na prestação desse serviço ou na criação desse bem, os fatores de produção, ou a coordenação de fatores, é meramente acidental: o esforço criador se implanta na própria mente do autor, que cria o bem ou o serviço. Portanto, não podem – embora sejam profissionais e produzam bens ou serviços – ser considerados empresários. A não ser que, organizando-se em empresa, assumam a veste de empresários" (cf. MARCONDES, Sylvio. *Questões de direito mercantil*, 1977, p.10).

35. "A *profissionalização* caracteriza-se pela presença, na sociedade, de um quadro de profissionais especializados, exercendo suas atividades com permanência dentro de uma hierarquia. A *organicidade*, como salienta Adalberto Simão Filho ["A nova empresariedade", *Revista do Instituto dos Advogados de São Paulo*, n. 18, 2006], 'põe em

Deveras, são esses três elementos que transparecem nos *Enunciados da III Jornada de Direito Civil do Conselho de Justiça Federal.*[36] O exemplo de Leslie Amendolara torna mais clara a visualização do tema:

> Imaginemos uma sociedade constituída por literatos poetas, escritores e jornalistas, cujo objetivo seja a realização de debates sobre romances, poesias, teses e que possua, inclusive, uma pequena gráfica para imprimir os trabalhos, distribuídos apenas entre seus sócios. Em dado momento, amplia-se o escopo da sociedade, no sentido de imprimir livros para venda em livrarias, iniciando ampla distribuição das obras. Contrata um gerente para administrar as finanças e a comercialização. Nesse ponto, ela adquiriu os elementos de empresa anteriormente analisados. Figuremos agora um grupo de arquitetos que cria uma sociedade para o estudo de projetos e depois passa a fazê-los sob encomenda de construtores, aumentando o número de empregados e passando a atuar profissionalmente. Essa sociedade tornou-se empresária.[37]

Com efeito, o legislador civil, ao formular o catálogo de possibilidades de constituição válida de pessoas jurídicas, privilegiou o predicado *intelectual*, o qual pode se associar aos serviços prestados por estas. Por outro lado, o predicado *personalíssimo*, que, igualmente, pode qualificar ditos serviços, não se afigura relevante, na dicção do Código Civil, quer para fins da constituição válida de uma pessoa jurídica, quer para fins de escolha do regime jurídico a que deverá se submeter.[38]

---

funcionamento um fundo de comércio que vincula, através de empresário individual ou societário, ente personalizado cuja missão é representar juridicamente a empresa no mundo dos negócios e cujos atos são praticados repetidamente, em série orgânica, e são sempre comerciais, pela sua própria natureza.' A *economicidade* decorre da atividade empresarial na produção e circulação de bens e serviços. Na economia de mercado, ela se manifesta pela interação de compradores e vendedores, que ditarão o preço das mercadorias ou dos serviços, sem interferência de cartéis ou do Estado" (cf. AMENDOLARA, Leslie. *A sociedade intelectual no Código Civil*, p.74).

36. "194 - Os profissionais liberais não são considerados empresários, salvo se a organização dos fatores de produção for mais importante que a atividade pessoal desenvolvida. 195 - A expressão elemento de empresa demanda interpretação econômica, devendo ser analisada sob a égide da absorção da atividade intelectual, de natureza científica, literária ou artística, como um dos fatores de organização empresarial."
37. AMENDOLARA, Leslie. *A sociedade intelectual no Código Civil*, p. 75. Note-se que, para além de mero exemplo para marcar a diferença entre as formas de sociedade, a eventual transformação de uma para outra, noutro exemplo, careceria da respectiva alteração registral: como sociedade intelectual, o registro é no Registro Civil de Pessoas Jurídicas. Ao transformar-se, deverá ser levada à Junta Comercial.
38. "De qualquer sorte, o que estava na mente dos protagonistas do Código era não caracterizar *prima facie* os profissionais liberais como empresários. Eis as palavras de

Esse exercício auxilia a compreensão mais detida do elemento "pessoalidade". Isso porque o referido art. 129 da Lei n. 11.196/2005 revela-se ainda mais amplo do que os aludidos permissivos do Código Civil, à medida que se aplica à tutela fiscal e previdenciária dos *serviços intelectuais*, e não à tutela de *profissões* (conceito mais restrito), para o que soa indiferente quer o fato de esses serviços intelectuais serem, ou não, personalíssimos, quer o fato de as sociedades que os prestam serem, ou não, empresárias. Em ambas as situações, aplicar-se-á uma mesmíssima disciplina jurídica, qual seja, aquela prevista na legislação aplicável às pessoas jurídicas, o que bem confirma a equiparação feita outrora com o art. 146, § 3º, do RIR de 1999, cujo teor, oportunamente, colaciona-se:

> Art. 146. São contribuintes do imposto e terão seus lucros apurados de acordo com este Decreto (Decreto-lei n. 5.844, de 1943, art. 27): [...] § 3º As sociedades civis de prestação de serviços profissionais relativos ao exercício de profissão legalmente regulamentada são tributadas pelo imposto de conformidade com as normas aplicáveis às demais pessoas jurídicas (Lei n. 9.430, de 1996, art. 55).

Na lição de Edmar Oliveira Andrade Filho, *verbis*:

> De plano, cabe aduzir que a Lei tributária fala em *serviços intelectuais* e, nesse sentido, tem espectro mais amplo que a norma do parágrafo único do art. 966 do Código Civil, que faz alusão à *profissão intelectual*. No primeiro caso, a norma menciona a atividade científica, artística e cultural; no Código Civil, a atividade cultural não é mencionada; em seu lugar é feita referência à atividade literária. [...]
>
> Portanto, o preceito sob análise acaba por permitir, para fins fiscais, a existência de uma sociedade (a lei menciona sociedade prestadora) sem empresa, e, neste ponto, *adota o mesmo tratamento que o ordenamento jurídico dispensava às "sociedades civis de profissão legalmente regulamentada"* (§ 3º do art. 146 do RIR/99), onde não é exigida a existência de uma empresa para validar a

---

Miguel Reale: 'Apesar, porém, da relevância reconhecida à atividade empresarial, esta não abrange outras formas habituais de atividade negocial, cujas peculiaridades o Anteprojeto teve o cuidado de preservar, como se dá nos casos [...] 2) dos que exercem profissões intelectuais de natureza científica, literária, ou artística, ainda que se organizem para tal fim;' [Miguel Reale. *Fontes e modelos do Direito para um novo paradigma hermenêutico*. São Paulo, Saraiva, 1999, p. 77]" (cf. LIPPERT, Marcia Mallmann. O "elemento de empresa" como fator de reinclusão das atividades de natureza científica, literária ou artística na definição das atividades empresariais. 2009. Tese de doutorado, UFRGS, 2009, p. 89).

sua constituição e a sua forma de tributação. Assim sendo, a exploração econômica de atividade de natureza científica, artística ou cultural pode ser feita por intermédio de uma pessoa jurídica sem que as autoridades possam contestar a natureza pessoal dos trabalhos que geram as receitas.[39]

Ao fazer menção ao caráter personalíssimo ou não dos serviços intelectuais, a norma do art. 129 da Lei n. 11.196/2005 reforça que, *para sua aplicação, basta a existência de uma sociedade legalmente constituída*. O caso é, portanto, de reforço ao que, como dito, já se encontrava previsto na *legislação privada, previdenciária ou tributária*, ao menos no tocante à irrelevância do elemento de "pessoalidade" na prestação de serviços.[40]

A existência de serviços personalíssimos, por si só, revela-se indiferente para fins de determinação quer do regime societário da atividade econômica, quer do regime a que esta deverá se submeter para fins de contribuições fiscais e previdenciárias; não constitui, destarte, *per se*, base idônea de justificação para qualquer desconsideração da personalidade jurídica.

Quando o legislador julga oportuno diferenciar entre serviços ou pessoas jurídicas para fins de tributação, ele o faz de maneira expressa e bem delimitada,[41] a exemplo do que se encontra posto no art. 150, § 2º, do RIR/99, que elenca uma série de profissões desprovidas de equiparação à pessoa jurídica, quando exercidas, por pessoas físicas, em nome individual, ainda que estas tenham recebido, do legislador, o título de "empresas individuais".

---

39. ANDRADE FILHO, Edmar Oliveira. *Análise estrutural e teleológica do enunciado do art. 129 da Lei n. 11.196/2005*, p. 509.
40. "Com relação às implicações fiscais, o referido dispositivo legal não traz inovação ou criação de regime jurídico novo, já que apenas expressa entendimento o qual já se extraía da legislação em vigor na época da sua publicação, *de que não é vedada a criação de pessoa jurídica para a prestação de serviço de caráter pessoal* ou profissional, ou seja, é norma de caráter meramente interpretativo" (cf. MONTEIRO, Manoel Ignácio Torres. *A prestação de serviços artísticos, científicos e literários através da sociedade empresária*, p. 57).
41. "Essa desconsideração é feita em função da natureza pessoal dos serviços; ocorre que esse elemento não é relevante para determinar ou não a aplicação de um regime tributário próprio de uma pessoa jurídica. A própria ordem jurídica se encarrega de determinar equiparações em situações em que o trabalho pessoal é essencial; pense-se no caso das empresas individuais e, também, das sociedades de profissão regulamentada. Nesses dois casos, o trabalho pessoal é determinante para a obtenção do rendimento; *portanto, a existência da pessoalidade – fora das situações previstas em lei – não poderia servir de arrimo para a desconsideração da personalidade jurídica*" (cf. ANDRADE FILHO, Edmar Oliveira. *Análise estrutural e teleológica do enunciado do art. 129 da Lei n. 11.196/2005*, p. 508 – sem destaques no original).

Conclui-se, assim, que o art. 129 da Lei n. 11.196/2005 confirma a autorização legislativa para a constituição de pessoas jurídicas, ainda que despidas de pluralidade de sócios, segundo os seus limites normativos, vedada qualquer hipótese de desconsideração de personalidade, a menos que configurada, por razões de coerência sistêmica, qualquer uma das condições de aplicabilidade da norma inserida no art. 50 do Código Civil, ou nos casos de fraude e simulação, afastados quaisquer outros.

Prestação de serviços intelectuais mediante sociedades – proibição de "requalificação" após a vigência do art. 129 da Lei n. 11.196/2005, salvo com prova de fraude ou simulação

O exame da *causa jurídica* é metodologia hermenêutica que envolve a completude do fenômeno jurídico: o exame detalhado do conjunto dos fatos com a aplicação adequada dos conceitos jurídicos. Teorias contábeis ou econômicas, como a da *substância sobre a forma* ou do *propósito negocial*, não oferecem critérios seguros para a compreensão da fenomenologia jurídica.

É pelo exame da causa jurídica que se aferirá a validade e legitimidade dos atos praticados pelo contribuinte.[42] A causa jurídica deve refletir o propósito econômico e estar coerente com a substância e a forma do negócio jurídico, ou, como diz Marcos Neder:[43]

> *As decisões judiciais e administrativas devem tomar em consideração a "causa" do negócio jurídico como meio de se alcançar o equilíbrio entre substância e forma.* A motivação da decisão com base nesse critério diminui a incerteza e a arbitrariedade na interpretação. Afinal, se o ato jurídico é essencialmente manipulação de vontade, ele há de ter uma causa, em vista de um fim que o agente se propõe a alcançar.
>
> Nesse sentido, importante ressaltar que a verificação da racionalidade no conjunto de operações realizadas num planejamento tributário permite aferir a *compatibilidade entre a causa e a finalidade do negócio jurídico*. É precisa-

42. TAKATA, Marcos Shigueo. "Ágio interno sem causa ou 'artificial' e ágio interno com causa ou real - distinções necessárias". In: MOSQUERA, Roberto Quiroga; LOPES, Alexsandro Broedel (coord.). *Controvérsias jurídico-contábeis*: aproximações e distanciamentos, 2012, p. 414.
43. NEDER, Marcos. "A prevalência da substância sobre a forma nos planejamentos tributários: um falso dilema". In: MOSQUERA, Roberto Quiroga; LOPES, Alexsandro Broedel (coords.). *Controvérsias jurídico-contábeis*: aproximações e distanciamentos, 2010, p. 345.

> mente nesse quadro que se revela importante adotar a consistência do conjunto probatório como critério para apreciação dos documentos oferecidos pelo contribuinte para comprovação do negócio jurídico. *Se constatarmos, a partir das evidências coletadas, a falsidade ou ausência da causa, bem como a incoerência entre a finalidade e a forma adotada pelo ato ou negócio jurídico, é admissível a desconsideração desse ato ou negócio para fins de comprovação da licitude ou ilicitude da operação negocial.*

E, consoante restou assentado em passagens anteriores, o advento do art. 129 da Lei n. 11.196/2005 excluiu qualquer espaço para a *requalificação*, mediante interpretação das autoridades administrativas, dos efeitos jurídicos decorrentes da constituição de pessoas jurídicas para fins de prestação de serviços intelectuais, evidenciem-se estes personalíssimos ou não.

Deveras, a autonomia privada não autoriza a prevalência de atos praticados com dolo, fraude ou simulação. Nesse sentido, tampouco ao Fisco poderia ser oponível organização societária orientada por semelhante desvio de finalidade ou ilícito fiscal.

Assim, diante de fraude ou de simulação devidamente provadas, nos limites do art. 149, VII, do CTN e do prazo decadencial previsto em seu parágrafo único, o Fisco poderá afastar a personalidade jurídica de empresas, constituídas com vistas à prestação de serviços intelectuais, para eventualmente autuar as pessoas físicas que as componham, ou mesmo as pessoas jurídicas que, com aquelas, realizem certas operações que causem danos à arrecadação.

Desse modo, cumpre separar dois momentos para a forma metodologicamente correta de aplicação do regime das entidades prestadoras de serviços intelectuais:

I) antes da entrada em vigor do art. 129 da Lei n. 11.196/2005, o Fisco detinha liberdade para requalificação das citadas sociedades, como "relações de emprego", além dos casos em que a desconsideração estava autorizada em razão de fraude ou simulação;
II) após a vigência do referido artigo, a liberdade do Fisco resta restrita aos casos em que provada a existência de fraude ou a simulação; sendo afastada a hipótese de mera "requalificação" dos negócios jurídicos celebrados pelos particulares.

A prática da "requalificação", antes da vigência do art. 129 da Lei n. 11.196/2005, era aquela de simplesmente buscar identificar, em dada situação concreta, se estariam presentes, por exemplo, as características assinaladas no art. 3º da CLT, quando caberia ao Fisco reconhecer o vínculo empregatício e, assim, cobrar os tributos pertinentes, nos termos do art. 229, § 2º, do Regulamento da Previdência Social (RPS).[44] Essa possibilidade, pois, não mais pode persistir após a entrada em vigor do referido art. 129 da Lei n. 11.196/2005.

Na esteira do parágrafo antecedente, calha registrar que, no direito positivo, a relação de emprego caracteriza-se pelos serviços habituais, pelo vínculo de subordinação e pelo pagamento de uma contraprestação, nos termos do art. 3º da Consolidação das Leis do Trabalho (CLT).[45]

Assim sendo, as autoridades fiscais deveriam demonstrar e provar que o serviço era: (i) prestado de forma pessoal; (ii) por pessoa física; (iii) para uma empresa empregadora; (iv) não eventual; (v) subordinado; e (vi) oneroso.

Antes da entrada em vigor do art. 129 da Lei n. 11.196/2005, admitia o Carf a *requalificação*, por parte da fiscalização. A partir da sua entrada em vigor, somente com prova da fraude ou da simulação é que se pode admitir qualquer hipótese de desconsideração da pessoa jurídica constituída para fins de prestação de serviços personalíssimos.

A própria Administração Fazendária Nacional, corretamente, em manifestações de caráter vinculante, tem reputado válida a constituição de EIRELI para fins de prestação de serviços intelectuais. Não é outra a leitura da Solução de Consulta Cosit n. 272/2014:

> Solução de Consulta Cosit n. 272/2014:
>
> Assunto: Imposto sobre a Renda de Pessoa Jurídica - IRPJ. A EIRELI se caracteriza efetivamente como uma pessoa jurídica e não como uma pessoa física equiparada à jurídica. Não existe qualquer impedimento legal a que a EIRELI explore, individualmente, a atividade médica. Dispositivos legais: Lei n. 10.406, de 2002 (Código Civil), art. 44, VI, e art. 980-A, Decreto n. 3.000, de 1999 (RIR), art. 150, §§ 1º e 2º; SCI Cosit n. 19, de 2013.

Deveras, apenas os casos de fraude ou de simulação, sempre que provados pelo Fisco, é que ensejarão a desconsideração da personalidade jurídica de prestadores de serviços intelectuais, como já se pacificou na jurisprudência do Carf.[46]

---

44. "§ 2º Se o Auditor Fiscal da Previdência Social constatar que o segurado contratado como contribuinte individual, trabalhador avulso, ou sob qualquer outra denominação, preenche as condições referidas no inciso I do *caput* do art. 9º, deverá desconsiderar o vínculo pactuado e efetuar o enquadramento como segurado empregado."
45. "Art. 3º Considera-se empregado toda pessoa física que prestar serviços de natureza não eventual a empregador, sob a dependência deste e mediante salário."
46. Processo n. 10166.721569/2011-34, rel. Wilson Antônio de Souza Correa. Conselho Administrativo de Recursos Fiscais, 2ª S., Carf, j. 06.11.2014.

Portanto, afastada qualquer forma de requalificação para as relações existentes entre a tomadora e a prestadora de serviços, é dever das autoridades tributárias confirmar, mediante prova da fraude ou da simulação, se a pessoa jurídica prestadora de serviços é legítima, ou se constitui um mero artifício, utilizado para dissimular uma relação empregatícia ou para forjar operações desprovidas de "causa jurídica".

Considerações finais: a separação dos serviços entre "intelectuais, inclusive os de natureza científica, artística ou cultural, em caráter personalíssimo ou não" e as outras modalidades não abrangidas pela norma do art. 129 da Lei n. 11.196/2005

Vale assentar que o art. 129 da Lei n. 11.196/2005 reclama uma *demarcação material*, no que atine aos tipos de serviços passíveis de alcance. Isso para que, com precisão, sejam identificados os casos das "outras modalidades de serviços", em que serão validamente admitidas "requalificações", a despeito da constituição de pessoas jurídicas destinadas a prestá-los.

Cumpre destacar que o dispositivo sob consideração abrange a "prestação de *serviços intelectuais*, inclusive os de *natureza científica, artística ou cultural*, em caráter personalíssimo ou não, com ou sem a designação de quaisquer obrigações a sócios ou empregados da sociedade prestadora de serviços [...]".

Resulta claro, pois, que somente os serviços nele apontados podem ser objeto de separação patrimonial e preservação da personalidade autônoma da pessoa jurídica que se destina a prestá-los.

É de se notar que, na aludida Lei n. 11.196/2005, restou visivelmente ampliado o escopo da qualificação que vigia no art. 966 do Código Civil.[47] Deveras, consoante foi antecipado em passagem anterior, mesmo antes da expansão promovida pela Lei n. 11.196/2005, já se verificavam problemas quanto à qualificação de determinadas atividades como "intelectuais".

O que se tem estabelecido é que o legislador, já no Código Civil, e para além das atividades que pareceriam pertencer ao núcleo significativo de "intelectual", ligadas às atividades de direção, teria definido a extensão de tal pre-

---

47. "Art. 966. Considera-se empresário quem exerce profissionalmente atividade econômica organizada para a produção ou a circulação de bens ou de serviços. Parágrafo único. Não se considera empresário quem exerce profissão intelectual, de natureza científica, literária ou artística, ainda com o concurso de auxiliares ou colaboradores, salvo se o exercício da profissão constituir elemento de empresa."

dicado *per genus et differentiam*, a partir das hipóteses de trabalho literário, científico ou artístico.

É o *trabalho intelectual* identificado como sinônimo de "imaterial", a exigir "preparo intelectual do locador de serviço ou do empregado",[48] ou "preparo acadêmico", em oposição ao serviço físico, ou material.[49] Especificamente, o serviço *científico* seria o trabalho intelectual diretamente dirigido à pesquisa, à investigação metódica e coordenada a partir de evidências e experiências.[50]

Como diz Edmar Andrade Filho, todavia, a aplicação do termo *científico* pode se mostrar sensata em contextos outros em que a investigação não é o fim, mas o meio para determinada atividade, que não obstante herda seu método:

> Trata-se de uma ideia altamente plástica, na qual podem ser considerados toda e qualquer forma de saber que possam ser sistematizados ou explicados de forma racional. Exemplo de saber sistematizado é o conhecido popularmente por informática, que abrange a criação de linguagens artificiais. Até mesmo o ofício de um trabalhador comum (um carpinteiro, por exemplo) pode ser considerado algo científico porque a sua boa qualidade depende de conhecimento específico; vale dizer, sistematizado.[51]

A mesma vagueza parece acometer o *trabalho cultural*. Nas palavras do mesmo autor,

> a palavra *cultura* engloba as ideias de artes e tudo quanto é útil ou estimado por uma determinada comunidade. Um novo conhecimento é uma contribuição para a cultura assim como é a reprodução de conhecimentos já adquiridos para novas pessoas. Em outras palavras: ciência é cultura. O desporto também é uma manifestação da cultura.[52]

Diante da dificuldade de se definir, com precisão, o que é o trabalho intelectual, pode-se recorrer a estratégia diversa: tentar induzir, ao menos no âmbito de sua prestação interposta por pessoa jurídica, o que ele *não é*.

---

48. DINIZ, Maria Helena. *Dicionário jurídico* - v. 4, 1998, p.319.
49. SILVA, De Plácido e. *Vocabulário jurídico*, 2002, p.752.
50. LIMA, Francisco Meton Marques. "A contratação de trabalho intelectual sem vínculo de emprego - Lei n. 11.196/2005 - no contexto da política pública de combate à informalidade". Âmbito *Jurídico*, sem paginação.
51. ANDRADE FILHO, Edmar Oliveira. *Análise estrutural e teleológica do enunciado do art. 129 da Lei n. 11.196/2005*, p.510.
52. ANDRADE FILHO, Edmar Oliveira. *Análise estrutural e teleológica do enunciado do art. 129 da Lei n. 11.196/2005*, p.511.

O primeiro refinamento abarca os serviços das chamadas "profissões liberais", notadamente, médicos, engenheiros, advogados, dentistas, contadores, economistas etc., bem assim os que referem à imprensa, às letras, ou às artes.[53]

Note-se que, em relação a boa parte dessas profissões, que são regulamentadas em lei, a legislação tributária impede que os profissionais que as prestam individualmente, e em nome próprio, possam apresentar-se ao mercado sob a roupagem jurídica de empresa individual,[54] nos termos do § 2º do art. 150 do Regulamento do Imposto de Renda de 1999.

Não há nenhum impedimento, contudo, para que esses profissionais "liberais" (médicos, engenheiros, advogados, dentistas, veterinários, professores, economistas, contadores, jornalistas etc.) venham a constituir uma sociedade simples, para o exercício de suas respectivas atividades, nos termos dos arts. 966, 981 e 982 do Código Civil, *verbis*:

> Art. 966. Considera-se empresário quem exerce profissionalmente atividade econômica organizada para a produção ou a circulação de bens ou de serviços.
>
> Parágrafo único. Não se considera empresário quem exerce profissão intelectual, de natureza científica, literária ou artística, ainda com o concurso de auxiliares ou colaboradores, salvo se o exercício da profissão constituir elemento de empresa.
>
> Art. 981. Celebram contrato de sociedade as pessoas que reciprocamente se obrigam a contribuir, com bens ou serviços, para o exercício de atividade econômica e a partilha, entre si, dos resultados.
>
> Parágrafo único. A atividade pode restringir-se à realização de um ou mais negócios determinados.
>
> Art. 982. Salvo as exceções expressas, considera-se empresária a sociedade que tem por objeto o exercício de atividade própria de empresário sujeito a registro (art. 967); e, simples, as demais.
>
> Parágrafo único. Independentemente de seu objeto, considera-se comercial a sociedade por ações; e, simples, a cooperativa.

Deveras, as autoridades fazendárias nacionais têm cristalizado entendimento no sentido de que referidos "profissionais liberais" poderão prestar

---

53. CAVALCANTE, Jouberto de Quadros Pessoa; JORGE NETO, Francisco Ferreira. "Aspectos do art. 129, da Lei n. 11.196, da terceirização e do Direito do Trabalho". *Revista do Tribunal Regional do Trabalho da 15ª Região*, n. 27, 2005, p.179-204 (183).
54. ANDRADE FILHO, Edmar Oliveira. *Análise estrutural e teleológica do enunciado do art. 129 da Lei n. 11.196/2005*, p.504.

serviços intelectuais, mediante a constituição de pessoas jurídicas, sob a forma de Empresas Individuais de Responsabilidade Limitada (EIRELI).

Constitui sociedade empresária, como visto, aquela que tem, por objeto, o exercício de atividade empresarial, notadamente a produção e circulação de bens e serviços, sendo sujeitas a registro na Junta Comercial.

A sociedade simples, noutro giro, caracteriza-se pelo exercício de atividade tipicamente não empresarial, especificamente, a prestação de serviço em caráter pessoal pelos seus sócios ou empregados. As sociedades devem ser constituídas por escrito e lançar-se no registro civil das pessoas jurídicas (arts. 998, §§ 1º e 2º, e 1.000 e parágrafo único do Código Civil).

E as sociedades simples, devidamente constituídas por profissionais liberais que prestem, *em conjunto*, serviços intelectuais, de natureza científica, artística ou cultural, por exemplo, por intermédio de uma clínica médica, um escritório de engenharia ou advocacia, deverão receber tratamento tributário próprio, dispensado às pessoas jurídicas.

Ainda que essas atividades sejam exercidas individualmente, parece-nos que a vedação do art. 150, § 2º, do RIR/99 foi parcialmente revogada pelo art. 129 da Lei n. 11.196/2005, que conferiu o tratamento tributário e previdenciário de pessoa jurídica às sociedades que auferem rendimentos decorrentes de prestação de serviços intelectuais, de natureza científica, artística ou cultural.

A restrição do art. 150, § 2º, do RIR/99 não alcançará as pessoas jurídicas constituídas por médicos, engenheiros, advogados, dentistas, veterinários, professores, economistas, contadores, jornalistas, pintores, escritores, escultores e de outras que lhes possam ser assemelhadas (serviços intelectuais, de natureza científica, artística ou cultural), quer no exercício individual ou conjunto da profissão, tendo em vista o teor do art. 129 da Lei n. 11.196/2005.

A distinção entre "serviços intelectuais" e "serviços não intelectuais", embora bastante tênue e controversa, pode ser baseada na preponderância da atividade, como se pode inferir, em raciocínio indireto, do parágrafo único do art. 966 do Código Civil. O dispositivo, para firmar um *threshold* à organização empresária, dela exclui o mero "concurso de auxiliares ou colaboradores".[55]

A contratação de pessoas jurídicas, prestadoras de "serviços intelectuais, inclusive os de natureza científica, artística ou cultural, em caráter personalíssimo ou não", será sempre lícita quando houver provas suficientes a demonstrar que a pessoa jurídica (i) tem patrimônio próprio, (ii) o qual não se confunde com o patrimônio de seus sócios ou das empresas ou demais pessoas físicas para as quais prestam serviço, e (iii) que não teve a sua finalida-

---

55. LIMA, Francisco Meton Marques. "A contratação de trabalho intelectual sem vínculo de emprego – Lei n. 11.196/2005 – no contexto da política pública de combate à informalidade". Âmbito Jurídico, sem paginação.

de desviada o suficiente para autorizar a capitulação da fraude ou da simulação no caso concreto; hipóteses estas últimas que, como visto, são as únicas condições de aplicabilidade da norma inserida no art. 50 do CC, para fins de desconsideração da personalidade jurídica.

Referências

AMARAL, Antônio Carlos Rodrigues; VIGGIANO, Letícia M. F. do Amaral. *Apontamentos sobre a desconsideração da personalidade jurídica e os serviços de natureza intelectual.* In: ANAN JR., Pedro; PEIXOTO, Marcelo M. *Prestação de serviços intelectuais por pessoas jurídicas.* Aspectos legais, econômicos e tributários. São Paulo, MP, p.295-335.

AMENDOLARA, Leslie. "A sociedade intelectual no Código Civil". In: ANAN JR., Pedro; PEIXOTO, Marcelo M. *Prestação de serviços intelectuais por pessoas jurídicas.* Aspectos legais, econômicos e tributários. São Paulo: MP, 2008, p.73-82.

ANAN JR., Pedro; PEIXOTO, Marcelo M. "Apresentação". In: ANAN JR., Pedro; PEIXOTO, Marcelo M. (org.). *Prestação de serviços intelectuais por pessoas jurídicas.* Aspectos legais, econômicos e tributários. São Paulo, MP, 2008, p.11-2.

ANDRADE FILHO, Edmar Oliveira. "Análise estrutural e teleológica do enunciado do art. 129 da Lei n. 11.196/2005". In: ANAN JR., Pedro; PEIXOTO, Marcelo M. *Prestação de serviços intelectuais por pessoas jurídicas.* Aspectos legais, econômicos e tributários. São Paulo, MP, 2008, p.481-515.

AZEVEDO, Álvaro Vilaça. *Curso de direito civil.* Teoria geral das obrigações. 7.ed. São Paulo, RT, 1998.

CARRAZZA, Roque Antonio. "O caráter interpretativo do art. 129 da Lei n. 11.196/2005". In: ANAN JR., Pedro; PEIXOTO, Marcelo M. *Prestação de serviços intelectuais por pessoas jurídicas.* Aspectos legais, econômicos e tributários. São Paulo, MP, 2008, p.245-59.

CAVALCANTE, Jouberto de Quadros Pessoa; JORGE NETO, Francisco Ferreira. "Aspectos do art. 129, da Lei n. 11.196, da terceirização e do Direito do Trabalho". *Revista do Tribunal Regional do Trabalho da 15ª Região*, n.27, 2005, p.179-204.

DINIZ, Maria Helena. *Dicionário jurídico.* v.4. São Paulo, Saraiva, 1998.

EFING, Antonio Carlos. *Prestação de serviços*: uma análise jurídica, econômica e social a partir da realidade brasileira. São Paulo, RT, 2005.

FRONTINI, Paulo Salvador. "A sociedade limitada e seu apelo às normas da sociedade anônima". *Revista de Direito Mercantil Industrial, Econômico e Financeiro*, São Paulo, v.29, n.79, p.23-5, jul./set. 1990

JEZZI, Philip Laroma. *Separazione patrimoniale e imposizione sul reddito.* Milano, Giuffrè, 2006.

LEÃES, Luiz Gastão Paes de Barros. "Responsabilidade dos administradores das sociedades por cotas de responsabilidade limitada". *Revista de Direito Mercantil Industrial, Econômico e Financeiro*, São Paulo, v.16, n.25, 1977, p.49-54.

LIMA, Francisco Meton Marques. "A contratação de trabalho intelectual sem vínculo de emprego - Lei n. 11.196/2005 - no contexto da política pública de combate à informalidade". Âmbito Jurídico, sem paginação.

LIPPERT, Marcia Mallmann. O "elemento de empresa" como fator de reinclusão das atividades de natureza científica, literária ou artística na definição das atividades empresariais. 2009. Tese de doutorado, UFRGS, 2009.

MARCONDES, Sylvio. *Questões de direito mercantil*. São Paulo, Saraiva, 1977.

MÉLEGA, Luiz. "As sociedades anônimas e as sociedades por cotas de responsabilidade limitada: confronto de eventuais vantagens e desvantagens". *Revista de Direito Mercantil Industrial, Econômico e Financeiro*, São Paulo, v.16, n.25, 1977, p.119-32.

MONTEIRO, Manoel Ignácio Torres. "A prestação de serviços artísticos, científicos e literários através da sociedade empresária". In: ANAN JR., Pedro; PEIXOTO, Marcelo M. *Prestação de serviços intelectuais por pessoas jurídicas*. Aspectos legais, econômicos e tributários. São Paulo, MP, 2008, p.51-64.

NEDER, Marcos Vinicius. A prevalência da substância sobre a forma nos planejamentos tributários: um falso dilema. In: MOSQUERA, Roberto Quiroga; LOPES, Alexsandro Broedel (coords.). *Controvérsias jurídico-contábeis* (aproximações e distanciamentos). São Paulo, Dialética, 2010. p.326-45.

PINTO JÚNIOR, Mario Engler. "A opção entre a forma Ltda. ou S.A.". *Revista de Direito Mercantil Industrial, Econômico e Financeiro*, São Paulo, v.29, n.79, jul./set. 1990, p.26-33.

PONTES DE MIRANDA, Francisco Cavalcanti. *Tratado de direito privado*. 3.ed. São Paulo, Revista dos Tribunais, 1984.

PRADO, Viviane Muller. "Pessoa jurídica, separação patrimonial e estrutura organizacional". In: PÜSCHEL, Flávia Portella (org.). *Organização das relações privadas*: uma introdução ao direito privado com métodos de ensino participativos. São Paulo, Quartier Latin, 2007, p.151-63.

SILVA, De Plácido e. *Vocabulário jurídico*. 20.ed. Rio de Janeiro: Forense, 2002.

TAKATA, Marcos Shigueo. Ágio interno sem causa ou "artificial" e ágio interno com causa ou real - distinções necessárias. In: MOSQUERA, Roberto Quiroga; LOPES, Alexsandro Broedel (coords.). *Controvérsias jurídico-contábeis* (aproximações e distanciamentos). São Paulo, Dialética, 2012. p.194-214.

TAVARES, André Ramos. "Liberdade econômica e tributação: o caso da Emenda 3 e a fraude à Constituição". In: ANAN JR., Pedro; PEIXOTO, Marcelo M. (org.). *Prestação de serviços intelectuais por pessoas jurídicas*. Aspectos legais, econômicos e tributários. São Paulo, MP, 2008, p.83-93.

TEIXEIRA, Egberto Lacerda. "Sociedade de responsabilidade limitada: dívida particular do sócio: penhorabilidade das respectivas cotas de capital - recurso extraordinário conhecido e provido". *Revista de Direito Mercantil Industrial, Econômico e Financeiro*, São Paulo, v.19, n.40, p.103-10, out./dez. 1980.

TEPEDINO, Gustavo. "Sociedade prestadora de serviços intelectuais: qualificação das atividades privadas no âmbito do direito tributário". In: TEPEDINO, Gustavo. *Temas de direito civil.* t.III. Rio de Janeiro, Renovar, 2009, p.100-1.

VASCONCELOS, Pedro Pais de. *Teoria geral do direito civil.* 4.ed. Coimbra, Almedina, 2007.

XAVIER, Alberto. "Tributação das pessoas jurídicas tendo por objeto direitos patrimoniais relacionados com a atividade profissional de atletas, artistas, jornalistas, apresentadores de rádio e TV, bem como a cessão de direito ao uso de imagem, nome, marca e som de voz. Parecer". In: ANAN JR., Pedro; PEIXOTO, Marcelo M. *Prestação de serviços intelectuais por pessoas jurídicas.* Aspectos legais, econômicos e tributários. São Paulo, MP, 2008, p. 217-43.

ZOPPINI, Andrea. "Appunti sul patrimonio separato della società per azioni". In: BERLINGUER, Aldo. *Finanziamento e internazionalizzazione di impresa.* Torino, Giappichelli, 2006.

QUARTA PARTE
Direitos da personalidade no contexto familiar

A parte final da obra cuida dos direitos da personalidade em contexto familiar. Há especial destaque para a autoridade parental, para temas de bioética, poligamia, investigação de paternidade e o dever de respeito e consideração mútuos.

CAPÍTULO 23

Direito de família, direitos da personalidade, direitos fundamentais e direitos humanos: correlação entre o ser familiar e o ser humano[1,2]

Giselda Maria Fernandes Novaes Hironaka

O que é direito de família?

O amor familiar é fecundo, e não somente porque gera novas vidas, mas porque amplia o horizonte da existência, gera um mundo novo; faz-nos acreditar, contra toda desesperança e derrotismo, que uma convivência baseada no respeito e na confiança é possível.
Papa Francisco – 19.08.2014

Tentar definir "direito de família" somente seria possível se se partisse da premissa de que o próprio "Direito" caberia em um conceito. Em outras palavras, dever-se-ia partir da ideia de que o Direito é uma palavra designativa de características e qualidades de uma classe de objetos, sejam eles abstratos ou concretos. Há quem entenda ser o Direito o conjunto de objetos (regras) tendentes à regulação da conduta humana. Não é o que, pessoalmente, tenho entendido ou sentido.

---

1. Palestra proferida no II Congresso Luso-Brasileiro de Direito Humanos na Sociedade da Informação, no dia 6 de março de 2016, na cidade de Tomar (Portugal), evento que inaugura as XII Jornadas de Patrimônio e Arqueologia Ibero-Americana, realização esta que inscreve-se em colaboração com o Ano Internacional do Entendimento Global (Durban – 13 de setembro de 2014).
2. Este texto é um excerto do primeiro capítulo – denominado "O conceito de família e sua organização jurídica" – da obra coletiva *Tratado de direito das famílias*, coordenada por Rodrigo da Cunha Pereira, Belo Horizonte, IBDFam, 2015, p.27-97.

Essa é uma escolha puramente filosófica inelutável aos que atuam nas carreiras jurídicas. Para os que se colocam sob essa visão, o direito de família poderia ser conceituado como o conjunto de normas a respeito do casamento, da união estável, da guarda, da filiação, dos alimentos, do bem de família, da tutela e da curatela.

À guisa de exemplo, seguem alguns conceitos.

Para Clóvis Beviláqua, escrevendo em 1928:

> Direito da família é o complexo das normas que regulam a celebração do casamento, sua validade e os efeitos, que dele resultam, as relações pessoais e econômicas da sociedade conjugal, a dissolução desta, as relações entre pais e filhos, o vínculo do parentesco e os institutos complementares da tutela e da curatela.[3]

Contrariamente, o jurista mineiro Lafayette Rodrigues Pereira, cuja última versão do seu *Direitos de família* data de 1889, praticamente, portanto, com o surgimento da República, em obra anotada por José Bonifácio de Andrada e Silva, que, além de ser o patriarca da Independência, também era casado com a filha do Conselheiro Lafayette, falava que o direito de família expunha os princípios do Direito que regiam as relações de família. As palavras têm força. Expor princípios é absolutamente diferente de fixar normas. São as suas palavras:

> A divisão do Direito Civil, hoje conhecido sob o título "Direitos de Família" tem por objeto a exposição dos princípios de Direito que regem as relações de família, do ponto de vista da influência dessas relações não só sobre as pessoas como sobre os bens.[4]

Na lição de Orlando Gomes, escrita em 1957: "O Direito de Família é a parte do Direito Civil que regula as relações derivadas do casamento e do parentesco".[5] Por sua vez, é a seguinte a reflexão de Francisco Cavalcante Pontes de Miranda:

> O Direito de Família estuda e regra: a) as relações do par andrógino (homem e mulher); e é lamentável que os Códigos Civis quase só se refiram à união legalizada, sacramental; b) as relações do círculo família, tal como persiste hoje.

---

3. BEVILÁQUA, Clóvis. *Código Civil dos Estados Unidos do Brasil*, 1928, v.II, p.6.
4. PEREIRA, Lafayette Rodrigues. *Direitos de família, anotações e adaptações ao Código Civil por José Bonifácio de Andrada e Silva*, 1956, p. 23.
5. GOMES, Orlando. *Introdução ao direito civil*, 1957, p.445.

Dela haveriam de ser excluídas as de curatela dos loucos, intoxicados etc., pelo deverem pertencer à Parte Geral.[6]

Entre os muitos autores contemporâneos de destaque, Paulo Luiz Netto Lôbo define de forma sincopada: "O Direito de Família é um conjunto de regras que disciplinam os direitos pessoais e patrimoniais das relações de família".[7] Ao seu turno, Flávio Tartuce, de outra forma, assim conceitua e explica por que

> O Direito de Família pode ser conceituado como sendo o ramo do Direito Civil que tem como conteúdo o estudo dos seguintes institutos jurídicos: a) casamento; b) união estável; c) relações de parentesco; d) filiação; e) alimentos; f) bem de família; g) tutela, curatela e guarda. Como se pode perceber, tornou-se comum na doutrina conceituar Direito de Família relacionando-o aos institutos que são estudados por esse ramo do Direito Privado. Assim também o faremos.[8]

Posto referenciados alguns dos grandes estudiosos do passado e alguns dos contemporâneos pensadores da civilística nacional que se debruçaram sobre o assunto, eis as seguintes advertências: o direito não "está" na regra, ele "é" vida, fluida e amorfa. Não se nega que algumas regras podem tentar (e até conseguir) delinear o que, em casos específicos, é Direito, porém jamais conseguirão prendê-lo no limite das suas frias letras, como se nada existisse ou fosse "Direito" para além dela. O direito de família não externa objeto. É o próprio exercício da vida. Não é produto do legislador ou das decisões judiciais, posto situação e relação humana das mais íntimas, não daquelas vulgares, cujo condão é a pura vontade, mas sim daquelas ligadas pelo sangue ou pelo afeto. Não me canso de repetir a tão antiga quanto sábia lição do jurista francês Jean Cruet,[9] que disse: "*nous voyons tous les jours la société refaire la loi, on n'a jamais vu la loi refair la société*". Ou seja: nós vemos todos os dias a sociedade refazer a lei; não se vê jamais a lei refazer a sociedade (tradução nossa). Pura verdade!

Não se pode confundir "Direito" com "técnica jurídica". Não é apenas em razão de uma norma posta que se dá ou tira posições jurídicas, já que, com

---

6. PONTES DE MIRANDA, Francisco Cavalcanti. *Tratado de direito de família*, v.I, 1947, p.49.
7. LÔBO, Paulo Luiz Netto. *Direito civil*: famílias, 2011, p.35.
8. TARTUCE, Flávio. *Direito de família*, 2014, p.1.
9. CRUET, Jean. *A vida do Direito e a inutilidade das leis*, 1908 (Bibliotheca de Philosophia Scientifica), em epígrafe à abertura da obra.

ou sem ela, titularidades jurídicas são concedidas ou negadas diariamente, construindo a técnica jurídica e revelando o Direito. O fundamento de uma petição nunca é, portanto, a lei, mas, sim, o Direito, não porque o peticionário o detém, mas porque a seu ver seu pleito é "direito".

Destarte, direito de família é o ramo do conhecimento que visa a justificar as relações de família consanguínea, civil ou afetiva sob a orientação dos princípios constitucionais de proteção à dignidade da pessoa humana, de solidariedade familiar, de igualdade entre filhos, de igualdade entre cônjuges e companheiros, de afetividade e de função social da família, entre outros corolários desses.

Direitos da personalidade, direitos fundamentais e direitos humanos

O Direito de Família tem sido cognominado "o mais humano dos direitos", porque lida com as mais íntimas relações humanas, nas quais flagra de modo ímpar as grandezas e as pequenezas do ser humano. [...] Há, pois, uma assimilação entre o ser familiar e o ser humano, por força da qual se diz "familiar" tudo o que é próprio ou íntimo de uma pessoa humana. No entanto, apesar dessa familiaridade, muito pouco se tem tratado de correlacionar o Direito de Família com os Direitos Humanos.
Direitos humanos e direito de família –
Sérgio Resende de Barros

Tentar relacionar direito de família, direitos da personalidade, direitos fundamentais e direitos humanos tem implícita a premissa de que há diferenças e conexões entre esses ramos da dogmática jurídica. Assim, opto por indicar primeiro as diferenças, para depois chegar aos pontos de contato.

Os direitos da personalidade são todos os que dizem respeito ao exercício da vida digna, desde a concepção, e não unicamente àqueles previstos entre os arts. 11 e 21 do Código Civil. Isso significa dizer – o que aliás é "batido" – que os direitos da personalidade não são típicos. Um exemplo dessa atipicidade é o direito ao esquecimento, que, com o perdão da ironia, foi absolutamente esquecido pelo Poder legiferante.

Nesse particular, vale a homenagem a Silmara Juny de A. Chinellato e Almeida, quando anota ser

> relevante [o] papel da Jurisprudência na tutela dos Direitos da Personalidade, ao considerar a existência de alguns deles não previstos expressamente no ordenamento jurídico brasileiro, como o direito à imagem, hoje consagrado no art. 5º incisos V, X e XXVIII da Constituição Federal. O reconhecimento – inclusive por parte do Supremo Tribunal Federal, conforme o demonstra o acórdão inserto na *RT* 558/230, prolatado no RE n. 91.328/SP – do direito à imagem, com base nos ensinamentos da Doutrina nacional e estrangeira, atesta que não só a lei é forma de expressão do Direito.[10]

Aliás, a bem da verdade, nenhum direito da personalidade é típico, nem mesmo os atinentes ao direito público.[11] Pietro Perlingieri, comentando o art. 2º da Constituição italiana de 1948,[12] afirma que essa "é uma norma diretamente aplicável e exprime uma cláusula geral de tutela da pessoa humana: seu conteúdo não se limita a resumir os direitos tipicamente previstos por outros artigos da Constituição, mas permite estender a tutela a situações atípicas".[13] Nesse sentido, a primeira parte do Enunciado n. 274 do Conselho da Justiça Federal recebeu a seguinte ementa: "Os Direitos da Personalidade, regulados de maneira não exaustiva pelo Código Civil, são expressões da cláusula geral de tutela da pessoa humana, contida no art. 1º, III, da Constituição Federal".[14]

As palavras aqui escritas não foram escolhidas em vão, repise-se: direito da personalidade se relaciona com tudo o que é necessário ao exercício da vida digna. Não é por outra razão que Silmara Juny de A. Chinellato e Almeida classifica em quatro partes os direitos da personalidade, acrescentando o direito à vida como categoria autônoma,[15] não integrante de nenhuma das outras três categorias já bem definidas por Rubens Limongi França[16] (direito

---

10. CHINELLATO E ALMEIDA, Silmara Juny A. "Bioética e direitos da personalidade do nascituro". *Revista Scientista Iuris*, Londrina, ano 2003/2004, v.7/8, p.87-104.
11. Quem admitisse a legalidade cerrada dos institutos do direito (público e privado) necessariamente não poderia conceber nenhum reconhecimento ou supressão que não adviesse da literalidade da norma, o que, sobretudo nos nossos dias e por tudo o que aqui escrevi, não se sustentaria.
12. Eis a redação do art. 2º da Constituição italiana: "A República reconhece e garante os direitos invioláveis do homem, quer como ser individual, quer nas formações sociais onde se desenvolve a sua personalidade e exige o cumprimento dos deveres inderrogáveis de solidariedade política, econômica e social".
13. PERLINGIERI, Pietro. *Perfis do direito civil*: introdução ao direito civil constitucional, 2002, p.155.
14. Disponível em: http://daleth.cjf.jus.br/revista/enunciados/IVJornada.pdf. Acesso em: 25 jan. 2015.
15. CHINELLATO E ALMEIDA, Silmara Juny A. *Do nome da mulher casada*: direito de família e direitos da personalidade, 2001, p. 64.
16. Ver FRANÇA, Rubens Limongi. "Direitos da personalidade. Coordenadas fundamentais". *Revista dos Tribunais*, v.56, p.9-16.

à integridade física, direito à integridade moral e direito à integridade intelectual). Francisco Amaral bem descreve que o "objeto dos Direitos da Personalidade é o conjunto unitário, dinâmico e evolutivo dos bens e valores essenciais da pessoa no seu aspecto físico, moral e intelectual".[17] É no curso da vida que, sentindo a pessoa carência de algo essencial, reclama do Estado (e por vezes contra ele) a colmatação desse vazio. Isso significa dizer que os direitos da personalidade dependem de determinadas características das pessoas que por eles reclamam. Para mencionar dois exemplos, entre muitos, a tutela do direito autoral só pode ser vindicada pelo autor, assim como o direito à saúde só pode ser reclamado pelo enfermo. António Castanheira Neves afirma que

> são dois, na verdade, os problemas fundamentais da pessoa humana: 1) O problema da sua posição perante o ser, na existência (o problema metafísico); 2) O problema da sua relação com o outro, na ação (o problema ético). Dois problemas, relativamente aos quais não podemos iludir também dois perigos – e perigos graves, pois que tocam o decisivo. Quanto ao problema metafísico, o perigo de entregarmos (abdicarmos) a sua solução aos ideólogos. Quanto ao problema ético, o perigo de aceitarmos unicamente para ele a solução dos políticos.[18]

Quanto aos direitos fundamentais, é dura a tentativa de reduzi-los a um conceito,[19] mormente não sendo possível aqui a reprodução de toda a sua historiografia.[20] De todo modo, eis o conteúdo: direitos fundamentais são os vetores principiológicos que orientam determinada comunidade e também o conteúdo mínimo de garantia das pessoas dessa mesma comunidade. São as garantias próprias de um povo, independentemente das características individuais de cada pessoa, o que é marco distintivo em relação aos direitos da personalidade, que, bem de ver, relacionam-se a um fato/característica da vida da pessoa, individualmente considerada. Enquanto os direitos da personalidade são garantias de uma vida digna da pessoa, os direitos fundamentais visam a garantir dignamente o mínimo existencial e a convivência entre

---

17. AMARAL, Francisco. *Direito civil:* introdução, 2014, p.304.
18. NEVES, António Castanheira. "Dignidade da pessoa humana e direitos do homem". In: *Digesta, escritos acerca do Direito, do pensamento jurídico, da sua metodologia e outros*, 1995, v.2, p.426.
19. Ver SILVA, José Afonso da. *Curso de direito constitucional positivo*, 1992, p.178.
20. Aos que desejarem se aprofundar: ISRAEL, Jean-Jacques. *Direitos das liberdades fundamentais.* , 2005; FACCHINI NETO, Eugenio. "Reflexões histórico-evolutivas sobre a constitucionalização do direito privado". In: SARLET, Ingo Wolfgang (org.). *Constituição, direitos fundamentais e direito privado*, 2003, p.11 e segs.

as pessoas, que por vezes se confundem com os próprios direitos da personalidade, mas não se reduzem a eles. Na linha do que escreveu Francisco Amaral, "todos os Direitos da Personalidade são Direitos Fundamentais, mas não o inverso".[21]

Essa constatação é imperiosa, sobretudo neste estudo em que se pretende a interlocução com o direito de família, porque é da necessidade de se garantir a convivência humana, especialmente em uma sociedade em que os próprios particulares atentam uns contra os direitos fundamentais dos outros, que a teoria dos direitos fundamentais rompeu com o paradigma histórico de aplicação somente dos cidadãos contra o Estado, para também o ser na relação privada entre cidadãos.[22]

Já os direitos humanos são as garantias de todas as pessoas, independentemente da comunidade na qual estão inseridas, seja ocidental ou oriental, deísta ou laica, democrática, monárquica ou imperial. Trata-se de uma construção histórica iniciada no século XVII, dividida em gerações dos direitos, sendo a primeira a relacionada com a liberdade, a segunda com a igualdade, a terceira com a solidariedade e, para alguns, a quarta com a democracia.[23] Isso não significa, evidentemente, que haja unanimidade entre as nações quanto a quais são direitos humanos e a forma de garanti-los. Essa delimitação é feita por meio de tratados internacionais. Tampouco significa que cada nação tenha um rol particular de direitos humanos. Não é o caso. Tanto isso é verdade que em 1945 a Organização das Nações Unidas possuía 51 países como membros, com as mais diversas orientações políticas e religiosas. Em 2011, esse número subiu para 193 países, conforme relação oficial do *site* da ONU na internet.[24] Cada um deles entende ser respeitador dos direitos humanos, mais bem traduzidos como dignidade. Outro exemplo dessa fluidez na definição dos direitos humanos está no fato de que a própria Comissão de Direitos Humanos da ONU é composta por 47 países-membros, eleitos para mandatos de três anos, entre os quais estão países considerados por muitos grandes violadores de direitos humanos, como a China (mandato até 2016),

---

21. AMARAL, Francisco. *Direito civil*: introdução, 2014, p.310.
22. São numerosos os estudos acerca da aplicação direta dos direitos fundamentais nas relações privadas. Ver CANARIS, Claus-Wilhelm. *Direitos fundamentais e direito privado*, 2003; SILVA, Virgílio Afonso da. *A constitucionalização do direito*: os direitos fundamentais nas relações entre particulares, 2014, p.52 e segs.; SARLET, Ingo Wolfgang. *A eficácia dos direitos fundamentais*, 2003, p.35 e segs.
23. Ver SILVEIRA, Vladmir Oliveira da; CONTIPELLI, Ernani. "Direitos humanos econômicos na perspectiva da solidariedade: desenvolvimento integral. CONPEDI – Anais do XVII Encontro Preparatório para o Congresso Nacional de Pesquisa e Pós-Graduação em Direito, jul./2008.
24. Disponível em: http://www.un.org/en/members/growth.shtml. Acesso em: 24 jan. 2015.

Cuba (mandato até 2016) e Arábia Saudita (mandato até 2016).[25] Para mencionar um último exemplo desse aparente paradoxo, tem-se a própria Declaração de Direitos Humanos no Islamismo, assinada pelos Estados-membros da Organização da Conferência Islâmica, na cidade do Cairo, Egito, no ano de 1990, com um conteúdo muito próximo de diversos direitos garantidos pela Declaração Universal dos Direitos Humanos da ONU, datada de 1948, apenas ratificando suas diferenças em relação às questões religiosas, políticas e tradições.[26] Assim, os direitos humanos são supranacionais, e até países que se autointitulam defensores fervorosos dos direitos humanos acabam por violá-los, como é o caso do Brasil, com as prisões superlotadas, trabalho em condição análoga à escravidão, trabalho infantil, falta de políticas públicas contra a prostituição de menores, ausência de políticas públicas eficientes nas áreas da saúde, educação, moradia etc.

É oportuna a assertiva de Fábio Konder Comparato:

> Se a justiça consiste em sua essência, como ressaltaram os antigos, em reconhecer a todos e a cada um dos homens o que lhes é devido, esse princípio traduz-se, logicamente, no dever de integral e escrupuloso respeito àquilo que, sendo comum a todos os humanos, distingue-os radicalmente das demais espécies de seres vivos: a sua transcendente dignidade. Os Direitos Humanos em sua totalidade – não só os direitos civis e políticos, mas também os econômicos, sociais e culturais; não apenas os direitos dos povos, mas ainda os de toda a humanidade, compreendida hoje como novo sujeito de direitos no plano mundial – representam a cristalização do supremo princípio da dignidade humana.[27]

Correlação entre o direito de família e os direitos da personalidade, fundamentais e humanos

Feita essa digressão, confortável agora a afirmação de que é pela dignidade que os direitos humanos, direitos fundamentais e direitos da personalidade tocam e redesenham o direito de família, agora repersonalizado, solto das amarras do direito de castas, do privilégio, da desigualdade, do individualis-

---

25. Lista de membros da Comissão de Direitos Humanos. Disponível em: http://www.ohchr.org/EN/HRBodies/HRC/Pages/CurrentMembers.aspx. Acesso em: 24 jan. 2015.
26. Mais informações disponíveis em: http://en.wikipedia.org/wiki/Cairo_Declaration_on_Human_Rights_in_Islam. Acesso em: 24 jan. 2015. Íntegra da declaração disponível em: http://www1.umn.edu/humanrts/instree/cairodeclaration.html. Acesso em: 24 jan. 2015.
27. COMPARATO, Fábio Konder. Ética: direito, moral e religião no mundo moderno, 2006, p.622.

mo e do poder, para se prender agora ao direito das pessoas, da equidade, da solidariedade, do pluralismo, enfim, da dignidade.

Nessa perspectiva, cabe discutir a função da família para proteção dos direitos da personalidade, dos direitos fundamentais e dos direitos humanos. É o debate sobre a função da família e a respeito da sua responsabilidade que imbricará e desvendará a medida de correlação desses ramos da dogmática jurídica.

É inegável que o seio da família forma os que dela participam. É nela que a pessoa se prepara ou é despreparada para a vida gregária, despoluindo ou recebendo obstáculos no caminho entre seu espaço privado e o espaço público. Mais do que simples pessoas, o objetivo da família é formar cidadãos, não apenas das suas cidades e respectivos países, mas do mundo, para que respeitem a dignidade alheia e tenham a si próprios respeitados. É essa a responsabilidade da família: servir, prover e educar. Pietro Perlingieri bem leciona que

> a função serviente da família deve ser realizada de forma aberta, integrada na sociedade civil, com uma obrigatória colaboração com outras formações sociais: não como uma ilha, mas como um autônomo território que é parte que não pode ser eliminada de um sistema de instituições civis predispostas para um escopo comum e todos merecedores de tutela, desde que a sua regulamentação interna seja inspirada no respeito à igual dignidade, à igualdade moral e jurídica dos componentes, à democracia. Valores que representam, juntamente com a solidariedade, o pressuposto, a consagração e a qualificação da unidade dos direitos e dos deveres no âmbito da família.[28]

Há outro ponto de contato: não raro, ideologias religiosas, políticas e econômicas partem de premissas do direito de família ou nele desaguam suas consequências, que são ao mesmo tempo também premissas ou consequências adstritas aos direitos da personalidade, direitos fundamentais e direitos humanos, ou até mesmo contra elas, a fim de justificar posturas parciais, egoístas, arbitrárias e indignas. Os exemplos são muitos: o pastor anglicano e economista Thomas Malthus publicou, em 1798, um extenso artigo intitulado *Essay on the principle of population*,[29] que sugeria a interferência direta da economia e da política no planejamento familiar, consoante se vê na seguinte assertiva:

---

28. PERLINGIERI, Pietro. *O direito civil na legalidade constitucional*, 2008, p.975-6.
29. Versão original em inglês disponível em: http://www.esp.org/books/malthus/population/malthus.pdf. Acesso em: 25 jan. 2015.

> É uma obviedade a notícia de muitos escritores de que a população deve sempre ser mantida até o limite dos meios de subsistência, mas nenhum escritor que este autor tenha lido investigou particularmente a respeito dos meios pelos quais esse limite é efetivado [...]. População, quando não controlada, aumenta em progressão geométrica, enquanto os meios de subsistência aumentam apenas em progressão aritmética. Um conhecimento raso a respeito de números mostrará a imensidão da primeira potência em comparação da segunda. [tradução livre][30]

Outro exemplo é da literatura, mas nos chega como advertência de um problema real, consistente na aspiração de grande parte das pessoas e defeito de muitas famílias: instigar a colheita do fruto a qualquer custo, sem estimular e ensinar o plantio da árvore ou até mesmo a impossibilidade de se ter o fruto. É o diálogo do jovem Janjão, criado por Machado de Assis no seu conto *Teoria do medalhão*,[31] que recebe conselhos inescrupulosos de seu pai, que, em vez de orientá-lo para a vida digna e funcional em relação à sociedade, acaba por direcioná-lo à postura contraproducente de medalhão. Eis trecho interessante do diálogo:

> [...] — Se for ao parlamento, posso ocupar a tribuna?
>
> — Podes e deves; é um modo de convocar a atenção pública. Quanto à matéria dos discursos, tens à escolha: - ou os negócios miúdos, ou a metafísica política, mas prefere a metafísica. [...] Um discurso de metafísica política apaixona naturalmente os partidos e o público, chama os apartes e as respostas. E depois não obriga a pensar e descobrir. Nesse ramo dos conhecimentos humanos tudo está achado, formulado, rotulado, encaixotado; é só prover os alforjes da memória. Em todo caso, não transcendas nunca os limites de uma invejável vulgaridade.
>
> — Farei o que puder. Nenhuma imaginação?
>
> — Nenhuma; antes faze correr o boato de que um tal dom é ínfimo.
>
> — Nenhuma filosofia?
>
> — Entendamo-nos: no papel e na língua alguma, na realidade nada. "Filosofia da história", por exemplo, é uma locução que deves empregar com frequên-

---

30. Texto original: "*It is an obvious truth, which has been taken notice of by many writers, that population must always be kept down to the level of the means of subsistence; but no writer that the Author recollects has inquired particularly into the means by which this level is effected* [...]. *Population, when unchecked, increases in a geometrical ratio. Subsistence increases only in an arithmetical ratio. A slight acquaintance with numbers will show the immensity of the first power in comparison of the second*".
31. Disponível em: http://letras.cabaladada.org/letras/teoria_medalhao.pdf. Acesso em: 19.09.2018.

cia, mas proíbo-te que chegues a outras conclusões que não sejam as já achadas por outros. Foge a tudo que possa cheirar a reflexão, originalidade etc., etc.

Como dito, o direito de família não está imune à política, e as interferências dessa ordem claramente desdobram seus efeitos sobre os direitos da personalidade, direitos fundamentais e direitos humanos. No encerrar do ano de 2014, o Governo Federal editou as Medidas Provisórias ns. 664[32] e 665[33] (meio absolutamente antidemocrático, especialmente para esse tipo de alteração), ambas de 30 de dezembro de 2014, que modificaram, para pior, diversos direitos da Seguridade Social (como a pensão por morte do cônjuge ou convivente e do seguro-desemprego), em completo desrespeito à dignidade pessoal e familiar, em razão da supressão por razões políticas (nem sempre legítimas, como a corrupção e obras faraônicas inúteis, por exemplo) dos recursos indispensáveis à manutenção do mínimo existencial.

Dessa forma, a relação entre direito de família, direitos da personalidade, direitos fundamentais e direitos humanos não sucede senão pelo vetor da dignidade humana, que tudo funcionaliza em atenção à pessoa e à comunidade global da qual é integrante. Como bem afirma Pietro Perlingieri ao escrever sobre os direitos fundamentais no direito de família, "trata-se de individuar relações entre os direitos e os deveres do homem e do cidadão, na medida em que cada um é funcionalizado, de modo diferenciado, ao interesse individual e geral do pleno e livre desenvolvimento da pessoa".[34]

Referências

AMARAL, Francisco. *Direito civil:* introdução. 8.ed. Rio de Janeiro, Renovar, 2014.

BEVILÁQUA, Clóvis. *Código Civil dos Estados Unidos do Brasil.* 3.ed. São Paulo, Francisco Alves, 1928, v.II

CANARIS, Claus-Wilhelm. *Direitos fundamentais e direito privado.* Trad. Ingo Wolfgang Sarlet e Paulo Mota Pinto. 3.ed. Coimbra, Almedina, 2003

CHINELLATO E ALMEIDA, Silmara Juny A. "Bioética e direitos da personalidade do nascituro". *Revista Scientista Iuris*, Londrina, ano 2003/2004, v.7/8, p.87-104.

CHINELLATO E ALMEIDA, Silmara Juny A. *Do nome da mulher casada*: direito de família e direitos da personalidade. Rio de Janeiro, Forense Universitária, 2001.

---

32. Disponível em: http://www.planalto.gov.br/ccivil_03/_Ato2011-2014/2014/Mpv/mpv664.htm. Acesso em: 25 jan. 2015.
33. Disponível em: http://www.planalto.gov.br/ccivil_03/_Ato2011-2014/2014/Mpv/mpv665.htm. Acesso em: 25 jan. 2015.
34. PERLINGIERI, Pietro. *O direito civil na legalidade constitucional*, 2008, p.982.

COMPARATO, Fábio Konder. *Ética*: direito, moral e religião no mundo moderno. São Paulo, Companhia das Letras, 2006.

CRUET, Jean. *A vida do Direito e a inutilidade das leis.* Lisboa, Bertrand-José Bastos, 1908.

FACCHINI NETO, Eugenio. "Reflexões histórico-evolutivas sobre a constitucionalização do direito privado". In: SARLET, Ingo Wolfgang (org.). *Constituição, direitos fundamentais e direito privado.* Porto Alegre, Livraria do Advogado, 2003.

FRANÇA, Rubens Limongi. "Direitos da personalidade. Coordenadas fundamentais". *Revista dos Tribunais,* v.56, p.9-16.

GOMES, Orlando. *Introdução ao direito civil.* Rio de Janeiro, Revista Forense, 1957.

ISRAEL, Jean-Jacques. *Direitos das liberdades fundamentais.* Trad. Carlos Souza. Barueri, Manole, 2005.

LÔBO, Paulo Luiz Netto. *Direito civil*: famílias. 4.ed. São Paulo, Saraiva, 2011.

Malthus, Thomas. *Essay on the principle of population.* London Printed for J. Johnson, in St. Paul's Church-Yard, 1798. Disponível em: http://www.esp.org/books/malthus/population/malthus.pdf. Acesso em: 17.09.2018.

NEVES, António Castanheira. "Dignidade da pessoa humana e direitos do homem". In: *Digesta, escritos acerca do Direito, do pensamento jurídico, da sua metodologia e outros.* Coimbra, Coimbra, 1995, v.2.

PEREIRA, Lafayette Rodrigues. *Direitos de família, anotações e adaptações ao Código Civil por José Bonifácio de Andrada e Silva.* 5.ed. Rio de Janeiro, Freitas Bastos, 1956.

PERLINGIERI, Pietro. *O direito civil na legalidade constitucional.* Trad. Maria Cristina de Cicco. Rio de Janeiro, Renovar, 2008.

PERLINGIERI, Pietro. *Perfis do direito civil*: introdução ao direito civil constitucional. Trad. Maria Cristina de Cicco. 2.ed. Rio de Janeiro, Renovar, 2002.

PONTES DE MIRANDA, Francisco Cavalcanti. *Tratado de direito de família.* 3.ed. São Paulo, Max Limonad, v.I, 1947.

SARLET, Ingo Wolfgang. *A eficácia dos direitos fundamentais.* 5.ed. Porto Alegre, Livraria do Advogado, 2003.

SILVA, José Afonso da. *Curso de direito constitucional positivo.* 9. ed. São Paulo, Malheiros, 1992.

SILVA, Virgílio Afonso da. *A constitucionalização do direito*: os direitos fundamentais nas relações entre particulares. 4. tir. São Paulo, Malheiros, 2014.

SILVEIRA, Vladmir Oliveira da; CONTIPELLI, Ernani. "Direitos humanos econômicos na perspectiva da solidariedade: desenvolvimento integral". CONPEDI - Anais do XVII Encontro Preparatório para o Congresso Nacional de Pesquisa e Pós-Graduação em Direito, jul./2008.

TARTUCE, Flávio. *Direito de família.* 9. ed. São Paulo, Método, 2014.

CAPÍTULO 24

Autoridade parental. Perspectiva evolutiva dos direitos da personalidade. Adultocentrismo × visão paidocêntrica

Marco Fábio Morsello

Introdução

A temática em análise é instigante, porquanto retrata perspectiva evolutiva, com novos desafios advindos de visão paidocêntrica, que robustece a cláusula geral escudada nos melhores interesses da criança e adolescente, a ser aquilatada qualitativamente.

À evidência, não se trata de tarefa fácil. Deveras, como é cediço, a realidade quotidiana pós-moderna revela paradigmas fulcrados em sociedade de hiperconsumo, cujos efeitos se refletem, à saciedade, nas famílias, nomeadamente nas crianças.

Ora, tal realidade, aliada à denominada síndrome do pensamento acelerado, que grassa nos tempos atuais, com amplo destaque à figura do turboconsumidor policrônico, permite divisar efetiva felicidade paradoxal, informada pelo fenômeno da penia, definida por Gilles Lipovetsky como "a imediata realização dos gozos materiais aliada à infelicidade existencial", fatores que desencadeiam o crepúsculo do dever e a ética indolor.[1]

Nesse contexto, aliada à multiplicidade de grupos sociais, fragmentação, dispersão e justaposição de valores, relativismo, hipercomplexidade e competição corrosiva, ínsitos ao paradigma pós-moderno, observa-se, como preconiza Gary Minda, a inexistência de valores compartilhados (*shared values*),

---

1. Cf. *A felicidade paradoxal*. Ensaio sobre a sociedade de hiperconsumo, 2007, p.104-26; 157-71.

fundamentais à concretização da solidariedade social tão propalada, o que multiplica situações conflitivas.[2]

De fato, o influxo permanente de estímulos que promanam do sistema social ao sistema jurídico é realidade inequívoca, tendo em vista a inserção deste último como um sistema de segunda ordem, em caráter análogo ao sistema nervoso nos seres vivos.

Ora, diante dos *inputs* que promanam do sistema social, a célula familiar e, nomeadamente, os genitores são os arautos da esperança ética no desenvolvimento da personalidade dos infantes, propiciando-lhes efetivo *output* dirigido ao corpo social, com o escopo de concretizar o princípio fundante da dignidade da pessoa humana e correlata convivência em sociedade justa e solidária, elidindo que as normas em comento sejam transformadas em meros pedaços de papel (*Stück Papier*), desprovidos de efetividade.

Para tal desiderato, como ressalta Erich Fromm, o amor dos pais se afigurará essencial, aliado à premissa de que,

> para que seja capaz de amar, o ser humano deve ser colocado em seu lugar supremo. A máquina econômica deve servi-lo, em vez de servir-se dele [...]. Ter fé na possibilidade do amor como fenômeno social, e não apenas excepcional-individual, é uma fé racional baseada em penetração na própria natureza do homem.[3]

Referido entendimento, aliás, é plenamente consentâneo com a visão contemporânea da projeção horizontal das relações familiares e proeminência do afeto, amálgama daquelas, não se afigurando incompatível com a cláusula geral de melhores interesses da criança e adolescente, nem, tampouco, da visão paidocêntrica que a permeia.

De fato, o vocábulo grego *paidós* justamente se coaduna com a criança e seu desenvolvimento ocupando papel central, com o consequente deslocamento do paradigma de outrora, escudado em efetivo adultocentrismo.[4]

---

2. Cf. *Postmodern legal movements*: law and jurisprudence at century's end, 1995. No mesmo diapasão, *vide*: AZEVEDO, Antonio Junqueira de. "O Direito pós-moderno e a codificação". In: *Estudos e pareceres de direito privado*, 2004, p.55-63; NALINI, José Renato. "Ética e família na sociedade pós-moralista". In: COLTRO, Antônio Carlos Mathias (coord.). *A revisão do direito de família*. Estudos jurídicos em homenagem ao centenário de Edgard de Moura Bittencourt, 2009, p.384-418; HESPANHA, António Manuel. *O caleidoscópio do Direito*. O Direito e a Justiça nos dias e no mundo de hoje, 2009, p.469-85.
3. Cf. *A arte de amar*, 1995, p.157-8.
4. Nesse sentido, PALAZZO, Antonio. *La filiazione*, 2007, p.541, preconizando com percuciência que: "*Il diritto di famiglia, negli ultimi decenni, ha subito una vera e propria rivoluzione copernicana. Ribaltando secoli di tradizione giuridica e culturale, il diritto*

Nesse contexto, faz-se mister detida análise evolutiva do instituto.

Escorço histórico evolutivo

Como é cediço, o Direito é a ordem de convivência humana, sob a exigência da Justiça, ordem que em uma determinada comunidade jurídica se torna vinculante a cada momento na perspectiva histórica.[5]

Deveras, o Direito, enquanto experiência, é, como se sabe, uma realidade histórico-cultural, na qual o mundo dos fatos e o mundo dos valores, por assim dizer, caminham, lado a lado, na unidade de um *processus*, conforme ensinamento de Miguel Reale, à luz de sua conhecida teoria tridimensional.[6]

Nesse contexto, como preconizava Antonio Junqueira de Azevedo, atento à natureza do Direito como sistema de segunda ordem vinculado ao sistema social,

> é preciso não confundir todo o direito com a lei. Esta é apenas uma parte do direito e, embora, no nosso sistema romano-germânico, ela forme o esqueleto da ordem jurídica, a vida a este esqueleto vai ser dada pela doutrina, pela jurisprudência e, principalmente, pelo *espírito do povo*, fonte última da própria lei, da doutrina e da jurisprudência [grifo no original].[7]

Desse modo, a experiência histórica se revela fundamental para a análise da autoridade parental, como cerne da instituição social família e mudanças correlatas, desde sua acepção maximalista, com paulatina concepção reducionista, formadora do conceito de família nuclear, e perspectivas minimalistas, sem prejuízo da preponderância de um direito geral de personalidade caracterizado como fundamental, fomentador da proeminência do aspecto afetivo, quando cotejado com aquele patrimonial.

---

diventa paidocentrico come efficacemente è stato scritto. Al centro del diritto di famiglia, e per molti versi di tutto l'ordinamento giuridico, sta ora il figlio, per milenni soltanto l'oggetto del potere paterno. Il diritto paidocentrico, che ha messo al centro del mondo del diritto l'interesse del minore, presenta tuttavia qualche tratto di continuità con la storia giuridica precedente. L'enfasi sulla cura del minore ha riproposto in chiave nuova (non autoritaria) la visione paternalisitca del rapporto con il figlio".

5. Nesse sentido: LARENZ, Karl. *Metodologia da ciência do Direito*, 1997, p.599; CARBONNIER, Jean. *Droit civil*: introduction. Les personnes. La famille, l'enfant, le couple, 2004, v.I, p.35-47.
6. Cf. *O Direito como experiência*, 1980, p.111-3.
7. Cf. *Negócio jurídico*: existência, validade e eficácia, 2002, p.77.

Deveras, referida realidade fática propiciou papel de escol aos vínculos socioafetivos, elidindo a exclusividade de outrora, permeada naqueles consanguíneos.

Nesse contexto, malgrado inviável a obtenção de uniformidade absoluta do instituto em comento, máxime tendo em vista o amplo espectro de civilizações ao redor do mundo e peculiaridades correlatas,[8] emergem alguns aspectos que permitem observar, no seio da civilização ocidental, a analogia do aspecto religioso como dínamo formador de ritos e relações familiares, no âmbito das civilizações indo-europeias, grega e romana, com as consequências correlatas na formação da família e papel central do *pater*, na seara de relações familiares hierarquizadas e verticais.[9]

---

8. Para mais detalhes acerca da formação dos diversos sistemas jurídicos e suas origens correlatas, *vide* VICENTE, Dário Moura. *Direito comparado*: introdução e Parte Geral, 2008, v.I, obra na qual o autor discorre de modo minudente acerca da família romano-germânica, do sistema da *common law*, da família jurídica muçulmana, dos sistemas jurídicos africanos e dos direitos hindu e chinês.
9. Nesse sentido: COULANGES, Numa Denis Fustel de. *A cidade antiga*, 2003, p.117-9, explicitando, com acuidade, que " a natureza fala bem alto e por si mesma; exige que a criança tenha um protetor, um guia, um mestre. A religião concorda com a natureza: determina que o pai seja o chefe do culto e que o filho apenas o ajude nas funções sagradas. Porém, a natureza só exige tal subordinação durante um certo número de anos; a religião exige mais. A natureza confere ao filho a maioridade jamais concedida pela religião. Segundo os antigos princípios, o Lar é indivisível, assim como a propriedade; os irmãos não se separam após a morte do pai; por uma razão ainda mais forte, não podem se desligar do pai enquanto este viver. No rigor do direito primitivo, os filhos permanecem ligados ao lar do pai e, consequentemente, submetidos à sua autoridade; enquanto o pai viver, serão todos menores. Compreende-se que esta regra perdurou apenas enquanto a velha religião doméstica esteve em pleno vigor. Em Atenas, essa sujeição permanente do filho em relação ao pai logo desapareceu. Em Roma, a antiga regra foi conservada escrupulosamente: enquanto o pai vivesse, o filho jamais poderia manter um Lar próprio; embora casado e com filhos, continuava sob a tutela do pai. De resto, acontecia com o poder paterno o mesmo que com o poder marital: tinha por origem e condição o culto doméstico. Graças à religião doméstica, a família era um pequeno corpo organizado, pequena sociedade com o seu chefe e o seu governo. Naqueles tempos antigos, o pai não era apenas o homem forte que protegia e que também detinha o poder de fazer-se obedecer: era o sacerdote, o herdeiro do fogo sagrado, o continuador dos ancestrais, a estirpe dos descendentes, o depositário dos ritos misteriosos do culto e das fórmulas secretas da prece. Toda religião reside no pai. O próprio nome que o designa, *pater*, contém curiosos ensinamentos. A palavra é a mesma em grego, latim e sânscrito, donde se pode concluir que data do tempo em que os antepassados de helenos, italianos e hindus ainda viviam juntos na Ásia Central. Qual seria o seu significado, e que ideia sugeriria à mente dos homens daqueles tempos? É possível sabê-lo, pois conservou o seu primitivo significado nas fórmulas do linguajar religioso e jurídico [...]. Também na linguagem jurídica, o título de *pater* ou de *pater familias* podia ser atribuído a um homem sem filhos, não casado, ou que nem estivesse em idade de contrair matrimônio. Portanto, a ideia de pa-

De fato, na Babilônia, a autoridade parental pertencia ao pai, cujos direitos eram amplos, muito embora não ilimitados. Nesse aspecto, conforme observa Jean Gaudemet, diversos contratos evidenciaram a frequência da venda de infantes, bem como o abandono de recém-nascidos. No entanto, emerge distinção importante, quando cotejada com o direito romano, na medida em que ao pai não é dado o poder de vida e morte em relação aos filhos, além do que, a deserdação destes somente poderá ocorrer por motivos graves.[10]

No Egito antigo, muito embora verificada a necessidade de descendentes para o culto aos antepassados, prática, aliás, adotada por diversos povos da Antiguidade, observa-se como peculiaridade a inexistência de recém-nascidos expostos e importância do afeto e educação extensivos à integralidade da prole.[11]

Entre os povos hebreus, a figura do pai gozava de grande autoridade. No entanto, não havia exemplo de exercício arbitrário de dispor acerca da vida e morte dos membros da família. Sobreleva acrescentar, por oportuno, que o propalado sacrifício de Isaac apresentava caráter cultural e simbólico, máxime tendo em vista a proibição da referida prática aos deuses reputados falsos. Por fim, vedava-se a punição arbitrária dos filhos, ainda que escudada em insubordinação, exigindo-se previamente aos pais que submetessem a problemática ao Tribunal dos Anciãos.[12]

No período clássico da história de Atenas, dessume-se que a família representava um elemento essencial da cidade antiga, o que já era ressaltado por Aristóteles na relevância da relação entre família e *polis*. O termo família, à época, já não era unívoco, preponderando, no entanto, aquele concernente aos

---

ternidade não estava ligada a essa palavra. A língua antiga conhecia outra palavra para designar propriamente o pai e que, tão antiga quanto *pater*, se encontra também nos idiomas dos gregos, dos romanos e dos hindus: *gânitar*, *genitor*. A palavra *pater* tinha outro significado. Em linguagem religiosa, era aplicada a todos os deuses; na linguagem forense, a qualquer homem que não dependesse de outro e possuísse autoridade sobre uma família e sobre um domínio, *pater familias*. Os poetas mostram-nos que era empregada em relação a todos aqueles a quem se quisesse reverenciar. O escravo e o cliente aplicavam-na ao seu senhor. Era sinônima da palavra *rex*. Não encerrava a ideia de paternidade, mas sim a de um poder, autoridade, dignidade majestosa. Com certeza é bastante significativo que tal palavra tenha sido aplicada ao pai de família até se tornar pouco a pouco a sua denominação mais usual, e isso se revelará importante para quem quiser conhecer as antigas instituições. Basta a história dessa palavra para termos uma ideia do poder que por muito tempo o pai exerceu na família, bem como do sentimento de veneração que lhe era devotado, como pontífice ou soberano".

10. Cf. *Institutions de l'Antiquité*, 1967, p.43. No mesmo diapasão, *v.* WESEL, Uwe. *Geschichte des Rechts*, 2001, p.76-7.
11. Nesse sentido: GAUDEMET, Jean. Op. cit., p.61; WESEL, Uwe. Op. cit., p.97-8.
12. Cf. GAUDEMET, Jean. Op. cit., p.121-2.

grupos familiares por vezes extensos (*anchisteia* e *genos*). De qualquer modo, a cidade se interessava por ambos, fixando-lhes limites, direitos e obrigações.[13]

A figura paterna se destacava na seara da autoridade parental, com amplos poderes em relação aos filhos, destacando-se a possibilidade de acolhê-los ou enjeitá-los por ocasião do nascimento, de modo que o casamento legítimo não se afigurava como condição suficiente par tal desiderato, já que impunha-se ato sucessivo e autônomo de indicação expressa de que o pai reconhecia o filho como seu. Tratava-se de ato solene, atrelado a cerimônias religiosas, que ocorriam dias após o nascimento.

Observa-se, outrossim, a prática da adoção na hipótese de inexistência de descendentes, com o escopo de manutenção do culto aos deuses lares.

Por fim, muito embora o direito de vida e morte não apresentasse comprovação, este ocorria, ainda que por via oblíqua, por ocasião do ato de necessário reconhecimento ou rejeição do recém-nascido, conforme alhures mencionado. Nesse contexto, havia a prática disseminada da rejeição, mormente em relação a crianças mal constituídas e meninas, o que era considerado absolutamente normal por Platão, visando a assegurar o equilíbrio demográfico na cidade ideal.[14]

No que concerne à Roma antiga, depreende-se que a família romana era solidamente organizada, cabendo aos filhos total submissão à figura do *pater*, efetivo sacerdote, magistrado do lar e responsável pela consecução dos sacrifícios propiciatórios aos deuses lares, impondo-se a existência de descendentes visando ao culto aos antepassados.

Tratando-se, aliás, de sacerdote da família, à luz das amplas atribuições à figura em comento, poderia ser o *pater* de sua mulher, ou até mesmo de sua mãe. Por via de consequência, é o juiz de todos os membros da família, tendo sobre estes direito de vida e de morte (*ius vitae et necis*), consubstanciado na Lei das XII Tábuas.[15]

---

13. Ibidem, p.205.
14. Cf. ibidem, p.207-8.
15. Nesse sentido: BORNECQUE, Henri; MORNET, Daniel. *Roma e os romanos*, 1977, p.84-5; CARRILHO, Fernanda. *Dicionário de latim jurídico*, 2006, p.470, transcrevendo a integralidade das XII Tábuas e informando que o *ius vitae et necis* está previsto na Tábua IV; ALVES, José Carlos Moreira. *Direito romano*, 2003, v.II, p.266-7; CHINELLATO, Silmara Juny de Abreu. *Comentários ao novo Código Civil*. Do Direito de Família (coord. Antônio Junqueira de Azevedo), v.XVIII, 2004, p.215, anotando, com acuidade, que, "embora haja controvérsia a respeito de qual Constituição o tenha revogado - se a de Constantino, em 323, segundo Bonfante, ou se em 318, conforme Albanese, ou se de acordo com a maioria, somente em 365, com uma Constituição dos imperadores Valentiniano e Valente, conforme Cod. Th. 9, 13, 1 -, Albanese demonstra que o *ius vitae et necis*, como outros institutos, desaparecia quase desapercebidamente. As Constituições vieram para ratificar o desuso social desta prática"; SANTOS

Além disso, é o único proprietário de seus bens. A mulher está posta sob a autoridade do marido.[16] Igualmente, os filhos estão sob a autoridade do *pater*, que poderá expô-los e vendê-los. O *pater* conserva seus direitos até a morte, a menos que proceda à emancipação de seu filho por venda três vezes repetida. Naturalmente, com o progresso da civilização, os poderes do *pater* sofreram limitações.[17]

Nesse contexto, observe-se que, desde o nascimento dos filhos, referido poder era inconteste, máxime à luz do denominado *dies lustricus*, que representava cerimônia solene de reconhecimento, na qual o pai erguia o recém-nascido do solo, manifestando assim seu desejo de criá-lo, atribuindo-lhe seu nome no nono dia após o nascimento para os meninos e oitavo dia para as meninas. Na referida ocasião, a criança era purificada, derivando a partir disso o nome *dies lustricus*.[18]

NETO, José Antonio de Paula. *Do pátrio poder*, 1994, p.21-2, observa, com percuciência, que, "talvez absoluto em épocas mais remotas, consagrado pela Lei das XII Tábuas, este poder, ao que parece, desde logo deixou de ser aplicado, arbitrariamente, ao sabor dos caprichos do *pater*, intervindo o Conselho de Parentes. Gradualmente mitigado pelas leis do período imperial, em especial a partir do séc. II d.C., o *ius vitae et necis* existia ainda no tempo de Constantino, que o menciona como instituição vigente. Abusivo que era, paradoxalmente este poder conviveu com o Cristianismo dos primeiros tempos, já então religião oficial do Império. Sabe-se que seu emprego se deu em caso de dúvidas quanto à paternidade, parto monstruoso ou à guisa de punição aplicada ao filho em falta. Aboliu-o, definitivamente, Valentiniano I, conjuntamente com Valêncio (em 374 d.C.), que fortaleceu o monopólio da Justiça pelo Estado, declarando a competência dos Juízes para castigar os *filius familias* por faltas graves. Na época de Justiniano, pois, o direito de vida e morte já se havia transformado em simples direito de correção (*ius domesticae emendationis*). E mesmo esse direito de correção ou castigo sentia já, ainda nos tempos do Império, a interferência estatal".

16. Para mais detalhes acerca da referida temática, *v.* CHINELLATO, Silmara Juny de Abreu. *Do nome da mulher casada*: direito de família e direitos da personalidade, 2001, p.19-29.
17. Nesse sentido: BORNECQUE, Henri; MORNET, Daniel. Op. cit., p.84-5; CARBONNIER, Jean. *Droit civil*: introduction. Les personnes. La famille, l'enfant, le couple, 2004, v.I, p.866; ALVES, José Carlos Moreira. Op. cit., p.267; PALAZZO, Antonio. *La filiazione*, 2007, p.511-8.
18. Nesse sentido, BORNECQUE, Henri; MORNET, Daniel. Op. cit., p.142-3. Referidos autores elucidam, por oportuno, que, "após ter sido *infans* (ao pé da letra, 'o que não fala') até os sete anos e depois *puer*, o jovem romano torna-se, aos dezessete anos, *adulescens*. É o momento em que ele atinge a maioridade, ocasião de uma cerimônia celebrada a 17 de março, dia das festas de Baco. Ele depõe diante do Lar da casa as insígnias da infância, bula e a toga pretexta; veste o traje ordinário. Depois de um sacrifício aos deuses domésticos, ele vai, acompanhado de um cortejo de parentes e amigos, inscrever-se na tribo. O novo cidadão sobe então ao Capitólio para agradecer aos deuses. A festa termina com um grande banquete".

Em nosso país, com espeque na vigência das Ordenações do Reino, oriundas da metrópole,[19] com menção expressa às fontes do direito romano, observava-se relação vertical nas relações familiares, sob a autoridade paterna. No entanto, cumpre acrescentar a tendência local ao denominado *cunhadismo*, que alargava o espectro do conceito de família e laços de parentesco correlatos, sendo uma entre as causas fomentadoras de redes sociais associadas ao clientelismo.[20]

No entanto, consoante arguta observação de Sérgio Buarque de Holanda,

> nos domínios rurais é o tipo de família organizada segundo as normas clássicas do velho direito romano-canônico, mantidas na Península Ibérica através de inúmeras gerações, que prevalece como base e centro de toda a organização. Os escravos das plantações e das casas, e não somente escravos, como os agregados, dilatam o círculo familiar e, com ele, a autoridade imensa do *pater*. Esse núcleo bem característico em tudo se comporta como seu modelo da antiguidade, em que a própria palavra família, derivada de *famulus*, se acha estreitamente vinculada à ideia de escravidão, e em que mesmo os filhos são apenas os membros livres do vasto corpo, inteiramente subordinados ao patriarca, os *liberi*. Dos vários setores de nossa sociedade colonial, foi sem dúvida a esfera da vida doméstica aquela onde o princípio de autoridade menos acessível se mostrou às forças corrosivas que de todos os lados atacavam. Sempre imerso em si mesmo, não tolerando nenhuma pressão de fora, o grupo familiar mantém-se imune de qualquer restrição ou abalo. Nesse ambiente, o pátrio poder é virtualmente ilimitado e poucos freios existem para sua tirania. O quadro familiar torna-se, assim, tão poderoso e exigente, que sua sombra persegue os indivíduos mesmo fora do recinto doméstico.[21]

---

19. Nesse sentido, para obtenção de dados minudentes acerca das Ordenações, *v.* SILVA, Nuno J. Espinosa Gomes da. *História do Direito português*. Fontes de Direito, 2006, p.299-431.
20. Nesse sentido, RIBEIRO, Darcy. *O povo brasileiro*, 2008, p.72, elucidando que: "a instituição social que possibilitou a formação do povo brasileiro foi o cunhadismo, velho uso indígena de incorporar estranhos à sua comunidade. Consistia em lhes dar uma moça índia como esposa. Assim que ele a assumisse, estabelecia, automaticamente, mil laços que o aparentavam com todos os membros do grupo. Isso se alcançava graças ao sistema de parentesco classificatório dos índios, que relaciona, uns com os outros, todos os membros de um povo. Assim é que, aceitando a moça, o estranho passava a ter nela seu temericó e, em todos os seus parentes da geração dos pais, outros tantos pais ou sogros. O mesmo ocorria em sua própria geração, em que todos passavam a ser seus irmãos ou cunhados. Na geração inferior eram todos seus filhos ou genros".
21. Cf. *Raízes do Brasil*, 1984, p.49-50. No mesmo diapasão, mas com maior ênfase aos matizes jurídicos do instituto em comento, em cotejo com a perspectiva histórica de

Por outro lado, na evolução histórica, dessume-se que o pátrio poder, paulatinamente, afastou-se da subserviência ao manifesto despotismo paterno, para se constituir em instrumento de proteção e promoção dos interesses da família, concomitantemente à gradativa equiparação da mãe ao pai quanto ao seu exercício, com a correlata generalização do controle desse exercício pelo Poder Judiciário.[22]

Por via de consequência, a própria estruturação das famílias apresentou mudanças sensíveis no contexto histórico, desde as denominadas maxifamílias, atreladas à autoridade do *pater*, até o advento contemporâneo das minifamílias, também denominadas nucleares, ou seja, fulcradas no arquétipo que engloba o pai, a mãe e os filhos, sendo de início restrita à família conjugal, complementada posteriormente com o advento dos filhos, passando, então, a ser também denominada família paterno-filial.[23]

De fato, como preconiza Jean Carbonnier, o círculo familiar apresentou redução ao longo do tempo, criando-se a família nuclear, oposta às maxifamílias de outrora, fulcradas na *gens* patriarcal do direito romano, atreladas à linhagem dos costumes, que englobava todas as pessoas descendentes de um ancestral comum, de modo a englobar colaterais, até mesmo de graus longínquos. No entanto, muito embora hodiernamente prepondere a família nuclear, esta não descura características peculiares, abarcadoras, *e. g.*, daquelas monoparentais, recompostas ou fulcradas em laços socioafetivos.[24]

---

nosso país, *vide*: SANTOS NETO, José Antonio de Paula. *Do pátrio poder*, 1994, p.41-4; COMEL, Denise Damo. *Do poder familiar*, 2003, p.23-5; ROCHA, José Virgílio Castelo Branco. *O pátrio poder*, 1978, p.20-38.

22. Nesse sentido: SANTOS NETO, José Antonio de Paula. *Do pátrio poder*, 1994, p.201; CHIARELLA, Maria Luisa. *Paradigmi della minore età*, 2008, p.14-22; PALAZZO, Antonio. Op. cit., p.527-31; CHINELLATO, Silmara Juny de Abreu. Op. cit., 2001, p.19-36.
23. Nesse sentido, ALMADA, Ney de Mello. "Família: dissertação conceitual". In: COLTRO, Antônio Carlos Mathias (coord.). *A revisão do direito de família*. Estudos jurídicos em homenagem ao centenário de Edgard de Moura Bittencourt, 2009, p.420-1, asseverando que "parece superado o paradigma familiar ínsito nos institutos compendiados pelo Código Civil ab-rogado, peculiar a uma sociedade agrária, patrimonialista porque exaltava o direito de propriedade, num círculo que concebia a família como unidade de produção. Hodiernamente, sente-se presente a repersonalização das relações familiares, caracterizada pelo afeto, a estabilidade e a ostensibilidade". Referido autor aponta, outrossim, para a existência além da família nuclear adrede elencada, da "família-linhagem, que compreende todas as pessoas ligadas por vínculos de casamento, parentesco, afinidade e adoção e vínculos convivenciais, no caso brasileiro em que a união estável viu-se guindada à categoria de entidade familiar na Constituição Federal de 1988". Também aponta a existência da família-lar, atrelada ao grupo de pessoas que convivem sob um teto comum.
24. Cf. *Droit civil*. Introduction. Les personnes. La famille, l'enfant, le couple, 2004, v.I, p.758-9.

Ademais, o sentido maximalista de outrora (*grande famille*), ainda subsiste como uma área de proteção à família nuclear, nomeadamente na seara da sucessão legítima e testamentária, razão da formulação, por Carbonnier, da teoria dos círculos concêntricos entre ambas.[25]

No que concerne à autoridade parental, como já mencionado alhures, a nova perspectiva é voltada à proteção integral da criança e adolescente e atendimento ao seu melhor interesse, sob forma qualitativa, princípios transformados em efetivas cláusulas gerais, dando gênese à propalada visão paidocêntrica, cuja força normativa constitucional, consubstanciada no art. 227 da Constituição Federal de 1988, denota função iluminante, que se irradia para todo o sistema jurídico, o que analisaremos detidamente no próximo tópico.[26]

Tal entendimento é consentâneo com o amplo desenvolvimento do denominado direito geral de personalidade, cujo princípio fundante é a dignidade da pessoa humana, de modo a dar proeminência à individualidade de cada um de seus membros.[27]

Função à luz dos novos princípios de direito de família

A evolução histórica da família como instituição social que precede o Estado revela mudança de paradigma no sistema jurídico. Este, aliás, como é cediço, não denota caráter autopoiético, na medida em que, como mencionado alhures, caracteriza-se como um subsistema ou sistema de segunda ordem, que, muito embora apresente autonomia operacional, está subordinado ao sistema social.

---

25. Cf. ibidem, p.758.
26. Nesse sentido: CHINELLATO, Silmara Juny de Abreu. *Comentários ao novo Código Civil.* Do direito de família (coord. Antônio Junqueira de Azevedo), 2004, v.XVIII, p.139-41; MADALENO, Rolf. *Curso de direito de família*, 2008, p.508, observando que, além da força normativa constitucional provinda do art. 227 da Constituição Federal vigente, não há de se descurar "as diretrizes acompanhadas no Brasil pelo Estatuto da Criança e do Adolescente, em seus arts. 3º e 4º, consubstanciando-se em uma declaração de princípios, como preâmbulo da Convenção Internacional dos Direitos da Criança, adotada pela Assembleia Geral das Nações Unidas, em 1989, e com a finalidade de por a salvo os fundamentais direitos dos menores e adolescentes". No que se refere ao chamado direito paidocêntrico, *vide* PALAZZO, Antonio. Op. cit., p.541-3.
27. Nesse sentido, CHINELLATO, Silmara Juny de Abreu. Op. cit., 2004, p.96, aludindo à desbiologização, em que demonstra que "a família deixa de ser uma unidade de caráter econômico, social e religioso para se caracterizar como um grupo de afetividade e companheirismo. Essa transformação certamente repercutiu no desprestígio da paternidade tão só biológica".

Tecidas referidas digressões, conjuntamente com a repersonalização das relações jurídicas, com espeque no princípio fundante da dignidade da pessoa humana, amplo arquétipo de direitos fundamentais e menção expressa à importância da família como instituição a ser protegida visando ao amplo desenvolvimento da personalidade de cada um de seus membros, à luz do afeto, como novo amálgama das relações em comento, depreende-se que a relação vertical com perspectiva na supremacia da vontade do pai foi deslocada para a perspectiva de proteção integral ao menor e atendimento ao seu melhor interesse, a ser aquilatado qualitativamente.[28]

Assim, da leitura, *e. g.*, do art. 227 da Constituição Federal, como bem preconiza Paulo Luiz Netto Lôbo,

> extrai-se o conteúdo mínimo de deveres cometidos à família, *a fortiori* do poder familiar, em benefício do filho, enquanto criança e adolescente, a saber: o direito à vida, à saúde, à alimentação (sustento), à educação, ao lazer, à profissionalização, à cultura, à dignidade, ao respeito, à liberdade e à convivência familiar. Evidentemente, tal conjunto de deveres deixa pouco espaço ao poder. São deveres jurídicos correspectivos a direitos cujo titular é o filho.[29]

Dessume-se, portanto, que a nova perspectiva ensejou a incidência direta dos princípios constitucionais no direito de família, especialmente a dignidade da pessoa humana (art. 1º, III, da CF de 1988), a solidariedade social (art. 3º, I, do mesmo diploma legal) e a igualdade substancial (art. 3º, III).

Como corolário da assertiva *supra*, referidas disposições constitucionais protagonizaram mudança no cerne do direito de família, tendo o condão, com sua força normativa, de iluminar todo o sistema de direito privado, aplicando-se, conforme preconiza a doutrina germânica, a denominada interpretação da lei conforme a Constituição.[30]

Nesse contexto, como é curial, houve necessidade, inclusive, de revisão da expressão pátrio poder, já que, sendo ínsita ao paradigma pretérito mencionado, propiciava intelecção imediata acerca do poder dos pais sobre os filhos, em desconformidade com o princípio da igualdade entre os cônjuges, vulnerando, outrossim, a doutrina de proteção integral dos filhos como sujeitos de direitos.[31]

---

28. Nesse sentido: OLIVEIRA, José Sebastião de. *Fundamentos constitucionais do direito de família*, 2002, p. 361-3; CHIARELLA, Maria Luisa. Op. cit., p.14-22.
29. Cf. "Do poder familiar". In: *Direito de família e o novo Código Civil*, 2005, p.156.
30. Nesse sentido: HESSE, Konrad. *Grundzüge des Verfassungsrechts der Bundesrepublik Deutschland*, 1988, p.29-30; CANOTILHO, José Joaquim Gomes. *Direito constitucional e teoria da Constituição*, 1998, p.1.099-100.
31. Nesse sentido, MADALENO, Rolf. *Curso de direito de família*, 2008, p.508.

Desse modo, ou seja, forte nas noções de autoridade pessoal e patrimonial dos pais, o novo Código Civil inseriu a denominação poder familiar.

No entanto, perfilhando entendimento liderado por Silmara Juny de Abreu Chinellato e Paulo Lôbo, referida denominação não revela adequação, na medida em que mantém a ênfase no poder, cujo termo não se coaduna com a nova perspectiva das relações familiares. Deveras, como preleciona o último autor mencionado, inclusive com sucedâneo no direito de família francês e americano, "o conceito de autoridade nas relações privadas traduz melhor o exercício de função ou de *munus*, em espaço fundado na legitimidade e no interesse do outro".[32]

Ademais, corroborando seu entendimento, depreende-se que o termo familiar se encontra deslocado de contexto, pois à luz da experiência social haurida até o presente, poderia levar a crer verossimilmente que os avós e irmãos também estariam imbuídos da referida função.

Silmara Juny de Abreu Chinellato, por sua vez, observa, com percuciência, que,

> poder familiar sugere ampliação de titulares detentores de um poder bastante esvaziado de conteúdo. A evolução do instituto do pátrio poder, mais centrado em deveres, bem demonstra a impropriedade da expressão poder. O adjetivo "familiar" também não me parece oportuno. O poder-dever, ou, mais propriamente, a autoridade, é dos pais, por isso parental, e não familiar. Família indica conceito lato que ultrapassa a pessoa dos pais. Por tais razões, considero duplamente imprópria a expressão "poder familiar". Não é poder e não é familiar. Melhor seria a expressão "autoridade parental", que indica a tônica interativa de diálogo entre poderes e deveres e limita os titulares verdadeiros a quem a autoridade compete: os pais, e não a família.[33]

Destarte, depreende-se que as profundas modificações ocorridas na instituição social família, na seara do compartilhamento da autoridade parental e no bojo da filiação, permitem concluir que a autoridade parental será o dínamo que impulsionará a realização dos interesses proeminentes dos menores em estágio de formação para a vida adulta, de modo a garantir-lhes, para tal desiderato, plena higidez física, moral, emocional e psíquica.[34]

---

32. Cf. "Do poder familiar". In: *Direito de família e o novo Código Civil*, 2008, p.146, bem como *Direito civil-famílias*, p.268-9.
33. Cf. *Comentários ao Código Civil*, cit., p.219.
34. Nesse sentido, MADALENO, Rolf. *Curso de direito de família*, 2008, p.509.

Natureza jurídica e definição. Adultocentrismo × visão paidocêntrica

Inicialmente, emerge como fato incontroverso, aferível pelas máximas de experiência, que os filhos necessitam da proteção e dos cuidados dos pais, porquanto nascem indefesos e dependentes, razão pela qual, ao mesmo tempo, emerge na autoridade parental um dever e um interesse natural dos pais, com o escopo de propiciar as melhores condições aos filhos, nomeadamente atreladas à educação e formação, instrumentalizadas por ampla gama de interesses físicos, morais, sociais, intelectuais e afetivos.[35]

Nesse contexto, a doutrina contemporânea não discrepa do entendimento da proeminência dos superiores interesses dos filhos menores e não emancipados, atrelados à realidade inconteste de interesse total e incondicional no desenvolvimento da personalidade destes, de modo que resta configurado um efetivo conjunto de direitos e deveres em interação permanente visando ao referido escopo em benefício da prole.[36]

José Antonio de Paula Santos Neto preconiza que, "quanto à sua natureza jurídica, o pátrio poder é um instituto bifronte: poder-dever instrumental em face dos filhos e direito subjetivo perante terceiros".[37]

No ordenamento jurídico, sob sua ótica, consistiria no complexo de direitos e deveres concernentes aos genitores, escudados no direito natural, confirmados pelo direito positivo e direcionados ao interesse da família e do filho menor não emancipado, que incidem sobre a pessoa e o patrimônio deste filho e servem como meios para o manter, proteger e educar.[38]

Nelson Nery Júnior e Rosa Maria de Andrade Nery afirmam, ademais, que a autoridade parental

> é o conjunto de direitos e deveres que o Estado comete aos pais, como *munus* público, de velar pela pessoa e bens de seus filhos menores. Os pais têm de zelar pela formação moral, material e intelectual dos filhos, criando-os em ambiente sadio. O exemplo dos pais é fator preponderante na criação e na educação dos filhos, pois estes seguramente os seguirão. O descumprimento desse poder-dever pode caracterizar os crimes de abandono material e intelectual (CP 244 a CP 246), além de ensejar a suspensão e extinção do poder familiar.[39]

---

35. Nesse sentido, ibidem, p.509.
36. Nesse sentido, ibidem, p.509-10.
37. Cf. op. cit., p.201.
38. Nesse sentido, ibidem, p.201.
39. Cf. *Código Civil comentado e legislação extravagante*, 2005, p.1.052.

Antonio Carlos Mathias Coltro, por outro lado, assevera que, na realidade contemporânea, a autoridade parental transmudou-se em dever de proteção, emoldurando situação jurídica peculiar, de modo que, com fulcro em definição proposta pelo Conselheiro Armando Leandro, preconiza, com acuidade, que a autoridade parental, denominada poder familiar à luz do novo Código Civil, revela

> uma situação jurídica complexa, em que avultam poderes funcionais, ao lado de puros e simples deveres. Não um conjunto de faculdades de conteúdo egoísta e de exercício livre, ao arbítrio dos respectivos titulares, mas um conjunto de faculdades de conteúdo altruísta que tem de ser exercido de forma vinculada, de harmonia com a função do direito, consubstanciada no objetivo primacial de proteção dos interesses do filho, com vista ao seu desenvolvimento integral.[40]

Por derradeiro, à luz da evolução do instituto em comento, Silmara Juny de Abreu Chinellato observa, em síntese, que o esquema do pátrio poder visto como poder-sujeição está em crise, razão pela qual a legislação francesa suprimiu o termo poder, escudado em paradigma pretérito, para o termo autoridade, fulcrado em função que a lei investe aos pais, em verdadeira reciprocidade de direitos e deveres dos pais para com os filhos, em "diálogo" permanente, atendidos os interesses dos menores.[41]

Patente, pois, o deslocamento do adultocentrismo outrora vigente para a denominada visão paidocêntrica alhures mencionada.

Titularidade do poder familiar

Como já mencionado no tópico "Função à luz dos novos princípios de direito de família" deste capítulo, no arquétipo da realidade contemporânea, forte no princípio da igualdade dos cônjuges na chefia da sociedade conjugal, *ex vi* do que preceitua o art. 226, § 5º, do ordenamento constitucional vigente, com alcance abarcador da união estável e demais entidades familiares, transmudou-se a realidade de outrora, fulcrada em disparidade no exercício da autoridade parental, porquanto ainda subsistia a supremacia da decisão paterna.[42]

---

40. Cf. "Do pátrio poder ao poder familiar: o novo Código Civil". In: *Família e sucessões*: Reflexões atuais, p.96, 2009.
41. Cf. *Comentários ao Código Civil*, cit., p.216-8.
42. No que concerne ao princípio da igualdade dos cônjuges, *vide* MOTTA, Carlos Dias. *Direito matrimonial e seus princípios jurídicos*, 2006, p.292-304. No mesmo diapasão, segue o entendimento de Nelson Nery Júnior e Rosa Maria de Andrade Nery, op. cit., p. 1.052. Para mais detalhes acerca da evolução do instituto em comento, com exercí-

Com fulcro na referida premissa, a legislação infraconstitucional também amoldou-se ao novo *statu quo*, com fundamento no art. 21 do Estatuto da Criança e do Adolescente e art. 1.631 do Código Civil em vigor, predispondo ser dos pais o poder familiar durante o casamento e a união estável, exercendo um deles com exclusividade a autoridade parental, somente na falta ou impedimento do outro e se houver divergência entre si, assegurando-se que, nessa hipótese, eventual desacordo pode ser dirimido pelo juiz, que sempre deverá levar em conta a proteção integral do menor, aliada aos seus melhores interesses, aferíveis qualitativamente.[43]

Nesse contexto, impende ressaltar, por oportuno, que, mesmo à luz da separação judicial, inexiste supressão da autoridade parental ao genitor destituído da guarda física dos filhos.[44]

Conteúdo do poder familiar. A representação dos filhos. Retenção indevida de filho

Como já analisado anteriormente, com fundamento na interpretação da lei conforme a Constituição, bem como na força normativa desta e função iluminante correlata, dessume-se, *primo ictu oculi*, que o conteúdo da autoridade parental tem sua gênese nos ditames consubstanciados no art. 229 da Constituição Federal de 1988, dispositivo que menciona expressamente como deveres inerentes aos pais a assistência, criação e educação dos filhos menores.

Referidas diretrizes se encontram robustecidas no art. 22 do Estatuto da Criança e do Adolescente, cujo núcleo do tipo estabelece de modo clarividente ser incumbência dos pais o dever de sustento, guarda e educação dos filhos menores, premissa corroborada pelo art. 1.634 do novo Código Civil, que impõe aos pais amplo rol de deveres, conforme se dessume da mera lei-

---

cio conjunto da autoridade parental, sem qualquer proeminência hierárquica, *vide* CHINELLATO, Silmara Juny de Abreu. *Comentários ao Código Civil*, cit., p.224-30.

43. Nesse sentido: MADALENO, Rolf. Op. cit., p.510; CHINELLATO, Silmara Juny de Abreu. Op. cit., p.224-30; COLTRO, Antônio Carlos Mathias. Op. cit., p.98.
44. Observe-se, como assevera MADALENO, Rolf. Op. cit., p.511, que, muito embora mantida a autoridade parental, na realidade vivida, "com a separação dos pais termina o ascendente guardião chamando para si as decisões mais imediatas da vida dos filhos sob a sua custódia fática ou legal, e ficando para os pais decidirem em conjunto as questões de maior porte e relevância, mas só sendo isso possível se houver efetivo diálogo entre o casal separado. Faltando aos pais separados condições harmoniosas de entendimento a benefício dos seus filhos comuns, àquele privado da companhia da prole, só restam as visitas de esporádica companhia, e o direito de fiscalizar a manutenção e a educação realizada pelo titular da guarda, podendo recorrer ao juiz em caso de desacordo (art. 1.631, parágrafo único)".

tura dos sete incisos insculpidos no referido dispositivo legal, sendo indispensável o comentário pontual de alguns entre estes.

Nesse contexto, por proêmio, emerge como dever prioritário e fundamental o irrestrito dever de assistência, na seara do mais amplo e integral dever de proteção, de modo a abranger não só a função alimentar como também o dever de guarda e segurança, com o zelo consequente pela integridade física, psíquica e moral do menor, visando a propiciar-lhe o substrato fundamental ao completo desenvolvimento da personalidade e posterior independência para inserção social cidadã.

Observe-se que, com fundamento nos ditames consubstanciados no art. 1.634 do Código Civil, o dever de criação e educação dos filhos, mormente nos dias atuais, não se coaduna, à evidência, com suposta e exclusiva abundância material, mas, sobretudo, com a transmissão de valores aptos ao crescimento sadio, razão pela qual asseveramos, no início deste trabalho, a função efetivamente promocional da autoridade parental, diante dos estímulos contrários provindos do sistema social inserto no paradigma pós-moderno do turboconsumidor.

Nessa quadra, à evidência, cumpre assegurar à prole a efetivação dos direitos à vida, à saúde, à alimentação, à educação, ao esporte, ao lazer, à profissionalização, à cultura, à dignidade, ao respeito, à liberdade e à convivência familiar e comunitária, preceitos elencados nos arts. 227 da Constituição Federal e 4º do Estatuto da Criança e do Adolescente.[45]

Por via de consequência, o dever de sustento é fundamental, já que deriva do *munus* consubstanciado na autoridade parental, bem como da solidariedade familiar ilimitada, como ressalta Rolf Madaleno.[46]

---

45. Nesse sentido: MADALENO, Rolf. *Curso de direito de família*, cit., p.511-2; ISHIDA, Válter Kenji. *Estatuto da Criança e do Adolescente*, 2007, p.6-7.

46. Cf. *Curso de direito de família*, cit., p.512. Outrossim, cumpre anotar, consoante importante ensinamento do referido autor, que o dever fundamental de sustento de filhos menores transmuda-se com "a maioridade em obrigação alimentar, sendo assente na doutrina que o dever alimentar tem origem distinta da obrigação de sustento, o primeiro vinculado ao poder familiar sobre os filhos menores e incapazes. No dever alimentar há ilimitada solidariedade familiar entre pais e filhos menores de dezoito anos, não emancipados, levando ao extremo de ser exigida a venda de bens pessoais dos pais para assegurar, por todas as formas, o constitucional direito à vida, envidados todos os esforços dos genitores para atenderem as necessidades dos filhos ainda menores ou incapazes. A maioridade civil não obsta de os filhos prosseguirem como credores de alimentos, só não mais pelo poder familiar, e com a presunção absoluta de necessidade dos alimentos, mas, doravante, gerando uma obrigação condicional de alimentos, decorrente da relação de parentesco e da permanência da necessidade alimentar, provavelmente porque estudam na busca do preparo profissional".

Outro dever que reputamos essencial, sendo o cerne do amplo desafio de transmissão de princípios éticos, à luz da justaposição de valores e ética indolor que grassam no paradigma pós-moderno, é o de educar o filho para o exercício futuro de sua independência pessoal, qualificando-o para a vida profissional e convivência comunitária, efetivando o escopo elencado no art. 3º do Estatuto da Criança e do Adolescente.

Nesse contexto, também é dever dos pais ter os filhos sob sua companhia e guarda, pois a presença, vigília e proteção contínuas propiciarão a convivência essencial à orientação futura, além de possibilitar a partilha do afeto. Não se olvide, porém, que a mera presença física ou compensação material não se erigem a substitutivos da efetiva convivência qualitativa ínsita à transmissão de valores hauridos da experiência de vida, cimentando as relações afetivas, o que não resta elidido, sequer, por ocasião das separações judiciais, já que inconfundíveis com a supressão da autoridade parental.

Deveras, a nosso ver, o ascendente não guardião não poderá se descurar do dever de participação efetiva da vida afetiva e sentimental de seu filho, pois a formação deste não se confunde com o insucesso da vida conjugal pretérita e as mágoas consequentes. Do mesmo modo, ao cônjuge guardião, à luz da não rara síndrome de alienação parental, caberá dever de conduta leal, ínsito ao padrão exigível no âmbito da boa-fé objetiva, de modo a não obstaculizar referida participação, máxime tendo em vista que não é o detentor exclusivo do *munus* da autoridade parental.

Com efeito, a boa-fé objetiva como regra de conduta, ora erigida a efetiva cláusula geral em nosso sistema, robustece e densifica, no campo da vida jurídica, a diretriz constitucional da solidariedade social, espraiando-se, inclusive, para o direito de família. Por via de consequência, a nosso ver, mesmo após a separação judicial, fixa deveres de lisura e colaboração, que caracterizam *standard* de conduta exigível, independentemente da vontade dos pais, atendida a cláusula geral do melhor interesse do menor, a ser avaliada qualitativamente.

No que concerne à representação dos filhos, nos precisos termos elencados no art. 1.690 do Código Civil, os pais os representam até os 16 anos, e a partir dessa idade os assistem até atingirem a maioridade aos 18 anos, ressalvada a emancipação prévia.[47]

Referido dispositivo não gera maiores controvérsias, o que, por outro lado, não elide a necessidade de mencionar hipóteses nas quais existem alguns atos praticados pelos filhos sem a assistência dos pais e que, no entanto, são reputados válidos e eficazes, como, *e. g.*, o ato de testar, aos 16 anos, votar a

47. Nesse sentido, VENOSA, Sílvio de Salvo. *Direito civil*: direito de família, 2003, p.294.

partir dessa mesma idade, servir como testemunha e, finalmente, requerer curador especial quando seus interesses colidirem com aqueles dos pais.[48]

No que se refere à retenção indevida de filho, consoante o escólio de Denise Comel, os pais podem exigir o retorno do filho ilegalmente retido por terceiro, em desconformidade com a guarda estabelecida judicialmente, apontando, com tal desiderato, duas hipóteses para fins da devolução judicial. A primeira delas decorre do afastamento do próprio filho ao abandonar a casa dos pais, o que possibilita, por parte destes, a imediata busca e apreensão, contando, inclusive, com reforço policial, se necessário.[49]

A segunda hipótese coaduna-se com a retenção do filho por terceiro contra a vontade dos pais, seja com espeque em força física ou persuasão psíquica. Em situações desse jaez, como preconiza corretamente Denise Comel, têm os pais não só o direito, mas o dever de exigir a devolução do filho contra a pessoa que o retenha de forma indevida, fazendo uso da ação de busca e apreensão com caráter satisfativo, aplicável, outrossim, nas hipóteses de retenção pela escola, por parte dos avós ou parentes colaterais.[50]

A extinção e a suspensão da autoridade parental

O Código Civil em vigor elenca três hipóteses concernentes à perda do exercício da autoridade parental, conforme se depreende da leitura do art. 1.635, a saber, a extinção, a suspensão e a perda da autoridade parental.

No que concerne à extinção, é curial que a morte de ambos os pais ou do filho inviabilizam o exercício do *munus* mencionado, com fundamento nos arts. 1.635, I, e 6º do Código Civil.

---

48. Nesse sentido, MADALENO, Rolf. Op. cit., p.514.
49. *Do poder familiar*, 2003, p. 112. Nessa hipótese, por outro lado, cumpre trazer à baila, a percuciente observação de MADALENO, Rolf. Op. cit., p. 516: "Mas nem sempre esta solução de busca e apreensão é aconselhável, especialmente quando se trata de filho de pais separados, em que o menor decide, por sua livre vontade, morar com o outro genitor não guardião, mesmo sob o influxo da insistência e da nefasta influência do genitor que o levou a tomar essa decisão, quer por promessas, quer tenha sido atraído por curiosidade e por necessidades pessoais de conhecer e experimentar a convivência com o outro genitor. O livre exercício da vontade efetiva do filho em querer experimentar viver com o seu genitor não guardião deve ser respeitado, conquanto se trate de desejo real, livre e não viciado do menor, cujo interesse deve prevalecer sobre o permeável precedente acordo judicial que estabeleceu a guarda judicial do filho. É natural queira um dia na vida o filho viver a experiência de morar e conviver com o outro genitor, não existindo jamais qualquer defensável argumento de caso julgado acerca da custódia judicial da prole, cujos valores se identificam com a felicidade pessoal do filho e não com os secundários interesses de seus pais".
50. Cf. op. cit., p.112-3.

Cumpre esclarecer, tão somente, que, com a morte de um entre os genitores, a autoridade parental recairá naquele supérstite, salvo se declarado incapaz, destituído ou suspenso do *munus* correlato.

Por outro lado, à evidência, exsurge que com o falecimento dos pais, o filho supérstite menor de idade será submetido ao instituto protetivo da tutela.

Outra causa relevante apta a ensejar a extinção do poder familiar é a emancipação do filho, *ex vi* do que preceitua o art. 5º, parágrafo único, do Código Civil, a qual deverá ser concedida pelos pais, sem nenhuma preponderância entre os sexos, como ocorria outrora. Outrossim, cumpre anotar seu caráter irrevogável.

Nesse contexto, exsurgem outras hipóteses acerca da extinção da autoridade parental, que, por si sós, não geram acentuadas controvérsias, a saber: o exercício de emprego público efetivo; a colação de grau em curso de ensino superior; o estabelecimento de atividade civil e comercial indicando a casa ou lugar em que a pessoa se estabelece, ou com gênese em relação de emprego, desde que, em função dele, o menor com 16 anos completos tenha economia própria.

A adoção evidencia outra hipótese de perda da autoridade parental, sendo exigível, no entanto, a renúncia ou destituição do *munus*, como pressuposto do novo vínculo e autoridade parental consequente entre adotante e adotado.[51]

Sobreleva ressaltar, por oportuno, a existência de hipóteses atinentes à perda da autoridade parental, por ato judicial, nas hipóteses de castigo imoderado do filho, ou seu abandono. Também são elencadas como causas de perda do referido *munus* a prática de atos contrários à moral e aos bons costumes, abuso de autoridade, além da infração aos deveres inerentes à autoridade parental, com espeque na cláusula geral do melhor interesse da criança, aquilatável qualitativamente.

---

51. Anote-se, por oportuno, como preconiza COLTRO, Antônio Carlos Mathias. Op. cit., p.113-4, acerca da adoção, que, "a penúltima hipótese indicada como de extinção do poder familiar e referente à adoção, seja qual for a modalidade pela qual efetuada, não tem, na verdade, a natureza referida pelo CC, pois, como advertido por Venosa, ela transfere o poder familiar para o adotante, não se cuidando, portanto, de forma de extinção de tal poder. Destarte, embora os pais naturais percam o direito de exercê-lo, passa ele a ser praticado pelo adotante. Entende Carvalho Santos, todavia, que a adoção extingue o pátrio poder original e dá ensejo ao nascimento de outro, ocorrendo, na verdade, uma sucessão de direitos, observação que, ao contrário do ponto de vista que esposa, parece reforçar a de Sílvio Venosa, pois não há como se falar em sucessão no tocante a um direito que se tenha extinto, sendo de melhor acatamento, portanto, a tese do último de tais autores". No mesmo diapasão segue o entendimento de ATAIDE JUNIOR, Vicente de Paula. *Destituição do poder familiar*, 2009, p.50-8.

Insta observar que, malgrado a psicologia infantil moderna, de forma absolutamente inequívoca, apresente dados acerca da inconveniência pedagógica dos castigos físicos, expressamente proibidos, *e. g.*, em qualquer grau no instituto protetivo da tutela, na seara da autoridade parental, há menção à sanção ao castigo imoderado, tão somente avaliável, em nossa opinião, pela realidade social em sua evolução histórica, cabendo ao Poder Judiciário aquilatar condutas, com esteio nos princípios da razoabilidade e proporcionalidade, sem descurar de efetiva função promocional como dínamo de civilidade nas relações familiares apoiadas na pedra basilar do afeto.

Nesse contexto, como ressalta Rolf Madaleno, a sanção em comento será aplicável "à correção inconsequente, brutal, senão criminosa, sobremodo quando a Carta Federal proclama o dever do Estado, da sociedade e dos pais, de por o menor a salvo de toda violência, crueldade e opressão (art. 227)".[52]

Outra hipótese de suma importância, máxime à luz das máximas de experiência hauridas do sistema social e paradigma pós-moderno, com destaque do crepúsculo do dever, coaduna-se com a figura nociva do abandono, concretizado não só na privação material como também naquela moral, obstaculizando, *e. g.*, o direito fundamental de eficácia plena do menor à convivência familiar e comunitária, base do arquétipo de sua formação e desenvolvimento saudável dos direitos da personalidade.

Como corolário da assertiva supra, ainda que falhos, porquanto humanos, os pais, imbuídos do *munus* da autoridade parental, deverão estar plenamente cientes do papel de paradigma que representam para a prole, máxime tendo em vista que o lar é a base fundamental da construção de arquétipo de valores que emoldurarão a personalidade dos filhos, permitindo, quiçá, efetividade promocional diante da justaposição daqueles e ética indolor que permeiam o sistema social contemporâneo, razão pela qual diversas hipóteses de abuso da autoridade parental, lesivas à proteção integral e melhor interesse do menor, impõem medidas interventivas, céleres e efetivas com tal desiderato.

Por outro lado, a suspensão da autoridade parental fulcra-se na norma insculpida no art. 1.637 do Código Civil, fixadora de hipóteses atreladas ao abuso de autoridade por parte do pai, ou da mãe, bem como se descumprirem os deveres inerentes ao referido *munus*, ou praticarem atos que culminem na ruína dos bens da prole. O mesmo se diga no que concerne à condenação de um dos genitores por sentença irrecorrível, em virtude de prática delitiva, cuja pena exceda a dois anos de prisão.

Doutra banda, cumpre observar que a suspensão não se afigura como medida exclusiva para as hipóteses supra elencadas, já que, ao magistrado, no âmbito de sua discricionariedade controlada, à luz das cláusulas gerais de

52. Cf. op. cit., p.518.

proteção integral e melhor interesse do menor, a serem aquilatadas qualitativamente em cada caso, faculta-se a tomada de medida diversa, inclusive de caráter cominatório, com imposição de *astreintes*.

Nesse contexto, sobreleva acrescentar, por oportuno, o amplo alcance das medidas em comento, como preleciona Rolf Madaleno, de modo que,

> dentro do amplo raio de ação da jurisdição familista, podem os juízes impor sanções pecuniárias, inclusive progressivas, como medidas de exceção, como por exemplo, aplicar pesada multa ao ascendente guardião que inibe o exercício do direito de visitas do outro genitor, em notória prática de abuso de direito de comunicação do filho em relação ao seu ascendente não guardião.[53]

Desse modo, as hipóteses elencadas no art. 1.637 do Código Civil não revelam rol taxativo para fins de intervenção judicial, sendo relevante observar, outrossim, a existência de amplo rol de direitos analisados pela prática jurisprudencial, que permitem caracterizar situações de risco de exposição à vida, à saúde, ao lazer, à profissionalização, à dignidade, ao respeito, à liberdade e à convivência familiar e comunitária e quaisquer outros direitos fundamentais, robustecendo a propalada visão paidocêntrica.[54]

Tendo em vista a asserção de que a suspensão não denota perpetuidade, é curial que, uma vez cessada a causa que a originou, retoma o ascendente a autoridade parental.

Por derradeiro, cumpre anotar que a carência de recursos não caracteriza causa de suspensão, nem, tampouco, de perda da autoridade parental, *ex vi* do que preceitua o art. 23 do Estatuto da Criança e do Adolescente, impondo-se a inclusão em programas oficiais de auxílio, nos termos do parágrafo único do mesmo dispositivo legal.

Tal entendimento, aliás, coaduna-se com a premissa da repersonalização do direito de família, que tem no afeto, verdadeiro amálgama das relações familiares, sua pedra angular. Ademais, pelas máximas de experiência, aliadas ao materialismo ínsito ao turboconsumidor pós-moderno, não se antevê nexo causal automático entre plenitude de recursos e afeto, o qual sempre deverá preponderar diante daquela, atrelado ao melhor interesse do menor, cuja premissa não é quantitativa, mas, insistimos, aquilatável qualitativamente, o que permite concluir pela preponderância de visão paidocêntrica em detrimento do adultocentrismo de outrora.[55]

---

53. Nesse sentido, *Curso de direito de família*, cit., p.521.
54. Nesse sentido, MADALENO, Rolf. Op. cit., p.522.
55. Nesse sentido segue a jurisprudência pátria, a saber: "Poder familiar. Destituição. Inadmissibilidade. Falta ou carência de recursos materiais que não é suficiente para

Apreciações conclusivas

A perspectiva evolutiva do poder familiar impõe releitura do instituto, à luz de superação da visão patriarcal das famílias de outrora, escudada em adultocentrismo, para a denominada visão paidocêntrica, plenamente consentânea com a cláusula geral de melhores interesses da criança e adolescente, que deverá ser aquilatada qualitativamente.

Forte nessas premissas, o instituto em comento refere-se à efetiva autoridade parental, cujo *munus* será exercido pelos pais em espaço fundado na legitimidade e interesse de outrem.

Nesse contexto, observa-se que as profundas modificações ocorridas na instituição social família, na seara do compartilhamento da autoridade parental e no bojo da filiação, permitem concluir que aquela será o dínamo que impulsionará a realização dos interesses proeminentes dos menores em estágio de formação para a vida adulta, de modo a garantir-lhes plena higidez física, moral, emocional e psíquica, no âmbito dos direitos da personalidade.

Desse modo, considerando a dispersão e justaposição de valores ínsitos ao paradigma da pós-modernidade, no qual grassam o crepúsculo do dever e a ética indolor, os pais são os arautos da esperança ética no desenvolvimento da personalidade dos filhos.

Referências

ALMADA, Ney de Mello. "Família: dissertação conceitual". In: COLTRO, Antônio Carlos Mathias (coord.). *A revisão do direito de família*. Estudos jurídicos em homenagem ao centenário de Edgard de Moura Bittencourt. Rio de Janeiro, GZ, 2009, p.417-45.

ALVES, José Carlos Moreira. *Direito romano*. Rio de Janeiro, Forense, 2002, v.II.

ATAIDE JUNIOR, Vicente de Paula. *Destituição do poder familiar*. Curitiba, Juruá, 2009.

AZEVEDO, Antônio Junqueira de. *Negócio jurídico*: existência, validade e eficácia. 4.ed. São Paulo, Saraiva, 2002.

______. "O direito pós-moderno e a codificação". In: *Estudos e pareceres de direito privado*. São Paulo, Saraiva, 2004, p.55-63.

BORNECQUE, H.; MORNET, D. *Roma e os romanos*. São Paulo, Edusp, 1976.

BUARQUE DE HOLANDA, Sérgio. *Raízes do Brasil*. Rio de Janeiro, José Olympio, 1984.

CANOTILHO, José Joaquim Gomes. *Direito constitucional e teoria da Constituição*. Coimbra, Almedina, 1998.

---

a adoção da medida. Imaturidade anterior para assumir a maternidade que não deve ser usada contra a mãe, mormente se existe entre a criança e a genitora natural vínculo afetivo" (*RT* 783/258).

CARBONNIER, Jean. *Droit civil*. Introduction. Les personnes. La famille, l'enfant, le couple. Paris, PUF, 2004, v.I.

CHIARELLA, Maria Luisa. *Paradigmi della minore età*. Catanzaro, Rubbettino, 2008.

CHINELLATO, Silmara Juny de Abreu. *Comentários ao novo Código Civil*. Do Direito de Família (coord. Antônio Junqueira de Azevedo). São Paulo, Saraiva, v.XVIII, 2004.

_____. *Do nome da mulher casada*: direito de família e direitos da personalidade. Rio de Janeiro, Forense Universitária, 2001.

COLTRO, Antônio Carlos Mathias. "Do pátrio poder ao poder familiar: o novo Código Civil". In: NUNES, João Batista Amorim de Vilhena (coord.). *Família e sucessões*: reflexões atuais. Curitiba, Juruá, 2009.

COMEL, Denise Damo. *Do poder familiar*. São Paulo, Revista dos Tribunais, 2003.

COULANGES, Numa Denis Fustel de. *A cidade antiga*. Trad. Aurélio Barroso Rebello e Laura Alves. Rio de Janeiro, Ediouro, 2003.

FROMM, Erich. *A arte de amar*. Belo Horizonte, Itatiaia, 1995.

GAUDEMET, Jean. *Institutions de l'Antiquité*. Paris, Sirey, 1967.

GILISSEN, John. *Introdução histórica ao Direito*. 5.ed. Trad. A. M. Hespanha e I. M. Macaísta Malheiros. Lisboa, Fundação Calouste Gulbenkian, 2008.

GOMES DA SILVA, Nuno Espinosa. *História do Direito português*. 4.ed. Lisboa, Fundação Calouste Gulbenkian, 2006.

HESPANHA, António Manuel. *O caleidoscópio do Direito*. O Direito e a Justiça nos dias e no mundo de hoje. 2.ed. reelaborada, Lisboa, Almedina, 2009.

HESSE, Konrad. *Grundzüge des Verfassungsrechts der Bundesrepublik Deutschland*. 16.ed. Heidelberg, C. F. Müller Verlag, 1988.

ISHIDA, Válter Kenji. *Estatuto da Criança e do Adolescente*. 8.ed. São Paulo, Atlas, 2007.

LARENZ, Karl. *Metodologia da Ciência do Direito*. 3.ed. Trad. José Lamego. Lisboa, Fundação Calouste Gulbenkian, 1997.

LIPOVETSKY, Gilles. *A felicidade paradoxal*: ensaio sobre a sociedade de hiperconsumo. São Paulo, Companhia das Letras, 2007.

LÔBO, Paulo Luiz Netto. *Direito civil*: famílias. São Paulo, Saraiva, 2008.

_____. "Do poder familiar". In: DIAS, Maria Berenice; PEREIRA, Rodrigo da Cunha (coord.). *Direito de família e o novo Código Civil*. 4.ed. Belo Horizonte, Del Rey, 2005.

MADALENO, Rolf. *Curso de direito de família*. Rio de Janeiro, Forense, 2008.

MINDA, Gary. *Postmodern legal movements:* law and jurisprudence at century's end. New York, New York University, 1995.

MOTTA, Carlos Dias. *Direito matrimonial e seus princípios jurídicos*. São Paulo, Revista dos Tribunais, 2007.

NALINI, José Renato. "Ética e família na sociedade pós-moralista". In: COLTRO, Antônio Carlos Mathias (coord.). *A revisão do direito de família*. Estudos jurídicos em homenagem ao centenário de Edgard de Moura Bittencourt. Rio de Janeiro, GZ, 2009, p.384-418.

NERY JUNIOR, Nelson; NERY, Rosa Maria de Andrade. *Código Civil comentado e legislação extravagante*. 3.ed. São Paulo, Revista dos Tribunais, 2005.

OLIVEIRA, José Sebastião de. *Fundamentos constitucionais do direito de família*. São Paulo, Revista dos Tribunais, 2002.

PALAZZO, Antonio. *La filiazione*. Milano, Giuffrè, 2007.

PEREIRA, Rodrigo da Cunha. *Princípios fundamentais norteadores do direito de família*. Belo Horizonte, Del Rey, 2006.

RIBEIRO, Darcy. *O povo brasileiro*. São Paulo, Companhia das Letras, 2008.

REALE, Miguel. *O Direito como experiência*. São Paulo, Saraiva, 1980.

ROCHA, J. V. Castelo Branco. *O pátrio poder*. São Paulo, Leud, 1978.

SANTOS NETO, José Antonio de Paula. *Do pátrio poder*. São Paulo, Revista dos Tribunais, 1994.

TAVARES DA SILVA, Regina Beatriz (coord.). *Código Civil comentado*. 6.ed. rev. e atual. São Paulo, Saraiva, 2008.

VENOSA, Silvio de Salvo. *Direito civil*: direito de família. São Paulo, Atlas, 2003.

VICENTE, Dário Moura. *Direito comparado*. v.I - Introdução e Parte Geral. Coimbra, Almedina, 2008.

WESEL, Uwe. *Geschichte des Rechts*. Von den Frühformen bis zur Gegenwart. 2.ed. München, C. H. Beck Verlag, 2001.

CAPÍTULO 25
Da vocação hereditária e bioética na pós-modernidade

Carlos Alberto Dabus Maluf
Adriana Caldas do Rego Freitas Dabus Maluf

Da vocação hereditária: noções introdutórias

A vocação hereditária representa a forma como o herdeiro receberá a herança. Pode ser legal ou testamentária.

No caso de vocação legal, prevista no art. 1.829 do Código Civil, o autor da herança falece sem deixar testamento ou disposição de última vontade, mas deixa herdeiros. Assim, na falta destes, a herança será recolhida pelo município, pelo Distrito Federal ou pela União, de acordo com a regra do art. 1.844 do Código Civil atual. Na vocação testamentária, o autor da herança falece deixando testamento ou disposições de última vontade e nomeia herdeiros ou legatários.

Nesse sentido, podemos perceber que o direito das sucessões fundamenta-se na continuidade do próprio indivíduo e sobrevivência da sua família.

Da qualificação do herdeiro

Após instituir as regras básicas para reger a sucessão, abrangendo o lugar em que se procederá ao inventário, a natureza da indivisibilidade da herança, sua administração e condição dos herdeiros enquanto não se realizar a partilha, e estabelecer, desde logo, quem pode e quem está impedido de suceder, instituiu o Código Civil os sujeitos que podem ser herdeiros.

E assim, com a abertura da sucessão, a herança se transmite imediatamente aos herdeiros, que passam a ser titulares de direitos adquiridos, aplicando-se a lei vigente à época da morte do autor da herança. Não pode a lei nova regular uma sucessão aberta na vigência de lei anterior.

Desta sorte, a capacidade para suceder é adstrita ao tempo da abertura da sucessão, segundo a lei vigente na época.

O Código Civil exige capacidade sucessória no momento da abertura da sucessão, transmitindo-se assim a herança aos herdeiros.

Assim, à luz do seu art. 1.798, "legitimam-se a suceder as pessoas nascidas ou já concebidas no momento da abertura da sucessão".

Vê-se, pois, que se trata de princípio de grande importância, uma vez que a sucessão se dá pela lei em vigor no momento do óbito do autor da herança, "tornando-se definitivo o título de herdeiro, a qualidade de necessário, o valor do monte-mor, da porção disponível e da legítima".[1]

Dessa forma, a condição vital para que exista o direito sucessório, além da morte do autor da herança, é, obviamente, que o herdeiro exista e sobreviva àquele, ou esteja pelo menos concebido; pois, como visto, o princípio fundamental do direito das sucessões é a transmissão imediata dos bens aos herdeiros legítimos e testamentários, desde que tenham capacidade – legitimação – para suceder. Como tratam Colin e Capitain "seja capaz e não indigno".[2]

Mesmo na hipótese em que o herdeiro venha a falecer nos momentos subsequentes ao nascimento, ele recolheu seu quinhão hereditário e o transmitiu a seus próprios sucessores. Dispõe o art. 2º do Código Civil que a personalidade civil começa com o nascimento, mas a lei põe a salvo, desde a concepção, os direitos do nascituro; e o art. 6º dispõe: "a existência da pessoa natural termina com a morte".[3]

Daí obtém-se o conceito de vocação hereditária, que pode ser entendido como a capacidade de suceder ao falecido, no que tange a seus bens, reconhecidas as pessoas naturais nascidas com vida ou já concebidas ao tempo da sucessão, ou aos filhos, ainda não concebidos, de determinada pessoa indicada pelo testador, assim como às pessoas jurídicas em geral, inclusive as fundações, como prevê a regra do art. 1.798 do Código Civil.

Das espécies de vocação hereditária

A vocação hereditária pode ser de duas espécies: a legal e a testamentária.

---

1. MONTEIRO, Washington de Barros; FRANÇA PINTO, Ana Cristina de Barro Monteiro. *Curso de direito civil*: direito das sucessões, 2016, p.55.
2. COLIN; CAPITAIN. *Cours élémentaire de droit civil français*, 1945, v.III, n.608.
3. MONTEIRO e FRANÇA PINTO, op. cit., 2016, p.56.

Da vocação hereditária legal

A vocação hereditária legal é aquela em que o autor da herança falece deixando herdeiros sucessíveis. Terão capacidade sucessória, à luz do art. 1.798 do Código Civil, as pessoas nascidas ou já concebidas no momento da abertura da sucessão.

Do nascituro

O chamamento à sucessão tem lugar no momento da delação da herança. É imprescindível, nesse sentido, que o herdeiro esteja vivo, ou já concebido, e seja conhecido - *nascitur ubi sit et na sit.*

Tal como dispõe o art. 1.798 do Código Civil, "legitimam-se a suceder as pessoas nascidas ou já concebidas no momento da abertura da sucessão".

É sabido que a questão do nascimento de filho após a morte do genitor já era objeto de determinação legal sob a égide das Ordenações Filipinas, prevendo o Livro 4º, Título LXXXII, § 5º, que seria nulo o testamento, mesmo no que tangesse aos legados, se depois deste sobreviesse ao testador um filho legítimo.[4]

No que tange ao nascituro, se vier a nascer com vida, ainda que já falecido o autor da herança, herdará ele, de acordo com seu título sucessório; se, por outro lado, a gestação não chegar a termo, será como se nunca houvesse existido; e nesse caso, defere-se a herança aos outros de sua classe, ou aos da classe imediata, caso ele seja o único herdeiro. Retroagem seus direitos sucessórios ao momento da abertura da sucessão.[5]

Nesse sentido, "o nascituro só sucede quando nasce e se nasce e sucede em virtude de uma ficção legal: o seu nascimento é considerado já existente ao tempo da abertura da sucessão".[6]

Aduz Caio Mário da Silva Pereira que mesmo que lhe falte personalidade, é certo que ao nascituro deve ser designado curador, a fim de que transmita-lhe a propriedade e a posse da herança, como se já fosse nato desde o momento da abertura da sucessão.[7]

Tal como leciona Silmara Chinellatto "o direito à sucessão foi reconhecido ao *conceptus* já na Antiguidade. O direito romano admitia-lhe a sucessão legítima e testamentária, sendo que a prole eventual também podia adquirir

---

4. Ordenações e leis do Reino de Portugal, recompiladas per mandado d'el Rei D. Philippe, o primeiro. 13.ed. Coimbra, Imprensa da Universidade, 1865, t.3.
5. NADER, Paulo. *Curso de direito civil*, 2010, v.6, p.55.
6. FERRI, Luigi. *Commentario del Codice Civile*: delle sucessioni, 1964, p.125-6.
7. PEREIRA, Caio Mário da Silva. *Instituições de direito civil:* direito das sucessões, 2017, p.47

por testamento".[8] Aplica-se a regra geral da coexistência necessária do hereditando e do herdeiro, devendo este sobreviver àquele.

A herança, todavia, é atribuída ao nascituro sob condição resolutiva do nascimento sem vida, uma vez que seus direitos são resguardados pelo Direito desde a concepção, como preconiza a regra do art. 2º do Código Civil. E assim, nascendo sem vida, a herança segue seu rumo, passando ao substituto vulgar.

Apresenta, pois, o nascituro uma real capacidade de direito, mas não apresenta uma capacidade de fato ou de exercício, uma vez que há a necessidade precípua de estar representado pelo seu representante legal.

O art. 130 do Código Civil em vigor permite ao titular de direito eventual, como o nascituro, nos casos de condição suspensiva ou resolutiva, o exercício de atos destinados a conservá-lo, como requerer, representado por sua mãe, a suspensão de inventário em caso de morte do pai, estando grávida a mulher e não havendo outros descendentes, para se aguardar o nascimento; ou mesmo propor medidas acautelatórias em caso de dilapidação por terceiro dos bens que lhe foram doados ou deixados em testamento.[9]

À luz do art. 1.845 do Código Civil, "são herdeiros necessários os descendentes, os ascendentes e o cônjuge", e dessa forma entendemos que se encontra elencado o nascituro.

Tal como prevê a regra do art. 1.973 do Código Civil, que trata do rompimento do testamento "sobrevindo descendente sucessível ao testador, que não o tinha ou não o conhecia quando testou, rompe-se o testamento em todas as suas disposições, se esse descendente sobreviver ao testador". Inclui-se nessa hipótese a sucessão do nascituro.

Tal como aduz Zeno Veloso, "o testamento fica roto, sem efeito algum, quando o testador não tem descendente e lhe sobrevém um descendente sucessível, ou quando o testador tem descendente, mas não sabia que o tinha, e este aparece".[10] Essa ruptura indica presumivelmente que o testador teria disposto diferentemente de seus bens se soubesse da existência de seu descendente.

A questão, entretanto, não é pacífica, pois "a superveniência de herdeiro sucessível só é causa de rompimento do testamento se o testador não tivesse nenhum outro descendente. No caso de já haver outros descendentes, não se romperia o testamento".[11]

---

8. CHINELLATO, Silmara Juny de Abreu. *A tutela civil do nascituro*, 2000, p.233-5.
9. MALUF, Adriana Caldas do Rego Freitas Dabus. *Curso de bioética e biodireito*, 2013, p.102.
10. VELOSO, Zeno. *Código Civil comentado*, 2012, p.2.184.
11. PONTES DE MIRANDA, Francisco Cavalcanti. *Tratado de direito privado*, 1973, t.59, § 5.946, p.445.

Orlando Gomes, por outro lado, posiciona-se a favor do rompimento do testamento quando subsistir outro descendente, como a superveniência de outro filho, o que determina a caducidade do testamento.[12]

Vê-se, nesse sentido, que o valor dado ao direito de testar pode ser mitigado pelo interesse e pelo direito do filho legítimo, a ponto de entender-se como não escritos os desígnios do testador.

Para Silmara Chinellato, "no âmbito da revogação dos testamentos, inclui-se o nascituro no conceito de descendente sucessível do testador", tal como prevê a regra do art. 1.973 do Código Civil atual (correspondente ao art. 1.750 do Código Civil de 1916).[13]

De maneira resumida, podemos entender que o nascituro pode ser herdeiro e assim faz jus à percepção dos frutos da herança desde a morte do autor, assumindo, por outro lado, as despesas correspondentes ao seu quinhão hereditário.

A questão torna-se mais complexa quando o nascituro vem a falecer durante o parto. Daqui defluem várias considerações: se o nascituro pereceu ainda no ventre materno, entende-se que ainda não houve vida, e, portanto, não se transmite a herança, e assim deve ser considerado como se nunca tivesse existido. O que morreu, ainda que apenas um instante antes da abertura da sucessão, não é chamado a herdar.[14]

Também é delicada a questão de quando o filho é retirado do ventre da mãe previamente falecida por motivo de doença ou acidente. Dessa forma, como entende Caio Mario da Silva Pereira, "não se nega ao filho legitimação para suceder, embora não haja coexistido com sua mãe".[15]

Entretanto, se sobreviver ao parto, outras serão as consequências jurídicas: haverá o registro de seu nascimento e o de seu óbito, como prevê o art. 53, § 2º, da Lei n. 6.015/73, da mesma forma que haverá uma dupla sucessão, pois chegou a herdar e a transmitir o patrimônio pessoal a seus herdeiros.

Existem ainda outras considerações: se existiu a concepção à época da abertura da sucessão e se ocorreu o nascimento com vida. A lei francesa, a seu turno, prevê uma terceira condição: que ao nascer apresente condições de sobrevivência.

À luz do Direito brasileiro, ocorre o nascimento com vida não no momento do parto em si, mas quando o recém-nascido efetivamente respira a pró-

12. GOMES, Orlando. *Sucessão*, 1997, n.194, p.225.
13. CHINELLATO E ALMEIDA, Silmara J. A. *Tutela civil do nascituro*, 2000, p.236.
14. PEREIRA, Caio Mário da Silva. *Instituições de direito civil:* direito das sucessões, 2017, p.48
15. Ibidem, 2017, p.48

prios pulmões (ou seja, termina a respiração placentária e se inicia a respiração pulmonar).[16]

Respirando, há a sucessão, transmitindo-se a propriedade e a posse dos bens, devendo o quinhão herdado ser objeto de inventário, como prevê a regra do art. 1.044 do CPC.[17]

Outra questão deriva das técnicas de reprodução assistida, notadamente a modalidade *post-mortem*, prevista no art. 1.597, III: "Presumem-se concebidos na constância do casamento os filhos: [...] III – havidos por fecundação artificial homóloga, mesmo que falecido o marido".

É válido ressaltar que o referido artigo não atribui capacidade sucessória a esses filhos concebidos após a abertura da sucessão, pois restringe a legitimidade apenas às pessoas "nascidas ou já concebidas no momento da abertura da sucessão", conforme o art. 1.798 do Código Civil, já citado.

Vê-se que é de grande seriedade a omissão do legislador, uma vez que a Constituição Federal prevê, em seu art. 227, § 6º, a igualdade dos filhos, e a grande tendência doutrinária é de não garantir a estes a sucessão, criando desigualdade patrimonial entre os filhos.

A inexistência de um liame temporal para a realização da prática reprodutiva torna ainda mais difícil a proteção sucessória, que na prática ensejaria grande entrave para a efetivação da partilha.

Do embrião pré-implantatório

O desenvolvimento da biotecnologia trouxe ao direito das sucessões novos agentes para disputar o quinhão hereditário. Entre eles, destaca-se o embrião pré-implantatório, fruto das técnicas de reprodução artificial.

Em um primeiro momento, deve-se estabelecer o *status* jurídico do embrião pré-implantatório. Teria este vida? Quando esta começaria? Poderia este adquirir capacidade sucessória?

A vida humana recebe proteção legal desde o momento da fecundação natural ou artificial do óvulo pelo espermatozoide, como dispõem os arts. 2º do Código Civil, 6º, III, *in fine*, 24, 25, 27, IV, da Lei n. 11.105/2005 – Lei de Biossegurança – e 124 a 128 do Código Penal. Entretanto, o início da vida viável dá-se com a fixação do zigoto no útero materno.

---

16. MALUF, Adriana Caldas do Rego Freitas Dabus. *Curso de bioética e biodireito*, 2010, p.102-3.
17. MONTEIRO, Washington de Barros; FRANÇA PINTO, Ana Cristina de Barros Monteiro. *Curso de direito civil:* Parte Geral, 2009, v.1, p.67.

E assim, "à luz dos direitos da personalidade, creditamos ao embrião o direito à vida, desde a concepção, em face da sua carga genética diferenciada, que lhe outorga dignidade, mesmo enquanto pré-implantatório".[18]

Interessante questão se demonstra à garantia dos direitos daquele ainda não nascido. "Enquanto o nascituro era entendido como aquele já concebido, mas ainda não nascido e residente dentro do ventre materno, o embrião, também já concebido, reside em outro lugar".[19]

Estaria protegido pela regra do art. 1.597, III a V, do Código Civil, que prevê:

> Presumem-se concebidos na constância do casamento os filhos: [...] III – havidos por fecundação artificial homóloga, mesmo que falecido o marido; IV – havidos, a qualquer tempo, quando se tratar de embriões excedentários, decorrentes de concepção artificial homóloga; V – havidos por inseminação artificial heteróloga, desde que tenha prévia autorização do marido.

Dessa forma, se presumida sua concepção na constância do casamento, dissolvido pela morte do genitor, seriam capazes de receber herança por este deixada? Diferencia-se, a seu turno, o nascituro do embrião pré-implantatório?

As diversas técnicas de fertilização *in vitro* e de congelamento de embriões humanos levantaram a polêmica de qual seria o momento a se considerar juridicamente o nascituro, entendendo-se que a vida tem início com a concepção no ventre materno. Assim, na fecundação artificial *in vitro*, mesmo havendo a fusão do material genético dos pais, não poderá o embrião pré-implantatório ser equiparado ao nascituro, pois é necessária a nidação do zigoto para que o início da vida se efetue realmente.[20]

Inicialmente, diferia Silmara Chinellato o embrião pré-implantatório do nascituro. O primeiro referia-se ao ovo ou zigoto ainda não implantado no útero materno, enquanto o segundo referia-se ao ser já implantado, iniciada efetivamente a gestação. Em uma visão mais atualizada, a autora equiparou os dois conceitos, aduzindo que o embrião pré-implantatório doravante poderá ser denominado nascituro pré-implantatório.[21]

---

18. MALUF, Adriana Caldas do Rego Freitas Dabus. *Curso de bioética e biodireito*, 2013, p.103.
19. SCALQUETTE, Ana Claudia S. *Estatuto da reprodução assistida*, 2010, p.209.
20. Esse foi o entendimento exarado pelo STF quando do julgamento da ADI n. 3510 – que pretendeu avaliar a constitucionalidade do art. 5º da Lei de Biossegurança, em 2008.
21. CHINELLATO, Silmara Juny de A. *Tutela civil do nascituro*, 2000, p.11; CHINELLATO, Silmara Juny de Abreu. "Estatuto jurídico do nascituro: a evolução do Direito brasileiro". In: CAMPOS, Diogo Leite de. CHINELLATO, Silmara Juny de Abreu. *Pessoa humana e direito*, 2009, p.427.

Entretanto, aduz que na nova realidade "o embrião pré-implantatório poderá ser denominado nascituro pré-implantatório, o que não lhe retira a qualidade de ser humano".[22]

Quanto à capacidade do embrião de ser herdeiro dos pais falecidos, entendemos que, à luz do art. 1.798, que trata da vocação hereditária, "legitima-se a suceder as pessoas nascidas ou já concebidas no momento da abertura da sucessão".

Nas palavras de Zeno Veloso, "o herdeiro, até por imperativo lógico, precisa existir quando morre o hereditando, tem de sobreviver ao falecido, trata-se de um princípio adotado pela generalidade da legislação".[23]

Abre-se aqui precedente para o embrião crioconservado, pois presume-se este concebido na constância do casamento à luz do art. 1.597, IV.

Importante é notar, tal como elucida Zeno Veloso,

> vindo o embrião a ser implantado e havendo termo na gravidez, o nascimento com vida e consequente aquisição de personalidade por parte do filho, este filho posterior é herdeiro, porque já estava concebido quando o genitor faleceu, e dado o princípio de igualdade entre os filhos previsto no art. 227, § 6º, da CF.[24]

Para Silmara Chinellato, pode-se fazer testamento em favor do embrião pré-implantatório, com fundamento no art. 1.798 do Código Civil, que legitima a suceder as pessoas já nascidas ou já concebidas, na abertura da sucessão.

Se por um lado, concordamos com a posição da insígne professora, adotando uma visão pós-moderna de vínculo relacional, por outro, entretanto, questionamos os efeitos de ordem prática que a medida produz. Mormente no que tange à execução das disposições testamentárias, dificultadas em face das peculiaridades que envolvem o embrião/nascituro pré-implantatório.[25]

Na sucessão testamentária, beneficiada está a prole eventual, nos arts. 1.799, I, do CC ("Na sucessão testamentária podem ainda ser chamados a suceder: I – os filhos, ainda não concebidos, de pessoas indicadas pelo testador, desde que vivas estas ao abrir-se a sucessão") e 1.800, § 4º, que impõe um prazo de dois anos para a concepção do herdeiro esperado.

Pensamos que não há fundamento em equipará-lo à prole eventual, pois já houve a concepção; e muito menos às coisas, posto que é detentor de vida

---

22. CHINELLATO, Silmara J. A. *Estatuto jurídico do nascituro*: a evolução do Direito brasileiro, 2009, p.418-9.
23. VELOSO, Zeno. *Código Civil comentado*, 2012, p.1.792.
24. VELOSO, Zeno. *Código Civil comentado*, 2009, p.1.972
25. CHINELLATO, Silmara J. A. "Estatuto jurídico do nascituro: a evolução do Direito brasileiro", p.427.

humana como qualquer outro embrião *in vivo*. Pensamos que a princípio existe uma antinomia entre os prazos estabelecidos pelo art. 1.597, IV ("[...] a qualquer tempo") e o prazo de três anos sugerido pela Lei de Biossegurança, em seu art. 5º, II. Assim, para que haja segurança jurídica e higidez na qualidade do embrião - que refletirá no direito à integridade do novo ser -, pensamos que esse prazo legal estabelecido na referida lei especial deverá ser aplicado por analogia e equidade ao direito sucessório a ser aplicado ao embrião excedentário.

Por sua vez,

> a moderna Lei da Louisiana trata da sucessão do embrião pré-implantatório em seu § 133, traduzindo que o direito hereditário não pode ser reconhecido ao ovo fertilizado *in vitro*, enquanto *in vitro*, mas apenas quando estiver no estágio embrionário de nascituro e que nasça com vida. O direito à herança não provém de doadores genéticos.[26]

Entretanto, tal como entendem Washington de Barros Monteiro e Ana Cristina de Barros Monteiro França Pinto,

> quem não estiver concebido até a data da morte do autor da herança não tem legitimação para suceder por sucessão legítima. Nas hipóteses descritas nos incisos III a V do art. 1.597 pode faltar esse requisito, devido às plúrimas variações possíveis derivadas da inseminação artificial.
>
> Da mesma forma que fecundação e inseminação artificiais são utilizadas como expressões sinônimas, concepção constitui situação que também se lhes deve equiparar, a fim de atender à previsão contida no art. 1.798. Contudo, eventualmente pode não haver coincidência desses fatos com o falecimento do autor da herança, ainda que a filiação seja legalmente presumida nessas condições.[27]

A questão, como se vê, não é nada fácil de ser dirimida, pois se, por um lado, o Código Civil admite a presunção da paternidade/maternidade do filho *post-mortem*, não estaria trazendo a possibilidade de a concepção do novo ser para após a morte do autor da herança?

Pensamos se determinar que a situação dos bens seja reposta ao *status quo ante* - ou seja, antes do nascimento do novo ser - feriria a segurança das relações jurídicas, mas por outro lado, negar-se-ia o direito à herança, garan-

---

26. MALUF, Adriana Caldas do Rego Freitas Dabus. *Curso de bioética e biodireito*, 2013, p.116 e segs.
27. MONTEIRO, Washington de Barros; FRANÇA PINTO, Ana Cristina de Barro Monteiro. *Curso de direito civil*: direito das sucessões, 2016, p.57.

tido constitucionalmente no art. 5º ao novo ser. Seria essa medida inconstitucional frente ao princípio da igualdade entre os filhos?

Vemos que assim dois direitos se chocam:

> o direito dos herdeiros já nascidos ao tempo do falecimento do autor da herança, que, pelo princípio da *saisine*, transmite os bens do falecido no momento de sua morte aos herdeiros; e de outro lado, o direito daqueles que poderão vir a nascer, que já são reconhecidos presumidamente como filhos e correm o risco de ter seus direitos limitados.[28]

Muitos questionamentos jurídicos são aplicados à figura da possibilidade de sucessão do embrião pré-implantatório: analogia com a sucessão do ausente, em que se instituiria uma sucessão provisória, a fim de que os possíveis herdeiros possam, desde que prestada a necessária caução, tomar posse de seus bens. Posteriormente abrir-se-ia a sucessão definitiva, sendo levantada a referida caução.

Outra questão que se apresenta é o tratamento análogo à prole eventual, prevista no art. 1.799, I, do Código Civil: "Na sucessão testamentária podem ainda ser chamados a suceder: I – os filhos, ainda não concebidos, de pessoas indicadas pelo testador, desde que vivas estas ao abrir-se a sucessão"; e no art. 1.800, § 4º, do mesmo Código: "No caso do inciso I do artigo antecedente, os bens da herança serão confiados, após a liquidação ou partilha, a curador nomeado pelo juiz". Em seu § 4º: "Se, decorridos dois anos após a abertura da sucessão, não for concebido o herdeiro esperado, os bens reservados, salvo disposição em contrário do testador, caberão aos herdeiros legítimos".

Entendemos ainda que, para uma maior adequação conceitual, deveria ser modificada a redação do referido artigo inserindo-se o termo implantado em sua redação inicial, para que, em face das atividades biológicas, dê-se efetivamente o início da função vital do embrião.

É válido ressaltar que em matéria de reprodução assistida, no que tange ao ser ainda não concebido, na realidade não houve a efetiva mistura do material genético dos genitores, concepção. A deixa testamentária, no referido art. 1.799, I, do Código Civil, poderia abranger o futuro ser gerado com material criopreservado.

Mesmo a sucessão fideicomissária, prevista no art. 1.952 do Código Civil, não abrange o embrião pré-implantatório, pelo motivo de que esta abrange somente aquele que ainda não foi concebido, o que, como se sabe, não é o caso do embrião: "a substituição fideicomissária somente se permite em favor dos não concebidos ao tempo da morte do testador".

---

28. SCALQUETTE, Ana Claudia S. *Estatuto da reprodução assistida*, 2010, p.211.

A situação da herança do embrião pré-implantatório encontra-se ainda não pacificada na legislação brasileira. Pondera-se realizar sua equivalência à prole eventual, respeitados os prazos legais de dois anos do art. 1.800, § 4º, do Código Civil, ou de três anos do art. 5º da Lei de Biossegurança, que estatui o prazo máximo para a criopreservação.

Entendemos que não se trata de prole eventual, dada a concepção, mas premente é a reforma legislativa para que a proteção patrimonial do ser concebido *post-mortem* possa se concretizar.

Assim sendo, temos que

> considerações de ordem puramente prática têm sido invocadas para justificar a falta de legitimação sucessória de filhos artificialmente concebidos *post-mortem*, uma vez que toda a dinâmica da sucessão está arquitetada tendo em vista um desenlace da situação a curto prazo.[29]

E assim, se fosse admitida a relevância da sucessão nessas condições, a determinação dos herdeiros seria dificultada (ou até impossibilitada), assim como a partilha que se fizesse hoje estaria indefinidamente sujeita a ser alterada.

A questão fulcral relativa à sucessão na era biotecnológica dá-se quanto à fixação do prazo para a implantação do embrião no útero materno, iniciando assim, efetivamente, o ciclo vital, e este possa então ser reconhecido como herdeiro necessário.

Uma saída aparentemente mais viável do ponto de vista da igualdade dos filhos, cânone constitucional previsto em seu art. 227, § 6º, é a reserva de quinhão, tendo em vista o número de filhos que podem nascer, pois como é sabido, nos procedimentos de reprodução assistida as gestações gemelares são bastante frequentes.

É válido ressaltar que, para herdar, o embrião necessita vencer duas condições suspensivas: o sucesso da implantação no útero materno e o nascimento com vida, estando suspensa a eficácia do ato nesse ínterim.[30]

O futuro da bioética e do biodireito como um desafio para o século XXI

Muitos foram os avanços biotecnológicos que o homem conheceu no limiar do último século. Estes transformaram radicalmente a existência humana, no

---

29. PEREIRA, Caio Mário da Silva. *Instituições de direito civil:* direito das sucessões, 2017, p.50.
30. MALUF, Carlos Alberto Dabus. *As condições no direito civil,* 2011, p.95-6.

que tange à introdução de parâmetros para vida e para morte, para formação da família, dos elos de filiação e do amor, outorgando-lhes contornos próprios.[31]

É sabido que a bioética relaciona-se intimamente com os movimentos sociais, com a evolução das ciências, da tecnologia, do pensamento que se transmutam com a evolução histórica dos tempos.

Ao biodireito cabe a regulamentação dos temas, ao mesmo tempo fascinantes e espinhosos, tendo em vista as necessidades sociais que se descortinam cotidianamente.

Como bem tratam Leo Pessini e Christian de Paul de Barchifontaine, ao se fazer um balanço dessas grandes realizações e do legado que se está deixando para as futuras gerações, começa-se a pensar como estará o mundo no futuro? Quais serão os valores dominantes? Como estarão equacionadas as condições de vida e saúde da humanidade? Que desafios enfrentarão as gerações futuras?[32]

Busca-se, dessa forma, dar um novo sentido à existência e à experiência humana, frisa-se cada vez mais o encontro da felicidade e da realização pessoal, raiz máxima da condição humana, como retratou Diego Gracia.[33]

Entendemos que é fundamental o estabelecimento de limites éticos e operacionais bem definidos para que as pesquisas científicas possam progredir sem danificar o meio ambiente, sem ultrapassar as barreiras da dignidade, sem comprometer o futuro das espécies, suplantando assim os interesses individuais em prol do interesse da coletividade, evitando, assim, uma nova maneira de sujeição do homem pelo homem – agora do ponto de vista genético, quando falamos em eugenia, em mapeamento genético, na relativização dos papéis familiares.

Novas esperanças e conflitos nascem com o desabrochar da biotecnologia, pois "nem tudo o que é cientificamente possível é eticamente admissível". Daí advém a importância do debate bioético, da regulamentação do biodireito, daquilo que a biotecnologia constrói.

O respeito à vida humana

> tomou uma nova dimensão no mundo contemporâneo, tendo em vista a valorização da dignidade humana, o momento histórico vigente, a evolução dos costumes, o diálogo internacional, a descoberta de novas técnicas científicas,

---

31. MALUF, Adriana Caldas do Rego Freitas Dabus. *Direito das famílias, amor e bioética*, 2011, p.487.
32. PESSINI, Leo; BARCHIFONTAINE, Christian de Paul. "A vida em primeiro lugar". In: PESSINI, Leo; BARCHIFONTAINE, Christian de Paul (orgs.). *Fundamentos da bioética*, p.5-6.
33. GRACIA, Diego. *Pensar a bioética*, 1989, p.14.

a tentativa da derrubada de mitos e preconceitos, fazendo com que o indivíduo possa, para pensar com Hannah Arendt - sentir-se em casa no mundo.[34]

Referências

CHINELLATO, Silmara Juny de Abreu. *Tutela civil do nascituro*. São Paulo, Saraiva, 2000.

______. "Estatuto jurídico do nascituro: a evolução do Direito brasileiro". In: CAMPOS, Diogo Leite de; CHINELLATO, Silmara Juny de Abreu (coord.). *Pessoa humana e direito*. Coimbra, Almedina, 2009, p.411-66.

COLIN; CAPITAIN. *Cours élémentaire de droit civil français*. 9.ed. Paris, Dalloz, 1945, v.III, n.608.

FERRI, Luigi. *Commentario del Codice Civile*: delle sucessioni. Bologna/Roma, Nicola Zanichelli Editore - Soc. Ed. Del Foro Italiano, 1964.

GOMES, Orlando. *Sucessão*. 7.ed. Rio de Janeiro, Forense, 1997.

MALUF, Adriana Caldas do Rego Freitas Dabus. *Curso de bioética e biodireito*. 2.ed. São Paulo, Atlas, 2013.

______. *Direito das famílias, amor e bioética*. São Paulo, Elsevier, 2011.

MALUF, Carlos Alberto Dabus. *As condições no direito civil*. 3.ed. São Paulo, Saraiva, 2011.

MONTEIRO, Washington de Barros; FRANÇA PINTO, Ana Cristina de Barro Monteiro. *Curso de direito civil*: direito das sucessões. 39.ed. São Paulo, Saraiva, 2016, p.55

______. *Curso de direito civil: Parte Geral*. 42.ed. São Paulo, Saraiva, 2009.

NADER, Paulo. *Curso de direito civil*. 4.ed. Rio de Janeiro, Gen/Forense, 2010, v.6.

PEREIRA, Caio Mário da Silva. *Instituições de direito civil:* direito das sucessões. 24.ed. Rio de Janeiro, Forense, 2017.

PONTES DE MIRANDA, Francisco Cavalcanti. *Tratado de direito privado*. 3.ed. Rio de Janeiro, Borsoi, 1973, t.59, § 5.946.

SCALQUETTE, Ana Claudia S. *Estatuto da reprodução assistida*. São Paulo, Saraiva, 2010.

VELOSO, Zeno. *Código Civil comentado*. 8.ed. SILVA, Regina Beatriz Tavares da (coord.). São Paulo, Saraiva, 2012.

34. MALUF, Adriana Caldas do Rego Freitas Dabus. *Novas modalidades de família na pós-modernidade*, p.9.

CAPÍTULO 26
Poligamia e violações aos direitos da personalidade

Regina Beatriz Tavares da Silva

Considerações iniciais

Sinto imensa satisfação em participar desta obra em homenagem à Professora Doutora Silmara Juny de Abreu Chinellato.

Desde que nos conhecemos, nos idos da década de 1980, tenho grande admiração por essa verdadeira jurista.

Quem nos apresentou na Faculdade de Direito da Universidade de São Paulo foi um saudosíssimo amigo em comum, o Professor Doutor Carlos Alberto Bittar, um exemplo de sabedoria e profundidade nos estudos dos direitos da personalidade.

O desenvolvimento dos direitos da personalidade no Brasil deveu-se também à Professora Doutora Silmara Juny de Abreu Chinellato, especialmente em sua tese de doutoramento intitulada *Tutela civil do nascituro*,[1] defendida junto à Faculdade de Direito da Universidade de São Paulo.

Para mim, sempre foi inspiração a dedicação dessa grande Professora aos estudos desses mais importantes direitos, que estão acima de quaisquer outros.

Assim como me inspira sua seriedade nos mais diversos estudos de direito civil, em especial no direito de família, em que essa doutrinadora rechaça todas as ideias infundadas que lastimavelmente permeiam alguns que fingem entender desse direito, mas, na verdade, querem, por meio de "achismos", mudar a estrutura social sem que a sociedade tenha se alterado, por meio de casos isoladíssimos e sem suporte no ordenamento jurídico.

1. CHINELLATO, Silmara Juny de Abreu. *Tutela civil do nascituro*, 2000.

Daí a escolha deste tema para homenageá-la: poligamia e violações aos direitos da personalidade.

Poligamia ou poliamor?

Segundo o *Dicionário Houaiss*, que, por óbvio, não diferencia os diversos ordenamentos jurídicos, poligamia é a "união conjugal de uma pessoa com várias outras", que pode se apresentar sob a forma de poliginia, que é o "estado de um homem casado simultaneamente com várias mulheres", ou de poliandria, que é o "estado de uma mulher casada simultaneamente com vários homens".[2]

No Direito brasileiro, a poligamia, que indevidamente vem em nosso país sendo chamada de poliamor ou poliafeto, é o relacionamento sexual ilícito de mais de duas pessoas, de maneira consentida ou não, que não produz efeitos jurídicos de direito de família e sucessório.

A poligamia consentida é aquela que se estabelece pela relação entre mais de duas pessoas com a concordância e conhecimento de todos os envolvidos na relação. E a poligamia não consentida é aquela que surge da violação ao dever de fidelidade entre os cônjuges ou companheiros, estabelecendo-se relações de mancebia, também chamadas de relações adulterinas.

Hodiernamente, a noção jurídica de família passou a ser deturpada no Brasil por ideias e proposições expressas em projetos de lei que são inconstitucionais e em escrituras públicas que estão eivadas de nulidade.

A poligamia, que é vedada pelo ordenamento jurídico brasileiro, viola os direitos da personalidade de todos os que nela são envolvidos, como será demonstrado neste capítulo, que tem por escopo verificar que a admissão desse tipo de relacionamento na sociedade brasileira não é desejável, pelos males que acarreta.

Como doutrina Carlos Alberto Bittar,

> consideram-se como da personalidade os direitos reconhecidos à pessoa humana tomada em si mesma e em suas projeções na sociedade, previstos no ordenamento jurídico exatamente para a defesa de valores inatos no homem, como a vida, a higidez física, a intimidade, a honra, a intelectualidade e outros tantos.[3]

Afirma a Professora Silmara Juny de Abreu Chinellato:

---

2. HOUAISS, Antônio; VILLAR, Mauro de Salles. *Dicionário Houaiss da língua portuguesa*, 2001, p.2.249-51.
3. BITTAR, Carlos Alberto. *Os direitos da personalidade*, 2000, p.1.

atribuir direitos e deveres significa afirmar personalidade. Tanto a segunda parte do art. 2º [do Código Civil], que é exemplificativo, como outras normas do Código reconhecem expressamente ao nascituro direitos e *status* (como o de filho, por exemplo), e não expectativas de direitos.[4]

A eminente Professora, adepta da corrente "verdadeiramente concepcionista", segundo a qual o início da personalidade ocorre com a concepção, leciona, ainda, que:

> Mesmo que ao nascituro fosse reconhecido apenas *um status* ou *um* direito, ainda assim seria forçoso reconhecer-lhe a personalidade, porque não há direito ou *status* sem sujeito. [...] Não há meia personalidade ou personalidade parcial. Mede-se ou qualifica-se a capacidade, não a personalidade. Por isso se afirma que a capacidade é a medida da personalidade. Esta é integral ou não existe. [...] Por isso, a limitada capacidade de direito do nascituro não lhe tira a personalidade.[5]

Conforme leciona Carlos Alberto da Mota Pinto:

> Incidem os direitos da personalidade sobre a vida da pessoa, a sua saúde física, a sua integridade física, a sua honra, a sua liberdade física e psicológica, o seu nome, a sua imagem, a reserva sobre a intimidade da sua vida privada. É este um círculo de direitos necessários; um conteúdo mínimo e imprescindível da esfera jurídica de cada pessoa.[6]

O tema dos direitos da personalidade, efetivamente, dado seu caráter fundamental e de alta complexidade, não poderia ficar de fora das preocupações e estudos da Professora Silmara Juny de Abreu Chinellato, jurista de escol, representando um de seus principais objetos de estudo.

---

4. CHINELLATO, Silmara Juny de Abreu (coord.); MACHADO, Antônio Cláudio da Costa (org.). *Código Civil interpretado artigo por artigo, parágrafo por parágrafo*, 2009, p.28-9.
5. CHINELLATO, Silmara Juny de Abreu. *Tutela civil do nascituro*, 2000, p. 168. Vale mencionar, ainda, as conclusões da autora: "Reduzem-se a três as premissas que poderão ser explicitadas: 1) a personalidade começa a partir da concepção. 2) os direitos do nascituro não são taxativos, sendo-lhes reconhecidos todos os compatíveis com sua característica de pessoa por nascer. 3) os direitos patrimoniais materiais - doação e herança - ficam resolutivamente condicionados ao nascimento sem vida" (CHINELLATO, Silmara Juny de Abreu. *Tutela civil do nascituro*, 2000, p.169).
6. MOTA PINTO, Carlos Alberto. *Teoria geral do direito civil*, 1986, p.207.

Poligamia consentida

O Projeto de Lei da Câmara, PLC n. 3.369/2015, de autoria do Dep. Orlando Silva (PCdoB-SP) e de relatoria do Dep. Jean Wyllys (PSOL-RJ), intitulado "Estatuto das Famílias do Século XXI", propõe a institucionalização da relação poligâmica como entidade familiar.[7]

Sabe-se que já foram lavradas escrituras públicas das chamadas "uniões poliafetivas". Tanto aquele PLC como essas escrituras são inconstitucionais.

O projeto de lei não pode ser aprovado no Congresso Nacional, que deve seguir rigorosamente a Constituição Federal na legislação que produz.

Segundo o mencionado projeto de lei, o afeto tudo justificaria, como se depreende de seu art. 2º, o qual dispõe que:

> São reconhecidas como famílias todas as formas de união entre duas ou mais pessoas que para este fim se constituam e que se baseiem no amor, na socioafetividade, independentemente de consanguinidade, gênero, orientação sexual, nacionalidade, credo ou raça, incluindo seus filhos ou pessoas que assim sejam consideradas.

Prevê ainda, em sua justificativa, que "as famílias hoje são conformadas através do amor, da socioafetividade, critérios verdadeiros para que pessoas se unam e se mantenham enquanto núcleo familiar".

Segundo as tabeliãs de notas que praticaram aqueles atos notariais, estariam apenas documentando um fato e garantindo os direitos de família entre as três pessoas envolvidas na relação afetiva.

Essas mesmas tabeliãs tentam ainda justificar a prática desses atos notariais com a inexistência de casamento, sendo que, se vivem juntos, existiria união estável, devendo ser estruturada a entidade familiar.

Também tentam justificar a lavratura dessas escrituras públicas de relações poligâmicas com o acórdão do Supremo Tribunal Federal que reconheceu a união estável entre duas pessoas do mesmo sexo e afirmam que, no âmbito do direito civil, o que não está proibido estaria permitido.[8]

Em nome da Associação de Direito de Família e das Sucessões (ADFAS), como sua Presidente, formulei Pedido de Providências junto ao Conselho Nacional de Justiça (CNJ) requerendo a vedação da lavratura de tais escrituras.

---

7. Por outro lado, também o projeto de lei denominado Estatuto da Família (PL n. 6.583/2013), de viés diametralmente oposto, não corresponde aos anseios sociais; a necessidade é de busca do ponto de equilíbrio entre tais proposições.
8. Disponível em: http://www1.folha.uol.com.br/cotidiano/2016/01/1732932-casais-de-3-ou-mais-parceiros-obtem-uniao-com-papel-passado-no-brasil.shtml. Acesso em: 17.09.2018 .

A Corregedoria Nacional de Justiça, liminarmente, acolheu o pedido da ADFAS no sentido de recomendar a todos os tabelionatos de notas do Brasil que não as lavrem, enquanto se aguarda decisão final sobre aquele pedido, o que se aguarda na data de encerramento da elaboração deste capítulo.[9]

Deve-se rechaçar expressões como "poliafeto" ou "poliamor" para caracterizar esse tipo de relação. São, em verdade, expressões enganosas para amenizar o seu real significado, que é de poligamia. Pouquíssimos casos de relações poligâmicas consentidas não mudaram os costumes brasileiros. Isolados casos não têm o condão de demonstrar mudança do pensamento social, que evidentemente é voltado à monogamia não só nas relações de casamento, mas também nas de união estável.

Totalmente equivocada, portanto, a referência constante das escrituras públicas acima citadas sobre a existência de "lacuna legal no reconhecimento desse modelo de união afetiva múltipla, conjunta e simultânea". Lacuna não há no ordenamento jurídico brasileiro, mas, sim, vedação constitucional expressa à lavratura dessas escrituras.

O argumento falacioso segundo o qual todas as relações afetivas devem ser tuteladas pelo Direito não tem fundamento, vez que o ordenamento jurídico confere proteção às relações afetivas desde que sejam lícitas.

Parte-se de premissas individualistas com a finalidade de transformar o afeto em princípio jurídico basilar. Mas o afeto está sendo usado naquelas propostas legislativas e escrituras públicas como um véu para encobrir o oportunismo sexual e financeiro desse tipo de relação.

Os direitos à liberdade e à felicidade não têm a amplitude que pretendem os defensores da legalidade desse tipo de relação. O direito à liberdade tem limitações inerentes aos princípios e às normas cristalizadas na sociedade. O direito à felicidade, que a rigor sequer é abrigado no ordenamento legal brasileiro, segundo a própria Proposta de Emenda Constitucional que tentou implementá-lo, a PEC n. 19/2010, na justificativa de seu relator, somente pode ser acolhido na lei se estiver ligado ao bem comum, porque a felicidade individualista equivale a uma psicopatia:

> evidentemente as alterações não buscam autorizar um indivíduo a requerer do Estado ou de um particular uma providência egoística a pretexto de atender à sua felicidade. Esse tipo de patologia não é alcançado pelo que aqui se propõe, o que seja, repita-se, a inclusão da felicidade como objetivo do Estado e direito de todos.[10]

---

9. Trata-se do Pedido de Providências n. 0001459-08.2016.2.00.0000.
10. Disponível em: http://legis.senado.leg.br/mateweb/arquivos/mate-pdf/80759.pdf. Acesso em 17.09.2018.

A Lei Maior é expressa ao limitar a duas pessoas a constituição de união estável, em seu art. 226, § 3º, segundo o qual, "para efeito da proteção do Estado, é reconhecida a união estável entre o homem e a mulher como entidade familiar, devendo a lei facilitar sua conversão em casamento", e a decisão do STF, expressa na ADPF n. 132 e na ADI n. 4.277, não poderia, como não modificou o princípio da monogamia nas relações entre pessoas do mesmo sexo na nova leitura que faz desse artigo da Constituição Federal.

Como já afirmei em outra oportunidade, a família, desde a Constituição Federal de 1988 e com a interpretação que lhe deu o Supremo Tribunal Federal em 2011, é efetivamente formada pelas uniões heterossexuais e homossexuais monogâmicas, bem como pelas famílias monoparentais. As relações entre pessoas do mesmo sexo merecem proteção do Poder Judiciário e também certamente encontrarão tutela no Poder Legislativo, que tem a atribuição constitucional de regular a matéria. Basta ler a referida decisão do STF para que se conclua que não afastou a monogamia da união estável.[11]

Trata-se de total desrespeito às relações entre pessoas do mesmo sexo a sua utilização como justificativa para o reconhecimento jurídico das relações poligâmicas. Ademais, consoante consta do julgado do Supremo Tribunal Federal, no voto do Ministro Relator, Carlos Ayres Britto, a união entre duas pessoas do mesmo sexo deve ser considerada união estável, sob o comando constitucional e da legislação infraconstitucional sobre a mesma espécie de união:

> Quando o certo – data vênia de opinião divergente – é *extrair do sistema de comandos da Constituição os encadeados juízos* que precedentemente verbalizamos, agora arrematados com a proposição de que *a isonomia entre casais heteroafetivos e pares homoafetivos somente ganha plenitude de sentido se desembocar no igual direito subjetivo à formação de uma autonomizada família.* Entendida esta, no âmbito das duas tipologias de sujeitos jurídicos, como um *núcleo doméstico* independente de qualquer outro e *constituído, em regra, com as mesmas notas factuais da visibilidade, continuidade e durabilidade.*
>
> [...]
>
> Dando por suficiente a presente análise da Constituição, julgo, em caráter preliminar, parcialmente prejudicada a ADPF n. 132-RJ, e, na parte remanescente, dela conheço como ação direta de inconstitucionalidade. *No mérito, julgo procedentes as duas ações em causa. Pelo que dou ao art. 1.723 do Código Civil interpretação conforme à Constituição para dele excluir qualquer significado que impeça o reconhecimento da união contínua, pública e duradoura entre pessoas*

11. Disponível em: http://www.adfas.org.br/artigos/conteudo.aspx?ti=A%20poligamia%20n%C3%A3o%20tem%20efeitos%20familiares%20e%20sucess%C3%B3rios&id=5063. Acesso em: 13.09.2016.

> *do mesmo sexo como "entidade familiar", entendida esta como sinônimo perfeito de "família". Reconhecimento que é de ser feito segundo as mesmas regras e com as mesmas consequências da união estável heteroafetiva.* [grifos nossos]

Também o Ministro Ricardo Lewandowski, em seu voto, limita-se a declarar:

> reconhecida a união homoafetiva como entidade familiar, aplicam-se a ela as regras do instituto que lhe é mais próximo, qual seja, a união estável heterossexual, mas *apenas nos aspectos em que são assemelhados.* [grifos nossos]

Veja-se, ainda, trecho do voto do Ministro Gilmar Mendes:

> por isso, nesse momento, limito-me a reconhecer a existência da união entre pessoas do mesmo sexo [...] e, com suporte na teoria do pensamento do possível, determinar a aplicação de um modelo de proteção semelhante - no caso, o que trata da união estável -, *naquilo que for cabível,* nos termos da fundamentação aqui apresentada, sem me pronunciar sobre outros desdobramentos. [grifos nossos]

Por fim, vale a menção ao voto do Ministro Cezar Peluso, segundo o qual, "na solução da questão posta, a meu ver e de todos os Ministros da Corte, *só podem ser aplicadas as normas correspondentes àquelas que, no Direito de Família, se aplicam à união estável entre o homem e a mulher*" [grifos nossos].

Percebe-se facilmente da leitura integral do acórdão que a monogamia não foi afastada pelo Supremo Tribunal Federal como querem fazer crer os defensores da poligamia.

Também não socorre os defensores da lavratura de escrituras de poligamia o argumento de que a sua legalidade estaria na natureza meramente declaratória e não constitutiva de direitos desses atos notariais.

No sentido declaratório, não haveria, *prima facie,* nenhuma violação à ordem jurídica, uma vez que tais escrituras públicas não teriam o condão de modificar a esfera jurídica dos declarantes, seja constituindo, seja modificando, seja extinguindo relações jurídicas. Mas para isso deveriam ser meros atos notariais, de mera constatação de um fato. Mas esse não é o simples teor dessas escrituras, que constituem direitos e deveres na órbita do direito de família. Aliás, essa é a expectativa de quem as lavra: obter a proteção da ordem jurídica e não simplesmente declarar a existência de um fato. E, ainda, deve-se observar que se esse fato efetivamente existe, a relação poligâmica, desnecessário seria fazer uma ata notarial.

Essas escrituras públicas atribuem aos outorgantes e reciprocamente outorgados efeitos concernentes exclusivamente às entidades familiares formadas por casais unidos pela união estável e pelo casamento civil, que têm natureza monogâmica, tais como o direito à lealdade, à assistência material e imaterial, além de efeitos patrimoniais fundados nos regimes de bens do casamento civil e da união estável e também direitos sucessórios oriundos do ordenamento legal sobre união estável, entre outros.

No entanto, é de evidência solar que essas "uniões poliafetivas" não entraram no mundo jurídico como entidades familiares, com os respectivos efeitos, não produzindo, portanto, os efeitos de direito de família e sucessórios citados nessas escrituras públicas.

Ademais, se o efeito declaratório pressupõe, antes, a existência jurídica daquilo que se declara, a situação é ainda mais grave quando se confere a esse ato declaratório a presunção de existência e veracidade.

Note-se que o princípio da fé pública, previsto no art. 3º da Lei n. 8.935/94[12] (Lei dos Notários e Registradores), nos arts. 374[13] e 405[14] do Código de Processo Civil de 2015 e no art. 215[15] do Código Civil de 2002 e de que é portador o tabelião, bem como as escrituras públicas por este lavradas, confere presunção legal de existência e veracidade aos atos notariais.

Portanto, quando o tabelião, portador da fé pública, lavra uma escritura pública - esse próprio instrumento com a mesma fé pública - declarando a existência da relação poligâmica, com direitos e deveres típicos de uniões estáveis, ele afirma à sociedade que tais relações entraram no mundo do Direito, que se tornaram relações jurídicas familiares e que produziram e produzirão todos os efeitos ali mencionados.

O tabelião que assim age, ao mesmo tempo em que não confere a proteção do ordenamento jurídico àqueles que o procuraram com o intuito de obtê-la, faz mau uso da confiança que a sociedade nele depositou, transmitindo a esta a errônea informação - com presunção de existência e veracidade - de que entrou no mundo jurídico aquilo que, em verdade, nele não adentrou nem poderá adentrar diante da ordem constitucional vigente.

---

12. "Art. 3º Notário, ou tabelião, e oficial de registro, ou registrador, são profissionais do direito, dotados de fé pública, a quem é delegado o exercício da atividade notarial e de registro."
13. "Art. 374. Não dependem de prova os fatos: I - notórios; II - afirmados por uma parte e confessados pela parte contrária; III - admitidos no processo como incontroversos; IV - em cujo favor milita presunção legal de existência ou de veracidade."
14. "Art. 405. O documento público faz prova não só da sua formação, mas também dos fatos que o escrivão, o chefe de secretaria, o tabelião ou o servidor declarar que ocorreram em sua presença."
15. "Art. 215. A escritura pública, lavrada em notas de tabelião, é documento dotado de fé pública, fazendo prova plena."

Ademais, o tabelião, assim agindo, viola princípios gerais da atividade notarial. Por lavrar escritura pública inapta à produção dos efeitos jurídicos pretendidos, viola o princípio da eficácia, que impõe ao tabelião o dever de produzir atos notariais dotados de eficácia jurídica.

Viola, igualmente, o princípio da segurança jurídica. A escritura pública de "união poliafetiva" lavrada cria nos declarantes – e também na sociedade – a falsa expectativa de que estão juridicamente protegidos pelo ordenamento jurídico, quando isso, em verdade, não ocorre. E, também, expõe os declarantes a eventuais questionamentos judiciais diante da admitida falta de reconhecimento por parte do ordenamento jurídico dessas relações poligâmicas. A pretexto de conferir segurança, retira-a. A pretexto de desjudicializar, judicializa, e o faz inutilmente, em razão da invalidade dessas escrituras.

Por fim, igualmente descabida a afirmação constante de escritura desse tipo de que "os direitos concernentes à união poliafetiva são incipientes". Não existe a categoria jurídica denominada direitos incipientes. Ou a norma jurídica, em virtude da suficiência de seu suporte fático, incidiu e produziu os efeitos nela previstos, criando relações jurídicas, direitos, deveres etc. ou não incidiu e tais efeitos são inexistentes. Não existem direitos de segunda categoria ou direitos incipientes.

Em suma, a quem vive em relação poligâmica não são atribuídos efeitos jurídicos de direito de família, de ordem pessoal, como os deveres de assistência e lealdade, e de ordem patrimonial, como o regime de bens, assim como não existem efeitos de direito sucessório.

Poligamia não consentida

Outro projeto de lei, o PLS n. 470/2013, chamado "Estatuto das Famílias", de autoria da Senadora Lídice da Mata (PSB-BA) e de relatoria do Senador João Capiberibe (PSB-AP), faz proposições para atribuir à poligamia não consentida efeitos típicos de entidades familiares.

Assim, propõe que "a pessoa casada, ou que viva em união estável, e que constitua relacionamento familiar paralelo com outra pessoa, é responsável pelos mesmos deveres referidos neste artigo, e, se for o caso, por danos materiais e morais".

Esse projeto também desmerece até mesmo andamento e perda de tempo no Congresso Nacional, pelas razões a seguir expostas e outras que fogem do âmbito deste capítulo.

Nada significa a argumentação de que a segunda relação não é de casamento e por isso não seria nula nos termos do Código Civil (art. 1.521, VI) ou não configuraria bigamia na conformidade do Código Penal (art. 235).

Não há efeitos jurídicos nas relações poligâmicas não consentidas, isto é, naquelas relações que decorrem da violação do dever de fidelidade recíproca entre os cônjuges ou companheiros, que é o primeiro e mais importante dos deveres recíprocos dos cônjuges, como já foi exposto em obra anterior.[16] A infidelidade é, efetivamente, ato ilícito civil, grave violação do dever do casamento ou da união estável. "O dever de fidelidade recíproca [...] pode ser entendido como o dever de lealdade sob o aspecto físico e moral, de um dos cônjuges para com o outro, quanto à manutenção de relações que visem a satisfazer o instinto sexual dentro do tálamo", como também já foi examinado em livros anteriores.[17]

O descumprimento do dever de fidelidade, por ser ato ilícito, gera sanções ao inadimplente, entre as quais a perda do direito aos alimentos ou pensão alimentícia.

O Código Civil brasileiro de 2002 define a união estável no art. 1.723, em consonância com a Lei Maior, como a entidade familiar de convivência pública, contínua e duradoura, constituída por pessoas solteiras, separadas ou divorciadas e viúvas, excepcionando-se no estado civil de casado somente a hipótese de efetiva separação de fato, como prevê o § 1º desse dispositivo legal.

Portanto, ressalva-se a atribuição de efeitos jurídicos às relações de pessoas com estado civil de casadas somente na hipótese de essa pessoa estar separada de fato ou de direito, extrajudicial ou judicialmente, desde que preenchidos todos os demais requisitos estabelecidos no Código Civil, devendo o relacionamento ser público, contínuo e duradouro e em constituição de família. O mesmo raciocínio deve ser aplicado a quem vive em união estável, em razão dos efeitos assemelhados entre essa entidade familiar e aquela constituída pelo casamento civil em termos de efeitos, de modo que, se há uma união estável preexistente, a outra relação de um de seus partícipes não pode produzir efeitos jurídicos.

Cite-se o v. acórdão do Superior Tribunal de Justiça, proferido no REsp n. 1.348.458/MG, relatado pela Excelentíssima Ministra Nancy Andrighi, que assentou que a fidelidade compõe o conceito de lealdade, sendo desprovida de efeitos jurídicos a união que se forma por mais do que duas pessoas. Ademais, asseverou que o reconhecimento da união estável está atrelado à proteção da dignidade da pessoa humana, ligado à solidariedade, à afetividade, à felicidade, à liberdade, à igualdade, bem assim, com redobrada atenção ao primado da monogamia, com a indispensável eticidade na análise do caso

---

16. TAVARES DA SILVA, Regina Beatriz; MONTEIRO, Washington de Barros. *Curso de direito civil*: direito de família, 2016, p.226.
17. TAVARES DA SILVA, Regina Beatriz. *Dever de reparação imaterial entre cônjuges*, 1990, p.76-7; idem. *Reparação civil na separação e no divórcio*, 1999, p.71-2.

concreto. Como consignado no referido acórdão, a poligamia não gera efeitos sucessórios e, portanto, de família, excetuada apenas a sociedade de fato, de cunho obrigacional, desde que preenchidos os respectivos requisitos de comprovação da contribuição da concubina com trabalho ou capital na formação de patrimônio:[18]

> [...] 2. Discussão relativa ao reconhecimento de união estável quando não observado o dever de fidelidade pelo *de cujus*, que mantinha outro relacionamento estável com terceira. 3. Embora não seja expressamente referida na legislação pertinente, como requisito para configuração da união estável, a fidelidade está ínsita ao próprio dever de respeito e lealdade entre os companheiros. 4. A análise dos requisitos para configuração da união estável deve centrar-se na conjunção de fatores presente em cada hipótese, como a *affectio societatis* familiar, a participação de esforços, a posse do estado de casado, a continuidade da união, e também a fidelidade. 5. Uma sociedade que apresenta como elemento estrutural a monogamia não pode atenuar o dever de fidelidade - que integra o conceito de lealdade e respeito mútuo - para o fim de inserir no âmbito do Direito de Família relações afetivas paralelas e, por consequência, desleais, sem descurar que o núcleo familiar contemporâneo tem como escopo a busca da realização de seus integrantes, vale dizer, a busca da felicidade. 6. Ao analisar as lides que apresentam paralelismo afetivo, deve o juiz, atento às peculiaridades multifacetadas apresentadas em cada caso, decidir com base na dignidade da pessoa humana, na solidariedade, na afetividade, na busca da felicidade, na liberdade, na igualdade, bem assim, com redobrada atenção ao primado da monogamia, com os pés fincados no princípio da eticidade. 7. Na hipótese, a recorrente não logrou êxito em demonstrar, nos termos da legislação vigente, a existência da união estável com o recorrido, podendo, no entanto, pleitear, em processo próprio, o reconhecimento de uma eventual sociedade de fato entre eles. 8. Recurso especial desprovido. (STJ, REsp n. 1.348.458/MG, 3ª T., rel. Min. Nancy Andrighi, j. 08.05.2014)

---

18. Mencione-se, no mesmo sentido, os seguintes acórdãos: STF, RE n. 397.762/BA, 1ª T., rel. Min. Marco Aurélio, *DJ* 03.06.2008; STJ, REsp n. 931.155/RS, 3ª T., rel. Min. Nancy Andrighi, j. 07.08.2007; STJ, REsp n. 1.047.538/RS, 3ª T., rel. Min. Nancy Andrighi, j. 04.11.2008; STJ, REsp n. 1.096.539/RS, 4ª T., rel. Min. Luis Felipe Salomão, j. 27.03.2012; STJ, REsp n. 874.443/RS, 4ª T., rel. Min. Aldir Passarinho Junior, j. 24.08.2010; STJ, REsp n. 988.090/MS, 4ª T., rel. Min. Luis Felipe Salomão, j. 02.02.2010; STJ, REsp n. 1.142.584/SC, 6ª T., rel. Min. Haroldo Rodrigues, j. 01.12.2009; STJ, Ag. Reg. no Ag. n. 670.502/RJ, 3ª T., rel. Min. Ari Pargendler, j. 19.06.2008; STJ, REsp n. 684.407/RS, 4ª T., rel. Min. Jorge Scartezzini, *DJ* 27.06.2005; STJ, Ag. Reg. no Ag. n. 1.130.816, 3ª T., rel. Min. Vasco Della Giustina, j. 27.08.2010; STJ, REsp n. 1.157.273/RN, 3ª T., rel. Min. Nancy Andrighi, j. 18.05.2010.

Ademais, recentemente, O Superior Tribunal de Justiça disponibilizou em sua ferramenta "Jurisprudência em teses" os entendimentos jurisprudenciais consolidados sobre o tema da união estável. Neles é possível observar que os enunciados de número 4,[19] 5,[20] 14[21] e 15[22] manifestam o consolidado entendimento do Superior Tribunal de Justiça no sentido de negar viabilidade jurídica à poligamia.

A proteção à família somente pode ocorrer por meio da proteção à dignidade de seus membros, cabendo à legislação e à jurisprudência, assim como à doutrina, o indispensável senso de responsabilidade na regulamentação e na interpretação das normas sobre as relações familiares, sob pena de desestruturação desse núcleo essencial da sociedade.

Como alerta Antonio Junqueira de Azevedo,

> mal o século XX se livrou do vazio do "bando dos quatro" - os quatro conceitos jurídicos indeterminados: função social, ordem pública, boa-fé e interesse público -, preenchendo-os, pela lei, doutrina e jurisprudência, com alguma diretriz material, que surge, agora, no século XXI, problema idêntico com a expressão "*dignidade da pessoa humana*".[23]

A dignidade da pessoa humana, como fundamento da República Federativa do Brasil (Constituição Federal, art. 1º, III) não é um conceito meramente individual, que cada um forja ao seu próprio talante. Desse modo, a utilização indevida do princípio da dignidade da pessoa humana também não dá apoio à atribuição de direitos de família e sucessórios às relações de mancebia.

Como será analisado a seguir, a poligamia, seja em sua espécie consentida, seja em sua espécie não consentida, viola diversos direitos da personalidade dos envolvidos nessas relações.

---

19. "4) Não é possível o reconhecimento de uniões estáveis simultâneas."
20. "5) A existência de casamento válido não obsta o reconhecimento da união estável, desde que haja separação de fato ou judicial entre os casados."
21. "14) É inviável a concessão de indenização à concubina, que mantivera relacionamento com homem casado, uma vez que tal providência daria ao concubinato maior proteção do que aquela conferida ao casamento e à união estável."
22. "15) Compete à Justiça Federal analisar, incidentalmente e como prejudicial de mérito, o reconhecimento da união estável nas hipóteses em que se pleiteia a concessão de benefício previdenciário."
23. JUNQUEIRA DE AZEVEDO, Antonio. "Caracterização jurídica da dignidade da pessoa humana". *Revista da Faculdade de Direito, Universidade de São Paulo*. São Paulo, v. 97, p. 112, jan. 2002. Disponível em: http://www.revistas.usp.br/rfdusp/article/view/67536. Acesso em: 19.09.2016.

Malefícios da poligamia nos países em que é adotada

Em importante artigo intitulado "The puzzle of monogamous marriage", publicado pela The Royal Society - sociedade britânica formada pelos mais eminentes cientistas do planeta e uma das mais antigas academias científicas em contínua existência -, Joseph Henrich, do Departamento de Psicologia e do Departamento de Economia da University of British Columbia, Canadá, Robert Boyd, do Departamento de Antropologia da University of California, Los Angeles, EUA, e Peter J. Richerson, do Departamento de Ciências Ambientais e Política da University of California, Davis, EUA, estudam, com estatísticas e aprofundamento, a poligamia no mundo.[24]

De acordo com o referido estudo, a poligamia produz, entre outros efeitos, os seguintes: i) desigualdade entre homens e mulheres; ii) maior competição sexual dos homens por mulheres, inclusive para a perpetuação da espécie na geração de filhos; iii) menos mulheres disponíveis, de modo que há mais homens solteiros, que estão mais sujeitos à prática de crimes; iv) maiores taxas de crimes, abusos pessoais, conflitos domésticos e fertilidade; v) pior investimento nos filhos e produtividade econômica. Pesquisa apresentada no referido artigo, que estudou sociedades poligâmicas ao redor do globo, revelou que não há casos em que a relação entre as esposas possa ser descrita como harmoniosa e que nada indica que o acesso da mulher aos meios de produção possa mitigar esse conflito.[25]

Por outro lado, de acordo com o mesmo artigo, a monogamia produz: i) a redução da taxa de criminalidade, incluindo estupro, assassinatos, roubos e fraudes, assim como diminuição de abusos pessoais; ii) redução da diferença de idade entre os consortes; iii) redução da fertilidade; iv) redução da desigualdade entre os sexos; v) redução da mortalidade materna; vi) redução dos casos de mutilação genital feminina; vii) redução do tráfico sexual; viii) redução da violência doméstica; ix) aumento do número de salvamentos, de investimento nas crianças e da produtividade econômica ao transferir os esforços masculinos da busca por esposas para os investimentos nos filhos; x) redução dos conflitos domésticos, o que promove menores taxas de negligência com os filhos, de abusos, de mortes acidentais e de homicídios; xi) melhores investimentos paternos e menor fertilidade favorecem a maior qualidade da prole; xii) vários desses fatores favorecem melhores taxas de inovação

---

24. HENRICH, Joseph; BOYD, Robert; RICHERSON, Peter J. "The puzzle of monogamous marriage". *Phil. Trans. R. Soc. B*, 2012. Disponível em: http://rstb.royalsocietypublishing.org/content/367/1589/657. Acesso em: 18.10.2016.
25. Ibidem.

e mais rápido crescimento econômico. É dito no mesmo estudo que baixos índices de criminalidade favorecem: i) o comércio; ii) maiores investimentos; iii) maior troca livre de informações; iv) melhor produtividade econômica; e v) melhor divisão do trabalho.[26]

A poligamia é adotada em poucas regiões do mundo: na maior parte da África e na menor parte da Ásia. Grande parte dessas regiões são, não coincidentemente, as que apresentam os piores Índices de Desenvolvimento Humano.

Na maior parte dos países ocidentais vigora a monogamia, ou seja, o casamento e a união estável somente existem entre duas pessoas.

É de salientar que, segundo a conclusão daquele estudo supracitado, sociedades monogâmicas mostraram-se, historicamente, mais aptas e por isso prevaleceram. O casamento monogâmico, segundo o mesmo estudo, gera benefícios econômicos e melhor organização social.[27]

As mulheres nas relações poligâmicas: violações aos direitos da personalidade

No estudo apontado anteriormente, baseado nas estatísticas referidas e realizadas em países que adotam a poligamia, denota-se, sem sombra de dúvida, que esse tipo de relação viola os direitos da personalidade das pessoas nela envolvidas.

Os direitos da personalidade são aqueles direitos subjetivos, essenciais, inatos ou originários, vitalícios e intransmissíveis, em regra, necessários, oponíveis *erga omnes* e indispensáveis, que têm por objeto os modos de ser físicos ou morais da pessoa em si e em suas projeções sociais, com vistas à proteção da essência da sua personalidade.[28]

Segundo Jorge Miranda, Otavio Luiz Rodrigues Junior e Gustavo Bonato Freut, "a doutrina jurídica portuguesa contemporânea define os direitos da personalidade como posições jurídicas fundamentais do homem, decorrentes de sua própria condição, a saber, o nascimento e a vida (Cabral de Moncada)".[29]

---

26. Ibidem.
27. Ibidem.
28. TAVARES DA SILVA, Regina Beatriz. *Reparação civil na separação e no divórcio*, 1999, p.148-9.
29. MIRANDA, Jorge; RODRIGUES JUNIOR, Otavio Luiz; FREUT, Gustavo Bonato. "Principais problemas dos direitos da personalidade e estado-da-arte da matéria no direito comparado". In: MIRANDA, Jorge; RODRIGUES JUNIOR, Otavio Luiz; FREUT, Gustavo Bonato (orgs.). *Direitos da personalidade*, 2012, p.13.

Os direitos da personalidade são marcados, via de regra, por sua essencialidade, originalidade, vitaliciedade, oponibilidade, extrapatrimonialidade, intransmissibilidade e irrenunciabilidade.[30]

Silmara Juny de Abreu Chinellato aponta as seguintes características dos direitos da personalidade: inalienabilidade, incessibilidade, imprescritibilidade, impenhorabilidade, não taxatividade do rol e intransmissibilidade.[31]

Para Carlos Alberto Bittar, que se situa entre os naturalistas,

> [...] os direitos da personalidade devem ser compreendidos como: a) os próprios da pessoa em si (ou originários), existentes por sua natureza, como ente humano, com o nascimento; b) e os referentes às suas projeções para o mundo exterior (a pessoa como ente moral e social, ou seja, em seu relacionamento com a sociedade).[32]

De acordo com o mesmo autor, o direito à integridade física, que é o que nos interessa de perto no presente capítulo, é aquele pelo qual

> [...] se protege a incolumidade do corpo e da mente. Consiste em manter-se a higidez física e a lucidez mental do ser, opondo-se a qualquer atentado que venha a atingi-las, como direito oponível a todos.[33]

---

30. TAVARES DA SILVA, Regina Beatriz. "Sistema protetivo dos direitos da personalidade". In: TAVARES DA SILVA, Regina Beatriz; PEREIRA DOS SANTOS, Manoel J. *Responsabilidade civil na internet e nos demais meios de comunicação*, 2012, p.42-3.
31. CHINELLATO, Silmara Juny de Abreu. *Comentários ao Código Civil*: direito de família: arts. 1.591 a 1.710, 2004, p.88.
32. BITTAR, Carlos Alberto. *Os direitos da personalidade*, 2000, p.10. "A teoria dos direitos inatos foi, assim, a consequência da reação contra o superpoder do Estado de polícia. Ela está na base das Declarações dos Direitos do Homem e do Cidadão. [...] Os direitos da personalidade, pelo seu caráter de essencialidade, são na maioria das vezes direitos inatos [...], mas não se reduzem ao âmbito destes. Os direitos inatos são todos eles direitos da personalidade, mas pode verificar-se a hipótese de direitos que não têm por base o simples pressuposto da personalidade, e que todavia, *uma vez revelados*, adquirem caráter de essencialidade" (DE CUPIS, Adriano. *Os direitos da personalidade*, 1961, p.19-21).
33. BITTAR, Carlos Alberto. *Os direitos da personalidade*, 2000, p.72. A referência feita por Carlos Alberto Bittar à oponibilidade *erga omnes* do direito à integridade física coaduna-se com a afirmação de F. C. Pontes de Miranda segundo a qual os direitos da personalidade seriam direitos absolutos: "Nenhum dos direitos de personalidade é relativo; o fato de serem dirigidos ao Estado, se a ofensa provém de autoridade pública, de modo nenhum os relativiza: apenas, aí, se põe ao vivo que a evolução política e jurídica já alcançou muni-los de pretensões e ações que mantivessem o Estado, que também é pessoa, *dentro* dos limites que o direito das gentes, a Constituição e as leis lhe traçaram. Direito a sujeitos passivos totais, como são os direitos à personalidade, o Estado apenas é um dos sujeitos que se compreendem na totalidade dos sujeitos"

A Professora Silmara Juny de Abreu Chinellato, por considerar o direito à vida categoria autônoma por ser direito condicionante, classifica os direitos da personalidade em quatro categorias, a saber: direito à vida, direito à integridade física, direito à integridade moral e direito à integridade intelectual.[34]

O direito à integridade física possui posição capital no sistema dos direitos da personalidade.[35] Para Francisco do Amaral, a integridade física

> é a incolumidade do corpo humano, o estado ou a qualidade de intacto, ileso, que não sofreu dano. [...] O direito à integridade física compreende, também, a saúde individual, tanto orgânica como mental, mas não se confunde com o direito à saúde (CF, art. 196).[36]

Como esclareci em tese de pós-doutoramento defendida junto à Faculdade de Direito da Universidade de Lisboa, "a esse direito da personalidade à integridade psíquica acrescentamos o direito à integridade emocional [...] em razão da ligação indiscutivelmente existente entre as emoções e o psiquismo".[37]

Assim, o direito à integridade física, que abarca o direito à integridade psíquica,[38] pressupõe a existência e a incolumidade física da pessoa humana.

Seu fundamento legal no Direito brasileiro é o art. 5º, III,[39] da Constituição Federal, bem como a previsão constante do § 2º desse artigo de que "os direitos e garantias expressos nesta Constituição não excluem outros decorrentes do regime e dos princípios por ela adotados".[40]

Feitas essas considerações, basta observarmos os malefícios já mencionados que decorrem da poligamia para concluirmos que ela promove a violação dos direitos da personalidade da mulher partícipe dessa relação.

(PONTES DE MIRANDA, Francisco Cavalcanti. *Tratado de direito privado*. Direito de personalidade. Direito de família, 2012, t.VII, p.58).

34. CHINELLATO, Silmara Juny de Abreu. *Do nome da mulher casada*: direito de família e direitos da personalidade, 2001, p.64; CHINELLATO, Silmara Juny de Abreu. "Bioética e direitos de personalidade do nascituro". Scientia Iuris *Revista do Curso de Mestrado em Direito Negocial da UEL, Londrina-PR*, v.7/8, p.96, 2004.
35. AMARAL, Francisco. *Direito civil*: introdução, 1998, p.248.
36. Ibidem, p.248-9.
37. TAVARES DA SILVA, Regina Beatriz. "Reflexões sobre a procriação ou reprodução assistida nas uniões entre pessoas do mesmo sexo". In: TAVARES DA SILVA, Regina Beatriz; CAMARGO NETO, Theodureto de Almeida (coords.). *Grandes temas de direito de família e das sucessões*, 2014, v.2, p.62.
38. "Integridade psíquica é o direito à incolumidade da mente" (ibidem, 2014, v.2, p.62).
39. Art. 5º, III: "ninguém será submetido a tortura nem a tratamento desumano ou degradante".
40. No Direito português, por exemplo, o direito à integridade pessoal, que abarca o direito à integridade moral, está previsto no art. 25, 1 e 2, da Constituição portuguesa.

A poligamia viola, efetivamente, o direito à integridade física e psíquica da mulher ao promover desigualdade entre homens e mulheres, aumento dos conflitos domésticos com consequente violência doméstica e ao não produzir diversos benefícios sociais que a monogamia produz, como a redução da mortalidade materna, a redução dos casos de mutilação genital feminina e a redução do tráfico sexual.

A incolumidade física e mental da mulher inserida em uma relação poligâmica é posta em cheque, podendo se afirmar, até mesmo, que ocorrerá violação de sua própria dignidade.

Não se pode perder de vista que a Constituição Federal de 1988, em seu art. 266, § 8º, dispõe:

> Art. 226. A família, base da sociedade, tem especial proteção do Estado. [...]
> § 8º O Estado assegurará a assistência à família na pessoa de cada um dos que a integram, criando mecanismos para coibir a violência no âmbito de suas relações.

Nota-se, dessa forma, que ao Estado é imposto o dever de coibir a violência no âmbito das relações domésticas e não o de fomentá-la. A institucionalização da poligamia em nosso país colidiria frontalmente com tal dever, diante de suas consequências nefastas já mencionadas.

Portanto, todos esses fatores convergem para que se conclua que, em um país em que a violência contra a mulher é, efetivamente, um problema a ser enfrentado pela sociedade e pelo Estado, não será por meio da institucionalização da poligamia, seja consentida, seja não consentida, que viola os direitos da personalidade da mulher, que esse quadro obterá algum tipo de melhora, pelo contrário, haverá piora.

As crianças e os adolescentes nas relações poligâmicas: violações ao direito ao desenvolvimento saudável da personalidade

O direito ao desenvolvimento saudável da personalidade não possui previsão expressa no Direito brasileiro, mas pode ser extraído da cláusula geral de tutela da personalidade, que decorre da proteção à dignidade da pessoa humana prevista no art. 1º, III,[41] da Constituição Federal.

---

41. "Art. 1º A República Federativa do Brasil, formada pela união indissolúvel dos Estados e Municípios e do Distrito Federal, constitui-se em Estado Democrático de Direito e tem como fundamentos: [...] III – a dignidade da pessoa humana".

De acordo com o art. 227 da Constituição Federal de 1988:

> Art. 227. É dever da família, da sociedade e do Estado assegurar à criança, ao adolescente e ao jovem, com absoluta prioridade, o direito à vida, à saúde, à alimentação, à educação, ao lazer, à profissionalização, à cultura, à dignidade, ao respeito, à liberdade e à convivência familiar e comunitária, além de colocá-los a salvo de toda forma de negligência, discriminação, exploração, violência, crueldade e opressão.

Desses dispositivos constitucionais,[42] extrai-se o direito da criança e do adolescente ao desenvolvimento saudável de sua personalidade, devendo-se assegurar sempre, com absoluta prioridade, seus direitos à vida, à saúde, à alimentação, à educação, ao lazer, à profissionalização, à cultura, à dignidade, ao respeito, à liberdade e à convivência familiar e comunitária.

Ademais, o art. 3º do ECA dispõe que:

> Art. 3º A criança e o adolescente gozam de todos os direitos fundamentais inerentes à pessoa humana, sem prejuízo da proteção integral de que trata esta Lei, assegurando-se-lhes, por lei ou por outros meios, todas as oportunidades e facilidades, a fim de lhes facultar o desenvolvimento físico, mental, moral, espiritual e social, em condições de liberdade e de dignidade.

Por fim, importa mencionar o art. 5º do ECA:

> Art. 5º Nenhuma criança ou adolescente será objeto de qualquer forma de negligência, discriminação, exploração, violência, crueldade e opressão, punido na forma da lei qualquer atentado, por ação ou omissão, aos seus direitos fundamentais.

Desses dispositivos é possível inferir os princípios da proteção integral à criança e ao adolescente[43] e o da prevalência do melhor interesse da criança

---

42. Ver também o art. 4º do ECA: "Art. 4º É dever da família, da comunidade, da sociedade em geral e do poder público assegurar, com absoluta prioridade, a efetivação dos direitos referentes à vida, à saúde, à alimentação, à educação, ao esporte, ao lazer, à profissionalização, à cultura, à dignidade, ao respeito, à liberdade e à convivência familiar e comunitária".
43. Importa mencionar, também, o art. 1º do ECA, segundo o qual: "Esta Lei dispõe sobre a proteção integral à criança e ao adolescente".

e do adolescente,[44] que o é princípio que informa toda a sistemática de proteção estabelecida pelo ECA.

Esclarece Roberto João Elias que

> a proteção integral há de ser entendida como aquela que abrange todas as necessidades de um ser humano para o pleno desenvolvimento de sua personalidade. Assim sendo, às crianças e aos adolescentes deve ser prestada a assistência material, moral e jurídica. É oportuno observar, ademais, que toda assistência deve ser, de preferência, ofertada no seio de uma família, se possível a biológica. Se não for, em uma família substitutiva.[45]

E complementa o mesmo autor:

> [...] outras leis, já existentes ou por vir, acrescidas de outras providências, deverão ser propícias ao desenvolvimento do menor, em todo o sentido. Não somente a sua vida deve ser preservada, mas há de se envidar esforços para um pleno desenvolvimento, inclusive espiritual.[46]

A proteção integral, de acordo com Antônio Chaves, materializa-se no amparo completo que deve ser conferido à criança e ao adolescente dos pontos de vista material e espiritual, bem como sua proteção desde a concepção por meio da salvaguarda da saúde e bem-estar da gestante e de sua família.[47]

O art. 7º do ECA,[48] assim como o art. 227 da CF antes mencionado, trata do direito da criança e do adolescente à vida e à saúde, destacando a necessidade de conferir-lhes desenvolvimento sadio e harmonioso, em condições dignas de existência.[49]

---

44. Importa mencionar, igualmente, o art. 6º do ECA, segundo o qual: "Na interpretação desta Lei levar-se-ão em conta os fins sociais a que ela se dirige, as exigências do bem comum, os direitos e deveres individuais e coletivos, e a condição peculiar da criança e do adolescente como pessoas em desenvolvimento".
45. ELIAS, Roberto João. *Comentários ao Estatuto da Criança e do Adolescente (Lei n. 8.069, de 13 de julho de 1990)*, 2008, p.2.
46. Ibidem, 2008, p.4. "A ênfase que se dá à proteção integral é pertinente, pois não se pode pensar no menor apenas como alguém que precisa ser alimentado para sobreviver, como um simples animal. É deveras importante atentar para o seu desenvolvimento psíquico e psicológico" (ibidem, 2008, p.5).
47. CHAVES. Antônio. *Comentários ao Estatuto da Criança e do Adolescente*, 1994, p.45.
48. "Art. 7º A criança e o adolescente têm direito a proteção à vida e à saúde, mediante a efetivação de políticas sociais públicas que permitam o nascimento e o desenvolvimento sadio e harmonioso, em condições dignas de existência."
49. "O direito à vida é, sem dúvida, o mais importante de todos, uma vez que, perecendo ele, não se há de cogitar de outros direitos, pela falta de titular" [ELIAS, Roberto João.

O art. 19 do ECA,[50] por seu turno, dispõe acerca do direito da criança e do adolescente à convivência familiar e comunitária. Dessa disposição extrai-se a importância que é atribuída à convivência familiar, seja no seio da família natural, seja no de outra substituta, como condição *sine qua non* para o pleno desenvolvimento da personalidade do menor.

Ademais, importa destacar a parte final do mencionado dispositivo, que confere real importância ao ambiente no qual ocorre o desenvolvimento da criança e do adolescente, que deve ser "ambiente que garanta seu desenvolvimento integral". Como afirma Roberto João Elias, "quer-se, enfim, que o menor cresça em uma família, e que esta seja adequada a lhe proporcionar condições de um desenvolvimento sadio [...]".[51]

Ademais, Paulo Lúcio Nogueira afirma que a família é o *locus* mais adequado para a educação da criança e do adolescente, "pois será justamente em companhia dos pais e demais membros que eles terão condições de um melhor desenvolvimento".[52]

Importa mencionar, ainda, que a Convenção Universal dos Direitos da Criança, adotada pela Assembleia das Nações Unidas de 20 de novembro de 1959 e ratificada pelo Brasil, proclama que:

> Para o desenvolvimento completo e harmonioso de sua personalidade, a criança precisa de amor e compreensão. Criar-se-á, sempre que possível, aos cuidados e sob a responsabilidade dos pais e, em qualquer hipótese, *num ambiente de afeto e de segurança moral e material*, salvo circunstâncias excepcionais, a criança da tenra idade não será apartada da mãe. À sociedade e às autoridades públicas caberá a obrigação de propiciar cuidados especiais às crianças sem família e àquelas que carecem de meios adequados de subsistência. É desejável a prestação de ajuda oficial e de outra natureza em prol da manutenção dos filhos de famílias numerosas.[53] [grifos nossos]

Comentários ao Estatuto da Criança e do Adolescente (Lei n. 8.069, de 13 de julho de 1990), 2008, p.9].

50. "Art. 19. É direito da criança e do adolescente ser criado e educado no seio de sua família e, excepcionalmente, em família substituta, assegurada a convivência familiar e comunitária, em ambiente que garanta seu desenvolvimento integral."
51. ELIAS, Roberto João. *Comentários ao Estatuto da Criança e do Adolescente (Lei n. 8.069, de 13 de julho de 1990)*, 2008, p.21; TAVARES, José de Farias. *Direito da infância e da juventude*, 2001, p.132.
52. NOGUEIRA, Paulo Lúcio. *Estatuto da Criança e do Adolescente*, 1993, p.32.
53. Disponível em: http://www.direitoshumanos.usp.br/index.php/Crian%C3%A7a/declaracao-dos-direitos-da-crianca.html. Acesso em: 17.09.2018

O direito à educação, também assegurado pela Constituição Federal de 1988 em seu art. 205[54] e pelo ECA em seu art. 53,[55] que é apenas desdobramento do previsto nos arts. 3º e 4º deste mesmo Diploma,[56] é igualmente fundamental para o saudável desenvolvimento da personalidade dos filhos,[57] sendo de responsabilidade solidária da família, da sociedade e do Estado em função de sua vital importância.[58]

Como afirma José de Farias Tavares:

> Educação aqui tem sentido mais amplo, englobando tanto o ensino regular como as atividades educativas informais e até medidas socioeducativas que substituem penas quando necessários corretivos de conduta antissocial dos adolescentes e até das crianças.[59]

A educação e o acesso à cultura são fundamentais para todas as pessoas, sendo de especial importância, no entanto, para as crianças e os adolescentes, que encontram na educação e na cultura mecanismos únicos para o seu desenvolvimento biopsicossocial.[60]

A educação é, desse modo, fundamental ao pleno desenvolvimento da pessoa do menor, bem como essencial para o exercício da cidadania e qualificação para atividades profissionais, constituindo-se verdadeiro direito fundamental da criança e do adolescente.[61]

Voltemos agora, novamente, aos efeitos danosos que a poligamia gera aos envolvidos nessa relação afetiva, destacando-se, desta feita, os efeitos nefastos que produz sobre os filhos.

---

54. "Art. 205. A educação, direito de todos e dever do Estado e da família, será promovida e incentivada com a colaboração da sociedade, visando ao pleno desenvolvimento da pessoa, seu preparo para o exercício da cidadania e sua qualificação para o trabalho."
55. "Art. 53. A criança e o adolescente têm direito à educação, visando ao pleno desenvolvimento de sua pessoa, preparo para o exercício da cidadania e qualificação para o trabalho, assegurando-se-lhes: I – igualdade de condições para o acesso e permanência na escola; II – direito de ser respeitado por seus educadores; III – direito de contestar critérios avaliativos, podendo recorrer às instâncias escolares superiores; IV – direito de organização e participação em entidades estudantis; V – acesso à escola pública e gratuita próxima de sua residência."
56. TAVARES, José de Farias. *Comentários ao Estatuto da Criança e do Adolescente*, 1992, p.58.
57. ELIAS, Roberto João. *Comentários ao Estatuto da Criança e do Adolescente (Lei n. 8.069, de 13 de julho de 1990)*, 2008, p.50.
58. TAVARES, José de Farias. *Direito da infância e da juventude*, 2001, p.89.
59. Ibidem, 2001, p.89.
60. TAVARES, José de Farias. *Direito da infância e da juventude*, 2001, p.88.
61. NOGUEIRA, Paulo Lúcio. *Estatuto da Criança e do Adolescente*, 1993, p.74-7.

De acordo com o mencionado estudo elaborado por Joseph Henrich, Robert Boyd e Peter J. Richerson, a poligamia promove aumento dos conflitos domésticos e menor investimento na prole, uma vez que a maior parte dos esforços e recursos é empregada na busca por mais consortes, ao passo que deixa de produzir diversos benefícios que a adoção da monogamia produz, como a redução da mortalidade materna, que favorece a criação dos filhos menores, o aumento no número de salvamentos, de investimentos nas crianças, a redução dos conflitos domésticos, da negligência com os filhos, dos abusos e das mortes acidentais e dos homicídios, todos esses efeitos da monogamia a promoverem a qualidade da prole.

Além disso, o estudo menciona que a mortalidade de crianças em países poligâmicos é, aproximadamente, duas vezes maior do que a dos países monogâmicos, mencionando, ademais, diversos estudos[62] que dão suporte a essa conclusão.

O artigo também cita estudo de Omariba e Boyle[63] que, usando dados de 22 países da África Subsaariana, concluiu que crianças em famílias poligâmicas são 24,4% mais propensas a morrer do que crianças em lares monogâmicos.

Os dados mencionados por Joseph Henrich, Robert Boyd e Peter J. Richerson abundam. De acordo com a pesquisa, estudos realizados na Tanzânia e no Chade[64] descobriram que crianças em lares poligâmicos possuem uma nutrição mais pobre do que a de crianças em lares monogâmicos na mesma comunidade.

---

62. DEFO, B. K. "1996 Areal and socioeconomic differentials in infant and child mortality in Cameroon". *Social Sci. Med.* v.42, p.399-420; STRASSMANN, B. I. "1997 Polygyny as a risk factor for child mortality among the Dogon". *Curr. Anthropol.* v.38, p.688-95; OMARIBA, D. W. R.; BOYLE, M. H. "2007 Family structure and child mortality in sub-Saharan Africa: cross-national effects of polygyny". *J. Marriage Fam.* v.69, p.528-43; SELLEN, D. W. "1999 Polygyny and child growth in a traditional pastoral society: the case of the Datoga of Tanzania". *Hum. Nat.-Int. Bios.* v.10, p.329-71 *apud* HENRICH, Joseph; BOYD, Robert; RICHERSON, Peter J. "The puzzle of monogamous marriage". *Phil. Trans. R. Soc. B.* 2012. Disponível em: http://rstb.royalsocietypublishing.org/content/367/1589/657. Acesso em: 18.10.2016.
63. OMARIBA, D. W. R.; BOYLE, M. H. "2007 Family structure and child mortality in sub-Saharan Africa: cross-national effects of polygyny". *J. Marriage Fam.* v.69, p.528-43 *apud* HENRICH, Joseph; BOYD, Robert; RICHERSON, Peter J. "The puzzle of monogamous marriage". *Phil. Trans. R. Soc. B.* 2012. Disponível em: http://rstb.royalsocietypublishing.org/content/367/1589/657. Acesso em: 18.10.2016.
64. BEGIN, F.; FRONGILLO, E.; DELISLE, H. "1999 Caregiver behaviors and resources influence child height-for-age in rural Chad". *Commun. Int. Nutr.* v.129, p.680-6; HADLEY, C. "2005 Is polygyny a risk factor for poor growth performance among Tanzanian agropastoralists?" *Am. J. Phys. Anthropol.* v.126, p.471-80; SELLEN, D. "1999 Polygyny and child growth in a traditional pastoral society". *Hum. Nat.* v.10, p.329-71 apud HENRICH, Joseph; BOYD, Robert; RICHERSON, Peter J. "The puzzle of monogamous marriage". *Phil. Trans. R. Soc. B.* 2012. Disponível em: http://rstb.royalsocietypublishing.org/content/367/1589/657. Acesso em: 18.10.2016.

É de evidência solar, portanto, que o aumento da negligência com os filhos, o aumento das mortes acidentais no seio doméstico e o menor cuidado e investimento na prole gerados pela poligamia violam os direitos das crianças e dos adolescentes à vida e à saúde.

Além disso, o aumento dos conflitos domésticos e da mortalidade materna, bem como o relacionamento conflituoso entre as diversas esposas que vivem sob o mesmo teto, não conferem aos menores a oportunidade de se desenvolverem em ambiente de afeto e de segurança moral e material, em clara violação do direito à convivência familiar.

Mencione-se, por fim, o desrespeito ao direito à educação, uma vez que os investimentos e atenções, em relacionamentos poligâmicos, serão dirigidos à obtenção de novas esposas, negligenciando-se o cuidado com os filhos, o que diminui a qualidade da prole, seja no que diz respeito ao seu desenvolvimento biopsicossocial, seja no que diz respeito à educação formal, tudo a prejudicar sua adequada qualificação profissional, condenando sua vida futura.

Assim, se tanto as leis já existentes como aquelas que ainda estão por vir devem fomentar o direito da criança e do adolescente ao desenvolvimento saudável de sua personalidade em consonância com os princípios da proteção integral e do melhor interesse da criança e do adolescente, o ECA e a Constituição Federal representam óbices intransponíveis àquelas tentativas de imposição, por meio do Poder Legislativo e dos tabelionatos de notas, da poligamia consentida na sociedade brasileira.

Os homens nas relações poligâmicas: violação ao direito de constituir família

Neste capítulo, é importante fazer referência, de início, a um dado fundamental. Em sociedades poligâmicas, é a poliginia (união de várias mulheres com um único homem) e não a poliandria (união de vários homens com uma única mulher) que tende a prevalecer.

Isso porque a poliandria torna a paternidade incerta para os homens, que, ademais, passam a ter de competir pela limitada capacidade reprodutiva da mulher (gestação, amamentação etc.). Por outro lado, no caso da poliginia, a mulher não enfrenta o problema da paternidade incerta, e a capacidade reprodutiva do marido é, basicamente, inesgotável.[65]

---

65. HENRICH, Joseph; BOYD, Robert; RICHERSON, Peter J. "The puzzle of monogamous marriage". *Phil. Trans. R. Soc. B*. 2012. Disponível em: http://rstb.royalsocietypublishing.org/content/367/1589/657. Acesso em: 18.10.2016.

Em segundo lugar, importa mencionar que em sociedades poligâmicas, apenas determinados homens, normalmente aqueles que possuem melhor *status* social, poder e riqueza, conseguem acumular diversas consortes, inclusive, como já mencionado, transferindo seus recursos do investimento na prole à obtenção de novas mulheres. Via de consequência, em sociedades poligâmicas, aumenta-se a competição de pessoas do gênero masculino por mulheres e cria-se um contingente de homens solteiros. De acordo com o estudo de Joseph Henrich, Robert Boyd e Peter J. Richerson, aquela competição é 6,4 vezes maior em sociedades poligâmicas.[66]

O estudo menciona ainda pesquisa elaborada por Heath e Hadley[67] com dados do século XIX da comunidade mórmon na América do Norte, que comparou dados de noventa lares: 45% liderados por homens ricos (pertencentes ao grupo dos 2% mais ricos) e 45% liderados por homens pobres (pertencentes aos últimos 16% da escala de riqueza da comunidade). A conclusão é que homens ricos possuem, em média, 3,2 mulheres, em comparação com 1,4 esposa dos homens pobres. No total, os homens ricos "controlam" 120 mulheres, enquanto os pobres "controlam" apenas 63. Isso significa que 90 homens possuem 183 esposas, ou seja, 93 homens não possuem esposa nenhuma.

Ademais, o artigo, inclusive, expandiu a pesquisa realizada por Kanazawa e Still[68] e concluiu que quanto maior o índice de poligamia em um país, maior é a porcentagem de homens não casados. Comparando os países que adotam a monogamia e aqueles que adotam a poligamia, aquele aumento fica entre 13 e 27%.

Note-se que nos EUA, a partir de 1840, o governo suprimiu o casamento poligâmico, tendo a comunidade mórmon rejeitado oficialmente a poligamia em 1890.

De acordo com o mencionado trabalho, pesquisas demonstram que quanto maior a taxa de homens não casados, maior é a taxa de estupros, assassinatos, violência, roubo e fraudes. O aumento dos estupros é de 33 a 45%, dos

66. Ibidem.
67. HEATH, K. M.; HADLEY, C. "1998 Dichotomous male reproductive strategies in a polygynous human society: mating versus parental effort". *Curr. Anthropol.* 39, 369-74, apud HENRICH, Joseph; BOYD, Robert; RICHERSON, Peter J. "The puzzle of monogamous marriage". *Phil. Trans. R. Soc. B.* 2012. Disponível em: http://rstb.royalsocietypublishing.org/content/367/1589/657. Acesso em: 18.10.2016.
68. KANAZAWA, S.; STILL, M. "2000 Why men commit crimes (and why they desist)". *Sociol. Theory* 18, 434-47 apud HENRICH, Joseph; BOYD, Robert; RICHERSON, Peter J. "The puzzle of monogamous marriage". *Phil. Trans. R. Soc. B.* 2012. Disponível em: http://rstb.royalsocietypublishing.org/content/367/1589/657. Acesso em: 18.10.2016.

assassinatos, de 12 a 24%, e das agressões físicas, roubos e fraudes, o aumento é de 5%.[69]

O artigo deixa claro que mais trabalho é necessário para estender essa análise preliminar, mas afirma, também, que essas descobertas convergem com a redução da taxa de criminalidade causada pelo casamento e com a redução da competição por mais mulheres.

Feitas essas considerações, pode-se notar como o direito desses homens solteiros de constituir família resta violado em sociedades poligâmicas. Por não terem o *status*, a riqueza e o poder necessários, forma-se um contingente de homens solteiros incapazes de constituir uma nova família com uma consorte.

O direito de constituir família é corolário do direito fundamental à liberdade, previsto no art. 5º, *caput* e inciso II, da Constituição Federal. Mesmo que não seja considerado direito da personalidade autônomo, sua natureza condiz com o seu estudo neste capítulo.

Ademais, o art. 266, *caput*, da Lei Maior prevê o dever do Estado de proteger de maneira especial a família e, consequentemente, os membros da família, havendo, ainda, a regra do § 7º, que dá a todas as pessoas o direito ao planejamento familiar.

Ainda, esse direito está previsto no art. 16, 1, da Declaração Universal dos Direitos do Homem, *verbis*:

> Os homens e mulheres de maior idade, sem qualquer restrição de raça, nacionalidade ou religião, têm o direito de contrair matrimônio e fundar uma família. Gozam de iguais direitos em relação ao casamento, sua duração e sua dissolução.

Como afirmam Carlos Alberto Dabus Maluf e Adriana Caldas do Rego Freitas Dabus Maluf:

> Decorre da análise do texto constitucional que o direito de constituir livremente uma família - matrimonializada ou não - encontra-se reconhecido na Constituição de 1988. A liberdade de se casar e fundar uma família corresponde a um direito fundamental do ser humano, um direito da personalidade, pois tutela um interesse fundamental do homem [...].[70]

---

69. HENRICH, Joseph; BOYD, Robert; RICHERSON, Peter J. "The puzzle of monogamous marriage". *Phil. Trans. R. Soc. B.* 2012. Disponível em: http://rstb.royalsocietypublishing.org/content/367/1589/657. Acesso em: 18.10.2016.
70. MALUF, Carlos Alberto Dabus; MALUF, Adriana Caldas do Rego Freitas Dabus. *Curso de direito de família*, 2016, p.67.

A família é a instituição social de maior significação e importância. Trata-se do núcleo fundamental, a base, de toda organização social.[71]

Como já afirmei em coautoria com o Professor Washington de Barros Monteiro:

> No seio da família originam-se e desenvolvem-se hábitos, inclinações e sentimentos que decidirão um dia a sorte do indivíduo. A missão do jurista é defender a instituição da família, onde quer que periclitem seus interesses, a fim de evitar-lhe a completa desagregação. Fortalecê-la, ampará-la, procurando neutralizar os elementos dissolventes, como o temor das responsabilidades, eis seu objetivo, nas escolas de direito e nos tribunais.[72]

Ademais, vale mencionar a Constituição da República Portuguesa, que, em seu art. 36º, 1, ao tratar da família, do casamento e da filiação, prevê que "todos têm o direito de constituir família e de contrair casamento em condições de plena igualdade".

É no seio da família que a pessoa humana encontra ambiente favorável para o pleno desenvolvimento de sua personalidade, permitindo o resguardo de seus direitos da personalidade.

Além disso, a constituição de famílias é imprescindível para o bem-estar geral da sociedade. Não há como se pensar em uma sociedade saudável sem as famílias que a compõem. "Efetivamente, onde e quando a família se mostrou forte, aí floresceu o Estado; onde e quando se revelou frágil, aí começou a decadência geral."[73]

Não por outro motivo a Constituição Federal de 1988, em seu art. 226,[74] dispensa à família especial proteção do Estado. No mesmo sentido, a Declaração Universal dos Direitos do Homem, em seu art. 16, 3, dispõe que "a família é o núcleo natural e fundamental da sociedade e tem direito à proteção da sociedade e do Estado".

Importa esclarecer, no entanto, que não se está a afirmar que as pessoas não possam decidir permanecer solteiras ou que os homens ou as mulheres podem exigir do Estado que lhes "forneçam" uma família em atenção ao seu direito de constituir família. Está-se chamando a atenção, isto sim, para um efeito específico da adoção da poligamia, que é a criação de um grande con-

---

71. TAVARES DA SILVA, Regina Beatriz; MONTEIRO, Washington de Barros. *Curso de direito civil*: direito de família, 2016, p.21.
72. Ibidem, 2016, p.22.
73. Ibidem, 2016, p.21.
74. "Art. 226. A família, base da sociedade, tem especial proteção do Estado."

tingente de homens solteiros, que não poderão desenvolver um aspecto importante de sua personalidade, representado pela possibilidade de constituição de uma nova família, caso assim queiram.

Dessa forma, esse grande contingente de homens solteiros não se forma em virtude de uma decisão pessoal e legítima de permanecer nessa condição, mas, ao contrário, em virtude de uma verdadeira imposição social. Não se pode admitir que o Estado, por meio do reconhecimento jurídico da poligamia, seja por via legislativa, seja por meio de escrituras públicas de "uniões poliafetivas", imponha essas consequências à sociedade.

Desse modo, nota-se como são deletérios tanto para o indivíduo como para a sociedade os efeitos da poligamia, que impede não só o desenvolvimento sadio da personalidade, mas também o da própria comunidade. O direito de constituir família, portanto, resta violado ao se impor a uma parcela menos favorecida da sociedade a impossibilidade de constituição de novos núcleos familiares.

Conclusão

Analisou-se no presente capítulo o importante tema dos direitos da personalidade com o escopo de demonstrar que também representam óbice àquelas malfadadas tentativas de institucionalização da poligamia em nosso país.

De início, conceituou-se as poligamias consentida e não consentida, deixando-se claro que não é possível atribuir-lhes efeitos de direito de família e sucessórios.

Esclareceu-se, ademais, com o intuito de evidenciar a atualidade e a importância do tema, que vêm ocorrendo diversas tentativas de reconhecer existência jurídica a essas relações afetivas ilícitas. Seja por meio de projetos de lei ou de escrituras públicas, falsos progressistas, sem ter a noção exata das consequências deletérias de seus atos, tentam institucionalizar a poligamia em nosso sistema jurídico.

Com base em estudos sérios e não em meros "achismos", concluiu-se que a poligamia, por gerar diversos efeitos nefastos tanto para os indivíduos como para a sociedade, viola muitos direitos da personalidade dos envolvidos em contextos poligâmicos, e tal constatação é de fundamental importância para se concluir pela impossibilidade jurídica de sua configuração.

A violação do direito à integridade física e psíquica da mulher, o vilipêndio dos direitos dos filhos à vida, à saúde, à educação e ao desenvolvimento em ambiente familiar de afeto e segurança - que implicam desrespeito ao direito ao desenvolvimento saudável da personalidade - e, por fim, a violação aos direitos dos homens à constituição de família não podem ser ignorados, constituindo-se, destarte, óbice instransponível ao reconhecimento da poligamia em nosso país.

Referências

AMARAL, Francisco. *Direito civil*: introdução. 2.ed. Rio de Janeiro, Renovar, 1998.

BITTAR, Carlos Alberto. *Os direitos da personalidade*. 4.ed. Rio de Janeiro, Forense Universitária, 2000.

CHAVES. Antônio. *Comentários ao Estatuto da Criança e do Adolescente*. São Paulo, LTr, 1994.

CHINELLATO, Silmara Juny de Abreu (coord.); COSTA MACHADO, Antônio Cláudio da (org.). *Código Civil interpretado:* artigo por artigo, parágrafo por parágrafo. 2.ed. Barueri, Manole, 2009.

______. *Comentários ao Código Civil*: direito de família: arts. 1.591 a 1.710. São Paulo, Saraiva, 2004.

______. *Do nome da mulher casada*: direito de família e direitos da personalidade. Rio de Janeiro, Forense Universitária, 2001.

______. "Bioética e direitos de personalidade do nascituro". Scientia Iuris *Revista do Curso de Mestrado em Direito Negocial da UEL*, Londrina-PR. v.7/8, p.87-104, 2004.

______. *Tutela civil do nascituro*. São Paulo, Saraiva, 2000.

DE CUPIS, Adriano. *Os direitos da personalidade*. Trad. Adriano Vera Jardim e Antonio Miguel Caeiro. Lisboa, Moraes, 1961.

ELIAS, Roberto João. *Comentários ao Estatuto da Criança e do Adolescente (Lei n. 8.069, de 13 de julho de 1990)*. 3.ed. São Paulo, Saraiva, 2008.

HENRICH, Joseph; BOYD, Robert; RICHERSON, Peter J. "The puzzle of monogamous marriage". *Phil. Trans. R. Soc. B*. 2012. Disponível em: http://rstb.royalsocietypublishing.org/content/367/1589/657. Acesso em: 18.10.2016.

HOUAISS, Antônio; VILLAR, Mauro de Salles. *Dicionário Houaiss da Língua Portuguesa*. Rio de Janeiro, Objetiva, 2001.

JUNQUEIRA DE AZEVEDO, Antonio. "Caracterização jurídica da dignidade da pessoa humana". *Revista da Faculdade de Direito, Universidade de São Paulo*. São Paulo, v.97, p.107-25, jan. 2002. Disponível em: http://www.revistas.usp.br/rfdusp/article/view/67536. Acesso em: 19.09.2016.

MALUF, Carlos Alberto Dabus; MALUF, Adriana Caldas do Rego Freitas Dabus. *Curso de direito de família*. 2.ed. rev. e atual. São Paulo, Saraiva, 2016.

MIRANDA, Jorge; RODRIGUES JUNIOR, Otavio Luiz; FREUT, Gustavo Bonato. "Principais problemas dos direitos da personalidade e estado-da-arte da matéria no direito comparado". In: MIRANDA, Jorge; RODRIGUES JUNIOR, Otavio Luiz; FREUT, Gustavo Bonato (orgs.). *Direitos da personalidade*. São Paulo, Atlas, 2012.

MOTA PINTO, Carlos Alberto. *Teoria geral do direito civil.* 3.ed. atual. Coimbra, Coimbra, 1986.

NOGUEIRA, Paulo Lúcio. *Estatuto da Criança e do Adolescente.* 2.ed. rev. ampl. São Paulo, Saraiva, 1993.

PONTES DE MIRANDA, Francisco Cavalcanti. Tratado de direito privado. Direito de personalidade. Direito de família. Atualizado por Rosa Maria de Andrade Nery. São Paulo, RT, 2012, t.VII.

TAVARES, José de Farias. *Comentários ao Estatuto da Criança e do Adolescente.* Rio de Janeiro, Forense, 1992.

______. *Direito da infância e da juventude.* Belo Horizonte, Del Rey, 2001.

TAVARES DA SILVA, Regina Beatriz; MONTEIRO, Washington de Barros. *Curso de direito civil*: direito de família. 43.ed. São Paulo, Saraiva, 2016.

______. *Dever de reparação imaterial entre cônjuges.* São Paulo, Forense Universitária, 1990.

______. "Reflexões sobre a procriação ou reprodução assistida nas uniões entre pessoas do mesmo sexo". In: TAVARES DA SILVA, Regina Beatriz; CAMARGO NETO, Theodureto de Almeida (coords.). *Grandes temas de direito de família e das sucessões.* Saraiva, São Paulo, 2014, v.2.

______. *Reparação civil na separação e no divórcio.* São Paulo, Saraiva, 1999.

______. "Sistema protetivo dos direitos da personalidade". In: TAVARES DA SILVA, Regina Beatriz; PEREIRA DOS SANTOS, Manoel J. *Responsabilidade civil na internet e nos demais meios de comunicação.* 2.ed. São Paulo, Saraiva, 2012.

WAISELFISZ, Julio Jacobo. *Mapa da violência doméstica 2015*: homicídio de mulheres no Brasil. Brasília, All Type, 2015.

Sites consultados

http://www1.folha.uol.com.br/cotidiano/2016/01/1732932-casais-de-3-ou-mais-parceiros-obtem-uniao-com-papel-passado-no-brasil.shtml. Acesso em: 17.09.2018.

http://www.adfas.org.br/artigos/conteudo.aspx?ti=A%20poligamia%20n%C3%A3o%20tem%20efeitos%20familiares%20e%20sucess%C3%B3rios&id=5063. Acesso em: 13.09.2016.

https://www12.senado.leg.br/noticias/arquivos/2015/08/10/violencia-domestica-e-familiar-contra-a-mulher. Acesso em 17.09.2018.

https://www.ipea.gov.br/portal/images/stories/PDFs/130925_sum_estudo_feminicidio_leilagarcia.pdf. Acesso em 21.10.2016.

http://www.direitoshumanos.usp.br/index.php/Crian%C3%A7a/declaracao-dos-direitos-da-crianca.html. Acesso em: 17.09.2018.

CAPÍTULO 27

DNA, investigação de paternidade e direitos da personalidade: uma análise jurisprudencial

Marcia Sadi Haron Cardoso

Introdução

Atualmente, vivemos a Quarta Era dos Direitos,[1] em que tanto a biomedicina como as telecomunicações experimentam avanços tecnológicos e científicos que propiciam um infindável rol de conquistas e possibilidades anteriormente impensáveis. Tal cenário viabilizou a expansão dos direitos da pessoa, impactando o mundo jurídico e afetando diretamente os direitos da personalidade. Surgem, então, complexos dilemas que reivindicam discussões e soluções para que novos paradigmas sejam estabelecidos. Assim, nasceu a bioética, disciplina que estuda e procura traçar parâmetros para os conflitos suscitados por toda essa transformação.

Ao Direito cabe normatizar essas novas possibilidades, de tal forma que elas estejam imbuídas dos valores prezados pela sociedade. Entretanto, a presteza e a agilidade do Direito não correspondem às das descobertas científicas, ao contrário, muitas vezes, retardando o alcance das pessoas a elas.

Toda a revolução genética, acrescida da descoberta do DNA, que permite confirmar, com uma taxa de 99% de correção, a origem genética da pessoa, propiciaram a ampliação de direitos fundamentais, assim como de direitos da personalidade, que vêm acompanhados de questões complexas que exigem profunda reflexão para estabelecer, além de limiares éticos, os princípios e valores que deverão preponderar, à medida que a sociedade incorpora tantas inovações. Por ser um momento de desenvolvimento científico e técnico sem paralelo na história da humanidade, o pensamento humano não consegue decidir rapidamente as controvérsias que dele emergem.

---

1. BOBBIO, Norberto. *A era dos direitos*, 2004.

Silmara Chinellato leciona que a busca pela identidade genética envolve direitos da personalidade do filho, do suposto pai e da mãe. Tal entrelaçamento pode gerar conflitos, não só pelo relacionamento entre as pessoas envolvidas como também pela natureza dos direitos.

São vários os direitos da personalidade implicados em tal busca e, entre os principais, destacam-se o direito à identidade, que incluiria o direito ao nome, o direito à intimidade, o direito ao segredo, direito à integridade física e à integridade psíquica.[2]

Pode-se deduzir, então, que a informação gerada pelo exame de DNA repercutirá na esfera jurídica das várias pessoas abrangidas na investigação, demandando uma ponderação dos direitos e valores trazidos à tona.

Maria Celeste Cordeiro Leite Santos lembra que o conteúdo da busca pela origem genética é investigativo, pois pretende demonstrar que o DNA pertence, realmente, a uma determinada pessoa, funcionando como "[...] uma 'etiqueta' própria de um indivíduo. [...] comparado com o DNA de outras pessoas, põe de manifesto a existência de laços biológicos indicativos de parentesco".[3]

Definitivamente, o exame de DNA revolucionou o conceito milenar da paternidade incerta e ainda possibilitou a vinculação direta do genitor à criança. Se a paternidade incerta dá lugar à atribuição da paternidade de forma concreta, desenvolve-se, então, a discussão entre paternidade biológica e paternidade afetiva, que permeará as decisões nos diferentes tribunais, nas quais a disputa pela guarda da criança faz surgir todos os tipos de argumento, desde a diferença entre pai e genitor até o confronto entre critério biológico e critério afetivo, comprometendo os próprios laços que unem a criança ao pai, seja este de qualquer uma das categorias mencionadas.

Esse debate não será objeto de discussão neste capítulo, mas apenas um exemplo a título de ilustração dos reflexos causados pela tecnologia na averiguação da origem genética da pessoa.

Em estudo sobre o tema, Eduardo de Oliveira Leite posiciona-se de forma contundente, afirmando que a paternidade não pode ser imposta. Nesse sentido, manifesta-se o autor:

> Por mais que tenham sido espetaculares os efeitos oriundos do DNA na determinação da origem dos seres (e não na determinação da paternidade, como

---

2. CHINELLATO, Silmara. "Exame de DNA, filiação e direitos da personalidade". In: OLIVEIRA LEITE, Eduardo (coord.). *Grandes temas da atualidade*: DNA como meio de prova da filiação, 2000, p.342.
3. SANTOS, Maria Celeste Cordeiro Leite. "Quem são os pais?". In: OLIVEIRA LEITE, Eduardo (coord.) *Grandes temas da atualidade*: DNA como meio de prova da filiação, 2000, p.208.

se pretende, equivocadamente), o pai não é aquele que o espermograma ou a impressão genética designam como tal. Nunca foi. Não é e nunca será. Porque a descendência genética é um mero dado, enquanto a filiação afetiva se constrói.[4]

A despeito desse debate que emerge a partir das transformações trazidas pelo exame de DNA e que vão afetar o direito de família, certo é que a pessoa tem a prerrogativa de buscar sua identidade genética, um dos sinais sociais da identidade humana, que, junto com seu nome, estado civil, naturalidade, domicílio, assim como sua história pessoal e sua reputação, entre outros, moldam sua inserção socioambiental, são objetos de tutela jurídica e formam a originalidade e individualidade do ser humano, permitindo que ele atinja sua afirmação pessoal e o pleno desenvolvimento de sua personalidade.[5]

A Constituição Federal de 1988, no art. 227, § 6º, contempla a isonomia entre os filhos, havidos dentro ou fora do casamento.[6]

Da mesma forma, o Estatuto da Criança e do Adolescente repete a isonomia entre os filhos, no art. 20, o direito personalíssimo do estado de filiação no art. 27, assim como garante o direito à busca de sua identidade genética no art. 48.[7]

Ensina Maria Celina Bodin de Moraes que:

> A *ratio legis* está, evidentemente, na consideração de que a paternidade é um valor social eminente e, em consequência, o direito ao reconhecimento do

---

4. LEITE, Eduardo de Oliveira. "Exame de DNA, ou o limite entre o genitor e o pai". In: OLIVEIRA LEITE, Eduardo (coord.). *Grandes temas da atualidade*: DNA como meio de prova da filiação, 2000, p.84.
5. CAPELO de Sousa, Rabindranath. *O direito geral de personalidade*, 2011, p.245.
6. Art. 227: "§ 6º Os filhos, havidos ou não da relação do casamento, ou por adoção, terão os mesmos direitos e qualificações, proibidas quaisquer designações discriminatórias relativas à filiação" (BRASIL. Constituição da República Federativa do Brasil. Disponível em: http://www.planalto.gov.br/ccivil_03/constituicao/constituicao.htm. Acesso em: 19.06.2014).
7. "Art. 20. Os filhos, havidos ou não da relação do casamento, ou por adoção, terão os mesmos direitos e qualificações, proibidas quaisquer designações discriminatórias relativas à filiação. [...] Art. 27. O reconhecimento do estado de filiação é direito personalíssimo, indisponível e imprescritível, podendo ser exercitado contra os pais ou seus herdeiros, sem qualquer restrição, observado o segredo de Justiça. [...] Art. 48. O adotado tem direito de conhecer sua origem biológica, bem como de obter acesso irrestrito ao processo no qual a medida foi aplicada e seus eventuais incidentes, após completar 18 (dezoito) anos. (Redação dada pela Lei n. 12.010, de 2009)" (BRASIL. Estatuto da Criança e do Adolescente. Disponível em: http://www.planalto.gov.br/ccivil_03/leis/l8069.htm. Acesso em: 19.06.2014).

estado de filiação surge, como corolário, do próprio princípio da dignidade humana, especificado, neste caso, no direito à identidade pessoal.[8]

Fica, então, patente que o ordenamento jurídico brasileiro privilegia a tutela aos direitos dos filhos, reconhecidos e equiparados, independentemente da forma de relacionamento de seus pais. É a relevância dada aos direitos da personalidade, ao direito fundamental de conhecer a própria origem, de ter sua história pessoal traçada e sentir-se cultural e socialmente inserido na comunidade, garantir o uso do nome de família e assegurar o desenvolvimento de suas plenas potencialidades psíquicas, emocionais, ambientais: enfim, o pleno direito ao exercício de sua dignidade pessoal.

Investigação de paternidade na jurisprudência brasileira

O primeiro caso a ser analisado é um agravo de instrumento[9] julgado em 9 de agosto de 2012, no Tribunal de Justiça do Rio Grande do Sul, pela 8ª Câmara Cível da Comarca de Porto Alegre, em ação de investigação de paternidade na qual o suposto pai, em sede de contestação, postulou inépcia da inicial e coisa julgada material e, no mérito, improcedência da ação. Ainda, juntou cópia dos autos de outra ação de investigação de paternidade ajuizada em fevereiro de 1995, perante outra Comarca, porém entre as mesmas partes, na qual não fora realizado o exame de DNA, além de cópia de mais uma ação de investigação de paternidade intentada pela genitora do autor, em outubro de 1979, que, eventualmente, desistiu da ação.

Em sua manifestação, o Ministério Público afastou a preliminar de inépcia, uma vez que todos os requisitos estavam preenchidos e o autor requeria a realização do exame de DNA, que não havia, ainda, sido efetuado.

No que se refere à coisa julgada, a procuradora de justiça, em seu parecer, entendeu ser possível sua relativização em ações de investigação de paternidade em que o exame de DNA não tenha sido realizado, pois com ele procura-se a verdade real da existência ou não do vínculo biológico. Ressal-

---

8. MORAES, Maria Celina Bodin. "O direito personalíssimo à filiação e a recusa ao exame de DNA: uma hipótese de colisão de direitos fundamentais". In: OLIVEIRA LEITE, Eduardo (coord.). *Grandes temas da atualidade*: DNA como meio de prova da filiação, 2000, p.219.
9. ESTADO DO RIO GRANDE DO SUL. Tribunal de Justiça do Rio Grande do Sul. Agravo de Instrumento n. 70.048.235.873. Disponível em: http://www1.tjrs.jus.br/site_php/consulta/consulta_processo.php?nome_comarca=Tribunal+de+Justi%E7a&versao=&versao_fonetica=1&tipo=1&id_comarca=700&num_processo_mask=70048235873&num_processo=70048235873&codEmenta=4840945&temIntTeor=true. Acesso em: 19.05.2014.

tou o direito personalíssimo da busca da identidade genética, assentado nos princípios fundamentais constitucionais, especialmente a dignidade humana, a cidadania e a prioridade absoluta ao interesse da filiação, nos termos do *caput* do art. 227 da Constituição Federal de 1988.[10] Defendeu que a ação intentada em 1979 havia feito, apenas, coisa julgada formal, porquanto a proponente dela desistira, o que foi aceito em juízo. A segunda ação proposta em 1995 foi declarada improcedente, pois o autor e sua genitora não compareceram para realizar a prova pericial, alegando que não haviam sido notificados do lugar de sua realização. Mesmo assim, a procuradora de justiça defende que em ações de investigação de paternidade haja a relativização da coisa julgada, também pelos precedentes jurisprudenciais ocorridos nos últimos anos, muito em função dos avanços científico-tecnológicos que permitem assegurar a identidade genética.[11]

Dessa forma, por unanimidade, o tribunal negou provimento ao recurso tanto no que concerne à inépcia da inicial como à coisa julgada. Nesse sentido, assim manifestou-se o relator:

> Contudo, hoje os efeitos da coisa julgada, em ações de investigação de paternidade, sofrem alguma distensão, em face da possibilidade de um juízo de certeza advinda dos avanços do DNA.
>
> Não há esquecer também que estamos diante de ação de estado, onde a natureza da pretensão - declaratória - é imprescritível, bem como não se operam os efeitos da revelia (art. 320, II, do CPC).
>
> Circunstâncias que obrigam, em certos casos, a relativização da coisa julgada, em face da natureza e da importância do direito em discussão.
>
> Aos poucos, a orientação jurisprudencial vem se encaminhando para esse rumo.

Humberto Theodoro Júnior ensina que a coisa julgada formal torna a sentença imutável apenas dentro do processo em que foi proferida, podendo o objeto da lide ser rediscutido em outro processo. Em suas palavras:

---

10. BRASIL. *Constituição Federal de 1988*. "Art. 227. É dever da família, da sociedade e do Estado assegurar à criança, ao adolescente e ao jovem, com absoluta prioridade, o direito à vida, à saúde, à alimentação, à educação, ao lazer, à profissionalização, à cultura, à dignidade, ao respeito, à liberdade e à convivência familiar e comunitária, além de colocá-los a salvo de toda forma de negligência, discriminação, exploração, violência, crueldade e opressão." Disponível em: http://www.planalto.gov.br/ccivil_03/constituicao/constituicao.htm. Acesso em: 19.06.2014.
11. A esse respeito, ver: BRASIL. Supremo Tribunal Federal. Recurso extraordinário n. 363.889/DF, Brasília, 02.06. 2011. Disponível em: http://redir.stf.jus.br/paginadorpub/paginador.jsp?docTP=TP&docID=1638003.

Assim, não transitam em julgado, materialmente, as sentenças que anulam o processo e as que decretam sua extinção, sem cogitar da procedência ou improcedência da ação. Tais decisórios geram apenas coisa julgada formal. Seu efeito se faz sentir apenas nos limites do processo. Não solucionam o conflito de interesses estabelecidos entre as partes, e, por isso, não impedem que a lide volte a ser posta em juízo em nova relação processual.[12]

Em artigo a respeito do tema, Rolf Madaleno[13] compara a ação rescisória, remédio na esfera cível para repelir sentença transitada em julgado que contenha nulidade ou ilegalidade, à revisão criminal, que reexamina a sentença de ação condenatória. Em sua visão, é possível que existam, nas duas esferas, valores que ele considera essenciais. Assim posiciona-se o autor:

> E se a vida e liberdade merecem o reexame incondicional das sentenças repressivas, idêntico balanço precisa encontrar respaldo na seara cível, onde outra ordem relevante de direitos fundamentais se apresenta sob a roupagem da identidade e da personalidade de uma pessoa que pesquisa e aspira seu verdadeiro estado familiar.

Discorda o autor do fundamento da tranquilidade social, usado para justificar o peso da dúvida daquele que teve seu direito pessoal de busca da identidade genética cassado por uma decisão judicial imutável, defendendo que "[...] sejam superados formalismos processuais quando se trata de buscar a verdade real nas ações que investigam paternidade e maternidade".[14]

Pode parecer despropositada a comparação entre bens jurídicos como vida e liberdade e o direito personalíssimo da identidade genética. Por certo, para aqueles privados de liberdade por uma sentença injusta, nenhum outro bem a supera ou mesmo equipara-se a ela. Para aqueles privados do direito de busca de sua origem biológica por uma sentença que transitou em julgado, a formalidade processual soará igualmente injusta. Quando tal discussão sucede no plano abstrato, torna-se mais simples hierarquizar todos os bens envolvidos e ditar regras de como a solução deve encaminhar-se.

No entanto, a análise de um caso concreto como o do objeto do agravo de instrumento, no qual uma pessoa persegue sua identidade genética desde há muito, e ser-lhe consentido o direito de realizar o exame que permiti-

---

12. THEODORO JÚNIOR, Humberto. *Curso de direito processual civil*, 2003, p.477.
13. MADALENO, Rolf. "A coisa julgada na investigação de paternidade". In: OLIVEIRA LEITE, Eduardo (coord.). *Grandes temas da atualidade*: DNA como meio de prova da filiação, 2000, p.290-1.
14. Ibidem, 2000, p.292.

rá trazer a certeza da existência do vínculo biológico somente na idade adulta, é tarefa que produz sentimentos diversos nos magistrados. Alguns mais comprometidos com o formalismo jurídico poderiam manter-se irredutíveis no argumento da segurança jurídica trazida pela coisa julgada; outros, embora reconhecendo a importância desse princípio, rendem-se ao aspecto humano da situação.

A jurisprudência já ensejou uma mudança de paradigma para os outros vereditos, em todas as instâncias, denotando a consideração pela pessoa humana e o que ela significa quando princípios basilares do Estado brasileiro estão em confronto e um deve, necessariamente, ceder ao outro para que o conflito seja dirimido. Assistimos, então, à prevalência do direito da personalidade da busca genética, que emana diretamente do princípio da dignidade humana, quando confrontado com o princípio da intangibilidade da coisa julgada.

O Direito não pode ignorar os avanços científicos que permitem assegurar às pessoas a existência ou não de vínculos genéticos. Supera-se, então, o patamar da presunção de paternidade para a certeza trazida pelo exame de DNA.

O segundo caso objeto de análise neste estudo é o Recurso Especial n. 895.545, de Minas Gerais, cujo relator foi o Ministro Sidnei Beneti, em julgamento realizado em 17 de dezembro de 2013, pela 3ª Turma do Superior Tribunal de Justiça, tendo sido ementado como se segue:

> Negatória de paternidade. Investigação de paternidade anteriormente julgada procedente sem exame de DNA. Retratação de julgado anterior desta Turma, diante de repercussão geral de julgamento do Supremo Tribunal Federal. Inteligência do art. 543-B, § 2º, do CPC. Recurso especial provido. Negatória de paternidade procedente.[15]

O recurso especial, que já havia sido apreciado pela mesma Turma julgadora, foi encaminhado para nova apreciação. À época, com base na jurisprudência da Corte, manteve o acórdão do tribunal de origem, que reconheceu a coisa julgada em relação à anterior ação de investigação de paternidade julgada procedente sem a realização de exame de DNA. O STF, com o julgamento do Recurso Extraordinário n. 363.889, do Distrito Federal, reconheceu a repercussão geral da questão constitucional nele suscitada e, no mérito, consolidou o entendimento de que:

---

15. BRASIL. Superior Tribunal de Justiça. Recurso Especial n. 895.545, Minas Gerais. Brasília, 17.02.2013. Disponível em: https://ww2.stj.jus.br/revistaeletronica/Abre_Documento.asp?sSeq=1249597&sReg=200602222892&sData=20140225&formato=HTML. Acesso em 19.05.2014.

> [...] deve ser relativizada a coisa julgada estabelecida em ações de investigação de paternidade em que não foi possível determinar-se a efetiva existência de vínculo genético a unir as partes, em decorrência da não realização do exame de DNA, meio de prova que pode fornecer segurança quase absoluta quanto à existência de tal vínculo.[16]

O Recurso Especial, então, retornou à Câmara julgadora para nova apreciação.

O recorrido, representado por sua mãe, havia ajuizado ação de investigação de paternidade combinada com ação de alimentos, contra o suposto pai, em meados dos anos 1990, ação essa julgada procedente com base em provas documentais e testemunhais, sem o exame de DNA. O exame, cuja omissão não seria atribuível ao genitor, traria maior evidência da paternidade; ele se insurgiu contra a sentença, mas, sem sucesso, não interpôs ação rescisória em face do julgado que reconheceu a paternidade, ocorrendo o trânsito em julgado.

Tempos depois, mais precisamente em 2004, veio a ajuizar ação negatória de paternidade, requerendo a produção de exame de DNA. Foram realizados dois exames de DNA durante a instrução que constataram que ele não possuía relação de parentesco com o suposto filho. O juiz de primeira instância determinou cessação de pagamento dos alimentos e a retificação do registro civil, salientando que as ações de estado, conforme jurisprudência recente, não são atingidas pelo trânsito em julgado, prevalecendo a verdade real. Essa sentença foi reformada em sede de apelação interposta pelo filho, o que ensejou recurso especial, que foi admitido na origem. Diante da orientação firmada pelo Supremo Tribunal Federal, em caráter de julgamento de repercussão geral, impôs-se a retratação do julgamento anterior do STJ, o que foi realizado, dando-se provimento ao recurso especial e julgando-se procedente a ação negatória de paternidade, por maioria de votos. Os Ministros Paulo de Tarso Sanseverino e Nancy Andrighi votaram contra o provimento do recurso, pois no recurso extraordinário do STF, a ação era de investigação de paternidade, e no recurso especial era ação negatória de paternidade. Segundo esses Ministros, não havia perfeita consonância entre as hipóteses dos dois recursos.

Importante tecer algumas considerações acerca do caso relatado. O recurso extraordinário mencionado no recurso especial, ora analisado, foi um divisor de águas no que tange às decisões a respeito de investigação de paternidade, firmando o entendimento de que, no confronto entre princípios

16. Ibidem.

constitucionais basilares do Estado brasileiro, seja favorecido o direito da personalidade daquele que persegue sua origem biológica, direito esse que deriva diretamente da dignidade da pessoa. Nesse sentido, voltamos a citar Rolf Madaleno, que, enfaticamente, defende esse direito e assim se expressa:

> Tendo a ciência da herança genética atingido seus níveis de certeza e segurança, repulsa seguir em defesa do escopo político e social da coisa julgada quando um laudo de DNA pode atestar a certeza jurídica da filiação ou reescrever a verdade dos vínculos de parentesco que, antes de estampar a realidade dos registros públicos, acalma a alma agitada de cada um dos protagonistas destas ações que procuram a semente exata de sua criação.[17]

Relevante frisar que, embora o autor refira-se, claramente, aos filhos que buscam identificar quem são seus pais para poderem completar sua história pessoal e, nem sempre, modificar seu registro civil, ou gerar reflexos patrimoniais, mas apenas e tão somente para remover um ponto de interrogação a respeito de sua origem genética, o exame de DNA pode, igualmente, servir aos supostos pais que desejam provar que não têm vínculo genético com aqueles que afirmam o contrário. É esse o caso do recurso especial que acabamos de expor, em que foi injustamente atribuído a uma pessoa um filho que não é dela, com todos os encargos daí gerados, financeiros, civis e, quem sabe, pessoais, emocionais, psicológicos e, até mesmo, conjugais ou familiares. Tomamos, então, emprestadas as palavras de Rolf Madaleno para atribuí-las, inclusive, às pessoas que se veem em situação similar. A verdade dos vínculos caminha em ambas as direções, corrigindo injustiças e desfazendo erros, seja de que lado for.

O terceiro caso a ser exposto é a Apelação n. 0011796-88.2005.8.26.0009, com relatoria do Desembargador Viviani Nicolau, julgada em 25 de fevereiro de 2014, pela 3ª Câmara de Direito Privado do Tribunal de Justiça de São Paulo, cuja ementa é a seguinte:

> Apelação cível. Ação de *investigação* de *paternidade*. Sentença de procedência. Reiteração de agravo retido em apelo. Procedimento de exumação do *de cujus* que não padece de nenhuma irregularidade. Laudo pericial genético, realizado por laboratório indicado pela parte autora apto a comprovar a *paternidade* investigada. Parte contrária que, opondo-se ao laudo, deixou de custear prova pericial por ela expressamente requerida. Honorários advocatícios arbi-

---

17. MADALENO, Rolf. "A coisa julgada na investigação de paternidade". In: OLIVEIRA LEITE, Eduardo (coord.). *Grandes temas da atualidade*: DNA como meio de prova da filiação, 2000, p.303.

trados em R$ 5.000,00, valor condizente com a complexidade da demanda. Sentença mantida. Negado provimento aos recursos.[18]

Trata-se de ação de investigação de paternidade em que se pretende o reconhecimento do vínculo biológico entre o suposto filho e o seu suposto pai. O filho, falecido no curso da lide, foi representado pela sua sucessora e inventariante. O suposto pai, que já havia falecido, também foi representado por sua sucessora. A paternidade foi reconhecida.

Entretanto, a controvérsia se dá em sede de apelação, quanto à regularidade da exumação e do exame genético do *de cujus*.

A exumação foi feita na presença do legista, de uma advogada, da administradora do cemitério, da pessoa que colheu o material, do coveiro, de dois investigadores de polícia e ainda de um representante do suposto filho.

A apelante, que respondia pelo suposto pai, alegou que o material não havia sido devidamente identificado e sua entrega feita a terceiro sem a observância de nenhuma formalidade. O laudo, produzido pelo Instituto de Medicina Social e de Criminologia de São Paulo (IMESC), contudo, consigna que o médico legista foi levado pelo administrador ao local do jazigo juntamente com a oficial de justiça, sendo que uma urna lacrada, com a identificação do falecido, foi erguida do túmulo e aberta, com a posterior retirada dos seus dois fêmures, que foram entregues à bióloga responsável pela pesquisa do material genético. As anotações do IMESC foram corroboradas pelas fotografias, que não deixaram dúvidas de que o procedimento foi realizado na forma descrita. Como o IMESC não pode realizar o exame de DNA, foi indicado, então, outro laboratório pela representante do autor da ação.

A apelante impugnou a indicação, argumentando que o laboratório indicado não tinha isenção, capacidade e competência para realizar o trabalho. Entretanto, permaneceu inerte e não apontou qualquer outra instituição que pudesse realizar a perícia genética e tampouco nomeou assistente técnico. O exame foi realizado.

Após a produção do laudo, que comprovou a paternidade, a apelante requereu designação de nova perícia e produção de prova testemunhal para demonstrar as irregularidades na colheita das provas. A única testemunha arrolada por ela foi seu próprio filho.

Para evitar futuras alegações de nulidade, o juiz designou a realização de nova perícia, nomeou perito de sua confiança e exigiu da apelante o adian-

---

18. ESTADO DE SÃO PAULO. Tribunal de Justiça de São Paulo. Apelação n. 0011796-88.2005.8.26.0009, São Paulo/SP, j. 25.02.2014. Disponível em: https://esaj.tjsp.jus.br/cjsg/getArquivo.do?cdAcordao=7382047&cdForo=0&vlCaptcha=dwqzj. Acesso em: 19.05.2014.

tamento dos honorários do profissional. A apelante apresentou recurso de agravo de instrumento contra tal decisão, alegando não ter obrigação de custear a perícia genética.

O agravo não foi acolhido, novo exame de DNA foi realizado e, novamente, confirmada a paternidade. Houve manifestação do procurador geral de justiça e do Ministério Público, que se posicionaram contra o provimento do recurso.

Todos os argumentos da apelante foram rejeitados e, por votação unânime, o recurso de apelação não foi provido.

Maria Celina Bodin de Moraes explica que não há fiscalização adequada ou controle de qualidade dos laboratórios que realizam a perícia genética no Brasil, ou mesmo banco de dados seguro que possa oferecer garantias quanto à determinação da paternidade. Podem acontecer falhas, e a contraprova deve ser sempre admitida. Sendo o segundo resultado diferente, ainda deve ser realizado um terceiro exame para dirimir as dúvidas pendentes, responsabilizando-se civilmente o laboratório que cometeu o erro. Nas palavras da autora, "A certeza científica, oferecida pelo exame de DNA, para determinação da paternidade encontra hoje um único obstáculo: a recusa do suposto pai em entregar o material necessário ao teste".[19]

Se no começo de sua utilização, o exame de DNA exigia uma pequena amostra de sangue para confirmar ou não a paternidade, atualmente um fio de cabelo ou um pouco da saliva da pessoa investigada já basta para tal averiguação.

Na apelação que acompanhamos, todos os exames realizados confirmaram a existência do vínculo parental. Nem mesmo a alegação de não adequação da retirada do material genético, talvez com intenção protelatória, talvez com dúvida genuína do procedimento realizado, foi suficiente para afastar a verdade real. Confirma-se a paternidade, dirime-se a dúvida, mesmo depois de ambos falecidos.

Reitera-se a ideia anteriormente exposta de que, muitas vezes, o exame de DNA é realizado meramente para saciar e preencher uma lacuna, para que a pessoa que busca sua identidade biológica possa exercer seu direito subjetivo e personalíssimo de sua origem genética. Certamente, não terá esse laudo o condão de transformar genitor em pai. Vivemos em uma época de grandes transformações da instituição da família. Assistimos a um sem-número de formações familiares e todas igualmente tuteladas e consideradas. São

---

19. MORAES, Maria Celina Bodin. "O direito personalíssimo à filiação e a recusa ao exame de DNA: uma hipótese de colisão de direitos fundamentais". In: OLIVEIRA LEITE, Eduardo (coord.). *Grandes temas da atualidade*: DNA como meio de prova da filiação, 2000, p.224.

muitos os casos de paternidade socioafetiva reconhecida legalmente, em detrimento da biológica. O Direito deve acompanhar a evolução da sociedade, de suas transformações e idiossincrasias.

Capelo de Sousa explica que essa evolução tem trazido ampliação e consolidação de direitos inatos, direitos fundamentais e direitos subjetivos, oponíveis em face do Estado e em face de outros indivíduos, firmando-se o reconhecimento do homem como centro da ordenação social.[20]

Todas essas transformações estão refletidas nas decisões judiciais, na interpretação dada pela doutrina e legislação a direitos que possuem os indivíduos pelo fato de serem pessoas e pela centralidade que ocupam no mundo. Impossível retroagir em todos esses conceitos ou mesmo renegar a importância dos avanços tecnológicos que permitem realizações nunca antes imagináveis, sempre relembrando a relevância dos limites éticos que balizam todo esse desenvolvimento científico.

O último caso a ser exposto é o Agravo de Instrumento n. 0027675-21.2012.8.26.0000, julgado pela 5ª Câmara de Direito Privado do Tribunal de Justiça de São Paulo, em 17 de fevereiro de 2012, com relatoria do Desembargador James Siano, e que tem a ementa como se segue:

> Agravo de instrumento. Inconformismo contra decisão que determinou a realização de exame hematológico pelo sistema DNA, em ação de investigação de paternidade. Alegação de inexistência de indícios a motivar a pretensão. Ao contrário do alegado, a realização do exame não implica em confissão da existência de relação entre o agravante e a genitora do agravado, pelo contrário, poderá concluir pelo afastamento da paternidade. Ao condutor do processo cabe o juízo de conveniência e pertinência das provas a serem produzidas. Decisão mantida. Recurso improvido.[21]

Trata-se de uma investigação de paternidade na qual o suposto pai insurgiu-se contra determinação do juiz de primeira instância para que fosse realizado o exame de DNA. Sustentava que a ação havia sido ajuizada sem nenhum indício de prova que pudesse sugerir ser ele o pai. Afirmava que jamais mantivera nenhum envolvimento com a mãe do suposto filho. A seu ver, a realização do exame seria confissão de relação extraconjugal, o que certamente traria sérios prejuízos à sua honra e imagem. Argumentou que não se oporia à realização do exame, desde que previamente demonstrada a exis-

---

20. CAPELO de Sousa, Rabindranath. *O direito geral de personalidade*, 2011, p.91-2.
21. ESTADO DE SÃO PAULO. Tribunal de Justiça de São Paulo. Agravo de Instrumento n. 0027675-21.2012.8.26.0000. Disponível em: https://esaj.tjsp.jus.br/cjsg/getArquivo.do?cdAcordao=5744864&cdForo=0&vlCaptcha=cyuQD>. Acesso em: 19.06.2014.

tência da relação amorosa com a mãe da criança. Pedia a reforma da decisão, mas as razões foram julgadas improcedentes, pois, no entender do magistrado, a realização do exame de DNA não implicaria a confissão da existência de relação extraconjugal. Ao contrário, inexistindo a relação, o resultado negativo advindo do exame afastaria a dúvida sobre não só o envolvimento amoroso como também quanto à verdadeira paternidade da criança, pois tratava-se de direito indisponível desta. Ainda, acrescentou o magistrado que, ao contrário do que afirmava o alegado, a recusa em fazer o exame poderia trazer implicações adversas à sua pretensão, com a presunção da paternidade.

Relevante assinalar, no caso acima exposto, a preocupação com os direitos da personalidade em jogo. O autor do agravo cita sua imagem e honra para tentar evitar o exame de DNA, que, certamente, elucidará o caso.

No que concerne à honra, Capelo de Sousa explica que ela projeta na sociedade o conjunto dos valores pessoais de cada indivíduo, constituindo-se parte integrante da sua personalidade. A honra tutelada pelo Direito abrange desde a projeção do valor da dignidade humana, atribuível a todos, pois é inata, à honra em sentido amplo, que inclui o bom nome e a reputação, à honra enquanto decoro e, até, o crédito pessoal, que denota a capacidade econômica desenvolvida por cada um. Dada a extensão da proteção e o peso variável do bem da honra efetivamente lesado, deve-se delimitar em que âmbito tal tutela se dá e, ainda, ponderar-se acerca dos interesses jurídicos em conflito do caso concreto; havendo direitos e deveres de valor superior, exclui-se a ilicitude de certas ofensas à honra.[22]

Quanto à imagem, continua o autor, a tutela recai sobre sua imagem física, que se refere ao corpo da pessoa, seu retrato moral, que se refere à sua consciência ética, caráter, temperamento e, também, à sua imagem de vida, que é a representação do indivíduo provocada no meio ambiente, resultante da síntese de suas ações externas, de suas vivências e suas omissões.[23]

No tocante ao bem indisponível mencionado pelo magistrado, refere-se ele ao direito personalíssimo da busca da identidade genética, que traduz a origem biológica do indivíduo e permite a ele conhecer a si mesmo, assumir sua identidade em harmonia e afirmação pessoal, com vista ao seu próprio desenvolvimento, a ponte entre sua unidade psicossomática e a projeção de sua personalidade no mundo.[24]

Nesse sentido, parece que o direito da criança em ter acesso à verdade real de sua origem biológica é inquestionável. Já vimos como a moderna ju-

---

22. CAPELO de Sousa, Rabindranath. *O direito geral de personalidade*, 2011, p.301-16.
23. Ibidem, 2011, p.246-52.
24. Ibidem, 2011, p.244-6.

risprudência brasileira se comporta e reage a esse respeito. A decisão do STF já havia pacificado a questão do direito à identidade genética.

Quanto às ofensas alegadas à honra e imagem, que são projeções da identidade,[25] sua recusa em fazer o exame de DNA a título de preservá-las, como bem indicou o magistrado, teria o efeito contrário, pois a presunção de paternidade seria muito mais danosa aos seus direitos da personalidade, no caso de tal imputação ser inverídica, do que o indivíduo submeter-se à coleta de material para dirimir completamente a dúvida. Insubordinar-se usando esse tipo de argumento não mais produz eco nos tribunais brasileiros.

Se a ciência e a tecnologia desenvolvem mecanismos que possibilitam trazer à tona a verdade real em casos de investigação de paternidade, como poderia a Justiça ignorá-los? Entre a presunção e a certeza, não há como escolher a primeira. Não se trata de divinizar o exame de DNA, mas ele permite que os magistrados tomem decisões mais acertadas, com base em fatos comprovados e não presumidos. Todas as outras provas continuam importantes e corroboram um conjunto de evidências que apontam para a realidade dos fatos. A verdade é que, atualmente, não há como escamotear situações facilmente comprováveis e que evitam injustiças de ambos os lados, seja em relação ao filho que busca sua origem genética ou ao suposto pai que precisa comprovar que o filho que lhe é atribuído não lhe pertence.

Conclusão

A convergência entre os valores das ciências humanas e os conceitos científicos é a forma possível de estabelecer uma ponte entre esses diferentes saberes e trazer para cada um o que há de melhor no outro, tornando-os mais completos. Assistiu-se ao nascimento da bioética como ciência que procura resolver os problemas ético-morais suscitados pela biomedicina e pela tecnologia. E não são poucos os conflitos surgidos, dado que os avanços vieram de forma acelerada, provocando o Direito e forçando mudanças e flexibilizações de conceitos, atenuando rigores, alterando paradigmas.

Não é fácil para o ser humano adaptar-se a tantas novidades, incorporar novos comportamentos e pontos de vista. Assim, temos assistido a uma transformação na jurisprudência brasileira, à medida que as ciências e a tecnologia trouxeram à luz conceitos revolucionários e que acabaram por atingir o próprio Direito. É o caso do exame de DNA e seu uso para fins de impressão genética, logo incorporado nas investigações de paternidade pela possibilidade de oferecer 99% de certeza aos envolvidos.

25. Ibidem, 2011, p.244-56.

Embora seja amplamente aplicado para vincular o genitor ao filho, também se presta a provar o não vínculo nas ações negatórias de paternidade, trazendo alívio para os que tiveram filhos atribuídos a si injustamente.

Encontra-se, então, o Direito absolutamente atingido por esses novos conceitos, impossíveis de serem ignorados pelos tribunais.

Após um período de dúvidas e receios, rendem-se os magistrados às evidências do exame e começam a modificar suas decisões. Surgem conflitos entre princípios constitucionais que devem ser elucidados com o uso da proporcionalidade e razoabilidade de sua envergadura frente aos novos ditames dos direitos humanos e dos direitos da personalidade. Assim, conceitos tidos como imutáveis cedem lugar a direitos personalíssimos, indicando a prevalência da pessoa na ordem social.

Estamos em plena era de transição, tentando absorver as novidades e incorporar, ao menos, algumas. Não é tarefa fácil. Para aqueles que devem solucionar conflitos, pacificando a sociedade, mais difícil e angustiante se torna. Porém, é uma era rica de conhecimento, farta em debates e em aprendizagem.

Referências

AMARAL, Francisco. "O dano à pessoa no direito civil brasileiro". In: *Pessoa humana e Direito*. Coimbra, Almedina, 2009.

______. "A prova genética e os direitos humanos". In: LEITE, Eduardo de Oliveira (coord.). *Grandes temas da atualidade*: DNA como meio de prova da filiação. Rio de Janeiro, 2000.

CAPELO DE SOUSA, Rabindranath. *O direito geral de personalidade*. Coimbra, 2011.

CHINELLATO, Silmara Juny de Abreu. "Exame de DNA, filiação e direitos da personalidade". In: LEITE, Eduardo de Oliveira (coord.). *Grandes temas da atualidade*: DNA como meio de prova da filiação. Rio de Janeiro, 2000.

______. "Estatuto jurídico do nascituro: a evolução do Direito brasileiro". In: CAMPOS, Diogo L. de; CHINELLATO, Silmara J. A. (coord.). *Pessoa humana e Direito*. Coimbra, Almedina, 2009.

______. "Pessoa natural e novas tecnologias". *Revista do Instituto dos Advogados de São Paulo*, n.27, 2011, p.45-52.

COMPARATO, Fábio Konder. *A afirmação histórica dos direitos humanos*. 8.ed. São Paulo, Saraiva, 2013.

CURADO, Manuel; OLIVEIRA, Nuno (orgs.). *Pessoas transparentes*: questões actuais de bioética. Coimbra, Almedina, 2010.

GOZZO, Débora. "Bioética, direitos fundamentais e a reprodução humana". *Revista do Instituto dos Advogados de São Paulo*, n.30, 2012, p.469-96.

LEITE, Eduardo de Oliveira. "Exame de DNA ou o limite entre o genitor e o pai". In: LEITE, Eduardo de Oliveira (coord.). *Grandes temas da atualidade*: DNA como meio de prova da filiação. Rio de Janeiro, 2000.

MADALENO, Rolf. "A coisa julgada na investigação de paternidade". In: LEITE, Eduardo de Oliveira (coord.). *Grandes temas da atualidade*: DNA como meio de prova da filiação. Rio de Janeiro, 2000.

MORAES, Maria Celina Bodin. "O direito personalíssimo à filiação e a recusa ao exame de DNA: uma hipótese de colisão de direitos fundamentais". In: LEITE, Eduardo de Oliveira (coord.). *Grandes temas da atualidade*: DNA como meio de prova da filiação. Rio de Janeiro, 2000.

OTERO, Paulo. "Pessoa humana e Constituição: contributo para uma concepção personalista do direito constitucional". In: CAMPOS, Diogo L. de; CHINELLATO, Silmara J. A. (coord.). *Pessoa humana e Direito*. Coimbra, Almedina, 2009.

POTTER, Van Rensselaer. *Bioethics*: bridge to the future. Englewood Cliffs, Prentice-Hall, 1971.

SANTOS, Maria Celeste Cordeiro Leite. "Quem são os pais". In: LEITE, Eduardo de Oliveira (coord.). *Grandes temas da atualidade*: DNA como meio de prova da filiação. Rio de Janeiro, 2000.

SILVA, José Afonso. *Curso de direito constitucional positivo*. 9.ed. São Paulo, Malheiros, 1993.

THEODORO JÚNIOR, Humberto. *Curso de direito processual civil*. Rio de Janeiro, Forense, 2003.

Sites consultados

BRASIL. STJ. Recurso Especial n. 895.545, Minas Gerais, Brasília, 17.02.2013. Disponível em: https://ww2.stj.jus.br/revistaeletronica/Abre_Documento.asp?sSeq=1249597&sReg=200602222892&sData=20140225&formato=HTML. Acesso em: 19.05.2014.

ESTADO DO RIO GRANDE DO SUL. TJRS. Agravo de Instrumento n. 70048235873. Disponível em: http://www1.tjrs.jus.br/site_php/consulta/consulta_processo.php?nome_comarca=Tribunal+de+Justi%E7a&versao=&versao_fonetica=1&tipo=1&id_comarca=700&num_processo_mask=70048235873&num_processo=70048235873&codEmenta=4840945&temIntTeor=true. Acesso em: 19.05.2014.

ESTADO DE SÃO PAULO. TJSP. Apelação n. 0011796-88.2005.8.26.0009 São Paulo/SP, 25 de fevereiro de 2014. Disponível em: https://esaj.tjsp.jus.br/cjsg/getArquivo.do?cdAcordao=7382047&cdForo=0&vlCaptcha=dwqzj. Acesso em: 19.05.2014.

______. TJSP. Agravo de Instrumento n. 0027675-21.2012.8.26.0000. Disponível em: https://esaj.tjsp.jus.br/cjsg/getArquivo.do?cdAcordao=5744864&cdForo=0&vlCaptcha=cyuQD. Acesso em: 19.05.2014.

CAPÍTULO 28
Dever de respeito e consideração mútuos à luz dos direitos da personalidade

Tauanna Gonçalves Vianna

Nossos conhecimentos fizeram-nos céticos; nossa inteligência, empedernidos e cruéis. Pensamos em demasia e sentimos bem pouco. Mais do que de máquinas, precisamos de humanidade. Mais do que de inteligência, precisamos de afeição e doçura. Sem essas virtudes, a vida será de violência e tudo será perdido.
Charles Chaplin

Introdução

A noção de direitos da personalidade perpassa os aspectos intrínsecos ao ser humano. Dirigidos à preservação de seus mais íntimos e imprescindíveis interesses,[1] foram formalmente introduzidos no ordenamento brasileiro pelo Código Civil de 2002, embora sua tutela date de momento anterior, havendo de se destacar o pioneirismo de Rubens Limongi França na precisão do conceito e aplicabilidade desses direitos.[2]

---

1. "Esses direitos constituem um mínimo para assegurar os valores fundamentais do sujeito de direito; sem eles, a personalidade restaria incompleta e imperfeita, e o indivíduo, submetido à incerteza em relação a seus bens jurídicos fundamentais" (CARREJO, Simón. *Derecho civil*, 1972, t.I, p.299-300 - tradução livre).
2. O autor introduziu no Brasil o estudo dos direitos da personalidade na primeira edição de seu Manual (publicado em 1966, datados os primeiros esboços de 1954), desenvolvendo-o na monografia *Do nome civil das pessoas naturais* (1958) e em diversos trabalhos posteriores, dentre os quais destacamos o artigo intitulado "Direitos da

Sustentava o eminente professor que o reconhecimento dos direitos da personalidade - em especial de seu aspecto privado[3] - independe de lei expressa, posição perfilhada por Silmara Juny de Abreu Chinellato, que antes mesmo da publicação do Código Civil de 2002 brindou a doutrina civilista com a obra "Do nome da mulher casada: direito de família e direitos da personalidade" (2001), na qual preconizava a proteção ao patronímico adotado pela mulher por ocasião do casamento enquanto atributo do direito à identidade pessoal.

Há de se destacar que os direitos da personalidade se fazem presentes em tudo quanto consistir desdobramento da natureza humana - suas projeções e relações com o mundo exterior -, independentemente de constarem positivados no Diploma Civil sob a rubrica "Dos Direitos da Personalidade" (arts. 11 a 21). Compreendemos que diversos dispositivos fazem alusão implícita à tutela de tais postulados, como é o caso do art. 1.566, V, que impõe aos cônjuges o dever de respeito e consideração mútuos, objeto do presente estudo.

Direitos da personalidade e direito de família

O desenvolvimento de qualquer indivíduo tem por base a família. É o grupo social no qual as primeiras e mais elementares relações pessoais são travadas, e a personalidade individual repercute, influenciando o todo e sendo por ele amoldada.[4]

---

personalidade - coordenadas fundamentais" (In: MENDES, Gilmar Ferreira; STOCCO, Rui (org.). *Coleção doutrinas essenciais*: direito civil, Parte Geral, v.3 - Pessoas e domicílio, 2011, p.653-67).

3. Embora em um primeiro momento tenha prosperado a tutela dos direitos inerentes ao homem sob óptica exclusivamente publicista, "a dicotomia de tratamento - constitucional e privado - prosperou, imiscuindo-se nos sistemas atuais em que se têm feito reformas legislativas sobre essas matérias". Conforme nos ensina Carlos Alberto Bittar, divisam-se, "de um lado, os 'direitos do homem' ou 'direitos fundamentais' da pessoa natural, como objeto de relações de direito público, para efeito de proteção do indivíduo contra o Estado [...]. De outro lado, consideram-se 'direitos da personalidade' os mesmos direitos, mas sob o ângulo das relações entre particulares, ou seja, da proteção contra outros homens" (*Os direitos da personalidade*, 2015, p.54-6).

4. A teoria funcionalista, desenvolvida pelo estadunidense Talcott Parsons, reconhece na família duas funções primordiais, a saber, a *socialização primária* e a *estabilização da personalidade*: "A socialização primária é o processo pelo qual a criança aprende a desempenhar os papéis sociais e as normas culturais da sociedade onde nasce. A estabilização da personalidade refere-se à função desempenhada pela família no apoio emocional aos seus membros adultos" (AMARO, Fausto. *Sociologia da família*, 2014, p.29-30).

O conceito de família ganha nova perspectiva ante as vicissitudes da sociedade contemporânea. Tendo ocorrido expressiva alteração nos papéis desempenhados por seus membros – o que se deve, em grande parte, à emancipação feminina, resultado do ingresso das mulheres no mercado de trabalho e sua participação ativa na tomada de decisões familiares, e à relativização da hierarquia entre pais e filhos, decorrente do declínio do modelo patriarcal – e crescente ênfase à dignificação da pessoa no seio familiar, é necessário que se empreenda uma releitura dos institutos tradicionais do direito de família à luz da nova realidade.

O casamento, ainda hoje nascedouro de muitas das famílias brasileiras, não escapa a tais constatações. Por meio dele, homem e mulher assumem mutuamente a condição de consortes, companheiros e responsáveis pelos encargos de família (art. 1.565), além de obrigarem-se aos deveres conjugais, normas de conduta impostas aos cônjuges, "tendo em vista preservar a dignidade dos consortes e assegurar a manutenção do núcleo familiar, que é a base da sociedade e, por conseguinte, da nação".[5]

Embora o Código Civil de 2002 tenha reproduzido o teor do Código de 1916, ao tratar de tais deveres, é certo que o conteúdo desses postulados sofreu alterações, o que se evidencia ao analisarmos a obrigação de "sustento, guarda e educação dos filhos" (art. 1.566, IV), que antes cabia ao marido, "com colaboração da mulher" (art. 233, CC/1916) e atualmente incumbe a ambos, "na proporção de seus bens e rendimentos do trabalho" (art. 1.568). O mesmo se diz em relação ao dever de fidelidade (art. 1.566, I), que abrange novas formas de infidelidade, como é o caso da infidelidade virtual; e o dever de "vida em comum, no domicílio conjugal" (art. 1.566, II), o qual, se compreendido como convivência sob o mesmo teto, tem sido relativizado.[6] Houve, ainda, a inclusão do dever de respeito e consideração mútuos, sobre o qual nos debruçaremos.

Foi oportuno o acréscimo de tal dispositivo, principalmente quando analisado à luz da inteireza do Código e da conjuntura acima mencionada. Pouco diz a doutrina acerca do conteúdo do dever de respeito e consideração mútuos, mas parece-nos evidente sua relação com a tutela dos direitos da

---

5. MONTEIRO, Washington de Barros; SILVA, Regina Beatriz Tavares da. *Curso de direito civil*, 2012, v.2, p.199.
6. Enfatizamos que o teor do dever de coabitação é equívoco na doutrina, havendo quem o compreenda como *debitum conjugale*, estando, por ele, "um cônjuge obrigado a conviver com o outro, a ceder seu corpo para a satisfação normal dos instintos sexuais deste" (AZEVEDO, Álvaro Villaça de. *Dever de coabitação*: inadimplemento, 1976, p.27). Nesse sentido, também, Silmara Juny de Abreu Chinellato (*Comentários ao Código Civil*: Parte Especial: Do Direito de Família, v.18 [arts. 1.591 a 1.710], 2004, p.319) e Orlando Gomes (*Direito de família*, 1990, p.125).

personalidade no âmago da relação conjugal.[7] Isso porque, embora o casamento estabeleça a mais íntima e estreita comunhão de vidas, não afasta direitos que são inerentes à esfera personalíssima dos cônjuges, como o direito à intimidade, à imagem, à respeitabilidade, à disposição do próprio corpo, entre outros.

Sustentamos que a própria natureza dos vínculos familiares - sejam conjugais, sejam paterno-filiais - impõe respeito ainda maior à personalidade dos indivíduos, dado o caráter central que essas relações desempenham na formação e conservação de sua dignidade. Passemos, então, a analisar a abrangência do dever de respeito e consideração mútuos, para então perquirir sobre as consequências de sua eventual violação.

Dever de respeito e consideração mútuos e a vida privada dos cônjuges

O direito à privacidade desponta como um dos aspectos mais controversos da era contemporânea, haja vista o crescente fluxo de informações entre as pessoas, propiciado pelas novas tecnologias (redes sociais, dispositivos móveis, bases de dados compartilhadas e outras tantas). Conforme constatou Stefano Rodotà, "uma definição da privacidade como 'direito a ser deixado só' perdeu há muito tempo seu valor genérico, ainda que continue a abranger um aspecto essencial do problema e possa (deva) ser aplicada a situações específicas".

> Na sociedade da informação tendem a prevalecer definições funcionais da privacidade que, de diversas formas, fazem referência à possibilidade de um sujeito conhecer, controlar, endereçar, interromper o fluxo das informações a ele relacionadas. Assim a privacidade pode ser definida mais precisamente, em uma primeira aproximação, como o direito de manter o controle sobre as próprias informações.[8]

A questão se torna ainda mais complexa quando analisada pela óptica das relações familiares, pois é ínsito à noção de família que os indivíduos vivam em intimidade, compartilhando aspectos muito particulares da existência. Tal intimidade, bem descrita por Georges Duby como "uma zona de imu-

---

7. Compartilham semelhante entendimento: Álvaro Villaça de Azevedo (*Direito de família*, 2013, p.126); Washington de Barros Monteiro e Regina Beatriz Tavares da Silva (op. cit., 2012, v.2, p.214).
8. *A vida na sociedade da vigilância*: a privacidade hoje, 2008, p.92.

nidade oferecida ao recolhimento, onde todos podemos abandonar as armas e as defesas das quais convém nos munir ao arriscar-nos no espaço público",[9] proporciona aos membros da família acesso a toda sorte de informações relacionadas ao outro, demandando maior comprometimento no trato e preservação destas.

Assim, ainda que o cônjuge venha a se deparar com escritos particulares (como aqueles constantes de um diário íntimo ou de eventuais esboços de livros, poemas, músicas, teoremas científicos) ou documentos pessoais (como correspondências, extratos bancários, contas, testamentos, sentenças judiciais proferidas sob segredo de justiça, contratos privados, confissões de dívida ou ainda aqueles relacionados ao exercício profissional), deverá por eles zelar, mantendo-os fora do alcance público. O mesmo em relação a registros de som e vídeo, segredos de família e outros dados que cheguem a seu conhecimento em razão da confiança que decorre naturalmente do vínculo conjugal.

> Reconhece-se assim merecedora de tutela a natural aspiração da pessoa ao resguardo de sua vida privada. As renúncias e sacrifícios de uma família, os fatos respeitantes à vida familiar (casamento, divórcio etc.) ou aos afetos e sentimentos de uma pessoa, as pequenas acomodações da vida quotidiana podem nada ter a ver com a honra e o decoro, e não ser apreciados desfavoravelmente no ambiente externo, mas há neles algo de íntimo e privado que basta para considerar lesiva qualquer forma de publicidade.[10]

Há de se ter em mente que o cônjuge não é menos destinatário do teor do art. 21 do Código Civil que qualquer outra pessoa.[11] No mais, se proceder à divulgação das mencionadas informações sem autorização do parceiro, e com isso atingir-lhe a honra, a boa fama ou a respeitabilidade, ficará obrigado a reparar os danos materiais e morais eventualmente causados, sem prejuízo da tutela inibitória. Igualmente se se valer da imagem, palavra ou escritos do outro para fins comerciais, conforme dispõe o art. 20 do diploma civil.[12] Até mesmo quando a divulgação em questão não macular a honra do cônju-

---

9. *História da vida privada*, 1990, p.10.
10. PINTO, Carlos Alberto da Mota. *Teoria geral do direito civil*, 1999, p.209.
11. "Art. 21. A vida privada da pessoa natural é inviolável, e o juiz, a requerimento do interessado, adotará as providências necessárias para impedir ou fazer cessar ato contrário a esta norma."
12. "Art. 20. Salvo se autorizadas, ou se necessárias à administração da justiça ou à manutenção da ordem pública, a divulgação de escritos, a transmissão da palavra, ou a publicação, a exposição ou a utilização da imagem de uma pessoa poderão ser proibidas, a seu requerimento e sem prejuízo da indenização que couber, se lhe atingirem a honra, a boa fama ou a respeitabilidade, ou se se destinarem a fins comerciais."

ge, nem se destinar a fins comerciais, entendemos cabível a proteção, tendo-se em vista que o direito à intimidade é autônomo, de modo que sua tutela se justifica *per se*, independentemente da correlação com outros direitos da personalidade. Decerto tais proibições não são absolutas, podendo se fundamentar ante determinadas razões de ordem pública ou privada.[13]

Nada impede, contudo, que um cônjuge autorize o outro a publicar ou expor seu acervo pessoal em situações específicas, como por ocasião de sua morte. Nessa hipótese, inclusive, tem-se admitido a divulgação independentemente de prévia autorização, desde que respeitadas a honra e imagem do morto. Sendo o cônjuge parte legítima para requerer a proteção à personalidade do outro, em caso de morte (arts. 12, parágrafo único, e 20, parágrafo único), não haveria por que ele próprio estar dispensado dessa obrigação.[14]

Outro aspecto relevante concernente ao direito à privacidade, compreendido no dever de respeito e consideração mútuos, relaciona-se com o influxo das novas tecnologias no cotidiano contemporâneo. As redes sociais têm alterado sobremaneira a forma como os indivíduos resguardam sua vida privada, e não raro nos deparamos com episódios que nos fazem questionar até que ponto a exposição virtual é abnóxia.

> Avultam situações em que a imagem da pessoa aparece associada a outras pessoas, a eventos, a mensagens, a fatos, em que, a cada movimento da rede,

---

13. A este respeito, Rabindranath Capelo de Souza assevera que a revelação de segredos deve ter-se como justificada "em casos de legítima defesa ou do exercício de direito colidente e superior, nomeadamente quando esteja em causa impedir danificações ou promover beneficiações da vida, da saúde, da liberdade, da honra, da criação de obras originais ou de outros bens havidos juridicamente como mais valiosos. Por outro lado, também necessidades de cumprimento de deveres ou de poderes-deveres jurídicos superiores podem justificar a ilicitude de ofensas à reserva, nomeadamente, quando assim o imponham exigências de saúde pública, de polícia ou de justiça [...]. Mas não sem que haja limites à divulgação de matéria reservada, mesmo no âmbito da instrução processual". Tratando especificamente das relações conjugais, o autor enxerga clara exclusão de ilicitude na hipótese de um cônjuge interessado na anulação do casamento por erro documentar e fazer prova judicial de grave doença física ou mental, ou de grave anomalia sexual do outro cônjuge, ocultada antes do matrimônio (*O direito geral de personalidade*, 1995, p.348-9).
14. Enfatize-se que a legitimação *post-mortem* conferida pelos aludidos dispositivos ao cônjuge e demais parentes não implica a transferência dos direitos da personalidade do morto, sendo estes intransmissíveis: "os legitimados jamais poderão ajuizar demanda visando à indenização decorrente de dano moral direto, sofrido pelo *de cujus*. Poderão agir para fazer obstar ou fazer cessar a produção de ato lesivo à memória daquele" (TUCCI, José Rogério Cruz e. "Tutela jurisdicional da personalidade *post mortem*". In: MENDES, Gilmar Ferreira; STOCCO, Rui (org.). *Coleção doutrinas essenciais*: direito civil, Parte Geral, v.3 - Pessoas e domicílio, 2011, p.392).

uma dimensão da dignidade é afetada, diminuída, vilipendiada ou, simplesmente, exposta ao excessivo.[15]

A divulgação de fotos e vídeos do cônjuge em redes sociais pode se enquadrar na hipótese do art. 20 quando o expuser a situação vexaminosa, atingindo-lhe a honra, boa fama e respeitabilidade. A simples utilização indevida do nome do cônjuge (imputando-lhe opiniões e atitudes) já pode configurar um ilícito, caso o exponha ao desprezo público, conforme se infere do art. 17.[16] Nesses casos, "é dispensado o *animus injuriandi*, o elemento intencional da ofensa, bastando que o ato ou conduta tenham sido praticados em estado de consciência".[17] Já em relação ao ofendido – ao dano por ele sofrido –, faz-se necessária a valoração subjetiva, pois deve-se considerar o comportamento da própria pessoa nos meios digitais (em que medida ela mesma expõe sua privacidade), além da abrangência e repercussões da publicação.

> Ao nível de determinação da própria ilicitude das ofensas a tal bem não haverá, desde logo, comportamentos antijurídicos quando se trate do relato de acontecimentos da vida gerais e comuns a qualquer pessoa (como o nascimento, o casamento, a morte, promoções e transferências) se não forem divulgados pormenores íntimos, quando as circunstâncias do ser e da vida privada sejam tornadas pelos próprios interessados livremente acessíveis ou ainda quando o titular não guarde ele mesmo o seu segredo.[18]

Atento às vicissitudes da chamada pós-modernidade, o Marco Civil da Internet (Lei n. 12.965/2014) tem como um de seus postulados a inviolabilidade da intimidade e da vida privada, sua proteção e indenização pelo dano material ou moral decorrente de sua violação (art. 7º, I). Contudo, tal estatuto dirige-se aos provedores de internet, não às pessoas físicas que publicam o conteúdo lesivo.[19] Em relação a elas, existe projeto de lei em andamento que pretende penalizar a divulgação de fotos e vídeos íntimos (material com ce-

---

15. BITTAR. Op. cit., 2015, p.159.
16. "Art. 17. O nome da pessoa não pode ser empregado por outrem em publicações ou representações que a exponham ao desprezo público, ainda quando não haja intenção difamatória."
17. MONTEIRO; SILVA. Op. cit., 2012, v.2, p.214.
18. SOUZA. Op. cit., 1995, p.341-2.
19. O Marco Civil da Internet não trata da responsabilidade de terceiros em relação ao material publicado. O art. 21 limita-se a atribuir responsabilidade subsidiária ao provedor de conteúdo pela violação da intimidade decorrente da divulgação, sem autorização de seus participantes, de imagens, de vídeos ou de outros materiais contendo cenas de nudez ou de atos sexuais de caráter privado quando, após o recebimento de notificação pelo participante ou seu representante legal, deixar de promover, de

nas de nudez ou de atos sexuais), obtidos com ou sem o consentimento da vítima.[20]

Há de se ter em mente que qualquer publicação que parta do próprio cônjuge do sujeito tem peso social muito maior que se fora feita por outrem. Isso porque se sabe que ambos compartilham a mais íntima e estreita das relações, o que confere credibilidade àquilo que for divulgado para o público. Os danos, nessas situações, tendem a ser mais extensos, pois não só o indivíduo tem violado um direito inerente a si, tão elementar à sua integridade psíquica e moral, como também vivencia a quebra da confiança depositada em seu parceiro, o que não raro leva à falência da sociedade conjugal.

Dever de respeito e consideração mútuos e esterilização voluntária

O direito à vida, que é o "direito primordial do ser humano",[21] vez que "em seu torno e como consequência de sua existência, todos os demais gravitam",[22] manifesta-se por meio de direitos subjacentes, classificados a partir do desdobramento essencial da vida que tutelam. Destacamos, entre eles, o direito à concepção e à descendência; o direito ao nascimento; e o direito ao planejamento familiar, que a nosso ver é um aspecto central da relação conjugal.[23]

Embora hoje venhamos nos afastando das noções segundo as quais o casamento se destina à procriação e uma família só se completa com o nasci-

---

forma diligente, no âmbito e nos limites técnicos do seu serviço, a indisponibilização desse conteúdo.

20. O PL n. 5.555/2013 visa à alteração do Código Penal, para tipificar o crime de exposição pública da intimidade sexual: "O objetivo é punir, com detenção de 3 meses a um ano, quem ofender a dignidade ou o decoro de pessoas com quem mantém ou manteve relacionamento ao divulgar imagens, vídeos ou outro material com cenas de nudez ou de atos sexuais" (CÂMARA DOS DEPUTADOS. "Comissão aprova punição para quem divulgar vídeos e fotos íntimas na internet". Publicado em: 05.11.2014. Disponível em: http://www2.camara.leg.br/camaranoticias/noticias/COMUNICACAO/477043-COMISSAO-APROVA-PUNICAO-PARA-QUEM-DIVULGAR-VIDEOS-E-FOTOS--INTIMAS-NA-INTERNET.html. Acesso em: 20.08.2016). Frise-se que a Lei de Cibercrimes (Lei n. 12.737/2012, conhecida como Lei Carolina Dieckmann) não abrange esse tipo de conduta, uma vez que o crime de "invasão de dispositivo informático", por ela tipificado, presume furto da informação ou imagem, o que não ocorre nos casos de exposição pública da intimidade sexual.
21. CHINELLATO E ALMEIDA, Silmara J. A. *Tutela civil do nascituro*, 2000, p.293.
22. BITTAR. Op. cit., 2015, p.119.
23. O inteiro teor do quadro sinóptico de direitos da personalidade, classificados a partir dos aspectos fundamentais da personalidade, consta da obra de Limongi França supracitada.

mento de filhos, essas continuam sendo escolhas fundamentais dos cônjuges: tanto quando optam por tê-los como por não tê-los. O planejamento familiar é direito assegurado pela Constituição (art. 226, § 7º) e pelo Código Civil (art. 1.565, § 2º), tendo ambos enfatizado que este consiste em *livre decisão do casal*.

A Lei n. 9.263/96, que cuida do planejamento familiar, estabelece requisitos a serem observados quando da realização da cirurgia de esterilização (laqueadura tubária/vasectomia), constando, entre eles, o consentimento expresso de ambos os cônjuges, na vigência da sociedade conjugal (art. 10, § 6º).[24]

Percebe-se, portanto, que os consortes, que assumem por meio do casamento a condição de companheiros e responsáveis pelos encargos da família (art. 1.565, *caput*), devem decidir *conjuntamente* se pretendem ou não ter filhos, seja pelos métodos tradicionais, seja recorrendo aos avanços da medicina (fertilização medicamente assistida) ou ainda à adoção. Tal escolha, a de reproduzir e estender a existência própria na pessoa dos filhos, não pode ser mitigada ou suprimida por decisão individual do outro cônjuge - ela corresponde a um direito da personalidade.

O cônjuge que procede à esterilização voluntária sem comunicar seu parceiro, sem antes submeter a questão a cuidadosa ponderação de ambos, está evidentemente cometendo ato ilícito - burlando determinação legal e violando direito da personalidade alheio. O dano, nesses casos, é extenso, parecendo-nos oportuna a menção ao *dano existencial*, que decorre da frustração de um projeto de vida e pode se configurar em situação como essa, que muitas vezes leva à ruptura do vínculo conjugal.[25]

---

24. Este dispositivo está sendo questionado pela ADI n. 5.097, atualmente em curso perante o Supremo Tribunal Federal. A associação autora da ação alega que "condicionar a realização de cirurgia de esterilização voluntária à anuência de terceiro (no caso, do cônjuge) constitui ato atentatório à autonomia corporal e ao direito ao planejamento reprodutivo de forma livre e incondicionada", o que nos parece desarrazoado e manifestamente contrário ao escopo do constituinte (SUPREMO TRIBUNAL FEDERAL. "ADI contesta consentimento de cônjuge para esterilização voluntária". Publicado em: 18.03.2014. Disponível em: http://www.stf.jus.br/portal/cms/verNoticiaDetalhe.asp?idConteudo=262712. Acesso em: 24.08.2016). No mesmo sentido da ADI em comento, o PL n. 7.364/2014, em trâmite na Câmara dos Deputados, pretende a revogação do dispositivo, autorizando a esterilização voluntária sem o consentimento expresso do cônjuge (CÂMARA DOS DEPUTADOS. "Projeto permite cirurgia de esterilização sem consentimento do cônjuge". Publicado em: 29.07.2014. Disponível em: http://www2.camara.leg.br/camaranoticias/noticias/DIREITOS-HUMANOS/472195-PROJETO-PERMITE-CIRURGIA-DE-ESTERILIZACAO-SEM-CONSENTIMENTO-DO-CONJUGE.html. Acesso em: 24.08.2016).
25. O dano existencial, conceito desenvolvido pela doutrina italiana e reconhecido pela Corte de Cassação do país desde idos dos anos 2000 (Sentença n. 7.313, de 07.06.2000), é conceituado por Carlos Fernandez Sessarego como "*un daño especial que trascien-*

Sustentamos, portanto, que o indivíduo está impedido de realizar procedimento cirúrgico destinado à esterilização sem a anuência de seu cônjuge, sob pena de violar postulado constitucional e legal explícito, além do dever de respeito e consideração mútuos. Ressalvamos a hipótese de o procedimento em questão ter de ser realizado em situação de urgência, a fim de resguardar a incolumidade física do indivíduo, situação na qual o direito à vida, considerado em sentido lato, prevaleceria sobre o direito da personalidade do cônjuge, dispensando sua autorização expressa.

Dever de respeito e consideração mútuos e diretivas vitais

O art. 15 do Código Civil dispõe que ninguém pode ser constrangido a submeter-se, com risco de vida, a tratamento médico ou intervenção cirúrgica, "devendo a norma compreender, ainda, a submissão a tratamento ou intervenção sem risco de vida, pois é direito do paciente decidir quanto ao caminho a seguir no tratamento de sua saúde".[26] Nesse sentido, o Código de Ética Médica (Resolução do Conselho Federal de Medicina n. 1.931/2009), em seu art. 31, dispõe ser vedado ao médico desrespeitar o direito do paciente ou de seu representante legal de decidir *livremente* sobre a execução de práticas diagnósticas ou terapêuticas, salvo em caso de iminente risco de morte.

> O tratamento médico com vista a atender finalidade curativa e terapêutica é a forma mais clássica de expressão do uso do conhecimento humano para a intervenção sobre o corpo doente, seja preventivamente, seja para debelar um estado patológico urgente e necessário. Ao procurar o profissional da saúde, o paciente está autorizando esse tipo de intervenção, pactuando a forma onerosa e cuidadosa de intervenção sobre o seu corpo. Os rumos do tratamento e as formas de intervenção carecem o tempo todo de apelo à autorização do pacien-

---

de lo que conoscemos y designamos como la integridad sicosomatica del sujeto. Se trata de un daño radical y profundo, que compromete, en alguna medida, el ser mismo del hombre. Es un daño, en consecuencia, que afecta la libertad de la persona y que, por ende, trastoca o frustra el proyecto de vida que, libremente, formula cada persona y a través del cual se 'realiza' como ser humano. Se trata de un daño que trunca el proyecto de vida, que impide, en consecuencia, que la persona desarrolle libremente su personalidad" ("Proteción a la persona humana". Apud ALMEIDA NETO, Amaro Alves. "Dano existencial – a tutela da dignidade da pessoa humana". Disponível em: http://www.mpsp.mp.br. Acesso em: 25.08.2016).

26. CHINELLATO, Silmara Juny de Abreu. Direito de autor e direitos da personalidade: reflexões à luz do Código Civil. Tese (Titularidade). Faculdade de Direito, Universidade de São Paulo, 2008, p.220.

te, que mantém a possibilidade de discordar do tratamento, do resultado dos exames, da linha de medicação e da submissão a riscos médicos extremos.[27]

De fato, quando analisamos a questão da submissão a tratamentos médicos e cirurgias sob a óptica do direito à integridade física, ao corpo e à liberdade, inexoravelmente chegamos à conclusão de que apenas o próprio indivíduo pode tomar as decisões concernentes à sua saúde, autorizando as intervenções que julgue necessárias ou benéficas a seu restabelecimento (seja no caso de patologias físicas diagnosticadas, disfunções de ordem psicológica ou ainda dependências químicas), à contenção dos efeitos nocivos de determinada doença (no caso de tratamentos paliativos) ou ainda à melhora de sua qualidade de vida (como em cirurgias estéticas reparadoras, de controle à obesidade ou de correção de deficiências auditivas e visuais).

> O que não se pode exigir é que o paciente, que precisava consentir, se prive de escolher entre se submeter ou não se submeter à operação, isto é, possa ser constrangido a ela. O consentimento à operação, ele o deu, mas é revogável (é *vox*): não pode ser obrigado, coativamente, a submeter-se à operação, salvo se desapareceu a necessidade daquele consentimento e da própria autossubmissão (*e.g.*, está internado o paciente e ocorre a espécie do art. 146, § 3º, I, do Código Penal). A autossubmissão entende com o direito de personalidade à liberdade (cf. Código Penal, art. 146, § 3º); esse consentimento é elemento do suporte fático da regra jurídica de pré-exclusão da contrariedade a direito, e revogável (é *vox*).[28]

Contudo, quando transportamos a matéria ao âmbito da família, podemos imaginar diversas situações em que os parentes do indivíduo pretendem interferir em suas decisões quanto a determinado tratamento ou operação, ou, ainda mais energicamente, quando o doente opta por abster-se de intervenções médicas, seja por julgá-las desnecessárias, custosas ou demasiadamente sofridas. Por isso, não seria de todo impensável que cônjuges pretendessem celebrar um acordo por meio do qual transferissem mutuamente o poder de tomar as decisões concernentes à saúde do outro, a despeito de seu consentimento.

Tal acordo, independentemente do instrumento por meio do qual celebrado (pacto antenupcial ou qualquer outro instrumento dotado de fé pública, por exemplo) ou do momento (na constância de doença grave ou iminên-

---

27. BITTAR. Op. cit., 2015, p.135-6.
28. PONTES DE MIRANDA. *Tratado de direito privado*: Parte Especial, 1983, t.VII, p.26-7.

cia de morte), seria de todo inválido, uma vez que teria por objeto um direito da personalidade, indisponível e intransmissível. Não seria possível, portanto, valer-se de semelhante convenção a fim de obrigar o cônjuge a se submeter a tratamento ou procedimento cirúrgico ao qual ele expressamente se recusa. Fazê-lo seria violar o direito à autodeterminação do parceiro, sua liberdade e autonomia em relação ao próprio corpo e inquestionavelmente iria de encontro ao dever de respeito e consideração mútuos.

Situação diversa ocorre ante a impossibilidade, transitória ou permanente, de o indivíduo manifestar qualquer tipo de vontade, hipótese descrita no art. 4º, III, do Código Civil.[29] Nesses casos, é possível que o cônjuge, na condição de curador,[30] assuma as decisões relacionadas à execução de práticas diagnósticas ou terapêuticas, salvo em iminente risco de morte, conforme dispõe o já mencionado art. 31 do Código de Ética Médica.[31] Destaca-se, ainda, o conteúdo do art. 41, parágrafo único, do mesmo regimento:

> Nos casos de doença incurável e terminal, deve o médico oferecer todos os cuidados paliativos disponíveis sem empreender ações diagnósticas ou terapêuticas inúteis ou obstinadas, *levando sempre em consideração a vontade expressa do paciente ou, na sua impossibilidade, a de seu representante legal.*[32] [grifamos]

Nesse contexto, instituto que vem recebendo cada vez mais atenção é o das diretivas antecipadas de vontade, compreendidas como o "conjunto de desejos, prévia e expressamente manifestados pelo paciente, sobre cuidados e tratamentos que quer, ou não, receber no momento em que estiver incapacitado de expressar, livre e autonomamente, sua vontade" (art. 1º da Resolução do Conselho Federal de Medicina n. 1.995/2012)

As diretivas antecipadas de vontade, também conhecidas como testamento vital, vinculam o médico (salvo se estiverem em desacordo com os preceitos do Código de Ética Médica), e nelas o sujeito pode designar um represen-

---

29. "Art. 4º São incapazes, relativamente a certos atos ou à maneira de os exercer: [...] III - aqueles que, por causa transitória ou permanente, não puderem exprimir sua vontade."
30. "Art. 1.775. O cônjuge ou companheiro, não separado judicialmente ou de fato, é, de direito, curador do outro, quando interdito."
31. "Art. 31. [É vedado ao médico:] Desrespeitar o direito do paciente ou de seu representante legal de decidir livremente sobre a execução de práticas diagnósticas ou terapêuticas, salvo em caso de iminente risco de morte."
32. Também o art. 1º da Resolução do Conselho Federal de Medicina n. 1.805/2006 enuncia: "É permitido ao médico limitar ou suspender procedimentos e tratamentos que prolonguem a vida do doente em fase terminal, de enfermidade grave e incurável, respeitada a vontade da pessoa ou de seu representante legal".

tante, o qual será consultado ante eventual incapacidade. Admite-se, assim, a utilização desse instrumento para nomeação do cônjuge como pessoa responsável pelas diretivas médicas, sendo certo que estas só prevalecerão se o indivíduo se encontrar impossibilitado de manifestar sua própria vontade e desde que não contrariem demais disposições eventualmente apostas ao documento, nem a lei ou os bons costumes.[33] Frise-se que, na indicação das diretivas, o cônjuge representante deve "buscar reproduzir, com a maior precisão possível, a decisão que seria tomada pelo paciente, em vez de tomar uma decisão objetiva no seu melhor interesse".[34]

Repercussões do descumprimento do dever conjugal

Conforme estivemos a demonstrar, o dever de respeito e consideração mútuos, introduzido pelo Código Civil de 2002, está estreitamente relacionado à tutela dos direitos da personalidade no âmbito da relação conjugal. Assim, a violação a direito da personalidade do consorte importa, também, no descumprimento do dever conjugal em questão, havendo de se perquirir quais as consequências previstas pelo ordenamento para tais situações.

Rubens Limongi França já apontava a dupla natureza da sanção imposta ante a ofensa aos direitos da personalidade: a sanção de natureza pública, a qual se perfazia nas esferas constitucional – "através de institutos como o *habeas corpus*, destinado à garantia da liberdade de ir e vir" – e penal – "que se exterioriza na definição de certos crimes como a injúria, a calúnia, a difamação [...] etc."; e a sanção de natureza privada, frequentemente associada ao instituto da reparação civil. Contudo, conforme advertia o professor, "a tutela da responsabilidade civil [...], quer material, quer moral, não é *específica* dos direitos da personalidade – verdade, essa de que muitos autores, mesmo especialistas, não têm se dado conta suficiente".[35]

Por isso, parece-nos precisa a lição de Carlos Alberto Bittar, para quem

---

33. Acerca das diretivas vitais antecipadas, sugerimos a leitura do instigante trabalho desenvolvido por Henrique Moraes Prata, intitulado "Enfermidade e infinito: direitos da personalidade do paciente terminal" [Tese (Doutorado). Faculdade de Direito, Universidade de São Paulo, São Paulo, 2012]. Segundo o autor, tal manifestação de vontade não exige forma prescrita, podendo ser feita por testamento público ou até mesmo oralmente, pelo paciente ao médico. "Nesta hipótese, a assinatura do paciente ao lado da anotação poderá gerar maior segurança jurídica à vontade manifestada" (p.165).
34. GONZÁLEZ, Miguel Angel Sánchez. "O novo testamento: testamentos vitais e diretivas antecipadas". In: BASTOS, Eliene Ferreira; LUZ, Antônio Fernandes da (coords.). *Família e jurisdição II*, 2005, p.123.
35. *Direitos da personalidade*: coordenadas fundamentais, 2011, p.665-6.

> a tutela dos direitos da personalidade compreende modos vários de reação, que permitem ao lesado obtenção de respostas distintas, em função dos interesses visados, estruturáveis, basicamente, em consonância com os seguintes objetivos:
>
> a) cessação de práticas lesivas; b) apreensão de materiais oriundos dessas práticas; c) submissão do agente à cominação de pena; d) reparação de danos materiais e morais; e e) perseguição criminal do agente. A diversidade de fórmulas possibilita ao lesado a escolha dos meios de reação, em função de seu interesse imediato, e dedutíveis em consonância com a situação fática. Essas medidas são, no entanto, cumuláveis, podendo vir a existir, sucessiva ou simultaneamente, em concreto, em razão da ação do lesado.[36]

Nesse ínterim, mostrou-se oportuna a introdução da tutela de urgência pelo novo Código de Processo Civil (Lei n. 13.105/2015, em vigor desde 18 de março de 2016), a qual, nos termos do art. 300 do referido diploma, "será concedida quando houver elementos que evidenciem a probabilidade do direito e o perigo de dano ou o risco ao resultado útil do processo". Em diversas das situações sobre as quais nos debruçamos antes (violação à intimidade do parceiro, à imagem e honra, ou ainda na iminência de realização de cirurgia de esterilização), a tutela de urgência se revela o meio mais efetivo para coibir a afronta ao direito da personalidade do cônjuge, ou ao menos minimizar suas repercussões danosas. Dela decorrem as chamadas ações inibitórias, fundadas "no próprio direito material":

> Se várias situações de direito substancial, diante de sua natureza, são absolutamente invioláveis, é evidente a necessidade de se admitir uma ação de conhecimento preventiva. Do contrário, as normas que proclamam direitos, ou objetivam proteger bens fundamentais, não teriam qualquer significação prática, pois poderiam ser violadas a qualquer momento, restando somente o ressarcimento do dano.[37]

Deduzidos os efeitos decorrentes da ameaça ou lesão aos direitos da personalidade, em termos genéricos, passamos a investigar as particularidades de sua ocorrência no âmbito das relações conjugais, hipótese da qual resultaria, conforme sustentamos, a quebra do dever de respeito e consideração mútuos.

---

36. Op. cit., 2015, p.88.
37. MARINONI, Luiz Guilherme. "Tutela inibitória e tutela de remoção do ilícito". Disponível em: http://www.abdpc.org.br. Acesso em: 22.09.2016.

Atualmente, discute-se a natureza jurídica dos deveres matrimoniais, tendo-se em vista que a separação culposa, instituto sobre o qual a violação destes efetivamente produzia efeitos, não mais se sustentaria no ordenamento, conforme entende parte da doutrina.[38] Teriam, então, os deveres conjugais se tornado meras recomendações, atuando exclusivamente no âmbito da moral, ou sua transgressão ainda produz efeitos na esfera jurídica dos obrigados?

Não lograremos, no exíguo conteúdo do presente trabalho, ingressar na discussão acerca da manutenção ou não da figura da separação culposa.[39] Limitamo-nos a afirmar que, após a Emenda Constitucional n. 66/2010, a qual alterou a redação do art. 226, § 6º, da Constituição Federal, foram suprimidos quaisquer prazos antes exigidos à decretação do divórcio e, segundo grande parte dos estudiosos do direito de família, também a necessidade de se aferir culpa de um dos cônjuges para esse fim. A verificação do descumprimento de dever conjugal deixou, portanto, de ser requisito ao rompimento da sociedade conjugal - diz-se consistir o divórcio, atualmente, um *direito potestativo* dos cônjuges, ou seja, incondicionado à demonstração de causa ou a qualquer outro requisito temporal ou circunstancial.

Ainda assim, permanecem no Código Civil dois dispositivos tratando das consequências da conduta culposa do cônjuge, ao violar os deveres relacionados no art. 1.566: i) a perda do direito de utilização do patronímico alheio pelo cônjuge culpado, quando expressamente requerido e não importar em prejuízo à sua identificação ou manifesta distinção em relação ao nome dos filhos (art. 1.578); e ii) redução dos alimentos aos naturais (aqueles indispensáveis à subsistência) e condicionados à inaptidão para o trabalho ou à inexistência de outros parentes em condição de prestá-los, quando requeridos pelo cônjuge culpado (art. 1.704, parágrafo único).

No que concerne à primeira sanção prevista, a argumentação que desenvolvemos até aqui é suficiente para demonstrar a absoluta incongruência do dispositivo com a tutela dos direitos da personalidade. Sendo o nome (composto por prenome e patronímico) um atributo da personalidade de qualquer indivíduo, sua proteção, nos termos do art. 16 do diploma civil, prevalece sobre qualquer norma que, injustificadamente, pretenda afastá-la, como é o caso do art. 1.578.

---

38. A separação culposa está prevista no art. 1.572 do Código Civil: "Qualquer dos cônjuges poderá propor a ação de separação judicial, imputando ao outro qualquer ato que importe grave violação dos deveres do casamento e torne insuportável a vida em comum".
39. Apenas destacamos que a manutenção do instituto da separação, em si, é inconteste, *vide* a redação do art. 693 do novo Código de Processo Civil, que expressamente o inclui no rol das ações de família.

Compartilhamos do ponderado posicionamento de Silmara Chinellato, para quem, consistindo o patronímico adotado por ocasião do casamento em direito da personalidade, tem ele

> a característica de personalíssimo, isto é, pertence exclusivamente ao próprio titular, sendo oponível *erga omnes*, só podendo ser renunciado pelo próprio titular, quando o pode [...] Em casos excepcionais - que não vislumbramos, ainda, a não ser quando o casamento tenha durado tão pouco tempo que o nome da mulher casada ainda não tenha repercutido em sua identidade -, a perda poderá ser decretada pelo juiz, após amplo contraditório. A conservação é a regra, a perda é excepcionalíssima.[40]

Em relação à segunda sanção decorrente do inadimplemento dos deveres conjugais, a saber, o condicionamento e limitação da prestação alimentar ao cônjuge culpado, entendemos pela possibilidade de sua aplicação, pois, caso suprimida, "o cônjuge infiel ou até mesmo aquele que pratica outras agressões morais e físicas teria o direito à pensão alimentícia plena, bastando demonstrar sua necessidade e a possibilidade do outro cônjuge".[41]

Na hipótese de o pedido de alimentos ser cumulado com o de dissolução do vínculo matrimonial, sustentamos que estes devem ser analisados separadamente, uma vez que a separação ou divórcio independem de verificação da culpa do cônjuge, podendo ser deferida até antecipadamente,[42] ao passo em que a matéria de alimentos demandará prova da violação dos deveres conjugais.

Por fim, a reparação civil é a sanção genérica decorrente do descumprimento das obrigações impostas pelo casamento, entre elas o dever de respeito e consideração mútuos. Trata-se de ato ilícito, nos termos dos arts. 186 e 187, que implica o dever de indenizar a vítima pelo dano sofrido, ainda que exclusivamente moral (art. 927). Embora note-se certa resistência à aplicação dos princípios da responsabilidade civil nas relações de família, é certo que "o mesmo ato ilícito que configurou infração grave dos deveres conjugais [...] presta-se igualmente para legitimar uma ação de indenização de direito comum por eventuais prejuízos que tenham resultado diretamente do ato ilí-

---

40. *Do nome da mulher casada*: direitos de família e direitos da personalidade, 2001, p.135, 138.
41. MONTEIRO; SILVA. Op. cit., 2012, p.318-9.
42. Conforme o art. 356 do Código de Processo Civil, o juiz decidirá parcialmente o mérito quando um ou mais dos pedidos formulados ou parcela deles: "I - mostrar-se incontroverso; II - estiver em condições de imediato julgamento, nos termos do art. 355".

cito para o cônjuge afrontado".[43] Como bem pontua Luiz Felipe Haddad, "nesses casos, o fato extrapola o problema da quebra de compromisso, para se enquadrar em pura agressão à dignidade da pessoa".[44]

> Não há qualquer motivo que impeça a indenização por danos morais e materiais ocasionados por infração a dever do casamento. O direito de família, que regula as relações dos cônjuges, não está num pedestal inalcançável pelos princípios da responsabilidade civil. Pensamento diverso, ao imaginar que coloca o casamento num plano superior, na verdade, deixa de oferecer proteção aos cônjuges, impedindo-lhes a utilização do mais relevante instrumento jurídico, que assegura condições existenciais da vida em sociedade: a reparação civil de danos.[45]

Do quanto exposto, percebe-se que a violação a direito da personalidade do cônjuge, e consequentemente do dever de respeito e consideração mútuos, implica diversas repercussões jurídicas, algumas específicas da proteção aos direitos da personalidade (tutela inibitória, sanções penais), outras peculiares à salvaguarda dos deveres conjugais (limitação do dever alimentar), as quais não se excluem, podendo ser aplicadas cumulativamente (respeitadas as competências jurisdicionais e o momento processual oportuno). A reparação civil, enquanto sanção genérica, pode e deve ser utilizada sempre que verificado esse ilícito dúplice (que agride, simultaneamente, um direito da personalidade e um direito conjugal), sendo certo que, na quantificação do dano, o juiz deverá ter em vista as circunstâncias em que a ofensa foi perpetrada, bem como o fato de esta ter ocorrido no âmago de uma das mais íntimas relações humanas, que é o casamento.[46]

---

43. CAHALI, Yussef Said. *Dano moral*, 1999, p.669. Nesse sentido, também, Savatier, para quem "toda violação de deveres resultante do casamento faz surgir uma responsabilidade entre os esposos" (*Traité de la responsabilité civile*, 1939, t.I, p.12 - tradução livre).
44. "Reparação do dano moral no direito brasileiro". In: CAHALI. Op. cit., 1999, p.665.
45. MONTEIRO; SILVA. Op. cit., 2012, p.356.
46. A indagação de o ilícito em questão causar um dano qualificado, especial, conforme sugere Cahali ("não se trata de saber se é indenizável pelo direito comum, como pareceu a Luiz Felipe Haddad, simplesmente o dano ilícito causado ao cônjuge como a qualquer outra pessoa e indenizável a teor do art. 159 do CC, mas de um dano que somente pode ser padecido pelo cônjuge inocente em razão dos fatos caracterizados como 'infração grave dos deveres conjugais, que tornam a vida em comum', e '*comprometen gravemente el legítimo interés personal del cónyuge inocente*'"), vale discussão aprofundada, em estudo posterior (op. cit., 1999, p.671).

Conclusão

Nesta breve análise do dever de respeito e consideração mútuos à luz dos direitos da personalidade, apontamos que estes, enquanto atributos inerentes a todo ser humano, encontram-se presentes em diversos dispositivos, mesmo que implicitamente. Uma vez que os vínculos familiares são elementares à construção da personalidade individual, entendemos que o Código Civil de 2002, ao acrescer o postulado de respeito e consideração mútuos ao rol de deveres decorrentes do casamento, pretendeu tutelar os direitos da personalidade no âmbito da relação conjugal.

Desse modo, demonstramos que o cônjuge está obrigado a zelar pelos direitos da personalidade de seu consorte, não a despeito da estreita intimidade que compartilham, mas justamente em razão dela. Trabalhamos especificamente a proteção da privacidade, relacionando-a à honra, nome e imagem; o direito à vida, pela óptica do direito ao planejamento familiar, que veda a realização da cirurgia de esterilização voluntária sem a anuência do cônjuge; e por fim o direito ao próprio corpo, que envolve a liberdade de autodesignação em relação a tratamentos médicos e intervenções cirúrgicas, salvo em situação de incapacidade - hipótese em que o cônjuge pode ser apontado como representante, pela lei ou pelo interessante instrumento das diretivas antecipadas de vontade.

Concluímos, ao fim, que a ofensa perpetrada pelo cônjuge a direito da personalidade de seu parceiro, além de constituir um ilícito por si só, representa o descumprimento do dever de respeito e consideração mútuos, de modo que sujeita o indivíduo a sanções específicas (entre elas a tutela inibitória, característica dos direitos da personalidade, e a limitação da prestação alimentícia, decorrente da violação dos deveres conjugais), sem prejuízo da sanção genérica da reparação civil, a qual pode - e deve - ser aplicada sempre que verificados seus pressupostos, inclusive no âmbito das relações conjugais.

Referências

ALMEIDA NETO, Amaro Alves. "Dano existencial - A tutela da dignidade da pessoa humana. Disponível em: http://www.mpsp.mp.br. Acesso em: 25.08.2016.

AMARO, Fausto. *Sociologia da família*. Lisboa, Pactor, 2014.

AZEVEDO, Álvaro Villaça de. *Dever de coabitação*: inadimplemento. São Paulo, José Bushatsky, 1976.

_____. *Direito de família*. São Paulo, Atlas, 2013.

BITTAR, Carlos Alberto. *Os direitos da personalidade*. 8.ed. São Paulo, Saraiva, 2015.

CAHALI, Yussef Said. *Dano moral*. 2.ed. revista, atualizada e ampliada. São Paulo, RT, 1999.

CARREJO, Simón. *Derecho civil*, t.I. Bogotá, Themis, 1972.

CHINELLATO, Silmara Juny de Abreu. *Comentários ao Código Civil*: Parte Especial: Do Direito de Família, v.18 [arts. 1.591 a 1.710]. São Paulo, Saraiva, 2004.

_____. *Direito de autor e direitos da personalidade*: reflexões à luz do Código Civil. Tese (Titularidade). Faculdade de Direito, Universidade de São Paulo, 2008.

_____. *Do nome da mulher casada*: direitos de família e direitos da personalidade. Rio de Janeiro, Forense Universitária, 2001.

_____. *Tutela civil do nascituro*. São Paulo, Saraiva, 2000.

DUBY, Georges. *História da vida privada*. São Paulo, Companhia das Letras, 1990.

FRANÇA, Rubens Limongi. *Direitos da personalidade*: coordenadas fundamentais. In: MENDES, Gilmar Ferreira; STOCCO, Rui (org.). *Coleção doutrinas essenciais*: direito civil, Parte Geral, v.3 - Pessoas e domicílio. São Paulo, RT, 2011.

GOMES, Orlando. *Direito de família*. 7.ed. 2ª tiragem. Rio de Janeiro, Forense, 1990.

GONZÁLEZ, Miguel Angel Sánchez. "O novo testamento: testamentos vitais e diretivas antecipadas". Trad. Diaulas Costa Ribeiro. In: BASTOS, Eliene Ferreira; LUZ, Antônio Fernandes da (coords.). *Família e jurisdição II*. Belo Horizonte, Del Rey, 2005.

MARINONI, Luiz Guilherme. "Tutela inibitória e tutela de remoção do ilícito". Disponível em: http://www.abdpc.org.br. Acesso em: 22.09.2016.

MONTEIRO, Washington de Barros; SILVA, Regina Beatriz Tavares da. *Curso de direito civil*. 42.ed. São Paulo, Saraiva, 2012, v.2.

PINTO, Carlos Alberto da Mota. *Teoria geral do direito civil*. 3.ed. atualizada. Coimbra, Coimbra, 1999.

PONTES DE MIRANDA. *Tratado de direito privado*: Parte Especial. 4.ed. São Paulo, RT, 1983, t.VII.

PRATA, Henrique Moraes. Enfermidade e infinito: direitos da personalidade do paciente terminal. Tese (Doutorado). Faculdade de Direito, Universidade de São Paulo, São Paulo, 2012.

RODOTÁ, Stefano. *A vida na sociedade da vigilância*: a privacidade hoje. Organização, seleção e apresentação de Maria Celina Bodin de Moraes. Trad. Danilo Doneda e Luciana Cabral Doneda. Rio de Janeiro, Renovar, 2008.

SAVATIER. *Traité de la responsabilité civile*, tome I. Paris, Librairie Générale de Droit et de Jurisprudence, 1939.

SOUZA, Rabindranath Capelo de. *O direito geral de personalidade*. Coimbra, Coimbra, 1995.

TUCCI, José Rogério Cruz e. "Tutela jurisdicional da personalidade *post-mortem*". In: MENDES, Gilmar Ferreira; STOCCO, Rui (org.). *Coleção doutrinas essenciais*: direito civil, Parte Geral, v.3 - Pessoas e domicílio. São Paulo, RT, 2011.

CAPÍTULO 29

A omissão (abandono afetivo) e a ação (alienação parental) como condutas desencadeadoras da reparação de dano moral

Eduardo de Oliveira Leite

Considerações iniciais

Questão que sempre aguça as paixões e gera a mais variada ordem de exegeses é relativa à reparação do dano moral, especialmente no ambiente familiar, em que a notória e insustentável postura tem se revelado cautelosa, senão claramente contrária à indenização com base na repetida alegação de que o amor não é indenizável. Tal postura é verificável tanto nas decisões de nossos tribunais[1] como nas Cortes Superiores, *v. g.* no STJ, que não vacila em reformar decisões dos tribunais estaduais favoráveis à referida indenização.[2]

---

1. "Ação de indenização. Danos morais. Abandono afetivo. Ato ilícito. Inexistência. Dever de indenizar. Ausência. A omissão do pai quanto à assistência afetiva pretendida pelo filho não se reveste de ato ilícito por absoluta falta de previsão legal, *porquanto ninguém é obrigado a amar ou a dedicar amor*. Inexistindo a possibilidade de reparação a que alude o art. 186 do Código Civil, eis que ausente ato ilícito, não há como reconhecer o abandono afetivo como passível de indenização" [grifamos] (TJMG, AC n. 10251080261414001l, rel. Nilo Lacerda, j. 29.10.2009).
2. Assim o REsp n. 757.411/MG (2005/0085464-3), rel. Min. Fernando Gonçalves, *DJ* 27.03.2006, decidiu: "Responsabilidade civil. Abandono moral. Reparação. Danos morais. Impossibilidade [...]. *Não cabe ao Judiciário condenar alguém ao pagamento de indenização por desamor*" [grifamos]. A reforma ocorreu em relação a um julgado do TJMG que, em 2005, assim decidira: "Indenização danos morais. Relação paterno-filial. Princípio da dignidade da pessoa humana. Princípio da afetividade. A dor sofrida pelo filho, em virtude do abandono paterno, que o privou do direito à convivência, ao amparo afetivo, moral e psíquico deve ser indenizável, com fulcro no princípio da dignidade da pessoa humana [...]. A responsabilidade (pelo filho) não se pauta tão somente no dever de alimentar, mas se insere no dever de possibilitar desenvolvi-

A postura, inicialmente provocada pelas ações relativas ao abandono afetivo, tem ultrapassado aquele limite reducionista, espraiando-se para todas as relações familiares decorrentes da relação paterno-materno-filial, em prova inequívoca de que a matéria tem ganhado enorme relevo e consideração no ambiente jurídico, especialmente junto ao Poder Judiciário, que vem sendo questionado diária e sistematicamente a se posicionar frente à delicada temática.

Tudo indica - e nem poderia ser diferente - que a postura francamente contrária à reparação dos danos decorrentes da ausência de afeto, amor e cuidado tem sido substituída por uma postura mais cuidadosa tendente a encarar o amor como sentimento devidamente inserido na noção de "cuidado" prevista pelo legislador nacional em diversas passagens do livro dedicado ao direito de família.

Enquanto o "adultocentrismo" avassalador dominava as decisões que envolviam os direitos da criança, era aceitável (mas não razoável, afirmamos sem vacilar) que aquelas decisões negassem o direito à reparação do dano, em manifesta e visível "vantagem" garantida aos adultos, mas à medida que a figura infantil foi se afirmando e impondo no ambiente jurídico, aquela conduta foi perdendo sua potencialidade em prol da parte inquestionavelmente mais fraca e vulnerável das relações familiares, a saber, os filhos, a criança. São as crianças e adolescentes, e não os genitores, os elementos mais carentes de proteção, porque, sendo menores e indefesos, estão mais sujeitos à manipulação e negligência dos adultos, daí se deduzindo que a proteção legal, em especial no ambiente familiar, é preferencialmente direcionada aos filhos e não aos genitores.

Os adultos, em decorrência da idade e da natural experiência existencial, têm condições de se proteger e defender seus interesses; aquelas, as crianças, certamente se encontram em situação diametralmente oposta, que, se não favorece, facilita toda sorte de abusos que a ordem jurídica não quer, nem deve admitir. Por isso, nosso Estatuto da Criança e do Adolescente guindou à categoria de premissa fundamental que o interesse das crianças e dos adolescentes deve ser priorizado sempre e em qualquer hipótese. E esse documento legislativo se encontra em vigor desde 1990, devendo, pois, ser respeitado e aplicado.

---

mento humano dos filhos, baseado no princípio da dignidade da pessoa humana" (TJMG, Ap. Cível n. 408.550.504, rel. Des. Unias Silva).

Da mudança de paradigma da filiação

Os elementos geradores da postura legislativa acima assinalada decorrem de inúmeros e infinitos motivos, tornando-se impossível (e talvez tautológico) repeti-los novamente, porém é possível indicar como marco determinador dessa mudança de posturas a alteração abrangente da noção de paternidade, que, a partir do advento do Código Civil de 2002, pode ser tanto biológica (versão clássica) como afetiva.

Com efeito, o art. 1.593 do Código Civil estabeleceu a bilateralidade do parentesco, que pode resultar tanto da consanguinidade como da afetividade. Pôs-se um ponto final na hipocrisia que dominava o cenário civil nacional ao insistir em só reconhecer a paternidade biológica abrindo-se uma nova perspectiva que encara uma paternidade que precisa ser vivificada pela construção permanente do investimento afetivo. Ou seja, o legislador abriu um espaço - até então não reconhecido - ao afeto e ao amor nas relações paterno-materno-filiais. Ou, na expressiva doutrina de João Baptista Villela:

> Se se prestar atenta escuta às pulsações mais profundas da longa tradição cultural da humanidade, não será difícil identificar uma persistente intuição que associa a paternidade antes com o serviço que com a procriação. Ou seja: ser pai ou ser mãe não está tanto no fato de gerar quanto na circunstância de amar e servir.[3]

Reside aí um elemento novo, não devidamente considerado pela jurisprudência e que passa a ser decisivo nas questões de responsabilidade parental: o servir e o amar são, sim, expressões inequívocas da "guarda e educação" a que se refere o legislador tanto no art. 22 do ECA[4] como, igualmente, no art. 1.634 do Código Civil.[5]

O que o autor quis realçar é que não basta gerar um filho (afinal qualquer homem pode ser genitor),[6] mas é fundamental querer ter o filho como seu, é

---

3. VILLELA, João Baptista. *Desbiologização da paternidade*, p.407-8.
4. "Art. 22. Aos pais incumbe o dever de sustento, guarda e educação dos filhos menores, cabendo-lhes ainda, no interesse destes, a obrigação de cumprir e fazer cumprir as determinações judiciais."
5. "Art. 1.634. Compete aos pais, quanto à pessoa dos filhos menores: I - dirigir-lhes a criação e educação; II - tê-los em sua companhia e guarda [...]."
6. Nesse sentido, nosso alentado artigo sobre os limites do exame de DNA na investigação da paternidade: LEITE, Eduardo de Oliveira. "Exame de DNA ou o limite entre o genitor e o pai". In: LEITE, Eduardo de Oliveira (coord.). *Grandes temas da atualidade*, v. 1. *DNA como meio de prova da filiação*: aspectos constitucionais, civis e penais, 2002.

necessário "adotá-lo" (na ótica de Françoise Dolto)[7] como filho, desde a concepção. Ou, na expressiva alusão de Jacqueline Nogueira, "Pai tem que ser muito mais que pai jurídico ou biológico. Tem que ser pai de coração, de adoção e de doação".[8]

A alteração, pouco visível no sistema codificado, gerou efeitos gigantescos no ambiente jurídico, na medida em que se passou a considerar o elemento "amor" um componente da relação paterno-materno-filial, que até então o legislador tinha dificuldade de admitir. A proposta, absolutamente inédita, nos remete a outro autor, que resumiu, de forma magistral, esse novo elemento:

> O amor paterno não é simples nem complicado. O amor paterno exige presença ativa, diálogo permanente, interminável, mesmo quando os casamentos se desfazem [...]. Eis a questão da paternidade: é preciso ter tempo e disponibilidade para viver com os filhos. Amor paterno é presença e atenção. É construção. Não é instintivo, genético. É conquista.[9]

Essas considerações decisivas à boa apreciação da matéria (ainda que alguns juízes insistam em se limitar à mera apreciação legal das questões invocadas perante o Poder Judiciário) resgatam duas noções fundamentais para enfrentar a problemática, a saber: a responsabilidade e o abandono. Ou, melhor dizendo, afastando-se da visão reducionista que esgotava a paternidade no mero elemento biológico (do instintivo, do genético), o legislador agiganta o papel da afetividade e da responsabilidade daí derivada.

Assim, um pai que gerou um filho mas o abandonou – moral, sentimental e afetivamente – é responsável por esse abandono na medida em que uma criança abandonada afetivamente é uma criança de risco, fragilizada e vulnerável aos desafios da existência e da condição humanas.

De igual modo, um genitor – seja o pai ou a mãe – que pratica alienação parental, induzindo os filhos a odiarem o outro genitor,[10] também está des-

---

7. DOLTO, Françoise. *Quando os pais se separam*, 1998.
8. NOGUEIRA, Jacqueline Filgueira. *A filiação que se constrói*: o reconhecimento do afeto como valor jurídico, 2001, p. 98.
9. GADOTTI, Moacir. *Amor paterno, amor materno*: o quanto é necessário, o quanto é insuficiente. In SILVEIRA, Paulo (org.). Exercício da paternidade. p. 109.
10. A Lei de Alienação Parental – Lei n. 12.318/2010 – assim conceitua alienação parental: "Art. 2º Considera-se ato de alienação parental a interferência na formação psicológica da criança ou do adolescente promovida ou induzida por um dos genitores, pelos avós ou pelos que tenham a criança ou adolescente sob a sua autoridade, guarda ou vigilância, para que repudie genitor ou que cause prejuízo ao estabelecimento ou à manutenção de vínculos com este".

truindo a personalidade da criança, com reflexos nas suas manifestações sentimentais, psicológicas, educativas e sociais, com reflexos devastadores para o resto da vida. E mais, o genitor que pratica alienação parental pratica abuso moral contra a criança, prejudicando a realização de afetos nas relações com o genitor alienado e com o grupo familiar.

Vale, portanto, afirmar com veemência que tanto o abandono (gerado pela omissão de um genitor) como a alienação parental (resultante de uma ação nefasta, dolosa, premeditadamente assumida) são passíveis de responsabilização e, pois, de reparação.

Por isso, tanto o Código Civil - no caso de abandono - como a legislação especial (Lei n. 12.318/2010), quando enfrentam o tema complexo da alienação parental, se direcionam no mesmo sentido da punição, para evitar ou minorar os efeitos desastrosos que tanto a omissão (abandono) como a ação (alienação parental) provocam no desenvolvimento sadio de uma criança.

O que a atual legislação (Lei n. 12.318/2010) ressalta é que o destino dos filhos depende direta e imediatamente da atuação dos genitores, responsáveis primeiros pela segurança, equilíbrio e bem-estar dos filhos, capazes de lhes garantir um espaço positivo na sociedade e na comunidade em que eles irremediavelmente estarão inseridos desde o nascimento até a morte. Essa noção de *continuum*,[11] tão bem ressaltada por Françoise Dolto e por todos os juristas preocupados com a causa das crianças, ressuscita de forma veemente, em toda produção legislativa atual, em prova manifesta de que o bom andamento da sociedade (em todos os seus aspectos e dimensões) decorre diretamente de crianças bem equilibradas e bem estruturadas.

Por isso, e tão somente por isso, a responsabilidade dos pais pelo destino dos filhos tem sido tão invocada nos dispositivos legais (que fomentam a responsabilidade parental de todas as formas), na produção doutrinária (que convoca os pais a refletirem sobre suas responsabilidades) e na postura jurisprudencial (que conduz os pais a assumirem essa responsabilidade).

Portanto, não é crível nem aceitável a afirmação ainda divulgada no sentido de que não haveria respaldo legal para aplicação da reparação do dano moral na inocorrência dessa responsabilidade desejada, perseguida e assumida pelo mundo jurídico. Sustentar tal hipótese corresponde a negar a evolução do Direito e das conquistas humanas sempre e cada vez mais voltadas à responsabilização dos pais pelo destino dos filhos.

---

11. Françoise Dolto se refere a três ordens de *continuum*, a saber: o *continuum* do corpo; o *continuum* da afetividade; e o *continuum* social (op. cit., p. 21).

Da previsão legal quanto à responsabilidade dos pais

Tanto o Código Civil (arts. 1.634, 1.638, entre outros) como o Estatuto da Criança e do Adolescente (arts. 18, 19, 22, entre outros) se referem à competência dos pais quanto à pessoa dos filhos. Embora silenciem sobre o "amor", referem-se de forma contundente ao "sustento, guarda, educação e companhia", que obviamente integram o "amparo, o carinho, o desvelo e o amor" que se tece ao longo da existência no convívio familiar (art. 227 da CF).[12]

Se no art. 1.634 do CC o legislador se referiu à competência dos pais em decorrência do poder familiar, no art. 1.638 a lei civil dispôs expressamente sobre o abandono quando afirma que perderá por ato judicial o poder familiar o pai ou a mãe que "deixar o filho em abandono". Logo, à inocorrência da responsabilidade corresponde imediata sanção. O abandono *lato sensu*, ou seja, material ou moral, é sancionado pela ordem civil brasileira. Há respaldo legal inquestionável nesse sentido.

O pressuposto da aplicação da "sanção" prevista pela lei é sempre o da culpa em sentido estrito, ou seja, a ação ou omissão praticadas consciente e voluntariamente em desacordo com os deveres paternos desencadeia a perda do poder familiar.

Do mesmo modo, a Lei de Alienação Parental prevê, no seu art. 6º, que a prática de atos típicos de alienação parental ou qualquer conduta que dificulte a convivência de criança ou adolescente com genitor acarreta uma série de sanções, em ordem gradativa de punição que vai desde a mera "advertência" até a "suspensão do poder parental".

Inexiste uma ordem fixa para sua aplicação,

> podendo o juiz aplicar uma medida mais grave (como a estipulação de multa ao genitor alienador) independente de antes ter aplicado uma medida mais leve (como a advertência, por exemplo). Assim, o juiz tem plena liberdade para determinar a medida que julgar mais de acordo com o estágio da alienação, ou mesmo, medidas conjugadas, sempre com vistas à garantia do interesse maior da criança ou adolescente.[13]

---

12. "Art. 227. É dever da família, da sociedade e do Estado assegurar à criança, ao adolescente e ao jovem, com absoluta prioridade, *o direito* à vida, à saúde, à alimentação, à educação, ao lazer, à profissionalização, à cultura, à dignidade, ao respeito, à liberdade e à convivência familiar e comunitária, além de colocá-los a salvo de toda forma de negligência, discriminação, exploração, violência, crueldade e opressão" [grifamos].
13. LEITE, Eduardo de Oliveira. *Alienação parental*: do mito à realidade, 2015, p.375.

Não bastasse a dicção do art. 1.638 do CC, a Constituição Federal (art. 227), combinada com o art. 19 do ECA,[14] estabelece, com todas as letras, o dever primacial dos pais de ter os filhos em sua guarda e companhia. Sob essa ótica, o genitor que assim não procede estará se recusando ao dever de tê-los em sua companhia e guarda. "Isso configura no mínimo", doutrina João Andrade de Carvalho, "o abandono moral, porque envolve a quebra do vínculo natural, a negação do direito do filho".[15]

Afaste-se, pois, qualquer tentativa de exegese, no sentido de visualizar, no invocado art. 1.638, II, do CC, eventual referência ao mero abandono material. Não. O legislador, acompanhado pela torrencial doutrina,[16] ali visualiza tanto o abandono material como o moral.

No mesmo sentido se direciona a jurisprudência brasileira contemporânea, com especial ênfase na decisão da 3ª Turma do STJ[17] publicada no dia 10 de maio de 2012 reconhecendo o direito de uma filha de receber indenização de seu pai por abandono afetivo. A relatora do caso, Ministra Nancy Andrighi, atingiu o cerne da questão ao afirmar que não se discute o fato de amar, mas a imposição legal de cuidar, sendo dever daqueles que geraram ou adotaram um filho. O julgado ficou conhecido pela célebre passagem no sentido de que "amar é faculdade, cuidar é dever".

Ainda uma vez, a questão invocada foi a dos pressupostos legais para embasar a famosa decisão. Com base no disposto nos arts. 186 e 927 do Código Civil, a questão encontrou deslinde plenamente justificável, já que o art. 186 se refere ao ato ilícito e o art. 927, à obrigação de reparação.

Assim o art. 186: "Aquele que, por ação ou omissão voluntária, negligência ou imprudência, violar direito e causar dano a outrem, ainda que exclusivamente moral, comete ato ilícito"; finalizando, o art. 927: "Aquele que, por ato ilícito, causar dano a outrem, fica obrigado a repará-lo".

Claro está – e nem poderia se afirmar o contrário – que, estando a responsabilidade civil prevista na Parte Geral do Código Civil, inexiste dúvida sobre

---

14. Dispõe o art. 19: "*É direito da criança e do adolescente ser criado e educado no seio de sua família* e, excepcionalmente, em família substituta, assegurada a convivência familiar e comunitária, em ambiente que garanta seu desenvolvimento integral" [grifamos].
15. CARVALHO, João Andrade. *Tutela, curatela, guarda, visita e pátrio poder*, 1995, p. 199.
16. Nesse sentido, entre outros autores que se debruçaram sobre a temática: BASTOS, Eliene Ferreira. *A responsabilidade pelo vazio do abandono*; RODRIGUES, Silvio. *Direito civil*: direito de família; GONÇALVES, Carlos Roberto. *Direito civil brasileiro*: direito da família; DINIZ, Maria Helena. *Curso de direito civil brasileiro*: direito de família; GAMA, Guilherme Calmon Nogueira da. *Comentários ao Código Civil brasileiro*; ISHIDA, Walter Kenji. *Estatuto da Criança e do Adolescente*: doutrina e jurisprudência.
17. STJ, REsp n. 1.159.242/SP (2009/01937012-9), rel. Min. Nancy Andrighi.

sua aplicação nas relações de família, o que ficou devidamente salientado no acórdão da Ministra Nancy Andrighi, quando afirma: "[...] não existem restrições legais à aplicação das regras relativas à responsabilidade civil e o consequente dever de indenizar/compensar, no Direito de Família".

O acórdão (aqui reduzido, por imposição de ordem espacial) merece leitura atenta para se resgatar pontos até então controvertidos que foram apreciados com lucidez e domínio jurídico impecáveis geradores da decisão merecedora de permanente elogio.

Não podemos, entretanto, deixar de citar a doutrina de Vera Regina Waldow, de que se socorre a Ministra Nancy Andrighi, ao se referir ao cuidado como expressão humanizadora. Assim, diz a autora invocada:

> [...] o ser humano precisa cuidar de outro ser humano para realizar a sua humanidade, para crescer no sentido ético do termo. Da mesma maneira, *o ser humano precisa ser cuidado para atingir sua plenitude, para que possa superar obstáculos e dificuldades da vida humana*[18] [grifamos].

Concluindo, de forma lapidar, a Ministra Nancy Andrighi:

> Colhe-se tanto da manifestação da autora quanto do próprio senso comum que o desvelo e atenção à prole não podem mais ser tratados como acessórios no processo de criação, porque, há muito, deixou de ser intuitivo que o cuidado, vislumbrado em suas diversas manifestações psicológicas, não é apenas um fator importante, mas essencial à criação e formação de um adulto que tenha integridade física e psicológica e seja capaz de conviver, em sociedade, respeitando seus limites, buscando seus direitos, exercendo plenamente sua cidadania.[19]

E vencendo a dicotomia entre cuidar e amar, a lição duradoura da Ministra Nancy Andrighi:

> [...] o cuidado é fundamental para a formação do menor e do adolescente; ganha o debate contornos mais técnicos, pois não se discute mais a mensuração do intangível - o amor - mas, sim, a verificação do cumprimento, descumprimento, ou parcial cumprimento, de uma obrigação legal: cuidar.[20]

---

18. WALDOW, Vera Regina. "Abrigo e alternativas de acolhimento familiar". In: PEREIRA, Tânia da Silva; OLIVEIRA, Guilherme de. *O cuidado como valor jurídico*, 2008, p. 309 (apud Min. Nancy Andrighi - voto - REsp n. 1.159.242).
19. Voto da Ministra Nancy Andrighi no REsp n. 1.159.242 do STJ.
20. Voto da Ministra Nancy Andrighi no REsp n. 1.159.242 do STJ.

Ressalte-se que mesmo sendo impossível mensurar o intangível - no caso, o amor -, a Ministra resgata a obrigação legal do cuidar, na qual está implícita a noção do amor. Em um lance de aguçada inteligência e notável sensibilidade, Nancy Andrighi resgatou, ao mesmo tempo, e em um paralelismo exemplar, as duas noções - amar é faculdade, cuidar é dever -, comprovando que o julgador não pode olvidar "que deve existir um núcleo mínimo de cuidados parentais com o menor que, para além do mero cumprimento da lei, garantam aos filhos, ao menos quanto à afetividade, condições para um adequada formação psicológica e inserção social".[21]

A reparação do dano moral na alienação parental

A mesma ideia e as mesmas premissas da responsabilidade parental foram resgatadas quando da feitura da Lei de Alienação Parental, tendo, primeiramente, o legislador afirmado que a prática de ato de alienação parental constitui "abuso moral" e, ato imediato, a punição do genitor alienador ocorrerá "sem prejuízo da decorrente responsabilidade civil ou criminal".

Com efeito, no art. 3º da Lei n. 12.318/2010, o legislador dispõe que:

> A prática de ato de alienação parental fere direito fundamental da criança ou do adolescente de convivência familiar saudável, prejudica a realização de afeto nas relações com genitor e com o grupo familiar, *constitui abuso moral* contra a criança ou o adolescente e descumprimento dos deveres inerentes à autoridade parental ou decorrentes de tutela ou guarda. [grifamos]

O teor do citado artigo vai muito além da previsão legal constante do Código Civil, na medida em que não se limita a arrolar os deveres inerentes à autoridade parental, mas, para legitimar a prática de um ilícito (aqui de natureza civil), considera a alienação parental um abuso moral que, como tal, é plenamente passível de reparação. Ou seja, a prática do ato não só implica descumprimento dos deveres inerentes ao poder familiar como poder-se-ia imaginar em exegese reducionista, porém vai além daquele patamar inicial e acarreta também abuso moral.

Não satisfeito em guindar a prática do ato à categoria de "abuso moral", o legislador afirma que a ocorrência desse ato "fere direito fundamental da criança", resgatando por via transversa a mensagem inequívoca do art. 227 da Constituição Federal que garante o direito da criança e do adolescente à con-

21. Voto da Ministra Nancy Andrighi no REsp n. 1.159.242 do STJ.

vivência familiar. E mais, que a alienação parental, ferindo direito fundamental, constitui ato ilícito que gera o dever de indenizar.

À família é reconhecido o *locus* privilegiado em que a criança começa a modelar sua personalidade, em que ela não só está protegida, mas é aparelhada a enfrentar os desafios do mundo. Por isso, o art. 1.634, II, do Código Civil, quando se refere à companhia e guarda como prerrogativas do poder familiar, está incumbindo os pais de uma obrigação, de vigiar, cuidar, proteger, mas sobretudo, dar segurança.

O "recado" dado pelo legislador é claríssimo e não abre espaço a eventuais dúvidas: quem pratica alienação parental está materializando um "abuso" passível de reparação. Como reconheceu Douglas Phillips Freitas em trabalho pioneiro sobre a matéria, o art. 3º da Lei "subsidia a conduta ilícita (e abusiva) por parte do alienante, que justifica a propositura de ação por danos morais contra ele, além de outras medidas de cunho ressarcitório ou inibitório por (e de) tais condutas".[22]

Assim, é bom que se diga (porque ainda há decisões vacilantes sobre o tema) que, com o advento da nova Lei, o abuso moral é reparável não só pelo desamor (como poderiam alegar alguns, com o intuito de fragilizar a proposta legal), mas como meio de compensação da prática ilícita decorrente da própria alienação. Ou, como afirmou Caetano Lagrasta Neto com lapidar segurança:

> Estabelecido o nexo de causalidade entre a agressão, a tortura, empreendidas pelo alienador por abuso emocional, a conduta ou moléstia crônica que se instala no alienado, evidente que cabe a fixação de ressarcimento pelo dano psíquico, pois seria absurdo que a tortura mental - muitas vezes aliada à tortura física - acabe escapando a exemplar punição, constitucionalmente prevista.[23]

O que o legislador quis sinalizar é que o genitor que afasta os filhos do outro genitor está realizando alienação parental, e quando esse genitor (alienador) assim age, está abusando de seu direito de custódia, assim como extrapolando o poder familiar e, assim agindo, está comprometendo o interesse maior da criança, materializando-se abuso de um direito (arts. 186 e 187 do CC), o que constitui ato ilícito passível de ser reparado.

O art. 187 do Código Civil "diz respeito à figura do abuso de direito situando-o no rol dos atos ilícitos. O direito há de ser exercido por seu titular de for-

---

22. FREITAS, Douglas Phillips; PELLIZZARO. *Alienação parental*: comentários à Lei n. 12.318/2010, p. 31.
23. LAGRASTA NETO, Caetano. "Parentes: guardar ou alienar - a síndrome de alienação parental". In: *Revista do IBDFAM*, n. 15, p. 39, dez./jan. 2012.

ma equilibrada, norteado sempre pela boa-fé, pela probidade e pelos bons costumes".[24]

Valéria Cardin, em impecável monografia sobre danos morais no direito de família, já se referira sobre a gravidade do dano quando a criança se encontra em situação de dependência. Diz a autora: "os danos aos direitos do menor, produzidos por um dos genitores, são de gravame muito maior do que se fossem provocados por terceiro, ante a situação privilegiada que aquele desfruta. Isso justifica a aplicabilidade da teoria geral da responsabilidade civil".[25]

Tanto isso é verdade que na mesma Lei, quando o legislador arrola as hipóteses de sanções aplicáveis ao infrator (genitor alienador) no art. 6º,[26] toma a cautela de dispor que a aplicação de qualquer punição indicada nos sete incisos do invocado artigo não prejudica a decorrente responsabilidade civil ou criminal do infrator. Também ficou devidamente esclarecido, no texto citado, que a aplicação das sanções previstas nos incisos do art. 6º não impede o exercício da devida apreciação da responsabilidade civil ou criminal com a sua consequente indenização. Em outras palavras, o infrator pode ser punido duplamente: com uma das hipóteses de sanção previstas no art. 6º e ainda com a responsabilização civil ou criminal pela prática do ato.

Do *caput* do referido art. 6º se depreende que as medidas ali arroladas não impedem nem são, tampouco, pré-requisitos para a ação autônoma de indenização por perdas e danos, como também é possível ação por responsabilidade criminal.

Dos elementos necessários à caracterização do dano moral

O fundamento da responsabilidade civil repousa sobre a noção inequívoca de dano, na medida em que o dano causado é elemento determinante do li-

---

24. FLORÊNCIO, Gilbert. R. L. "Dos defeitos dos negócios jurídicos (comentário ao art. 187)". In: COSTA MACHADO (org.); CHINELLATO, Silmara Juny (coord.). *Código Civil interpretado*, p.195.
25. CARDIN, Valéria Silva Galdino. *Dano moral no direito de família*, 2012, p.236.
26. "Art. 6º Caracterizados atos típicos de alienação parental ou qualquer conduta que dificulte a convivência de criança ou adolescente com genitor, em ação autônoma ou incidental, o juiz poderá, cumulativamente ou não, sem prejuízo da decorrente responsabilidade civil ou criminal e da ampla utilização de instrumentos processuais aptos a inibir ou atenuar seus efeitos, segundo a gravidade do caso: I – declarar a ocorrência de alienação parental e advertir o alienador; II – ampliar o regime de convivência familiar em favor do genitor alienado; III – estipular multa ao alienador; IV – determinar acompanhamento psicológico e/ou biopsicossocial; V – determinar a alteração da guarda para guarda compartilhada ou sua inversão; VI – determinar a fixação cautelar do domicílio da criança ou adolescente; VII – declarar a suspensão da autoridade parental."

tígio, o que levou Cavalieri Filho a afirmar que "o dano é, sem dúvida, o grande vilão da responsabilidade civil. Não haveria que se falar em indenização, nem em ressarcimento, se não houvesse o dano. Pode haver responsabilidade sem culpa, mas não pode haver responsabilidade sem dano".[27]

Ainda que se reconheça a importância do dano na legitimação da responsabilidade, é sabido que a tríade determinadora da responsabilidade civil subjetiva se configura no dano, na culpa do autor e no nexo causal. Se, porém, esses elementos são facilmente percebíveis em outras searas do Direito, nas relações familiares, pontuadas por "fatores de alto grau de subjetividade, como afetividade, amor, mágoa", como ressaltado pela Ministra Nancy Andrighi, a ocorrência desses fatores "dificulta sobremaneira definir, ou perfeitamente identificar e/ou constatar, os elementos configuradores do dano moral".[28]

O vínculo que une pais e filhos, conforme se viu, não é apenas legal, mas desborda no terreno da afetividade, determinador e garantidor do equilíbrio físico e psicológico saudável, que se espera de uma relação paterno-materno-filial normal. Toda a legislação atual, acompanhada de perto pela doutrina, reitera não só a obrigação dos pais para com os filhos, nos cuidados próprios do poder familiar (criação, sustento, guarda, educação e companhia) como igualmente a responsabilidade decorrente de qualquer omissão ou ação da prática de determinados atos que possam afetar os filhos.

O dano, em matéria de alienação parental, é de fácil determinação, vez que o legislador arrolou, nos sete incisos do parágrafo único do art. 2º,[29] o rol das formas exemplificativas de alienação parental.

Assim, inicialmente a Lei n. 12.318 refere-se à realização de campanha de desqualificação da conduta do genitor no exercício da paternidade ou maternidade. Para atingir o distanciamento dos filhos do genitor alienado, o alienador manipula a verbalização e a contextualiza em situação por ele criada para colocar o outro cônjuge em situação desmoralizada. A conduta do côn-

---

27. CAVALIERI FILHO, Sérgio. *Programa de responsabilidade civil*, 2010, p.72.
28. Voto da Ministra Nancy Andrighi no REsp n. 1.159.242 do STJ.
29. "Art. 2º [...] Parágrafo único. São formas exemplificativas de alienação parental, além dos atos assim declarados pelo juiz ou constatados por perícia, praticados diretamente ou com auxílio de terceiros: I - realizar campanha de desqualificação da conduta do genitor no exercício da paternidade ou maternidade; II - dificultar o exercício da autoridade parental; III - dificultar contato de criança ou adolescente com genitor; IV - dificultar o exercício do direito regulamentado de convivência familiar; V - omitir deliberadamente a genitor informações pessoais relevantes sobre a criança ou adolescente, inclusive escolares, medidas e alterações de endereços; VI - apresentar falsa denúncia contra genitor, contra familiares deste ou contra avós, para obstar ou dificultar a convivência deles com a criança ou adolescente; VII - mudar o domicílio para local distante, sem justificativa, visando a dificultar a convivência da criança ou adolescente com o outro genitor, com familiares deste ou com avós."

juge alienador além de causar dano irreversível à criança também gera danos graves para o cônjuge alienado que vê ruir a relação paterno-materno-filial, sem poder reagir à manobra dolosa.

Outra medida empregada pelo cônjuge alienador implica dificultar o exercício da autoridade parental. Vencida a resistência da criança em aceitar a presença salutar do outro genitor, o alienador procura solapar e fragilizar a autoridade parental, para conseguir, no terreno jurídico, o que já obteve no ambiente pessoal. Todas as prerrogativas garantidas pela lei na materialização do poder familiar (art. 1.634 do CC) são sistematicamente afastadas, aumentando o abismo entre a criança e o genitor alienado. O desprezo, a prepotência e a intransigência são alguns dos expedientes empregados pelo alienador para atingir seus objetivos escusos.

Em terceiro lugar, o legislador se refere à dificuldade de contato da criança ou adolescente com o outro genitor. Como é sabido, o contato entre pais e filhos é importante e decisivo na formação dos laços afetivos, mas sobretudo no forjar da personalidade humana. E quando esse contato inexiste, é interrompido ou se manifesta insuficiente, a carência da ausência gera os desastres de ordem emocional e psicológica que conhecemos e que o Direito contemporâneo procura de todas as formas recuperar. Novamente, aqui a presença do dano é inquestionável.

Outro recurso empregado pelo alienador é dificultar o exercício do direito regulamentado de convivência familiar. Como a convivência familiar abrange os mais diversos matizes (art. 1.634), as manobras nesse particular assumem as mais diversas e inimagináveis situações, podendo se materializar desde uma mera expressão facial de repúdio, passando pela falsa neutralidade até a ameaça inequívoca de efeitos desastrosos. O conflito é alimentado pela absoluta falta de diálogo.

Quando esses recursos não se manifestam suficientes à pretensão dolosa do cônjuge alienador, é comum a omissão deliberada ao outro genitor de informações pessoais relevantes sobre a criança ou adolescente, inclusive escolares, médicas e alterações de endereços. Deixar o genitor alienado sem informações sobre os filhos atinge um duplo resultado de efeitos devastadores: 1º) o genitor alienado perde o referencial de contato que alimenta e fomenta os laços de afeto; e 2º) sem informações não consegue saber quais as reais necessidades dos filhos, o que aumenta ainda mais a distância entre a visitação aleatória (quase sempre estabelecida pelo Poder Judiciário sem considerar as reais intenções dos filhos), e, alheio aos anseios dos filhos, o genitor se torna um estranho, quando não, um indesejado. Desnecessário citar a intensidade do dano decorrente de tal prática.

Prática bem mais grave empregada pelo alienador consiste em apresentar falsa denúncia contra genitor, contra familiares deste ou contra avós, para obstar ou dificultar a convivência deles com a criança ou adolescente. Quando todos os demais recursos empregados pelo alienador falham, ou se manifestam insuficientes para atingir o objetivo perseguido, o genitor alienador não vacila em lançar mão do mais sórdido e mais devastador dos meios, a saber, a falsa acusação de abuso sexual. O surgimento da falsa acusação de abuso sexual, como tem demonstrado a doutrina nacional e, igualmente, a jurisprudência pátria, pode ocorrer de uma afirmação tendenciosa, com roupagem de "verdade", provocando efeitos devastadores, primeiramente, no cônjuge alienado e, indiretamente, na criança, que assiste impassível o desenrolar de uma tragédia sem poder avaliar o que de fato está ocorrendo. Conforme levantamentos estatísticos já feitos em outros países (especialmente no Canadá e nos Estados Unidos), 75% das acusações de abuso sexual são falsas e movidas por mero revanchismo ou rancor do cônjuge alienador que não conseguiu elaborar o "luto" da ruptura.

Finalmente, o legislador se refere à mudança de domicílio para local distante, sem justificativa, visando a dificultar a convivência da criança ou adolescente com o outro genitor ou com familiares. Matéria ainda pouco apreciada pela jurisprudência pátria, a mudança abrupta de domicílio, sem justificativa plausível, tem sido largamente explorada por genitores insensíveis que a ela recorrem como meio garantidor de seus desígnios mórbidos de afastamento e perda de contato.

Como se pode perceber, a lista exemplificativa indicada pelo legislador na Lei de Alienação revela o grau de perversidade e morbidez a que pode descer a natureza humana, gerando danos de efeitos imprevisíveis tanto no cônjuge alienado como na criança, vítima maior das manobras empregadas pelo alienador.

Diante das situações que podem revestir a prática de alienação parental, o legislador não vacilou em afirmar que tal conduta é passível de reparação civil e criminal, tornando o dano moral indenizável, vez que a conduta alienadora configura uma prática ilícita e culpável, pois totalmente contrária ao que se espera de pais no exercício normal do poder familiar. Na alienação, como pode-se deduzir, o dano não se materializa só na pessoa do genitor alienado, mas atinge também - e de modo brutal - os filhos, que ficam não só privados do convívio salutar com o outro genitor (alienado) como passam a ter sua integridade psíquica e moral atingidas e comprometidas.

Por isso, além das sanções previstas no art. 6º da Lei de Alienação, o legislador não afasta a possibilidade da responsabilização civil ou criminal, dependendo da natureza e abrangência do ilícito cometido ("[...] sem prejuízo da decorrente responsabilidade civil ou criminal [...]").

Quanto à culpa, embora possa ser de mais difícil determinação em outras matérias jurídicas, como é reconhecidamente afirmado pela doutrina especializada, no ambiente da alienação parental ela é facilmente constatável na conduta voluntária do cônjuge alienador diretamente associada à caracterização do ato ilícito. O cônjuge alienador age premeditadamente com o fim de obter um resultado ilícito previamente estabelecido, a saber, o afastamento total do filho de seu genitor. Claro está que, assim agindo, o alienador está descumprindo a obrigação mínima, prevista em lei, da garantia da afetividade, caminho fundamental a uma adequada formação emocional, psicológica e social.

Conforme observou Richard Gardner,[30] ideia retomada por Leila Torraca de Brito, na alienação parental

> se estabelece uma aliança das crianças com aqueles que permanecem com a guarda, principalmente quando os filhos estão em tenra idade. Nesses casos, havendo forte hostilidade e animosidade entre os pais, maior é a probabilidade de a criança ser afastada do outro genitor devido à aliança que se forma com o guardião.[31]

A análise - ainda que superficial - da alienação parental revela de forma inquestionável o dolo subjacente a toda manobra coordenada pelo cônjuge alienador com vistas a separar a criança de outro genitor, em manifesta oposição à pretensão legislativa, que se direciona em sentido diametralmente oposto. Com efeito, conforme vimos, o legislador fomenta, sob todas as formas e hipóteses, a convivência familiar, com cuidado, amparo e desvelo verificável na criação, guarda, companhia e educação.

A culpa fica perfeitamente caracterizada na conduta do genitor alienador que age conscientemente contra à previsão legal, em manifesto prejuízo dos

---

30. A SAP - síndrome de alienação parental (*parental syndrome alienation*) foi descrita pela primeira vez em 1985, pelo Dr. Richard Gardner, psiquiatra americano e professor de psiquiatria infantil da Universidade de Columbia (USA). A sigla SAP foi empregada por Gardner para definir situações patológicas de frequência crescente encontráveis em crianças expostas a disputas judiciais de divórcios altamente conflituais. Segundo Gardner, a síndrome de alienação parental "é um distúrbio que surge quase exclusivamente no contexto de disputas de custódia de crianças. É um distúrbio em que as crianças programadas pelo alegado genitor amado embarcam em uma campanha de difamação contra o alegado genitor odiado. As crianças apresentam pouca ou nenhuma ambivalência sobre seu ódio que, muitas vezes, se espalha para a família do genitor supostamente desprezado" (apud GARDNER, Richard. "Recommendations for dealing with parents who induce parental alienation syndrome in their children". In: *Journal of Divorce & Remarriage*, v. 26 (3/4), p. 1).
31. BRITO, Leila Maria Torraca de (org.). "Alianças desfeitas, ninhos refeitos: mudanças na família pós-divórcio". In: *Famílias e separações*: perspectivas da psicologia jurídica, p. 38.

filhos e do genitor alienado, constituindo tal conduta ilícito civil passível de reparação.

Quanto ao nexo causal, nenhuma dificuldade se vislumbra no caso de alienação parental, vez que, além da previsão legal inserida na Lei (art. 5º),[32] é sistemática das varas de família, nos casos de alienação parental, desde a manifestação judicial na inicial, a determinação de estudo psicossocial, de forma a se poder avaliar o estado emocional das partes litigantes (genitores) e dos filhos. As demandas que envolvem direitos das crianças e dos adolescentes conduzem inevitavelmente à necessidade de análise do contexto familiar no qual esses sujeitos estão inseridos. Desse modo, a apreciação de um processo de alienação parental iniciado ou já concluído só poderá ser realizada com segurança a partir da perícia realizada por psicólogos e assistentes sociais.

A Ministra Nancy Andrighi, ao examinar recurso especial versando sobre abandono afetivo, já tinha concluído sobre a função do laudo na materialização do nexo causal. Assim se manifestou no seu valioso voto:

> Estabelecida a assertiva de que a negligência é ilícito civil, importa, para a caracterização do dever de indenizar, estabelecer a existência de dano e do necessário nexo causal. Forma simples de verificar a ocorrência desses elementos é a existência de laudo formulado por especialista, que aponte a existência de uma determinada patologia psicológica e que a vincule, no todo ou em parte, ao descuidado por parte de um dos pais.[33]

Ao que tudo indica, a partir desse acórdão, a discussão sobre a necessidade de se comprovar a dor sofrida pela vítima, devendo o autor demonstrar a extensão da lesão sofrida, fica minorada, senão nulificada, em face da postura doutrinária que defende a ideia de não estar em questão a prova do prejuízo mas sim a violação de um direito constitucionalmente previsto.

Esta segunda tendência vem se afirmando no Superior Tribunal de Justiça, que, acompanhando a posição da Ministra Nancy Andrighi, orienta-se no sentido de que a responsabilização do agente causador do dano moral opera-se por força do simples fato da violação – *damnu in re ipsa* –, não havendo de se invocar a prova do prejuízo. Em matéria de alienação parental, como vimos, a violação perpetrada pelo alienador, quer em relação aos filhos, quer em relação ao cônjuge alienado, é tão veemente que desfigura qualquer necessidade de comprovação do prejuízo. O dano está implícito na prática do ato notoriamente ilícito.

---

32. "Art. 5º Havendo indício da prática de ato de alienação parental, em ação autônoma ou incidental, o juiz, se necessário, determinará perícia psicológica ou biopsicossocial."
33. Voto da Ministra Nancy Andrighi no REsp n. 1.159.242 do STJ.

Em matéria de abandono afetivo, o "cuidado" dos pais em relação aos filhos deve ser entendido em seu sentido mais amplo, que significa

> garantir às crianças e adolescentes condições de desenvolvimento físico e emocional adequado, que lhe permitam, inclusive, o sentimento de fazer parte de uma família, em cujo seio possa vivenciar o afeto, a confiança, a cumplicidade, proporcionando-lhe condições de estabilidade emocional.[34]

O dano moral abrange, na lição lapidar de Carlos Alberto Bittar, entre outros direitos, "o direito à vida e à integridade física e psíquica".[35] Esse dano é reconhecido pela simples violação de um ou mais direitos da personalidade. Assim sendo, confirmada a violação, configura-se desnecessária a comprovação atual do abalo psicológico enfrentado pela vítima. Por isso, a tendência atual de que o dano moral surge *in re ipsa*. Logo, constatada a lesão aos direitos da personalidade, surge veemente a pretensão aos danos morais, sem nenhuma necessidade de comprovação da dor ou sofrimento. A responsabilidade opera-se pela simples violação (*damnu in re ipsa*), que Carlos Alberto Bittar denominou "teoria do simples fato da violação".

No caso de abandono afetivo, a falta de convivência dos filhos com os pais é causa suficiente a gerar problemas de ordem emocional e psicológica de efeitos devastadores, como tem indicado a doutrina especializada, tanto jurídica como psicológica (o que vem explicando, em parte, uma maior e melhor aceitação do aporte metajurídico, leia-se, psicológico, no ambiente específico do direito de família).

Claro está que o abandono afetivo produzirá na criança efeitos desastrosos que comprometerão sua vida futura, "sendo evidente", como bem concluiu Juliana Laurentis,

> a ligação entre a omissão dos genitores no cumprimento de seus deveres e ofensa ao direito de personalidade do menor abandonado, de forma a acarretar sintomas de simples verificação por *experts* na área de psicologia e psiquiatria, profissionais esses essenciais na verificação do nexo de causalidade, preenchendo assim os pressupostos da responsabilidade civil.[36]

---

34. TUPINAMBÁ, Roberta. "O cuidado como princípio jurídico nas relações familiares". In: OLIVEIRA, Guilherme; PEREIRA, Tânia (coord.). *O cuidado como valor jurídico*, 2008, p.363.
35. BITTAR, Carlos Alberto. *Os direitos da personalidade*, 2006, p.16.
36. LAURENTIZ, Juliana Orsi de. "A reparação de dano moral por abandono do filho". In: STOCCO, Rui (org.). *Dano moral - Doutrinas essenciais*, v.III - Dano moral ao meio ambiente, no direito de família e nas relações de trabalho, 2015, p.503.

Tratando-se de alienação parental, desde o conceito – estabelecido no art. 2º da Lei n. 12.318/2010 –, o legislador resgata a ingerência do alienador na formação psicológica da criança ou adolescente que, estando em fase de crescimento, são mais vulneráveis às pressões exercidas pelos genitores. Valores e posturas são forjados pelos menores a partir do exemplo demonstrado pelos pais no exercício do poder familiar. Embora ambos sejam atingidos pelas manobras do alienador,

> percebe-se com facilidade a identificação das pessoas prejudicadas nessas situações, qual sejam primeiramente o filho e depois o genitor alienado. Sobretudo o mais prejudicado é o filho, que na ambiência familiar está em posição vulnerável e de defasagem, não podendo se defender e a *mercê* do genitor alienador, todavia não se deve esquecer o genitor alienado, que sem o convívio do filho também se torna vítima.[37]

Na alienação parental, duas são as vítimas atingidas pela manobra do alienador: a criança, que perde todo o seu referencial normal de relação paterno-materno-filial, na medida em que perde o contato com um dos genitores, e o genitor alienado, que, além dos ônus decorrentes da ruptura da relação parental, tem sua imagem comprometida no meio social (especialmente nos casos de falsa acusação de abuso sexual).

> O pai que é alienado perde algo que é irreparável: perde os momentos com seu filho, muitas vezes toda sua infância, podendo chegar ao extremo de perder o amor do próprio filho. Tudo isso, sem contar com as consequências na sua vida particular em relação às falsas acusações do genitor alienante, que podem gerar a destruição de relacionamentos, perda de emprego,[38] da reputação junto à sociedade e a própria dignidade [...].[39]

Desde o momento, pois, em que a ocorrência da alienação parental estiver confirmada, com o reconhecimento do fato objetivo, materializa-se a violação dos direitos da personalidade, especialmente aqueles relativos ao direito fundamental da criança/adolescente à sadia formação de sua personalidade, configurando-se o dano moral e o correspondente direito à reparação.

---

37. CORREIA, Eveline de Castro. *A alienação parental e o dano moral nas relações de família*. Disponível em: www.publicadireito.com.br/artigos/?cod=38913e1d6a7b94cb, p.10-8.
38. A cumulação de dano material e moral quando advindos do mesmo fato é entendimento firmado pelo nosso Superior Tribunal de Justiça (Súmula n. 37 do STJ).
39. VALADARES, Isabela Farah. "Do cabimento do dano moral na síndrome de alienação parental: uma solução mais eficaz e menos nociva à criança", p.4-6. Disponível em: http://www.ambito-juridico.com.br/site?_link=revista_artigos_leitura&artigo_id=15027.

Nesse sentido a contribuição de outros saberes, que não os meramente jurídicos, manifesta-se decisiva tanto no estudo psicossocial como nas demais provas colhidas no transcorrer do processo, capazes de comprovar a interferência na formação psicológica da criança/adolescente que conduzem inexoravelmente ao reconhecimento da responsabilidade civil do genitor alienador, gerando sofrimento e dor de dimensões e efeitos ainda imprevisíveis.

Não obstante sólidas opiniões doutrinárias divergentes e posicionamentos jurisprudenciais diversos, tudo leva a crer que a aceitação da responsabilidade civil e da consequente reparação do dano, tanto nas questões decorrentes do abandono afetivo como da alienação parental, seja, hoje, matéria que se dirige a passos largos em direção à aceitação majoritária, senão unânime, em manifesta prova de que as mentalidades evoluíram e o Direito se renovou apontando para novas tendências que priorizam com firmeza o interesse maior das crianças e adolescentes. Esse é o rumo correto, plenamente defensável.

A duplicidade da responsabilização, ainda que partindo de realidades fáticas diferentes, mas com o mesmo objetivo: punir o genitor irresponsável, é prova inequívoca de que o legislador quer onerar a prática de atos de desamor na esfera familiar, desestimulando os infratores de condutas, sob todos aspectos, ignóbeis, reprováveis e desumanas. Tudo justifica a atuação do Poder Judiciário quando tendente a salvaguardar os interesses e a dignidade de crianças e adolescentes.

Referências

BASTOS, Eliene Ferreira. "A responsabilidade pelo vazio do abandono". In: Bastos, Eliene Ferreira; LUZ, Antônio Fernandez da (orgs.). *Família e jurisdição*. Belo Horizonte, Del Rey, 2007.

BITTAR, Carlos Alberto. *Os direitos da personalidade*. Rio de Janeiro, Forense Universitária, 2006.

BRITO, Leila Maria Torraca de (org.). "Alianças desfeitas, ninhos refeitos: mudanças na família pós-divórcio". In: *Famílias e separações*: perspectivas da psicologia jurídica. Rio de Janeiro, EdUERJ, 2008.

CARDIN, Valéria Silva Galdino. *Dano moral no direito de família*. São Paulo, Saraiva, 2012.

CARVALHO, João Andrade. *Tutela, curatela, guarda, visita e pátrio poder*. Rio de Janeiro, Aide, 1995.

CAVALIERI FILHO, Sérgio. *Programa de responsabilidade civil*. São Paulo, Atlas, 2010.

CORREIA, Eveline de Castro. *A alienação parental e o dano moral nas relações de família*. Disponível em: www.publicadireito.com.br/artigos/?cod=38913e1d6a7b94cb. Acesso em: 05.09.2018.

DINIZ, Maria Helena. *Curso de direito civil brasileiro*: direito de família. São Paulo, Saraiva, 2018.

DOLTO, Françoise. *Quando os pais se separam*. Rio de Janeiro, Zahar, 1998.

FLORÊNCIO, Gilbert. R. L. "Dos defeitos dos negócios jurídicos (comentário ao art. 187)". In: MACHADO, Costa (org.); CHINELLATO, Silmara Juny (coord.). *Código Civil interpretado*, p. 195.

FREITAS, Douglas Phillips; PELLIZZARO. *Alienação parental*: comentários à Lei n. 12.318/2010. Rio de Janeiro, Forense, 2012.

GADOTTI, Moacir. "Amor paterno, amor materno: o quanto é necessário, o quanto é insuficiente. In: SILVEIRA, Paulo (org.) *Exercício da paternidade*. Porto Alegre, Artes Médicas, 1998.

GAMA, Guilherme Calmon Nogueira da et al. *Comentários ao Código Civil brasileiro* (arts. 1.639 a 1.783). v.15. Rio de Janeiro, Forense, 2004.

GARDNER, Richard. "Recommendations for dealing with parents who induce parental alienation syndrome in their children". In: *Journal of Divorce & Remarriage*, v. 26 (3/4).

GONÇALVES, Carlos Roberto. *Direito civil brasileiro*: direito da família. São Paulo, Saraiva, 2017.

ISHIDA, Valter Kenji. *Estatuto da Criança e do Adolescente*: doutrina e jurisprudência. Salvador, JusPodivm, 2018.

LAGRASTA NETO, Caetano. "Parentes: guardar ou alienar – a síndrome de alienação parental". In: *Revista do IBDFam*, n.15, p.39, dez./jan. 2012.

LAURENTIZ, Juliana Orsi de. "A reparação de dano moral por abandono do filho". In: STOCCO, Rui (org.). *Dano moral – doutrinas essenciais*, v.III – Dano moral ao meio ambiente, no direito de família e nas relações de trabalho. São Paulo, Revista dos Tribunais, 2015.

LEITE, Eduardo de Oliveira. "Exame de DNA ou o limite entre o genitor e o pai". In: ______ (coord.). *Grandes temas da atualidade*, v.1. *DNA como meio de prova da filiação*: aspectos constitucionais, civis e penais. Rio de Janeiro, Forense, 2002.

______. *Alienação parental*: do mito à realidade, São Paulo: Revista dos Tribunais, 2015.

NOGUEIRA, Jacqueline Filgueira. *A filiação que se constrói*: o reconhecimento do afeto como valor jurídico. São Paulo, Memória Jurídica, 2001.

RODRIGUES, Silvio. *Direito civil*: direito de família. 28.ed. São Paulo, Saraiva, 2007.

TUPINAMBÁ, Roberta. "O cuidado como princípio jurídico nas relações familiares". In: OLIVEIRA, Guilherme; PEREIRA, Tânia (coords.). *O cuidado como valor jurídico*. Rio de Janeiro, Forense, 2008.

VALADARES, Isabela Farah. "Do cabimento do dano moral na síndrome de alienação parental: uma solução mais eficaz e menos nociva à criança", p. 4-6. Disponível em: http://www.ambito-juridico.com.br/site?_link=revista_artigos_leitura&artigo_id=15027. Acesso em: 05.09.2018.

VILLELA, João Baptista. Desbiologização da paternidade. *Revista da Faculdade de Direito da UFMG*, Belo Horizonte, v.27, n.21, maio de 1979, p.400-18. Disponível em: http://www.direito.ufmg.br/revista/index.php/revista/article/view/1156. Acesso em: 05.09.2018.

Lista de alunos orientados por Silmara J. A. Chinellato

Mestres: Ana Luiza Boulos Ribeiro, Andrea Hototian, Antonio Carlos Morato, Atalá Correia, Bruno Carneiro Maeda, Daniela Cristina Alves Santana, Erich Bernat Castilhos, Fábio Jun Capucho, Fernanda Stinchi Pascale Leonardi, Geandrei Stefanelli Germano, Guilherme Capinzaiki Carboni, Ivana Có Galdino Crivelli, Luisa Baran de Mello Alvarenga, Luiz Fernando Plastino Andrade, Márcia Araújo Sabino de Freitas, Marcia Sadi Haron Cardoso, Marco Antonio dos Anjos, Marco Antonio Zanellato, Marcos de Almeida Villaça Azevedo, Maria Cristina de Almeida Bacarim, Marina Vella de Oliveira Bolivar Gross, Mauro Augusto Ponzoni Falsetti, Paula Luciana de Menezes, Ricardo Morishita Wada, Rodrigo Amaral P. de Méo, Rosália Toledo Veiga Ometto, Sandro Roberto dos Santos, Tauanna Gonçalves Vianna, Thyago Rodrigo da Cruz, Umberto Cassiano Garcia Scramim.

Doutores: Antonio Carlos Morato, Fábio Jun Capucho, Fernanda Stinchi Pascale Leonardi, Guilherme Capinzaiki Carboni, Henrique Geaquinto Herkenhoff, Henrique Moraes Prata, Marcela De Deo Fragoso, Marco Antonio dos Anjos, Marco Antonio Zanellato, Marcos de Almeida Villaça Azevedo, Osni de Souza.

Mestrandos: Anna Ascenção Verdadeiro de Figueiredo.

Doutorandos: Atalá Correia, Ivana Có Galdino Crivelli, Luciana Helena Gonçalves, Luiz Fernando Plastino de Andrade, Mauricio Joseph Abadi, Rodrigo Amaral Paula de Méo, Rodrigo Serra Pereira, Umberto Cassiano Garcia Scramim, Wagner Mota Alves de Souza.

Índice remissivo

Q

R